新版
世界各国史
8

西アジア史

I
アラブ

佐藤次高 編

山川出版社

大スフィンクスとピラミッド　最大規模を誇る古王国第４王朝のクフ王の大ピラミッド(右)とカフラー王の第２ピラミッド(左)。第２ピラミッドの河岸神殿に隣接して大スフィンクスが存在する。

預言者ムハンマドのシャジャラ・アンナサブ(家系樹)　一番下にアダムが、一番上にムハンマドが描かれている。途中ノアのところの青い横帯線は大洪水をあらわしている。

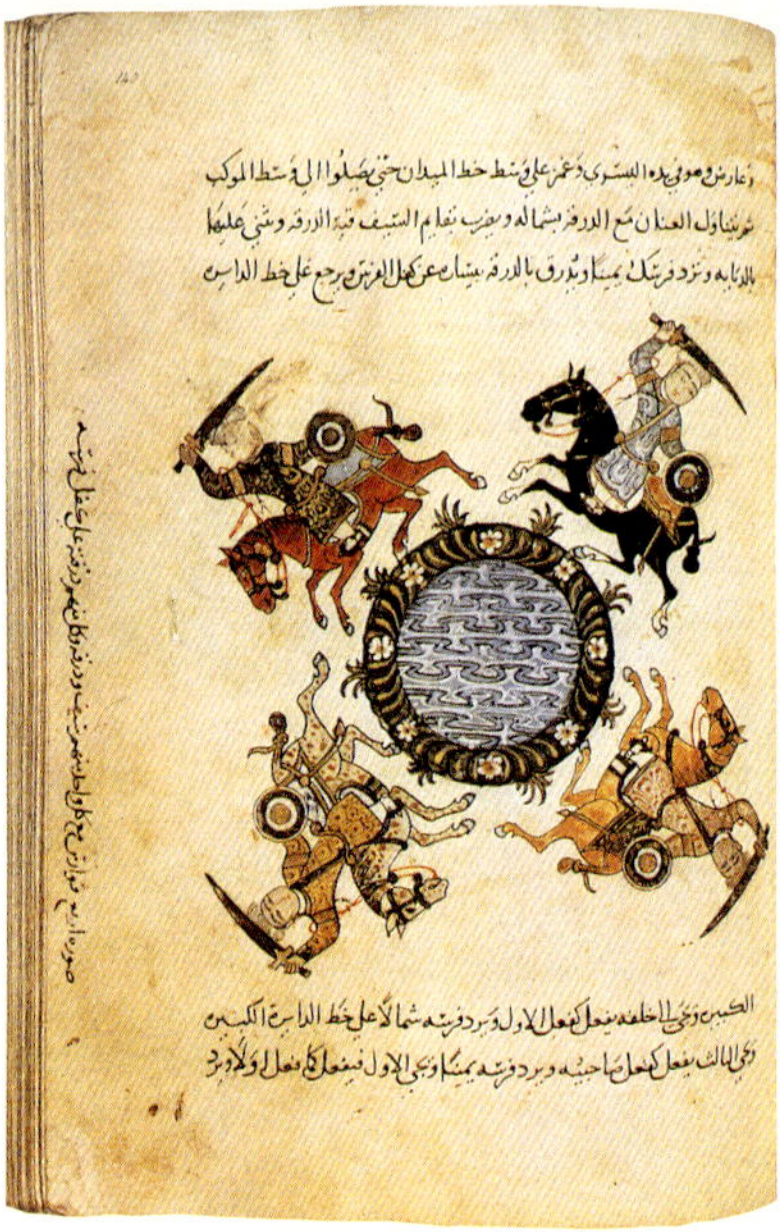

マムルーク騎士の訓練風景　奴隷として購入されたマムルークは、学校で乗馬、弓・槍・刀などの軍事訓練を受けた。図は『騎士道の書』に描かれた訓練風景。

カイロ中心部ガウリーヤの織物市場　マムルーク朝スルタン・ガウリーの複合施設の界隈ガウリーヤ(グーレイヤ)は、オスマン帝国期に織物交易の一大中心地となった。イギリス人ロバート・ヘイの画集(1840年刊)から。

イェルサレム旧市街と岩のドーム　イェルサレムは、ユダヤ教、キリスト教、イスラーム教にとっての聖地である。神殿の丘にそびえる岩のドームは、ウマイヤ朝のカリフ、アブド・アルマリク(7世紀後半)によって建立された。

アズム家の館　アズム家は、18～19世紀のオスマン帝国支配期に、シリアの総督職を独占した名望家。写真はダマスクス旧市街に残るアズム家の館で、現在は博物館として使われている。

フェスの皮革染色工場　モロッコの古都フェスにある皮革の染色工場。色とりどりの染色壺がならび、あたりには異臭がただよう。

アルハンブラ宮殿の獅子宮　イスラーム建築の最高傑作と称えられる獅子宮の中庭には、獅子の彫像で飾られた噴水があり、124本の石柱で支えられた回廊が周囲を取り囲む。14世紀後半の建造。

まえがき

蘭州、ウルムチ、カシュガル、ジャカルタ、カラチ、テヘラン、イスファハーン、バグダード、バスラ、リヤド、カイロ、アレクサンドリア、ダマスクス、イェルサレム、アッカー、アレッポ、イスタンブル、チュニス、アルジェ、ラバト。以上は、これまで私がおとずれたおもな都市を思いつくままに記したものである。いずれもムスリム(イスラーム教徒)が多数を占める都市であり、その範囲は中国、東南アジアから南アジア、中東、北アフリカ、マグリブにまでおよんでいる。

このなかには、アラビア語を第一言語として用いない都市も含まれているが、それでも町中のモスクをおとずれれば、たいていはアラビア語での会話が可能である。かつてイブン・バットゥータが広大な世界を旅することができたのも、各地のムスリムたちがコーランの言語であるアラビア語を熱心に学び、これを毎日の生活に利用していたからであろう。

七世紀以来、イスラームは地域の枠をこえて発展してきた。その拡大の動きは、世界の各地で、現在でもなお継続・進行しているといえよう。このようにイスラームが「越境する宗教・文明」であるとすれば、地域や国家の枠を設けて、その歴史や文化を探ることに、どれほどの意味があるのか、このような疑問を感じる人も少なくないはずである。

しかし考えてみれば、イスラームが地域をこえて広まる性格を備えているとしても、イスラーム化した地域が、化学変化を起こしたように、すべて同質の社会に変わってしまうわけではない。イスラームを受容することによって、地域の政治原理や生活の様式はさまざまに変化したが、イスラーム自体も地域社会の伝統と融合し、徐々に変容していったのである。また、八世紀なかばにイスラーム共同体(ウンマ)の統一がくずれてからは、各地に成立した国家(ダウラ)が、事実上、イスラーム法施行の責任をおう主体であった。

西アジアのイスラーム世界を切り取って、この地域に誕生した諸国家の歴史を考えようとするのは、以上のような観点に基づいている。西アジアのイスラーム文明は古代オリエント文明の伝統のうえに築かれ、現代の西アジア社会にはイスラーム文明の伝統が濃厚に生きつづけているといえよう。本巻が扱うのは、西アジアのうちのアラブ世界であるが、それは、アラブ世界には、言語や民族を異にするイラン・トルコ世界とは異質な歴史的展開があったと思うからである。

世界各国史の一冊として『西アジア史』が刊行されたのは、一九五五年のことであり、七二年には大幅に増補・改訂して『西アジア史(新版)』が刊行された。今回はこの『西アジア史』が「アラブ」と「イラン・トルコ」の二冊に分化することになるが、この分化・発展には、ここ三〇年のあいだにめざましい進歩をとげた、日本のイスラーム学の成果を十分に盛り込みたいとの思いが込められている。

日本のイスラーム学の発展は、新世代の研究者が進んで西アジア諸国をおとずれ、現地の社会にふれると同時に、アラビア語、ペルシア語、トルコ語などの写本や文書と格闘することによって達成された。本書の紙背には、カイロ、ダマスクス、イスタンブル、ラバトなどの図書館や文書館で体験した、新史料発見のための苦労とそれが報われたときの喜びとが二つともに隠されているはずである。読者には、新しい西アジア史の叙述を味わっていただくとともに、このような執筆者の苦労や喜びもあわせて感じとっていただければ幸いである。

最後に、巻末の年表・王朝系図の作製には、東京大学大学院の原山隆広君と橋爪烈君に協力していただいた。ここに記して感謝の意を表したい。

二〇〇二年一月

佐藤次高

目次

西アジア史 I

序章　西アジア・アラブ・イスラーム

西アジアの生活環境

現在、西アジアや東南アジアを中心にして、人々の生き方のよりどころとなっているイスラームとは、いったいどのような宗教なのだろうか。和辻哲郎はその著『風土』(一九三五年)のなかで、イスラーム教は荒涼たるアラビアの沙漠的風土のなかで誕生した、厳格な一神教であると定義した。しかし現在では、イスラームが沙漠的宗教であることはおおかた否定され、むしろ東西を結ぶ商人の町メッカに生まれた都市的宗教であるとみなされている。たしかにコーランを読んでみれば、最後の審判の日には、生前の善行と悪行をはかり(商売に用いる天秤ばかり)にかけるとされるなど、そこには都市に生きる商人の行動と倫理がさまざまなかたちをとって語られている。

八世紀なかばころまでにイスラーム世界に組み込まれた地域を、私たちは西アジアと呼ぶ。ヨーロッパの人々が、古くからオリエントあるいは中東と呼び慣わしてきた地域である。その範囲は、東はイランからトルコ、イラク、シリア、アラビア半島、エジプト、さらには北アフリカ、マグリブ、アンダルシア(イベリア半島南部)にまでおよんでいる。このように広大な地域を西アジアとして一括するのは、これら

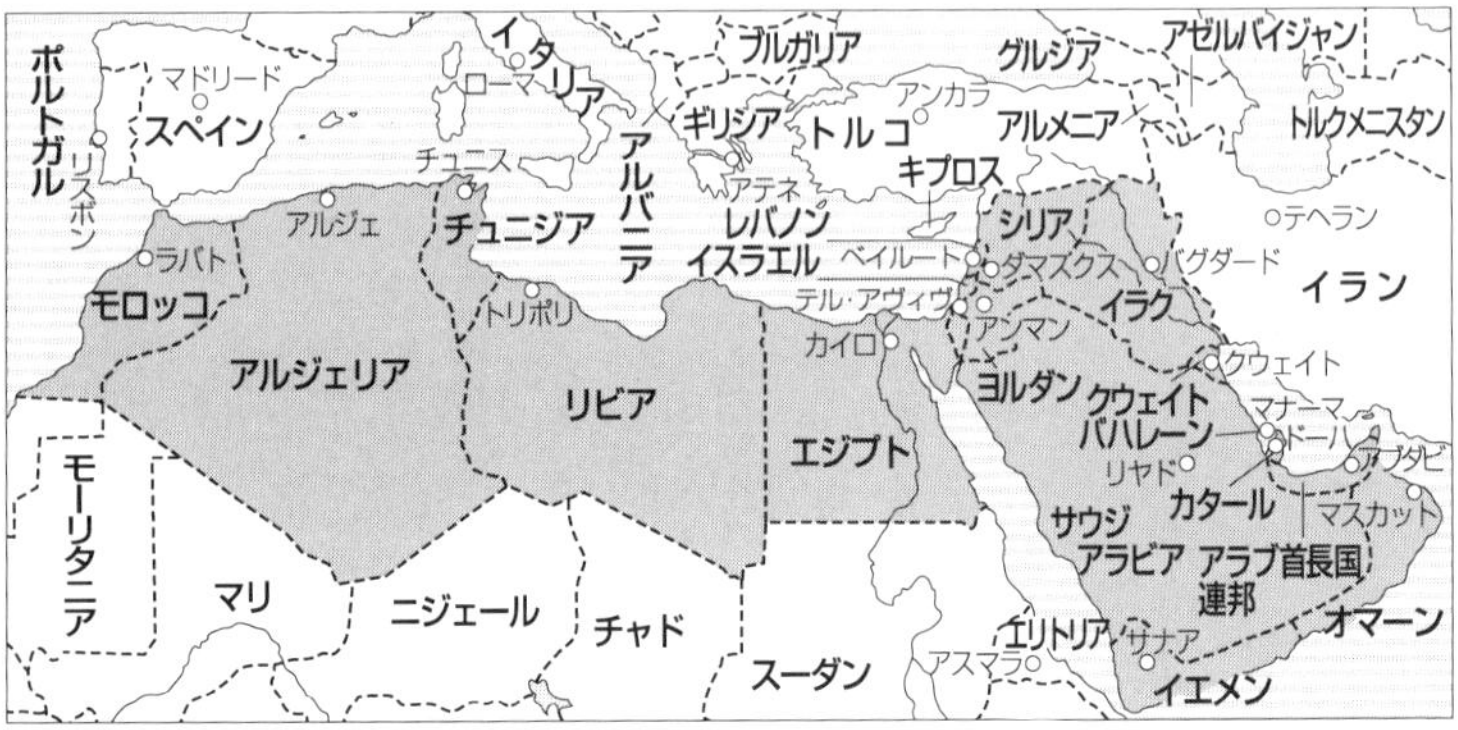

アラブ世界

の地域がイスラーム文化圏として共通の要素をもち、政治や経済の面でも歴史を通じてつねに密接な関係を保ちつづけてきたからである。この巻で扱うのは、言語や民族を異にするイランとトルコを除いた西アジアの諸地域、つまり「アラブの世界」である。もちろんアラブ世界といっても、それは純粋なアラブ民族の世界ではなく、七世紀初め以降、アラブの征服と先住民との混血、言語・風俗のアラブ化などによって徐々に形成された「アラビア語を母語とし、イスラームを信仰の絆と考える人々の世界」である。

アラブの地理学者の分類によれば、西アジアのアラブ世界は、イラク、シリア、エジプト、アラビア半島などのマシュリク(「東方」の意味)と北アフリカ(イフリーキヤ)、アンダルシアなどのマグリブ(「西方」の意味)とに分けられる。イラクはティグリス・ユーフラテスの両河川を利用して高度な灌漑農業がおこなわれる農耕地帯であり、秋の降雨を利用して天水農業が営まれるイラク北部からシリアへかけての地域とともに、「肥沃な三日月地帯」を形成してきた。また、毎年秋(九~十月)に最高水位に達するナイル川は、古くからエジプトに豊かな恵みを与えつづけてきたが、一九七〇年、アスワン・ハイダムの完成によって増水・減水の自然のリズムは失われた。

イフリーキヤと狭義の意味でのマグリブ（北アフリカ西部）およびアンダルシアは、いずれも温暖な地中海性の気候帯に属するが、これらの地域でも、秋の降雨や小河川を利用して小麦・大麦などの穀物栽培や果樹栽培がおこなわれてきた。とくにオレンジ、イチジク、ザクロ、オリーヴなどの果樹栽培の普及は、アラブの征服と移住によって高度な灌漑技術が導入された結果であるとされている。

マシュリクとマグリブの両地域では、早くから農耕地帯の中心に政治や商取引の要となるいくつもの都市が発達した。古代オリエント時代からイスラームの時代を通じて、数十万の人口を擁する巨大都市が、政治・経済・文化の中心として機能してきたことが西アジア社会の大きな特徴であろう。古代には、メソポタミアにニネヴェ・バビロン・ウル、シリアにアレッポ・ダマスクス・イェルサレム、エジプトにアレクサンドリア・メンフィス・テーベ、マグリブ・アンダルシアにカルタゴ・コルドバなどの諸都市が盛衰し、イスラーム時代には、バスラ、クーファ、バグダード、カイロ、カイラワーン、フェスなどの都市があらたに建設された。七〜八世紀以降、ムスリムの数がしだいに増大すると、古代オリエントに起源をもつ諸都市にも、新設の都市と同様にモスクやキャラバン・サライ（隊商宿）が建設され、またイスラーム法（シャリーア）の施行によって、都市の景観や生活様式、あるいは文化活動のあり方にも、ムスリム都市に固有な特徴が備わるようになっていった。

しかし西アジアの生活環境を理解するためには、前述の都市や農村社会に加えて、これらの定住地の周辺および砂漠地帯で遊牧、あるいは半農・半牧の生活を営む遊牧民(ウルバーン、アラブの複数形)の存在を考慮しておくことが必要である。マシュリクやマグリブには、イラクとシリアに挟まれたシリア砂漠、アラビア半島のヌフード砂漠やルブ・アルハーリー砂漠、北アフリカの南に広がるサハラ砂漠の周辺を生活の舞台とする遊牧民のほかに、各地の都市民や農民と密接な関係を保ちながら生活する半農・半牧の遊牧

イェルサレムの旧市街　中央にそびえるのが「岩のドーム」。ここでは，イスラーム教徒，ユダヤ教徒，キリスト教徒が街区に分れて暮らしている。

カイロ旧市街　マムルーク朝時代のカイロは，イスラーム世界の中心都市として繁栄し，14世紀初めに人口は約50万に達した。

民があった。ラクダや馬や羊を飼育する遊牧民は、定住民に食肉・乳製品・羊毛などを供給するばかりでなく、見張りや警備人として道路や地域社会の安全確保にも少なからず寄与してきた。しかし、定住民とのおりあいがつかなければ、彼らはその機動力や武力を用いてキャラバンや巡礼団を襲撃するなど、社会の秩序を脅かす、恐るべき存在へと変貌することもしばしばであった。

以上のように、西アジアの地域社会は、都市民と農民と遊牧民が相互に密接な関係を保ちながらつくりあげてきた有機的な複合社会である。しかもこれらの関係はけっして固定的なものではなく、異民族の侵入と定住、農民たちの都市への移住、遠距離交易に従事する商人の旅やメッカ巡礼の旅、さらには遠隔の都市をめぐる学問の旅などを通じて、つねに新しい人間関係や社会秩序がつくりだされてきたのである。

古代オリエント文明とイスラーム文明

イラン、トルコ、イラク、シリア、エジプトなどを中心とする古代オリエント世界には、活発な東西交易と豊かな農業生産を基礎として、高度な都市文明が華開いた。イラク中部のバビロンやギザ(アルギーザ)のピラミッドなどの遺跡をおとずれれば、私たちは古代都市の壮麗さや巨大王権の偉容をまのあたりにすることができる。しかし、七世紀初めにイスラームが誕生し、アラブ・ムスリムの征服活動が進展すると、イラク、イランを領有するサーサーン朝国家は滅亡し、東ローマのビザンツ帝国も新興のイスラーム勢力に押されてエジプト、シリアから撤退した。これによって古代オリエント世界は消滅し、新しい唯一神(アッラーフ)の信仰を絆とするイスラーム世界が形成されたことになる。古代オリエント世界からイスラーム世界へ、この変革によって西アジア社会の何が変わったのだろうか。

古代オリエントでは、シュメール人の都市国家にしろ、エジプトの統一国家にしろ、大河の治水・灌漑に基づく神権政治がおこなわれ、神々をまつる王の権力、あるいは生ける神としての王(ファラオ)の権力は絶対的なものとみなされた。これにたいしてイスラーム国家のカリフは、預言者ムハンマドから政治的な権限だけを継承し、しかもその地位と権力は、ムスリムによる忠誠の誓い(バイア)をえることによってはじめて正当化された。この誓いを集めることができなければ、自らカリフを宣言しても、その権限は公のものとして承認されることはなかったのである。この点で、古代の王権とイスラームの王権は根本的なところで異なっていたとみなければならない。

また七世紀以降、広大なイスラーム世界が成立すると、サーサーン朝やビザンツ帝国の領域を統合する一元的な世界が誕生した。もちろん社会の実態は地域ごとに異なっていたが、イスラーム世界の住民はメディナあるいはダマスクスのカリフの権威を承認し、地租(ハラージュ)や人頭税(ジズヤ)などイスラーム法に定められた租税の支払い義務に服したのである。しかも、サーサーン朝の銀貨とビザンツ帝国の金貨が帝国内で一様に流通しはじめ、やがて八世紀初頭から、コーランの文句をきざんだアラブ独自のディーナール金貨とディルハム銀貨がつくられたことは、貨幣経済が着実に進展しつつあったことを示している。カリフ政権は、通貨の改革に加えて、各地の都市を結ぶ交通路の整備とその安全確保に努力を傾け、その結果、広大な地域の流通と旅の安全を保障する体制(パクス・イスラミカ)ができあがった。これは、イスラーム時代になって実現した大きな変革であったといえよう。

しかし以上のような変革と同時に、イスラーム社会は古代オリエント文明の遺産を継承し、これをイスラーム文明の成長の糧として利用したことも事実である。オリエント文明の基盤であった河川灌漑の体系を受け継ぎ、これをさらに発展させたこともそのひとつである。ひとことでいえば、イスラームは都市と商人の社会であったが、国家財政の基礎はやはり農民から徴収される地租におかれていた。ムスリム商人から徴収される商品税(ウシュル)は取引価格の二・五%(外国商人の場合には一〇%)と低率であり、それらを合算しても、収穫の約五割に達する地租収入をこえることはなかったのである。しかもイスラーム政権は、貢納や租税の徴収を第一の目的にしていたから、安定した収入がえられればそれで満足し、農村社会

下エジプトの農村風景(タンター近郊)　下エジプトでは，定期的なナイルの増水を利用するために，運河が縦横に引かれていた。牛力により水車を回して水を汲み上げる。

そのものを変革する意図はなかったとされている。

農村社会の伝統をそのまま継承したのと同様に、イスラームは古代都市文明の伝統を生かし、高度な都市文明を発展させた。征服地に移住したアラブ・ムスリムは、ダマスクス、ベイルート、イェルサレム、アンティオキア、アレクサンドリアなどの市街地の一角に定住し、旧来の生活体系をそのまま継承した。一日五回、町にはアラビア語のアザーン(礼拝への呼びかけ)が響きわたるようになり、街路もしだいに迷路状に改変されていったが、各地の風土に根ざす生活条件に根本的な変化はなかったといえよう。

ただ十二世紀以前のヨーロッパと比べてみれば、バグダード、カイロ、コルドバなどが、いずれも人口五〇万をこえる巨大都市へと発達したことが、イスラーム世界の著しい特徴であった。都市の市場(スーク)は、中国、東南アジア、インド、ビザンツ帝国領などからもたらされた奢侈《しゃし》品や日常品であふれ、現金さえあれば、好みの品をなんでも購入することができた。豊かな生活を享受し、イスラームについての知識を磨くこと、これが都市に生きる人々の理想であった。イスラーム社会は、ヨーロッパに先がけて、都市的な生き方のマナーを身につけ、これを積極的に楽しむ人々を生み出したのである。

周知のように、イスラームはギリシア文明、イラン文明、インド文明、中国文明の遺産を受け継ぎ、これに独自の成果をつけ加えて、高度なイスラーム文明を開花させた。カリフ・マームーン(在位八一三〜八三三)が建設した「智恵の館(バイト・アルヒクマ)」では、医学・哲学などのギリシア語文献をアラビア語に翻訳する作業が組織的におこなわれた。またインドからゼロの観念を、中国から製紙法や錬金術を学んだムスリムの知識人は、ギリシア語文献の翻訳を糧にして、医学、哲学、数学、化学、光学などの分野でめざましい成果をあげるにいたった。さらにイスラーム神学や法学の分野でも、ギリシア哲学の論理的思考法を取り入れることによって、驚くほど精緻な体系がつくりあげられたのである。外来の学問を学びとろうとする統治者や知識人の意気込みと、コーランのことばであるアラビア語の急速な普及、この二つがイスラームの学問の発展を支える重要な要素であった。

アラブとは何か

「アラブ」といえば、一般にはアラブ人を意味するが、その内容を明確に示すことは意外にむずかしい。ジャーヒリーヤ時代(イスラーム以前の無明時代)から、半島のアラブ人は奇妙なことばを話す隣人のペルシア人をアジャム(非アラブ人)と呼び慣わしてきた。ギリシア人が野蛮なことばを話す外国人をバルバロイと呼んだのと同じ用法である。このアジャムと対比して用いられる場合のアラブは、せいぜい「アラビア語を話す人」くらいの意味であろう。また、アンダルシアの先住民がアラブというときには、「アラビア語を話し、洗練されたイスラーム文化を身につけた人」をさすといわれた。さらに都会に住むムスリムが砂漠の民にたいしてアラブといえば、それはムスリムとしてのマナー(アダブ)を解しない「粗野な遊牧民」のことであった。

それでは、アラビア半島で農民や遊牧民としての生活を送り、やがてイスラームの勃興と同時に半島外へ征服にでかけていった人々は、どのようなアイデンティティをもっていたのだろうか。ムハンマド時代のアラブ人は、「バヌーAに属する人」という観念をもっていた。バヌーとは、イブン(息子)の複数形である。つまりバヌーAは、Aという共通の祖先をもつ集団であり、Aをどの世代までさかのぼらせるかによって、「家族」とも、「氏族」とも、「部族」とも呼ぶことができる。Aを人間の祖アダムまでさかのぼって「バヌー・アーダム」といえば、それは「人類の全体」をさすことになる。

　このようにアラブ人にとって、帰属集団の規模は自覚の仕方によって、自在に伸び縮みを繰り返していたことになる。

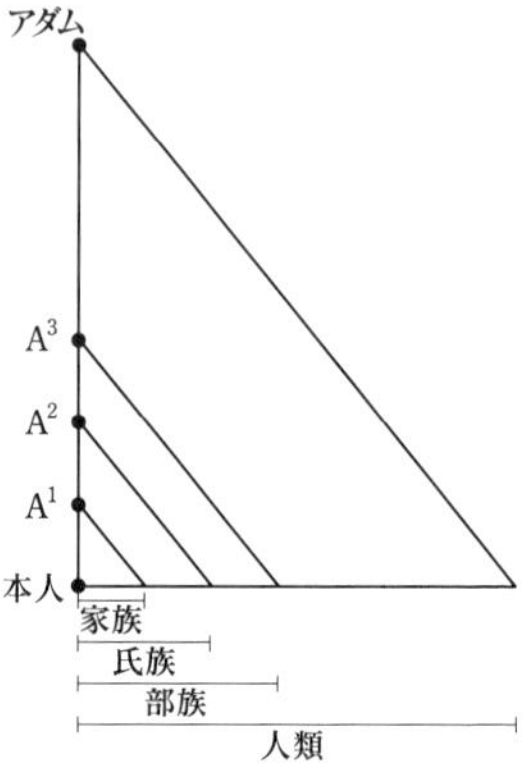

「バヌーA」の観念(板垣雄三『歴史の現在と地域学』による)

日常生活の単位は小規模な家族におかれていたが、戦闘などを契機に政治的な緊張が高まれば、人々はより大きな氏族あるいは部族の一員であることを強く意識した。しかも、大征服の結果、故郷を離れて生活することになったアラブ人は、より確かなアイデンティティを求めて、何十代前の祖先を共有する部族の観念を意図的につくりだそうとしたのである。十世紀以降、血縁に基づくアラブの部族意識はしだいに薄れ始めたが、現在でも、一部のアラブ地域では、このような意識がまだ根強く残っている。

　一方、征服地に定住したアラブ人と先住民とのあいだでは、婚姻による混血がしだいに進行した。混血を繰り返した場合、彼らは何代をへればアラブ人とみなされたのだろうか。アラブ社会には、「三代をへればカファーである」という伝統が生きていた。カファーとは「秤の釣り合いがとれる状態」を意味し、周囲の人々からカファーであると認定されれば、アラブ人と婚姻関係を結ぶにふさわしい身分だとみなされたのである。したがって、先住民がイスラームに改宗し、アラブ人とのあいだに混血を繰り返して三代をへたあとの子孫は、れっきとしたアラブと認められたことになる。この間に、言語についても、自然とアラビア語を母語とするようになっていたはずである。イラク、シリア、エジプトなど、征服地における先住民の「アラブ化」は、このようにして着々と進行したのであろう。

祖先はアビシニア人奴隷であったが、自らは生粋のアラブ人と称していた文人ジャーヒズは、『トルコ人の美徳』のなかで、諸民族の特徴をつぎのように述べている。「たとえば中国人は技術に、ギリシア人は哲学と文学に、アラブ人は詩と宗教に、ペルシア人は王権と政治において優れている。そしてトルコ人は戦闘技術に秀で、彼らの関心はもっぱら征服、略奪、狩猟、乗馬におかれている」。これは、他の民族と対比しながらトルコ人の特徴を表現しようとした文章であるが、ここにはアラブ人が関係の諸民族をどのように認識していたのかが巧みに語られている。アラブ人は「詩と宗教において優れている」との自己評価は、アラブ人ムハンマドがイスラームを興し、またジャーヒリーヤ時代から、散文よりも詩を尊ぶ習慣をもっていた事実に基づくものと思われる。アラブとは何かを考える場合、このような文化を含む自己認識の仕方にも注意を払うことが必要であろう。

国家と王権と法

六二二年、ムハンマドは迫害を逃れてメッカからメディナへ移住(ヒジュラ)し、新天地に信徒の共同体(ウンマ)を建設した。メッカの無血征服後、ムハンマドの名声が高まると、半島各地の集団はメディナにつぎつぎと使節を送り、ムハンマドと盟約(アフド)を結んで、その権威を承認した。これによって、預言者をいただく支配者集団のウンマが、アラビア半島のほぼ全域をゆるやかに統合する体制ができあがった。これがイスラーム国家の原初形態である。

預言者の没後、その政治的権威だけを継承したカリフは、当初は、その権限も制限され、せいぜい信徒を率いる仲間うちのリーダー的な存在であった。しかし征服の拡大につれて多くの富がカリフのもとに集められるようになると、その権限もしだいに強大化し、世俗的な王権の保持者としての性格をおびるようになった。ウマイヤ朝を開いたカリフ・ムアーウィヤ(在位六六一～六八〇)は、帳《とばり》をおろした玉座に座り、はじめて「王権を飾った君主」とされている。アッバース朝時代になると、ペルシアの宮廷儀礼が導入され、カリフの権威を高めるための装置はいちだんと複雑なものとなっていく。

カリフの称号は、正しくは「神の使徒の後継者(ハリーファ・ラスール・アッラーフ)」であり、文字どおり預言者の政治的権限を継承する者を意味した。また、第二代正統カリフ・ウマル(在位六三四～六四四)の時代から用いられた「信徒の長(アミール・アルムーミニーン)」は、戦闘の指揮官としての勇ましいカリフの称号であった。さらに、カリフはイマームとも呼ばれるが、これは「信仰の指導者」としてのカリフの性格を強調した称号であり、シーア派の最高指導者にはもっぱらこの称号が用いられる。

アッバース朝の成立後、まもなくアンダルシアには後ウマイヤ朝が興り、ウンマと国家とが一致する時代は終りを告げた。これとほぼ時を同じくして、王朝や国家を意味するダウラ(元来は「好機の到来」などを意味するアラビア語)の用法が登場する。これ以後、イスラーム世界の各地に誕生する王朝国家はダウラと呼ばれるようになり、この用法は現代にまで受け継がれている。九世紀初め以降、アッバース朝から自立する王朝がふえるにつれて、ウンマは実質的な意味を失い、たとえばマムルーク朝時代にウンマ・ミスリーヤ(ミスルとはエジプトのこと)といえば、エジプト共同体、つまり実際には「エジプト社会」を意味していたのである。たしかに政治的には分裂状態にあっても、メッカへ向かっての礼拝や巡礼の行事によって、信徒間の絆はかろうじて保たれていた。しかし信徒の同胞意識が、ふたたびかつてのような強固な共同体へと結実することは、結局なかったといってよいであろう。

九世紀ころまでに、各法学派の指導者たちによってイスラーム法(シャリーア)の体系が整えられると、カリフやスルタンには、イスラーム法に基づく公正な政治が求められるようになった。立法と法解釈の権限は法律の専門家たち(ウラマー)に委ねられ、スルタンはむろんのこと、カリフでさえこの分野に立ち入ることはできなかった。十世紀のなかばすぎ、バグダードにブワイフ朝政権が樹立されると、シーア派の知識人ビールーニーは、「国家と王権はアッバース家からブワイフ家に移行した。アッバース家に残されたのは、宗教的な権限だけである」と述べた。しかし、この場合の「宗教的権限」とは、せいぜい「宗教上の儀礼をとりおこなう権限」という程度の意味であって、カリフにはもともと信仰上の教義や宗教儀礼の内容にまで踏み込む権限は与えられていなかったのである。

イスラームの統治者には、「羊飼いが羊を養育する」ように、信徒の生活を注意深く守ることが要求された。そのためには、イスラーム法の公正な施行によって、社会福祉(マスラハ)の増進につとめなければならない。マスラハとは、交通の安全を保持し、軍隊や官僚に適正な俸給を支払い、モスク、キャラバン・サライ、病院などを建設・維持することを意味している。カリフやスルタンの地位は、毎週金曜日の正午におこなわれるフトバ(説教)によって確認される仕組みとなっていた。政治の原理として、各地域の住民がマスラハをおろそかにする君主の「フトバを切る」、つまり説教からその名前を削ることによって、不正な君主を否認する権利をもっていたことは、イスラームの国家と社会の大きな特徴といわなければならない。

アラブ・イスラーム社会の特質を考える

西アジアのアラブ・イスラーム社会は、もちろんアラブ・ムスリムだけの世界ではなく、アラブのほかに、イラン、トルコ、クルド、モンゴル、スラヴ、ベルベルなどの諸民族が住んでいたし、宗教についてみても、キリスト教徒、ユダヤ教徒、ゾロアスター教徒、仏教徒、マニ教徒などと多彩であった。

イスラームは、これらの多様な民族や信徒をどのようにして社会に組み込み、新しい秩序をつくりだそうとしたのだろうか。ひとつは、啓典の民であるキリスト教徒とユダヤ教徒、さらにその他の異教徒(ゾロアスター教徒や仏教徒など)を庇護民(ズィンミー)として認定し、人頭税(ジズヤ)の支払いを条件に、旧来の信仰をそのまま認めるシステムである。ムスリムと比べれば、ズィンミーの社会的地位は低かったが、このシステムの運用によって、少なくともズィンミーは国家から信仰の保持と生活の安全を保障されたのである。

ほかのひとつは、ワラー関係(パトロン＝クライアント関係)による異民族の組み込みである。イスラームの建前からすれば、二人以上の証人を前にして、「私はアッラーフ以外に神はなく、ムハンマドは神の使徒であると証言します」といえば、誰でもイスラームに改宗することができた。しかし、実際に異民族の人間がムスリムとなるためには、その身元引受人となるアラブ人の改宗親(ワリー)が必要であった。このとき、改宗親と新参の改宗者(マワーリー)とのあいだに結ばれたパーソナルな上下関係は、その後の社会生活においても長く生きつづけた。アラブ社会への参入者を、このような上下の人間関係に結びつけることによって、アラブ優位の社会秩序がつくりだされたのだといえよう。

ムスリムの知識人には、イスラーム社会の人々をハーッサ(特権層)とアーンマ(民衆)とに分けて考える伝統があった。ハーッサには、カリフやスルタンとその側近、アミール、高級官吏、大商人、宗教的指導者などが含まれる。これにたいして、アーンマは市場の商人、職人、荷担ぎ人、召使い、馬丁などから構成される。そしてハーッサとアーンマの中間にあって、両者を取り結ぶ役割をはたしたのが、学者、裁判官、学校の教師、説教者、礼拝の指導者などの職につく知識人(ウラマー)であった。もちろん現実の社会には、アーンマよりさらに下層に、男女の奴隷、道路の清掃人、死体処理人、墓堀、売春婦、乞食などが存在していた。これらの弱者・困窮者にたいして、富裕者であるハーッサは、進んで援助の手をさしのべることが求められた。逆にいえば、自発的な

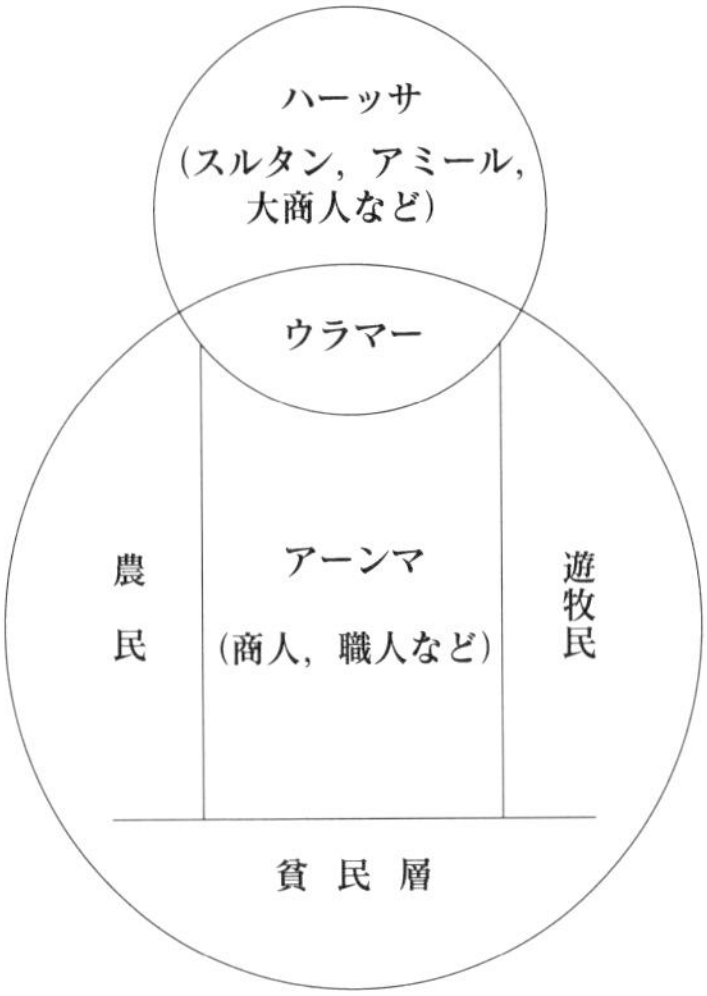

イスラーム社会の諸階層

喜捨(サダカ)を怠る者は、ハーッサとしての地位と名誉を保持することができなかったのである。

またイスラーム社会には、初期の時代からモスクの中庭や市場の路上で、各種の伝承(ハディース)、預言者ムハンマドやスーフィー聖者の伝記、対十字軍戦争の英雄譚などを平易なことばで語って歩く物語師があった。彼らは、カーッスあるいはワーイズと呼ばれる。彼らは、これらの物語を語るとともに、礼拝や断食や喜捨を勧めることによって民衆の教化にも大きな役割を演じてきた。しかし正統なウラマーをもって任ずる知識人にとっては、彼らの言説が「イスラームの矩《のり》」を踏みはずしていないかどうかが、つねに懸案の問題であった。

イスラーム社会では、コーランやハディースの解釈について、あるいは教義や儀礼にかかわる言説について、これに正否の判断をくだす公的な機関がつくられることはなかった。しかし善悪の判断をくだす最高の権威がないとすれば、どこかで歯止めをかけないかぎり、イスラームの矩は融解し、社会の秩序は失われてしまうことになりかねない。結局のところ、社会規範の防御問題は、警告を発したウラマーと物語師当人との論争のなりゆきにかかっていた。そしてこれらの論争の帰趨《きすう》は、どちらの主張がより多くの人々の賛成(イジュマー)を獲得したかで決まったのである。社会規範の保持は、国家が一方的に決めることではなく、当事者間の論争と世論の判断に任せられたことがイスラーム社会の著しい特質だといえるのではないだろうか。

二十一世紀のアラブとイスラーム

十九世紀以降、西アジアの諸地域では、西欧列強の利害を実現するかたちで、多様な民族と宗派をかかえる国民国家(民族国家)の建設があいついでおこなわれた。エジプト、シリア、ヨルダン、イラク、リビア、モロッコ、トルコ、イランなどがこれに相当する。しかしアラブ世界に限ってみても、各地域での国づくりは必ずしも順調には進まなかった。イスラエルの建国に対抗する気運のなかで、エジプトを中心にアラブ民族主義を唱える声が高まったものの、たび重なる敗戦によってこの運動は挫折した。莫大な石油収入のあるなしにかかわらず、国民経済の創出は計画どおりには運ばず、また「国民」の期待に十分応えるだけの政治体制をつくりだすこともできなかった。

イスラームの改革を唱えるワッハーブ派の運動が十八世紀末から始まり、この運動がサウード家と結びついて、サウジアラビア王国の建国に結実したことはよく知られている。しかし、巨大な石油利権をもつ王家一族がメッカ、メディナの両聖地を管理する体制は、「原始イスラームへの回帰」を標榜する素朴な思想と必ずしも一致していないのが現実であろう。国民国家の建設が多くの困難に直面し、自ら矛盾を抱え込んで低迷すると、人々はふたたびイスラームによりどころを求め、イスラームのさらなる改革を志すようになった。

イスラーム復興の運動は、教育や医療の改善を第一に考えるグループ(エジプトのムスリム同胞団など)、近代的な社会改革を重視する者(エジプト、シリアのモダニスト)たち、あるいは政府を打倒してイスラーム国家の建設をめざすグループ(いわゆる「原理主義者」たち)などと、さまざまに分れている。一九七九年のイラン・イスラーム革命はこれらの復興運動に弾みを与えたが、アラブ世界の場合には、従来の国民国家にかえて、どのようなイスラーム国家を建設すべきなのか、改革者たちのあいだでも意見の一致をみていないのが現状である。いずれにしろ、アメリカを中心とする国際社会の秩序維持の政策が、パレスティナ人をはじめとするアラブの民衆に不当な圧力として受け止められるかぎり、イスラームの改革運動はさらに先鋭化していくことになるであろう。私たちは、イスラームの歴史と文化の多様性や奥深さを学ぶとともに、イランのハタミ大統領が提唱した「文明間の対話」がどのようなかたちで進展していくのか、そのなりゆきにも注目しなければならない。

第一章
古代オリエントの世界

1 メソポタミア

都市文明の成立

人類はその九九％の時期を狩猟採集に頼った生活を強いられた。狩猟採集から食糧生産への移行は、人類史のなかで重要な転換点であり、西アジアでは、今から約一万年前に小麦・大麦などの栽培化と牛、ヤギ、羊などの家畜化によって達成された。それに先立つナトゥーフ期(前一万一〇〇〇～前八三〇〇年)は定住的狩猟採集の段階にあって、石鎌などの穀物収穫道具を使っており、すでに生産経済への移行は準備されていた。

先土器新石器時代(前八三〇〇～前六〇〇〇年)に、穀物栽培と家畜飼育が、「肥沃な三日月地帯」であるシリア・パレスティナ(イェリコ)、アナトリア(チャタル・フユク)、北メソポタミア(ジャルモ)、ザクロス(アリ・コシュ)の各地に同時多発的に起こった。狩猟採集経済から生産経済への移行は長期にわたるが、紀元前六〇〇〇年ころの土器新石器時代の始まりまでには主要な地域において移行が完了していた。

前六千年紀〜前五千年紀、ハッスナ期やサマッラ期をへてハラフ期になると、初期農耕村落の社会は成熟し、完成の域に達した。冶金術が発達し、農具などの大型青銅器が造られた。土器は文様の美しい多彩文土器になり、農業の安定・豊穣を祈る土偶も造られ、特別な祈りの場所も成立した。初歩的な灌漑技術の獲得もこの時期だとされている。

ティグリス・ユーフラテス両川下流域に成立していたウバイド文化(前五五〇〇〜前三五〇〇年)は、灌漑農耕を発展させた。灌漑という新しい生産技術の成功で、従来の天水農耕とは比較できない生産性を獲得したウバイド文化は、北のハラフ文化を圧倒して広がった。

前四千年紀後半のウルク期(前三五〇〇〜前三一〇〇年)が都市化の時期である。ウルク遺跡の中心には壮大な神殿群が確認された。文字を書いた最古の粘土板文書も発見されている。そこには王号を示す文字もあり、王権が成立していた。

V・G・チャイルドは、生産経済の成立を新石器革命と呼び、都市化を都市革命と命名した。新石器革命から五〇〇〇年をへて、ようやく都市文明が成立する。長い試行錯誤の歴史がそこにある。チャイルドがつぎの画期とした産業革命まで、都市革命から五〇〇〇年を要した。現代にいたる道の長さが感じられる。

ウルク期に続くジェムデト・ナスル期(前三一〇〇〜前二九〇〇年)には、その文化はペルシア湾岸まで広がる。活発な交易活動にともなう伝播であろう。ジェムデト・ナスル期のあとが初期王朝時代(前二九〇〇〇〜前二三五〇年）である。

都市国家から統一国家へ

前三千年紀は、前四千年紀後半の都市革命によって成立した都市国家が、初期王朝時代の対立抗争をへて、アッカド王朝とウル第三王朝という統一国家へと展開した時期である。

初期王朝時代、シュメールの都市国家はたがいに領土と覇権をめぐって争った。初期王朝時代前半の四〇〇〇年は史料が乏しいが、考古学的には、初期王朝時代の早い時期に、都市が城壁で防護されるようになったことが知られる。円筒印章の図柄に英雄格闘図が好まれたことも、戦争の激化に関係するであろう。ラガシュと隣国ウンマの国境争いは前二五〇〇年ころから長期にわたり、ラガシュの歴代の王が記録を残したこともあって、都市国家間の抗争を詳細に知りうる好例である。

都市国家の合従連衡《がっしょうれんこう》のなかで、覇権を握る王も出現した。現在知られる最初の覇者は、キシュの王メシリムである。彼は南のラガシュやアダブを従え、ラガシュとウンマの国境争いを仲裁するほどに勢力を有していた。北のキシュにたいして、南ではウル、ウルク、ラガシュが覇を競う有力な都市国家として登場する。ウルの繁栄は、ウルの王墓の出土品によって偲ばれる。多数の殉死者とともに副葬された金製品、それらは、凄惨《せいさん》さを秘めつつ、華麗さを今に伝える。

都市国家の分立状態からシュメールを統一に導いたのは、ウルクの諸王である。ウルクの王エンシャクシュアンナは、シュメール諸都市の盟主として北方の雄キシュと戦い、これを征服した。それを契機に、はじめて「国土の王」を名乗った。この王号は、都市国家の枠をこえ、地上世界における唯一の王を示すが、その王号を受け継ぎ、ことばどおりの意味でシュメールを統一したのがルガルザゲシである。彼は父を継いでウンマの王になり、のちにウルクに本拠を移して、シュメール統一の覇業を完成させた。

ルガルザゲシの覇業は永続しなかった。エンシャクシュアンナがキシュを破ったことで生じた政治的間隙をぬって、アッカドの王サルゴンが勢力を拡大していた。彼は、南下して、ルガルザゲシと彼に従うシュメールの諸都市を破った。アッカド王朝(前二三五〇〜前二一〇〇年)の成立である。

アッカドはシュメールにたいして軍事的優位にあったと思われる。シュメールの軍隊とアッカドの軍隊では軍装が相違した。シュメールでは、ラガシュの王エアンナトゥムの禿鷹碑文に描写されるように、盾と槍を装備した密集兵団(ファランクス)であったが、アッカドでは槍に加えて弓を使用し、軽装で機動力を生かしていた。軍編成にかんして、アッカドでは「五四〇〇人の兵士が彼(サルゴン)のもとで食事をした」ごとく常設の王直属軍が存在した。対するシュメールでは、平時には灌漑労働などに従事し、戦時に軍役に服する軍事・労働集団が主力であった。

アッカド王朝第四代の王が、サルゴンの孫のナラムシンである。彼は、はじめて「四方世界の王」を名乗り、さらに自らを神とした。王の神格化の最初である。彼は、積極的に遠征をおこない、北シリアのエブラや北メソポタミアのルルブム、スバルトゥまでも征服し、貢納を課した。ペルシア湾方面ではマガンを攻め、戦利品を最高神エンリルに奉納した。ナラムシンのときに、アッカド王朝は最大版図を達成した。

ナラムシンを継いだシャルカリシャリはシュメール・アッカドの支配を維持したが、彼の死後アッカド王朝は衰退する。アッカド王朝の終末期は、西からアムル人が、東からエラム人が、さらにはグティ人という異民族が侵入し、支配下にあったシュメールの諸都市が離反した分裂時代であり、アッカド王朝は地方政権に縮小した。分裂時代に終止符を打ち、再統一への第一歩を踏み出したのがウルクの王ウトゥへガルであり、彼の将軍であったウルナンムがウル第三王朝を創始した。アッカド王朝終末期からウル第三王朝草創期にかけて、シュメールの都市国家ラガシュは繁栄を謳歌し、グデア像など美術的に優れた作品が生み出された。

ウル第三王朝(前二一〇〇〜前二〇〇〇年)はシュメール人最後の王朝であり、掉尾《とうび》を飾るにふさわしく、

初期王朝時代シュメールの密集兵団　ラガシュ市の王エアンナトゥムの「禿鷹碑文」(テッロ出土，ルーヴル美術館蔵)。

アッカド王朝第4代の王ナラムシンの碑　北東山岳民族ルルブムを破ったときの戦勝碑(スーサ出土，ルーヴル美術館蔵)。

支配領域はアッカド王朝の最大版図と同等に、西は地中海沿岸から東はイラン高原まで拡大した。第二代の王シュルギは、「四方世界の王」を名乗り、アッカド王朝のナラムシン以降はじめて自らを神格化した。シュルギは、標準度量衡を設定し、統一暦を導入し、官僚制度を整えて、ウル第三王朝の統治制度の整備につとめた。組織の整備は、無数に出土するウル第三王朝時代の行政経済文書が証明する。その粘土板文書の内容は、ほとんどが王宮や神殿の経済活動を、農業・牧畜・漁業・織物・製粉・金属加工などの生産と、その産品の流通と消費にかかわって、物資と人員を詳細に記録したものである。管理組織が十分に機能していたことを示す内容であるが、同時に習熟した文字であり、複雑な計算がなされており、書記の能力の高さが推し量れる。

第五代で最後の王イッビシンが即位すると、数年のうちに支配下の諸都市が離反した。治世二四年に、エラムがウルを征服し、イッビシンを捕虜としてエラムに連れ去ったことで、ウル第三王朝は滅亡した。

文明と野蛮

シュメールの王ルガルザゲシからアッカドの王サルゴンへの交代を、シュメール人とアッカド人の民族対立としてとらえようとする見方がある。しかし、それは史実に反する。たしかに、シュメール語は言語系統不詳の膠着語《こうちゃくご》であり、セム語族のアッカド語とは相違する。言語が相違するとしても、シュメール人とアッカド人は、この世界を文明をもつ中心地域と「蛮族」が住む周辺地域の二重構造でとらえており、彼らは中心にあって共存し、ともに文明を担う者と意識していた。この意識があるかぎり、民族対立が抗争の主要因になることはなかった。脅威を感じ敵対したのは、「蛮族」とみなした周辺異民族である。メソポタミア文明と歩調をあわせて発展したエラムも、彼らの見方からすれば「蛮族」に加えられる。

文明と野蛮の二分法は、彼らの歴史の見方も規定した。中心の文明を担うアッカド王朝とウル第三王朝は、周辺の「蛮族」の侵入によって崩壊したという見方である。この見方は、現代人がシュメール人とアッカド人のあいだに民族対立を想定するのと同じく、実態を伝えているとはいいがたい。アッカド王朝の滅亡を主題にする「アッカドの呪い」ではナラムシンの治世に「蛮族」の侵入によって滅びたとするが、王朝は以後も存続したことは確実であるし、ウル第三王朝もエラムに征服されるよりも二〇年近く前にシュメールの諸都市がウルから離反して、ウルの支配体制が解体していた。異民族の侵入という外圧よりも、内的要因である統一王権と伝統ある諸都市の関係が重視されるべきである。

前三千年紀の王権や国家の発展を考えるとき、サルゴンのアッカド王朝創設よりも、ナラムシンの治世が画期である。ナラムシンが採用した「四方世界の王」の王号と王の神格化は、伝統的王権観の枠からはみ出た理念の導入であり、革新である。逆にいえば、アッカド王朝のサルゴン以下の三代は、初期王朝時代以来の伝統に即して国家運営をおこなっていた。

シュメール・アッカド地方を中心に、東のエラムから西のマリまでの範囲は、初期王朝時代にすでに政治的に連動するひとつの世界であった。サルゴンがシュメール地方とエラムやマリの征服を誇示することは、彼が旧来のそうした世界の統一をめざしたことの証である。マリはユーフラテス川上流域のシリアにも大きな影響を与えていたことが、北シリアで発掘されたエブラ文書からうかがえる。しかし、この地域

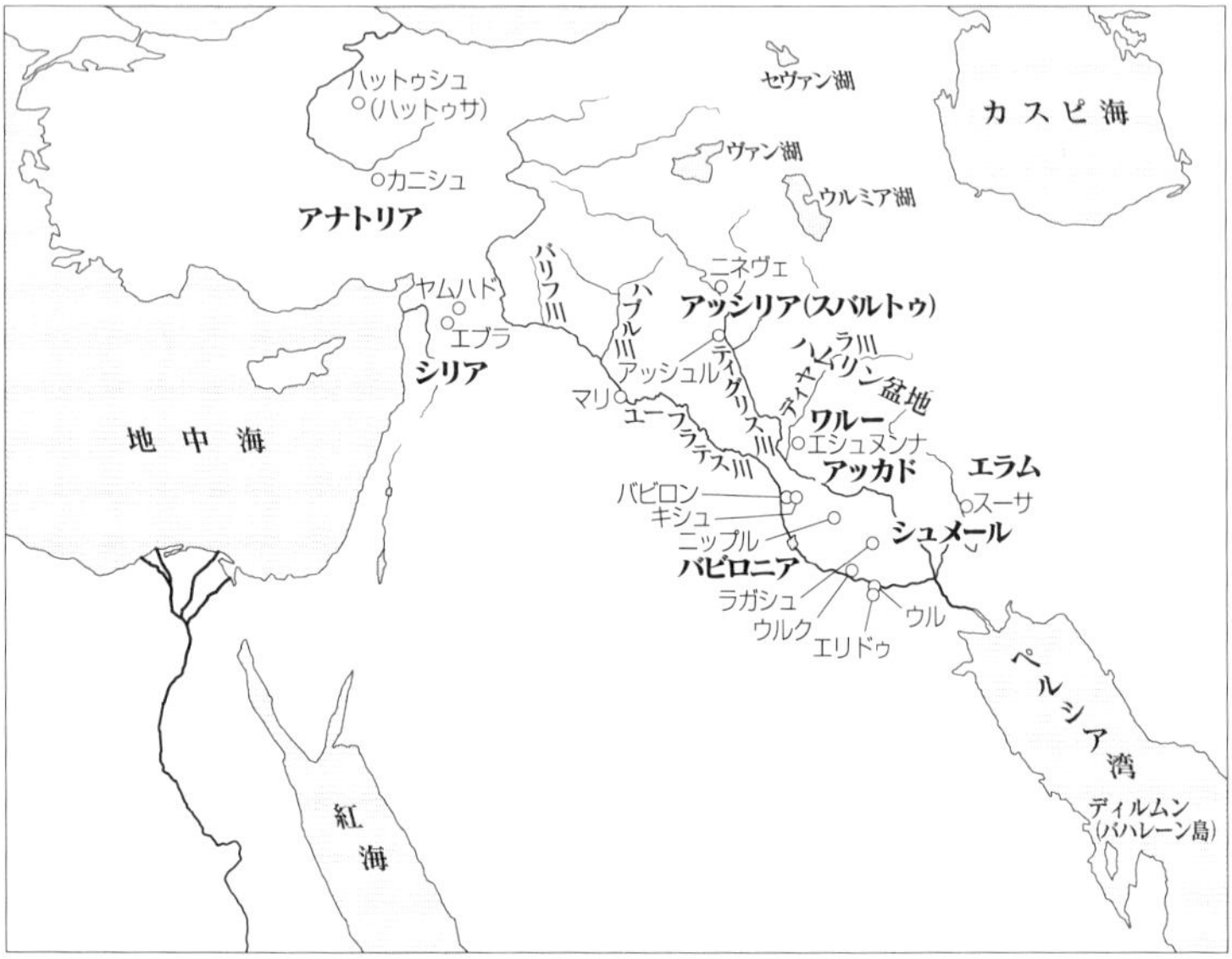

古代オリエント(前三千年紀〜前二千年紀前半)

は、シュメール・アッカドの中心からみれば域外であったろう。

　サルゴンを継いだ第二代リムシュと第三代のマニシュトゥスが実施した遠征は、初期王朝時代以来関係が深かったエラム地方とペルシア湾方面に集中している。伝統の枠内で行動したのである。

　それにたいして、ナラムシンは「四方世界の王」という理念を実現するために、当時の人々がいだく地理的世界、「下の海(ペルシア湾)から上の海(地中海)まで」の全領域を統合すべく、従来とは異なる方向、北メソポタミア、シリア、アナトリアへ積極的に軍事遠征をおこなった。

　ナラムシン治世の特筆すべき第二は、アッカド地方の成立である。初期王朝時代、ニップルを境にして南のシュメール地方にたいする北の地方は政治的・文化的にキシュが中心であった。

アッカド王朝のサルゴン、リムシュ、マニシュトゥスの三代は、「アッカドの王」を名乗らず、「全土の王(LUGAL-KISH)」を王号とすることでキシュの伝統を継承する意志を示した。これにたいして、ナラムシンが名乗った「四方世界の王」と「アッカドの王」は、キシュの伝統を離れ、アッカド市を中心とした全世界の統合という新しい理念を体現する王号である。以後、「シュメールとアッカド」は、周辺にたいする文明の中心地域をさす用語になる。

交易圏の拡大にはたしたナラムシンの役割も無視できない。ナラムシンはマガン(現在のオマーン)まで遠征した。イラン高原やペルシア湾岸との東方交易はすでに初期王朝時代から活発であったが、彼の軍事遠征の結果、ペルシア湾内のディルムン、それにマガンやメルッハなどとの東方交易がさらに拡大する結果をもたらしたであろう。メルッハはインダス文明と関係づけられる。事実、ウル遺跡のアッカド王朝からラルサ王朝時代の位層からは、インダス式のスタンプ印章が出土している。

初期王朝時代にはまだ十分に開かれていなかった東地中海岸やアナトリア地域との交易も、ナラムシンのシリア・北メソポタミア遠征によって可能になったであろうし、ここに、東はインド、西は地中海、北はアナトリアにいたる広大な交易圏成立の端緒を認めることができる。

分裂から統一へ

前二千年紀前半のイシン・ラルサ時代(前二〇〇三〜前一七六三年)と古バビロニア時代(前一七六三〜前一五九五年)は、ウル第三王朝の崩壊による分裂と、ハンムラビ王による再統一によって特徴づけられる。

ウル第三王朝の滅亡後もウルを占領しつづけるエラムを追い払い、異民族支配を終わらせたのがイシン王朝の創設者イシビエッラである。イシンの第五代の王リピトイシュタルのとき、ラルサはグングヌム王のもとでイシンに並び立つ勢力に成長した。イシンとラルサの二王朝並立時代といっても、イシン・ラルサのほかにエシュヌンナやマリなど多くの独立した王朝がメソポタミア各地に成立しており、分裂状態であった。

そのなかで、アッシュル(アッシリア)が特異な発展をみせていた。この時期は古アッシリアと呼ばれるが、アナトリアのカニシュ(キュルテペ)に設置された商業植民地(カールム・カニシュ)を拠点とした交易が活発であり、商人たちは一種のギルドをつくって発言権を強めており、アッシリアは商人国家の様態を示していた。アッシュルからアナトリアにもたらされる物品、とりわけ織物などはメソポタミアから輸入されたものであり、仲介貿易がその基本的性格であった。そのために、アッシリアの王イルシュムはメソポタミアとアッシリアの自由交易を宣言した。一方で、キプロスの銅を主要な産品として、東地中海岸との交易路がすでに開かれ活発化していたことも、カニシュの文書から推定される。

ラルサがもっとも繁栄したのは、ヤムトバルの族長クドゥルマブクの子、ワラドシンとリムシンが王位に就いた時期であろう。リムシンは治世三一年に、弱体ながら存続していたイシンを滅ぼした。以後、「イシンを征服した年のつぎの年」「そのつぎのつぎの年」のように、彼はイシン征服の年を起点に治世を数えた。シュメール・アッカドの正統王朝であることを競った積年の対立国イシンを打倒した喜びを示すものであろう。

ハンムラビが王に即位したとき、バビロンは、北のアッシリアと南のラルサという強国に挟まれていた。ハンムラビの統一事業はアッシリアの偉大な王シャムシアダド一世の死を待たねばならなかった。シャムシアダド一世はアムル人の族長である。彼はアッシュルを征服し、ついでマリを破った。自らはアッシュルの王になり、次子をマリの王に、そして長子を本拠のエカラテにすえることで、アッシリアからマリにいたる通商路の要衝をおさえ、北メソポタミアに大勢力圏を形成した。

ハンムラビはシャムシアダド一世と同盟関係を結び、地位を保全した。シャムシアダド一世が亡くなると、支配体制は瓦解し、マリは独立した。好機をえたハンムラビは統一に動き出した。まずラルサのリムシンを破り、シュメール・アッカド地方の統一を回復した。つぎの年にエシュヌンナ、さらに数年をおいてマリと、つぎつぎに対抗勢力を排除し、最後にアッシュルを前一七五五年に攻略し、ハンムラビによる統一作業は完成した。

ハンムラビの支配領域はアッカド王朝やウル第三王朝に比べて狭い。シリアではカトナやヤムハドなどの都市国家が拡大を阻み、アッシリアもバビロンの支配から早くに離れた。しかも、ハンムラビの死後すぐに、カッシト人の侵入があり、さらにシュメール地方に反乱が多発し、南の支配権を失った。アンミディタナがシュメール地方の「海の国」を征服し、比較的安定した支配の成果をあげた時期もあるが、ハンムラビの死後は、全般的にバビロンの支配領域は首都周辺に限定されていたとみるべきであろう。サムスディタナのとき、ヒッタイト王ムルシリがバビロンを攻略した。その衝撃でバビロン第一王朝は滅びた。

伝統の継承

前二千年紀になると、多くの都市でアムル人の王朝が成立した。イシン、ラルサ、バビロン、ウルク、キシュ、カザッル、マリ、シャムシアダド一世以降のアッシリアなどである。

アムル人の登場は、新しい西方セム語族の到来にとどまらず、メソポタミアの政治・社会制度に変化を与えた。エシュヌンナ出土の手紙は、ハンムラビより五代前のバビロンの王スムアブムが指導したアムル人族長の集会(プフルム)において、バビロンとアムル人諸部族が、マラダにたいして戦端を開くために同盟を結んだことを記す。この時期以降、アムル諸部族だけでなく、都市においても各階層の集会が政治的に重要な役割をはたすようになる。

アムル人の部族制は、メソポタミアの社会に大きな影響を与えた。シュメール以来の伝統では王の治世の初年は「誰々が王」のように即位を示すのが通例である。それにたいしてエシュヌンナの年名にある「王たるダドゥシャが、父の家の椅子を継承した年」は、王の即位のほかに父の家の継承を強調する。部族的な体制のなかで族長たる父の地位を継承する意味であろう。部族的な体制が、遊牧民社会だけでなく、王の支配基盤である都市社会の内部まで深く浸透していくのである。

ハンムラビ時代のバビロンやマリの王の手紙では、軍事行動に動員された兵士を万の単位で数える。以前に比べて動員数が飛躍的に増大した。動員数の増大は、バビロンの王がアムル人の族長たちと同盟を結んで戦いに臨んだように、周辺遊牧民の傭兵化の結果であろう。マリは、向背半ばする周辺遊牧民の動向・去就をつねに監視するとともに、動員用に人口調査をおこなった。

この時期、アムル人諸部族に同族意識が芽生えた。ハンムラビもシャムシアダド一世もアムル人である。ハンムラビの王統譜と、シャムシアダド一世がアッシリアの王名表に追加した王統譜は相似し、アムル系諸族の名祖《なおや》が系譜的にたどられている。同一の祖から分れた同族であるという意識がこの二つの王統譜に反映する。それ以前のシュメールの王名表には、同族意識を反映した記述も、名祖への言及もない。

アムル人としての民族の自覚が生まれ、メソポタミアの諸都市に王朝を開き、政治的に影響をもったとしても、文化的にはシュメール・アッカド文化を継承し、伝統を保持した。使用言語もアッカド語であるし、アムル人独自の芸術文化は認められない。

伝統の保持は、王号にもみてとれる。イシン・ラルサ両王朝の初期の王は、名乗るべきイシンの王やラルサの王を名乗らず、「ウルの王」を王号とした。王朝の正統性をウル第三王朝の継承に求めたのである。伝統文化の継承という面では、シュメール語の文学作品の編纂が重要である。「ウル滅亡の哀歌」などの都市滅亡哀歌が多くつくられ、王の讃歌などが新しくつくられるとともに、ウル第三王朝のそれを書き写した。

法典の編纂も伝統の継承である。法典はウル第三王朝のウルナンム法典が最初であり、イシン王朝のリピトイシュタル法典を受けて、ハンムラビ法典がつくられた。ハンムラビ法典の前文は、王権授与にかんして概略つぎのように記す。天の神アヌと神々の王エンリル神がバビロンの主神マルドゥクに地上の支配権を与え、バビロンに王権がくだされ、ハンムラビが王に任命された、そのことでハンムラビは「シュメールとアッカドの地」に威光を輝かせた、と。ハンムラビは、続けてニップルやウルをはじめとする都市

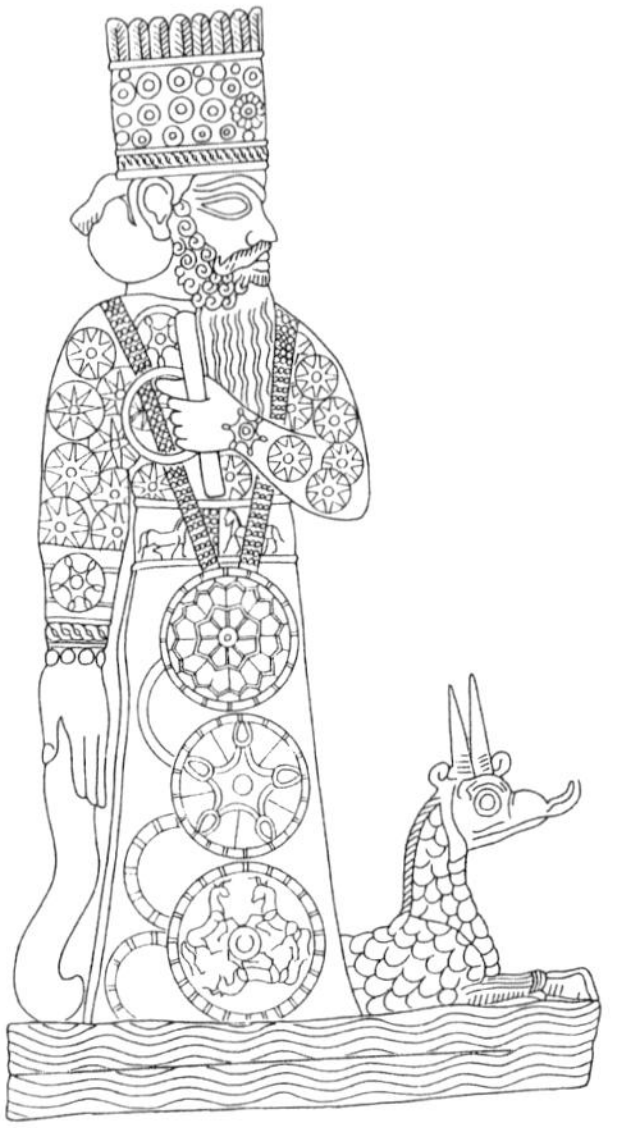

バビロンの主神マルドゥク神の図像　象徴である竜を従えている。ラピスラズリ製の印章。

と都市神の神殿を擁護する王として自らを描く。法典の前文に示された王権観は、シュメール以来の伝統の枠をこえるものではない。

覇権国家の動向

前二千年紀後半は、バビロンにカッシト朝(前一五九〇〜前一一五五年)が成立していた時期である。この時期、北メソポタミア地方に新来のミタンニがあり、その北のアナトリアに強国ヒッタイトがあり、古い伝統を誇るエジプトも新王国時代になってアジアへの進出をめざした。新旧の諸民族がおのおのの地域に強大な支配権力を生み出した。これは、オリエント世界がエジプトやバビロニアに一元化されないで、各地にそれらと同等の国家が生まれ多元化したことを意味する。おのおのの地域における内部統一の時代であり、きたるべき前一千年紀の帝国時代への助走段階であろう。

紀元前十六世紀初頭に、バビロンではバビロン第一王朝からカッシト朝に変わったが、カッシト朝の初期は史料が不足し、不明な点が多い。エジプトはヒクソスの支配を脱して第一八王朝時代の躍進の時代をむかえた。

ミタンニは北メソポタミアに勢力をもった国である。その国家の中心にインド・アーリア系の民族がいたと推定されているが、住民の大半はフルリ人であった。フルリ人はアッカド時代から知られており、ウル第三王朝時代には、北の防衛の任に就いた将軍たちにフルリ人名をもつ者が多くいた。このように前三千年紀の後半には、フルリ人は北メソポタミアに広く分布していた。しかし、彼らは国家を建てることなく分散していたために、その実体は不明である。アッシリアのシャムシアダド一世は北メソポタミアに広大な勢力圏を確立したが、それは一代で瓦解した。その空白を埋めてフルリ人の活躍が活発化し、シリア方面への進出も増した。このフルリ人の分布地域にミタンニは建国した。西のアララクと東のヌジから関係する文書、おもに行政経済文書が発掘されている。

バビロン、エジプト、ミタンニ、ヒッタイト、アッシリアの五つの覇権国家の関係を、世紀を区切りにして概観する。

紀元前十五世紀の覇権国家相互の関係は、シリアの覇権をめぐるエジプトとミタンニの対立を軸に展開する。エジプトのトトメス三世とアメンヘテプ二世は積極的にシリア計略に乗り出し、シリアに勢力を保持するミタンニと対立することになった。ミタンニと直接国境を接して脅威を感じていたヒッタイトとバビロン両国は、エジプトと友好関係を結んだ。

カッシト朝バビロンは、この世紀末から前十四世紀にかけて比較的安定していた。紀元前十四世紀なかばのブルナブリアシュ二世がエジプトのアクエンアテンに送った手紙に「あなたの父や祖先の使者が我が父や祖父のところに定期的にきた。わたしたちもよき友人でありたい」とあり、エジプトとの友好関係によってバビロンの平和は維持できた。

紀元前十四世紀に、国際情勢はヒッタイトとエジプトの対立へと主軸が変わった。ヒッタイトがシュッピルリウマのもとで最盛期にはいり、シリアへの進出をうかがうようになる。ヒッタイトに圧倒されたミタンニは、エジプトとの関係を敵対から同盟へと一八〇度の転換をよぎなくされた。エジプトはアクエンアテンの改革によって、西アジア外交が手薄になり影響力が低下した。ヒッタイトがさらにミタンニの首都を陥落させたことで、ヒッタイトとエジプトがシリアで直接対峙することになった。エジプト第一九王朝のラメセス二世とヒッタイトのムワタリとのあいだで闘われたカデシュにおける壮絶な戦車戦が、両覇権国家の激突を象徴する。

ミタンニの衰退によって、アッシリアはミタンニの軛《くびき》から解放され、中期アッシリア時代になる。アッシュルウバリト一世は、エジプトに書簡を送り対等の関係を要求した。宗主権を主張するバビロンを凌駕《りょうが》して、覇権国家の一員たる地位を築く意志を表明したのである。

紀元前十四世紀の国際関係を知りうる貴重な文書が、エジプトで発見されたアマルナ文書である。その多くは、覇権国家の王やシリアの都市国家の支配者とエジプトのファラオとのあいだで交わされた外交書簡で、引用したブルナブリアシュ二世の手紙もそのひとつである。

紀元前十三世紀以降は、アッシリアが他を圧倒するようになる。アダドニラリ以降アッシリアがシリアへの進出を強めると、対抗上エジプトとヒッタイトは友好関係に転換した。エマル文書は、ヒッタイトの北シリア経営の拠点であるカルケミシュにエマルが従属したこの時代の文書である。バビロンはアッシリアのトゥクルティニヌルタ一世に攻略された。

エジプトとヒッタイトがカデシュにおいて戦車で闘ったように、この時期になると、鉄と馬の利用が普及し、戦車が登場した。戦車は戦術を転換させただけでなく、たとえばマリヤンヌのような戦車を自弁できる貴族・騎士階層を生み出した。この階層は、王権を補弼《ほひつ》・補佐すると同時に、時として敵対勢力として政治的に重要な役割を担うようになる。

カッシト朝バビロン

カッシト語がどのような言語であったかはなお不明である。カッシト人は、バビロンの伝統に従ってアッカド語で記録したからである。彼らはバビロンの伝統を保持し、遵守した。アッカド語(バビロニア語)は当時の国際語であり、外交書簡であるアマルナ文書の大半も、交渉当事者の母国語でなく、バビロニア語で書かれた。

カッシト朝バビロンではシュメール以来の文化を保持することにつとめていた。シュメール・アッカドの伝統を継承するニップル、バビロン、ラルサ、ウル、ウルクなどの諸都市に残る古い粘土板文書を探し、校訂し、編纂したことで、カッシト朝は多くの文学作品を後世に伝えるという重要な役割をはたした。バビロニアの文学作品は、周辺のアッシリアやヒッタイトやエラムや、さらにはシリア、エジプトにも流布しており、各地から写本が発見されているが、その逆はない。文化的中心としてのバビロンの地位はゆるがなかった。

のちの時代の文書によれば、カッシト朝の初代の王とされるアグム二世について、彼はヒッタイト人が略奪したバビロンの主神マルドゥクとその妻神の神像を取り戻し、修復した神殿に納めたと伝える。この伝承の史実性は確証されないが、カッシト人がバビロンの伝統を遵守し、その正当な支配権をえたことを、万人に承認させる意図をもつものであろう。

世紀末転換期

前二千年紀末から前一千年紀初頭は、暗黒・激動の時代である。ヒッタイトは滅亡し(前一一九〇年)、バビロンのカッシト朝もエラムによって滅ぼされ(前一一五五年)、エジプトの新王国第一九王朝時代も終った(前一〇六九年)。中期のアッシリアは、前一一一四年ころから三八年統治したティグラトピレセル一世が首都をニネヴェに移し、中期アッシリア法典を編纂するなど隆盛を誇ったあと、ふたたび衰退期にはいった。覇権国家の競合という体制は、紀元前十二世紀ころからの「海の民」の移動による激変期に崩れ去った。

覇権国家が消え、一種の空白期が到来したとき、シリア・パレスティナにおいて、イスラエル王国が成立し、フェニキア人の都市国家が海上交易を通じて広範囲の勢力圏をもつようになった。

バビロンでは、カッシト朝の崩壊後、イシン第二王朝(前一一五八～前一〇二六年)が成立した。この王朝のネブカドネザル一世は、エラムに侵攻して、短期間ながらスーサを支配し、奪われたマルドゥク神の像をバビロンに持ち帰った。バビロニアの創造神話である「エヌマ・エリシュ」も彼の時代の編纂とする意見がある。新バビロニアの王がネブカドネザル二世を名乗ったように、バビロンの威光を輝かした王として記憶された。

ネブカドネザル一世の時代が過去のものになると、アラム人の侵入があり、バビロンをはじめとしてバビロニア地方の主要都市が攻略を受けた。この影響は破局的といえるもので、以後バビロンの歴史は暗黒の時代にはいった。バビロンに開いた王朝としては、第二海の国、バジ王朝、エラム王朝が続くが、政治的混迷は覆うべくもなかった。

アラム人は、カルデア人と同族であり、シリアから西アジア全体に広まったが、統一的な国家を建設しなかった。海のフェニキア人に伍して、アラム人は、陸上にダマスクスを中心とした商業ネットワークをつくりあげた。アラム語は前一千年紀の西アジアにおいて共通語になる。

エラムは、メソポタミアの衰退を尻目に、紀元前十三世紀のなかばから古典期と呼ばれる隆盛期にはいった。ウンタシュナピリシャがチョガザンビルに巨大なジッグラトを建設した。紀元前十二世紀末になると、シュトルクナフンテがメソポタミアを襲い、ハンムラビ法典やナラムシンの戦勝碑などの戦利品をスーサに運び去った。その子クティルナフンテがバビロンを攻撃し、イシン第二王朝を滅ぼした。

帝国時代

前一千年紀には、新アッシリア(アッシリア帝国)、新バビロニア、アケメネス朝ペルシア(ペルシア帝国)などの帝国が成立した。アッシリアのエサルハドンがエジプトを一時征服し、ついで、アケメネス朝ペルシアのカンビュセス二世が全オリエントを統合したように、名実ともに西アジア全体が政治的にひとつの世界になった。

前四千年紀に成立した都市文明が領域を拡大して、前一千年紀にようやく全オリエントが政治的に結合されるにいたった。この政治的結合体である世界が、東において別の文明を形成していたインドと直接境界を接し、地中海を挟んでギリシア世界と全面的に接触を開始した。マケドニアのアレクサンドロスによるアジア・インド遠征は、西アジアを中心に西のギリシアと東のインドとの一体化への早すぎた試みともいえる。

アッシリア帝国

紀元前八世紀後半から前七世紀前半にかけてのサルゴン朝が、アッシリア帝国の名にふさわしい時代である。

その前史を振り返ると、前二千年紀末からの停滞期を脱して、紀元前十世紀のアッシュルダン二世からアッシリアに新しい動きがあり、前九世紀前半に、アッシュルナツィルパル二世は首都をニネヴェから新都カルフに移した。この時期のアッシリアの繁栄は、カルフの新宮殿を飾る装飾豊かな浮彫や彫刻にうかがえる。

戦車にのる王の浮彫　アッシリアのティグラトピレセル３世の王宮を飾る壁画の一部(ニムルド出土，大英博物館蔵)。

がわれる。王の遠征や獅子狩り、神をまつる儀式が浮彫に描かれ、城門を守る巨大な有翼雄牛像もつくられた。中期アッシリア時代において固有の領土とされたのは、アッシュル、ニネヴェ、カルフを含む比較的狭い地域であった。それがこの時期になるとシリアと接するユーフラテス川東岸までが固有の領域と意識された。ユーフラテス川をこえてシリア・パレスティナへの拡大は、シャルマナサル三世から活発化する。彼のブラック・オベリスクに、ダマスクスやイスラエルなど南シリアの諸都市が朝貢する姿が描かれている。

紀元前九世紀後半から八世紀なかばまで、停滞・現状維持の時代であるが、それをすぎて、ティグラトピレセル三世は、軍制と地方行政組織を改革し、地方勢力の弱体化を意図して強制移住政策を実施するなど、体制の強化をはかり、ふたたび勢力を盛り返した。バビロンは、アッシリアの直接統治のもとにおかれた。

こうしたアッシリアの拡大のなかで、前七二一年サルゴン二世が即位する。彼は正統な王位継承者でなく簒奪者である。しかし、サルゴン二世の治世にアッシリアは飛躍をとげた。彼は、新都ドゥル・シャルルキンを建設し、イスラエル王国を滅ぼすなど諸地域を武力で平定し、積年の敵ウラルトゥを破った。しかし、バビロン統治は困難な状態が続いた。サルゴン二世の子センナケリブは王都をニネヴェに移して、体制を維持した。しかし、バビロンはカルデア人とエラムの介入もあって支配は不安定であり、最後の手段としてバビロンを破壊し、神像を奪い去った。

エサルハドンが王になると、父センナケリブの反バビロン政策でなく、バビロンの神を敬う親バビロン政策に転換し、バビロニア支配はある程度功を奏した。彼は、辺境のパレスティナの反乱を鎮圧し、反乱を支援するエジプトに親征した。二度目の遠征でようやくエジプトの首都メンフィスを落とした。しかし、三度目の遠征をよぎなくされ、その途上でエサルハドンは亡くなった。アッシュルバニパルがその遺志を継いでエジプトに遠征し、前六六八年テーベを攻略し、下エジプトに支配権を打ち立てた。バビロンの副王であったアッシュルバニパルの兄弟が王位をねらって反乱を起こしたとき、反乱を援助したエラムを征服した。結果的にエジプトやエラムを領域とするアッシリアの最大版図が形成された。

アッシュルバニパルの死後、カルデア人のナボポラッサルがアッシリア軍を破り、バビロンの王となって独立した(前六二五年)。彼はアッシリアの領域を蚕食する行動を開始した。対外的に困難が続くなかで、アッシリアの内政も宦官《かんがん》が王位を奪う事態が生じ、末期症状を呈する。紀元前六一二年にメディア王キュアクサレスとバビロン王ナボポラッサルがアッシリアの首都ニネヴェを徹底的に破壊し、ニネヴェは廃墟と化した。古都アッシュルも灰塵に帰した。ニネヴェのアッシリア貴族はアッシュルウバリトなる者を王に立て、ハランに逃れてアッシリア王朝の存続を主張し、エジプトの救援をあおいだが、それも前六〇九年にバビロン・メディア連合軍に包囲され、ハランは陥落してアッシリアは滅亡した。

紀元前十三世紀ころからヴァン湖付近を本拠として発展したウラルトゥは、アッシリア帝国を長く悩ませた。アッシリアが停滞期にはいった紀元前九世紀末期から八世紀中ごろにかけて、ウラルトゥは西に進出し、アナトリアやシリアに脅威を与えた。ティグラトピレセル三世はウラルトゥに攻勢をかけ、アナトリアの西半分の勢力を確定した。一進一退の状態が続いたが、サルゴン二世の遠征によって、アッシリアは北シリアとティグリス川源流地域を確保して、両者は相互保証のうえに立った友好的な外交関係に転換していった。転換の要因は、紀元前八世紀後半にキンメリア人が両国の脅威になったからである。ウラルトゥの使者がアッシュルバニパルの宮廷にきた例を最後に、ウラルトゥの消息はつかめない。急速に国力を減退し、滅亡したのであろう。新バビロニアのナボニドスがまだ将軍であったときアナトリアに遠征したが、ウラルトゥに言及していない。この地域における最大勢力はメディアに移っていた。

アッシリアの支配は広大な地域におよぶが、それは強大な軍事組織に支えられていた。センナケリブは動員した兵員数として二〇万八〇〇〇人という数字をあげる。数的な規模の大きさだけでなく、その軍隊は歩兵、戦車兵、騎馬兵、工兵、補給兵などから構成されていた。攻城兵器なども備えていた。補給所も主要幹線にそって規則正しくおかれた。ただし、海軍はなく、必要なときにはフェニキアから徴発した。

アッシリア帝国は、その外見上強固な国家体制を築いたかにみえる。しかし、なお、不安定性をもっていた。エサルハドンは各地の属国の王や高官を集め、王位継承者アッシュルバニパルに臣従することを誓わせた。そこには、王権の不安定さが垣間みられる。王権に反抗する門閥貴族にたいして、王の手足となる宦官の登用が顕著になり、宮廷の中枢をはじめ地方総督に宦官を任命する場面が多く見受けられた。アッシリア瓦解は、内紛による王室の弱体化が主要因であろうが、独立傾向をもつ地方政権と軍隊の外国人化なども要因としてあげることができる。

新バビロニア王国とペルシア帝国

カルデア人のナボポラッサルは、新アッシリアが衰退するなかで独立し、新バビロニア王朝(前六二五〜前五三九年)の創始者になった。新バビロニア時代がリュディア、メディア、エジプトとの四国対立時代と称されるように、新バビロニア王国はバビロニアとシリアが領有域であって、新アッシリアやのちのアケメネス朝ペルシアのような大帝国ではない。アッシリア支配下で長く忍従と反抗の時代を過ごしたバビロンが、古い文明を受け継ぐ世界の中心都市としての意地を最後に示した時代なのであろう。

ネブカドネザル二世は、シリアにおいてエジプト・サイス朝のネカウ(ネコ)二世を破る。エジプトのシリア支配の終焉である。ネブカドネザル二世は、ユダ王国を滅ぼし、バビロン捕囚という強制移住策を実施したことで知られるが、バビロンにおいて大建築事業を実施し、市街を一新した。その事業として、南の王宮や、ヘロドトスが『歴史』のなかでその壮大さに驚嘆した大城壁や、父の事業を引き継いだバベルの塔の造営がある。

ネブカドネザル二世の死後、王位継承をめぐる宮廷内の内紛や王の暗殺という混乱期をへて、ネブカドネザルの将軍であったナボニドスが王になった。ハランのシン神に仕えていた彼の母の影響によると思われるが、ナボニドスは篤く月神シンを崇拝した。ハランだけでなく、月神を祭る古い都市ウルにおいても旺盛な建築活動をおこない、月神ナンナの巫女《みこ》を王女から選ぶというアッカド王朝に始まり古バビロニア時代まで存続した古い伝統を復活させた。

ナボニドスの母アッダグッピが健康のままに長寿をまっとうしたことは、特筆される。「(シン神は、)アッシリア王アッシュルバニパルの治世から、わが子ナボニドスの治世九年まで、百四歳の齢を重ねることをお許しになった。目もよく見え、耳もよく聞こえ、手足も不自由しない。言葉が濁ることなく、どんな食べ物も飲み物も差し支えない。心身ともに健康でした。四代の孫を見ることができました」。

ナボニドスは、エジプトを牽制するためにアラブ遊牧民にたいして遠征をおこなったあと、一〇年間アラビア砂漠のテマに住むという異常な行動をとるようになる。王宮の求心力のなさから急速に統治能力を失い、新バビロニアはペルシアのキュロス二世に滅ぼされた。

帝国としてのアケメネス朝ペルシア(前五五九〜前三三〇年)は、キュロス二世(大王)から始まる。彼は、宗主国的地位にあったメディアを破ることで、その軛から脱した。ついでリュディアを滅ぼしてのち、最後の仕上げとして、前五三九年にナボニドスを捕虜にし、新バビロニア王朝を滅ぼした。バビロン入城に際しては、ナボニドスの轍を踏まない用心であろうか、バビロン市民にたいして解放者として振る舞った。ナボニドスはシン神信仰に篤く、バビロン市と主神マルドゥクをないがしろにしたとみなされて、市民の離反を招いていたのである。キュロス二世は諸民族の解放者として、ユダの民の故国帰還に許可を与えた。

キュロス二世の死後、カンビュセス二世が王位を継承した。彼は紀元前五二五年にエジプトを征服し、全オリエントの統一が成就した。

カンビュセス二世を継いだダリウス一世は、正統な王位継承者でなく簒奪者と考えられている。アッシリア帝国が簒奪者サルゴンを祖とするサルゴン朝のときに最盛期をむかえたように、アケメネス朝もダリウス一世の治世に、支配領域が東はインダスまで広がり、西ではギリシアと直接対峙するまでになって、ペルシア戦争という激突にいたった。

ダリウス一世は新しい首都ペルセポリスを建設した。建築資材は各地から集められた。杉がレバノンから、金がサルディスやイオニアから、ラピスラズリがソグディアナから、トルコ石が下オクサス川から、銀や黒檀がエジプトから、象牙がヌビアやインドから運ばれてきた。さらに各地から技術者が集められた。バビロニア人はレンガづくり、ギリシア人は石工、メディア人やエジプト人が金細工師として働いた。その造形には、大帝国にふさわしく国際的な色彩をおびることになった。

バビロンの栄光と終焉

紀元前十八世紀のハンムラビの統一によって、バビロンの都市神マルドゥクは神々の首座の地位に昇り、バビロンは、以後シュメール・アッカドの正統な後継者として振る舞った。前二千年紀も末近く以降、バビロンは台頭したアッシリアの政治的支配に服するけれども、アッシリアは副王的存在である「バビロンの王」を派遣するなど、バビロンの特殊性を認めていた。アッシリアの首都ニネヴェの王宮におかれたア

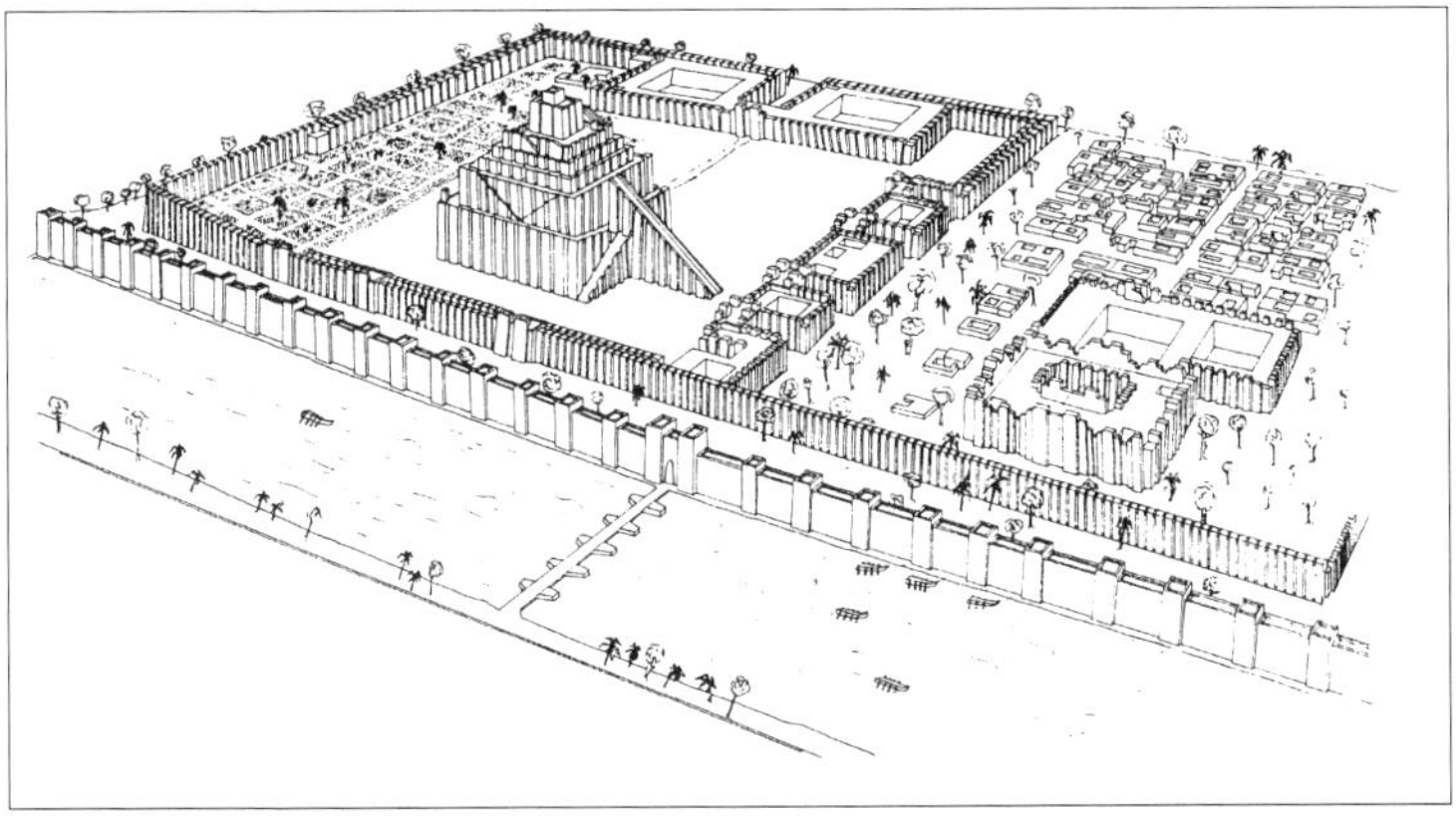

ジッグラト(バベルの塔)**とマルドゥク神殿が建つ地域の復元想像図**　王宮とならぶバビロンの中心だった。

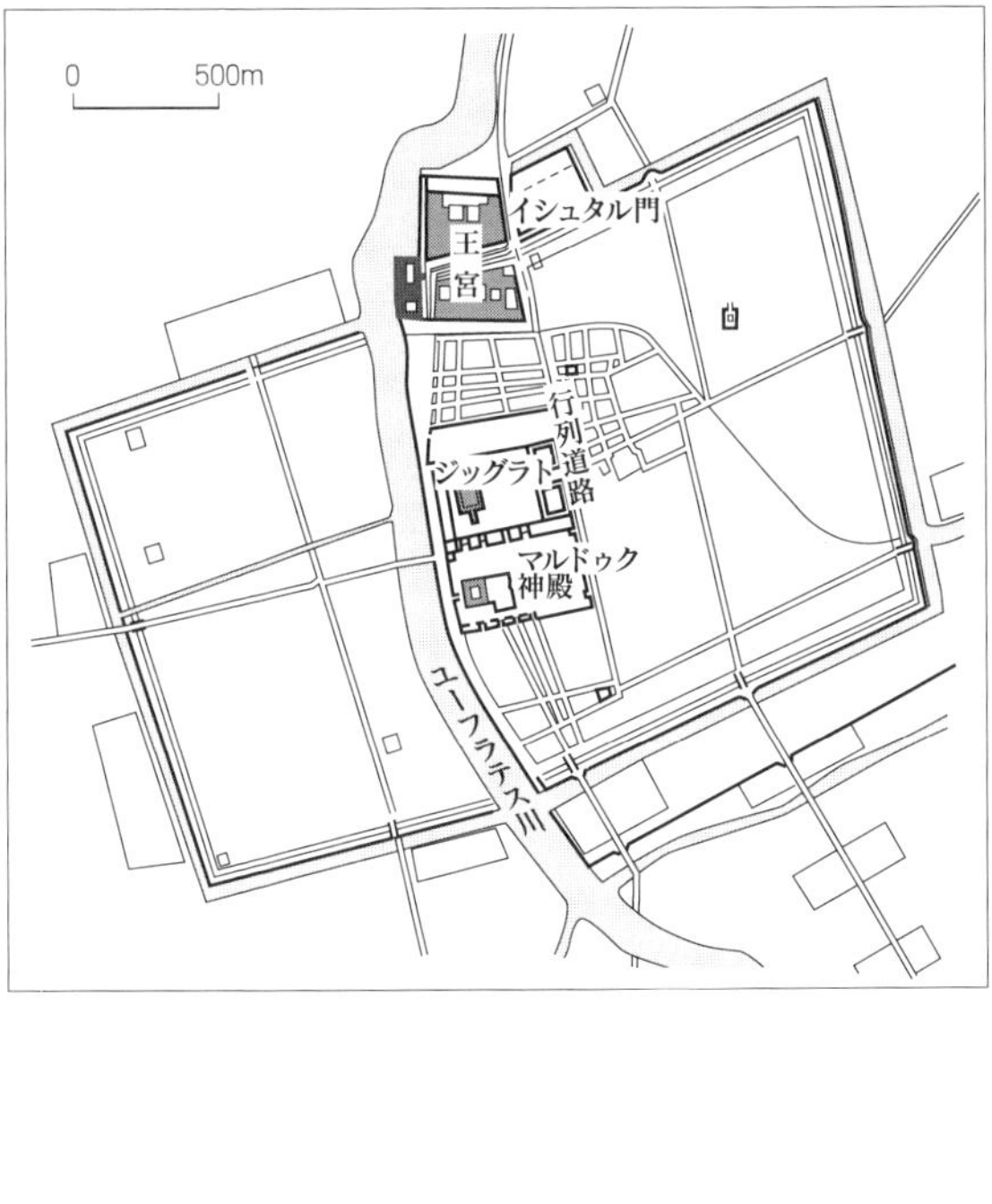

バビロン都市図　城壁に囲まれた都市域をユーフラテス川が貫流する。北に王宮域があり，その東側を行列道路が通る。

ッシュルバニパル文庫所蔵の粘土板文書は、ほとんどが辞書、占い文書、神話、叙事詩などバビロニアで創出されたものの集成である。アケメネス朝ペルシアになっても、ペルセポリスなどと同等に四大首都のひとつとして重視された。アケメネス朝ペルシアを滅ぼしたアレクサンドロス大王は、バビロンを尊重し、帝国の首都たる地位に就けようとバビロンの改造を構想していたといわれるが、志なかばにして病をえ、バビロンで死亡した。

太古の知識を伝える偉大なバビロンという意識は、ヘレニズム時代以降も根強かった。バビロンの神官であったベロッソスがセレウコス朝のアンティオコス一世に献呈したギリシア語の『バビロニア誌』は、バビロンにたいするイメージを助長したであろう。ベロッソス自身、バビロニアの占星術をギリシア人にはじめて伝授した人として、アテナイで顕彰されたという。プトレマイオスが紀元前八世紀を起点とする暦表を作成しえたのは、バビロニア天文学の正確な知識を活用したからである。バビロンの占星術として後世に知られる天文観測は、ヘレニズム時代になってもおこなわれ、天文日誌が作成されていた。

神話・叙事詩や祈禱書・予兆文書などが編纂され、その知識が集積されると、知識は神秘性をおびた。古く、シュメールの叙事詩は、文字の発明を、英雄エンメルカルに帰し、口上を覚えきれない使者のために粘土板に文字を書いたことが最初であると伝える。実際的・実用的なとらえ方である。それにたいして、前一千年紀には、文字は、神の創造たる賢人オアネスが、建築術や測量術や社会の法とともに人間に教えたとされた。書記たちはしばしば家系の古さを誇示したが、同時に書記は原初の賢人の後継者であると自任することで、書記術の偉大さと神秘性を強調した。

伝承は拡大する。七賢人という伝説が生じ、洪水以前の太古の王に賢人がペアとして組み合わされるようになる。シュメール・アッカドの古い時期の「王名表」は賢人に言及しない。

カッシト時代につくられたクドゥッルと呼ばれる境界石には、神々のシンボルや聖獣、悪霊的なものが多く彫られている。そこには、シュメール・アッカドの写実的な力強さよりも、不可思議な魔力を表現しようとする意図を感じる。それとは別に、クドゥッルに描かれた人物像は、グデア像に代表されるシュメール時代の神に敬虔な姿よりも、アッシリアの浮彫に描かれた威厳ある王の姿に近いように思われる。

遠い過去からの幾層にも重なる文化を伝え、過去の栄光につつまれたバビロンであったが、終末の時をむかえる。アレクサンドロス配下の将軍たちが遺領地をめぐって「デアドコイ(後継者)戦争」を闘ったなかで、バビロンの政治的・経済的地位に変化が生じる。西アジアは最終的にセレウコス朝シリアが支配したが、この王朝は、セレウキアを建設して首都をバビロンから移した。バビロンの終わりの始まりである。

クドゥッル(境界石)　イシン第２王朝のネブカドネザル１世による不輸不入の特権付与を記している(シッパル出土，大英博物館蔵)。

パルティア時代の紀元後一一六年に、ローマ皇帝トラヤヌスがパルティア遠征の途上立ち寄ったバビロンは、すでに廃墟でしかなかった。シュメール都市のなかでウルクやニップルは命脈を保っていたが、ウルやラガシュはすでになく、アッシリアの古都アッシュルやニネヴェも廃墟のままであり、今バビロンも地上から姿を消した。三〇〇〇年の長きにわたって文化を支えた楔形文字も、紀元前後を境にいつしか忘却の闇に消えた。二〇〇〇年の時をへて、ようやく十九世紀に再発見と解読がおこなわれることになる。

以上述べてきたことをまとめると、古代メソポタミア史の特徴として、伝統の保持と、中央政権と地方分権の対立をあげることができる。

古代のメソポタミアでは、革新よりも、伝統はすてさるのでなく、温存し、累積的にとらえた。前三千年紀のシュメール・アッカドの伝統は前二千年紀のバビロンに受け継がれた。バビロンを支配したアムル人、カッシト人、カルデア人、そのどれもが自己の民族性でなくバビロンの伝統を尊重した。前一千年紀に、ナボニドスは、アッカドのサルゴンやナラムシンの遺物を探し、彼の娘はウルに考古陳列館と呼びうる部屋をつくり、ウル第三王朝からカッシト朝の諸王の彫像や浮彫を収蔵した。新アッシリアにあっては、一五〇〇年前のグティという民族名を、実体がないにもかかわらず、敵対する周辺異民族の代名詞とし、これも名のみで実体のない「シュメールとアッカドの王」の称号を使った。

伝統を保持するのとは逆に、革新をめざしたナラムシンは、アッカド王朝滅亡を扱った作品「アッカドの呪い」において、神に不敬を働いたことで王朝を滅ぼした悪しき王として描かれた。伝統を重んじ変革をきらう心性が、こうした主題を作品にしたのであろう。

ヘロドトス以来、オリエントは強大な東洋的専制国家としてイメージされる。このイメージに合致しないで一見奇異なことであるが、実態として中央の王権と地方の対立がアケメネス朝ペルシアにいたるまで存在した。前三千年紀における統一王権と都市国家の対立構造は、最後まで解消されることはなかった。都市や地方の自立化傾向が、中央集権的理念と制度の実現化を阻害する要因として作用したのである。

古代メソポタミアに欠けていたもの、それは、民族や王朝を超越して、歴史的文化的統一体の地理的空間への投影であるひとつの世界としての「場」、全体の統一を保つ「場」の存在である。個人のアイデンティティのよりどころとなる「場」でもある。ローマ市民権の付与・拡大や、イスラーム教やキリスト教の世界宗教は、ひとつの世界という「場」を設定する契機になったであろう。しかし、メソポタミアではマルドゥクがバビロンの都市神であるという都市的性格を払拭して、普遍理念を体現する神に上昇することはない。それ以後のアッシリア帝国やペルシア帝国においても、帝国の領域の意識は存在しても、それをこえて、なおそれを支える歴史的文化的統一体としてのひとつの世界の意識は生まれなかった。

2　エジプト

ナイル川流域での初期の人間活動――旧石器時代から新石器時代へ

今から四五〇万年程前に人類はアフリカ大陸の東部あるいは南部で誕生し、その後、「出アフリカ(Out of Africa)」をへて、世界各地に拡散していったと考えられている。アフリカ大陸からユーラシア大陸に広がる経路としては、アフリカ大陸の東に位置する大地溝帯に沿って北上したと考えられる。この大地溝帯に並行して紅海やナイル川が形成されている。そのことからもナイル川流域が人類の移動・拡散にとって重要な場所であったことは疑いない。しかしながら、現在までのところエジプトにおいては、初期の化石人骨は発見されていない。エジプトのファイユーム地方が、哺乳動物の化石の宝庫であることからも明らかなように、近い将来にこの地域で初期の化石人骨が発見されることはまずまちがいないであろう。

現在までのところ、エジプトにおいて発見されている最古の石器は、数十万年程前の下部旧石器時代のものである。中部旧石器時代になるとルバロワ技法をもつムスティエ並行の「ルバロワゾ・ムステリアン」が存在している。また各地で上部旧石器時代の遺跡が発見されている。一九七〇年代のアスワン・ハイダム建設にともなうヌビア水没遺跡救済キャンペーンにより、ヌビア地域を中心としてナイル川流域の旧石器時代から新石器時代にかけての先史時代の研究が大幅に進展した。

アメリカのF・ウェンドルフらの調査により、アブ・シンベルの西方約一〇〇キロに位置するナブタ遺跡で終末期旧石器時代(エピ・パレ)から新石器時代にかけて連続的に推移する遺跡がはじめて発見された。ナブタの土器をともなう初期新石器文化の年代は、紀元前六一五〇年ころのものと考えられる。この時期には六条オオムギや栽培植物に共伴する雑草や家牛の骨なども発見されており、この地で農耕・牧畜がおこなわれていたことが判明している。

これまでのところ、ナイル川流域でナブタ遺跡を除くと終末期旧石器文化段階から新石器文化段階への連続的な移行を示すような遺跡は、残念ながら一例も報告されていない。上エジプト(エジプト南部)のアルカーブ遺跡では、紀元前七〇〇〇年ころの年代を示す終末期旧石器文化が発見されており、石器群の様相やダチョウの卵殻製ビーズの存在など、ナブタで発見された終末期旧石器文化と同様な内容をもっている。北部エジプトのカルーン湖北岸のファイユーム遺跡でも、最古の新石器文化であるファイユームA文化の下層からカルーニアンと命名された終末期旧石器文化の存在が明らかになっているが、ファイユームA文化とのあいだには一〇〇〇年以上の時間的な隔たりが存在している。ファイユームA文化に属する土器の形態は非常に多様であり、土器がとくにシリア・パレスティナ地域から流入したと考えられている。ファイユームA文化は、西アジア的な新石器文化を有するものであり、この地域の終末期旧石器文化とのあいだには直接的な関係は存在していない。しかし、特徴的な長脚鏃《ちょうきゃくぞく》をはじめとする石器群の様相など、サハラ・スーダン新石器文化の伝統を色濃くもっているといえる。

十九世紀末から二十世紀初頭にかけてイギリスのF・ピートリは、上エジプトのナカーダ遺跡をはじめとする多くの先王朝時代の遺跡を発掘調査した。ピートリは発掘された膨大な土器のなかで、波状把手付土器の把手の変化に注目することで、エジプト先王朝時代の編年を組み立てる方法を考案した。これが一般に継起年代(SD)法と呼ばれる方法である。先王朝時代の時代区分としては、従来、北部では時代順にファイユームA文化、メリムデ文化、オマリ文化、マアディ文化などが、南部ではバダーリ文化、アムラ文化、ゲルゼ文化などの名称が使用されていたが、個々の文化にかんして再検討がなされている。マリムデ・バニー・サラーマ(メリムデ)遺跡の再検討により、メリムデ文化が従来考えられていたよりも、ずっと古い時期から存在していたことが明らかとなった。現在ではメリムデ文化は五期区分され、前半部(I

エジプトの主要な遺跡

〜III期)は、ファイユームA文化よりも古い段階を示すものとされる。また南部にかんしてもアムラ文化をナカーダI文化、ゲルゼ文化をナカーダII文化と二分することが一般的であったが、ドイツのW・カイザーは、ピートリによる編年体系を再検討し、ナカーダ文化を三時期(ナカーダI〜III期)に区分する方法を提唱し、この説が現在では一般に支持されている。

ルーヴル美術館に収蔵展示されている上エジプトのゲベル・アルアラク出土のフリント製ナイフの象牙

製の柄に刻されたレリーフには、両手に二頭のライオンをつかんだメソポタミア風の服装を身につけた英雄の姿が表現されている。このように先王朝時代末には、明らかにメソポタミア地域からの強い影響があらわれており、なんらかのかたちでの接触がおこなわれていたことを示している。

統一王朝の出現

前三〇〇〇年ころになり、ナイル川流域は一人の王のもとで統一された。第一王朝の出現である。統一王朝出現の経緯にかんしては現状では不明な点が多い。上エジプトのナカーダやヒエラコンポリスなどの地域を中心に結成された部族連合が、下エジプト(北部のナイル・デルタ)を軍事的に征服することで統一が達成されたと考えられているが、具体的な証拠は現在までのところ知られていない。アビュドスの第一王朝時代の王墓地を再調査したドイツ考古学研究所のG・ドライヤーは、第一王朝初期の王たちの王名が刻された封泥を発見している。彼の復元により、第一王朝初期の王の順番がはじめて明らかにされた。それによるとナルメル王、アハ王、ジェル王、ジェト王、デン王となり、初代から五名の王の即位順が確定された。

前三世紀のプトレマイオス朝時代の神官マネトー(エジプト名メリネチェルアア)が著わした『エジプト史』には、第一王朝初代の王としてメネスの名が記されている。前五世紀のヘロドトスの『歴史』にみられるミン王も同一人物と考えられる。トリノ王名パピルスやアビュドスの王名表にも、最初の王はメニの名前で登場している。このエジプトをはじめて統一した伝説上の王であるメネスが、考古資料に残るどの王にあたるかこれまで議論されてきた。メネス王をナルメル王とする説とアハ王とする二説が存在しているが、ナルメル王とする説が有力である。

初期王朝時代(第一・二王朝)の王の埋葬地にかんしては、サッカーラとアビュドスの南北二カ所が候補地としてあげられている。アビュドスで発見された第一王朝のデン王墓とみなされるT墓は、規模が二三・五メートル×一六・四メートルで周囲に一三六基の付属墓をもつマスタバ形式の墓である。一方、サッカーラで発見され、当初は「ヘマカの墓」とされ、のちに発掘者のエマリーにより「デン王墓」と訂正されたサッカーラ三〇三五墓は、基底部の規模が五七・三メートル×二六メートルもある。このように、サッカーラの墓がアビュドスの墓よりも本体の規模が大きいことから、エマリーは王の遺体はサッカーラに埋葬されたと考え、アビュドスの墓は、実際の遺体が埋葬されない空墓として王家の出身地であるティニス近郊に造営されたものであるとする説を立てたのであった。しかしながら、近年になりアビュドスの初期王朝時代の墓の北約一・五キロから二キロの耕地際に位置する大規模な周壁構造をもつ遺構が、王の埋葬と密接に結びつくものであること、そしてサッカーラとアビュドスの墓に副葬されたシリア・パレスティナ系の土器の分析などから、現在では第一王朝の王墓地はアビュドスであったとする意見が強い。アビュドスに存在するデン王のものと考えられる周壁構造の規模は、五七・三メートル×二六メートルと巨大なものである。アビュドスが第一王朝時代の真の王墓地であるとすると、サッカーラの大型マスタバ墓は本当に高官の墓なのかという疑問も生じてくる。初期王朝時代の王の埋葬や墓の機能などを含め、今後の検討が必要であろう。

第二王朝時代の王で、アビュドスで墓がみつかっているものは、ペルイブセン王とカセケムイ王の二名だけである。サッカーラから発見された封泥から、第二王朝の王であるラーネブ王、ヘテプセケムイ王、ニネチェル王の三人のなかで少なくとも二名が、サッカーラに王墓を造営したと考えられている。

アビュドスに王墓(P墓)を造営した第二王朝六代目のペルイブセン王の王名を記したセレク(王名枠)のうえには、それまでのホルスではなく、セトの姿がはじめて描かれた。このことは、ペルイブセン王が、王はホルス神の化身であるとする従来の考えをすてたことを意味する。ホルス神にかわりセト神を最高神の地位におこうとする試みもペルイブセン一代で終わり、つぎのカセケムイ王はふたたびホルス名に復帰し、ホルス神が勝利したことをあらわしている。王はその後、王名枠のうえにホルスとセトの双方を描く、「ホルス・セト名」を一時的に採用し、王名も「カセケム(力が出現する)」から「カセケムイ(二つの力が出現する)」と改名し、ホルス神とセト神の両神の和解をはかった。ホルス神とセト神との争いは、文字資料には残っていないが、一時的にホルス信仰と敵対するセト信仰を推す勢力が国家の政治に深く干渉したことを示している。

統一王朝の王都として、上下エジプトの境界に位置する場所に、「白い壁」と称された都市があらたに建設された。これがメンフィスである。メンフィスは、その後、エジプト史を通じてローマ支配時代にいたるまで中心都市として存続しつづけた。エジプトは南のアスワンからナイル・デルタ地帯までを統一したあとに、活発な対外政策を実施したことが判明している。第一王朝三代目のジェル王のときには、銅とトルコ石の産地であるシナイ半島や、象牙や黄金の産地であるヌビアへの遠征隊が派遣されたことが記録されている。遠征隊は、ヌビアではナイル川の第二急湍《きゅうたん》まで達したとされている。対外遠征により、多大の富が国内に流入し、王国は繁栄した。それとともに王権も強大なものとなっていった。

神王理念とピラミッドの建設

古王国時代は、前期(第三・四王朝)と後期(第五・六王朝)、晩期(第七・八王朝)の三時期に区分することができる。第三王朝初代の王は、これまでサナクトまたはネブカとされているが、その詳細にかんしてはよくわかっていない。アビュドスの第二王朝最後の王カセケムイの墓(V墓)から、第三王朝二代目の王ネチェリケト(後代に「神聖」を意味するジェセルの名で呼ばれたため一般にジェセル王の名で知られる)の名が記された遺物が出土していることから、ネチェリケト王がカセケムイ王の息子であり、第三王朝初代の王とみなす説もある。ネチェリケト王は、エジプトで最古のピラミッド(階段ピラミッド)をサッカーラに建造した王としても知られている。

ネチェリケト王は、アビュドスの北に位置するベイト・カラフに基底部の長さが八五メートル、幅四五メートル、高さ八メートルの日干レンガ製のマスタバ墓を造営している。王がサッカーラに造営した階段ピラミッドは、当初は基底部の一辺の長さが六三メートルの正方形のプランをもつ高さが一〇メートルの石造マスタバ墓として計画され、その後、幾度かの設計変更をへて高さが六二メートル、基底部の長さが東西一四〇メートル、南北一一八メートルもある六段の階段ピラミッドとして完成させたのである。さらに、ピラミッドを取り囲む凹凸のパネル状装飾をもつ周壁は、南北五四五メートル、東西二七七メートルもある広大なものであり、内部には葬祭殿のほか、宮殿やセド(王位更新)祭用の建物などを模した石造の建物群からなるピラミッド複合体をかたちづくっていた。

　ネチェリケト王がピラミッドを建造した背景には、王のもつ絶大な権力があり、それは「王は神である」という神王理念があった。階段ピラミッドは、ネチェリケト王ののち、一九五三年にサッカーラで発見されたセケムケト王のものもある。基底部の一辺の長さが一二〇メートルで七段の高さが七〇メートルのピラミッドとして計画されたが、七メートルの高さしか残存しておらず未完成に終わっている。ザウィエト・アルアリアンに残るカーバー王のものとみられる「重層ピラミッド」も階段ピラミッドとして計画されたが、やはり未完成である。

　第四王朝初代のスネフェル王は、第三王朝最後の王であるフニの娘であるヘテプヘレス王女と婚姻している。スネフェル王は、ダハシュールに二基、そしてマイドゥーム(メイドゥム)に一基の計三基の巨大なピラミッドを造営したとされている。マイドゥームのピラミッドは、フニ王によって階段ピラミッドとして建造が開始されたものを、スネフェル王が真正ピラミッドとして完成させたものと考え

ネチェリケト王の造営になる階段ピラミッド(サッカーラ)
サッカーラに造営されたエジプト最古のピラミッド。何回かの設計変更をへて現在ある６段の形状になった。

られる。そのため、ピラミッドの東側に葬祭殿がはじめて位置し、参道が真直ぐ東に直線的に伸びる構造から、屈折ピラミッドよりもあとの時期に完成されたものと考えられる。また、真正ピラミッドの表面を覆っていた外装石が古代においてくずれ、現在の「くずれピラミッド」の外観を呈したとする考え方が一般的であったが、外装石が崩落した時期が古代ではなく、ずっと後の時期であるとする説もある。

ダハシュールの「屈折ピラミッド」は、基底部の一辺の長さ一八八・六メートル、創建時の高さ一〇五(現在高一〇一)メートルの規模で、基底部から四九メートルの高さの部分で傾斜角が五四度三一分から四三度二〇分とゆるやかなものに変更されている。角度を変更した理由は定かではないが、ピラミッドの内部への入口が北と西の二カ所にあること、参道がピラミッドを囲む周壁の北側から始まり東に向きを変更していることなどの試行錯誤をともなっていることから、ピラミッドの構造上における変革期にあたっていると考えられる。一方、北の「赤いピラミッド」は、基底部の一辺の長さが二二〇メートルという巨大なものであり、傾斜角は四三度四〇分とゆるやかで、創建時の高さは屈折ピラミッドと同じ一〇五(現在高九九)メートルになるように設計されている。スネフェル王が自らの墓所としてなぜ、三基もの大型ピラミッドを造営する必要があったのかは不明であるが、ピラミッドの建造目的などを考慮する際にきわめて重要な問題提起となっている。

スネフェル王とヘテプヘレス王妃の息子であるクフ王は、ダハシュールの遙か北方のアルギーザ台地に巨大なピラミッドを造営した。クフ王の大ピラミッドは、基底部の一辺の長さが二三〇メートルで、創建時の高さが一四六・五(現在高一三六)メートルの規模をもつ、エジプト最大のピラミッドとして造営されたものである。また、この大ピラミッドは、ほかのピラミッドとは異なり、巨大な内部空間が存在する特殊なものである。一九五四年に、大ピラミッドの南側基底部において、蓋石で覆われた二つの長方形のピットが検出された。東側の第一ピットは調査され、内部から解体された大型木造船が発見された。長い年月をかけて復元された船は、良質のレバノン杉製で、長さが四三メートルの堂々たるものである。未発掘の西側の第二ピットにも、東側ピットと同様に解体された木造船が納められていることが判明している。二隻の船が存在していることから、これらが太陽神が天空を航行するための「昼の船」と「夜の船」からなる「太陽の船」とする説も有力である。これらの大型船は、クフ王の後継者であるジェドエフラー王により埋納されたとみられる。

アルギーザの第２ピラミッドと大スフィンクス　頂上部分に創建当時の外装石が残存している。カフラー王の造営による。河岸神殿の北側に大スフィンクスが位置する。

ジェドエフラー王は、アルギーザではなく北のアブ・ラワシュにピラミッドを造営しているが、その理由は定かではない。つぎのカフラー王とメンカウラー王は、ふたたび彼らのピラミッドをアルギーザ台地に建造した。第二、第三ピラミッドである。カフラー王の第二ピラミッドは、基底部の一辺の長さ二一五・五メートル、創建時の高さ一四四(現在高一四一)メートルと大ピラミッドに匹敵する規模をもっている。また第二ピラミッドの河岸神殿の近くにある大スフィンクスは、長さ七三メートル、高さ二〇メートルもの巨大なもので、カフラー王により石切り場に残る小山を削ってつくられたものと考えられる。ライオンの体に王の顔をもつ特徴的な記念物である。メンカウラー王の第三ピラミッドは、基底部の一辺の長さ一〇八・五メートル、創建時の高さ六六・五メートルとほかの二基のピラミッドと比較して極端に規模が小さいものである。ピラミッドの規模の縮小化が王権の衰退を象徴しているようだ。

メンカウラー王の後継者であるシェプセスカフ王は、アルギーザの遥か南方の南サッカーラに、真正ピラミッドではなく、「マスタバ・ファラウン」と呼ばれるマスタバ墓に似た石棺型の墓所を造営している。なぜ、シェプセスカフ王がピラミッドではなく、独特の形態の墓を建造したのかは明らかではないが、彼の墓所の位置する南サッカーラが太陽信仰の中心地ヘリオポリスから遠隔地であることや、ピラミッドではないことなどから、太陽信仰に反発したものと解釈できるであろう。

太陽信仰の隆盛と古王国時代の終焉

ウェストカー・パピルスの記述によれば、第五王朝の初代から三代目までの王であるウセルカフ、サフラー、ネフェルイルカラーの三人は、太陽神ラーと太陽神官の妻であるレジェデトとのあいだに誕生したと記されている。このことから第五王朝を樹立した王家の系統は、ヘリオポリスの太陽神官と密接な関係をもつことが考えられている。いずれにせよ、古王国第五王朝は、それ以前と比して太陽信仰が隆盛した時代であった。この時期に、ピラミッドとは別に、王は大規模な「太陽神殿」を造営するようになった。初代ウセルカフ王と六代目のニウセルラー王の太陽神殿が知られている。

ウセルカフ王は、サッカーラにあるネチェリケト王の階段ピラミッド周壁の北東コーナー付近に、ピラミッドを造営している。現在では崩壊が進み、創建時の面影もとどめていないが、かつては基底部の一辺の長さが七〇・八メートルで、高さが四四・五メートルと、アルギーザの三大ピラミッドのなかで最小のメンカウラー王のものの約三分の二の規模と小さくなっている。王は、サッカーラの北のアブ・シールに最古の太陽神殿を造営している。ウセルカフ王の太陽神殿は残存状況が良好ではないが、ヘリオポリスの太陽神殿にあったとされるベンベン石を模倣した巨大なオベリスクを有するものであった。一方、ニウセルラー王の太陽神殿は、アブ・シールの北のアブ・グラーブに存在している。ウセルカフ王の太陽神殿と同様に、巨大なオベリスクが建立されていたが、その高さは、創建時には五六メートルの高さがあったと推定されている。ニウセルラー王がアブ・シールに造営したピラミッドの高さが五二メートルであったことを考えると、太陽神ラーの力が国王の権威よりも大きなものであったことを象徴的に示している。

第五王朝の歴代の王たちは、ピラミッドと別にそれぞれが太陽神殿を造営したとされる。ただし、第五王朝の九人の王たちのなかで、最後の二人の王であるジェドカラー・イセシ王とウニス王は、太陽神殿を造営しなかった。さらに、第五王朝最後のウニス王のピラミッド内部には、はじめてピラミッド・テキストが記されるなど、第五王朝末期には葬送理念や葬送施設などに大きな変革が起こった時期でもあった。

ウセルカフ王とその後の六人の王たちのなかで、太陽神殿の所在地が判明しているのはわずかにウセルカフ王と六代目のニウセルラー王の二人だけであり、ほかの五人の王たちの太陽神殿の所在地すら今日のところわかっていないのが現状である。

古王国時代後期は、官僚機構が整備された時期であった。前期のように絶大な権力を誇る強力な一人の王のもとで王族出身者が宰相など政治の中枢を独占する時代から、たとえ王権が相対的に弱体化していったとしても、王国を支える高級官僚を形成する貴族階級の台頭が顕著なものとなっていった。古王国時代前期には、王や王族を除くと一般的ではなかった個人の彫像も多数制作されるようになっていった。これらの高級官僚たちは、自らを書記の姿で表現することで、文字の読み書きができるエリート層であることを誇示したのである。

第六王朝五代目のペピ二世の治世は、一説によれば九四年もの長期におよぶものと考えられている。王の治世中に中央集権体制は急速に衰退していった。ペピ二世の死後、短い治世をもつ何人かの支配者が王位に就いたが、ニトイケルティ(ニトクリス)女王を最後として第六王朝は滅亡する。これまで第六王朝の滅亡により古王国時代は幕を閉じ、第七王朝から第一中間期とする考え方が一般的であった。しかしながら、現在では約四五年程度しか存続しなかった第七・八王朝時代(前二一六六~前二一二〇年頃)を古王国時代に含める考え方が有力である。短い期間とはいえ、メンフィスを王都として支配していたことや、ピラミッドを建造していたことなどがその理由としてあげられる。

古王国の滅亡とオシリス信仰の大衆化

古王国の滅亡により、紀元前三〇〇〇年に統一王朝が出現して以来、約八八〇年続いた中央集権体制がはじめて崩壊するというエジプト史上で未曾有の事態となる。国家の枠組みや社会秩序が消失していくなかで、それまで培われてきた価値観が無力化したため、人々は旧来とは異なる新しい価値観を模索していた。こうした状況下でオシリス信仰が隆盛をむかえる。「人は誰でも死んでオシリス神となり、来世で再生・復活することができる」とするオシリス信仰は、それまで王や高官など一部の限られた者たちだけに許されていた再生・復活の権利を一挙に大衆化し、庶民にまで拡大したものであった。オシリス神の聖地となった上エジプトのアビュドスは、第一王朝時代に支配者たちの墓所が造営された場所であり、初期王朝時代から古王国時代にかけてはケンティ・アメンティウ神が崇拝されていたが、第一一王朝時代になると「ケンティ・アメンティウ(西方にいる人々〈死者〉のなかの第一人者の意)」の名がオシリス神の修辞として使われるようになり、オシリス神と同一視されるようになっていった。また、第一一王朝から第一三王朝時代にかけては、多数の個人の石碑(ステラ)が発見されている。これはオシリス信仰の隆盛にともない、エジプト各地から人々が聖地アビュドスに参詣し、再生・復活を願って個人や家族の名を刻した石碑を奉納したものであった。さらに富裕な階層の人々は、この地に記念祠堂(セノタフ)を建造した。

第八王朝の滅亡によりメンフィスを中心とする中央集権体制が崩壊し、中部エジプトのヘラクレオポリスの地方豪族(州侯)であったケティが王を宣し、第九王朝を樹立した。第九王朝の支配は不安定で、全土をその支配下におくことはなかったようである。やがて第九王朝を引き継ぐかたちで第一〇王朝がヘラクレオポリスに誕生した。また、上エジプトのテーベには第一〇王朝に対抗する勢力が台頭した。これが第一一王朝(テーベ侯)であり、北を支配していた第一〇王朝と国土を二分して覇権を競うこととなる。前二〇二〇年ころにヘラクレオポリスの勢力(第一〇王朝)を倒し国土を再統一したのは、テーベの第一一王朝五代目の王メンチュヘテプ二世であった。これが中王国時代の始まりである。

中王国時代の誕生

王は都を王家の本拠地である上エジプト第四ノモスのテーベ(古代名ウアセト)におき、中央集権的な国家の建設をめざした。王の墓所はナイル川西岸のデール・アルバハリに造営されている。統一後の王国は、ふたたび繁栄を取り戻し、ヌビアや東部砂漠、シナイ半島さらにはプントへも遠征隊を派遣している。メンチュヘテプ四世の治世七年に宰相であったアメンエムハトは、クーデタを起こして自らがアメンエムハト一世として即位し、第一一王朝は終焉をむかえた。このアメンエムハト一世を始祖とする王朝が第一二王朝(前一九七六〜前一七九三年頃)である。

アメンエムハト一世は、エジプト全土の統治とファイユーム地方の開拓に便利なように、北のリシュト近郊に新都イチ・タウイを建設している。残念ながら王都イチ・タウイの正確な位置は不明であるが、王のピラミッドが存在するリシェト付近にあると推定されている。また王は自らの治世二〇年にエジプト史上はじめて、自分の息子であるセンウセレト一世を共同統治者として選んだ。アメンエムハト一世の治世三〇年に王は暗殺されてしまうが、リビア遠征中のセンウセレト一世が、この事件を収拾して単独の王位に就くことに成功している。有名な『シヌヘの物語』は、古代エジプト文学の歴史で、もっとも人気のある作品のひとつであり、中王国時代に成立したものである。前述のアメンエムハト一世の暗殺事件に関連して主人公のシヌヘがシリアに逃れ、晩年にエジプトにたいする望郷の念に苛《さいな》まれ、エジプト人としてナイル川のほとりに埋葬されることを望むことが、この作品の主題になっていることも興味深い。

メンチュヘテプ２世（中王国）**の墓所址**（デール・アルバハリ）
ナイル川東岸のカルナク神殿と向き合う場所に建設された。神殿の東側に伸びる参道の両脇には樹木が配されていた。

第一二王朝初期のアメンエムハト一世や息子のセンウセレト一世時代においては、王の政権基盤が安定していなかったことから、地方豪族の権威の制限が緩和され、中部エジプトのベニ・ハサンや南部のアスワンなどでは壮麗な壁画で飾られた岩窟墓が造営されている。

センウセレト一世は、単独の王位に就くと南のヌビア地域に進出し、ナイル川の第三急湍まで達した。そして第二急湍を挟んで下流のクバンやアニバ、ブーヘンや上流のセムナに巨大な要塞を建設し、軍隊を駐留させることにしたのである。セムナ以北のヌビア地域を支配下におくことによって、エジプトのためのヌビアにおける金の採掘がおこなわれるようになった。

センウセレト一世に続き即位したアメンエムハト二世と

センウセレト二世の治世は、平穏で安定した時代であった。ダハシュールに建造されたアメンエムハト二世のピラミッドのかたわらに埋葬された王女イトウレトや王女クヌメトとともに副葬された数多くの宝飾品は、当時の優れたデザイン感覚と金属加工技術の水準の高さをよく示している。

センウセレト三世の治世には、積極的な対外政策がとられ、パレスティナ地域への小規模な軍事遠征を実施したほか、南のヌビア地域にかんしても治世八、一〇、一六、一九年に、大規模な軍事遠征をおこなっている。王はセムナに境界碑を建立し、南のクシュ国との勢力圏を明確に定めた。さらに数カ所に要塞を建設するなど、ヌビア地域にかんするエジプトの支配権をゆるぎないものとしたのであった。また内政においても、王は中央集権体制を確立するなど、中王国時代の繁栄の基礎を築いた。センウセレト三世の強力な王としてのイメージは、その後も語り継がれ伝説となった。ヘロドトスの『歴史』に登場するアジアを征服したセソストリス王は、センウセレト三世の治績が影響を与えていることは疑いない事実であろう。センウセレト三世の息子で後継者のアメンエムハト三世の治世は、王国の繁栄は絶頂にあった。王はファイユーム地域の開拓事業を完成させるとともに、国外との積極的な交流を実行した。アメンエムハト三世の死後、第一二王朝は、アメンエムハト四世、ネフェルウセベク女王と続いていくが、王権は急速に衰退していった。ダハシュールの南にあるマズグーナに位置する二基のピラミッドが、これら第一二王朝最後の二人の支配者のものと考えられている。古王国第六王朝と同じく、中王国第一二王朝においても最後の支配者が女性であるということは非常に興味深い。

中王国時代には、優れた文学作品といわれるものが登場している。前述の『シヌへの物語』をはじめ

『雄弁な農夫の物語』『難破した水夫の物語』『アメンエムハト一世の教訓』『センウセレト三世讃歌』『ナイル讃歌』などの数多くの優れた作品が書かれた。また、中王国時代の直前の第一中間期の社会の状況や思想について記した『イプウェルの訓戒』や『生活に疲れた者の魂との対話』『メリカラー王への教訓』などの写本も多数残っている。中王国時代の古代エジプト語は、中エジプト語と呼ばれ、その後、エジプト史を通じて「古典語」としての地位を占めていった。古代エジプト文学のジャンルで、中王国時代がはたした役割はきわめて重要なものがあった。

「ヒクソス」の支配と第二中間期

東デルタのテル・アルダバア遺跡から、ネフェルウセベク女王の像とともにヘテプイブラー・アアムサホルネジュヘルアンテフ王の像が発見されている。彼はネフェルウセベク女王時代の大家令(執事長)であり、女王の死後に王位を簒奪した人物と考えられる。彼の名の「アアムサ」が古代エジプト語で「アジア人の息子」を意味することから、彼がアジア系の人物であった可能性が高い。オーストリアのM・ビータクによる東デルタのテル・アルダバア遺跡の発掘調査により、この地がヒクソスの東デルタでの中心地であるアヴァリス(古代名フト・ウアレト)であることが確かなものとなった。発掘調査の結果、この地には中王国第一二王朝初期のアメンエムハト一世時代からの遺構が残されている。第一二王朝後期に属する住居址のなかには、北シリアの建築様式に類似したものが含まれている。住居址に隣接して立地する墓地の発掘では、男性を埋葬した墓の約半数からシリア・パレスティナ特有の武器が検出されている。このことから、男性の多くがエジプト王に仕えたアジア人傭兵であったと推定される。つまり、第一二王朝後期には、北シリア方面から多数のアジア人傭兵が導入され、エジプト人女性と婚姻してエジプト領内に居住していたらしい。

「ヒクソス」とは、古代エジプト語で「異国の支配者たち」を意味する「ヘカウ・カスウト」に由来するとされている。かつては、中王国時代が終わってシリア方面から多数のアジア人がエジプトに侵入して異民族支配の征服王朝を樹立したと考えられていたが、実際には前述したように中王国第一二王朝後期からエジプト王は多くのアジア人傭兵を東デルタに居住させており、彼らの子孫のなかから社会の要職に就く者もでるようになり、ついにはヘテプイブラー・アアムサホルネジュヘルアンテフのように第一三王朝の王になる者まであらわれたのである。テル・アルダバア遺跡の発掘が、第二中間期の全般にわたって終了しているわけではないので、ヒクソスの支配がどのような経緯で確立していったかは今少し時間を待たねばならないであろう。

ヒクソス時代と時を同じくして、東地中海地域に広く分布している土器に「テル・アルヤフーディア式土器」がある。テル・アルダバア遺跡の発掘調査により、この土器の時代的変遷が一層明らかになった。テル・アルダバア遺跡では、テル・アルヤフーディア式土器が、中王国第一二王朝時代に属するG／4層から出現している。研究の結果、当初は北シリアを中心として製作されていたが、徐々にパレスティナやエジプト方面に浸透していったことが明らかになっている。またキプロス島でも、この形式の土器が多数発見されている。つまり、生産の拠点が時代とともに北シリアからエジプトの東デルタへ移動していくのである。土器だけではなく、東地中海世界の交流が非常にさかんにおこなわれた時期であった。

異民族であるヒクソスの政権は、ナイル・デルタを中心としてエジプト全土をゆるやかに支配する構図をとっており、南のヌビアのクシュ王国と友好関係を維持することでエジプトを南北から挟撃する態勢をとっていた。こうした状況のなかで、南部のテーベに本拠をおく第一七王朝(前一六四五～前一五五〇年頃)が、ヒクソスに対抗する勢力として台頭するようになった。

ヒクソスの放逐と第一八王朝の樹立

「ヒクソス」のエジプト側の本拠地であったアヴァリス(古代名フト・ウアレト)の遺跡であるテル・アルダバアからは、ヒクソス時代の巨大城塞址とともに第一八王朝時代初期の城塞址とみられる大型基壇建造物が検出されている。近年、「牛跳び」を描いたフレスコ画片が発見されており、クレタ島とエジプトをつなぐ貴重な資料として注目されている。第一八王朝時代初期には、ヒクソス時代の建物を破壊しつくすのではなく再利用していたことが判明している。またヒクソスの王女と婚姻関係を結ぶことにより、エジプト王のアジアにおける支配の正当性を主張する根拠としたのであった。第一八王朝初代のイアフメス王は、第一七王朝最後の王であるカーメス王と兄弟であり、セケニエンラー二世の息子であった。彼らの出身地である上エジプト第四ノモスであるテーベ(古代名ウアセト)に本拠があり、またテーベの北約五〇キロに位置するデール・アルバラースでは、日干レンガ製の隔壁をもつ宮殿址が検出されている。

アメンヘテプ一世は、死後、彼の母親のイアフメス・ネフェルトイリ王妃とともにネクロポリス・テーべにおいて神格化された。アメンヘテプ一世の後継者であるトトメス一世が、王家の谷に王墓を築いた最初の王であった。またトトメス一世は、シリア北部に軍事遠征をおこない、ユーフラテス川の北部にまで達している。トトメス一世の死後、王位を継承したのは嫡出の王女ハトシェプストの夫トトメス二世であった。トトメス二世の治世は短く、ハトシェプストとのあいだに王子がいなかったために、王位は庶子トトメス三世に引き継がれた。ハトシェプストは、トトメス三世が幼少であったことから摂政として政治を補佐することになる。その後、彼女は自ら王と称し、トトメス三世と二〇年以上にわたる共同統治の形態をとってはいたが、実際にはハトシェプスト女王の政権であった。

ハトシェプスト女王は、それまでおこなわれていたアジアにたいする軍事遠征を中止し、プントにたいして遠征隊を派遣している。プントの位置にかんしては、東アフリカのソマリア付近とする説がかつては有力であったが、現在ではスーダン南部の紅海沿岸付近とされている。ハトシェプスト女王の王女ネフェルウラーの養育係であったセンエンムウトは、女王の寵愛を受け、側近として女王政権を実質的に補佐するようになる。治世二二年ころにトトメス三世は、単独の王位に就くことになる。トトメス三世は、一時中止されていたアジアとヌビアにたいする軍事遠征を再開した。とくにアジア地域にたいしては、その後、約二〇年間に計一七回もの遠征を実施している。その結果、北はシリアから、南はナイル川第四急湍のナパタ地域までを征服し、エジプトの版図は最大規模となった。またトトメス三世は、神殿などに残るハトシェプスト女王の図像や名前を削除し、王としての記録の抹消をはかった。

支配の拡大にともない、莫大な富が国内に流入し、未曾有の繁栄を誇ったのであった。テーベ出身の第一八王朝であったが、トトメス三世時代以降になると北のメンフィス付近に王宮を造営し、居住していたようである。これは南部のテーベからエジプト全土を掌握することが困難であったこと、たび重なるアジア地域にたいする軍事遠征にとっては、北のメンフィスが地理的に遥かに好条件を有していたことなどがあげられる。トトメス三世時代には、王のもとで政治の中枢を占める宰相職が、「北の宰相」「南の宰相」の二人宰相制を採用するようになったことにもあらわれているようである。

北のメンフィスと南のテーベがエジプトを代表する二大中心として、それぞれの役割分担をはたしながら機能していくようになっていく。南のテーベは王家の出身地であり、国家神アメン・ラーの信仰の中心地であり、南のヌビア経営の拠点であった。テーベの王家の谷には、歴代の王の墓所が造営されるとともに、王の葬祭殿や記念神殿が建造された。さらに、国家神アメン・ラーの聖地であるカルナクのアメン大神殿には、数多くの記念建造物が王により奉献された。ハトシェプスト女王からトトメス三世時代にかけて、テーベ最大の宗教行事である「オペトの大祭」が年中行事として確立し、毎年、王は大祭にあわせてテーベを訪問したと思われる。このほかにも、ナイル川を渡り西岸の諸王の葬祭殿をたずねる「谷の祭り」や、自らの記念神殿などで実施される儀式の際には、テーベに滞在したであろう。また政治的には、テーベはヌビア経営をはじめとする南方の政治的拠点として機能していた。

一方、メンフィスは、初期王朝時代からの伝統的な政治の中心として、国家の政治・経済の中心を占めたばかりでなく、シリア・パレスティナをはじめとするアジア戦略の要衝として、軍事・外交の拠点がおかれたのであった。また、メンフィスの主神プタハは、職人や工人たちの守護神と考えられており、多く

カルナクのアメン大神殿　第１塔門とスフィンクス参道。クリオ・スフィンクスと呼ばれる羊頭の独特なスフィンクス像が並んでいる。

の工房が存在していたとみられる。新王国時代においてメンフィスのプタハ大神殿は、テーベのカルナクのアメン大神殿に匹敵する大神殿であったが、残存状況が良好でないため当時の姿を想像することは困難である。第一八王朝時代の諸王の王宮址も未発見であり、正確な場所や規模は現在のところ不明である。

トトメス三世の死後、王の息子のアメンヘテプ二世が即位した。アメンヘテプ二世は、弓の名手でありスポーツ万能の王であった。王の治世七年と九年に実施した二度のアジア遠征について刻した石碑が、カルナクのアメン大神殿だけではなく、北のメンフィスのプタハ大神殿でも発見されている。プタハ大神殿にたいしても、アメン大神殿と同じ石碑を奉納することで両者のバランスをとったものとみられる。アメンヘテプ二世のあとに王位に就いたトトメス四世の即位について、アルギーザの大スフィンクスの前脚のあいだに赤色花崗岩製の「大スフィンクス夢の碑」が残されている。石碑にはトトメス四世が王子のころ、大スフィンクスのかたわらで午睡していたところ、夢にあらわれた大スフィンクスが体を覆う砂を除去してくれれば、王位に就かせることを約束した話が記されている。大スフィンクスは、太陽神を象徴するホルエムアケト・ケプリ・ラー・アトゥムであるとみなされており、トトメス四世の即位に際して、ヘリオポリスの太陽神信仰が重要な役割をはたしたことを示している。トトメス四世の治世になり、エジプトとミタンニとのあいだで同盟が結ばれ、シリア・パレスティナ地域の情勢は安定したものとなった。アルタタマ一世の孫のトゥシュラッタ王が、のちにアクエンアテン王に送った書簡には、トトメス四世がアルタタマ一世にたいして七回にわたりミタンニの王女との婚姻を要請したことが記されており、最初は要請を拒否していたアルタタマ一世も、最終的には王女をトトメス四世のもとに送っている。これがエジプト王が外交関係を背景として実施した政略結婚の最初の例と考えられる。

アマルナ時代の意味

第一八王朝の九代目の王アメンヘテプ三世の治世は、非常に繁栄した時代であった。王は非王族出身のティイと結婚するが、これは父トトメス四世と王妃ネフェルトイリの結婚と同様であった。二代続けて王が伝統的な婚姻慣習を破り、王族ではない出身の女性を正妃にするということは、専制王としての王権の増大を示す結果とみなすことができる。また、彼の息子で後継者であるアメンヘテプ四世(のちのアクエンアテン王)が、アテンを唯一神とするアマルナの宗教改革を断行する以前から、宗教や芸術の分野では変革の兆しが出現していた。一方、専制主義的な王の性格にかんしても大きな変化がみられ、神格化された王を崇拝するようになっていく。アメンヘテプ三世時代から、エジプトは大きくその進路を変えていったのである。

第一八王朝時代のたび重なるアジア遠征などによる莫大な富が、カルナクのアメン大神殿に寄進されるようになった。圧倒的な経済力を背景としてアメン・ラー神の力は絶大なものとなっていった。それにともない、アメン神官団が政治にも干渉することで王と対立するようになる。トトメス四世時代から、王はアメン神官団の勢力をおさえる政策をとるようになるが、功を奏することはなかった。アメンヘテプ三世は、テーベのアメン神官勢力と対抗するために、北のヘリオポリスのラー神官やメンフィスのプタハ神官の力を頼りにしたが、成果はあがらなかった。王は治世三〇年のセド祭(王位更新祭)を記念して「ペル・ハイ(「喜びの家」の意)」と呼ばれたマルカタ王宮を造営した。王の治世三〇年と三四年、三七年に三回のセド祭がマルカタ王宮で挙行された。セド祭は、王の治世が三〇年経過したことを記念し、あらたな統治のために再生と若返りをはたしたことを宣言する、王権にとって重要な儀式であった。

アメンヘテプ三世の息子で後継者であるアメンヘテプ四世は、治世四年のペレト季四月四日に王の家族とともに中部エジプトのアケト・アテン(太陽神アテンの地平線の意)を訪問し、新都の建設を宣言したのであった。新都アケト・アテンの遺跡であるテル・アルアマルナは、メンフィスとテーベの中間にあり、両都市から等距離に位置している。エジプトにおける二つの政治・宗教上のセンターからの影響を、極力避けることが狙いであったのであろう。王は治世六年までに王名を「アメンヘテプ(アメン神は満足するの意)」から「アクエンアテン(アテン神に有益なものの意)」へと改名し、本格的にアテン神を唯一神とする道を歩み出すのである。アクエンアテン王による太陽神アテンを唯一神とする宗教改革は、一般に異端の時期ととらえられているが、その実態はどのようなものであったのであろうか。

多神教の世界であるエジプトにおいて、アメン・ラー神だけが突出した存在になることは好ましいことではなかった。アメン・ラー神の力を抑制するためのさまざまな政策は、結果的にはすべて失敗に終わった。太陽神アテンを唯一神とし、ほかの神々を否定するという大胆な改革は、既存のすべての信仰に打撃を与えたが、とりわけテーベのアメン神官団にとっては大打撃であった。このことからアクエンアテン王による改革の初期の目的であるアメン・ラー神の力をおさえる意味においては、大成功をおさめたと考えることができるかもしれない。しかし、王が主導するアテン信仰は、時代とともに急進的なものとなり、伝統的な多神教世界に生きていた当時のエジプト人にとっては、極端な改革として受けとめられた。王の側近たちは、王の顔色をうかがうようにアテン信仰に追随していたが、心の底から王が唱える唯一神アテンの教義を理解していたわけではなかった。メンフィスとテーベというエジプトの伝統的世界を脱して中部エジプトのアマルナの地で実践された改革の試みも、わずか一〇年余りで失敗に帰してしまうこととなる。

「アテン讃歌」に代表されるような太陽を中心とする自然の恵みを強調する教義は、それまでの伝統的な古代エジプトの宗教にはない、エジプトという枠組みにとらわれない普遍的な側面をもった画期的なものであった。また、「アマルナ美術」の名で知られる自然主義的傾向を顕著に示す新しい美術様式の誕生も、伝統的なエジプト美術の規範にとらわれないかたちでつくりだされたものであった。

テル・アルアマルナ遺跡からは、一般に「アマルナ文書」と呼ばれる三八〇点にのぼる楔形文字を刻した粘土板文書が発見されており、この時期のアジア情勢にかんする一級資料となっている。これらの粘土板文書によると、アジアの植民地を取り巻く情勢が大きく変化したにもかかわらず、エジプトの王家はなんら有効な手段を講じなかったために、徐々にシリア・パレスティナの諸都市はエジプトから離反し、あらたに南下してきたヒッタイトの影響下にはいっていった。このようにアマルナ時代は、宗教改革をはじめとする内政に専念したために、シリア・パレスティナ地域におけるエジプトの利権を失うことになった。

アクエンアテン王の妃のネフェルトイティ(ネフェルティティ)は、王の治世一四年ころに突如として姿を消すようになる。これまで王妃は、失脚したか死亡したかどちらかと考えられていたが、近年になりネフェルトイティが、アンケトネフェルウラーという即位名をもつ女王となったとする注目すべき説が提示されている。その後のスメンクカーラー王にかんしても、アクエンアテンとネフェルトイティ王妃の長女であるメリトアテンの夫であるが、その人物像の詳細は不明である。その後、アクエンアテン王が治世一七年に死去し、トゥトアンクアテン王が王位を継承する。王は、やがてアテン信仰を破棄し、自らの名をトゥトアンクアメン(ツタンカーメン)と改名し、アマルナ王宮からメンフィスに遷都し、アマルナ時代は終焉をむかえる。

ポスト・アマルナ時代からラメセス朝時代へ

第一八王朝最後の王ホルエムヘブは、トゥトアンクアメン王時代の軍の総司令であり、トゥトアンクアメン王の死後に即位したアイ王の四年間という短期の治世のあとに王位に就いた。一九八五年にイギリスのG・マーティンがサッカーラで再発見したホルエムヘブの将軍時代の墓は、トゥーム・チャペル(神殿型墳墓)という形式のものであった。この墓のまわりには、第一九王朝時代の王族を含む高官たちの墓がつくられ、第一九王朝時代の人々がホルエムヘブ王を自らの王朝の始祖とみなしていたことを偲ばせている。エジプト史の区分では、ホルエムヘブ王を第一八王朝最後の王としているが、実質的には、ホルエムヘブ王からあらたな王家の伝統が生まれたとするのが合理的であろう。

ホルエムヘブ王は、軍人出身の王であり、後継者として同じ軍の総司令で東デルタの出身者であるパラメセスを指名した。パラメセスは、ラメセス一世として即位し、第一九王朝を樹立したが、治世はわずか二年と短命な王であった。王の死後、息子のセティ一世が即位し、トゥトアンクアメン王以降、途切れていた伝統的な親子間での相続が復活した。セティ一世は、ホルエムヘブ王以来のシリア・パレスティナ地域における失地回復を達成するために、シリア地域にたいする大規模な軍事遠征を実施している。また、王は国内においても精力的な建設活動を展開しており、アマルナ時代に破壊され閉鎖されていた各地の神殿の復興に力を注いだほか、アビュドスやテーベ西岸の神殿、カルナクのアメン大神殿の大列柱室の外壁、王家の谷での巨大王墓の造営などをおこなった。アメンヘテプ三世以降のアクエンアテン王からトゥトアンクアメン王、スメンクカーラー王、アイ王にいたるアマルナ時代に関与した諸王の名を王名表から抹殺したのも、ホルエムヘブ王からセティ一世の時代にかけて遂行されたものとみられる。

セティ一世の息子で後継者であるラメセス二世が即位したころには、アジア情勢はふたたび緊迫し、北シリアをめぐりエジプトとヒッタイトが直接的に対立することとなる。王の治世五年にシリアのカデシュにおいて、ムワタリ王の率いるヒッタイト軍とエジプト軍が対戦した(カデシュの戦い)。その後、治世二一年になってラメセス二世は、ヒッタイトのハットゥシリ三世とのあいだで、相互領土不可侵と相互軍事援助、政治亡命者の送還などを柱とする平和条約を締結した。この条約の締結後、ヒッタイトとの友好関係は維持され、その証として治世三四年には、ハットゥシリ三世の長女がラメセス二世の妃としてエジプトに送られた。彼女のエジプト名は、マアトネフェルウラーであった。

ラメセス二世は、六六年一〇カ月もの長い治世を誇り、アブ・シンベル大神殿をはじめ、東デルタの王宮であるペル・ラメセス、メンフィスのプタハ大神殿、テーベ西岸のラメセス二世記念神殿、テーベ東岸のルクソール神殿、カルナクのアメン大神殿列柱室などのエジプト各地の大規模な記念建造物を造営したことで知られている。また、アメリカ人のK・ウィークスにより、王家の谷でラメセス二世の王子たちの墓(王家の谷・第V号墓)が発見された。独特の構造を示す巨大な墓であり、約五〇人もの王子たちの共同の墓所として造営された唯一の構造をもつものである。

ラメセス二世の死後、王位を継いだのは彼の一三男であるメルエンプタハ王であった。王は、テーベ西岸にあった第一八王朝アメンヘテプ三世の記念神殿を解体し、その石材を再利用して自らの神殿を造営している。この神殿から発見された石碑には、イスラエルの名がはじめて刻されており、貴重な史料となっている。セティ二世の死後、実質的に権力を掌握したのはセティ二世の妃であったタウセレト女王であったが、彼女が第一九王朝の最後の支配者となったのである。第一九王朝から第二〇王朝時代への移行がどのようにおこなわれたかにかんしては明らかではない。しかしながら、王家の谷にタウセレト女王の宰相バイの墓が存在することなどから、バイの権力が相当強いものであったと推定される。

「海の民」の侵入と第二〇王朝時代

紀元前一二〇〇年ころに東地中海世界を中心として、複数の民族の大移動が生じた。いわゆる「海の民」と称される諸民族の動きである。第二〇王朝の創始者セトナクトの息子で後継者であったラメセス三世の治世八年(前一一七五年頃)に、この「海の民」がエジプトのデルタ地帯に侵入するという事件が起こった。テーベ西岸のマディーナト・ハブにあるラメセス三世記念神殿の北側外壁には、「海の民」との戦闘場面のレリーフが残されている。それによると船首と船尾が垂直に立つかたちの船には、ギリシア風の冠を着けたペリシテ人と角のある兜を着けたシェルデン人が、エジプト人と戦っている場面が描かれている。「海の民」とは、さまざまな民族から構成された総称であった。シェルデン人などは、すでに第一九王朝のラメセス二世時代にカデシュの戦いでエジプト側の傭兵として記録されている。

東地中海地域では、このころ、ヒッタイトやアラシア、アルザワ、ウガリトなどがあいついで滅亡し、それまでの旧秩序が大きく変化していったが、エジプトはラメセス三世が「海の民」の侵入を阻止したことで、王国は平和で安定した状況を継続することができた。しかしながら、王の治世の晩年には、給与の遅配を原因とする王墓造営職人たちによるストライキや王の暗殺未遂といった事件が記録されている。ラメセス三世の死後、ラメセス四世からラメセス十一世まで八人のラメセスと名乗る王が即位しているが、

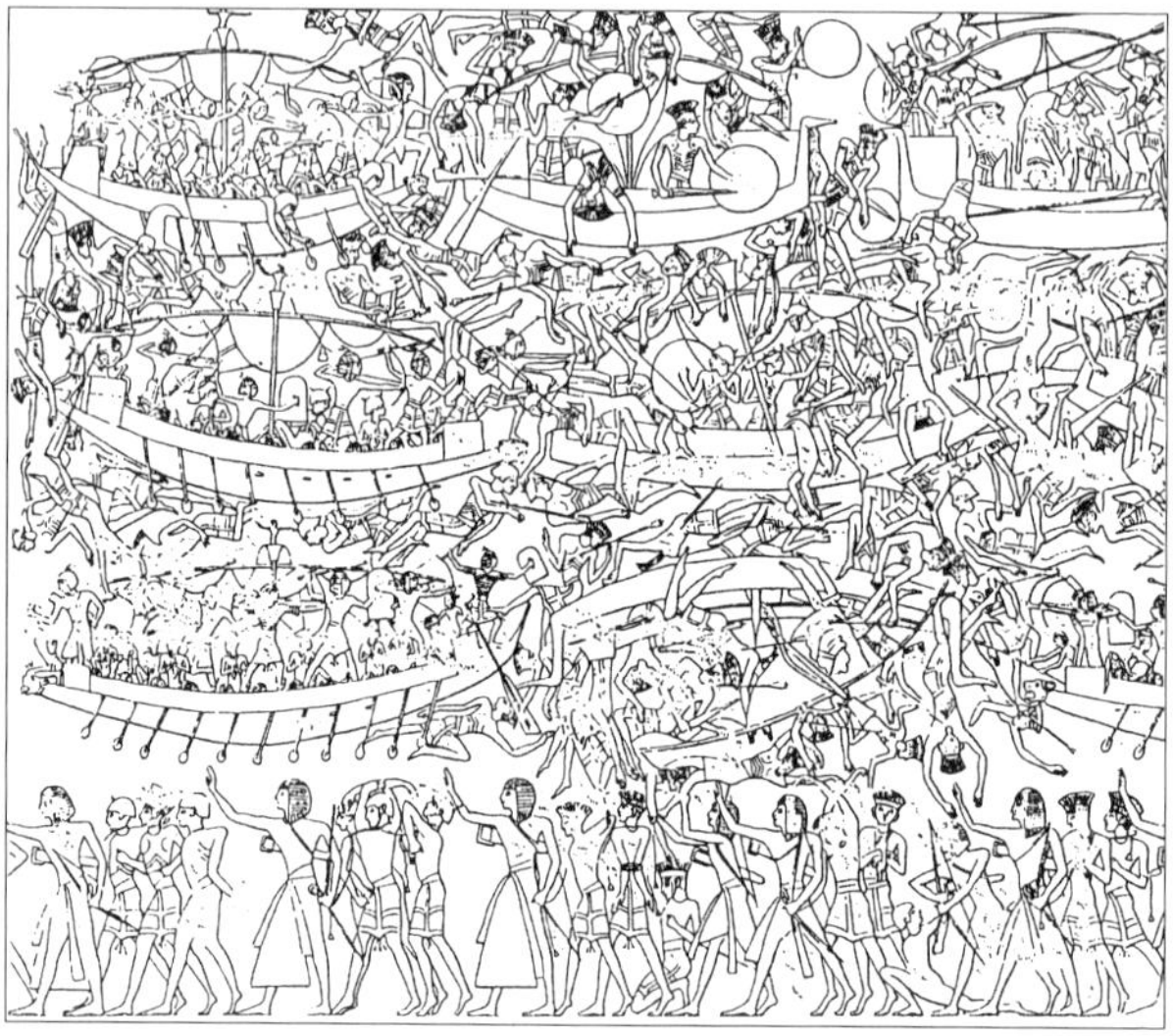

「海の民」との戦闘場面(マディーナト・ハブ神殿の浮彫)
水鳥の船首をもつ船には，長剣と円形の盾で武装した「海の民」の兵士が乗り込み，エジプト側はライオン頭の装飾のある船で応戦している。下段には捕虜になった海の民が描かれている。

ラメセス九世と十一世を除けば、ほとんどの王の治世は短く、強力な王権が復活することはなかった。ラメセス九世の治世には、大規模な墓泥棒が摘発される事件が生じている。また、カルナクのアメン大神殿の壁面にほどこされたレリーフには、アメン大司祭のアメンヘテプの図像が横にあるラメセス九世の彫像とほぼ同じ大きさで描かれている。このことは、アメン大司祭の力と王であるラメセス九世の力がほぼ同じであったことをあらわしている。この時期を境として王権は急速に衰退していったのであろうか。

新王国の滅亡と第三中間期の始まり

新王国第二〇王朝時代の最後の王であるラメセス十一世の治世一九年に、テーベのアメン大司祭であるヘリホルにより「新紀元(ウヘム・メスト)」が宣せられた。ラメセス十一世の治世は二九年あったと考えられ、約一〇年にわたって王の治世ではない年号が使用されたことになる。新紀元五年にヘリホルの命により、シリアのビブロスへアメンの聖船建造用のレバノン杉の買い付けに派遣された、ウンアメン(ウェンアメン)の報告書とされる『ウェンアメンの航海記』が残されている。この作品には、ヘリホル時代における東デルタのタニスの繁栄と、タニスを根拠地としていたスメンデス(ネスバネブジェド)の様子が描かれている。タニスは東デルタで最大規模のサン・アルハジャル遺跡であり、古代には下エジプト第一四ノモスの都ジャネトであった。

フランスのピエール・モンテが、一九二九年以降、一二シーズンにわたりタニスの発掘調査を実施した結果、遺跡の全貌がしだいに明らかになっていった。当初、モンテはタニスがヒクソスの本拠地アヴァリスで、のちの第一九王朝の王都ペル・ラメセスであると考えていた。しかし、現在ではタニスで発見される中王国時代の遺物やラメセス二世の銘をもつオベリスクをはじめとする多くの建築石材が、タニスの南南西二二キロに位置するテル・アルダバア遺跡付近から運ばれたものであることが判明している。

ラメセス十一世の死とともに、約五〇〇年続いた新王国時代は幕を閉じる。タニスのスメンデスは第二一王朝を樹立し、北部を勢力下においたが、一方、南部ではカルナクのアメン大司祭が王を宣して支配をおこなっていた。しかし、南北の二勢力がつねに対立抗争関係にあったわけでは必ずしもなかった。

一九三九年二月にモンテにより発見されたタニスの王墓は、第二一・二二王朝時代の複数の王の埋葬を示すものであった。第二一王朝のプスセンネス(パセバカエムニウト)一世の墓(タニスⅢ号墓)のように、未盗掘の王墓も含まれていたことから、一九二二年の王家の谷におけるトゥトアンクアメン王墓の発見につぐものとして注目された。発見された王墓は、大神殿の南東コーナー付近で、神殿を取り巻く周壁内部に位置している。こうした墓の立地は上エジプトの集落の砂漠側に墓域をもつものとは異なり、神殿内部に墓域を設ける「神殿内埋葬」とでもいうべき埋葬形態である。こうした埋葬は、下エジプト地域においては、中王国時代から第二中間期のテル・アルダバア遺跡などでもみられるものである。また、エジプトの王朝時代の埋葬においては、埋葬頭位を北に向けるのが一般的であるのにたいして、タニスの王墓では、埋葬頭位が西や南を示しており興味深い。

テーベの王家の谷でも第三中間期になり、王墓の盗掘などが激しさを増し、王のミイラが王家の谷から安全な隠し場所に移動された。従来は、アメン神官団によって王の遺体を盗掘から守るための美談として語られることが多かったが、近年になり、アメン神官団の行為は盗掘が横行するなかで、王墓に副葬された財宝を略奪するという経済的理由から、独占的な盗掘を実施した結果であるとする説が提示されている。十九世紀末に、デール・アルバハリや王家の谷のアメンヘテプ二世墓内で発見された「王のミイラの隠し場」に安置されていた新王国時代の諸王のミイラは、副葬品をほとんど身につけていない状態にあることなども、この説を裏づけているようである。また、テーベの墓所に副葬されたと考えられる金製容器や石棺などがタニスから出土していることから、南の支配者であるアメン大司祭の政権が、タニスの王家にたいして、テーベの墓所で略奪した品々を外交上の贈り物として差し出していた可能性がある。

第三中間期という時代は、第一中間期や第二中間期と同様にエジプト全土を統一する単一の政権は存在しなかったが、けっして混乱と荒廃の時代ではなかった。新王国の第一九・二〇王朝を「ラメセス朝時代」と称するが、第二一・二二王朝時代を「後期ラメセス朝時代」と呼ぶ研究者も存在している。金属加工技術などは、衰退するどころか、きわめて高い水準にあったことが判明している。

第二二王朝は、リビア人傭兵の末裔で第二一王朝の将軍であったシェションク一世が樹立した王朝である。シェションク一世は、『旧約聖書』歴代誌下に登場するレハベアム王時代にイェルサレムを略奪したシシャク王と同一人物であると考えられる。シェションクやオソルコンなど外国起源の名前をもつ王の時代であった。第二二王朝のシェションク一世のもとでカルナクのアメン大神殿第一中庭の造営がおこなわれるなど、南部のテーベ地域にも影響力を行使していたことが知られている。やがて、デルタのレオントポリスに第二三王朝(前七五六～前七一二年頃)が成立し、王国は二分された状態となる。その後、デルタのサイスに本拠をもつテフナクトが第二四王朝(紀元前七四〇～前七一二年頃)を興こし、分裂状況に一層拍車がかかることとなる。

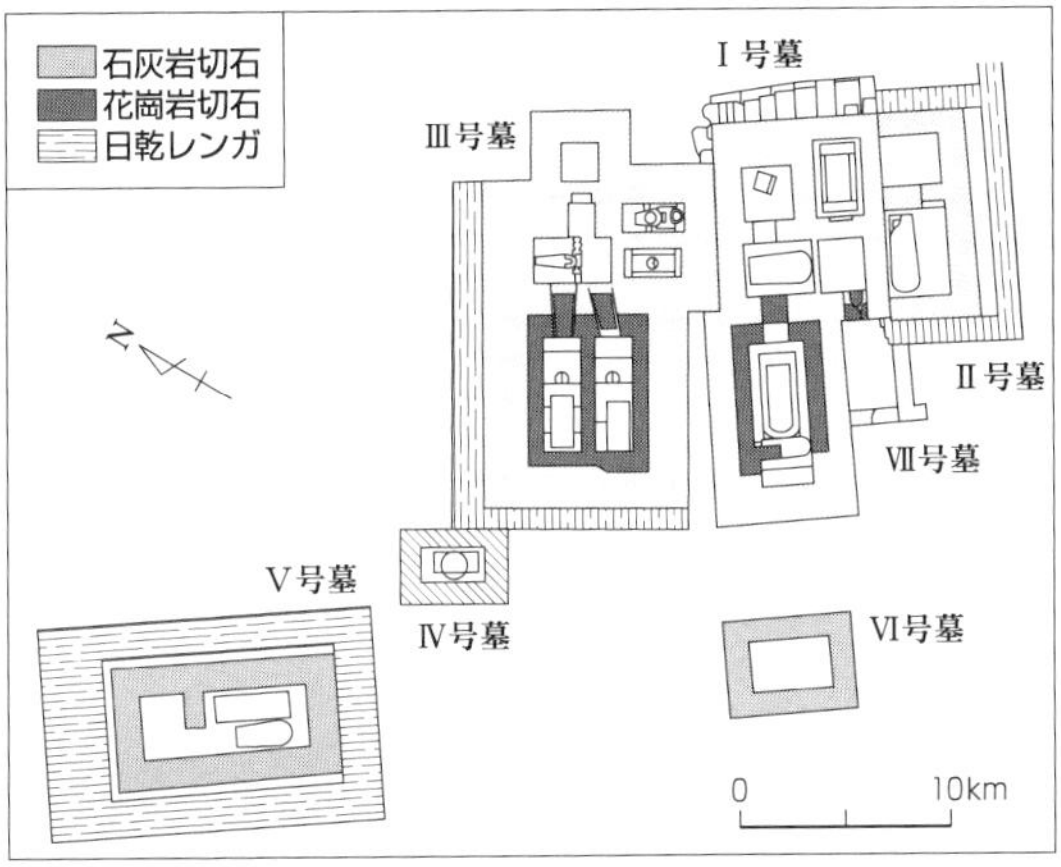

タニスの王墓　第21・22王朝時代の王墓で，神殿内部に造営されている。頭位が伝統的な北向きのものと異なり，南や西向きになっている。

第三中間期においてエジプト国内の政治状況が不安定であったあいだに、南部の上ヌビアのナパタ地方では強大な勢力が台頭していた。クシュ王国の名で知られ、徐々に北に勢力範囲を拡大し、カシタ王のときにはエジプト南部のアスワンにまで達した。カシタ王の後継者であるピイ(ピアンキ)王は、ついに上エジプトに侵入したが、エジプト人による特別な抵抗もなく、この地域を支配下におくことに成功した。この上ヌビアに本拠地をおく勢力を第二五王朝と称する。古代ギリシア人は「エチオピア王朝」の名で呼んでおり、古代の星座神話などに登場する「エチオピア」王家の話も、この第二五王朝のことをさしているものと考えられる。ナパタ地域は、第一八王朝のトトメス三世時代以降、アメン・ラー信仰をはじめとするエジプト文化が流入した地域であり、エジプト本土におけるアメン信仰の衰退を嘆き、エジプトにたいして「アメン信仰の復興」をスローガンにして進行した「アメン十字軍」といえる行為との見解もある。

その後、ピイの軍隊は、ナイル川沿いに北上を続け、ついにはメンフィスを占領する。デルタ地域を支配していた第二四王朝を破ってエジプト全土の再統一をなしとげたのは、ピイ王の弟であるシャバカ王の治世で、前七一二年ころのことである。

そのころ、西アジアで強大な力を誇っていたアッシリアは、サルゴン二世の孫であるエサルハドン王のときにエジプトへ侵攻した。第二五王朝のピイ王の子タハルカ王とアッシリアのエサルハドン王と彼の息子のアッシュルバニパル王とのあいだで戦闘がおこなわれたが、最終的にはアッシリアがエジプト全土を掌握し、第二五王朝は自らの出身地である上ヌビアのナパタへ退却する。

第二六王朝と末期王朝時代

アッシリアが、占領した下エジプトの管理者として、第二四王朝の末裔と思われるネカウ(ネコ)一世を任命した。そして、彼の息子のプサメティコス一世時代にアッシリアから完全に独立し、サイスを本拠地とする第二六王朝を樹立した。第二六王朝は、エジプト全土を支配し、プサメティコス一世のあと、ネカウ(ネコ)二世、プサメティコス二世、アプリエス王と続く歴代の諸王のもとでおおいに繁栄した時代をむかえる。第二五王朝と第二六王朝時代には、復古主義的政策がとられた。この時期に記された碑文などは、古典語である中エジプト語で記されたり、古王国時代のテキストを写したものが発見されている。また、美術作品においても中王国時代や新王国時代に制作された作品の模倣と思われるものが存在する。復古的な傾向は、過去の王の崇拝という行為にもあらわれている。アルギーザの第三ピラミッド内部で発見されたメンカウラー王の木棺や、カイロのエジプト博物館にあるアビュドス出土のクフ王の象牙製彫像なども、王の崇拝を目的として第二六王朝時代につくられたものとされている。

第二六王朝時代には、エジプトとギリシア世界との結びつきが強まり、ギリシア人傭兵やギリシア商人の活動が一層顕著なものとなっていった。第二六王朝のもとでデルタ西部のナウクラテスが、エジプトにおける唯一のギリシア人植民市として栄えていた。

アケメネス(ハカマニシュ)朝ペルシアのキュロス二世が、バビロニアを征服し、属州にした。キュロス二世の息子のカンビュセスのときに、ペルシア軍がエジプトに侵入し、第二六王朝を滅ぼした。その後、エジプトはペルシアの属州となり、サトラップ(州知事)の管理下におかれるようになった。約一二〇年間におよぶ第一次ペルシア支配の時代を、第二七王朝時代(前五二五〜前四〇一年)と呼んでいる。ペルシア支配の第二七王朝時代には、公用語として北西セム語のアラム語が使用された。また、エジプトにはじめて蹴り轆轤《ろくろ》が導入されたのも、この時代のことであった。前四〇四年にサイスのアミュルタイオスにより、第一次ペルシア支配に終止符が打たれる。第二八王朝は、アミュルタイオス一代で、メンデスのネフェリテス一世により打倒される。この第二九王朝もわずか二〇年程しか続かず、セベンニュトスのネクタネボ一世の第三〇王朝にとってかわられる。

このように、第一次ペルシア支配(第二七王朝)時代に続く、第二八王朝から第三〇王朝時代は、三つの王朝を合計しても六〇余年にすぎない短命な王朝の興亡した時代であった。第三〇王朝のネクタネボ一世は、エジプト各地で大規模な建築活動を展開したことで知られている。メンフィスのプタハ大神殿をはじめ、カルナクのアメン大神殿第一塔門、ルクソール神殿スフィンクス参道などがある。ネクタネボ一世の建造物の多くが、第一九王朝の偉大な王ラメセス二世の記念建造物に隣接して存在しており、ネクタネボ一世が九〇〇年も前の新王国時代の王に憧れをいだいていたと感じさせる。

アレクサンドロス大王の東征とプトレマイオス朝時代

第三〇王朝三代目の王ネクタネボ二世のときに、アケメネス朝ペルシアの侵入を受けた。第三〇王朝は一時、上エジプトに逃れて抵抗を続けていたが、前三四一年にはアルタクセルクセス三世の軍に敗れ、エジプトはふたたびペルシアの支配下にはいる。第二次ペルシア支配時代である。プトレマイオス朝時代の神官であり、歴史家であった、マネトーの『エジプト史』に準拠して、第三一王朝(前三四二〜前三三二年)の名称を使用する研究者が近年多くなっている。

マケドニア王国のアレクサンドロス(アレキサンダー)大王の東征により、前三三二年にエジプトはギリシア世界に組み込まれるようになる。ギリシア・ローマ(グレコ・ローマン)時代の始まりである。アレクサンドロス大王は、短期間でギリシアから東はインダス川にいたる広大な領域をその支配下においた。ギリシアとアジアという東西の文化が融合したヘレニズム文化が開花した時代である。アレクサンドロス大王が、前三二三年にバビロンで三十三歳の若さで病死すると、王国は部下の将校たちによって分轄統治されるようになる。なかでもエジプトを領有したプトレマイオスは、アレクサンドロス大王の遺体をバビロンからマケドニアに搬送する途中で略奪し、ミイラとなった王の遺体を所有することで大王の正統な後継者であることを内外に示そうとしたのである。

前三〇五年に、プトレマイオスはエジプトを中心とする地域を支配し、プトレマイオス王朝を樹立した。プトレマイオス王朝は、ギリシア人の建国したキプロス島をも領有する地中海国家であったが、王の称号や意匠など、古代エジプトの伝統様式を表面上は踏襲したかたちをとっている。一七九九年八月に、ナポレオンのエジプト遠征軍により、西デルタのロゼッタ(アラビア語名ラシード)で発見された「ロゼッタ・ストーン」は、プトレマイオス五世の治世九年に実施された戴冠一周年記念の大祭にかんする碑文で、ヒエログリフ(聖刻文字)とデモティク(民衆文字)、そしてギリシア文字の三文字併記碑文であり、この発見が契機となって、一八二二年にフランスのジャン・フランソワ・シャンポリオンがヒエログリフの解読に成功し、古代エジプトの記録が蘇ることとなったのである。

西デルタにあらたに建設されたアレクサンドリアは、その後、地中海世界でも有数の港湾都市として発展し、古典古代世界の中心都市としての位置を占めるようになった。そして、この地で地中海文化と古代エジプト文化を融合したヘレニズム文化が生み出されていったのである。プトレマイオス王家は、学術研究施設であるムーセイオンの建設をはじめ、学芸の振興に積極的に取り組んだことから、地中海各地から優れた学者たちが参集することとなった。

プトレマイオス朝は、東地中海地域の強国として、チュニジアに本拠をおくカルタゴとも友好関係を結び、新興のローマとも徐々に対決するようになる。プトレマイオス朝の国家の命運は、エジプトだけではなく、地中海地域全体の力のバランスのなかで弄《もてあそ》ばれていく。ローマとの関係を機軸として、王朝の存続と繁栄の道が模索されていったが、ついに前三〇年にクレオパトラ七世が自殺することでプトレマイオス朝は滅亡し、エジプトはローマの支配下にはいることとなる。

ローマの属州とキリスト教文化

ローマ帝国の属州となったエジプトは、豊かな農業生産により「ローマの穀倉」と呼ばれていた。帝政ローマが地中海全域をその支配下におさめ、栄華を誇った際においても、ナイル川流域の富は帝国においてきわめて重要な位置を占めていた。ローマ支配時代になって、地中海交易は一層さかんになるとともに、地中海諸地域から多くの物資がナイル川流域に流入することとなる。

ローマ支配下でのもっとも大きな出来事は、キリスト教の誕生と普及であろう。イエス・キリストの死後、使徒たちによりキリスト教は伝道され、地中海地域に広く浸透していくこととなる。イスラエルに隣接するエジプトにおいても、使徒の一人であるマルコによって紀元後一世紀後半に伝道されたとされる。マルコはアレクサンドリアで殉教したが、その後もキリスト教はエジプトの民衆のあいだに徐々に浸透していった。ローマ帝国内部においては、キリスト教は初期においては禁止され、キリスト教徒にたいする皇帝による弾圧と迫害が繰り返しおこなわれた。なかでも、後三〇三年にはディオクレティアヌス帝がキリスト教徒迫害を命ずる勅令を発布し、全国的に大規模な迫害がおこなわれた。こうした、たび重なる迫害にもかかわらず、キリスト教の力は衰えず、三一三年のミラノ勅令によって、キリスト教は公認されることになる。公認されたあと、キリスト教はローマ帝国内で急速に広がり、ついには三九二年にローマで国教とされるまでになる。エジプトにおいても、キリスト教の普及はめざましいものがあり、当時最大のキリスト教徒の人口をかかえる地域となった。

三九五年にローマ帝国は東西に二分され、エジプトは東ローマ(ビザンツ)帝国領となった。そのことから、ビザンツ時代という名称が使用されることがある。エジプトやシリアにおいては単性論が支配的であり、四五一年に開催されたカルケドン公会議において、三位一体を教義とする両性論が採択されたことで、エジプトを中心とするキリスト教は異端の烙印を押されることになる。エジプトを中心として信仰されていたキリスト教は、一般にコプト教の名で呼ばれている。コプトとは、エジプトをあらわす名称である。キリスト教の普及とともに、ギリシア文字でエジプト語を表現するコプト文字がデモティク(民衆文字)にかわって使用されるようになる。このコプト文字で表記されるコプト語は、イスラーム侵入以降も、教会の内部での典礼用言語として長く使用されることとなる。

六四一年に、アムル・ビン・アルアース将軍に率いられたイスラーム遠征軍がエジプトに侵入したあとも、イスラーム支配者の融和政策により、数は減少していきながらもコプトの文化が断絶することはなかった。コプト文化期の名称でこれらの時代をさすことがあるが、コプト文化という名は時代区分名称をさすものではなく、ローマ支配時代からビザンツ時代、そして一部はイスラーム支配時代にまで使われる文化名称である。

「コプト裂《ぎれ》」の名でも知られるコプト染織工芸に代表されるコプト美術は、三世紀から十二世紀にかけて修道院を中心として発達したものである。王朝時代のエジプトでは、衣服は亜麻布が主体であったが、アレクサンドロス大王の東方遠征によるヘレニズム世界の出現により、絹が導入されるようになった。亜麻とは異なり絹糸や毛糸は、染織にも優れた性質をもっていたことから、聖書に題材をもつモチーフとともに独自の染織技術を完成させたのである。

3　シリア・アラビア半島

都市文明の成立

「肥沃な三日月地帯」の一翼をなすシリア・パレスティナは、生産経済の開始においては先進地帯であった。ヨルダン川西岸のイェリコの遺跡では、定住狩猟採集段階のナトゥーフ期から、穀物栽培と家畜飼育が開始された先土器新石器時代への移行が確認できる。新石器時代にはいると、円形プランの家屋群が約四ヘクタールにわたって広がる大集落が発展し、その周囲に残存部分だけをみても三メートルをこえる高さの石積みの壁がめぐらされた。その後、別系統の先土器新石器文化が到来したが、こちらは家屋のプランが方形で、その点ペトラ近くのベイダやアナトリアのチャタル・フユクの遺跡と共通である。各地で生産経済への移行の試行錯誤が同時進行していた時代であった。

やがてメソポタミアとほぼ同じ過程をへて、シリア・パレスティナの初期農耕村落でも土器の製作が始まり、さらには青銅器も使用される時代にはいる。メソポタミア南部やエジプトの大河流域では、灌漑農耕の発達によって生産力が著しく上昇し、前四千年紀のなかばより都市化が進展したが、地理条件の異なるシリア・パレスティナはこの点やや遅れをとり、メソポタミアの影響下に都市文明が成立したのは前三千年紀、前期青銅器時代のことであった。この時期、高原においても砂漠の縁辺においても、さらには地中海沿岸においても、大小の多くの都市が生まれたことが考古学的にも碑文学的にも確認できる。

エデッサ
ハッラーン
グザーナ
イッソス
カルケミシュ
サムアル
バリーフ川
アララク
アレッポ
ハブール川
セレウキア
アンティオキア
エマル
ユーフラテス川
ウガリト
エブラ
カルカル
ラオディケア
アパメア
ハマー
ドゥラ・エウロポス
キプロス
アラドス
カトナ
オロンテス川
マリ
カデシュ
トリポリ
パルミュラ
ビュブロス
ベイルート
シドン
ダマスクス
地中海
テュロス
ハツォール
メギッド
ヨルダン川
ボスラ
サマリア
シェケム
ゲラサ
ゲゼル
イェリコ
アシュケロン
イェルサレム
ガザ
死海
テル・ベイト・ミルシム
ペトラ
エジオン・ゲベル
シナイ半島
0
100
200
300
400km

古代シリアの都市

そのなかでもっとも有力であっただけでなく、現在われわれにもっともよく知られている都市は北シリアのエブラである。アレッポの南南西およそ五五キロにあるテル・マルディフ遺跡を調査していたイタリア隊が、一九七五～七六年の王宮址の発掘で文書庫を掘りあてた。棚に整理・保存されていた粘土板文書が、王宮が炎上した際に床に落下し破損した状態で発見されたのである。王宮の破壊者は、ともにエブラを征服したと標榜するアッカド王サルゴン(前二十四世紀後半)か孫のナラムシン(前二十三世紀)と推察される。楔形文字を使い、北西セム語派に属すのではないかと思われる(この点については異論あり。つぎにでてくるアムル語、カナーン語も含めて、前三千～前二千年紀のセム系諸語の系統関係については説が定まっていない)エブラ語で記されたこの文書の研究を通じて、この都市のみならず、前三千年紀の第三四半期のシリアを中心とするオリエント世界の歴史に光があてられた。

文書庫の時代のエブラの規模は約五六ヘクタールで、一万五〇〇〇から二万の人口を擁していた。シュメールとは異なり、神殿ではなく王宮が政治のみならず経済活動の中心であった。大麦やオリーヴの栽培がおこなわれていたが、天水農業で生産性は高くなく、経済の基盤は大規模な羊飼育とそれ

エブラ粘土板文書の出土状況　文書は本来，王宮の文書庫の壁に設けられた木の棚に，内容別に分類・整理されて保管されていた。焼失した棚から落下した原位置で出土した。

をもとにした毛織物業、そしてその製品を輸出する交易におかれていた。王の支配は北はタウルス山脈から南はハマーあたりまで、東はユーフラテス川中流域にまでおよんだ。この河畔にあったマリとのあいだにたびたび戦闘の交わされた記録が、エブラ文書のなかに残っている。マリはメソポタミアとシリアを結ぶ交易ルートの重要中継都市であったから、エブラとマリの衝突もこの交易の商権をめぐるものと推測できる。西方の地中海沿岸の諸港市は、エブラと通商はおこなっていたが政治的な従属関係にはなかった。

地中海東岸の港市のなかで、当時もっとも重要だったのはビュブロス(ビブロス)である。レバノン山脈の杉や樅《もみ》の木の積出港であっただけでなく、造船業でも繁栄した。エジプトはすでに古王国時代より、造船はもとよりミイラを納める棺《ひつぎ》の材料として、また遺体保存に必要な樹脂をえるためにもビュブロスより大量の樹木を輸入した。

エブラが勢力を失ったころより一世紀以上のあいだ(前期青銅器時代の末期にあたる)、シリア・パレスティナは「暗黒時代」にはいる。各所で都市が破壊され、それまで栄えた都市文明は断絶し、小家畜(羊、ヤギ)を飼う牧畜民が優勢な社会に逆戻りした感がある。この大変動が外来の征服者(たとえばウル第三王朝)によって引き起こされたのか、あるいはあらたな移住者が襲来したのか、確かなことはわかっていないが、もし後者であるとすると、アムル(アモリ)人が張本人であった可能性が高い。

アムル人は書き言葉として自身の言語ではなくアッカド語を使用したので、彼らの系統を正確に知るのはむずかしいが、人名や族名の分析によれば西方系のセム語を話していたようである。呼称の由来(アッカド語で「西方の人」)が示すように、前期青銅器時代を通じてメソポタミアからみて西方の、シリアのステップ地帯で牧畜を営んでいたのではないかと推察される。それが前三千年紀の末ころよりシリア・パレスティナ、ついでメソポタミアに侵入を始め、各地に王朝を樹立するなどしてオリエント世界の歴史を左右した。

都市国家の繁栄

中期青銅器時代（前一八〇〇～前一六〇〇年頃、ただし異論もあり）にはいると、前代末期の混乱と衰退のなかからシリアの都市文明は再興し、メソポタミア勢力に拮抗する国家も出現した。この時期のシリアの状勢にかんする情報の多くは、マリ文書からえられる。マリの遺跡はユーフラテス川右岸のテル・ハリリにあり、一九三三年よりフランス調査隊が発掘しているが、そこから二万五〇〇〇枚にのぼる粘土板が出土した。そのほとんどは前二千年紀前半、それもこの都市がバビロンによって破壊される前十八世紀前半までに書かれたものである。なかにマリ王と外国の支配者が取り交わした書簡や、出先の役人からマリ王に宛てた手紙などが数多く含まれていて、当時の国際関係を知るうえで格好の史料となっている。

このころ、メソポタミアからシリアへかけての多くの都市には、アムル人の王朝が成立していた。マリ王自身がそうであったし、マリを一時支配したアッシリア王シャムシアダド一世や、マリを滅ぼしたハンムラビもまたアムル人であった。さらにアレッポを中心に、この中期青銅器時代を通じてアムル人の支配するヤムハドという強国が繁栄した。マリの最後の王ジムリリムは、マリがアッシリアに支配されているあいだはヤムハドに亡命していたが、シャムシアダド一世が死去したのを機に、義父でもあるヤムハド王ヤリムリムの支援を受けて王位を奪還した。このマリ王宛に臣下の役人が書いた手紙が残されていて、そのなかでバビロンのハンムラビ、ラルサのリムシン、エシュヌンナのイバルピエル、カトナのアムトピエル、それとヤムハドのヤリムリムという、当時の実力者それぞれに従属する王（おそらく弱小都市の支配者や遊牧民の族長であろう）の数が列挙されている。そのなかでもヤリムリムが従えていた二〇人という王の数はもっとも多く、当時のヤムハドの勢力の強さがうかがえる。

ヤムハドの首都アレッポは北シリアの農業・牧畜の中心であると同時に、メソポタミアと地中海を結ぶ東西ルートと、アナトリアとシリア・パレスティナさらにはエジプトを結ぶ南北ルートの交わる点にあたっており、自《おのずか》ら各地の物産と文化が流入した。その支配圏はかつてのエブラに匹敵するほどで、西はオロンテス河畔のアララクを中心とするムキシュの国から、東はユーフラテス河畔のエマルにまでおよんでいた。しかしカトナ、カルケミシュという南北の重要都市は、支配圏の外にあったようである。

カトナはメソポタミア北部の勢力とのつながりが強く、マリとはアレッポを経由しない砂漠越えの交易ルートで直接結ばれていた。とくにアッシリア王がマリを支配していた時期には、これと姻戚関係を結んだ。他方、ヤムハドは反アッシリアの立場にあったし、シリアにおける主導権をめぐってカトナとは対立していた。その両者の関係修復の仲立ちを、マリ王ジムリリムが試みているのは興味深い。東方から迫りくるバビロンの脅威に対抗するためには、シリア勢力の結集が不可欠と判断したのではあるまいか。

しかしその努力のかいもなく、ヤリムリムの死後、バビロン王ハンムラビはマリを攻めてこれを滅ぼした。ヤリムリムを継いでヤムハドの王位に就いたバビロン王と同名のハンムラビが、これに介入しようとした形跡はない。マリ滅亡後、その支配下にあった多くの都市がヤムハド領に編入された結果、その勢力はハブール川流域にまで達した。一方、バビロンの覇権はマリ以西にはほとんどおよばなかった。

マリ文書の記述がおよばないシリア南部からパレスティナにかけて、すなわちのちにカナーンと呼ばれる地域の状況は、エジプトの史料や考古学の知見に頼るしかない。この地にカナーン人が到来した時期については、そもそもなにをもってカナーン語・カナーン人の指標とするかで学説が分れているため、定説がない。史料に「カナーン」という語がはじめてあらわれるのは前十八世紀のマリ文書であるが、つぎの出現は前十五世紀と遅い。おそらくアムル人と同じく前代はステップや高地で遊牧をおこなっていたセム系種族が、都市文明が後退していたこの地に前二千年紀初めに移住し、あらたな都市を営むようになったのであろう。メギッド、イェリコ、テル・ベイト・ミルシム、ゲゼル、シェケム、ハツォールなどがこの時期の代表的なカナーン都市である。この地域と関係が深く、支配権を拡大する機会をねらっていたエジプトでは、中王国第一二王朝の呪詛文書にシリア・パレスティナの諸都市の名が残されている。ダマスクス、ハツォール、イェルサレムなどの内陸都市と、ビュブロス、テュロス(ティルス)、アシュケロンなどの港市が、そのうちの主要なものである。

各地の粘土板文書に記されている人名より、メソポタミア北部からシリアにかけてコーカサス系の言語を話すフルリ(フリ)人の勢力が伸張し、徐々にアムル人やカナーン人などセム系先住民を圧迫していたことが看取できる。たとえば、ヤムハドの属領であったアララクの第七層出土文書にでてくる人名の半数は彼らのものであった。前十七世紀なかばより一世紀余り、パレスティナ南部より下エジプトへかけての地を支配したヒクソスの正体は、じつは右に述べたように都市化の進展に加えて北方からの移住者の増大で人口過剰に陥ったシリア・パレスティナからの移住者であった、という説が近年は有力である。

この時代とつぎの後期青銅器時代のあいだに断絶はなく、その境界は前代のそれほど明確ではない。いくつかの都市や王朝の盛衰に変化が認められる程度である。ヒッタイト王ムルシリ一世が前十七世紀の末にヤムハドの首都アレッポを占領し、北シリアを支配下においたのが最大の事件であったが、この王の死後の内紛でヒッタイトの勢力は後退したので、ヤムハドは独立とかつての勢力の一部を回復することができた。

シリアをめぐる列強の角逐

後期青銅器時代(前一六〇〇~前一二〇〇年頃)のシリア・パレスティナの政治面での特徴は、この地の支配をめぐって争う周辺諸列強の角逐の場となったということであろう。

前十六世紀にヒッタイトの勢力がいったん後退したシリアに北から支配の手を伸ばしてきたのは、フルリ人が中心となって建国したミタンニであった。一方、ヒクソスを撃退して新王国時代の幕を開いたエジプトの第一八王朝は、シリア・パレスティナ勢力の侵入・支配を受けた教訓から、攻撃的防御を目的としてこの方面へ積極的に出兵した。そこでつぎの前十五世紀にかけて、ミタンニとエジプトがシリアの支配をめぐって相争う形勢となった。

エジプトはトトメス一世のときにいったんユーフラテス河岸まで軍を進めた。しかしその後、ミタンニを後ろ楯とする対エジプト同盟がカデシュを中心に結成されたのに脅威を感じたトトメス三世は、前後一七回の遠征をおこなってオロンテス川中流域以南の地域をエジプトの属領とした。つぎのアメンヘテプ二世も積極的にシリア遠征をおこなったが、その治世の後半よりエジプトとミタンニの関係は和平の方向に転じたようである。

その契機となったのはヒッタイトの復興であった。新王朝を開いたトゥトゥハリヤ一世がアレッポを占領し、さらに南進の機会をうかがうのに脅威を覚えた両国は、のちのトトメス四世のときに同盟を結んだ。しかし、ヒッタイトは前十四世紀のシュッピルリウマ一世のときにおおいに勢力が伸張し、ついにミタンニの首都ワシュカニ(位置未詳)の攻略に成功するとともに、シリアではカルケミシュ、アレッポ、アララク、カデシュなどの重要都市を、また地中海沿岸部もウガリトを含む北半を支配下におさめた。ヒッタイト領シリアの中心となったのはカルケミシュで、そこに副王をおいてこの地域一帯を統括させた。

このようにして、それまでミタンニの属領であったシリアの中部以北がヒッタイトの支配下にはいった結果、今度はヒッタイトとエジプトがシリアの覇権をめぐって対立する構図となった。ただし、エジプトはアマルナ革命とその後の混乱期にはシリアにたいして積極的な行動はとれなかったので、両国関係にもしばらくは小康状態が保たれた。しかし、エジプトが第一九王朝に変わり、ファラオたちが失われたシリア領の回復をめざして遠征を再開すると、ヒッタイトとのあいだに衝突が起こった。なかでもラメセス二世とヒッタイト王ムワタリがカデシュ郊外で演じた大戦車戦(前一二七五年頃)は戦史に名高い。

数次の遠征でも結局大勢を覆すことができなかったラメセス二世は、その後ヒッタイト王ハットゥシリ三世とのあいだに、領土不可侵と相互軍事援助を主旨とする同盟を締結し、以降、両国は友好的な関係を保った。おそらくは東方のアッシリアと西方から迫りくる「海の民」の脅威が、両国に和平の道を選ばせたのであろう。

この時代に栄えたシリア都市のなかでは、史料にめぐまれたエマルとウガリトの事情がよく知られている。エマルはアレッポの東方八〇キロ程のユーフラテス川右岸にあり、早くも前二十四世紀のエブラ文書にその名があらわれるように、古くからメソポタミア、アナトリア、地中海を結ぶ交易ルートの重要拠点であった。メスケネにあるその遺跡を一九七二〜七六年にフランス隊が発掘したところ、前十四世紀末〜前十二世紀初頭に属する多数の粘土板文書が出土し、当時この都市がおかれていた複雑な政治・社会状況に光をあてた。

このころヒッタイトの属国であったエマルは、直接的にはカルケミシュ王の統治下におかれていた。粘土板文書に縦長のもの(通常こちらが一般的)と横長のものがほぼ同数ずつ存在し、内容的に前者はエマル内部の問題に、後者はヒッタイトやカルケミシュに関連しているという区別があるのは、この政治状況の反映であろう。また市の内部には王室と市共同体という二つの公権力が並存していたことも判明した。

ウガリトは、フランス隊が一九二九年から北シリアの地中海岸のラス・シャムラ遺跡を発掘調査して、その存在を確認した都市である。礎が築かれたのは新石器時代にさかのぼるが、とくに前二千年紀後半の数百年間、エジプトやミケーネ世界とオリエントの内陸世界を結ぶ交易で栄えた。王宮の文書庫から出土した多数の粘土板文書は、神話テキスト群を含んでいる点がとりわけ貴重で、これによって嵐と天候を

(したがって豊穣をも)司るバアルを主神とするカナーン人の宗教観念の解明が進んだ。

また楔形文字アルファベット(ウガリト文字)を使ってウガリト語(北西セム語派に属す)で文書を作成していたことは、文字史のうえで見逃せない。アルファベットの祖型は、前二千年紀前半にパレスティナかシナイ半島で考案されたと推察されるが、その後これを改良してそれぞれの言語を表記する試行錯誤が、シリア・パレスティナの各地でおこなわれた。ウガリト文字もそのひとつである。アルファベットは元来、線形文字として発展する方向性をもっていたにもかかわらず、それをあえて楔形文字で置き換えたところに、北シリアにたいするメソポタミア文明の影響力の強さがうかがえよう。

この時期のオリエント各地の文書に頻出するハビル(もしくはアピル)は、旧約聖書のイブリー(ヘブライ人)との音韻上の類似性と歴史的連続性が論議の的となってきたが、前三千年紀末の史料にすでに登場することや、オリエントの非常に広い範囲に分布していて特定のひとつの民族とは考えられないことなどから、現在ではこれをイスラエル人の祖先に直接的に結びつける説は認められていない。定住社会と遊牧社会の狭間《はざま》、伝統的な体制社会の周縁で活動し、時にはその社会の最下層を形成したり傭兵として採用されることもあるが、時には敵対者ともなる集団、というのが現時点での一般の理解である。

旧体制の崩壊と新興諸勢力

前一二〇〇年をすぎてまもなく激震が地中海東岸一帯を襲い、前代の体制は一挙に崩壊した。その最大の要因と目されているのが、西北方から襲来した「海の民」と呼ばれる混成移民集団である。原住地は判然としないが、バルカン南部、エーゲ海域を経由してアナトリアからエジプトへかけての広い地域に侵入した。エジプトがかろうじてこれを撃退し、パレスティナ方面へ押し戻したのにたいして、ヒッタイトは滅亡、シリアの諸都市もウガリト、エマルをはじめ多くが破壊された。その結果、前期青銅器時代末期とにた一種の「暗黒時代」がしばらく続く。しかしこの混沌のなかから、後世に大きな文化遺産を残すことになる諸民族が、やがて勃興してくるのである。考古学的にはこの時代より鉄器時代が始まる。

「海の民」のなかでもっとも重要なのは、パレスティナの地に植民したペリシテ人である。周知のように、この地名自体がその源を彼らの名においている。のちにこの地に入植しようとするイスラエル人と敵対・抗争したために、旧約聖書のなかではきわめて否定的なイメージで描かれているが、実態はそれと異なり、優れた都市建設者であるだけでなく実用的な鉄器の製造者でもあった彼らは、移住地に先進的な物質文化をもたらした。

ヒッタイトが滅び、エジプトも弱体化して、列強の支配からしばし解放されたシリア・パレスティナには、周辺よりあらたな移住者が入植し、多くの都市国家が生まれた。各地に独立の新興勢力が割拠し、それぞれ個性的な発展をみせたのがこの時期の特徴である。

北シリアにはカルケミシュを中心に、新ヒッタイトと呼ばれる都市国家群が前七〇〇年ころまで栄えた。おそらくセム系やフルリ系の先住民を、アナトリア南東部の旧ヒッタイト領からの移住者が支配していたのではないかと思われる。中部シリアのハマーも一時この系統の王朝に支配された。碑文の言語がヒッタイト語ではなくルウィ語で、文字もヒッタイトの楔形文字ではなく象形文字のほうを使っている点が注目に値する。

　この時代の主役の一人のアラム人は、おそらくかつてのアムル人と同様、前代にはシリアのステップや砂漠で遊牧生活を送っていたが、鉄器時代にはいって定住地域への侵入が顕著となった。まず、ユーフラテス川上流域や支流のハブール川流域に移住し、新ヒッタイトやアッシリアと競いつつサムアル、ビト・アグースィ、ビト・アディニ、ビト・バヒアニなどの小国家を建設した。前一千年紀になると東西両方面で南下が進み、シリアの中部から南部にかけて都市国家を建設する一方で、メソポタミア南部にまで広がって定住した。のちに新バビロニア朝を開くカルデア人もこの一派である。広範囲に分布し、強い勢力をもったにもかかわらず、政治的にはダマスクスを盟主とする都市連合の結成が限界で、統一国家を築くことはなかった。とはいえ、ダマスクスは前九世紀にベンハダド二世やハザエルのもとで、ほかのシリア都市やイスラエル王国を糾合してアッシリアの侵攻をよくしのいだ。

　アラム人の本領は、隊商交易の分野でもっともよく発揮された。アラム商人が広く各地に進出した結果、アラム語はオリエント世界の共通語となり、アッシリアやアケメネス朝で

復元されたグザーナの宮殿の正面(アレッポ博物館の入口として造作されたもの)　グザーナ(現テル・ハラフ)は，アラム人がハブール川上流域に建設したビト・バヒアニの首都。

は帝国の公用語としての地位を獲得した。またフェニキア文字から発展したアラム文字は、遠く中央アジアや南アジアにまで伝播して、多くの東方系諸文字を生むことになる。

フェニキアというのは、シリア南部からパレスティナ北部へかけての地中海沿岸部に、のちのギリシア人がつけた名称である。古くより港市が発達し、中期青銅器時代以降カナーン化が進んでいた。多くの港市は前十二世紀の激動期を乗りきり新しい時代をむかえたので、住民構成や文化に前代からの連続性が認められる。フェニキア人はカナーン人の末裔であり、宗教的にはウガリトと同じくバアルを主神として崇拝していた。

クレタ人やミケーネ人の没落後、ギリシア人の海上活動が復活する前八世紀までのあいだ、地中海はフェニキア人の独壇場であった。彼らはこの好機を十分に生かし、海上交易に活躍する一方で、地中海沿岸の要地につぎつぎと植民市を築いていった。この時代の代表的港市はテュロスとシドン、最重要な植民市は前九世紀末にテュロスが築いたカルタゴである。アラム都市以上にフェニキア都市の独立指向性と相互の対抗意識は強く、政治的には最後まで分立状態を脱することはなかった。

アルファベットには、すでに前二千年紀後半には、共通の祖型から分れた北西セム系と南セム系の二種が存在した。フェニキア文字は前者の線形文字タイプのなかでもっとも古いものである。その後これから分れてアラム文字とギリシア文字が成立し、それぞれかたちを変えつつ東西の広い地域に伝播して多くの新しい文字が生まれた。現在世界で使用されている漢字系以外の文字は、ほとんどすべて元をたどればフェニキア文字にさかのぼる。

諸説提唱されてきたイスラエル人の起源について、いまだ定説と呼べるものはないが、とにかく彼らは前一二〇〇年前後に、地中海とヨルダン渓谷のあいだのパレスティナ中央山地帯に「出現」した。季節移動していた小家畜牧民がこの地に定着して農耕もおこなうようになったらしい。やがて土地を求めて西方へ進出した結果、海岸の平野部で都市を営んでいたペリシテ人やカナーン人と衝突する。そしてしばらくは「士師」と呼ばれるカリスマ的指導者のもとで戦っていたが、前十一世紀後半にいたって諸部族統一の気運が高まり、サウルの即位をもって王制に移行した。ほぼ時を同じくしてヨルダン川の東方(トランス・ヨルダン)でもアンモン人、モアブ人、死海南方ではエドム人の小王国が成立している。したがってイスラエル王国の成立はけっして例外的で特異な現象ではなく、初期鉄器時代にパレスティナで進行していた一般的政治過程のひとつとして理解すべきである。

一代で終わったサウルの治世のあと、前一〇一〇年ころに即位したダビデのもとで王国は本格的に発展した。西方ではペリシテ人やカナーン人を、東方ではアンモン人、モアブ人、エドム人を、さらに北方ではダマスクスのアラム人を征服して、シリア南部からパレスティナへかけて支配する小帝国を築き上げる。父の王位を継いだソロモンは、首都イェルサレムにヤハウェの神殿と自らの宮殿を造営した。また、テュロス王の協力をえて海外に商船を派遣し、政略結婚を通じて国際関係の維持をはかった。しかし、積極的な経済活動や対外政策は、結果的に、重税や賦役をおわされた民衆の怨嗟《えんさ》とともに、外来文化とりわけカナーン系宗教の流入を招いた。一見はなやかなソロモン治世に累積した諸矛盾は、彼の死とともに顕在化する。王国は北の一〇部族からなるイスラエル王国と、ユダ族の南王国に分裂した。

北王国では積極的にカナーン・フェニキアの宗教・文化の導入をはかる勢力と、伝統的なヤハウェ崇拝者とのあいだのせめぎ合いが続き、王朝の交代もしばしばみられたが、経済的には繁栄し、ダビデ王家による支配が確立していた南王国よりも遥かに強力であった。アハブ王のときにはダマスクス王ベン・ハダド二世に協力し、前八五三年、オロンテス河畔カルカルにおいてシャルマナサル三世のアッシリア軍と戦って、その進撃を阻止した。

東方の帝国による征服と支配

前十世紀前後にシリア・パレスティナの地に独立した小国家が分立し、それぞれが独自の発展をたどりえたのは、この時期メソポタミアとエジプトの勢力が弱体化して対外的に積極策をとれない状況のなかで、両者の中間に位置するこの地域が、国際政治力学上の一種の真空地帯と化していたことによる。しかしアッシリアが帝国への成長をとげて以降は、この地の都市や民族の大部分はその支配下におかれ、その状態はつぎの新バビロニア、アケメネス朝ペルシアの時代を通じて続く。

アッシリアのシリア・パレスティナへの侵略は、前九世紀なかばのシャルマナサル三世の治世に本格化した。前八世紀後半にティグラトピレセル三世が侵攻してくると、諸国はふたたび反アッシリア同盟を結成してこれに抵抗しようとしたが、ユダのアハズ王はこれに参加せず、親アッシリア政策をとったため、同盟軍は彼を攻撃した(シリア・エフライム戦争)。しかし、アハズの求めに応じて来援したアッシリア軍の前に同盟軍は敗退し、ダマスクスを含むシリアはついにアッシリアに併合された。また、いったんアッシリアへの貢納を約したイスラエル王国では、ホシェア王がエジプトと結んでこれに背いたためふたたびアッシリア軍の攻撃を受け、サルゴン二世の初年(前七二二年、あるいは前七二一年)に首都のサマリアは陥落し、王国は滅亡した。

一方、アッシリアに臣従していたユダ王国では、アハズのつぎの王ヒゼキアがサルゴン二世の死を機に独立を宣言し、領内からアッシリアやカナーンの神々を追放してヤハウェ神崇拝の復活をはかった。これにたいしてアッシリア王位を継いだセンナケリブは、同様に反乱を起こしていたフェニキアやパレスティナ南部の諸都市、トランス・ヨルダンのアンモン人やモアブ人を平定したあとに、ユダ王国の首都イェルサレムを攻囲したが、陥落させることができないまま撤退した。預言者のイザヤが活動したのはこのころで、王国の滅亡を予感しつつもヒゼキア王を励ました。なお、フェニキア諸都市のなかで海中の要塞都市テュロスだけは、島という地の利に守られてアッシリア軍のたび重なる攻撃によくたえていた。

エジプトにまで侵入するほどの強盛を誇ったアッシリアも、前七世紀の末には急速に弱体化して滅亡に瀕した。この状況に乗じてエジプト第二六王朝(サイス朝)のネコ二世が一時シリア・パレスティナを支配下におさめたが、新バビロニア王朝はネブカドネザル二世が前六〇五年にカルケミシュ付近の戦闘でエジプト軍を撃破し、アッシリア以来のこの地域にたいするメソポタミアの覇権を回復した。しかしネブカドネザル二世は、この後も幾度か反乱鎮圧のためこの地に遠征することをよぎなくされる。

エジプト王の支援を頼りに抵抗を続けたユダ王国では、イェルサレムが前五九七年に陥落し、ヨヤキン(エホヤキン)王を含む有力者たちはバビロンに連行された。ところがその後、ネブカドネザルが王位に就けたゼデキアも反逆を企てたので再度攻撃がおこなわれ、前五八六年(または前五八七年)ついにユダ王国の命運はつきた。イェルサレムは神殿をはじめ市街も城壁も完全に破壊され、ゼデキアや上層市民たちはバビロンに連れ去られた。以後この地はシリア・パレスティナのほかの地域と同様、バビロニアの属州となった。

アケメネス朝ペルシアが成立すると、二代目のカンビュセス二世はエジプトへの遠征の道中でシリア・フェニキアの諸都市を屈服させた。その後ダリウス一世はシリア、フェニキア、パレスティナ、それにキプロスを合わせてひとつの軍管区とし、サトラップ(知事)をおいて統治させた。フェニキアの諸都市に課せられた戦時に軍艦と船員を提供する義務は大きな負担であったに違いないが、ギリシア人と地中海の商権を競い合っていたフェニキア人の側でも、ペルシアの軍事力に頼むところはあったであろう。しかしその期待もむなしく裏切られ、サトラップの支配も弛緩した帝国末期の前四世紀なかばには、失敗に終わったとはいえシドンを中心としてフェニキア都市の反乱が起きている。

一方でアケメネス朝はアッシリアや新バビロニアと異なり、被征服民の文化や宗教を尊重し、限定的ながら自治も認める政策をとった。前五三八年にバビロンの捕囚たちも、キュロス二世によりイェルサレムへの帰還と神殿再建を許された。帰還者たちが再建した神殿を、ソロモンが建立した神殿にたいして第二神殿と呼ぶ。前者が独立国家の中心聖所であったのにたいして、後者はユダヤ人宗教共同体の礼拝所にすぎなかった。ネヘミアやエズラの努力によって、律法の整備、祭司職の体系化、シナゴーグにおける礼拝の制度化などが進められる一方で、虜囚体験をへて民族の歴史への反省と神学的解釈が深化され、旧約聖書の主要部分の編纂も始まった。宗派としてのユダヤ教が、こうして形成されたのである。

ギリシア人とローマ人の支配

前三三三年のイッソスの戦いに勝利したアレクサンドロスは、南進して地中海沿岸諸都市の征服をめざした。抵抗したテュロスとガザの征圧には数カ月を要したが、ほかの都市は戦わずして降伏した。内陸部は部将のパルメニオンによって征服された。ここにおいてシリア・パレスティナの古代オリエント時代は終焉をむかえ、新しくヘレニズム時代の幕が開いたのである。政治的には以後一〇〇〇年近くのあいだギリシア人とローマ人の支配が続き、文化的には伝統文化とギリシア人がもたらした西方文化の融合が進んだ。

ディアドコイ戦争をへてシリアの中部以北はセレウコス朝の、南部とパレスティナ(あわせてコイレ・シリアと呼ぶ)はプトレマイオス朝の支配下にはいった。しかしセレウコス朝がコイレ・シリアへの領有権を主張しつづけたので、前三世紀を通じて両王朝はたびたび戦った。アンティオコス三世が第五次シリア戦争で最終的に勝利をおさめ、シリア・パレスティナ全域にセレウコス朝の覇権を確立したのは前一九八年のことであった。

セレウコス朝は積極的に領内の都市化を推進した。とくにセレウコス一世はシリアを中心に約六〇の都市を新設、または再建した。オロンテス河畔の首都アンティオキア、アパメア、地中海岸のセレウキア、ラオディケア、旧ハマーのエピファニア、旧アレッポのベロエア、ユーフラテス河畔の隊商都市ドゥラ・

ゲラサ(ジェラシュ)の遺跡　ヨルダンに遺されているこの美しい遺跡は，ヘレニズム・ローマ期のシリア都市の面影をもっともよく伝えている。

エウロポスなどがそれである。ギリシア語とアラム語がおもに通用し、ローマ時代になってもギリシア文化の影響が強かった。

前一七五年に即位したアンティオコス四世はギリシア文化の熱烈な信奉者で、領内に積極的にギリシア・ヘレニズム文化の普及をはかった。ユダヤ人にたいしては、資金調達を目的にイェルサレムのヤハウェ神殿を略奪する一方で、異教祭儀を強制した。この暴挙に憤激したユダヤ人が起こした反乱を、指導者ユダス・マッカバイオス(ハスモン家)の名にちなんでマカベア戦争と呼ぶ。前一四二年、ユダスの兄弟シモンのときにイェルサレムの解放とユダヤの実質的独立が達成され、さらに大祭司と首長の地位が、前一三四年にシモンから息子のヨハネ・ヒルカノス一世に継承されたことにより、ハスモン朝の世襲体制が始まった。

セレウコス朝の弱体化に乗じてヨハネが周辺各地の征服につとめた結果、ハスモン朝の領土はダビデ時代のそれに匹敵するほどになり、息子のアレクサンドロス・ヤンナイオスのときにはハスモン朝の絶頂期を現出した。しかし、このような政治的・軍事的成功と並行して、ハスモン朝はしだいに世俗化し親ヘレニズムに転じたので、パリサイ派を中心に高まった国民の反感は内乱に発展し、王朝の基盤をゆるがす事態となった。

やがて無政府状態に近い混乱に陥ったシリアに、前六四年ポンペイウスの率いるローマ軍が進駐、セレウコス朝は滅亡し、シリアはローマの属州となった。イェルサレムも占領されてハスモン朝の支配は事実上終了し、ユダヤはこれ以降シリア州総督の管轄下におかれた。このとき頭角をあらわしたのが、イドゥメア(エドム)人のアンティパトロスと息子のヘロデであった。彼らはアクティウムの海戦にいたるまでのローマ政界の内紛において、つねに勝者側につくことによって勢力を伸ばした。ヘロデはローマ元老院より「ユダヤの王」に任命され、領地も加増されてかつてのダビデ王国に匹敵する地域を支配した。残忍な逸話が残るこの王の治世は、じつは大きな戦乱もなく経済的に繁栄した時代で、都市や建物の建設活動が非常に活発におこなわれた。彼の最晩年(前四年)にイエスが生まれたといわれる。

ヘロデの死後その遺領は息子たちに分割されたが、やがてその王統もたえ、後一世紀なかばにはふたたびローマの総督が統治する属州に戻された。民衆の宗教的・民族的感情を理解しない総督たちのもとで高まったユダヤ人の反ローマ感情は、六六年ついに爆発し、七〇年イェルサレムの陥落と神殿炎上で敗北に終わる反乱(第一次ユダヤ戦争)が勃発した。その後半世紀をへて蓄積された反ローマ感情は、一三二〜一三五年にふたたび反乱(第二次ユダヤ戦争、指導者の名にちなみバル・コクバの乱と呼ばれる)となって爆発したが、これも鎮圧され、パレスティナのユダヤ人社会は壊滅的な打撃を受けた。

ユダヤの騒乱を除けばシリアはローマの支配下で繁栄した。東方のパルティア・サーサーン朝に備えて四軍団が配置され、要塞や道路網の整備がおこなわれる一方で、前代に引き続き都市の建設が進んだ。ローマの経済的繁栄を背景に、シルクロードと地中海を結ぶこの地の通商の規模は拡大した。隊商都市パルミュラの女王ゼノビアは、ローマが国内の混乱やサーサーン朝との抗争で弱体化したのに乗じて、二七〇年前後の数年間、シリアのみならずアナトリア中央部やエジプトまでを支配下におさめた。しかしアウレリアヌス帝は自ら出征してこれを破り、パルミュラは滅亡した。

迫害を生きぬいて四世紀末にはローマの国教となったキリスト教であったが、キリスト論をめぐる教会内の激しい論争は政治・社会にも甚大な影響をおよぼさずにはいなかった。シリアの住民の多くは、四五一年のカルケドン公会議で異端とされた単性論派教会(ヤコブ派)に属していたので、カルケドン派(皇帝派)の教義で強圧的に教会統一をはかる政府の方針に激しく反発し、政治的にも離反の傾向を強めた。この住民感情が、のちにアラブ・ムスリム軍のシリア征服を容易にした要因と考えられている。

サーサーン朝はフスラウ(ホスロー)二世が即位すると西方への進出を本格化させた。シリアに侵入し、六一四年にはアンティオキアを、ついでイェルサレムを占領し、ついにエジプトまでも征服した。その後反撃に転じたビザンツ皇帝ヘラクレイオス一世は、六二七年には失われた領土の奪還に成功するが、時をへずして始まったアラブ・ムスリム軍の侵入は撃退できず、シリアからの撤退をよぎなくされた。シリアのイスラーム時代の始まりである。

アラビア半島における都市と国家の形成と発展

　ひとこぶラクダの家畜化は、前三千年紀にアラビア半島南東部で始まったと考えられている。ラクダ遊牧の成立によって、広大な砂漠地帯がはじめて人類の生活圏の一部となった。その意味で、ラクダの家畜化はアラビア半島の歴史を画する事件であった。

　半島内部の状況について、われわれが文献史料を通じてかなり詳しいことを知りえるようになるのは、前一千年紀にはいってからである。それは前二千年紀の末ころになってようやく北方の先進文明地帯と半島各地が、ラクダを運搬手段とする隊商交易によって結ばれたことによる。人の往来が頻繁になるにつれて半島内の事情が明らかになり、それが楔形文字の刻文や旧約聖書、さらにはギリシア語文献に書き留められて伝存している。南セム系のアルファベットが南に伝播し、半島各地に現地人自身が遺した刻文や碑文が出現するのもこのころからである。ちなみにそれ以前の時代については、ペルシア湾に臨むバハレーンとオマーンあたりのことが、メソポタミアの記録にディルムンとかマガンという地名ででてくるにすぎない。メソポタミアの経済圏に含まれていたこの地方が、アラビア半島では例外的に早くから文明化したことは、考古学的にも確認されつつある。

　隊商が北に運んだのは乳香や没薬《もつやく》といった南アラビア産の香料だけではない。船でインドや東アフリカからアラビア南岸の港に運ばれてきた商品の中継輸送が、経済的に重要な意味をもっていた。隊商路沿いには宿駅が発達し、交通の要衝や灌漑農業の可能な大きなオアシスには、やがて都市が生まれた。とくに

アラビアの都市と遺跡

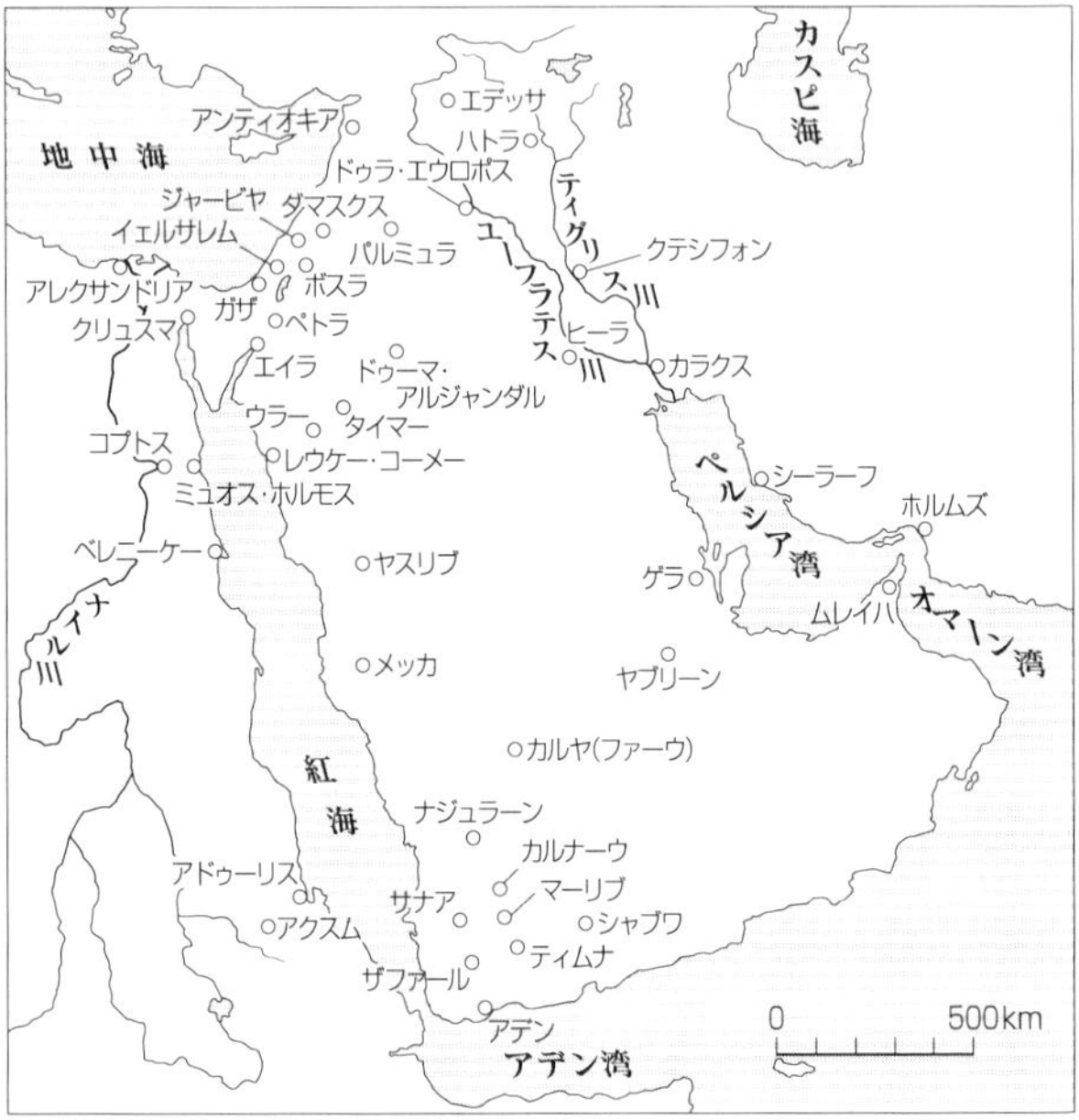

有力な都市のなかには周辺の都市やオアシスを支配下におさめて、小国家を形成するものもあらわれた。季節風の影響で豊富な雨量にめぐまれた現在のイエメンの地には、前一千年紀のなかば以前にサバァ(旧約聖書のシェバ、首都マーリブ)を筆頭に、ハドラマウト(首都シャブワ)、カタバーン(首都ティムナ)、マイーン(首都カルナーウ)の四王国が並立していた。アッシリア史料にサルゴン二世とセンナケリブに貢納したことが記録されている二人のサバァの首長を、南アラビアのサバァ王国の支配者と認定し、この王国は遅くとも前八世紀末には成立していたとする説が、発掘調査の成果からも傍証をえて近年ふたたび優勢になっている。右の四王国ともに内陸の砂漠の縁辺のオアシス地帯に中心をおいていたのが、この時期の特徴である。

イエメンからシリアに通じる隊商路沿いに、ヒジャーズ地方にはウラーを中心にデダーンやリフヤーンの小王国が、さらに北にはペトラを首都とするナバテア王国が栄えた。一方、ペルシア湾岸のハサー地方に通じるルート上のファーウでは、隊商都市カルヤの遺跡が発見され調査が続いている。ハサーは地下水にめぐまれて豊かなオアシス地帯であったが、沖合のバハレーン島とともに、古くからインドとオリエントの諸地方を結ぶ中継地としても繁栄した。文献によればヘレニズム時代にはゲラという港市(遺跡は未発見)がその中心であった。ペトラとカルヤ、それにホルムズ海峡に近いムサンダム半島のムレイハで遺跡が発見された都市(名称未詳)は、いずれも前三世紀に礎が築かれ、文化的にも共通性がみられるという。

ナバテア王国の首都ペトラの王墓　現地の人々が「ファラオの宝庫」と呼ぶこの墓は，ペトラに遺されている多くの岩窟墓のなかでももっとも華麗なものである。

ヘレニズム諸王国、なかでもセレウコス朝とプトレマイオス朝の成立が契機となって、アラビア半島内の各地を結ぶ隊商の動きがそれまで以上に活発化し、人の往来と文物の伝播が盛んになった結果と推察される。

この時期のベドウィン(ラクダ遊牧民)についても、旧約聖書やメソポタミアの文書のなかで言及されている。隊商にラクダを供給し護衛を務める一方で、時にはこれを襲撃するというかたちで新時代に適応し、しだいにその活動範囲を広げつつあった。アッシリア王シャルマナサル三世のカルカルの戦い(前八五三年)の記録に、シリア同盟軍へのラクダ提供者として「アラブ」という語がはじめてあらわれるのが注目に値する。その後の用例をみてもこの語は、元来は定住民の側から民族・種族を問わずラクダ遊牧民一般をさす語、つまりエスニックグループとしての「アラブ人」ではなく、むしろ「ベドウィン」の同義語であった。それが、アケメネス朝時代の用法をへてギリシア語の文献になると、ベドウィンに限らず半島の住民の総称となっている。他方で、本来は他称であったこの語はやがて自称化し、後四世紀初頭には「全アラブの王」と称するベドウィンの首長が出現する。

前一千年紀末の変動とその後の展開

右のような情勢が前一千年紀の末に大きく変動する。それがもっとも顕著にうかがえるのがイエメンで、カタバーン王国から分離した諸部族が前二世紀末ころに南部高原に形成したヒムヤル部族連合は、しだいに国家としての体制を整え(首都ザファール)、その後の南アラビアの歴史を主導した。これとは対照的に、内陸のオアシス諸国家のなかでもっとも北に位置したマイーン王国は、前一世紀には滅亡したとみられている。サバァ王国では紀元後の時代になるとサナアをはじめ西部高原の都市の重要性が高まり、サナアの北方に割拠する諸部族が国政を左右するまでになった。またヒムヤルの独立によって完全な内陸国家となったカタバーンは、徐々に衰退しやがてハドラマウト王国に吸収された。このように、前二世紀末ころより南アラビアの政治・経済の中心は、内陸のオアシス地帯から高原地帯に移り現在にいたっている。

ではなにがこの変動を引き起こしたのか。その解明は今後の研究にかかっているが、おもな要因として考えられるのは、交易ルートの変化とアラブ・ベドウィンの攻勢である。

インド洋世界とオリエント・地中海世界を結ぶ交易ルートには、すでにみた隊商路(いわゆる香料の道)のほかに、ペルシア湾と紅海を経由する二本の海上ルートがあり、たがいに競合関係にあった。前二世紀初頭、東方物産の集散地シリアから最終的に閉め出されたプトレマイオス朝が、以後紅海ルートの開拓に力を注いだ結果、ギリシア系のエジプト商人はアラビア南岸やソマリア海岸の港で商品の買い付けができるようになった。さらに彼らは季節風を利用してインド洋を横断航行する方法を会得し、中継商人の手をへずにインドの産物を購入するようになった。その結果、経済的に中継交易に依存していた内陸の勢力が大きな打撃を受けたのにたいして、紅海やアデン湾に臨む港を支配する高原部の諸都市の重要性が高まったのであろう。ローマ帝政期にはいりインド洋交易の規模が爆発的に拡大すると、取引や給水のために南アラビアの諸港に入港する商船の数がふえただけでなく、アラブ商人自身の海上活動もそれまで以上に活発になった。

一方ほぼ同じ時期に、北方からアラブ・ベドウィンが南アラビアの諸王国領へ侵入を始めたのではないかと思われる。最初は砂漠縁辺のオアシス地帯への侵入であったが、やがて彼らの浸透は高原部にまでおよんだ。後二世紀には、その戦闘能力をかわれて各国で傭兵として採用され、軍のなかにおける重要性はその後一層高まった。彼らの攻勢が内陸の諸都市の衰退の要因になったということは、十分考えられることである。かつて多くの都市が栄え灌漑農地が広がっていたオアシス地帯は、現在では大部分が砂漠化しベドウィンの活動領域となっている。

目を北に転ずると、前二世紀後半のメソポタミアでは都市にたいするベドウィンの侵攻が猖獗《しょうけつ》をきわめ、帝国の常備軍もこれを制御しきれない状勢であった。シリア方面でもサファー語刻文の出現にみられるように、彼らの動きは活発化した。というのも、シリア砂漠のベドウィンのあいだで新タイプのラクダ鞍が考案されたことに加え、パルティア騎馬兵の武器や装備が取り入れられた結果、ラクダ騎兵の戦闘能力に向上がみられたのである。さらに馬そのものも導入され、ベドウィン軍は限定的な局地戦であればローマやパルティアの軍隊ともある程度渡り合えるところまで力をつけた。南アラビアに侵入したのも、このような軍事上のいわば技術革新をへたベドウィンであったと推察される。

紅海ルートとの競争に敗れてイエメン・シリア間の隊商交易が一時衰退したことが大きな要因となって、ナバテア王国は没落し、一〇六年にローマに併合された。それに先立ちペトラから首都が移されていた北のボスラー(ボストラ)は、以後ローマの属州アラビアの首都となる。他方、おそらくイエメン・ルートが機能しなくなったもうひとつの結果として、ペルシア湾経由で大量の東方の物産がシリアに流入するようになった。一世紀以降シリア砂漠からメソポタミアにかけて、パルミュラ、ハトラ、ドゥラ・エウロポスなどの隊商都市がおおいに繁栄したのはこの理由による。そしてこの地方では、砂漠においてはもちろんであるが都市においても、アラブ系の人々の占める割合が増加しつつあった。

三世紀の変動とその後の展開

三世紀はオリエント世界全体が変動にみまわれた時期であるが、そのなかでアラビア半島の歴史も大きく変化した。

まず最初に取り上げなければならないのが、隊商都市の衰微とベドウィン勢力の拡大である。二二六年に成立したサーサーン朝は、メソポタミアとアルメニアの領有をめぐってローマと繰り返し戦ったが、その過程でハトラ、ドゥラ・エウロポスなどの隊商都市をつぎつぎに滅ぼした。一方、ローマもこの時期にエデッサやパルミュラを征服している。南アラビアでは、前代に顕著になった内陸オアシス都市の衰退が一層進行していた。このように三世紀から四世紀にかけて、アラビアからシリアへかけての広範な地域で隊商都市全般の衰微が観察されるのとは対照的に、アラブ・ベドウィンの活動は前代以上に活発になり、各地に大部族連合が結成されつつあったことがうかがえる。四世紀の初めに自ら「全アラブの王」と称し、南アラビアのナジュラーンにまで遠征を敢行したイムルゥ・ル・カイスや、同世紀の後半に、最初はローマに対抗したがのちにはこれに協力して、ゲルマンの攻撃からコンスタンティノープルを防衛するのに一役かったと伝えられる女傑マヴィアは、いずれもこのような部族連合を率いていたのであろう。

ヒムヤル碑文 YM2364　サバァ王国とヒムヤル王国の国境に遺されていた磨崖碑文。３世紀前半の両国の国境紛争について記録している。

ドイツの学者カスケルは、このような状況を「アラビアのベドウィン化」と呼んで理論化した。彼の説によれば、衰滅した隊商都市から吐き出された住民がベドウィン化した結果、アラビアのベドウィン人口が増大した反面、都市文明は衰微した。南部から北部への人口移動圧も一層強まるなかで、諸部族間の対立・抗争が激化するとともに、周辺の定住地帯への脅威も高まった。四世紀から六世紀へかけてのアラビアをこのように理解するカスケルは、七世紀のアラブの大征服もこの状況の延長線上にとらえている。

三世紀に話を戻して南アラビアに目をやると、前世紀以来この地方では、サバァ、ヒムヤル、ハドラマウトの三王国が鼎立《ていりつ》して相争っていたが、二世紀末ころより紅海をこえて侵入をはかっていたエチオピアのアクスム王国が、この状勢に巧みに乗じて勢力を拡大した。さらにこの王国は、ローマにかわって紅海経由のインド航路の主導権を握ることによって、北方のローマ、サーサーン朝と対抗する大勢力にまで発展をとげた。従来は、三世紀に軍人皇帝時代の混乱のなかでローマは紅海の制海権とインド航路への支配権を失ったと考えられていたが、近年の研究によると、原因はまだ明らかでないものの、すでに二世紀の後半にはエジプトの港をでてインド洋に乗り出す船はほとんどなくなっていたようである。アクスムはこのローマの影響力後退にも乗じて勢力を伸ばし、この後エチオピア商人はサーサーン朝の後援を受けたペルシア商人とインド洋交易の覇権を争うことになった。

南アラビアでは三世紀の末に、ヒムヤルがほかの二王国を併合して全土を統一した。しかしそのじつヒムヤルはアクスムの属国的地位におかれていて、統一事業もそのあと押しがあってはじめて実現したのではないかと推察される。そしてその後、それぞれの勢力関係に多少の変動はあっても、右に記したオリエント世界における三強鼎立の形勢と、環紅海地域におけるアクスムとヒムヤルの主従関係は、基本的には六世紀の後半まで維持されたのではなかろうか。ただしこの点の検証は今後の課題である。

ところでベドウィン部族連合の力が強まると、周辺諸国は「夷《い》を以《もっ》て夷を制する」政策をとった。すなわち有力首長に下賜金を与えて懐柔し、国境警備を肩がわりさせるとともに戦時には先兵の役を務めさせた。富裕で気前のいい首長の許にはより多くの部族が参集したので、そこに部族連合国家と呼べるものが形成された。その代表が五世紀末から六世紀のアラビア史に名高いラフム(首都ヒーラ)、ガッサーン(首都ジャービヤ)、キンダの三王国である。これらはそれぞれ、サーサーン朝、ビザンツ、ヒムヤルを後ろ楯にし、パトロンの意を受けて戦う一方で、ベドウィンの覇者となるべく相争った。つまりオリエント世界の三極構造が、アラビア半島内部の勢力関係にまで反映していたことになる。しかし結局、六世紀前半にキンダはラフム朝に敗れ、同世紀後半にガッサーン朝はビザンツに、次世紀初めにはラフム朝もサーサーン朝に滅ぼされて、イスラーム誕生前にこれらアラブの三王国はすべて消滅してしまった。

宗教事情についてもふれておかなければならない。伝統的にアラビアはオリエントのほかの諸地域と同様、天体崇拝を中心とする多神教の世界であったが、しだいにユダヤ教とキリスト教が浸透し、全体に一神教的傾向が強まっていった。ヒムヤル王は四世紀のなかばにキリスト教に改宗したと伝えられる。アクスム王もこれより若干早くキリスト教を受け容れていた。しかし両国ともにユダヤ教勢力が強く、五二三年にユダヤ教徒のヒムヤル王が親アクスムの国内キリスト教徒の大弾圧(ナジュラーンの迫害)をおこなうと、アクスム、ビザンツそれにサーサーン朝の介入を招き、国際紛争にまで発展した。いったんはアクスムが支配権を回復したものの、五七五年頃にサーサーン朝が海路軍勢を送ってこの地を征服した。これによってサーサーン朝は、インド洋から地中海に通じる海陸三本のルートをすべておさえることが可能となり、ビザンツとアクスムにたいして圧倒的な優位に立った。しかし、じつはこのころすでに、つぎの時代の主役となるべき新しい命がアラビア半島の一隅で誕生していたのである。

第二章　アラブ・イスラーム世界の形成

1　ジャーヒリーヤ時代

ジャーヒリーヤ時代の社会

ジャーヒリーヤとはアラビア語で無知・蛮風を意味する。したがってジャーヒリーヤ時代とは元来ムスリムによる呼称で、いまだイスラームという真の宗教・生活様式を知らなかった「無明時代」の意である。われわれはこれを前イスラーム時代(五世紀なかば〜七世紀初頭)の呼称として借用する。

ジャーヒリーヤ時代の社会は部族社会であった。すなわち、メッカなどの都市に住んで商業や農業を営む定住民であれ、砂漠に住んでラクダ・羊・ヤギの放牧を生業とするベドウィン(遊牧民)であれ、各部族集団を形成していた。部族とは基本的には共通の先祖(それが実在の人物のこともあれば空想上の場合もある)の末裔を意識する人々によって構成される血縁集団である。その部族の規模・構成・機能については多くの論があるが、つぎのように要約される。すなわち、日常的に機能する部族集団は、遊牧民の場合、水場の数と量によって制約されるが、最小は数家族から最大は数百家族におよぶ天幕共同体(ハイイ)である。この天幕共同体は同時に社会的・政治的最小単位集団でもあった。天幕共同体も部族集団のひとつであるから共通の先祖をその集団の名祖としていただく血縁集団であった。しかし、集団内には、地縁によって、あるいは同盟(タハールフ)、客分としての保護(ジワール)、付庸民(解放奴隷)の庇護(ワラーウ、パトロン=クライアント関係)、これらによって非血縁者たる個人や集団の存在が許容されていた。同盟による成員はハリーフ(複数形はフラファーウ)、付庸民としての成員はマウラー(複数形はマワーリー)と呼ばれた。ハリーフであれマウラーであれ、系図的には集団内で異分子であっても、現実的には婚姻を通じて同化し、集団内で重きをなした人物もいた。

これらの天幕共同体、あるいは同一系譜にある他の天幕共同体との統合体としての部族は領域をもつが、しばしば他の天幕共同体、部族と抗争した。他集団との闘争においては、日常的な関係をもたなくても、系図上同一集団であれば、これと結んで統合された部族集団として他部族集団と戦闘におよんだ。

このようにして集団が離合集散を繰り返していたのがジャーヒリーヤ時代のアラブ遊牧社会であった。その際、時と場合に応じて各集団は、名祖を変えて(その場合、部族長〈サイイド〉もかわる)自己グループ化(バヌー・A＝Aの一族)して行動した。この意味で部族とは固定的な概念・実態をもたず、伸縮自在の集団・集団意識であった。

イスラーム成立の宗教的・思想的背景

自然との戦いや他集団との戦いは、各人の集団への帰属意識および集団構成員相互の連帯意識を強め、相互扶助の精神を育んだ。ジャーヒリーヤ時代の男の倫理・美徳であるムルーワ(ますらおぶり)、すなわち勇気(ハマーサ)、忠誠(ワファーウ)、(弱者・貧者への)寛大(カラム)などは、のちにイスラーム的に改変され継承された。

この時代の多くのアラブの宗教はアニミズム(精霊崇拝)的偶像崇拝であった。聖岩・奇岩・偶像を氏神として尊宗し、これに現世利益を願うそれである。これらの偶像神には特定の各部族集団個々に、あるいは複数の部族集団によって尊宗されたものがあった。しかし、当時すでにこれらの信教はなかば儀礼化・形骸化していたようでもある。

多神教としての偶像崇拝から一神教イスラームへの回天は、偶像崇拝の形骸化だけでは説明できない。アラブへの至高神の意識の浸潤と一神教の浸透が一神教イスラームへの回天の橋渡しをした。至高神の意識は、なかば自然発生した。特定の偶像神の他のそれへの優越性から、また神観念の進展からアラブは至高神を意識し、それをアッラーフ(神イラーフに定冠詞アルが付加された名)と呼んだ。ちなみに、ムハンマドの父の名はアブド・アッラーフ(アッラーフの僕の意)である。そしてメッカのカーバ神殿は「アッラーフの館」とも呼ばれていた。また当時、中西部地方にはキリスト教やユダヤ教に改宗しないものの唯一なる神を信じて、禁欲修行者としてのハニーフと呼ばれる人々もいた。

しかし、偶像崇拝の崩壊の直接的契機となったのは、アラビア半島へのユダヤ教とキリスト教の流入で

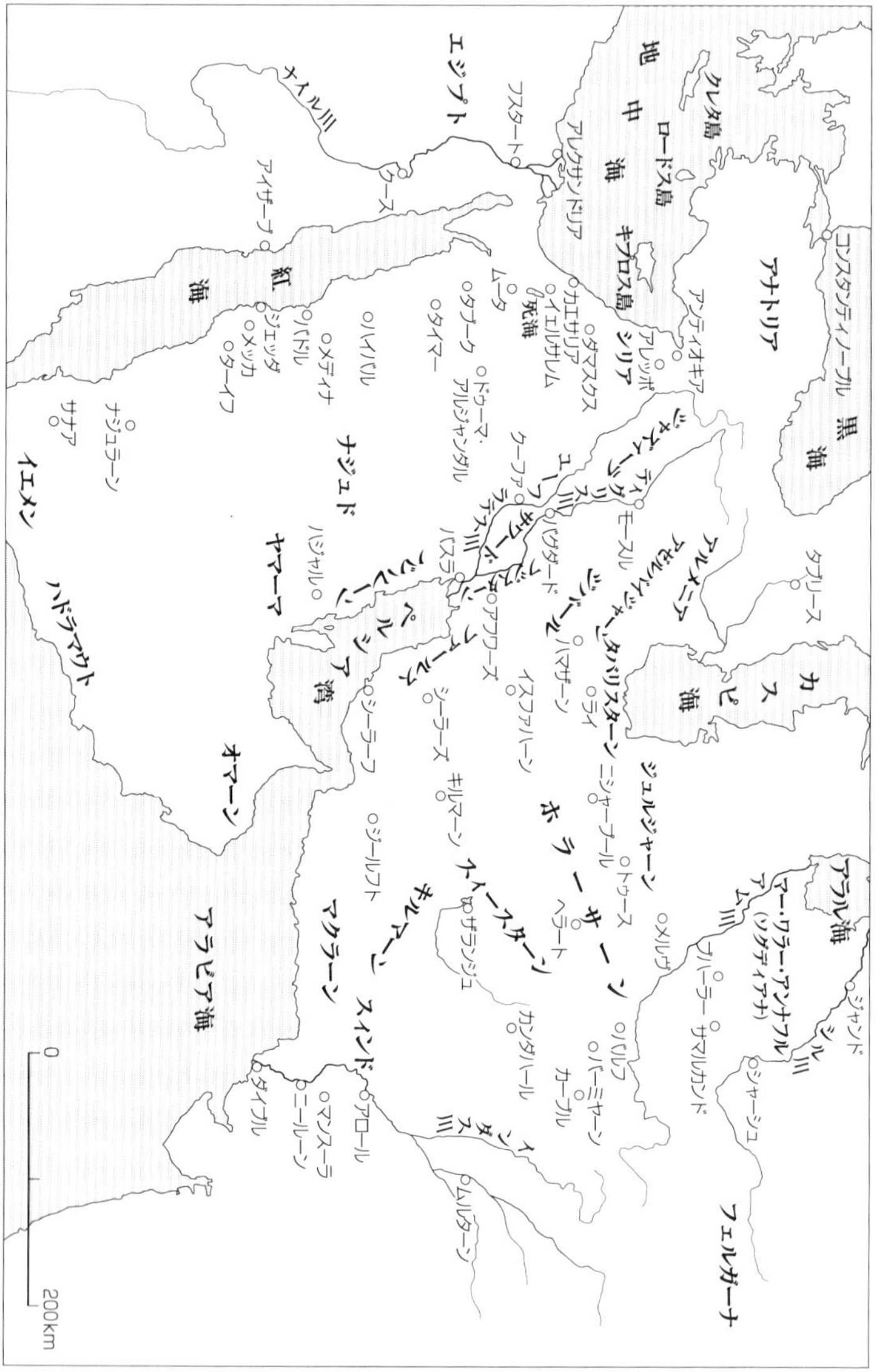
黒海
カスピ海
アラル海
地中海
紅海
ペルシア湾
アラビア海
クレタ島
ロードス島
キプロス島
死海
エジプト
ナイル川
フスタート
アレクサンドリア
クース
アイザーブ
コンスタンティノープル
アナトリア
アンティオキア
アレッポ
シリア
ダマスクス
カエサリア
イェルサレム
ムータ
タブーク
タイマー
ハイバル
メディナ
バドル
ジェッダ
メッカ
ターイフ
ナジュラーン
サナア
イエメン
ハドラマウト
オマーン
ドゥーマ・アルジャンダル
ナジュド
ヤマーマ
ハジャル
ジャズィーラ
ティグリス川
ユーフラテス川
モースル
クーファ
バグダード
サワード
バスラ
アルメニア
アゼルバイジャーン
ジバール
タブリーズ
ハマダーン
ライ
タバリスターン
アフワーズ
ペルシア
イスファハーン
シーラーズ
シーラーフ
ジュルジャーン
ニシャープール
ホラーサーン
トゥース
メルヴ
ヘラート
キルマーン
ジールフト
スィースターン
ザランジュ
マクラーン
スィンド
カンダハール
バルフ
バーミヤーン
カーブル
マー・ワラー・アンナフル
（ソグディアナ）
アム川
シル川
ブハーラー
サマルカンド
ジャンド
シャーシュ
フェルガーナ
インダス川
ムルターン
マンスーラ
ニールーン
アロール
ダイブル
0
200km

西アジア・中央アジア

あった。すなわち、七〇年にローマ皇帝ティトスによってイェルサレムの神殿を破壊されたユダヤ教徒の一派はアラビアへ、とくに中西部のヒジャーズ地方に入植し、ハイバル、ヤスリブ（メディナ）などで集落を形成した。

一方、アラビアは周囲をキリスト教国に囲まれていたため、政治的にも、また宗教的にも大なり小なり、これらの影響を受けた。イラクのヒーラはネストリウス派キリスト教徒の一拠点でもあった。実際イエメンに近いナジュラーンにはキリスト教徒が集住していたし、中央アラビアのヤマーマ地方、およびヒジャーズ地方のアラブの一部もキリスト教徒であった。ヒムヤル王国最後の王でユダヤ教に改宗したズー・ヌワースによる五二三年のキリスト教徒迫害（コーラン、八五章四節）がその証左である。

これらから、ムハンマドによる一神教イスラームの創唱には、偶像崇拝信仰の形骸化、至高神の観念の存在、キリスト教とユダヤ教の流入という背景があったと思われる。

2　イスラーム生誕

メッカとクライシュ族

イスラーム生誕の地メッカは中西部アラビアのヒジャーズ（障壁の意）地方の谷あいの町で、古くからその存在が知られていた。二世紀の学者プトレマイオスの『地理書』にあるマコラバがそれである。マコラバは南アラビア方言のミクラーブ（神殿の意）の訛であるといわれる。神殿が当時実在したか否か定かではないが、カーバ(立方体の意)と呼ばれる祠堂がザムザムの泉(豊かな涌き水の意)と対をなし、その場が付近の遊牧民の祠事の場、すなわち聖域となっていた。同時にこの場は祠事の際には市の立つ所でもあった。

メッカはごく初期からこのような宗教・商業の場であった。五世紀の中ごろに付近の遊牧民クライシュ族がこの地を制圧した。クライシュ族は北アラブ系(アラブは系図上南北アラブに分れる)の部族で、クライシュ(小さな鮫の意)を名祖とする部族であった。このときの族長は六代目のクサイイで、彼は付近に散在する同族をメッカに糾合し、聖域カーバに付随するもろもろの権利および戦時の将軍の任命権をにぎって、将来のメッカ発展の礎を築いた。

六世紀なかばころまでのメッカは、八百万《やおよろず》の偶像神を擁するカーバ神殿に依拠した地方的宗教・通商センターのひとつにすぎなかった。そのメッカが一躍アラビア半島の随一のそれとして台頭しえたのは、クライシュ族が東西交易にかかわるようになって以後のことである。おそらくこのころ、クライシュ族はメッカの地の利をいかして(南にはインド洋海域と結ぶイエメン、アデン、ハドマラウト、紅海の南対岸にはエチオピア、北には地中海と結ぶビザンツ帝国のシリア、エジプト、北東にはサーサーン朝のイラク――これらをひかえていた)東西交易事業に参入した。

すなわち、六世紀なかばムハンマドの曾祖父ハーシムのころからクライシュ族は遠隔地貿易に乗り出した。夏には北のシリアに、冬には南のイエメンに隊商を派遣した。この際、隊商が通過する道々を領有する各部族集団と盟約して金品と引き換えに彼らから通交の安全保障(イーラーフ)をえていた。

クライシュ族のこの通商活動を一層有利にしたのがビザンツ帝国とサーサーン朝の対立・抗争による東

西交易の幹線ペルシア湾ルートの衰退である。さらに紅海ルートの帆船などによる不便さもあった。これらにかわったのがメッカを中継地とするイエメン―シリア間のルートである。これによる交易がより確実で安全であった。このルートでクライシュ族はアラビアの乳香、アフリカ産の金、砂金、象牙、黒人奴隷などを北方に運び、シリアからは麻、絹、木綿、武器、穀物、オリーヴ油、ぶどう酒などをもたらした。

またクライシュ族はイーラーフについでフムスの人々(アフマスィー)という概念を案出した。フムスはある種の宗教的タブーを共有する人々をさす概念である。おそらくクライシュ族はカーバ神殿の守護者としての権益を背景にフムスに参入する集団をつのり、盟主としてその影響力の浸透を考えていたと思われる。イーラーフ、そしてフムスによる各集団との協合、これらを通じてクライシュ族は半島に威勢を拡大していった。彼らによる半島内におけるゆるやかな秩序、それがパクス・メッカーナ(メッカの傘のもとの平和、すなわちメッカ的秩序)である。のちのムハンマドによるイスラーム国家の建設(パクス・イスラミカ＝イスラーム的秩序)はこの発展形態としてとらえることができる。したがってイスラーム生誕前のメッカは宗教・商業都市としての威信を半島内にとどろかしていた。

ムハンマドの召命と説教

五七〇年ころ、ムハンマドはこのような都市メッカのクライシュ族のハーシム家に生まれた。当時クライシュ族は各家系集団に分れて覇を競っていたが、ハーシム家は名祖ハーシムの時代とは異なって政治的・経済的に重きをなしていなかった。ムハンマドの出生時、父のアブド・アッラーフはすでに亡く、彼

シリアのムハンマド　商用でシリアに滞在中のムハンマドに食事を供するキリスト教の聖職者(トルコ語写本の細密画より)。

は祖父アブド・アルムッタリブの保護のもと、母アーミナに養育された。その母も彼が六歳のときに、八歳のときには祖父アブド・アルムッタリブがあいついで他界した。

孤児となったムハンマドを引きとったのは、父方の伯父のアブー・ターリブであった。アブー・ターリブは甥のムハンマドが十二歳のときシリアへの隊商に同行させた。このときムハンマドはブスラーでバヒーラーという名のキリスト教の修道士に会ったといわれる。彼が二十五歳になったとき、ムハンマドはアブー・ターリブの勧めで、富裕な商人の未亡人ハディージャの隊商を率いてシリアにいたった。このときもまた彼はブスラーでナストゥールという名のキリスト教修道士に会ったといわれる。これらの体験やメッカにいたキリスト教徒およびキリスト教に学識のある人々との接触を考慮すれば、少なくともムハンマドはキリスト教にかんする知識をもっていたにちがいない。ムハンマドの能力と人柄に感じたハディージャは、人を介してムハンマドに結婚を申し込み、二人は結婚することになった。このときムハンマドは二十五歳、ハディージャ四十歳であった。二人のあいだに三男四女が生まれたが、男児はすべて夭逝し女児だけが生存した。

天使ジブリールとムハンマド　天使ジブリール(ガブリエル)から啓示を受けるムハンマド(ラシード・ウッディーン『集史』の挿絵より)。

　幸福に暮らしていたムハンマドではあったが、四十歳ころしきりに思い悩むようになった。メッカの繁栄の余弊、すなわち人々の生き方や精神の荒廃などさまざまなことに思い入っていたにちがいない。彼は当時のクライシュ族の一部の者がしていたようにメッカ近郊のヒラー山の洞窟に籠って瞑想に耽《ふけ》り、宗教的行に没頭した。六一〇年のラマダーン月(断食月)のある夜のこと、瞑想後に仮眠していたムハンマドは突然大音声によって呼び覚まされた。それが神アッラー(アッラーフの省略形、以下同じ)による天使ジブリール(ガブリエル)を通じてムハンマドにくだされた最初の啓示であった。以後彼にはその死の六三二年まで二二年間断続的に啓示がくだった。その死後約二〇年して集大成されたものが現行のコーランである。

身内やごく近親の者に自分の体験や思うところを説いていたムハンマドは、六一四年にメッカの辻々に立って大衆伝道を開始した。初め彼は何を人々に説いたか。コーランのごく初期の啓示から類推すると、ムハンマドの説いたのは、メッカ社会における貧富の差の増大に起因する人々の拝金主義、享楽主義、利己主義、とくに大商人層の驕傲《きょうごう》、そして人々のモラルの退廃への警告であった。

最初の啓示体験以来その存在を確信するにいたった創造神アッラーの名において「悔い改めよ！」と説き、人々に意識・生活革命をうながした。富裕者たちの成功をはじめ、日々の生活の糧にいたるまで、その背後にはアッラーが存在していること、そしてその恩寵に応えるべく人は同じ被造物である社会的弱者の未亡人や孤児などに援助の手を差しのべよ、と説いた。もし悔い改めず、「われわれを滅ぼすのはただ時(死)だけだ」(四五章二四節)として「享楽し」(一〇二章八節)つづければ、いつかくる終末・復活に続く最後の審判において裁かれ、地獄に堕《お》ちることになると警告したのである。

「この世の生活は戯れにすぎず」(四七章三六節)、「地上にあるものは総《すべ》て滅びる」(五五章二六節)のです、「たがいに誇り合い財産や子供の数を競い合っているにすぎない」(五七章二〇節)あなた方、「終極の論拠は神に属する」(六章一四九節)のに「何の役にも立たない」(二六章七三節)「先祖の宗教に服従し」(四三章二二節)、「無秩序のなかを右往左往する」(二章一五節)あなた方よ、悔い改めなさい、「神を畏《おそ》れかしこむ者には来世こそもっともよいもの」(四章七七節)です、と説いたムハンマドに共鳴して入信したのは、近親者および知友を含めて、はじめは数十名であった。

しかし、多くの人々は悔い改めなかった。彼らは、ムハンマドを嘲笑し、汝《なんじ》のいうことが真実なら奇跡をみせよ（一七章九〇～九三節）、と要求した。しかし彼にはイエスによる病気の治癒のような奇跡はできなかった。コーランこそが神による奇跡である（一七章八八節）が唯一の反論だった。

やがてメッカの民、とくに大商人・富裕者層はムハンマドとの対決およびムスリムの迫害に転じた。その理由はつぎのようなものであった。すなわち、彼らの先祖代々の神々がたんなる偶像にすぎぬと罵られたこと、それに基づいていた諸権益喪失の懸念、大商人・富裕者の自分たちの生活様式や人生観にたいする非難への反発、ムハンマドにたいする政治的警戒心などである。

日増しに強まる迫害のなか、棄教者や殉教者が輩出した。ムハンマド自身は、一族連帯の証としてのハーシム家の保護によって危難をまぬがれていた。しかし六一九年、事態は急変した。この年最愛の妻ハディージャと伯父のハーシム家の家長アブー・ターリブがあいついで世を去った。前者はムハンマドを内から支え、後者は彼を外圧から護《まも》っていた。ところが、新しくハーシム家の家長となったアブー・ラハブはクライシュ族の有力者に籠落されて、ムハンマドからハーシム家の保護を撤回した。いまやムハンマドの身を護るものはなにもなくなった。

移住（ヒジュラ）とウンマの成立

このような四面楚歌の状況にあった六二〇年、ムハンマドは秘かにメッカ近郊の遊牧民に教えを説いていた。その説教にメッカの北方約四〇〇キロにあるオアシス農園都市ヤスリブからのメッカ巡礼者六名が感銘し、翌六二一年に今度はかれらを含む一二名が入来して、メッカ郊外のアカバの谷間でムハンマドに入信を表明した(「第一アカバの誓い」、または「婦人の誓い」)。六二二年、ムスリムとなった七五名のヤスリブの民は、ふたたびアカバの谷間でムハンマドに会見し、彼に忠誠を表明し武力によってでも彼を護ると誓い、ヤスリブに入来するよう申し入れた(「第二アカバの誓い」または「戦いの誓い」)。

これを容れたムハンマドはメッカを逃れてヤスリブへの移住(ヒジュラ)を決意した。敵の目を避けるため七〇名余りのムスリムは着の身着のままで三々五々闇にまぎれてメッカを脱出した。その掉尾《とうび》として同年の九月二十四日、ムハンマドはのちの初代カリフ、アブー・バクルとともにヤスリブに到着した。以後ヤスリブは、ムハンマドにちなんで預言者の町、マディーナト・アンナビー、略してアルマディーナ(メディナ)と呼ばれることになる。

彼の到着後、ムスリムを含むメディナの諸集団とムハンマドとのあいだに結ばれたのがいわゆる「メディナ憲章」である。それらを要約すればイスラームは、メディナを場とし、ムハンマドをリーダーとして信者が一体となった信仰共同体ウンマとして成立した。同時にイスラームは、信仰共同体の防衛義務にみられるようにたんなる信仰ではなかった(政治と宗教の不可分性)。その後このウンマが母胎となってアラビア半島が統一され、さらにいわゆるアラブの大征服によってイスラームは世界へ発展した。後世このウンマの成立の歴史的意義を認識した第二代カリフ、ウマルは、六三八年ころウンマ成立の年の一月一日(西暦六二二年七月十六日)をイスラームの紀元元年と定めた。これがイスラーム暦、すなわちヒジュラ暦の由来である。

メッカ征服

以後ウンマは、エチオピアに避難していたムスリムの来入やアラブの入信などで漸次ふくらんだ。初めムハンマドは同じ一神教徒としてメディナの半数近くの人口を占めるユダヤ教徒に友好的であった。たとえば礼拝の方向、すなわちキブラをユダヤ教徒にならってイェルサレムに定めていたし、ユダヤ教徒の贖罪の日(一月十日)に断食し、またかれらの安息日(土曜日)に倣って金曜日を集団礼拝の日としていた。しかし、ユダヤ教徒は彼の言説が『旧約』の文言と異なることを指摘しつつ彼を偽預言者呼ばわりした。ムハンマドは彼らとの対決を決意した。それを象徴するのが礼拝の最中に起こったキブラのイェルサレムからメッカへの突然の変更である(六二四年二月、コーラン、二章一四二・一四四節)。この聖地変更によりイスラームはアラブの民族的伝統のうえに基礎づけられることになった。

以後ユダヤ教徒との対決を通じてイスラームの理論武装化がおこなわれた。すなわち、イスラームは、モーセのユダヤ教よりも、またイエスのキリスト教よりも遥かに古いイブラーヒーム(アブラハム)の純正な一神教の復活であった(コーラン、三章六七節)。したがってムハンマドの言説がユダヤ教やキリスト教のそれと異なって当然であった。このようにユダヤ教徒の論難をかわしたムハンマドに、メッカのカーバ神殿はそもそもイブラーヒームとその子イスマーイール(イシュマエル)の創建になるものであるとの啓示がくだされた(二章一二七節)。こうして一神教イスラームとアラブの民族的伝統としてのメッカの聖地性がみごとに結合することになった。

メッカの聖地化は、同時に、これを不法に占拠し「信者を追放した」(二章二一七節)偶像崇拝者(クライシュ族)の懲罰(二二章二五節)、すなわち異教徒からの聖地奪還の試みとしての聖戦(ジハード)の根拠および儀礼規範としてのメッカ巡礼(三章九七節)の根拠ともなった。こうしてムハンマドはクライシュ族との戦いに突入した。

その最初で決定的に重要な戦いが六二四年三月、メディナの南西部の紅海沿岸に近い水場バドルでおこなわれたバドルの戦いである。この戦いでムスリム軍は倍する数の敵軍(六百余名)に大勝し多くの戦利品および捕虜の莫大な身代金を獲得した。そのような経済的意義にも増して勝利の宗教的・政治的意義は大きかった。この勝利はムスリムに神の加護を確信させることになったし(コーラン、八章一七節)、またこれによってムハンマドとウンマのメディナでの地位・威信は飛躍的に高まった。

メディナに来襲したクライシュ族を六二五年四月のウフドの戦いについで六二七年三〜四月のハンダク(塹壕)の戦いで撃破したムハンマドは、これらの戦いの過程で、陰に陽に敵対していたメディナのユダヤ教徒を掃蕩《そうとう》していった。その後ムハンマドは攻勢に転じた。すなわち、メッカの存立基盤である隊商活動を阻害しつつ、これと連動して周辺の遊牧諸部族各集団と個別に盟約することで、しだいにイスラームの領域を拡大していった。

ウンマの優勢を確信したムハンマドは、メッカ巡礼のため、六二八年三月に千数百名とともにメッカに向け進発した。これを阻止しようとしたメッカ軍とのあいだに和平が成立し、メッカ近郊のフダイビヤで一〇年間の休戦条約が締結された(フダイビヤの盟約)。

その後クライシュ族の敗北感が日々増すなか、両陣営に属する部族同士の衝突があり、事実上フダイビヤの盟約は破棄されるにいたった。ムハンマドは、勝勢を背景にメッカ解放を期して六三〇年一月一日、一軍を率いてメッカに軍を進めた。一月十日道々参入した遊牧民を含む一万の軍勢がメッカに対峙したとき、メッカの民の志気は萎えた。クライシュ族は、ムハンマドへの降伏を決意した。こうして聖都メッカはほとんど無血のまま征服された。ムハンマドはカーバ神殿にはいり、なかのすべての偶像を手にしていた杖で打倒破壊し、これらを火にくべたといわれる。史家バラーズリーは伝えている。

ムハンマドは叫んだ。「真理はここに到来し虚偽は消え去った。諸部族連合を解消せしめて一つ「のウンマ」になし給うた神を讃えんかな！　ジャーヒリーヤ時代のすべての権威はいまや余の足下にあり、今をもって廃絶される！

（『諸国征服史』）

ムハンマドの高らかな勝利の、そして新時代到来のおごそかな宣言であった。

パクス・イスラミカ

メッカ征服直後の六三〇年一月三十一日、メッカ東南のフナインの地でイスラーム軍と諸部族連合軍二万とのあいだに激戦がおこなわれた(フナインの戦い)。これにも大勝したイスラームの勢威はアラビア半島にゆるぎないものとなった。以後メディナに帰還したムハンマドのもとに陸続として各地の諸部族、あるいは部族内の個別集団の使節が到来し、彼に恭順の誓約をした。ムハンマドはこれら諸部族集団にたいして、礼拝・喜捨・断食などの宗教的義務を課すとともに、これらに加えてサダカあるいはウシュルと呼ばれた租税の納入を課した。

こうしてムハンマドは、神の使徒としてこれら諸部族集団を宗教・政治・経済的に統轄・支配することになった。これによってこれまでの諸部族の闘争は終わり、平和の到来となったのである。これがパクス・イスラミカ、すなわちイスラーム的秩序・イスラーム国家の形態であった。ムハンマドの国家は、同心円的二重構造、すなわちメディナを場としムハンマドをカリスマ的リーダーとする古参ムスリムからなる内円としてのウンマと、これまたムハンマドと個別に恭順の条約を結んだメディナ以外の諸部族(クライシュ族は例外)からなる外円としてのゆるやかな統合体ジャマーア(ムハンマドへの納税義務をおう)との二重構造になっていた。ウンマがジャマーアを支配していたのがムハンマドの国家である。しかし、このような支配と被支配がパクス・イスラミカの現実であったとしても、彼が「サダカ(租税)は貧しいムスリムへの喜捨である」(『諸国征服史』)と書き送ったように、両者の関係はたんなる支配者と被支配者のそれではなかった。ここにイスラーム国家の本源的特徴がある。すなわち、国家共同体におけるムスリム相互の扶助・弱者救済の理念の存在がそれである。

六三二年三月、メディナを発ったムハンマドは数万の信徒とともに最後のメッカ巡礼をおこない、今に続く巡礼規範を自ら実践しこれを宗規とした。メディナ帰還後彼の体調はすぐれず、衰弱していった。五月の末のある夜、激しい頭痛に襲われ倒れた。一時回復して信者を安心させたが、六三二年六月八日の昼、愛妻の一人アーイシャ(初代カリフ、アブー・バクルの娘)にみとられつつ、彼は帰らぬ人となった。

3　アラブ帝国

カリフ制度の成立

ムハンマドの突然の病没により、イスラーム国家は存亡の危機に陥った。それはメディナのウンマ内の党派争いとアラビアの諸部族集団のメディナ政府からの離脱によってもたらされた。ウンマという政治体に体現されていたイスラームにとって、ムハンマドの後継者は必要不可欠であった。ムハンマドに男子がなかったことと、生前彼が後継者を指名していなかったことが問題を複雑にした。

それまでムハージルーン(メッカから入来したムスリムで移住者の意)の風下に立たされてきたアンサール(メディナのムスリムで援助者の意)は、集会を開き、次期リーダーは自分たちのなかから選出されるべきだと主張し、ウンマの分裂も辞せずと気勢を上げた。これを聞きつけた前者の長老アブー・バクル、ウマル、アブー・ウバイダの三人は集会所に駆けつけ、次期リーダーは古参ムスリムでムハンマドと同族であるムハージルーンのなかから選出されなければならないと説いた。アンサール内部の分裂もあって説得は功を奏し、ムハンマドの親友で長老アブー・バクルが後継者に内定し、翌日の午前、彼はムハンマドの私邸の中庭でメディナのムスリムのほぼ全員から忠誠の誓い(バイア)を受けた。彼の正式称号は「神の使徒の代理」(ハリーファ・ラスール・アッラーフ)であるが、つぎのウマル一世のとき、たんにカリフ(ハリーファの英語訛り)と略称されることになった。またウマルは、カリフとは別に「信者の長(アミール・アルムーミニーン)」の称号を好んで用いた。

こうしてアブー・バクルはカリフとなったが、ムハンマドとは異なって彼には啓示が下りない以上、彼の権力は政治的なものに限定されていた。つまり、カリフ権力とは、コーランとムハンマドの言行(スンナ)に従いつつ、これらを国家社会に反映、制度化するためのそれなのである。

このようにしてウンマの分裂は回避されたものの、あらたな困難がウンマを襲った。諸部族によるアブー・バクルの権威の否認、すなわちメディナ政府からの離脱である。離脱した諸部族は、ムハンマドの死で彼との契約は終わったと考えた。したがって礼拝はするがアブー・バクルには服従できない、と通告してきた(『諸国征服史』)。アブー・バクルはこの政治的離脱・背反を背教(リッダ)とみなした(政治と宗教の不可分性)。

アブー・バクルは征討将軍にハーリド・ブン・アルワリードを任命し、六三三年十月ブザーハの戦いを皮切りに背反諸部族討伐戦を推進した。その最大の決戦と勝利が六三三年二月ころにヤマーマ地方でキリスト教の影響のもと唯一神ラフマーンの預言者を自称したムサイリマとのアクラバーの戦いである。この戦いののちハーリドはイラクへと転戦するが、湾岸東北にあるバフラインとオマーンが六三三年の三月ころ、イエメンとハドラマウトが同年五〜六月ころ平定され、ほぼアラビア全土がアブー・バクルに服属することになった。

大征服の原因と経過

リッダの平定後メディナ政府は対外発展、いわゆるアラブの大征服を開始した。この対外発展の要因としては外的なそれ(とくに征服戦の開始当初)と内的な要因が考えられる。前者はサーサーン朝とビザンツ帝国両大国支配体制の弛緩と両国間の戦争による両者の疲弊である。内的要因は、宗教的・経済的・政治的なさまざまの要因の輻輳《ふくそう》であった。すなわち宗教的要因としては、ムスリムがムハンマド晩年の北方への領域拡大の試み(六二九年九月死海の南のムータへの遠征隊の派遣、六三〇年十～十二月シリア国境の町タブークへの親征)、この遺志に従ったことおよび世界宣教の意志である。また、古来砂漠の民アラブは生活空間の場を求めてイラクとシリアに浸透、あるいは掠奪遠征を繰り返していた。サーサーン朝の緩衝国家ヒーラのラフム朝(三世紀～六〇二年)とビザンツの緩衝国家シリア、ジャービヤのガッサーン朝(五二九～五八一年)はそのようなアラブの王朝であった。したがって半島外へのアラブの拡大はイスラーム以前からあった。アラブにとってイスラームの発展は自らの移住・寇掠《こうりゃく》を正当化するスローガンとして作用した。

これら宗教的・経済的要因、すなわち精神的・物質的エネルギーを、イスラーム政権安定・強化のために利用・方向づけたのがアブー・バクルを頂点とするメディナ政府であった。すなわち、リッダ征圧後の征圧者と被征圧者のあいだの内的緊張を大征服という外的緊張を創出することによって解消しようとしたのがそれである。遊牧アラブ諸部族は、メディナ政府の統制に服することで多くの戦利品と殉教による天国への切符を獲得することができたし、メディナ政府は彼らのエネルギーを活用することによって領域を拡大しえた。

六三三年の夏、リッダ平定の余勢をかったハーリドは、サワード(イラク中南部の穀倉地帯)に進軍した。ヒーラの攻略後、彼は半年近く付近の町や村々の制圧に従事することになる。一方、六三三年の秋、今度は明確なメディナ政府の意図のもとにメディナから三隊に分れたムスリム軍がシリアに派遣された。六三四年二月ころ、ガザの近くのダースィンでビザンツの駐屯隊と交戦、これを撃破するやアブー・バクルはシリアの諸軍をハーリドの指揮下に統一すべく、彼にサワードからシリアへ転戦するよう命じた。シリア砂漠を横断したハーリドは四月末突如ダマスクスの東方にあらわれるや、諸軍に合流して南下し、六三四年七月、イェルサレムの南西約五〇キロの地アジュナディーンの戦いでビザンツ軍に大勝した。この捷報を受けたのちアブー・バクルは没し、ウマル(一世)がカリフ(在位六三四~六四四)となった。北上したアラブ軍は、約六カ月の攻囲ののち、州都ダマスクスを六三五年九月に条約をもって攻略した。

ヘラクレイオス帝は巻き返しをはかり、五万強の大軍を召集して南のアラブ軍に向けて派遣した。アラブ軍は、メディナからの援軍を含めた二万五〇〇〇の兵をもってヨルダン川に東から注ぐヤムルーク川渓谷に陣取った。六三六年八月、砂漠からの南風吹きすさぶなか、ついにこの世界史的決戦(ヤルムークの戦い)はイスラーム軍の勝利に終わった。この敗報をアンティオキアで受けたヘラクレイオスは、「シリアよさらば、そは敵にとりなんと素晴らしき地なるか！」(『諸国征服史』)の決別の辞とともにコンスタンティノープルへと逃れ去ったという。

ダマスクス、ヒムスなどを再征服したアラブ軍は北上しつづけ(最高司令官はハーリドからウマルの盟友アブー・ウバイダにかわった)、ハマーなど諸市を制圧した。イェルサレムの総司教ソフロニウスはアラブ軍への降伏を決意した。その求めに応じてメディナから到来したウマルは、六三八年の初頭、条約をもってこれを攻略した。

一方、サワードでは六三五年ブワイブの戦いで勝って軍を進めるアラブ軍にたいして、サーサーン朝皇帝ヤズドギルド三世は、数万の大軍を召集し、大将軍ルスタムをこれに任じ、その迎撃・阻止をはかった。これに対処すべく、援軍とともにメディナから到来した新司令官サード・ブン・アビー・ワッカースのもと、アラブ軍約一万五〇〇〇人(シリアからの援軍六〇〇〇人を含む)は、六三七年、ヒーラの南西約三〇キロの地カーディスィーヤに布陣した。同年五月・六月(正確な年と月とは不詳)、三日三晩におよぶ戦いはこれまたイスラーム軍の勝利に終わった(カーディスィーヤの戦い)。

余勢をかったアラブ軍は、同年七月に首都クテシフォン(マダーイン)を攻略し、皇帝ヤズドギルドは東方へと逃走した。さらにアラブ軍は六四二年、ニハーワンド(ネハーヴェンド)でサーサーン朝に圧勝した(ニハーワンドの戦い)。これをもって同朝は事実上崩壊した。

六三九年十二月、カエサリアの攻囲を解いたアムル・ブン・アルアースは四〇〇〇の兵を率いて突如エジプトに進軍し、現カイロ市南郊にあったビザンツのバビロン城を攻囲した。アレクサンドリアの大司教兼総督キュロス(ムカウキス)は、急遽二万の兵を率いて南東にはしった。六四〇年七月、アムルは、ズバイル・ブン・アッワーム率いるメディナからの援軍一万を加えてヘリオポリス(アイン・アッシャムス)の戦いでキュロス軍を撃破した。アムルはすぐバビロン城に軍を返し、六四一年四月これを攻略したあと、アレクサンドリアの包囲に転じた。六四一年十一月、キュロスは降伏し、翌六四二年同市は開城された。

アラブの支配と統治

　アラブの征服は略奪から征服へ、そして支配から統治へと進展した。すなわち、征服地は例外はあるが、征服軍に分配されることなく、被征服民である庇護民(ズィンミー)に耕作させ、そのかわり彼らから村落共同体ごとに一括して租税(人頭税ジズヤと地租ハラージュ)が貨幣あるいは現物で徴収された。そしてこれらの徴収の任にあたったのは、旧支配者時代もその任にあった者(サーサーン朝領下ではディフカーン)であった。

　こうしてアラブ征服者は、旧支配者時代の租税機構をそのまま継承し、ズィンミーの納税の見返りとして彼ら村落共同体の内的自治、宗教、文化、風俗、慣習に干渉することはなかった。イラクのアラム系農民は、サーサーン朝異民族イラン人の支配よりも同じセム系のアラブの統治になじんだし、またシリアのヤコブ派(単性論派)キリスト教徒とユダヤ教徒、およびエジプトのコプト教徒はビザンツの正教による宗教的不寛容よりも異教徒アラブの宗教的寛容・統治を歓迎した。アラブの征服が、大征服と通称されるゆえんは、彼らが短期間のうちに広大な地域を征服したことに付加して、右のような彼らの宗教・文化的寛大さにあった。

　イスラームの征服はメディナ政府によるアラブ諸部族の統制によりもたらされた。具体的には彼らアラブ征服者の集住化政策とその実現である。その場となったのがイラクでは新設の軍事都市ミスル(複数形はアムサール)のバスラ(六三八年)とクーファ(六三九年)、エジプトでは現カイロの南郊のフスタート(六四二年)、シリアでは既存の都市ダマスクスやヒムスなどの一区画であった。アラブ諸部族集団はこのように都市に、しかも同系統集団ごとに集住した。各軍事都市には、それぞれの管轄領域の一切の軍事・政務を掌る総督(アミール)が任命された。アラブ征服者集団を軍事都市に集住させて統制しようとしたウマル一世は、それを徹底させるべく、六四一年メディナに、ほぼ同時期に各アムサールにディーワーンを創設した。すなわち、各アムサールのアラブ諸集団の各人はディーワーン(登録簿およびそれを掌る役所)に戦士(ムカーティラ)としてその名が登録され、軍務と引きかえに俸給(アター)と糧食(リズク)を支給されることになった。その受給額は各集団各人のイスラームへの貢献度に応じて決められた。カリフと各総督はこのようにして征服者アラブをムカーティラとして統轄した。

第一次内乱(六五六～六六一年)とハワーリジュ派

六四四年十一月、ウマル一世はメディナで、ある男の奴隷であるキリスト教徒の私怨で刺殺された。後継第三代カリフは、ウマルが瞑目直前に指名した六人の古参ムスリムによる互選の結果ウマイヤ家出身のウスマーンに決まった。彼はウマルの政策を継承し征服戦の継続・発展につとめた。東方では、六五〇年マクラーンのジールフルトとホラーサーンのメルヴが制圧された。この結果翌六五一年にはサーサーン朝最後の皇帝ヤズドギルド三世が逃亡先のメルヴ近郊ムルガーブ川で住民の一人に殺され、サーサーン朝はここに滅んだ。西方では六四六年ころシリア総督ムアーウィヤがカエサリアに艦隊を創設し、六四九年にはキプロス島を、六五四年にはロードス島を占拠し、さらに六五五年にはエジプト艦隊とともに帆柱の戦い(ザート・アッサワーリー)でビザンツ海軍に大勝し、以後これと東地中海の制海権を争うにいたった。

またエジプトのアラブ軍は、六四七年にチュニジアに達し、さらに上エジプトからヌビアへも遠征した。

しかし、ここまでが初期の征服の限界でもあった。遠隔地への遠征による人的損傷、住民の頑強な抵抗(たとえば北アフリカのベルベル人のそれ)、自然の障害(タウルス山脈、カフカス山脈など)、これらにより大征服は停滞をよぎなくされた。これは大征服によってメディナ政府の統制を受容してきたアラブ諸部族の目を内に、彼ら自身の境遇に向けさせることになった。彼らは、拡大のための軍事組織にすぎなかったイスラームの政体が今や制度化(ディーワーン制)・国家化(総督による刑事裁定など)への道にあり、自分たちはそれに囲繞《いにょう》されていることを知った。彼らの多くは以前遊牧生活者であったため都市生活に急にはなじめなかったし、また反権威的・遠心的習性から政府による統制をきらった。しかも、自らの生命を賭して獲得した戦利品はすべてが参戦者に分配されず、その五分の一は政府・国庫に収納されていた。さらに一般の戦士(ムカーティラ)の俸給も古参ムスリムのそれに比べれば少額で、とくにそれは大征服の進展で砂漠から持続的に流入してくる新参兵士において著しかった。また古参ムスリムははじめ多くのムスリムは、征服によってもたらされた権益・富によって世俗化した。彼らは自己の利益追求にはしり、その一部は財閥化した。

ウスマーンは国家行政の能率化・集権化の意図から有能な自らの家系ウマイヤ家の者を各アムサールの総督に任命したが、その意図とは裏腹に、彼らは自らの権益を増大し政商と化した。かつてムハンマドにメッカ征服まで敵対しつづけた、旧敵ウマイヤ家の台頭と専横は、同じクライシュ族とはいえ古参ムスリムにとって憤懣《ふんまん》やるかたなかった。

このような状況にあった六五六年六月、カリフ、ウスマーンはメディナの私邸でエジプトから入来しイスラームの理念(社会的弱者救済など)の社会・政治への反映を直訴した一団の凶刃に斃《たお》れた。第一次内乱の勃発である。これら暴徒を含むメディナの古参ムスリムの多くによって推され、第四代カリフを宣したのは、アリー(ムハンマドの従兄弟で娘婿)であった。しかし、これに抗した古参ムスリムの重鎮タルハとズバイルはムハンマドの未亡人の一人アーイシャを巻き込んで反旗を掲げた。両軍は六五六年十二月、ズバイルの勢力地イラクのバスラ近郊で戦い、アリー軍が勝った(駱駝の戦い)。

反乱の平定後、アリーはメディナからイラクのクーファに遷都し、ウスマーンの各総督を更迭した。これに挑戦状を突きつけたのがウスマーンのシリア総督でウマイヤ家のムアーウィヤであった。彼は、ウスマーンの二従兄弟として彼の復讐および不法にカリフを宣した簒奪者アリーとの正義の戦いを叫んだ。六五七年七月、アリー率いるイラク軍とムアーウィヤのシリア軍は、ユーフラテス川上流スィッフィーンで決戦におよんだ(スィッフィーンの戦い)。一進一退の攻防が繰り返されたが勝敗は容易につかず、そのうちシリア側から和平調停会議の開催による正邪の決定の提案がなされアリーはこれに同意した。

クーファへ帰る道々、イラク軍の一部は、敵との妥協がコーラン(四九章九節)に反することに気づいて、アリーにシリア軍との戦いを再開するよう求めた。アリーがこれを拒否したとき、彼らは「裁定は神にのみ属す!」(六章五七節・六二節、一二章四〇節・六七節)を高唱しながら、アリーと分れクーファにはいらず付近のハルーラーにとどまった。

和平協定に従ってアリーがシリア・アラビア国境の町ドゥーマ・アルジャンダルに全権使節を派遣した

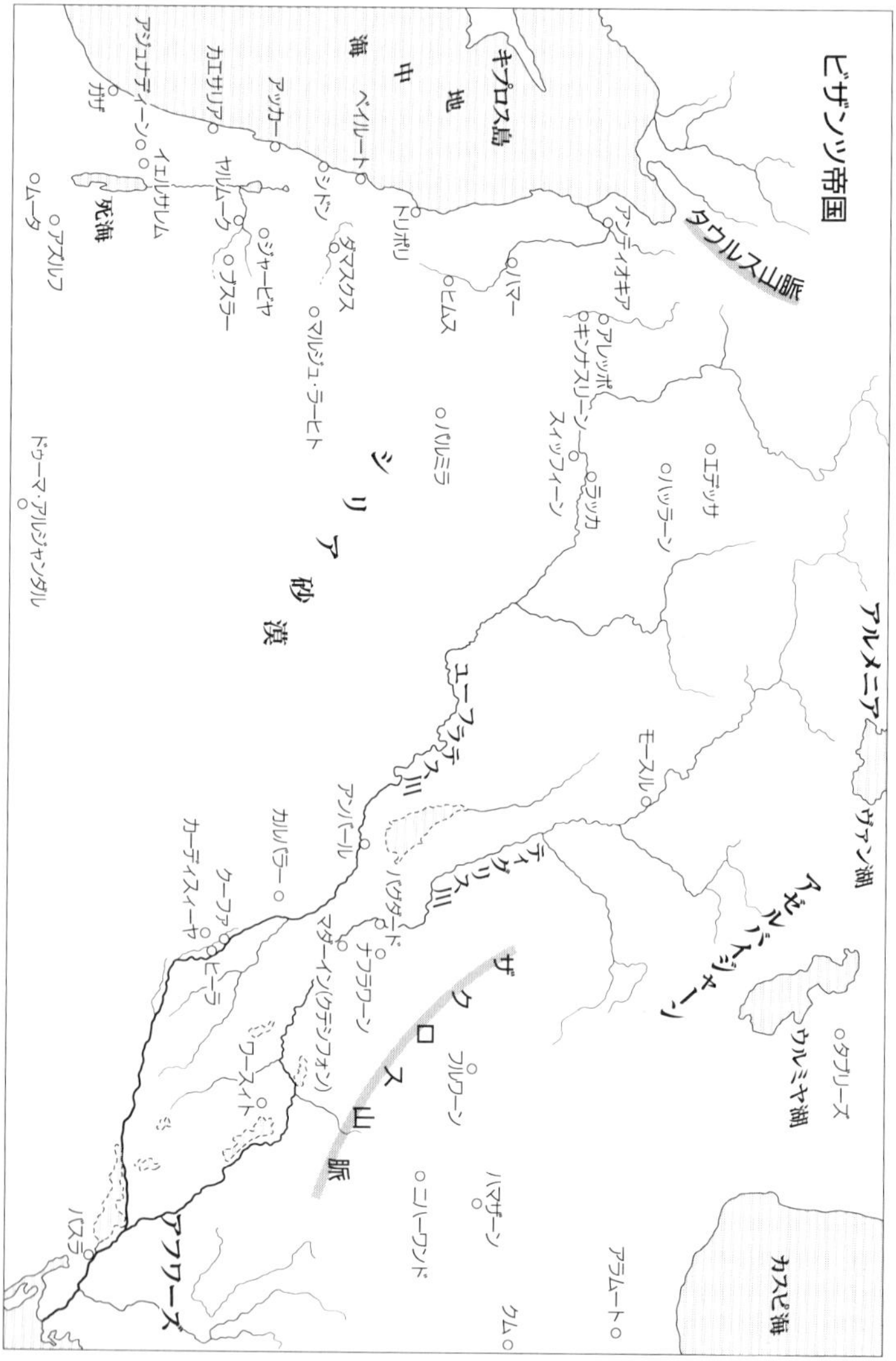
ビザンツ帝国
タウルス山脈
アルメニア
ヴァン湖
アゼルバイジャーン
ウルミヤ湖
タブリーズ
カスピ海
キプロス島
地中海
アンティオキア
アレッポ
キンナスリーン
ハマー
ヒムス
トリポリ
ベイルート
シドン
ダマスクス
アッカー
カエサリア
ヤルムーク
ジャービヤ
ブスラー
マルジュ・ラーヒト
アジュナディーン
イェルサレム
ガザ
死海
ムータ
アズルフ
パルミラ
スィッフィーン
ラッカ
エデッサ
ハッラーン
シリア砂漠
ドゥーマ・アルジャンダル
ユーフラテス川
ティグリス川
モースル
アンバール
カルバラー
カーディスィーヤ
クーファ
ヒーラ
バグダード
マダーイン(クテシフォン)
ナフラワーン
ワースィト
バスラ
ザグロス山脈
フルワーン
ハマザーン
ニハーワンド
アフワーズ
アラムート
クム

シリアとイラク

とき、彼らの主張に呼応してクーファから三、四〇〇〇名の兵士が脱出し、ハルーラーにいた彼らに合流した。以後彼らはこのときの脱出行為にちなんでハワーリジュ派(脱出者たち)と呼ばれる。彼らは自分たちのカリフを選出したあと、バグダード北東の地ナフラワーンに移住した。彼らの論理・信条はつぎの点にあった。すなわち、イスラームの理念が政治に反映されていない政治体の受容は悪政の容認以外のなにものでもない。そのような政治体はイスラームとは無縁である。したがってそのようなイスラーム共同体は破棄されるべきであるし、これを容認していたウスマーンを支持するムアーウィヤ一派と妥協したアリーはもはや真のカリフではなく、彼にたいする分派行動は当然で、聖なる行為である。そしてそのようなカリフの政体にとどまるムスリムもムスリムに非ず異教徒にすぎない。だからこれらとの戦いは聖戦、すなわちジハードである。彼らはこのような論理・信条のもとに非妥協的・過激的武闘を一般ムスリムにも敢行していく。

調停会議は二度、第一回目はドゥーマ・アルジャンダルで六五八年二月に、第二回目はヨルダンのアズルフで六五九年一月に開かれた。しかし結局は合意にいたらなかった。この間アリーは再三の説得にも応じずクーファへの帰還を拒否して敵対するハワーリジュ派を掃蕩すべく、おそらく六五八年七月ナフラワーンに夜襲をかけ、約五〇〇名を残して彼らを討滅してしまった(ナフラワーンの戦い)。

六六〇年ムアーウィヤはイェルサレムでカリフを宣言した。その数カ月後の六六一年一月、第四代正統カリフ、アリーはクーファの大モスク前で生き残ったハワーリジュ派の一人の凶刃に斃れた。こうしてムアーウィヤは唯一のカリフとなりここに第一次内乱は終わった。それは同時に正統カリフ時代の終わりでもあった。正統カリフ(神によって正しく導かれたカリフたちの意)とは、つぎのウマイヤ朝時代とは異なってこの時代は少なくとも理念が政治に反映されていたと考えた後代のムスリム学者による呼称である。

ウマイヤ朝の成立とカルバラーの惨劇

六六一年七月、ムアーウィヤはダマスクスにウマイヤ朝(六六一〜七五〇年)を開いた。彼を開祖とする政権がすべてウマイヤ家出身の十四代のカリフによって占められていたためこの名がある。

ムアーウィヤはカリフ権力の強化につとめるとともに、イスラームの国家化・政治制度化につとめた。すなわち、彼はウマル一世に発するディーワーン制度の拡充を実施した。ディーワーン・アルハラージュ(租税庁=租税の徴収)、ディーワーン・アッラサーイル(文書庁=公文書の作成)、ディーワーン・アルハータム(封緘《ふうかん》庁)、ディーワーン・アルジュンド(軍務庁=ムカーティラの登録と俸給の支給)がそれらであり、行政の官僚機構化をおこなった。またカリフ、ウスマーンの殺害に象徴されるように、それまでイスラーム国家には権力維持装置がなかった。このためムアーウィヤは犯罪の抑止・摘発および反徒鎮圧の任にあたる警察(シュルタ)を創設した。

そして彼はまた、地方総督を含むこれらの機関の担い手として適材適所をもってあてた。その一方で彼は自らの権力基盤の維持・強化につとめた。ひとつは一族ウマイヤ家一門の連帯維持である。メッカとメディナ総督への任命などいくつかの総督および官吏への一族出身者の任命がそれである。ほかは本拠シリアとの関係強化であった。すなわち、彼はシリア砂漠の有力部族、カルブ族のマイスーンを妃にむかえて彼らを権力のうしろだてとしたたし、またシリアのムカーティラの俸給を増額して彼らの彼への忠誠をゆるぎないものとした。

また征服戦争も再開した。地中海では六六九年のシチリア遠征、六七二年のロードス島の再征服、六七四年のクレタ島征服などがあった。六七〇年にはチュニスの南に軍事都市ミスルとしてカイラワーンが建設され、以後これは北アフリカ征服の拠点となった。ビザンツ遠征では六七九年のコンスタンティノープル攻撃があった。また東方への拡大として六七一年、イラク総督ズィヤードによるクーファとバスラのムカーティラおよびその家族約五万人のホラーサーンのメルヴへの転住化があった。以後メルヴは中央アジア遠征の拠点となる。

六八〇年、ムアーウィヤが死去した。ムアーウィヤは晩年、諸州の有力者を脅迫して、実子ヤズィード(一世)へのカリフ位継承を認めさせていた。こうしてヤズィードはウマイヤ朝第二代カリフ(在位六八〇〜六八三)となった。しかし、ムアーウィヤの死は、彼にそれまでその言動を封殺されてきた多くのムスリムにその機を与えた。とくにクーファのシーア派にとってそれは大きかった。

シーア派は、直接的には第一次内乱における両派、すなわちアリー派(シーア・アリー)とムアーウィヤ派(シーア・ムアーウィヤ)との戦いに起源する。ウマイヤ朝の成立によって体制派となった後者はもはや派ではなく、反体制派として残った前者がたんにシーア(派)と呼ばれるにいたった。クーファのシーア派はムアーウィヤの死を天恵と受けとめた。彼らはこれを絶好の機として政権奪取を試みるべく、メディナに隠棲していたアリーの第二子フサイン、すなわちムハンマドの孫に書簡を送ってクーファへの入来をう

フサインの殉教
騎乗している中央の人物がフサイン。この絵は20世紀初頭タブリーズのコーヒー店に掲げられていたもの。

ながした。フサインは初めこの要請を固辞したが、再三の要請に抗しきれず、一族家族あわせてわずか一〇〇名弱の小隊をくんでクーファへと進発した。ところが、シーア派やフサインの動静は逐一クーファ総督ウバイド・アッラーフの知るところであった。一行は総督軍四〇〇〇によってクーファ入城を阻止されたあと、ユーフラテス川西岸のカルバラーで包囲攻撃され女性と子供を残して全員戦死した。六八〇年一月十日のことであった。

イスラーム国家(ウマイヤ朝)にたいする反徒であったとはいえ、預言者の血を引くフサインの惨死は、以後多くのムスリムの心に永続的悔恨として重く残った。とくにシーア派ムスリムにとって、権力と雄々しく戦った彼の死は、自らの宗教・思想・歴史的アイデンティティの原点となり、今日でもなおこの日にフサイン哀悼祭(アーシューラー)がシーア派ムスリムによっておこなわれている。

第二次内乱とムフタールの乱

シーア派の蜂起を未然につみとり、さらにメディナ郊外の溶岩台地ハッラの戦い（六八三年八月）でメディナの古参ムスリムの反乱を鎮圧し愁眉を開いたヤズィードではあったが、その彼が同年の十一月急死、二十歳のムアーウィヤ二世が立った。この機にメッカでカリフを宣言したのがアブド・アッラーフ・ブン・アッズバイル（イブン・アッズバイル）である。彼は駱駝の戦いで戦死したズバイルを父とし、初代カリフ、アブー・バクルの長女アスマーを母として、メディナで隠然たる勢力をもちつつ、ヤズィードへの忠誠の誓いを拒否するなどして虎視眈々とこの機をうかがっていたのである。

はたせるかな、それまでそれぞれに不満をいだいていた各地のムスリムがこれに呼応しカリフとして彼に忠誠の誓い（バイア）をした。それはヨルダンの民を除くほとんどのムスリムによるものであった。こうして二人のカリフが並立することになり、ここに第二次内乱（六八三～六九二年）が始まった。

このような危機的状況のなか、在位約二〇日でムアーウィヤ二世が急逝した。窮地に陥ったウマイヤ家は、同家の長老マルワーン（一世）をカリフに推戴した。マルワーンは六八四年三月、ダマスクスの西のマルジュ・ラーヒトの戦いでシリアのイブン・アッズバイル派で北アラブ系カイス族の軍を破ってシリアを再統一し、翌六八五年にはエジプトを回復した。しかし、彼もまた同年の春（四、五月ころ）病没したのでカリフ位継承者（ワリー・アルアフド）として認められていた実子アブド・アルマリクがウマイヤ朝第五代カリフ（在位六八五～七〇五）となった。以後彼のもとでウマイヤ朝は再興の道を進んでいく。

これより先、シーア派のムフタール・ブン・アビー・ウバイドは、六八四年イブン・アッズバイルの総督下のクーファでフサインの異母兄弟のムハンマド・ブン・アルハナフィーヤ(母はハニーファ族のハウラ)をマフディー(メシア)およびイマーム(教主)、自らを政権代行者のワズィール(大臣)としてムハンマド家(ムハンマドの一族)による政権樹立に立ちあがるよう呼びかけた。しかし、当時クーファのシーア派は同派の古参スライマーン・ブン・スラドに従っていたためその効果がなかった。

六八五年四月スライマーン亡きあと、クーファのシーア派を掌握したムフタールは、六八五年十月蜂起してイブン・アッズバイルのクーファ総督を追放し、シーア派政権を樹立した。ムフタールは、これに功績のあった者および彼の一軍に加入する者にたいしては、アラブであれ、非アラブ・ムスリム(マワーリー)であれアラブ・ムカーティラの征服者・支配者・市民としての特権である俸給を支給した。ムフタールの領域は一時バスラを除くサワードの全域とジャズィーラ(上イラク)の南部およびイランの西南部におよんだが、フサインの復讐をともなった血なまぐさい独裁政治とマワーリー偏重がアラブの反感をかいしだいに支持者を失っていった。イブン・アッズバイルの異母兄弟でバスラ総督ムスアブは、一軍を率いて北上し、クーファを包囲した。四カ月の籠城の末ムフタールは出撃し六八七年四月戦死した。

ムフタールの政権は短期間ではあったが、その初期イスラームの宗教・思想上、また歴史上の意義は大きい。マフディー(メシア)思想のシーア派思想への導入と、マワーリーにアラブの特権である俸給を支給したことがそれらである。後者はアラブであれ非アラブであれムスリムとして平等な権利を有し、かつ義務をおうというイスラームの理念の最初の政治的実現であり、その意味でのちのアッバース朝革命の先駆であった。

第二次内乱の終結とウマイヤ朝の再興

ムフタール軍との戦いやハワーリジュ派討滅戦など、あいつぐ戦乱でイラク総督ムスアブ軍のエネルギーは涸渇《こかつ》した。一方、強固なシリア軍を率いるカリフ、アブド・アルマリクはイラクへの攻勢を強め自ら大軍を率いてムスアブとの決戦にのぞんだ。彼は六九一年十月、バグダードの西北、マスキンの戦いでムスアブを殺し、クーファに入城した。

アブド・アルマリクは、同じ月シリアの諸戦やこのイラク平定に勲功のあったハッジャージュ・ブン・ユースフを二〇〇〇の兵とともにメッカのイブン・アッズバイルに派遣した。いまやエジプトとイラクを失ったイブン・アッズバイルの領域は聖都メッカ周辺に縮小していた。ハッジャージュはなんなくイブン・アッズバイルをメッカに攻囲した。彼は六カ月の攻囲ののち、カーバ神殿に弩弓《どきゅう》(石弓)による投石をおこない、このため神殿は大破した。出撃したイブン・アッズバイルは戦死し、ここに一〇年におよぶ第二次内乱は終わった。

イブン・アッズバイルの体制は、彼が聖都メッカでカリフを宣言してそこから号令したように、それはアラビアが中心となるイスラームへの復古をめざしたものであった。その意味でその体制を支えたのは古参ムスリムの古き良き時代へのノスタルジアであった。

第二次内乱におけるムフタールの乱は、マワーリーの歴史の表舞台への登場というイスラーム新時代の暁鐘であり、イブン・アッズバイルのカリフ宣言は、アラビアのアラブ・イスラームの晩鐘であった。こ

岩のドーム　イスラームの栄光を記念して，692年イェルサレムに完成したイスラーム最古の建造物。ユダヤ教の聖岩(ここからムハンマドは天界飛翔したという)のうえに建てられた。

の意味で第二次内乱は、新旧の時代の変り目でもあった。

内乱終結者としての威勢とムスリムの世代がわりによる政治権力への順化、これらを背景にウマイヤ朝支配体制は強化された。具体的にはカリフ権の強化がそれである。それまでのカリフは「神の使徒の代理」にすぎなかったが、アブド・アルマリク鋳造の貨幣に刻されているように、いまや「神の代理」が主張されるようになった。これは、イスラームの宗教・理念からのカリフ権の相対的独立化でもあった。

カリフ権の強化を背景に、六九五年アブド・アルマリクは国家による経済の振興・流通の促進をはかるべく、アラブ式貨幣を鋳造・発行した。それまで旧サーサーン朝支配下のイラクとイランでは同朝の銀貨、旧ビザンツ支配下のシリアとエジプトでは同帝国の金貨がそれぞれ流通していた。この弊害の是正と国威発揚を目的として、これらをアラブ式に統一、すなわちアラビア語が刻字された金貨(ディーナール)と銀貨(ディルハム)に統一した。この統一貨幣の鋳造によって同朝の東西間の経済の流通が促進された。

彼はまた、イスラームの国家的統一護持・強化の一環として行政用語のアラビア語化、すなわち文書用語のアラビア語による統一をおこなった。彼は、中央と地方における行政の円滑化と能率化およびアラブ・ムスリム国家としてのウマイヤ朝の内外への国威発揚を目的として租税文書をアラビア語で統一した。六九七年にイラクの租税文書がペルシア語からアラビア語へ書き改められたのに続き、シリアでは七〇〇年にギリシア語からアラビア語への改変が、七〇五年にはエジプトでコプト語からの改変がおこなわれた。

東方征服および西方征服

六九四年、アブド・アルマリクはハッジャージュ・ブン・ユースフをヒジャーズ(メッカ・メディナ)総督からイラク総督に転じた。

彼の最初の仕事はハワーリジュ派の過激派アズラク派の討伐であった。アズラク派はバスラの東方で、権力への徹底抗戦をスローガンに跳梁していた。ハッジャージュはイブン・アッズバイル時代にもそれに功のあったムハッラブを討伐将軍に任命してその徹底を期した。ムハッラブはアズラク派と交戦しつづけ、これを撃滅した。

ハッジャージュは内政においても意をつくした。先のイラクにおける租税文書のペルシア語からアラビア語への改変、アラブ貨幣の鋳造、農業の振興がそれらである。後者にかんして彼は、歴代のサーサーン朝君主のようにサワードの沼沢地帯(バターイフ)に運河網を張りめぐらすことでこれを干拓・農地化し、農業生産量を増大させた。その一方で彼は既存の農業生産力低下防止にもこれつとめた。ムフタールの乱以来マワーリーが増加したが、農民の一部は租税負担をまぬがれようとしてマワーリーとなり都市に流入した。村落共同体ごとに課税されていたので、これは残留農民への負担増となり農地の荒廃をもたらした。ハッジャージュはマワーリーをそれぞれの村に帰すよう部下に命じ、さらに二度と村から離れることのないよう、過酷にも彼らの手に村の名を焼印するよう命じた。

彼のあくなき拡大戦争にイラクの民の支持のもとに抗したイブン・アルアシュアスの乱(七〇〇～七〇四年)の鎮定後、ハッジャージュは七〇三年あらたにクーファとバスラの中間に軍事都市ワースィト(中間の意)を建設し、これにシリア兵を常駐させた。実質上これはシリア兵によるイラクの民の支配であり、イラクの民の失権であった。

最大の危機を脱したハッジャージュは、イスラームの東方への拡大政策を推進した。それはまず七〇四年彼によりホラーサーン総督に任命されたクタイバ・ブン・ムスリムによってなされた。クタイバは七〇五年にバルフを、続いてアム川をこえてマー・ワラー・アンナフル(川向こうの意で、ソグディアナ地方)に侵入した。そして七〇六年にはブハーラーを攻略し、七一〇年にはサマルカンドに達しこれに貢納を強いた。さらに彼は七一二年までにマー・ワラー・アンナフルとフワーリズムのほとんどを制圧し、七一三年から七一五年にかけてはシル川上流フェルガーナ地方への遠征をおこなうなどして、中央アジアのイスラーム化への端緒を開いた。

一方、ハッジャージュの娘婿のムハンマド・ブン・アルカースィムは七一一年、大軍を率いてマクラーンを経由してスィンド(インダス川中・下流地方)に遠征した。翌七一二年インダス河口の町ダイブルを攻略し仏教寺院を破壊した。彼は北進しラーワルの戦いでスィンド王ダーハルを殺した。翌七一三年にはパ

地中海周辺

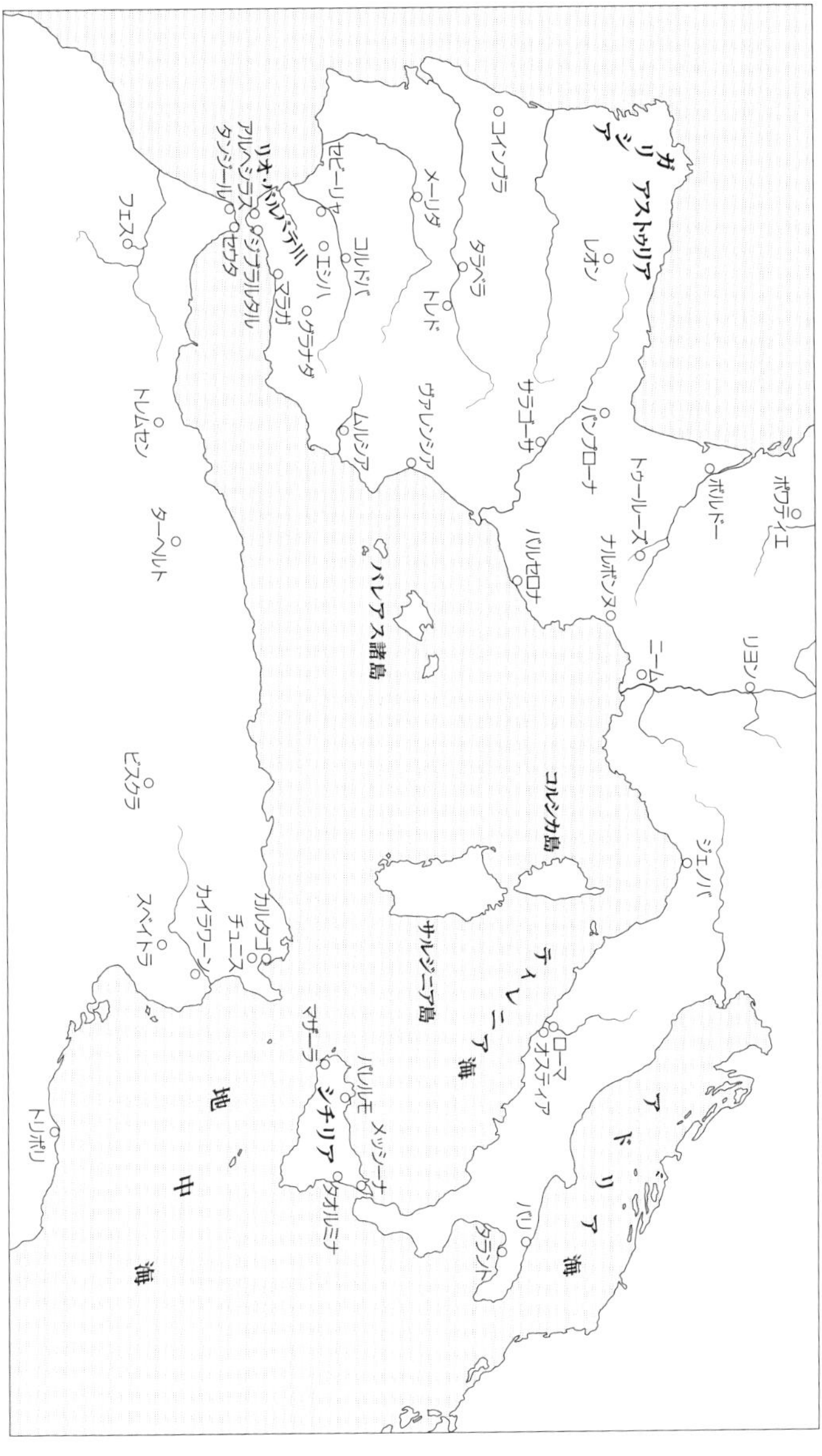
ガリシア
アストゥリア
レオン
コインブラ
メーリダ
タラベラ
トレド
セビーリャ
コルドバ
エシハ
グラナダ
マラガ
リオ・バルバテ川
アルヘシラス
タンジール
ジブラルタル
セウタ
フェス
サラゴーサ
パンプローナ
ヴァレンシア
ムルシア
トレムセン
ターヘルト
トゥールーズ
ボルドー
ポワティエ
ナルボンヌ
バルセロナ
バレアス諸島
ニーム
リヨン
コルシカ島
ジェノバ
サルジニア島
ビスクラ
カルタゴ
チュニス
カイラワーン
スベイトラ
ティレニア海
ローマ
オスティア
マザーラ
パレルモ
シチリア
メッシーナ
タオルミナ
地中海
トリポリ
アドリア海
バリ
タラント

ンジャブ地方の南都ムルターンを制圧するにいたり、後世イスラームがインドへ伝播する先駆けとなった。

軍事都市カイラワーン建設後も北アフリカ(イフリーキヤ)征服は叛服常ないベルベル人の抵抗にあって遅々として進まなかった。しかし、第二次内乱の終結ののち、総督ハッサーンは、六九七／八年女予言者カーヒナ、本名ディフヤ率いるベルベル軍を大破した。以後イスラームの西方への拡大は進展し、同時にベルベル人のイスラーム化も進んだ。

七一〇年、イフリーキヤ総督ムーサーは西ゴート王国のセウタ総督ユリアヌス(フリアン)の言をいれてイベリア半島への派軍を決意した。タンジャ(タンジール)総督でベルベル人部将ターリクは、七一一年春ベルベル軍七〇〇〇を率いてジブラルタル海峡を渡りイベリア半島に上陸した。この報で南下した西ゴート王国君主ロデリック(ロドリーゴ)軍とターリク軍は七一一年七月、アルヘシラスの西北を流れるバルバテ河畔で激突した。西ゴート王国軍約九万、援軍を加えたターリク軍一万五〇〇〇の戦い(バルバテ河畔の戦い)はイスラーム軍の圧勝に終わった。ターリクはグラナダ、コルドバなどの都市をつぎつぎに攻略したあと、首都トレドに入城した。一方、ムーサーは七一二年、アラブ正規軍一万七〇〇〇を率いて上陸し、西よりの進路をとって北上、セビーリャ、メーリダを攻略したあとトレドの西でターリクと合流した。七一四年さらに北進したイスラーム軍はサラゴーサを制圧した。上陸からわずか三年でイベリア半島の中南部はほぼ全域がイスラームの軍門にくだるにいたった。

以後アラブはイベリア半島における自らの領域をアルアンダルスと呼んだ。これはヴァンダル人の国の意のラテン語ヴァンダリシアのアラビア語訛りである。その後イスラームの進軍は、七三二年の有名なトゥール・ポワティエ間の戦いの敗北で頓挫したものの、北への遠征は繰り返され、七三四年にはローヌ渓谷に、七四三年にはリヨンに達した。

こうして、西はイベリア半島から東は中央アジア、現パキスタンまでウマイヤ朝はイスラームの領域を拡大した。ここにイスラーム史におけるウマイヤ朝の最大の貢献をみることができる。

ウマイヤ朝の衰退と没落

ムフタールの乱へのマワーリーの参入やハッジャージュによるマワーリーの帰農強制にみられるように、いまやマワーリー問題はウマイヤ朝最大の問題となっていた。イスラームは神の前における人種・民族を問わずムスリムの平等な権利と義務を理念・大前提とする。しかし現実には正統カリフ時代に続いてウマイヤ朝においてもアラブ・ムスリムが被征服民・非アラブを支配していた。この意味で両時代はアラブ帝国であった。被征服者先住民がイスラームに改宗しても、特定のアラブ部族か個人の付庸民(マワーリー)として彼らに隷従しなければならなかったのである。アラブ・ムスリムだけが租税負担をまぬがれていたのにたいしてマワーリーは相変わらず人頭税ジズヤと地租ハラージュを納入しなければならなかった。このようなマワーリーの不満は年ごとにつのり増大していった。

このようなときにカリフになったのが第八代のウマル二世(在位七一八～七二〇)である。敬虔なムスリムであった彼は、イスラームの理念を政治に反映させようとして税制改革を断行した。その内容はマワーリーからの租税負担免除と彼らのディーワーンへの登録による俸給の支給などであった。この原則のもと彼は施政に意をつくした。

しかし、ミスルに移住し、ディーワーンに登録されたマワーリーの俸給額は一般の下層兵士の一〇分の一にも満たなかった。このため彼らの生活は成り立たなかった。しかも農村にとどまるマワーリーからは従来どおりの租税が徴収されたため、実質的にアラブ・ムスリムとマワーリーの税制上の不平等は解消されなかった。このため高邁な理念のもとに断行された彼の税制改革も混乱を招いて失敗に終わった。

ウマル二世の税制改革失敗と混乱以後のウマイヤ朝は、第十代カリフ、ヒシャーム・ブン・アブド・アルマリク(在位七二四～七四三)の長期におよぶ治世はあったものの一路没落の道をたどった。外圧の存在、マワーリー問題の未解決、南北アラブの恒常的党派争いによる政権の不安定化、ウマイヤ家内部のカリフ位をめぐる争いおよびその結果としての本拠地シリアの荒廃・疲弊、同朝支配体制を否定するシーア派、ハワーリジュ派、その他諸宗教的党派の運動、これらの相関がウマイヤ朝を没落へと導いた。

ウマイヤ朝支配の減退はまず北アフリカとアルアンダルスで起こった。七二〇年、人頭税の復活を機にそれまでのアラブの専横に宣戦布告したベルベル人マワーリーは、北アフリカ総督を殺し、自らの推す総督をヤズィード二世(在位七二〇～七二四)に認容させた。ついでヒシャームの時代の七四〇年、彼らは、イラクから転じたハワーリジュ派に指嗾《しそう》されふたたび蜂起した。これにヒシャームはシリアから一軍を派遣し、七四二年にようやく鎮定した。とはいえ以後ベルベル人の恒常的反抗によりウマイヤ朝の実質的支配は失われた。

ホラーサーンおよびその東北地方で問題はより深刻で、それは、外敵による脅威、すなわち西突厥《とっけつ》から自立した突騎施(トゥルゲシュ)の攻撃、イラン系先住民マワーリーと土着化したアラブとの合体による反政府運動、権力をめぐる南北両アラブの対立・抗争——これらの相乗化によった。

ヒシャームのイラク総督ハーリド・アルカスリーは一三年にわたる在任期間中、ヒシャームの意を受け干拓・灌漑による農地の拡大などでイラクの財政を建て直し、一時的に同州の政治的安定を取り戻した。しかし、マワーリー問題の解決にはいたらず、むしろ租税の一部をシリアに送りつづけたので、マワーリーとイラクのアラブの不満は燻《くすぶ》りつづけ、結局彼もまた南北両アラブの権力闘争に巻き込まれて失脚した。七四〇年、クーファのシーア派にメディナから招かれたフサインの孫ザイド・ブン・アリーは、これらの不満を背景に預言者への一族による統治などをスローガンにクーファで蜂起した(ザイドの乱)。ところが、それは事前に総督の知るところだったため、容易に鎮圧され、クーファにザイドの首がさらされた。

七四四年、政治家として不適な第十一代カリフ、ワリード二世(在位七四三〜七四四)に反乱しカリフ位に就いたヤズィード三世は諸改革を断行しようとした。しかしわずか十数日で病没したため、彼の改革は夢と化した。

ヤズィード三世が一族のカリフを反乱によって打倒したことによりウマイヤ家の絆は完全に断ち切られた。兄ヤズィードの指名でカリフとなったイブラーヒームに強力な敵対者が登場した。マルワーン一世の孫で上イラク総督マルワーン・ブン・ムハンマドである。マルワーンは北アラブ(カイス)軍を率いて南下し、連戦連勝の末イブラーヒームをカルブ族の依拠したパルミラに逃亡せしめたあと、七四四年十二月にダマスクスでカリフを宣言した(在位七四四〜七五〇)。しかし、彼はダマスクスではなくカイス族の本拠

ウマイヤ・モスク　715年，ダマスクスに完成した現存する最古のモスク。カリフ，ワリード１世がキリスト教の聖ヨハネ教会をモスクに増改築したもの。写真はその中庭の様子。

ハッラーンに依拠した。彼の支配に中・南部の南アラブ(カルブ)系諸族は反乱を繰り返した。これらの反乱の過程でシリアの民の連帯感は完全に消失した。同時にそれはムアーウィヤ一世以来ウマイヤ朝が依拠してきたシリアの瓦解、すなわちウマイヤ朝の自己崩壊であった。

混乱はイラクにおいてもはなはだしく、シーア派やハワーリジュ派の反乱、そしてこれらと結んだ反マルワーンのウマイヤ家をはじめとする諸勢力の反抗は続いた。七四七年、これらを一応平定したマルワーンにホラーサーン総督ナスルから「新事態」への対処のための援軍を急派してほしいとの要請の手紙が送られてきた。しかし、イラクの秩序維持と内乱に乗じて北辺を脅かすビザンツへの対処からマルワーンはナスルの要請に応えることはできなかった。

そのホラーサーンでは、世直しとムハンマド家の復権を主張して州都メルヴを奪取したアッバース革命軍の黒旗が翩翻《へんぽん》とひるがえっていたのである。

4　イスラーム帝国の発展

アッバース朝革命

ウマイヤ朝打倒のための運動は、秘密のうちに組織された。六八五年、過激シーアのカイサーン派に属するムフタールは、カリフ・アリーの子ムハンマド(フサインの異母兄弟)を救世主(マフディー)として担ぎ出し、スンナ派のウマイヤ朝に反旗をひるがえした。しかし反乱は二年たらずで鎮圧され、ムハンマドも七〇〇年に死没した。しかしカイサーン派の人々は、信者の指導者(イマーム)であるムハンマドは本当に死んだのではなく、しばらくのあいだ姿を隠したにすぎない、やがて彼は姿をあらわして地上に正義と公正を実現してくれるはずだと説いた。一方、ムハンマドのイマーム位はその息子アブー・ハーシムに伝えられたと考え、闘争の継続を主張する一グループがあった。さらにアブー・ハーシムの没後、このイマーム位は預言者ムハンマドの叔父の血を引くアッバース家のムハンマドに伝えられたと主張する別のグループがあらわれた。

アッバース家のムハンマドは、パレスティナ南部の寒村にひっそりと暮らしていたが、アッバース家運動の本拠は、シーア派と縁の深いイラク中部のクーファにおかれ、そこを拠点に密かな活動が開始された。

この運動に共鳴したシーア派ムスリムを含むアラブ人とマワーリー(非アラブの改宗者)は、イランのホラーサーン地方に赴き、サーサーン朝時代に異端として弾圧されたマズダク教(ゾロアスター教とマニ教を折衷した宗教)の勢力と結んで、現地の支持者を獲得することに成功した。

ムハンマドの没後、その長子イブラーヒームがアッバース家の家長におさまると、七四六年、アブー・ムスリムは、イブラーヒームの代理としてクーファからホラーサーンへと出発した。アブー・ムスリムはもとイラン人奴隷であったともいわれ、その出自は謎につつまれているが、彼はホラーサーンのアッバース家運動を完全に掌握し、ウマイヤ朝にたいする武装蜂起の機が熟すのを待った。

七四七年七月、アブー・ムスリムは、ホラーサーン東部の州都マルウの近郊で黒旗を掲げて武装蜂起に踏み切った。アブー・ムスリムの軍勢はまもなく七〇〇〇名に達したが、その中核は大征服時代にホラーサーン地方へ移住したヤマン(イエメン)系のアラブ人であった。これらのホラーサーン軍を率いたアブー・ムスリムは、翌年二月、マルウを占拠して、ウマイヤ朝のホラーサーン総督ナスルを追放することに成功した。

アブー・ムスリムはマルウにとどまったが、将軍カフタバに率いられた革命軍は、イランのライ、ニハーワンドを制圧するとイラク平野へと進出し、ウマイヤ朝軍の抵抗を排除して、七四九年九月、州都クーファに入城した。クーファで革命運動を指導していたアブー・サラマがこれを出迎え、彼は「ムハンマド家の宰相(ワズィール)」に就任した。人々の関心は、誰が新しいイマーム、つまりカリフ位に就任するのか、という一点に集まった。宰相のアブー・サラマは、ムハンマド家を預言者ムハンマドの娘婿であるアリーの家柄と解釈し、アリーの血統を受け継ぐシーア派の人物のなかから、新しいカリフを選ぼうと考えていた。しかし、アブー・ムスリムと革命軍は、七四九年十一月、預言者の叔父の系統に属する先のイブラーヒームの弟、アブー・アルアッバースをカリフに選任し、いち早く「忠誠の誓い」(バイア)をおこなった。あらたに即位したカリフをバイアの儀式によって承認するのは、アブー・バクルが初代カリフに就任したときにおこなって以来の古い慣行であった。

一方、ウマイヤ朝のカリフ・マルワーン二世(在位七四四〜七五〇)は、一万二〇〇〇の軍を率いてアッバース朝軍に最後の反撃を試みた。マルワーンはユーフラテス川上流のハッラーンに軍を集結したが、志気の衰えていたウマイヤ朝軍はこの戦いに敗れ、マルワーンも、七五〇年八月、上エジプトのファイユー

クーファのモスク　クーファは639年にアラブの軍営都市として建設され，その後イラク地方の州都に定められた。写真はモスク正面の入口。

ムまで逃れたところで殺害された。その首はクーファに送られ、ウマイヤ朝カリフの死によって、新王朝が正式に樹立されたことが確認された。これが、「アッバース家の天下(ダウラ)」の始まりである。

アッバース朝(七五〇〜一二五八年)は、アラビア語で「ダウラ・アルアッバースィーヤ」と呼ばれる。ダウラとは、元来、「好機の到来」とか「世代の交代」を意味していたが、現代ではもっぱら「王朝」や「国家」の意味に用いられる。後者の用法が定着したのはアッバース朝の中期、つまり八世紀末以降のこととされているが、現実には、第二代カリフ・マンスール(在位七五四〜七七五)のころからこの用法が始まったものと思われる。

後代のアラブの歴史家は、初代カリフ・アブー・アルアッバースの別称であるサッファーフを「血を注ぐ者」と解釈してきた。しかしこれは、即位後に彼がおこなったシーア派ムスリムにたいする「血の粛清」に基づくアナロジーであり、正しくはカリフ自ら説教壇で述べたように、革命の功労者にたいして「惜しみなく恩恵を注ぐ者」という肯定的な意味であった。いずれにせよ、革命の達成にいたるまで、シーア派ムスリムはアッバース家の運動を積極的に支持してきたが、スンナ派のアッバース家にとっては、イマーム(カリフ)観を異にするシーア派勢力の存在は、新政権の存立を脅かしかねない危険な要素だったのである。

バグダードの繁栄と商人の台頭

七五四年、サッファーフが没すると、兄のアブー・ジャーファルがカリフ位を継承し、マンスール(「神

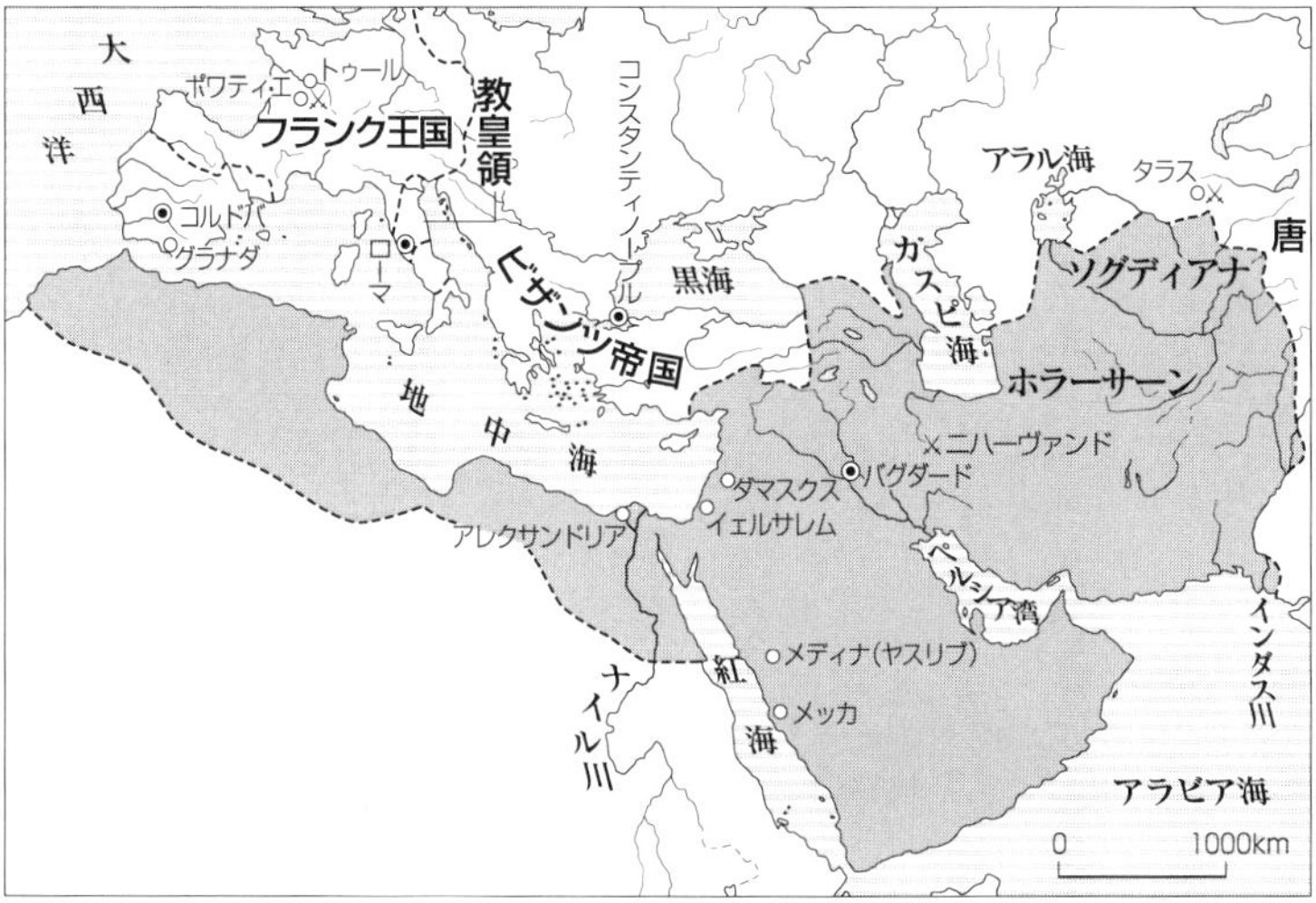

アッバース朝の版図

の加護を受けた者」の意)と称した。年上のマンスールがサッファーフより遅れて即位したのは、マンスールがベルベル人の女奴隷の子供だったからである。

マンスールが即位すると、シリア総督であった叔父のアブド・アッラーフは、女奴隷の息子である甥がカリフに就任するのを拒否し、自らカリフを称してシリアに自立をはかった。これにたいしマンスールは、ホラーサーンからアブー・ムスリムを呼びよせ、アブド・アッラーフの討伐を命令した。アブー・ムスリムはモスルの北方で反乱軍を破り、その鎮圧に成功したが、ホラーサーンへの帰途、カリフに招かれてイラク中部の都ハーシミーヤに赴き、そこで謀殺された。マンスールは、帝国の東部ホラーサーンで権勢を築いていたアブー・ムスリムを、自らのカリフ位を脅かす危険な存在とみなしたのであろう。

即位後、二度にわたるシーア派の反乱をおさえこんだマンスールは、比較的平和な状況のなかで、アッバース朝の国づくりに専念することができた。彼がめざしたのは、強力な軍隊と整備された官僚組織によって中央集権的な体制をつくることであった。このような体制を整えるうえで有効であったのが、駅伝(バリード)のシステムである。数十キロごとに駅舎をおき、そのあいだをロバ、ラクダ、あるいは馬で結ぶ駅伝網が全国に張りめぐらされた。歴史家タバリーはその役割をつぎのように伝えている。「各地に派遣されたバリードの担当者は、毎日カリフ・マンスールのもとに手紙を書き送り、小麦、その他の穀物、食料などの価格、担当地域での裁判官(カーディー)の業務内容、総督の仕事ぶり、国庫収入の状況などを報告した」(『使徒たちと諸王の歴史』)。

駅伝制の起源は古代オリエントまでさかのぼり、ウマイヤ朝時代にもこれを復活する政策がとられた。しかし首都にバリードを管理する駅伝庁(ディーワーン・アルバリード)を設置し、この組織を全国にまで拡大して、行政の中央集権化をはかったのは、マンスールが最初であった。

アッバース朝の首都は、サッファーフの時代にハーシミーヤからユーフラテス川流域のアンバールに移され、マンスールはこのアンバールで即位した。しかし即位の翌年、彼は新王朝にふさわしい首都の建設を思い立ち、側近に候補地の調査を命ずるとともに、自らも適地を探して歩き回った。その結果、サーサーン朝時代から農産物の集散地であり、定期市も開かれていたティグリス川西岸のバグダードに白羽の矢が立てられた。

マンスール自身が語るところによれば、バグダードを選んだのは、「ここは軍隊の駐屯地として安全であり、われわれと中国とを隔てるものは何も存在しない。ティグリス川を通じれば、海(ペルシア湾)からのあらゆる物産と北イラクやアルメニアなどからの食料が入手可能である。またユーフラテス川は、シリアやラッカなどからどんな物資でも運んでくれる」からであった。あらかじめ周辺諸国との交流を考えにいれたうえでの選択であったといえよう。

建設は七六二年に始まり、延べ一〇万人におよぶ建築家、職人、労働者と四〇〇万ディルハムの工費とをかけて、四年後の七六六年に完成した。正式の名称を「平安の都（マディーナト・アッサラーム）」というが、一般には従来と同じバグダードの名で呼ばれた。新都は三重の城壁に囲まれた円形のプランをもち、直径は二・三五キロ、主壁の高さは三四メートルであった。アッバース家一族、カリフの腹心、高級軍人などが住む外側の居住区をぬけると、直径一・七キロ余りの空間があり、その中央にカリフの黄金門宮とモスクが隣り合ってそびえていた。この二つの建物を取り囲むようにして、カリフの息子たちの屋敷、各種の官庁、兵器庫、警察と駅伝長官の屋敷などが建ち並んでいた。

円城に設けられた四つの城門の名前とその機能には、初めから国際都市を建設しようとする雄大な構想がよく

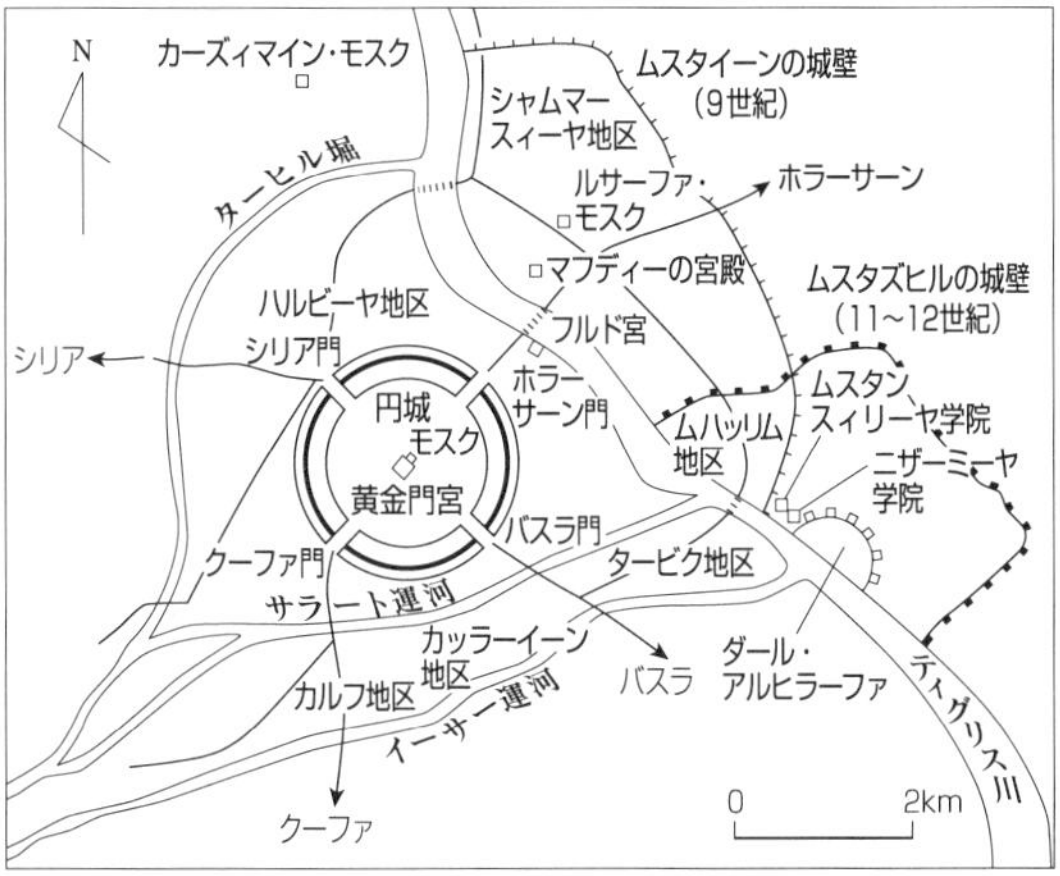

バグダード市街図

示されている。北東部のホラーサーン門をでてティグリス川を渡り、ホラーサーン街道を東にたどれば、絹の道をへてやがて唐の都長安に達する。南東部のバスラ門をでて、ティグリス川を船でくだれば、ペルシア湾からインド、東南アジアへと続いていく。また南西部のクーファ門をでて西へ道をたどれば、イラン、イラクからの巡礼者が集結するクーファにいたり、その先には聖地メッカがある。西北部のシリア門をでてユーフラテス川沿いにさかのぼり、途中から西へ進めばダマスクス、北へ進めばアレッポをへて絹の道の終点コンスタンティノープルに到達する。

日常の生活物資を商う市場(スーク)は、初めは四つの城門と内壁を結ぶアーケードにそって設けられた。しかし人々が出入りする市場が宮殿近くにあることは治安維持に支障をきたすことから、七七三年には円城の南三キロにあるカルフ地区へと移転された。カルフ地区には多くの商人や職人が集住し、まもなくバグダード随一の商工業センターとしてめざましい発展をとげていく。市場商人がそれぞれ専門の単一商品を扱っていたのにたいして、大きな資本を動かす商人(タージル)は、イスラーム諸国ばかりでなく、中央アジア、インド、東南アジア、アフリカなどとの遠距離交易にもたずさわり、各地の多様な特産品をバグダードにもたらした。

バグダードへ運ばれたおもな商品は、中国の絹織物や陶磁器、東南アジアやインドの香辛料・木材、中央アジアの毛織物や奴隷、アフリカの金や奴隷などであった。一方、八〜九世紀のバグダードを代表する商品としては、綿織物、絹織物、貴金属・ガラス製品、紙などをあげることができる。

生産と交易の発展によってバグダードの人口は一〇〇万近くまで増大し、ヤークービーによれば、九世紀のバグダードは、「三万のモスクと一万の公衆浴場(ハンマーム)が建ち並ぶ」巨大都市へと成長した。これらの膨大な人口を支えたのは、大河に潤されるイラク平野の肥沃な農業生産であった。アッバース朝時代には、ユーフラテス川とティグリス川を結ぶ運河が数多く掘られ、その水は交通と灌漑と飲料用に用いられた。世界の国々と結ぶ広範な交易活動と灌漑に基づく豊かな農業生産、この二つがバグダードの繁栄を生み出す原動力であったといえよう。

国家の担い手たち——軍隊・官僚・ウラマー

アッバース朝初期のカリフたちは、ウマイヤ朝からの政権奪取に活躍したホラーサーン軍を重用し、その主力である三万を首都に駐屯させていた。またイラン、シリア、エジプトの各州には総督(アミール)が派遣され、これらのアミールもそれぞれ独自の軍隊を保持していたが、それが具体的にどれだけの数の軍隊であったのかは不明である。

ホラーサーン軍は革命の功労者であることを自認し、さまざまな特権を享受したが、「革命の息子たち」と呼ばれる次世代の軍人のなかには、その特権を利用して商業活動に従事する者もあらわれた。また世代の交代によって、カリフにたいする忠誠心もうすれていったために、バルマク家の宰相ファドルは、ホラーサーン軍とその子孫にかわる新軍アッバーシーヤを編成しなければならなかった。

アッバース朝時代には、ホラーサーン軍をはじめとする各種の軍隊と官僚にたいして、現金の俸給(アター)が支払われた。農民からの租税(ハラージュ)は現金と現物によって徴収されたが、現物収入は政府と取引のある穀物商人によって現金化され、精密な予算に基づいて現金俸給の支払いがおこなわれた。俸給の現金支払いは、高度な貨幣経済の進展を背景に、租税徴収と予算編成を円滑に実行する官僚機構の整備をへてはじめて可能となったのである。

官僚機構の要は、円城内におかれた中央官庁(ディーワーン)であった。イスラーム史上、最初のディーワーンはカリフ・ウマルによってメディナに設けられたが(六四〇年)、ウマイヤ朝時代には、主官庁である租税庁(ディーワーン・アルハラージュ)のほかに、文書庁(ディーワーン・アッラサーイル)、印璽《いんじ》庁(ディーワーン・アルハータム)、軍務庁(ディーワーン・アルジュンド)などの官庁が増設された。さらにアッバース朝時代になると、これらの官庁に加えて、駅伝庁(ディーワーン・アルバリード)、支出庁(ディーワーン・アンナファカート)、私領地庁(ディーワーン・アッディヤー)などがあらたに設けられた。

王朝の交替によって、帝国の首都がシリアのダマスクスから東方のバグダードへ移ると、これらの官庁で働くイラン人の書記(カーティブ)の数が飛躍的に増大した。彼らはアラビア語を修得して官庁業務に活躍したが、その筆頭はバルフ出身のバルマク家の人々であった。仏教徒であったバルマク家のハーリドは、ウマイヤ朝末期にバスラへ移住し、そこでイスラームに改宗した。ハーリドはサッファーフから軍務庁と租税庁の管理をまかされ、またカリフの娘の養育係となって絶大な権力をふるうにいたった。

その息子ヤフヤーも王子ハールーン・アッラシードの養育係を務め、ラシードが第五代カリフ(在位七八六〜八〇九)に就任すると、官僚群を統括する宰相(ワズィール)に抜擢された。ヤフヤーの二人の息子、ファドルとジャーファルもホラーサーン総督や諸官庁の長官職を歴任し、バルマク家の権勢は頂点に達した。しかし、八〇三年、帝国の直接統治を決意したラシードによってジャーファルは殺害、ファドルは投獄され、一門の栄華には突然の終止符が打たれたのである。

　カリフ・ラシードに政治顧問として仕えたのが、ハナフィー派の法学者アブー・ユースフであった。彼はラシードによってイスラーム世界で初の大カーディー(裁判官)に任じられ、『租税の書』を著わして統治の基本を説いたことで知られる。このような知識人をイスラーム社会ではウラマーと呼ぶ。

　イスラームの学問の分類によれば、医学、哲学、数学、化学、光学、地理学などがギリシアやインドなどから伝来した「外来の学問」であったのにたいして、法学、神学、コーランの解釈学、伝承学、文法学、散文学、歴史学などはイスラームに固有な「アラブの学問」と呼ばれた。ウラマーとはこれらの多様な学問を修めた知識人を意味したが、とくに信仰儀礼、結婚、相続、葬礼、食生活など日常の生活問題と密接に関連した法学(フィクフ)の知識が重要であった。

　アッバース朝時代になると、ウラマーはカリフの顧問、専門の法学者、各地の都市に任じられた裁判官、モスクでの説教師や学校の教師、礼拝の指導者として社会的に重要な役割を演ずるようになった。彼らは自らをコーランや預言者ムハンマドの言行にかんする伝承(ハディース)の正当な解釈者をもって任じ、規範から逸脱する者たちを批判することによ

書記の像　当時の書記は，アラビア語の文書作成と計算をよくする技術官僚であり，その技術は家学の伝統として伝えられた。

って、イスラーム社会の秩序づくりとその維持に大きな役割をはたした。しかしギリシア哲学を援用した高度な神学の体系化や煩瑣な儀礼(六信五行)の制度化は、やがて民衆のイスラーム信仰と乖離する結果を招き、九~十世紀以降には、修行によって神との一体感を求める神秘主義思想(スーフィズム)の誕生をうながすことになる。

イスラーム法の形成

イスラーム法(シャリーア)は、ムスリムとしての正しい生き方を示す指針であるが、為政者にとっても、政権維持のためにはこの法を公正に運用することが不可欠であった。ウマイヤ朝末期からアッバース朝初期にかけて、法を専門とするウラマーたちは、コーランやハディースを典拠にして、それぞれ独自の法体系をつくりあげていった。たとえば、バグダード生まれの法学者シャーフィイーは、現地でおこなわれてきた古い慣行よりも「預言者のハディース」を重視する立場をとり、これを基礎に新しい法源論を確立した。彼のもとにはこの方法論に共鳴する弟子たちが集まり、やがてひとつの法学派が形成された。これがスンナ派に属する四法学派のひとつシャーフィイー派である。

これ以外のスンナ派の法学派についていえば、アブー・ハニーファを祖とするハナフィー派は、他の学派より地域の慣行や個人的意見を広く採用し、商業活動による利益の獲得にも寛大な理解を示した。またマーリク・ブン・アナスを祖とするマーリク派は、ハディースよりメディナ社会の慣行や個人的意見を重視し、その規定は概して穏健であったが、過激派には厳しく、背教は死に値するとみなしたという。これにたいしてイブン・ハンバルの弟子たちによって結成されたハンバル派は、ハディースを重視するとともに、人々による合意(イジュマー)の範囲を預言者の教えを受けた者たちに限り、イスラーム神秘主義に強く反対するなど、伝統主義的で、しかも規定を厳格に適用する法学派として知られる。

一方シーア派の法も、コーランとハディースを典拠にして体系化されたという点では、スンナ派の場合と大きな違いは認められない。ただ、コーランの語句には隠された第二の意味があるとし、さらにハディースのほかに歴代イマーム(アリーの血統を引くシーア派の指導者)の言行をまとめた聖言行録を重視するなどの点で、スンナ派の法規定とはかなり異なっている。

こうして九世紀初めころまでにイスラーム法の体系化が進み、さまざまな法学派が形成されるようになると、個々のムスリムはいずれかの法学派に帰属するようになった。アッバース時代以降、民衆のイスラーム化が進展し、イスラーム世界への移住者が集団で改宗する場合にも、特定の法学派への帰属が明らかにされていった。原理的には個人は好みの法学派を選ぶ権利をもっていたが、子供は親の法学派に属するのが習慣であり、法学派の勢力は地域や民族によってかなり異なっていた。

シャーフィイー派は、商人との結びつきが強い法学派であり、初期の時代にはバグダードやエジプトのフスタートに中心をおいていたが、十世紀以降は、エジプト、シリア、南アラビアへと広まっていった。ハナフィー派は早くから中央アジアのトルコ人のあいだに影響力をもち、オスマン朝(一二九九〜一九二二年)がこの法学派を公式に採用すると、広大な領域のなかでハナフィー派に帰属する者の数がしだいに増大した。また、マーリク派は北アフリカのマグリブやスペインのアンダルシア地方に広まり、ハンバル派はイラク、シリアに強い影響力をもったが、現在ではサウジアラビアに限られている。

このようにイスラーム世界で施行される法はけっしてひとつではなく、各法学派はそれぞれに固有な法体系を備えていた。したがって統治者であるカリフにはイスラーム法に基づく公正な政治が求められたが、社会生活のなかで法を適用する場合には、事件に応じて各ムスリムが属する法学派の規定が用いられた。たとえばハールーン・アッラシードに政治の指針を示したのはハナフィー派の法学者アブー・ユースフであったが、民間の係争事件の裁決には被告人が属するシャーフィイー派やハンバル派、あるいはマーリク派の法を適用するのが慣行であった。つまりひとつの国家にひとつのイスラーム法が適用されたのではなく、ひとつの国家内にはつねに複数のイスラーム法が機能していたのである。

マムルーク軍人の登場

九世紀ころまでのアッバース朝において、カリフ権を支えていたのは、革命の功労者であるホラーサーン軍であった。しかし王朝の成立から約半世紀をへて、ホラーサーン軍の主力はその子供たちへと移行し、カリフにたいする忠誠心もうすれ始めていた。事実、カリフ・マームーン(在位八一三〜八三三)のもとでホラーサーン軍を指揮していた将軍ターヒルは、ホラーサーン総督に任命されると、この軍の一部をともなって任地に赴き、八二一年にはアッバース朝からの自立を宣言した。したがってカリフには、正規軍のほかに、忠誠心が厚く、しかも自由に動かすことができる親衛隊が必要であった。このような必要から、カリフ・ムータスィム(在位八三三〜八四二)は大量のトルコ人マムルーク(当時の用語ではギルマーン・アトラーク、アトラーク（トルコの複数形）の採用に踏み切った。故郷との絆を断ち切られたマムルークは、主人であるカリフにたいして厚い忠誠心をもつ存在だとみなされたのである。

マムルークあるいはギルマーンは、いずれも男奴隷を意味するアラビア語である。歴史的には、アフリカ大陸から購入された黒人の奴隷兵（アビード）にたいして、トルコ人、スラヴ人、アルメニア人、グルジア人、ギリシア人、チェルケス人、モンゴル人などのいわゆる「白人奴隷兵」をさして用いられた。奴隷兵としてのマムルークの採用はウマイヤ朝までさかのぼるが、マムルーク軍を大規模に編成したのはムータスィムが最初である。彼は、即位前から三〇〇〇、ないし四〇〇〇騎のトルコ人マムルークを擁し、即位後はこれを七〇〇〇騎にまで増強した。ただ、この当時、バグダードでトルコ人といえば、アム川以東の地域（マー・ワラー・アンナフル）の出身者を意味していたから、この軍団のなかにはトルコ人以外にイラン系の武人も少なからず含まれていた。

マムルーク騎士　軽装のマムルーク騎士は，馬上で弓・刀・槍を自在に操るのを得意とした。図は，14世紀のマムルーク騎士の訓練風景。

しかしムータスィムによるトルコ人マムルークの導入は、それまで「王朝の軍隊」として名誉と特権を保持してきたホラーサーン軍とその息子たちの激しい反発を引き起こした。また、バグダード市中で乱暴・狼藉を働くマムルーク軍は、一般の市民からも粗野な「よそ者」としてきらわれた。町のある長老は、ムータスィムに向かって、「あなたはよそ者を連れてきて、われわれのなかに住まわせた。そして子供から父親を奪い、女からは夫を引き離し、彼らをもってわれわれの家族を殺したのだ」と述べたといわれる。バスラ出身の文人ジャーヒズが『トルコ人の美徳』を著わし、トルコ軍人の類まれな忠誠心と勇敢さを讃えたのは、トルコ人マムルークもほかの軍団の兵士と同様に、イスラーム共同体(ウンマ)を防衛するにふさわしいムスリム騎士であることを示すことによって、新軍と旧軍との融和をはかることが目的であった。

しかしこのようなジャーヒズの努力にもかかわらず、現実には軍団相互の対立を緩和することはむずかしかった。八三六年、ムータスィムは、軋轢を避けるために子飼いのマムルーク軍を率いて、バグダード北方一四〇キロの地に新都サーマッラーを建造し、そこへの遷都をよぎなくされた。このときから八九二年にふたたびバグダードへ還都するまでのおよそ五〇年間、サーマッラーはアッバース朝の首都としての機能を保ちつづける。

この間、歴代のカリフは、壮麗な宮殿やイスラーム史上最大のモスクを建造するなどしてサーマッラーの振興をはかったが、新都は地理的にも東西交易の要衝からはずれていたために、結局、バグダードほどの繁栄に恵まれることはなかった。しかもサーマッラー遷都後のマムルーク軍団は、カリフの庇護をえて勢力を伸張し、やがて彼らの主人であるカリフの改廃にまで介入するようになった。なお、マムルーク騎士の採用はアッバース朝だけに限られず、その後のブワイフ朝(九三二～一〇六二年)やセルジューク朝(一〇三八～一一九四年)でも軍団の主力として採用され、十三世紀なかばにはエジプトに彼ら自身の王朝を建設することになる。

衰退するカリフ権

九世紀のアッバース朝政権は、交易活動の進展と農業生産の拡大によって、引き続き経済の繁栄を享受することができた。人々が、バグダードを「世界にならぶもののない都市」と讃えたのも、この時代のことである。また、哲学、神学、医学、地理学、数学、化学など文化活動の面でも、外来の文化を翻訳する域を脱して、イスラーム独自の成果がつぎつぎと発表されるようになった。

しかし、このような経済や文化の隆盛にもかかわらず、アッバース朝のカリフ権にはしだいに陰りがみえ始めた。ハールーン・アッラシード没後の八二一年、ホラーサーン総督のターヒルは、イラン東部にターヒル朝(八二一～八七三年)を建てて自立した。ついで、鍛冶職人から身を起こしたヤークーブは、同じくイラン東部にサッファール朝(八六七～九〇三年)を建国すると、バグダードをめざして西方への進出を開始した。この進出の過程で、ヤークーブはターヒル朝を吸収し(八七三年)、アッバース朝カリフにとってあなどりがたい勢力へと成長した。

アム川以東のマー・ワラー・アンナフルでは、イラン系の土着貴族(ディフカーン)であったサーマーンが、イスラームへの改宗後、サマルカンドやヘラートを中心に、独立のサーマーン朝(八七五～九九九年)を建設した。この王朝は、九〇〇年、サッファール朝を破ってホラーサーン地方の全域を支配下におさめ、ブハラに首都を定めて王朝の最盛期を現出した。一方、西方のエジプトでは、トルコ人マムルークの息子イブン・トゥールーンが、バグダードへの税の送金を拒否して事実上の独立を達成し、トゥールーン朝

（八六八～九〇五年）の端緒を開いた。

以上のような独立王朝の出現によって、アッバース朝カリフの権威がおよぶ範囲はイラクを中心とする小地域へと縮小し、地租（ハラージュ）、人頭税（ジズヤ）、商品への十分の一税（ウシュル）などからなる国庫収入も著しく低下した。財政の悪化によって軍隊への俸給支払いがとどこおると、主権者であるカリフでさえ軍隊を十分に掌握することは不可能となった。カリフは財政の責任者である宰相（ワズィール）をつぎつぎと更迭したが、人事を刷新するだけではこの事態を打開することはできなかった。

また前述のように、バグダードのマムルーク軍人もしだいに勢力をたくわえ、カリフの統制下から離反する傾向をみせ始めた。八六一年に起きたカリフ・ムタワッキル（在位八四七～八六一）の暗殺事件には、多数のマムルーク軍人が荷担していたと伝えられる。これを機に、政局は「トルコ人（マムルーク）が王国を支配し、彼らは望むままにカリフを位にとどめ、廃位し、殺害する」という混乱状態に陥った。

この混乱にさらに拍車をかけたのが、南イラクに発生したザンジュの乱（八六九～八八三年）である。当時の南イラクには、カリフ一族や政府高官、有力商人などの私領地（ダイア）が存在し、そこでは小作人や農業労働者を用いて、小麦、稲、サトウキビ、亜麻、ナツメヤシなど商品作物の栽培がおこなわれていた。しかしこの地方には、灌漑水の蒸発によって生じた塩害地が広がっていたから、生産力を上げるためには、表土を削り取って新しい土をいれる土地の改良事業が必要であった。その労働力として導入されたのが、黒人奴隷のザンジュ（ザンジバルの省略形）だったのである。

八六九年九月、劣悪な生活条件のもとにおかれていたザンジュは、イラン生まれのアラブ人、アリー・

ブン・ムハンマドに率いられて反乱に立ち上がった。反乱軍はまず海岸の町ウブッラとイラン西部の町アフワーズを占領し、私領地内のザンジュを解放してつぎつぎと反乱軍に編入した。続いて港町バスラを略奪し、イラク中部の要衝ワースィトを占領すると、八七七年には、バスラ東方のティグリス川西岸に首都を建設し、ムフターラ(「選ばれた者」の意味)と名づけた。こうして南イラク一帯が「ザンジュ王国」の支配下に組み込まれ、首都ムフターラではアリー・ブン・ムハンマドの名をきざんだ貨幣の発行も開始された。

東方からのサッファール朝の脅威におびえていたアッバース朝政府は、八七九年、ヤークーブの死によってその脅威が取り除かれると、反乱軍にたいしてようやく本格的な反撃を開始した。ワースィトとアフワーズを奪回したあと、ムフターラを包囲した政府軍は、八八三年八月に総攻撃をおこない、指導者アリーを殺害して反乱の鎮圧に成功した。しかし一四年余りにわたって奴隷の反乱軍に帝国中心部の占拠を許したことは、カリフの権威を著しく損なう結果をもたらした。

しかも十世紀初めには、北アフリカに過激シーアのイスマーイール派がファーティマ朝を建国し、肥沃なナイル渓谷に進出する機会を密かにうかがっていた。これに加えて東方からは、カスピ海西南部に発したイラン系ダイラム人の軍事勢力がバグダードに迫りつつあり、イスラームの歴史は新しい変革と激動の時代をむかえようとしていた。

第三章 西アラブ世界の展開

1 アラブによる征服とベルベル人の抵抗

アラブ征服以前の北アフリカ世界

本章で扱う地域はリビア以西の北アフリカとスペイン・アンダルス地方、主たる対象時期はアラブ・ムスリムの進出からオスマン帝国による征服(十六世紀後半)までである。

マグリブとはアラビア語で西方、日の没する地を意味することばであるが、マグリブという地理的な概念が形成されたのはアラブ・イスラーム時代である。したがってイスラーム以前の当該地域の歴史をマグリブ史と呼ぶのはおかしいことになるが、ここでは便宜的にイスラーム期の以前と以後を一括してマグリブ史と呼ぶ。

アラブ・イスラームの到来が今日のマグリブ諸国(ここではモーリタニア、モロッコ、アルジェリア、チュニジア、リビアの五カ国)の歴史に決定的な影響をもたらしたことには異論はないだろう。しかしその時点でもって歴史が完全に断絶しているわけではない。

マグリブには先住民としてベルベル人が居住している。今日、ベルベル語を話す者の割合はチュニジアでは一％程度にまで減少したが、アルジェリアでは二〇〜三〇％前後、モロッコでは三〇％以上(おそらく五〇％程度)にまでのぼる。ベルベル人の起源をめぐって植民地期から議論が展開され、ある学者はヨーロッパ系人種に起源を求め、別の学者は中東に起源を求めた。しかしのちの人類学や考古学の研究の進歩によって、ベルベル人は元来、西アジアが起源で北(地中海)と南(東アフリカ)の二つのルートを経由して新石器時代にはすでにマグリブに移住してきたという説が定説になりつつある。言語的には、リビア碑文を残したリビア人を起源とする意見や、元セム系言語、とくに南アラブの言語との関係を主張する意見があるが結論はでていない。

文字史料によって描かれるマグリブ史はカルタゴの歴史とともに始まる。このマグリブ史は伝説によれば、紀元前八一四年ティルスからの移住者たちが建設したとされるが、その歴史はギリシアとの西地中海の覇権をめぐる戦いが激しくなる紀元前六世紀まではほとんどわからない。

紀元前一四六年ローマがカルタゴを滅ぼし、北アフリカはローマの支配するところとなった。紀元一〜二世紀の二世紀間はローマ帝国の支配がマグリブの内陸部にまでおよんだことは確かであるが、三世紀以降、内陸部は帝国の支配から自立していった。詳しい史料はないが、アラブの進出する前の五世紀から六世紀初めには内陸部には九つのベルベル人の独立王国が成立していた。ボリュビリス・バクアト王国、オラン地方のアルタバ周辺の王国、ワルスニ山地の王国、ホドゥナ地域の王国、オーレス山地の王国、ヌメンシャの王国、カプススの王国、チュニジア北部のアンタラスの王国、トリポリタニアの王国である。

ローマ帝国による支配ののち、マグリブは四二九年から五三三年までがヴァンダルの、五三三年から六四七(六九五)年までがビザンツの支配下におかれた。支配者がローマ、ヴァンダル、ビザンツと変わってもその支配構造にほとんど変化は起こらなかった。大規模な土地は国家の所有に属し、中規模の土地は征服者の兵士たちの所有であった。ベルベルの農民たちが小作のかたちで耕作し、小作料を国家または地主に支払った。

アラブによる征服

アラブの征服は基本的にはこの構造を継承するかたちでおこなわれた。アラブがマグリブ地域に進出してきたとき、マグリブの北部はビザンツの領域であった。

アラブによるマグリブ征服はおよそ五〇年かかったが、もっぱらそれはアラブ史料によって知られる。イスラームの視点からすれば、それは宗教としてのイスラームの拡大ということになるが、非ムスリムの研究者はその本質は戦利品の獲得を主目的とする征服であって、イスラーム化はその結果であると考えている。

六四〇年、アムルの率いるアラブ軍はエジプトに侵入し、その二年後の六四二年にはアレクサンドリアも征服した。彼はエジプトの支配にとってビザンツは脅威だと考え、そのためさらに西方に進軍し、ビザンツ領のバルカとトリポリを占領した。しかし、カリフ、ウスマーンは六四五年アムルを解雇し、あらたにイブン・アビー・サルフがエジプト総督に任命された。

ビザンツ総督グレゴリーは、コンスタンティノープルのビザンツ政府が教会と皇帝のあいだで対立しているのを利用して独立を宣言し、ビザケーニア地方に強大な権力を確立した。イブン・アビー・サルフがこの地方に遠征し、グレゴリーのビザンツ軍と衝突したのは六四七年であった。史料はアラブ軍の兵士を二万とするものから五七五〇とするものまであるが、およそ五〇〇〇から一万のあいだというのが真実に近いだろう。アラブ軍はグレゴリーが駐屯していたカイラワーンの南西一〇〇キロメートルほどのスバイティラに進軍した。両軍の戦いはスバイティラの近くのアクーバで交わされ、アラブ軍の大勝に終わり、グレゴリーは戦死した。

イフリーキヤ地方の本格的な征服事業はウクバによっておこなわれた。彼は六四七年の最初の遠征軍にも、また第二回目の遠征軍にも加わり、イフリーキヤについてはもっともよく知っている軍人であった。彼は戦略をよく練り、六七〇年一万の騎兵を率いてチュニジア南部に進軍したが、征服の成功を一時的なもので終わらせないために、中部平原に軍営都市(ミスル)を築くことを構想し、六七〇年にカイラワーンの建設を開始した。完成は五年後の六七五年であった。

ウクバは一時、指揮官を解雇されたが、ふたたび任命され、六八二年一万五〇〇〇人のアラブ兵を率いてカイラワーンから出陣した。カイラワーンにはズハイルの指揮下に六〇〇〇の守備隊が残された。ウクバの軍勢はラミスからバガイヤをへて、ターハルトにいたり、さらにトレムセンを通って、大西洋(地中海という説もある)の岸にまで達したが、この遠征は斥候目的の遠征といえるだろう。おそらく彼は同じルートを通って帰路についたが、六八三年、途中ビスクラ近くのタフーダでクサイラとビザンツの連合軍に襲撃され、戦死した。このニュースがカイラワーンに達すると、守備隊は抗戦派と撤退派に意見が分れたが、後者が多数を占め、アラブ軍はカイラワーンを明け渡し、エジプト(またはバルカ)に撤退した。かわってベルベルの指導者クサイラがカイラワーンに入城した。こうしてカイラワーンは六八四年から六八八年までベルベルの指導者の支配下におかれ、一方、イフリーキヤの沿岸部はビザンツの支配が続いた。これを契機にアラブの征服活動はいったん頓挫し、修正を迫られることになった。

アラブ軍はトリポリタニアに軍を再結集させてふたたび遠征にでる態勢を準備した。ウマイヤ朝下の中央では、イブン・アッズバイルの反乱がメッカで起こり、カリフ制が危機に瀕していた。しかしながらカリフ、アブド・アルマリクはマグリブの征服、とりわけカイラワーンの再征服の重要性を認識していたので、六八八年ズハイル・ブン・カイスをイフリーキヤの新しい総督に任命し、その準備にとりかからせた。

ズハイルは軍をととのえると、カイラワーンに向けて出発した。それを知ったクサイラはカイラワーンを明け渡し、自分の根拠地であったオーレス山地の近くメムスでアラブ軍を待った。メムスでの両軍の戦いは六八八年クサイラの戦死とともに終り、カイラワーンはふたたびアラブの支配下にはいった。しかし、バルカがビザンツの手に落ちたのを知ったズハイルはバルカに進軍し、六九〇年そこでビザンツ軍と戦って敗れ、戦死した。このズハイルの死の知らせを受けたカリフ、アブド・アルマリクは、マグリブの征服には沿岸部を支配するビザンツの拠点を攻略しないと不可能であると悟った。

ズハイルのあと、イフリーキヤ総督に任命されたのはハッサーン・ブン・ヌーマーンであった。彼は六九一年、カイラワーンを再奪取すると、ビザンツの支配するカルタゴに向けて進軍、六九二年カルタゴを奪った。その後六九五年以前に、カルタゴは一時、ビザンツに再征服されたようである。ハッサーンはビゼルト周辺のチュニジア北部に進軍したが、カーヒナに率いられたベルベルの強敵に遭遇することになる。カーヒナはオーレス山地のベルベルの女王(指導者)で、ユダヤ教徒であり、彼女に従う部族民もユダヤ教徒であった。彼女はビザンツの援軍をもえアラブ軍を待ち受けた。ハッサーンはバーガーヤーの近くでカーヒナに敗れると、カイラワーンの統治をアブー・サーリフに任せ、トリポリタニアに退き、カリフからのあらたな援軍が送られてくるのを待った。しかしカーヒナはクサイラとは異なり、カイラワーンに入城しなかった。

六九五年遠征を再開したハッサーンはカルタゴを再奪取し、さらに六九八年カーヒナを破った。このカーヒナの敗戦はベルベルの武力による抵抗の終息を意味している。

七〇四年ハッサーンが解雇され、ムーサーがイフリーキヤの新しい総督に任命された。彼は、はじめてカリフから直接任命された総督であり、それはイフリーキヤのエジプト総督からの独立を意味している。ムーサーは軍を率いてタンジャまで進み、そこから二人の息子、アブド・アッラーフとマルワーンをモロッコ南部の偵察に派遣した。さらに七一〇年、スペイン遠征を企図し、ベルベル人のマワーリー(庇護者。アラブ人だとする異説もある)、タリーフを指揮官に、四〇〇の歩兵と一〇〇の騎兵からなる偵察軍を派遣した。

ベルベル人の抵抗

八世紀のマグリブ史を特徴づけているのはベルベルの抵抗と中央のウマイヤ朝およびアッバース朝の支配からの独立であった。

ハワーリジュ派は政治的にスンナ派ともシーア派とも敵対した。スンナ派がカリフはクライシュ部族の者に、シーア派がアリーの子孫に属するとしたのにたいし、ハワーリジュ派は「すべての正統的権威は神に由来するのであり、カリフ位には神の意志を厳格に適用できる者が就くべきである。カリフを選ぶのはムスリムの共同体である。正しいイスラームの信仰をもつ者であれば、カリフはアラブであっても、非アラブであってもよい」とする厳格な平等主義に立っていた。ハワーリジュ派の考えでは、ムスリムは不正なカリフにたいしては反乱を起こす権利を有する。それゆえに、八世紀前半、イラクやイランでウマイヤ朝にたいする反乱が何度も彼らによって起こされた。しかし、彼らのその非妥協的な教義と暴力的な反乱は、彼らをムスリムの中心から遠ざけ、彼らの一部はマグリブに亡命してきた。

非アラブでもカリフになれる、またムスリムは不正なカリフを廃位しうる、というハワーリジュ派の教義はベルベル人たちの心をとらえた。そのため、不正な統治にはしばしば反乱が起こった。七二〇年、イフリーキヤ総督に任命されたヤズィードが収入の増加を意図して、ベルベルのムスリムからハラージュに加えてジズヤも徴収した。さらにベルベル兵には、両腕に「ヤズィードの護衛兵」という入れ墨をさせた。そのため怒ったベルベル兵たちにより彼は殺害された。

七三四年、ウバイド・アッラーフはイフリーキヤ総督に任命されると、ウマイヤ朝カリフからの命令で奴隷を送るよう指示された。そこで彼のタンジャ地方の統治者ウマル・アルムルディーは南モロッコのスース地方のベルベル人を捕え、ダマスクスのカリフのもとに送った。しかしそれが原因でウマルは暗殺された。

これを契機にマグリブの全域でベルベル人とハワーリジュ派の結合した反乱が勃発した。七四〇年ハワーリジュ派の一派スフリ派信徒でベルベル人のマイサラがタンジャ地方で反乱を起こし、タンジャを征服した。彼は部下に殺されたが、この反乱をハワーリジュ派ベルベル兵のハーリドが継承した。モロッコ北西部のセブ川流域でもベルベルの反乱がシリアから送られたアラブ軍を破った。カイラワーン近辺でもハワーリジュ派ベルベルの反乱が勃発、七四二年かろうじて新しい総督のイブン・サフワンが反乱軍を撃退した。ハワーリジュ派ベルベルの反乱は七五五年チュニジア南部でも勃発したが、その後アッバース朝のハワーリジュ派対策が強化されたため、その勢いはしだいに沈静化していく。しかし、チュニジアから西では相変わらずハワーリジュ派の支配が続いた。

ハワーリジュ派政権とルスタム朝

七六五年からハワーリジュ派のイフリン族とマギーラ族がトレムセンを支配していた。シジルマーサにも七五七年ころハワーリジュ派の一派スフリ派を奉じたイーサー・ブン・ヤズィードがメクネスから亡命し、彼は四〇〇〇人の信徒とともにシジルマーサに小政権を築いた。やがてシジルマーサの支配権は同じくメクネス出身のスフリ派のサムグーン家に移り、八〇六／七年同家の第四代アミールのミドラールが王権を確立した。彼が築いたミドラール朝は九六六／七年、ベルベル系マグラーワ部族のマスウードに征服されるまで存続した。

もうひとつのハワーリジュ派の拠点がターハルト(ティアレ)である。ここは八世紀なかばにルスタム朝の都になったところである。ルスタム朝の創設者イブン・ルスタムはペルシア系の出身で、ハワーリジュ派への改宗はマグリブにくる前であった。そして七五八年から七六一年までハワーリジュ派教徒を率いてカイラワーンを支配し、七六一年、トリポリタニアのザナータ系ベルベル人、とくにトリポリタニアのフッワーラ族の支持をえて、アルジェの南西三〇〇キロのティアレ(かつてのローマの町)を占領すると、その西一〇キロのところに首都ターハルトを築いた。スンナ派の拠点カイラワーンに対抗して、この都はすぐにハワーリジュ派の拠点になった。カイラワーンのアラブ指導者はこのルスタム朝を倒すことが不可能と悟ると、この国家と友好関係を保つ政策をとり、八一一年、ルスタム朝がフッワーラ族を先頭にしてトリポリを攻撃した際にも、ルスタム朝の支配権を認めることで、彼らと和平交渉をせざるをえなかった。ルスタム朝は、国内のザナータ系ベルベル人がときどき反乱を起こすこともあったが、比較的安定を保ち、九〇九年ファーティマ朝によって滅ぼされるまで存続した。

イブン・ルスタムが七七六年イマームの称号を採用してから、後継者たちも同様にイマーム位を名乗った。理念的には、ハワーリジュ派のイマームは共同体の長老たちによって、共同体メンバーのなかから最適任者が選ばれることになっている。しかし現実には、イマームは王朝の建設者イブン・ルスタムの一族のなかから選ばれた。ルスタム朝のイマームのなかには、たとえば第五代イマーム、アブー・ヤクザーン

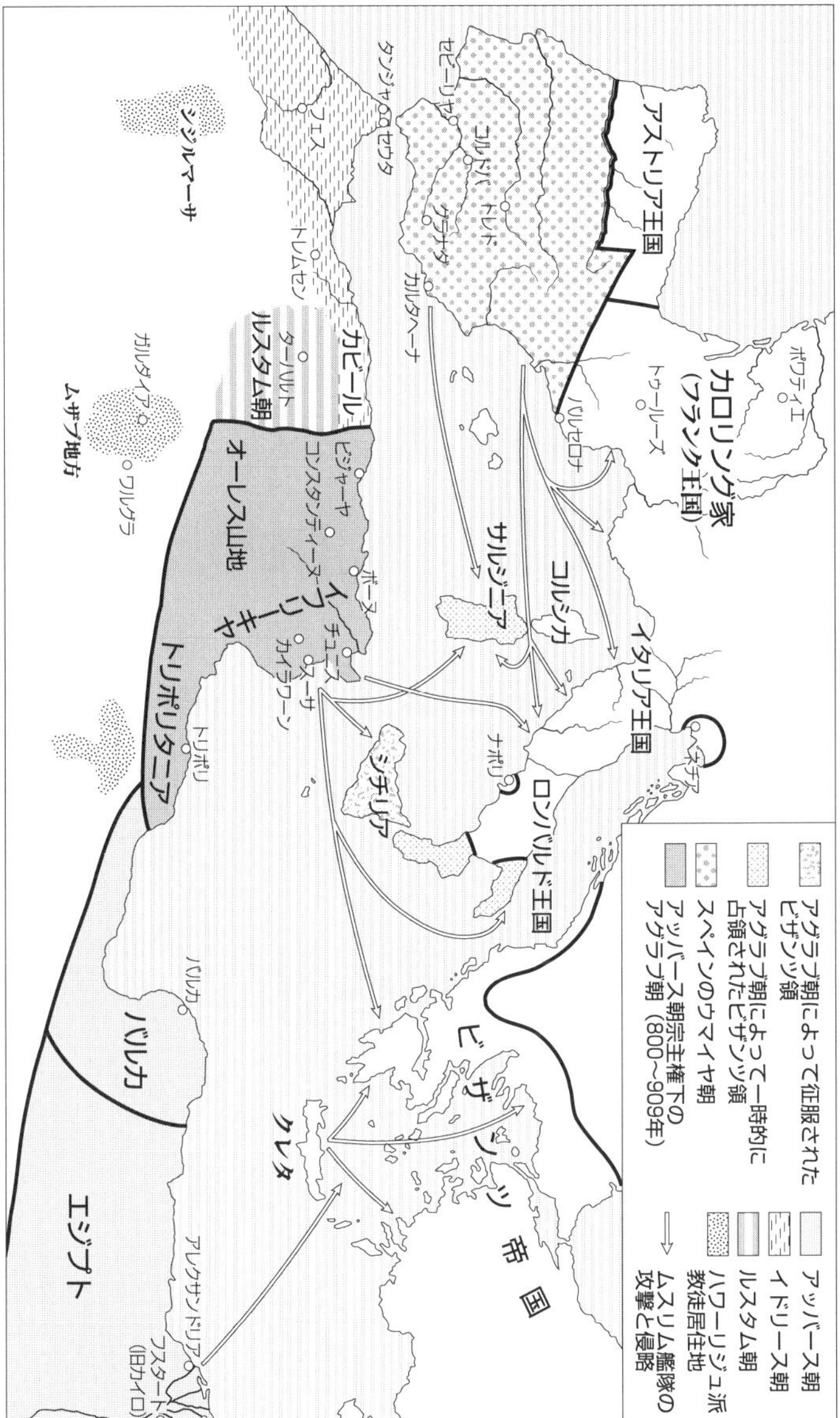
アグラブ朝によって征服されたビザンツ領
アグラブ朝によって一時的に占領されたビザンツ領
スペインのウマイヤ朝
アッバース朝宗主権下のアグラブ朝（800〜909年）
アッバース朝
イドリース朝
ルスタム朝
ハワーリジュ派教徒居住地
ムスリム艦隊の攻撃と侵略
アストゥリア王国
カロリング家（フランク王国）
ポワティエ
トゥールーズ
バルセロナ
セビーリャ
コルドバ
トレド
グラナダ
カルタヘーナ
タンジャ
セウタ
フェス
トレムセン
ターハルト
ルスタム朝
カビール
シジルマーサ
ガルダイア
ムザブ地方
ワルグラ
オーレス山地
ビジャーヤ
コンスタンティーヌ
ボーヌ
イフリーキヤ
チュニス
スース
カイラワーン
トリポリ
トリポリタニア
サルジニア
コルシカ
イタリア王国
ヴェネチア
ナポリ
ロンバルド王国
シチリア
バルカ
バルカ
クレタ
ビザンツ帝国
エジプト
アレクサンドリア
フスタート（旧カイロ）
9世紀の地中海世界

（八九四年没）のように、マグリブ全体のすべてのハワーリジュ派の司教的イマームを主張する者もいた。実際にシジルマーサのスフリ派政権は彼に貢ぎ物を届けた。イマームたちはきちんとした教育を受けていて、宗教教育だけでなく、統治行政、数学、天文学、占星術などの知識を身につけていた。イスラーム法は国家内で厳格に適用され、たとえば姦通は石打の刑を受け、盗みは手を切断された。また戦争においても、敵側であっても非戦闘員にたいしては殺害や略奪は許されなかった。

ターハルトは水と豊かな果樹園に恵まれ、繁栄した都市であった。またサハラを縦断する商人たちがここに立ち寄ったため、金、黒人奴隷、穀物、皮革などの交易によってもおおいに栄えた。ターハルトの繁栄と、ペルシア系ムスリムが統治する王国であるということを聞いて、多くのアラブ化したペルシア人がイラクからやってきた。またイスラーム法のズィンミー（庇護民）の規定を守ったので、キリスト教徒も居住していた。イマーム、アブー・アル・ハーティム（八九七年没）はキリスト教徒たちを行政顧問に雇っていた。

ルスタム朝国家の権威はターハルトから東方のトリポリまで（ジェルバ島を含む）およんでいたので、アルジェリアからエジプトまでの陸路の交通路は事実上ルスタム朝の支配下にあった。八九五～八九六年アグラブ朝とルスタム朝とのあいだで衝突が起こった（結果的にアグラブ朝の勝利）が、それはアグラブ朝の支配者イブラーヒームがトリポリの沿岸路の通行権を要求したためであった。イフリーキヤ地方におけるルスタム朝の軍事的後退は、その数年後、ファーティマ朝によるルスタム朝の征服を容易にした。スペインのウマイヤ朝もルスタム朝と外交関係をもった。なぜなら、ウマイヤ朝は、アッバース朝の属国であるアグラブ朝との対抗上、ルスタム朝を当然の同盟者と考えたからである。

九〇九年、ターハルトがファーティマ朝によって征服されたとき、ルスタム家一族は殺戮にあったが、一部の者はサドラータ砂漠のワルガラに逃げた。ワルガラはイバード派教徒たちによるサハラ交易の拠点都市として大いに栄えたが、十一世紀にふたたびそこを追われ、西方のムザブ地方に逃げた。彼らがムザブのイバード派教徒たちの祖先になった。ムザブにはトゥーフ、ブンヌール、ガルダイアなどの町が建設され、それらの町は十一世紀、イバード派のもっとも重要な拠点となった。ジェルバ島などにもイバード派集落があるが、規模は小さい。ムザブのイバード派教徒は排他的共同体をつくり、部族的系譜関係を維持しながら、厳格な倫理規定を推奨する長老たちによって統治されるようになった。彼らはムザブにおいても、ターハルトやシジルマーサのハワーリジュ派と同様に、サハラ交易に積極的にかかわった。今日、ムザブの集落は自給的、かつ神政的共同体を形成し、多くの住民が金融業に従事している。

2　アラブ政権の確立

アグラブ朝

八世紀末、スペインとマグリブの中・西部地域(アルジェリア、モロッコ)はすでにアッバース朝の軛からはずれ、チュニジア地方だけがその支配に忠実であった。しかしそのチュニジア地方でさえ、チュニスの駐屯軍がイフリーキヤ総督イブン・ムカーティルに反乱を起こしたことを契機に、バグダードの権威は名目的になった。この反乱鎮圧に功績をあげたのがザーブ地方(アルジェリア東部)の統治者であったイブラーヒーム・ブン・アグラブである。彼は、反乱鎮圧後、イフリーキヤ総督の地位を簒奪し、さらに西暦八〇〇年、年四万ディーナール金貨の貢納を条件にアッバース朝カリフに自立を認めさせた。これがアグラブ朝の起源である。

八〇〇年から九〇九年までチュニジアを統治したアグラブ朝の統治者は十一代を数えたが、みなアミールという称号を名乗り、毎年一定の貢納金を納め、かつアッバース朝カリフの名でフトバをおこなっていた。しかし事実上はアッバース朝から独立していた。アッバース朝がチュニジアの政治に干渉できたのは、十世紀初め、アグラブ朝がファーティマ朝の手に落ちようとしていた一時期だけであった。すなわち九〇二年、アグラブ朝アミール、イブラーヒーム三世は、その圧制のゆえに民衆の反感をかっていたので、アッバース朝カリフの命令で、息子のアブド・アッラーフ二世と交代させられた。このときまでは、アッバース朝のアグラブ朝政治への干渉は援助を送るとか(八五九年、チュニジアが地震で被害を受けたとき)、シンボリックなもの(八六四年チュニスのザイトゥーナ・モスクの増築に、カリフ、ムータスィムが援助)に限られていた。

アグラブ朝の領域はチュニジアの大半(南部はルスタム朝の支配下)と東部アルジェリアのザーブ地方までであった。国内的に国家はチュニスに駐屯していたジュンド(アラブ正規軍)の反乱に悩まされた。ジュンドは民衆には強圧的であり、また支配者にたいしては一般的に敵対的であった。軍が敵対的であったのは、アグラブ朝の支配者がカイラワーンの宗教指導者たちから不興をかっていたせいでもあった。九世紀までに、カイラワーンは宗教的学問の重要なセンターになっていて、イスラーム法の研究、とりわけマーリク派法学の研究がさかんであり、またバグダードでおこなわれていた主要な神学論争がこの都市でも同様におこなわれた。このような熱心な宗教的雰囲気のなかで、遊興にふけり、酒を飲むアグラブ朝アミールたちの行動は、ひどく反感をかっていた。彼らはまたイスラーム法をあやまって適用したために非難されることもあった。とくに第二代アミール、アブド・アッラーフ(在位八一二～八一七)は、収穫量にたいして現物での十分の一税と決められていたのに、現金で徴収するという違法行為を起こした。

アグラブ朝支配者は宗教指導者たちの反感を緩和するために、宗教建築に惜しまず金を注ぎ込み、カイラワーンの大モスクやチュニスのザイトゥーナ・モスクの増改築をおこなった。八〇二年と八〇九年のジュンドの反乱のあと、イブラーヒームはカイラワーンの西郊ラッカーダに宮廷を築き、以後アミールはそこを住まいとした。また国土の防衛のために、チュニジアの海岸一帯にリバート(軍事的要塞機能が主であったが、宗教的修道場の機能をもつ)が建設されたが、それらの多くはビザンツの要塞のうえに建てられた。八二一年ズィヤーダ・アッラーフ一世(在位八一七～八三八)によって建設されたスーサのリバートはとくに重要であった。異教徒、とくにビザンツにたいする聖戦の兵士のために築かれたこのようなリバートは、ふたたび十六世紀においてキリスト教徒たちの攻撃からマグリブを防衛するために重要な役割をはたすことになる。アグラブ朝下では、リバートはアラブ軍の聖戦意識の高揚とシチリア遠征の基地としても役立った。

アグラブ朝以前にも、アラブはシチリアにたいする攻撃を何度か試みていたが、支配の拠点を築くにはいたらなかった。ズィヤーダ・アッラーフ一世による遠征軍派遣は本格的なシチリア征服への道を開くものであった。アラブの史料によれば、アラブとベルベルの混成部隊の兵一万をのせた、七〇から一〇〇隻の船団がスーサの港を八二七年六月、出港した。彼は遠征軍の指揮官にカーディー(裁判官)のアサド・ブン・フラートを任命することによって、軍隊のエネルギーだけでなく、宗教指導者たちの宗教的情熱をも、この外征へと向けようとした。遠征は成功し、シチリアの主要な都市が短期間に占領された。パレルモは八三一年、メッシーナは八四三年、カストロジオヴァンニは八五九年に占領された。パレルモはこの後、イスラーム統治の拠点になる都市である。アグラブ朝はイタリア本土にも支配権をおよぼそうとして八四六年にはローマを攻撃し、サン・ピエトロ聖堂のバシリカを略奪した。こうした攻撃にたいしイタリアの諸侯国やカロリンガ朝の諸侯たちは、何度もシチリアからアグラブ朝を撃退しようとしたが、失敗した。反対に、八七八年にはシラクサを、九〇二年にはタオルミナをアグラブ朝に奪われ、ついにはファーティマ朝がチュニジアを征服するとき(九〇九年)までに、シチリアの全土がイスラームの支配下にはいった。

アグラブ朝は農業の開発にも強い関心を示し、ローマの遺産を受け継いだ水路の建設をおこなったので、それはシチリアの征服による恩恵とも重なって、王朝に繁栄をもたらした。また文化的変容という点ではチュニジアはすでにこの時代にアラビア語とイスラームが支配的になった。アルジェリア以西のアラブ化とイスラーム化が十一世紀以降であることを考えると、この問題は十九世紀以降のチュニジアにおいてアラブとイスラームのアイデンティティを核とする国家統合が比較的容易であったこととも関係している。

イドリース朝

九世紀、モロッコにイドリース朝が成立した。ハワーリジュ派の反乱やターハルトのルスタム朝の出現などによって、モロッコ北部がアッバース朝の軛、実際にはチュニジアのアグラブ朝の権威から離脱していなければ、それはありえなかったであろう。イドリース朝の建設者イドリース・ブン・アブド・アッラーフ(一世)はハサン系アリー家のシャリーフであった。七八六年メッカ近郊の「ファフの戦い」で、アリー派の人々はアッバース朝に反乱を起こしたが失敗し、叛徒の一人イドリースはアラビア半島から亡命せざるをえなかった。彼はアッバース朝によるアリー家にたいする迫害のため、エジプトに逃げ、そこから変装しながらモロッコの西端までやってきた。彼には彼のマワーリー、ラーシドが付き添っていた。彼らはそこにアッバース朝の権威が達していないことを知り、七八八年末までに、ベルベル系のアウラバ部族の保護をえて、ザルフーン山の上のワリーラという町(かってのボリュビリス)に落ち着くことができた。

イドリースは七八九年二月、アウラバ部族の指導者たちからバイア(忠誠の誓い)をえ、宗教的・政治的指導者として認められた。すぐあとに、近くに居住するほかのベルベル人も彼の指導権を受け入れた。シャリーフという高貴な家系と、イスラームにたいする深い知識とが、彼の威厳を高めるのに力となった。ベルベル人の支持をえて、彼はモロッコ中部のタドラ地方(住民の多くはキリスト教徒かユダヤ教徒であった)を武力で制圧し、さらに七九〇年、トレムセンを征服した。

イドリースはアッバース朝カリフのハールーン・アッラシード(またはアグラブ朝)の放った刺客スライマーンによって毒殺された。彼が死んだとき、後継者になるべき男子がいなかった。しかし彼の忠実な家臣ラーシドは、諸部族を説得し、妊娠していたイドリースのベルベル系の奴隷女カンザが子供を産むまで、新しい後継者の指名を延ばすことに成功した。運よく、七九三年十月十五日、男子が生まれ、その子は父と同じくイドリース(二世)と名づけられた。イドリース二世が幼少のため、後見人のラーシドが権力を行使した。それはラーシドが八〇二年アグラブ朝の刺客によって暗殺されるまで続いた。その二年後、まだ十一歳の少年であったイドリース二世がイマームとして認められた。

イドリース朝国家は首都フェスの建設とともに具体的な姿を取り始めた。すでにイドリース一世のときからフェスの建設は始まっていたが、彼は完成前になくなったのでイドリース二世が建設事業を継承し、八〇八年完成させた。イドリース二世はアラブ人の護衛や宰相(ムルジャム)を使っていたが、フェスの都市社会のアラブ化は亡命者たちの移住によってなされた。フェスには、八一八年、コルドバで起きた反乱後、アンダルスから八〇〇家族が亡命し、また八二四〜八二六年のチュニジアでの反乱後、カイラワーンから三〇〇家族が亡命してきたが、これらの大半はアラブ系と考えられる。アンダルスからの移住者は、川の右岸に住み、のちにそちらはアドゥワ・アルアンダルス(アンダルス岸)地区と呼ばれるようになった。チュニジアからの移住者は左岸に住み、のちにそちらはアドゥワ・アルカラウィーイーン(カイラワーンの人々の岸)地区と呼ばれるようになった。こうしてイドリース二世の治世末までに、フェスの都市社会はアラビア語が支配的になりつつあった。

イドリース二世の死とともに、イドリース朝国家は九つの公国に分裂した。彼の一三人の息子のうちの九人がそれぞれの国の統治者になったが、長男のムハンマドがフェスを統治し、ほかの八つの国には名目上の統括権を行使した。ムハンマドと彼の後継者のもとで，左岸に八五九年からカラウィーイーン・モスクが建設され，その三年後の八六二年右岸にアンダルス・モスクが建設されると，フェスは重要な宗教的学問のセンターとして発展し始めた。しかし，九〇〇年ころ，アンダルス出身のハワーリジュ派教徒でアブド・アッラッザーク・アルフィフリーはフェスの近くのマドユナ山で蜂起した。彼はセフルーを占領したあと，フェスに進軍し，アンダルス地区を奪った。イドリース朝にたいしてハワーリジュ派が蜂起したのは，見方を変えればイドリース朝のアラブ化進展の必然的な結果といえる。イドリース朝建国を助けたベルベル人にとって，ハワーリジュ派を奉じて反乱を起こしたのは，この国家がますますアラブ化し，アラブ支配の正統性の観念が確立することにたいするベルベル側からの憤りの表現であった。イドリース朝はハワーリジュ派の反乱により弱体化し，フェスは九一七年にファーティマ朝に征服された。しかしモロッコ北部のリーフ地方や，南部のスース地方にはその後もイドリース朝小政権が存続し，リーフのイドリース家については，九七四年最後の王ハサンが後ウマイヤ朝のハカム二世によってコルドバに強制的に連れ去られるまで命脈を保った。またスース地方のイドリース政権は十世紀末で

フェスの全景　町はすり鉢状で，真中をフェス川が流れる。中世のイスラーム都市の景観をよくとどめている。

もまだ存続していた。

ファーティマ朝

九世紀末、マシュリクで迫害されたイスマーイール派もまたマグリブに活動拠点を築こうとした。同派は七六五年第六代イマームの死のあと、後継者をめぐってシーア派の多数派と対立して、同派から分派した過激なグループであった。彼らは第六代イマームの長男、イスマーイールをイマームとして認めたのにたいし、多数派のシーア派(十二イマーム派)は彼の飲酒などの倫理的問題を理由にイマーム位には不適任であると主張し、弟のムーサーをイマームに任命したのである。イスマーイール派は、アッバース家はカリフ位の簒奪者であるとしてアッバース朝に断固として敵対し、密かに自らの思想を広めることによってムスリム共同体を支配しようとした。九世紀末ころから、イスマーイール派の秘密の本部はシリアのホムスとハマーのあいだの小さな町、サラミーヤにあった。そこから、彼らはアッバース朝の領域の各地に、とくにイラク、ペルシア、イエメンにダーイー(宣教員)を派遣した。これらの秘密運動員の一人、アルハサン・ブン・ザカリヤー(普通はアブー・アブド・アッラーフ・アッシーイーと呼ばれる)は、アルジェリアのカビール山地(セティフと地中海のあいだ)に住むベルベルのクターマ族と接触するよう使命を受けた。

このアブー・アブド・アッラーフはイエメンのサナア出身で、彼は八九三/四年にメッカ巡礼にきていたクターマ族の有力者たちとメッカですでに接していた。しかしこの出会いは偶然ではなかった。というのも、それより前に、二人のイスマーイール派ダーイーがクターマ族に派遣されていたからである。イス

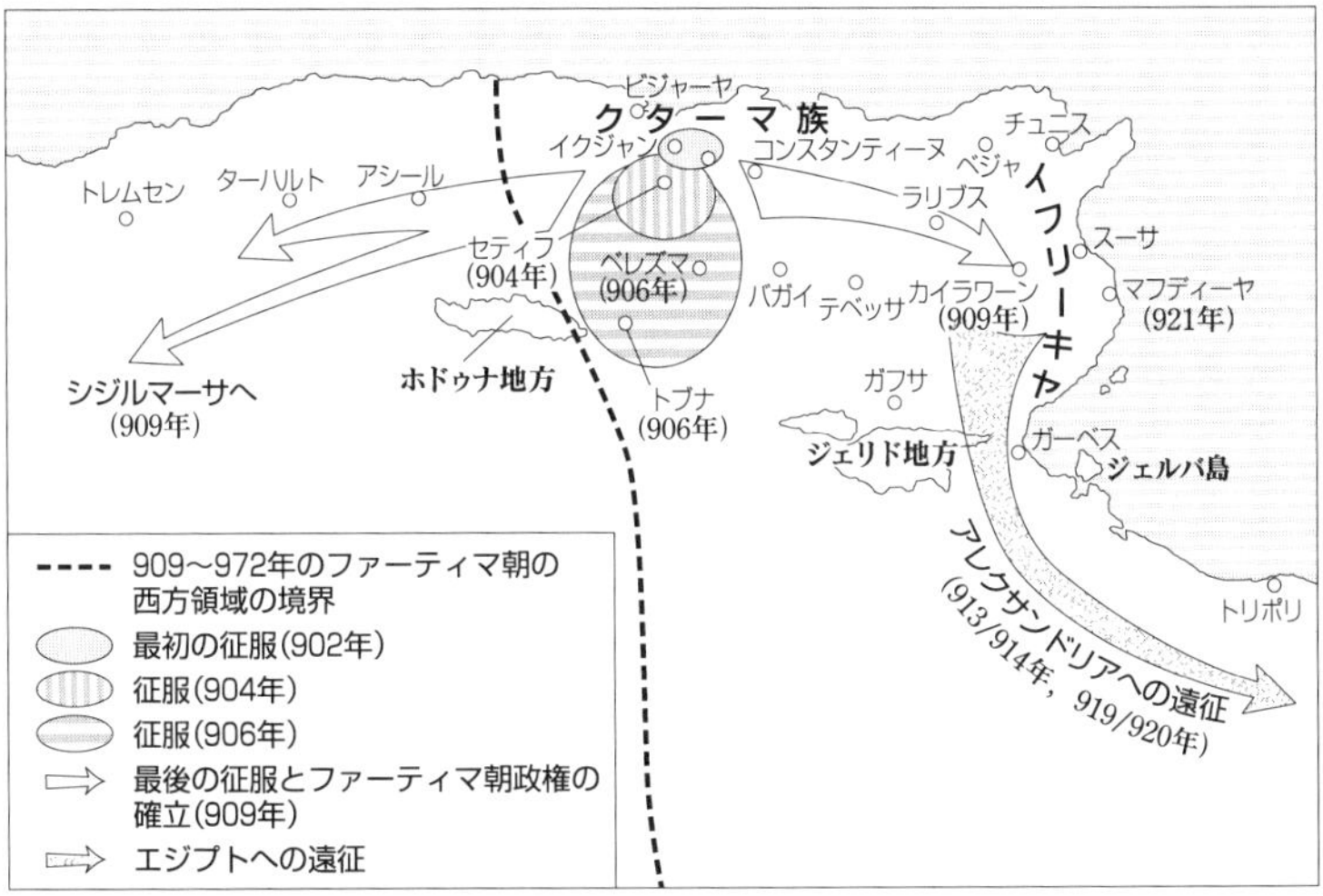

ファーティマ朝政権の確立過程(902〜921年)

マーイール派は、クターマ族がハワーリジュ派の旗のもとにウマイヤ朝にも、アッバース朝にも敵対したことをよく知っていて支援を期待できると考えていたからである。メッカでの出会いのあと、アブー・アブド・アッラーフはクターマ族の地に向かい、九〇一年同地に着いた。彼はカビール地方のイクジャンという地に拠点をおき、そこで部族民にイスマーイール派の教義を説き、戦士をつのった。クターマ族はイスマーイール派の教義を受け入れ、彼の指導権を認めた。ひとつの理由は彼らが以前に奉じたハワーリジュ派に類似して、東方のアッバース朝カリフと対立する主張を理解できたからであった。

アブー・アブド・アッラーフは最初の二年間は、チュニジアのアグラブ朝の攻撃にたいする防衛を強いられた。しかし九〇三年、十分な戦力をととのえると、アグラブ朝にたいして攻勢に転じた。つぎからつぎへとチュニジアの諸都市を征服していき、九〇九年ついに首都のカイラワーンを占領した。

クターマ族の支持がえられたことを聞いて、イスマーイール派の指導者、ウバイド・アッラーフ・サイードもイスマーイール派政権を築くため九〇二年サラミーヤからマグリブに向けて出発した。彼は、一時シジルマーサのハワーリジュ派の支配者によって捕われの身となったが、のちに救出され、ようやく九一〇年一月カイラワーンの西の宮廷都市ラッカーダに到着した。ウバイド・アッラーフがイスマーイール派国家の指導権を握り、自らはマフディーであり、カリフであると宣し、彼の名でのフトバを命じたのは同年一月十五日であった。アブー・アブド・アッラーフが自らの権力の喪失とおそらくはウバイド・アッラーフにたいする不満の意を示すと、九一一年その兄弟とともに暗殺された。アブー・アブド・アッラーフが征服事業の担い手だとすれば、マフディー・ウバイド・アッラーフは王朝建設の担い手であり、彼は九一五／六年チュニジア海岸にマフディーヤと名づけた首都を建設した。彼が建設した国家は徹底したシーア派の国家であった。すなわち彼はイマームの称号を名乗り、真偽は不明であるが、預言者の娘ファーティマの子孫であると主張した。ウバイド・アッラーフの名をとって王朝はウバイディーヤとも呼ばれる。チュニジア人住民は最初はファーティマ朝政権を支持したが、多くのムスリムが宗教的にはマーリク派のままであった。

マフディー・ウバイド・アッラーフはチュニジアに建設した国家をたんなるエジプト征服のステップ、要するにアッバース朝を打ち倒す手段として考えていた。そのため早くも九一三／四年の冬には、彼はアブー・アルカースィムを指揮官にエジプトに遠征軍を送り、アレクサンドリアを一時占領し、フスタートにも迫った。しかしアッバース朝カリフ、ムクタディル(在位九〇八～九三二)が派遣した軍隊によって撃退され、遠征軍は九一五年ラッカーダに戻った。さらに九一九／二〇年にもエジプトに遠征軍が派遣され、再度アレクサンドリアを占領したが、結局は撃退された。この失敗を契機に、チュニジアにおける政治的組織化とマグリブの征服を優先させる政策へと方針が変えられた。しかしモロッコへの支配権拡大は、ザナータ系ベルベル人と後ウマイヤ朝のアブド・アッラフマーン三世の敵対のために十分な成功をおさめることはできなかった。

アブー・アブド・アッラーフがアグラブ朝を征服すると、シチリアにおける親ファーティマ朝派ムスリムたちも反乱を起こし、十二イマーム派のアブー・ファハーリスを支配者として選んだ。しかしマフディーは、シーア派ではあってもイスマーイール派ではないこの男を信頼することができず、ベルベル系クターマ族のイスマーイール派教徒ハサン・ブン・アフマドを派遣し、アブー・ファハーリスにかえて彼を統治者にした。ところがハサンがアラブ系住民たちを冷遇したため、九一二／三年彼らはこのベルベル人統治者に公然と反乱を起こした。反乱はすぐに鎮圧され、その結果、島はファーティマ朝艦隊の基地となり、また鉱物資源と果物の産地となった。

マフディーが始めたチュニジアにおけるスンナ派にたいする激しい攻撃は彼の息子アブー・アルカースィム(在位九三四～九四六)によってさらに継続された。スンナ派の宗教学者たちのなかには亡命したり、殉教したりする者もいた。しかし迫害はチュニジア人ムスリムのあいだにイスマーイール派教義とファーティマ朝支配にたいする反感を強めることになった。ファーティマ朝は東西への遠征や海岸防衛の艦隊のための収入をえるためイスラーム法によって決められている税以外に、間接税を導入した。たとえば牧畜民からは放牧税を、手工業品の販売にたいする課税を、一定の道路には通行税を、政府の特許にたいする特許税を、徴収した。さらに政府の官職の売官という行為も横行した。こうした政策や行為は住民の心をますます離反させた。

チュニジア地方においてファーティマ朝にたいする武装した抵抗は、ハワーリジュ派によって組織された。指導者はアブー・ヤズィードという南部チュニジアのトズール・オアシス出身の男で、彼はアブー・ヒマーラ(ロバに乗った男)というニックネームでよく知られていた。マフディーの治世のときから、ファーティマ朝にとって危険な扇動者として有名であった。というのも彼はアルジェリア地方を回り、ファーティマ朝の支配にたいする反乱をベルベル人たちに訴えていたからである。アブー・アルカースィムの治世に彼はアルジェリアのベルベル兵を率いて蜂起し、チュニジア北部を征服、九四四年ファーティマ朝の都マフディーヤを攻囲した。彼はファーティマ朝の駐屯軍に敵意をいだくカイラワーンの住民たちからの支援を期待しつつ、翌年まで攻囲を続けたが、結局九四六年八月十五日、カイラワーンの近くで敗れた。彼は戦闘で受けた傷が原因で一年後、戦死した。彼の死とともにその反乱は終わった。

ムイッズ(在位九五三〜九七五)の治世はマグリブ期のファーティマ朝の絶頂期で、建国当初からいだいていた計画、すなわちエジプト征服が実現した。エジプトは九三五年から九六九年までアッバース朝の名目的な宗主権を認めたトルコ系のイフシード朝によって統治された。王朝の建設者ムハンマド・イフシードが九四六年死去すると、二人の息子が順に後継者になったが、名目的な支配者にすぎず、実権はアビシニア人の宦官アブー・アルミスク・カーフールによって握られていた。イフシード朝末期の政治的混乱はジャウハルに率いられたファーティマ朝軍によるエジプト征服を容易にした。九六九年七月ジャウハルはエジプトを征服し、首都のフスタートに入城した。その直後から、彼は新都の建設にとりかかった。マフディーヤにいったん帰ったムイッズは九七二年八月新都に移るためチュニジアを出発し、九七三年六月新都に入城した。新都は最初はマンスーリーヤと呼ばれたが、のちカリフ、ムイッズの入城後、アルカーヒラ＝アルムイッズィーヤ(ムイッズのカイロ)と改名された。以後、アラブ人たちはただたんにアルカーヒラ(カイロ)と呼んでいる。ジャウハルはまた九七〇年四月アズハル・モスクの建設にもとりかかった。エジプトにおけるファーティマ朝の支配は、一一七一年サラディンによる征服まで存続した。

ズィール朝とハンマード朝

ファーティマ朝カリフのムイッズは九七二年八月、マフディーヤを去るに際しマグリブの統治をサンハージャ系ベルベル人でズィール家のブルッギーンに任せた。これがズィール朝の始まりである。ブルッギーンは有能な統治者であり、現在のチュニジアとアルジェリア東部に安定した国家を築くことに成功した。最初の三〇年間、ズィール朝はカイラワーンもしくは、アシール(アルジェの南方一三〇キロのティッタリ山中に築かれた首都)においてファーティマ朝の名において統治した。ズィール朝の能力と忠誠さに満足したファーティマ朝は九七八年、ブルッギーンにトリポリタニアの統治をも任せた。この判断が軽率であったことは、ブルッギーンの息子、マンスール(在位九八四〜九九六)がファーティマ朝からの独立を宣言したとき、明らかになった。ファーティマ朝はただちにクターマ族に宣教員を送りズィール朝にたいする蜂起をうながした。クターマ族は九八六年と九八九年に二度、反乱を起こしたが、いずれも鎮圧された。マンスールの孫、ムイッズ(在位一〇一六〜六二)は一〇五一年(一〇四八年説もある)ついにはアッバース朝の宗主権を認めた。

バーディースの治世(九九六〜一〇一六年)中に、国家は分裂した。彼の叔父ハンマードは一〇七〇年アルジェリアのカビール地方に要塞都市、カルア・バニー・ハンマードを築くと、ズィール朝にたいする忠誠を放棄した。これがハンマード朝の起源である。ズィール朝はハンマード朝にたいし二度、遠征軍を送ったが、いずれも撃退された。ムイッズがファーティマ朝との関係を断ったとき、ハンマード朝はファーティマ朝に忠誠を保ったが、まもなく彼らもファーティマから独立した。

アラブ遊牧民のマグリブへの侵入はマグリブ社会の転機となる大きな出来事であった。ファーティマ朝カリフ、ムスタンスィル(在位一〇三六〜九四)は、彼のワズィール、ヤズーリーの助言に従い、離反したズィール朝にたいする懲罰としてアラブ遊牧民の派遣を決めた。エジプトのデルタ地帯に定着したばかりの二つの遊牧民、ヒラール族とスライム族を、マグリブへの移住と略奪へと誘ったのである。これらの遊牧民はファーティマ朝の平和と秩序にとっても脅威であったので、彼らをマグリブに侵入させることは、その脅威からまぬがれるというもうひとつの目的があった。

ヒラール族とスライム族が一〇五〇〜五二年にかけてマグリブに侵入したとき、その兵士の数はおよそ五〇〇〇人、それに女や子供が加わっていた。これは大規模な民族移動といえるだろう。五世紀のヴァン

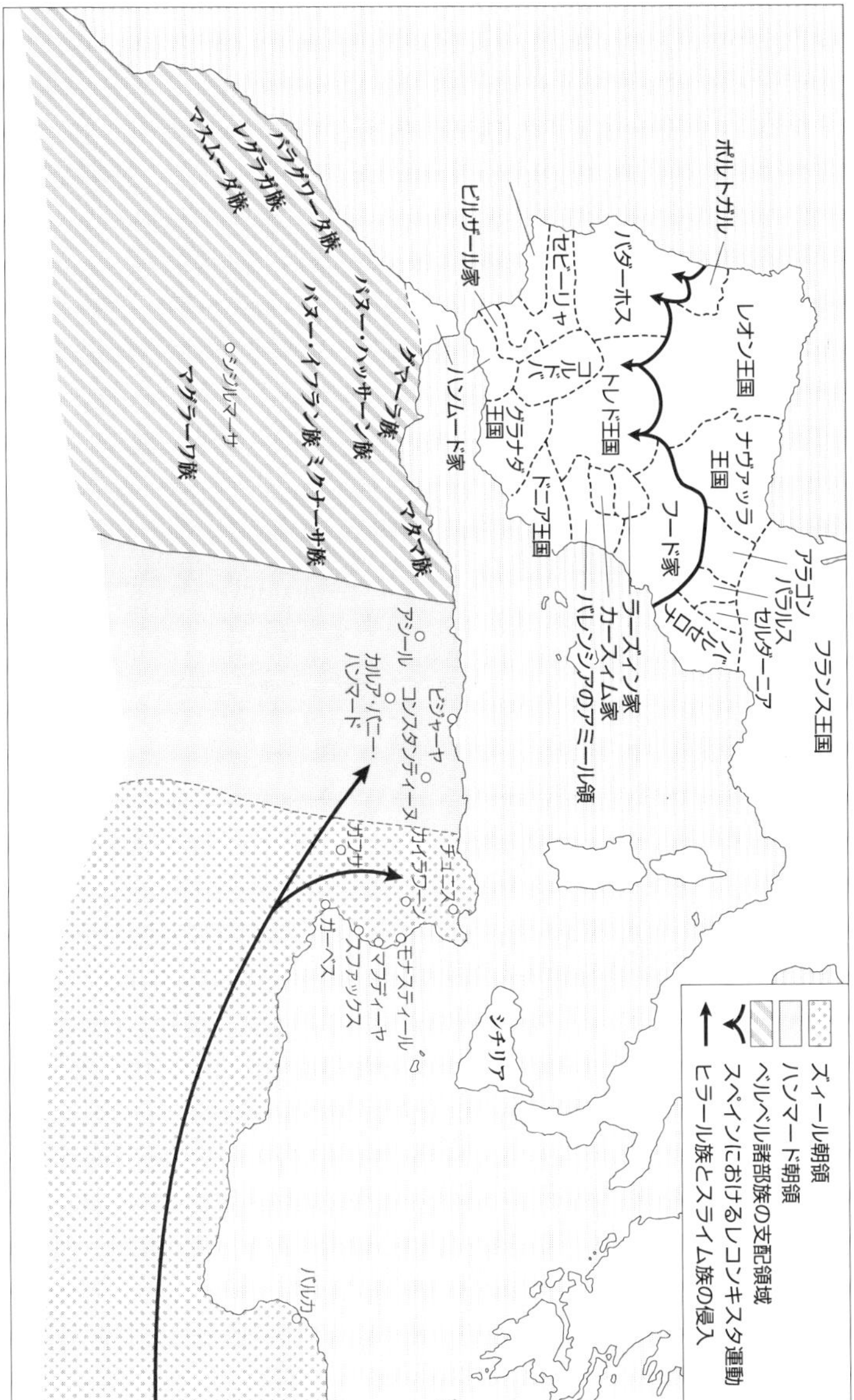
ズィール朝領
ハンマード朝領
ベルベル諸部族の支配領域
スペインにおけるレコンキスタ運動
ヒラール族とスライム族の侵入
フランス王国
アラゴン
パラルス
セルダーニア
バルセロナ
ナヴァッラ王国
レオン王国
ポルトガル
バダーホス
セビーリャ
ビルザール家
コルドバ
トレド王国
グラナダ王国
ハンムード家
フード家
ラーズィン家
カースィム家
デニア王国
バレンシアのアミール領
シチリア
バラグワータ族
レグラガ族
マスムーダ族
バヌー・ハッサーン族
バヌー・イフラン族
ミクナーサ族
ガマーラ族
マグラーワ族
マタマタ族
シジルマーサ
アシール
カルア・バニー・ハンマード
ビジャーヤ
コンスタンティーヌ
カイラワーン
チュニス
ガフサ
ガーベス
マフディーヤ
スファックス
モナスティール
バルカ

ムラービト朝勃興直前のマグリブとスペイン

ダル族と同様に、アラブ遊牧民もチュニジアの肥沃な平原をおさえた。マグリブの諸都市は略奪にさらされ、ズィール朝は防戦するのみであった。アラブ遊牧民はチュニジアに侵入後の五年間、暖かい月はカイラワーンを攻囲し、冬になると、南に移動した。ズィール朝のムイッズは攻囲にたえきれず、ついに一〇五七年カイラワーンを放棄し、マフディーヤに移った。マフディーヤはカイラワーンよりも防御が堅固であったからである。アラブ文化の中心都市として栄えてきたカイラワーンの町に遊牧民が侵入し、略奪と破壊をほしいままにした。ズィール朝国家はマフディーヤで力なく余命を生きるだけであった。アルジェリアのハンマード朝は最初、ズィール朝との対抗上、これらの部族民と同盟したため、略奪をまぬがれるという利益をえたが、徐々にその傀儡《かいらい》となった。結局、一〇九〇年、侵略の怖れから、カルア・バニー・ハンマードを放棄し、彼らが一一八年前に築いてあった地中海岸のビジャーヤに移った。ハンマード朝もズィール朝と同じように、ムワッヒド朝による征服までそこに小政権を保った。

アラブ遊牧民の略奪と支配はマグリブの大部分を無秩序状態においた。そしてウマイヤ朝崩壊後のスペインで起こったのと同様に、小さな都市国家が政治的空白を埋めるかのように出現した。繁栄していたチュニジア東海岸の諸都市でさえまったくさびれてしまった。しかし言語、文化面ではこの侵入はマグリブ地域のアラブ化の促進という重要な影響をもたらした。すなわちこの侵入以前、マグリブのアラブ化は都市に限られていて農村地域ではベルベル語が支配的であったが、これらのアラブ遊牧民がエジプトから侵入してきた結果、アラビア語が徐々にベルベル語を凌駕《りょうが》していった。

3　スペインの征服と後ウマイヤ朝の成立

スペインの征服とアンダルスの成立

遠征の契機は多分に伝説的な話に彩られている。セウタのビザンツ太守であったユリアヌス伯が愛娘を教育のために西ゴート王国の首都トレドに送ったが、その美しい娘を王のロドリーゴがかどわかしたので、彼は復讐のための援軍をムスリムに依頼したというのである。このエピソードの真偽がどうであれ、マグリブのアラブ支配者たちはスペインの富には興味をいだいていた。スペイン征服の発案がマグリブの統治者ムーサー・ブン・ヌサイルによるのか、タンジャ駐屯軍指揮官ターリク・ブン・ズィヤードによるのか、議論は分れている。ともかく七一〇年、ムーサー(ターリクという説もある)は部下のタリーフを指揮官としてスペインに偵察軍を派遣し、スペインにおける西ゴート(ヴィシゴート)国家の軍事力と豊かな富を確認させた。そして翌七一一年四月、ムーサーの庇護者でベルベル人のターリクを指揮官として兵七〇〇〇(大部分がベルベル人)の征服軍が派遣され、その軍は「カルペの山」と呼ばれた地に上陸した。やがてこの地はターリクの山、すなわちジャバル・ターリク(ジブラルタルはその転訛)と呼ばれるようになる。

ターリクはさらに五〇〇〇の兵の派遣をムーサーに依頼し、その分遣隊とあわせて、ムスリム軍の兵数は一万二〇〇〇になった。ムスリム軍とロドリーゴの軍の戦いが七月なので、結局わずか三カ月未満のあいだに一万二〇〇〇の軍勢がジブラルタルを渡ったことになるが、これを不可能な数字とみて、この初期の遠征がかなり誇張された数字とみる説も強いし、イグナシオ・オラーグエのようにこの遠征そのものがのちに北部キリスト教徒がレコンキスタ(国土回復)という神話によって領土拡張を正当化するためにつくったフィクションである、とする極端な説まででてきた。もちろんこのフィクション説は多くの歴史家によって完全に否定されたが、同時代史料がほとんどなく、イスラーム側の史料に限っていえば、本格的な史料はアブー・バクル・アッラーズィー(九五五年没)の年代記か、どんなにさかのぼってもエジプト人のライス・ブン・サアド(七九一年没)やアブド・アッラーフ(八一二年没)の断片的証言がせいぜいであるという史料的状況を考慮すると、アンダルス征服の歴史を正確にたどることはかなり困難といえよう。

西ゴートの支配者たちは、支配下の住民のキリスト教徒からも、ユダヤ教徒からも反感をかっていた。キリスト教徒住民の大部分は農奴的地位におかれ、また住民の約三分の一を占めるユダヤ教徒は六一二年からキリスト教徒に改宗しなければ財産を没収すると強迫されていた。ターリクの遠征がおこなわれる少し前、ユダヤ教徒の反乱が勃発、それが失敗に終わったため、ユダヤ・コミュニティの全体が奴隷的状態におかれるようになった。この時期、ユダヤ教徒の子供たちがキリスト教に強制的に改宗させられたり、ユダヤ教徒同士での結婚を禁じられたりするといった迫害も起こった。それゆえにスペインのユダヤ教徒たちがムスリムの侵入者たちを西ゴートからの救済者とみ、またセビーリャの司教が公然とムスリム側についたのは当然といえよう。七一〇年ウィティザ王の死後、西ゴートでは王位継承争いが起こったが、それも征服を容易にさせる要因になった。貴族たちは新しい王、ロドリーゴを選出したが、父親から後継者の地位を約束されていたウィティザの息子、アキーラも王位を主張してロドリーゴの権威に真っ向からさ

から い、北東州のタラコネンスィスの支配権を握った。

かくして七一一年七月十九日、ロドリーゴとターリクの両軍は南西スペインのシドニア地方で会戦した。史料はロドリーゴの軍勢を四万とも、一〇万とも述べるが、国内の離反状況からみて、彼に従った兵士はずっと少なかったであろう。戦いは二十六日まで続いた。会戦の場所については諸説あるが、一カ所ではなく数カ所で両軍の衝突があったというのが真実であろう。この戦いでロドリーゴが殺されたのかどうかは不明であるが、西ゴート軍は敗れ、王国の崩壊は目前に迫った。七一一年十月コルドバを征服し、その少しあとにターリクが西ゴートの都トレドに入城したとき、わずかにユダヤ教徒が残るのみで、統治者も住民も立ち去っていた。西ゴート王国はかくして名実ともに滅亡した。

翌七一二年六月から七月、ムーサー・ブン・ヌサイル自らが、一万八〇〇〇の兵(全員がアラブ人)を率いてスペインに遠征してきた。彼はセビーリャ、そしてメリダを征服し、トレド近郊でターリクの軍勢と合流し、一緒にトレドに入城し、そこで冬を過ごした。七一四年ムーサーはサラゴサを征服し、さらに北への進軍の準備をし

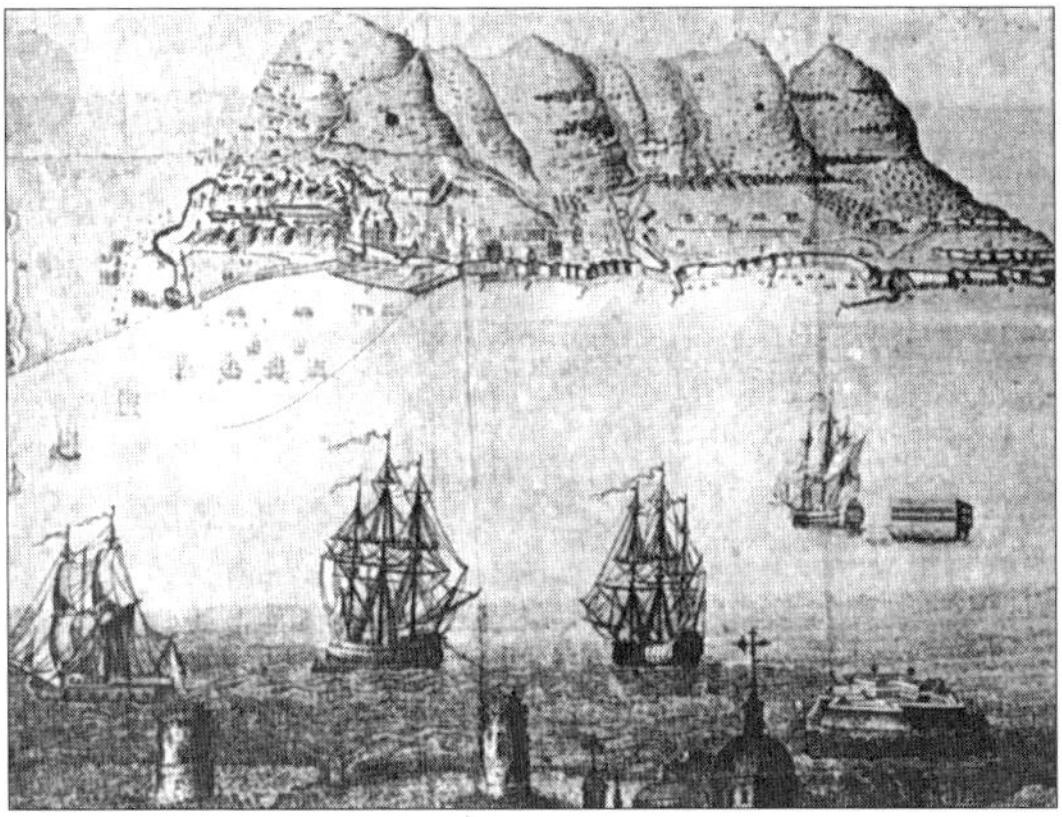

ジャバル・ターリク　ターリクは7000人の兵を率いて「カルペの山」に上陸した。これがのちにジブラルタルという地名になる。この絵は18世紀のジブラルタルを描いたもの。

ていたところに、ウマイヤ朝カリフ、ワリード一世から突然の帰還命令が届いた。カリフは自らの許可もえず、征服を続けるムーサーにたいし疑心をいだいたからだといわれる。ムーサーは七一四年九月にスペインを去る前に、スペインの統治者として息子アブド・アルアズィーズを任命しておいた。ムーサーとターリクは莫大な戦利品と捕虜を携えてダマスクスに帰還したが、その後の二人は不遇をかこったようである。

スペインの征服から、四五年後のウマイヤ朝アミール領の建設までの時期は、アラブ共同体内の対立と、短命な統治者の交替にともなう政治的不安定に悩まされていた。ムーサーが統治を任せたアブド・アルアズィーズ(在位七一三～七一六)はウマイヤ朝カリフ、スライマーン(在位七一五～七一七)の陰謀によって暗殺された。アンダルスにおける権力闘争は、国の統治問題に加えて、カイス(北アラブ)とヤマニー(イエメン系南アラブ)という古いアラブ部族対立が関係していた。半島に定住したアラブの多数派はイエメン系であり、任命権をもつイフリーキヤ総督も多くはイエメン系であったので、このグループからアンダルスの統治者が選ばれているかぎりは秩序が保たれていた。ところが七二九年、カイス系のイフリーキヤ総督ウバイダが、同じカイス系のハイサムをアンダルス統治者として任命したとき、政治的動乱が起こった。その混乱はユースフ・アルフィフリー(北アラブ系クライシュ族)が権力を握る七四六年まで続いた。ユースフの任命は、スペインにおけるカイス系とイエメン系とのあいだの合意の結果であった。すなわち両派は、一年ごとに交替しながら、交互に統治するということで合意したのである。しかしユースフは自らの権力を強化し、さらにウマイヤ朝カリフの支持をとりつけると、任期切れ後もイフリーキヤ総督の命令を無視し、結局七五六年、ウマイヤ家の王子、アブド・アッラフマーンに敗れるまでその地位にとどまった。征服後の最初の三五年間、アンダルスは行政的にマグリブの一部であったが、七四六年に始まるユースフの統治はアンダルスが政治的にマグリブから独立したことを意味している。

後ウマイヤ朝の成立

七五〇年のアッバース朝革命はウマイヤ家にたいする厳しい迫害をともなった。後ウマイヤ朝の建設者はアッバース朝による迫害からまぬがれた亡命者であった。第十代、ウマイヤ朝カリフ、ヒシャームの孫のアブド・アッラフマーン一世(在位七五六〜七八八)はウマイヤ家にたいする追跡をまぬがれ、マワーリーのバドルとともに変装し、名前を変えてパレスティナに逃れ、さらにエジプトを通ってモロッコのセウタにたどり着いた。彼の母親はセウタ地方のベルベル系ナフーザ族であったのでその支持をえ、また親ウマイヤ家の者も集まり、彼はモロッコ地方で歓迎されたようである。安全が確保されると、アンダルスに大勢住むウマイヤ家の者と接触した。彼がアンダルスに送り込んだ密使たちはすでに小規模ながら軍団の編成に成功していた。彼が七五五年八月十四日アルムニェーカル(マラガの東方)に上陸したとき、彼を出迎えたのはその兵士たちであった。七四六年からアンダルスの統治者となっていたユースフは独裁的であり、住民の不満は増していた。したがってアンダルスの諸都市がアブド・アッラフマーンを歓迎したのは、ユースフにたいする民心の離反によるといってもまちがいではない。アブド・アッラフマーンは北へ進軍し、ついに七五六年五月十五日(金曜日)早朝、コルドバ市外のガダルキビル川のほとりでユースフを破り、同日、コルドバに入城、正午の金曜礼拝に続いて、住民たちからバイア(忠誠の誓い)を受けた。ここにウマイヤ朝が再建され、これをわが国では後ウマイヤ朝と呼んでいるが、史料には「アンダルスのウマイヤ朝」あるいは「コルドバのウマイヤ朝」と記述されている。

アブド・アッラフマーンはただちにアンダルス全体の支配者として認められたわけではなかった。各地で抵抗や反乱が起こったからである。すなわちユースフはトレドに逃げ、そこで七五九年に殺されるまで抵抗し、さらにユースフの一派はトレドでその後も長いあいだ、ウマイヤ朝に抵抗しつづけた。七六九年、サンタベル地方で勃発したサクヤというベルベル人の反乱は一〇年間、アブド・アッラフマーンを悩ませた。七七七年、東部地方では四人のムスリムの指導者たちが結集して反乱を企て、フランクの王、シャルルマーニュに援助を求めた。シャルルマーニュもこの機会を利用してスペインに勢力を伸ばそうとしたが、サクソン地方(ドイツ)での反乱のためこの野望は挫折した。アブド・アッラフマーンはこうした敵対にたいし、自らが創設した常備軍によって徹底した弾圧政策をとり、権力を安定させることができた。彼の三三年間の統治は、後ウマイヤ朝を一〇三一年まで存続させる基礎づくりであったといえよう。

アブド・アッラフマーン三世とアンダルスの黄金時代

アブド・アッラフマーン三世(在位九一二～九六一)の統治まで、アンダルスのウマイヤ朝の長はただたんにアミールと称していた。七七三年からアンダルスでの金曜礼拝のフトバはアッバース朝カリフの名ではおこなわれず、バヌー・ハラーイフ(カリフたちの子孫の意味でウマイヤ家の子孫をさす)というウマイヤ家の一族名でおこなわれていた。ところがイフリーキヤのファーティマ朝がカリフの称号を僭称し、マグリブ一帯に支配権をおよぼしつつあったので、それに対抗するため、九二九年、アブド・アッラフマーン三世もカリフの称号を名乗り、またアンナースィル・リ・ディーン・アッラー（アッラーの宗教の擁護者）という美称を用いるようになった。後ウマイヤ朝において統治者の名でフトバが読まれるようになったのは、アブド・アッラフマーン三世が最初であった。

アンダルスでは八五二年から九一二年までムワッラドたち（スペイン人でイスラームへの改宗者たち）の反乱によって、ウマイヤ朝はコルドバとその周辺に封じ込まれ、存亡の危機に追い込まれた。この危機を救い、国土の統一に成功したのがアブド・アッラフマーン三世であった。反乱の首謀者は、北部の湿地を支配したカスィー家、西部を支配していたマルワーン家、南部を支配していたハフスーン家である。これら三氏族のうち、ハフスーン家がウマイヤ朝にとってもっとも危険であった。この一族の指導者、イブン・ハフスーンはスペインの伯爵の子孫で、八八〇年ころから南部のボバストロ城砦を基地に、時には山賊まがいの活動をしていたが、八八四年公然とウマイヤ朝への反乱を起こした。ムワッラドとスペイン人キリスト教徒からなる軍を率いて、八八六年までに彼はアンダルスの事実上の支配者になった。八九〇年ころ、彼はイフリーキヤのアグラブ朝と交渉したが、それは軍事的支援の期待と、アッバース朝カリフに自らをスペインのアミールとして認めてもらうためであった。さらに九一〇年ころ、共通の敵、ウマイヤ朝にたいする戦いへの支援をえようとしてファーティマ朝とも交渉した。しかし八九九年ウマイヤ朝アミール、アブド・アッラーフ（在位八八八〜九一二）の軍の攻撃を受けると急速に勢力を弱め、さらに同じころ彼がキリスト教に改宗(キリスト教徒の支援をえるためと考えられる)したことは多くのムスリムの支持を失わせた。九一七年に彼が死去したときには、かつての勢いはまったくなかったが、息子たちはボバストロの城砦を保持し、反乱を続けた。ボバストロの城砦の落城は九二八年であった。

アブド・アッラフマーン三世の統治期、スペインのウマイヤ朝国家は南北二つの方向からの重大な脅威に遭遇した。南方のファーティマ朝勢力と北方のキリスト教諸王朝の脅威である。ファーティマ朝に対抗するため、彼は一時モロッコのイドリース朝と同盟を結ぼうとした。また彼が九二九年カリフの称号を名乗ったのは、アッバース朝のカリフ権にたいする抵抗というよりも、むしろファーティマ朝に対抗し、モロッコ地方のムスリムたちに、自らの権威を認めさせようとする意図からであった。

アブド・アッラフマーン三世のアミール位就任二年後の九一四年、レオンの王、オルドーニョ二世はウマイヤ朝領のメリダ地方にたいする攻撃を開始した。ウマイヤ朝は九一六年と九一七年の二度、レオンにたいする遠征軍を派遣したが、いずれもウマイヤ朝軍の敗戦に終わった。ファーティマ朝が九一七年モロッコ北部のヌクールにあった小政権を征服してから、アブド・アッラフマーン三世は、ファーティマ朝対策に忙殺され、レオンへの攻撃を中断せざるをえなくなった。しかしファーティマ朝がヌクールから撤退したあと、彼はふたたびキリスト教徒との戦いを開始し、九二〇年九月、ナヴァラ王国の王、サンチョを破り、さらに九二四年にもナヴァラ王国に遠征して勝利した。これらの勝利と、オルドーニョの死後のレオン王国における王位継承争いは、アブド・アッラフマーン三世に南部でのハフスーン一族の反乱鎮圧に専念させる猶予を与えた。アブド・アッラフマーン三世は、九三九年シマンカスの戦いでレオン王ラミーロ二世の軍に敗れたが、九五〇年からはキリスト教徒の諸王国間の内紛に乗じてふたたび攻勢に転じた。かくしてレオン、ナヴァラ、カスティーリャ、バルセロナは彼に朝貢を義務づけられた。

彼はアンダルスに住むさまざまな地方豪族にたいする支配を強化し、より集権的な体制を築こうとした。そのため九二九年からは、服従のしるしとしての貢納だけでは満足せず、半独立の有力氏族に彼らの城や町の開城を要求した。九三〇年イブン・アルジッリーキーがそれまで支配していたバダーホスを明け渡し、その二年後、トレドがウマイヤ朝カリフの直接的支配下にはいった。サラゴサは九三七年にレオン王国の宗主国になっていたが、九四〇年ころまでにウマイヤ朝国家に完全に併合された。

アブド・アッラフマーン三世の時代はアンダルスのウマイヤ朝にとって黄金時代であった。彼の治世のアンダルスはイスラーム世界にほかに匹敵するところがないほどの繁栄を享受した。農業、産業、商業、芸術、イスラーム諸学が栄え、国内の安全と秩序が保たれた。バグダードのアッバース朝とは政治的関係は断絶したが、文化交流は活発におこなわれた。かつてのローマ都市であったコルドバは彼の治世にはもっとも繁栄したイスラーム都市になった。町には五〇万の人々が住み、一万三〇〇〇軒の家、三〇〇の公衆浴場、そして数多のモスクが町を飾っていた。

アブド・アッラフマーン三世の息子、ハカム二世(在位九六一～九七六)の治世中も、カリフの威厳は保たれた。ハカム二世は北方のキリスト教徒にたいする戦争を継続し、九六六年、レオンのサンチョに和平協定に調印させた。九六九年以降エジプトに関心を移したファーティマ朝はもはや脅威ではなかったが、彼はマグリブに攻勢をしかけ、九七二年から九七四年のあいだに、ウマイヤ朝の軍隊はタンジャとその周囲を支配下においた。また学問や文化への関心も強く、書記官たちをエジプトやシリア、イラクに派遣して大量の書物を集めさせ、また荘厳なザフラー宮殿の建設やコルドバの大モスクの大規模な増改築をおこなった。

アーミル家の支配と内乱への道

ハカム二世が九七六年死去したとき、彼の息子で後継者のヒシャーム(在位九七六〜一〇一三)はわずか一二歳だった。国政は、ハカムの治世に大カーディー職を務め、九七八年以降はハージブ(侍従)職に就任したイブン・アビー・アーミルの手に任された。彼はヒシャームの母親でバスク人のスブフの寵愛をえ、最初はヒシャームの名で統治していたが、のち、彼が行政府をコルドバの東方に造営したアルマディーナ・アッザーヒラ(光輝の都市)と呼ばれる宮殿に移した九八一年以後は、マンスール(勝利者)という称号を名乗り、彼自身の名で統治した。カリフの権限は純粋に宗教的な役割にとどめられ、まったくの独裁者としてのマンスールの振る舞いは一〇〇二年彼が死ぬまで続いた。彼は軍事的にも積極的で、レオンの王に朝貢させ、バルセロナにも進撃し、九九七年には北西部のサンティアゴ・デ・コンポステラの聖ヤコブ教会を襲撃し、略奪と破壊をほしいままにした。

マンスールの死とともに、彼の息子アブド・アルマリクが六年間ハージブ職に就いた。彼の統治期間、北方のキリスト教諸国家にたいするムスリムの優位が保たれた。しかし一〇〇八年彼の死とともに、アンダルスは内乱状態に陥った。一〇〇九年から三一年までに、ヒシャーム以外に、六人のウマイヤ家の者と、三人のハンムード家の者がカリフ位に就いたあと、一〇三一年カリフ制が正式に廃止され、有力な官僚たちによる国家評議会が設立された。それはコルドバを統治するだけであり、中央権力の弱体化とともにアンダルスに存在した地方主義的傾向がふたたび頭をもたげてきた。歴史家が群小諸王(ムルーク・アッタワーイフ)の時代(一〇〇九年または一〇三一～九一年)と呼ぶ群雄割拠の時代はこうして始まった。たがいに争う小君主たちはキリスト教徒のレコンキスタの勢いをとめられず、ムラービト朝の介入を待つことになる。

4　ベルベル帝国の時代

ムラービト朝の出現の背景

西サハラにはサンハージャと呼ばれるラクダを飼育するベルベル系遊牧民が住んでいた。アラブの征服活動やムスリム商人の活動によってすでにイスラームに接し、一部の部族民は表面的であったにせよイスラーム化されていた。おそらく九～十世紀ころ、サンハージャ系のラムトゥーナ族、マスーファ族、グッダーラ族は部族同盟を結び、黒人をしだいに南部へと押しやり、多くの黒人王国に宗主権を認めさせ、アウダグストの町を築いた。

九世紀ころガーナ王国から直接エジプトに通じていたキャラバンルートが砂嵐や略奪のために放棄され、大西洋岸のルートが使われるようになった。それとともに西サハラの交易路による塩金交易が盛んになった。他方モロッコ地方でも十世紀の大きな政治変動によってシジルマーサやターハルトの政権が崩壊したので、その混乱と政治的変動に乗じてサンハージャ族は北のモロッコ地域とも接触したが、それはより深いイスラームへの覚醒のきっかけになった。

十世紀後半の西アジア、マグリブ世界はイスマーイール派のファーティマ朝と十二イマーム派のブワイフ朝によって支配されていた。このようなシーア派による支配にたいしてスンナ派主義者たちの復権運動が密かに始まっていたが、十一世紀になるとはっきりとその姿があらわれ始めた。東方ではセルジューク朝がスンナ派神学を代表するアシュアリー派神学者たちの支持をえながら台頭し、一方西方ではムラービト朝がマーリク派法学者たちの支持をえて台頭してくる。つまりムラービト朝の勃興は十一世紀の西アジアとマグリブ地域を被うスンナ派復興のダイナミズムと密接に関係していた。ムラービト朝がこのような意味でスンナ派復興意識をもっていたことは、彼らがアッバース朝カリフの権威を認め、自らはカリフの称号(アミール・アルムーミニーン)ではなく、アミール・アルムスリミーン(ムスリムたちの長)という称号で満足していたことにもあらわれている。ここには、アッバース朝カリフを中心に、イスラーム世界をスンナ派によって再統一しようとする意図がみえ隠れしている。

十世紀初めサンハージャの部族同盟は瓦解していたが、十一世紀初め黒人との戦いのために部族同盟を復活させた。ヤフヤーはその二代目の指導者であり、一〇三六年ころ何人かの部族指導者をともなってメッカ巡礼に出発した。無事巡礼をはたしたあと、帰途チュニジアのカイラワーンに立ち寄り、アブー・イムラーンという学者と出会う。彼は反シーア派学者集団の指導者の一人であった。つぎに彼の紹介で、モロッコ南部のナフィースという町でワージャージュと面会する。そしてその弟子の一人、イブン・ヤースィーンをイスラーム指導者としてサンハージャ族の地に招くことになる。これら三人の学者がマーリク派のネットワークで結びついていたことはまちがいない。

ムラービト朝国家の建設

イブン・ヤースィーンはサンハージャの地に着くとすぐにコーランとスンナに基づく厳格なイスラーム教育を開始したが、反対にあい挫折する。その後、ヤフヤーの提案によりグッダーラ族の者七人をつれて、おそらくセネガル河口の小島にラービタ（修道場）を建設し、そこに三カ月間とどまった。その後、サンハージャ族一〇〇〇人の者が加わり、彼らはムラービトゥーン（修道士たち）と呼ばれ、サンハージャ諸部族民にたいする聖戦（ジハード）を開始した。彼らはヴェールをつけていたので、ムタラッスィムーン（ヴェールをつけた人々）とも呼ばれた。

ムラービト軍は一〇五三／四年サハラ交易の拠点シジルマーサを征服すると、南進し一〇四〇年から黒人の支配下にあったアウダグストを取り返した。ヤフヤーの死後、イブン・ヤースィーンはラムトゥーナ族のヤフヤー・ブン・ウマルを指導者に指名、彼がスーダンへの遠征で死去すると、一〇五六年ころその弟アブー・バクルを指導者に任命したので、ラムトゥーナ族の優越性が確立した。イブン・ヤースィーンがヤフヤーを指導者に選んだのはラムトゥーナ族が宗教的にもっとも熱心であったからだといわれる。

アブー・バクルは北上してモロッコ南部を征服、アグマート（現マラケシュの南）の町を基地に定めた。その後、サハラ地方での反乱が勃発したので、一〇六一年彼は部下のユースフにマグリブ統治を任せ、自らはサハラへと戻り、さらに黒人地域への遠征にもでた。これがムラービト朝の領土分割であったのかどうかはわからないが、ムラービト朝はこの後、サハラからは事実上撤退していった。マグリブの統治者として残ったユースフは一〇七〇年ころ新都マラケシュを建設し、ここを拠点にマグリブとアンダルスへの征服に乗り出し、また彼の子孫がスルタンの位に就いたことから王朝が成立することになる。

アンダルスの征服、支配

アンダルスでは一〇三一年(または一〇〇九年)以降、後ウマイヤ朝の滅亡とともに三〇余のムスリム政権が割拠する群小諸王(ムルーク・アッタワーイフ)の時代(～一〇九一年)にはいった。それらの主要な指導者はアンダルス人(アラブ、スペイン人、ベルベル人などの融合したムスリム)、ベルベル人、サカーリバ(白人系奴隷軍人)からなっていた。この混乱に乗じてキリスト教徒の勢いがますます強まると、群小諸王たちは一〇七四／五年ころムラービト朝スルタン、ユースフに援軍を要請した。このとき、モロッコ北部の遠征途上にあったユースフは、この要請を拒否した。

一〇八五年アンダルスの拠点のひとつ、トレドがカスティーリャの王、アルフォンソ六世によって征服されると、ムスリムの王たちは深刻な危機感を感じ、ただちにセビーリャのムータミド、バダーホスのムタワッキル、グラナダのアブド・アッラーフの三人の王は再度ユースフに援軍を依頼し、ムータミドは自らモロッコ北部に出向いてユースフにあい、直接要請した。

ユースフはついにスペイン遠征を決断し、一〇八六年六月三十日、アルヘシラスに上陸、ムータミドとムタワッキルの丁重な出迎えを受けた。同年十月二十三日、バダーホスの近くのザッラーカでアルフォンソ六世の軍隊と会戦し、ムスリム軍は大勝した。これが有名なザッラーカの会戦で、ムスリムの歴史書には記念すべき勝利として記述されている。アラブ側の史料によれば、キリスト教徒軍の死者は歩兵二万人、騎兵八万人、ムスリム軍の死者は騎兵三〇〇〇人とある。これは相当に誇張した数字であり、勝利したムスリム軍も追撃できないほど傷ついていたようである。この後、ムラービト軍のアンダルス遠征は一〇八八年、九〇年と計三度おこなわれるが、第三回目の遠征は一、二回目のそれと基本的に性格を異にしている。それは、第三回目の遠征はアンダルスのムスリムにたいする遠征だからである。二回の遠征によってユースフ自身もアンダルスの魅力に気づいていたであろう。また厳格なマーリク派の教義を信じ、しかも素朴なサハラの遊牧民であったムラービト兵と、イスラーム諸学はむろん、歌舞音曲などの豊かな文明を享受していたアンダルスのムスリム君主たちとのあいだには、埋めがたい溝があったことも確かであろう。事実、グラナダの王アブド・アッラーフやマラガの王タミームは、ムラービト軍に敵対してアルフォンソ六世と同盟し

悲歌を歌う恋人バヤードとそれに耳傾ける貴族の女性(左端)**，腰元たち**　アンダルスのイスラーム文明では，人間の精神と肉体のすべての喜びが表現された。人々は酒や音楽，踊り，また詩をこよなく愛した。

た。さらに重税や支配階層の圧制に苦しむムスリム民衆がムラービト軍を解放者として迎えたことも考慮にいれなければならない。かくしてユースフは、法学者からムスリム君主にたいする攻撃を正当化するファトワー(権威ある法学者の意見書)を獲得し、一〇九〇年アンダルスに渡るとつぎつぎとムスリム君主を征服していった。こうして一一一〇年ころまでにムスリム領域下のスペインはムラービト朝によって統一された。

ムラービト朝によるアンダルス支配はレコンキスタの勢いを一時的にとめる役割をはたした。しかし世界史的にみてそれ以上に重要なのは十字軍運動との関係であろう。ムラービト朝のイデオローグがコーランとスンナを厳格に守ろうとするマーリク派法学者たちであり、ムラービト兵たちはキリスト教徒にたいして激しい聖戦意識をもって戦い、またアンダルスのムスリムにたいしても堕落した輩への粛清という態度で臨んだ。そこには明らかに非寛容の精神が漂っていた。一方、キリスト教徒側にもクリュニー派の改革運動やサンティアゴ巡礼そしてレコンキスタの進展などがあいまってキリスト教意識が強まっていたことは確かである。こうした両者の宗教意識の高まりと非寛容の精神の潮流は十字軍運動を生み出す力となったと考えるのが自然であろう。実際に一〇六四年には、ムスリムと戦うキリスト教徒の兵士にたいしてローマ教皇は贖宥《しょくゆう》を宣言しているのである。

ムラービト朝の国家構造と衰退の要因

ムラービト朝の国家は軍事的な権力と宗教的な権威の二つから構成されている。軍隊はサンハージャ系諸部族が中核をなし、モロッコ地方の征服過程でマスムーダやザナータという非サンハージャ系ベルベル諸部族も編入され、さらにのちになってトルコ系傭兵のグズやキリスト教徒傭兵のルームなども加わった。宗教的権威はマーリク派の法学者集団によって代表されていた。彼らはスルタンの取り巻きとして重要な会議に出席し、また行政や裁判をとりしきった。

領域はサハラ、マグリブ、アンダルスの三つの地域から成り立っていたが、一〇七〇年ころマラケシュの建設とともに、サハラは事実上放棄された。首都はマラケシュにおかれたが、セビーリャが副都の役割をはたした。

ムラービト朝の衰退については多くの研究者が指摘することはサハラの兵士たちがアンダルスの豊かな都市文明になれるにつれて文弱化したということである。おそらく、これもひとつの理由であろうが、より直接的な理由をあげる必要があろう。その第一は、人的補給の問題である。帝国は西サハラとの関係を完全に断ってしまったが、それはムラービト軍の中核をなすサンハージャ系遊牧兵士の供給を断つことを意味していた。第二は傭兵の問題である。グズやルームの傭兵は財政を圧迫させ、増税をよぎなくさせるとともに、軍隊内の連帯意識を弱めることになった。第三はイデオロギーの問題である。ムラービトの思想はマーリク派であったが、法学者たちはアンダルスやマグリブで大衆のなかに影響力をもち始めたスーフィズムに敵対した。これは大衆の支持を失っていく大きな要因であった。

ムワッヒド朝の成立

ムワッヒド朝もムラービト朝と同様に宗教運動、道徳の改革運動から始まった。イブン・トゥーマルト(一〇九一年ころ〜一一三〇年)はモロッコ南部、アンティ・アトラス山中のベルベル系マスムーダ族の一支族ハルガ族の出身であった。マスムーダ族は定着民であったので、ムラービト朝との争いを遊牧ベルベルと定着ベルベルとの争いであったとする見方もあるが、そうした解釈に確かな根拠はない。というのも彼は道徳改革を意図しムラービト朝の権力それ自体に敵対したのではなく、反乱は地方統治者や法学者との論争や対立が和解しがたい状態にいたった結果であり、またマスムーダ部族もムラービト朝に敵対していた証拠はないからである。

彼が東方への修学の旅にでたのは一一〇六年ころであった。アンダルスのコルドバにしばらく滞在したあと、マシュリクに向かいアレクサンドリアに上陸した。メッカ巡礼をはたし、バグダードに滞在後、マグリブへの帰途につく。史料は「バグダードのニザーミーヤ学院でガザーリーとあい、彼からムラービト朝打倒の命令を受けた。というのもムラービト朝によってガザーリーの『宗教諸学の復興』が焚書にされていたので、それにたいする報復のためであった」と語る。焚書は事実であるが、一一〇五年にガザーリーがバグダードを離れていたことからこの出会いの事実を疑う研究者が多い。

彼は故郷への帰途、ゆく先々でトラブルを起こす。酒屋で酒をぶちまけ、公衆の面前で一緒にいる男女を棒で追い払い、楽器屋では楽器を壊した。そしてムラービト朝の都マラケシュでは法学者たちと論争し、彼らを論破する。彼は、男性がヴェールをし、女性がヴェールをしないというムラービトたちの独特の慣

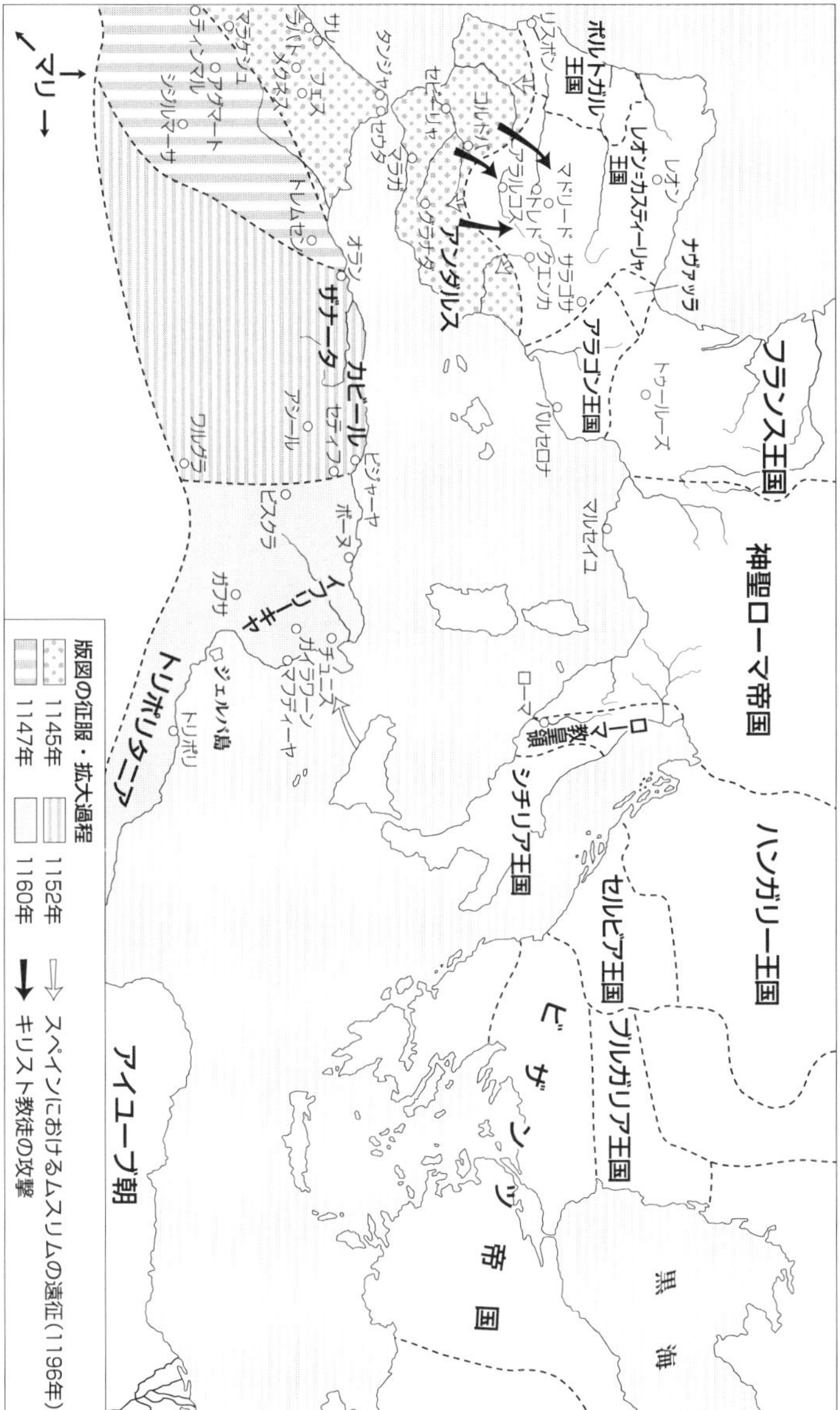
ポルトガル王国
レオン=カスティーリャ王国
ナヴァッラ
アラゴン王国
フランス王国
神聖ローマ帝国
ハンガリー王国
セルビア王国
ブルガリア王国
ビザンツ帝国
黒海
ローマ教皇領
シチリア王国
アンダルス
ザナータ
カビール
イフリーキヤ
トリポリタニア
アイユーブ朝
マリー
リスボン
レオン
マドリード
トレド
サラゴサ
クエンカ
アラルコス
コルドバ
セビーリャ
グラナダ
マラガ
トゥールーズ
バルセロナ
マルセイユ
ローマ
タンジャ
セウタ
サレ
ラバト
フェス
メクネス
マラケシュ
アグマート
ティンマル
シジルマーサ
トレムセン
オラン
アシール
セティフ
ビジャーヤ
ワルグラ
ボーヌ
ビスクラ
ガフサ
カイラワーン
チュニス
マフディーヤ
ジェルバ島
トリポリ
版図の征服・拡大過程
1145年
1152年
1147年
1160年
スペインにおけるムスリムの遠征(1196年)
キリスト教徒の攻撃

ムワッヒド朝(帝国)の領域

習を痛烈に批判したが、根本的な対立原因は、イブン・トゥーマルトとムラービト朝のマーリク派法学者との思想的立場の違いであった。彼は法学的にはマーリク派を敵視し、法源(コーランとスンナ)の文字どおりの適用を主張し、イジュマーはムハンマドのサハーバ(教友)のそれだけに限定するザーヒル派に近い立場に立ち、また神学的にはアシュアリー派に近かった。彼はまたシーア派と同様にイマーム信仰を重視し、マフディー思想と無謬のイマーム論を説いたが、他方で彼は、スンナ派的な神の唯一性(タウヒード)を重視した。そこから彼に従った人々はムワッヒド(神の唯一性を信じる人。複数形はムワッヒドゥーン)と呼ばれた。

マラケシュでのムラービト朝の法学者や指導者たちとの関係が決定的に決裂したあと、彼は故郷のイージーリーズ村に戻り、一一二一年には自らはマフディーであると宣してムラービト朝への反乱を開始した。一一二四年より安全な拠点確保のために、彼は高アトラスのティンマル(ティーンマッラル)に遷都し、ここを拠点にしてムラービト朝との戦いを展開したが、三〇年没し、後継者に部下のアブド・アルムーミン(在位一一三〇～六三)が就いた。彼の子孫が後継者の地位を継いだので王朝(アブド・アルムーミン家)が成立したが、普通は中心的教義のタウヒードに由来するムワッヒドという名でもって王朝名としている。またムワッヒド朝の指導者はカリフの称号であるアミール・アルムーミニーンと称した。

アブド・アルムーミンはまずモロッコ北部一帯の征服をし、その後一一四七年マラケシュを攻撃し、ムラービト朝を滅亡させた。すでにノルマン人は一〇七二年シチリアの都パレルモを征服し、一一二三年にはチュニジアの東岸マフディーヤを侵攻、一一三五年にはジェルバ島を征服した。ムワッヒド朝はノルマ

ティンマルの城壁(右)**とモスク**(左)　ティンマルは，マラケシュから南下し，タルーダント方面に100km程はいった奥深い山中にある。すぐそばをナフィース川が流れ，現在は住民300人くらいのベルベルの村である。イブン・トゥーマルトは，1124年ここに遷都し，ムラービト軍と戦った。

ン人との戦いを強いられたが、その過程でハンマード朝とズィール朝を滅ぼし、モロッコからチュニジア南部までのマグリブ地域を支配下におくことに成功した。彼の後任には、息子でコルドバとセビーリャの統治者ユースフが任命されたが、兄弟たちの反対にあい、正式にカリフとして認められたのは四年後の一一六七年であった。彼は文学者や学者との交流を好み、イブン・トゥファイルやイブン・ルシュドという一流の学者が彼の宮廷で過ごした。すでに彼の治世からムワッヒドたちの関心がアンダルスに向きつつあったことがわかる。つぎのカリフ、ヤークーブ・アルマンスール(在位一一八四〜九九)もカリフ就任前はセビーリャの統治者であり、またなによりも彼の母親はキリスト教徒であった。しかしムワッヒド朝の領域が最大となったのはこの時代で、リビア西部にまで支配権がおよんだ。

スペインへの遠征と征服

アンダルスでは一一四五年以降、セビーリャとグラナダを除くほとんど全土で反ムラービトの小君主たちが跋扈《ばっこ》し、第二次群小諸王といった状況を呈していた。一一四七年アブド・アルムーミンは、もともとはムラービト朝に仕えていたが、ムワッヒド朝への支持を表明したバッラーズに援軍を送った。援軍をえたバッラーズはバダーホス、セビーリャなどを征服した。そして一一六〇〜六一年にはアブド・アルムーミン自らがジブラルタル海峡を渡った。アンダルスのムスリム領域のほぼ全体がムワッヒド朝下にはいったのはつぎのカリフ、ユースフの代になってからである。

ユースフの後継者ヤークーブ・アルマンスールはキリスト教徒への攻撃を一層強め、一一九五年大軍を率いてスペインに上陸し、七月十日コルドバとトレドの中間に位置するアラルコス(アルアラク)でアルフォンソのカスティーリャ軍に大勝した。翌九六年と九七年にカリフは再遠征し、マドリードまで進軍、一〇八五年にキリスト教徒によって再征服されていたトレドを侵略した。その後一〇年間の停戦協定が結ばれた。ヤークーブがマンスール(勝利者)というラカブ名(美称)を名乗ったのはこの戦いのあとであったとされるが、同時代の歴史家マッラークシーなどはこのラカブ名にまったく言及していないので、後世の歴史家による創作の可能性もある。

しかし歴史家たちはマンスールの時代を、まぎれもなく栄光に満ちた時代であり、彼をもっとも偉大な君主であると評価している。父親の代から建設が始まったセビーリャの大モスク(今日のヒラルダの塔)を完成させ、アブド・アルムーミンによって要塞(カスバ)のみが建設されていたラバトを大都市にするため城壁と門を建設した。さらにラバトに大モスク(今日のハサンの塔はその一部)の建設にかかったが、カリフの死により未完成に終わった。

王朝の衰退と没落

ムワッヒド朝はイブン・トゥーマルトの始めたタウヒード(神の唯一性)の思想をイデオロギー的土台にし、マスムーダというベルベル集団を軍事的支柱とした。国家の軍隊のなかにすでにアブド・アルムーミンの治世末からアラブ族やベルベル系のうちの非マスムーダ族、黒人護衛軍、トルコ系グズがはいり、それらがしだいに建国の中核集団をしのぐようになった。このようないわば外人部隊の増加は王朝のイデオロギーへの忠誠心を失わせた。アンダルスではトレドの司教、ロドリーゴ・ヒメーネスの唱導により、ムスリムへの大攻撃が準備されつつあった。これはローマ教皇インノセント三世から「十字軍」の宣旨を受け、スペイン、イタリア、フランスの全土から軍を招集した国際的十字軍といえるものであった。カスティーリャ、ナヴァラ、アラゴンの各王、ナルボンヌやボルドーの大司教、ナントの司教らの指揮下に多くの騎士が参加した。これにたいし、ムワッヒド朝カリフ、ナースィルは一二一二年三月、ジブラルタル海峡を渡り、大軍を率いて北上した。同年七月十六日コルドバの東北一〇〇キロ余、現在のサンタ・エレーナの近くの「ラス・ナーバス・デ・トローサ(アラブ名はヒスン・アルイカーブ〈鷲の砦〉)」と呼ばれる地で両軍は激突した。同時代の歴史家マッラークシーは「ムワッヒド軍の敗北の原因は彼らがタウヒードの精神を忘れてしまったことである。兵士のうちある者は剣を抜かず、ある者は槍を向けることなく、まった

イドリース朝の銀貨　イドリース１世治下のヒジュラ173(西暦789〜790)年，ワリーラ(ボリュビリス)で鋳造されたもの。

ムラービト朝スルタン，ユースフ治下の金貨　表(右側)には，アミール・アルムーミニーン・アルアッバースィー(アッバース朝カリフ)と刻まれ，裏(左側)には，アミール・アルムスリミーンと刻まれている。ムラービト朝がアッバース朝カリフの権威を認めていることが，公式に表明されている。

ムワッヒド朝のアブド・アルムーミン時代の金貨　円形の貨幣のなかに，正方形をかたどったデザインが特徴的である。

く戦闘態勢をとることなく敗走した」と述べる。ムワッヒド軍兵士たちの王朝への帰属意識は明らかに弱くなっていた。ムスリムたちの死者を五〇万人と見積もる史料もあるが、少なくとも一〇万人の戦死者がでたといわれる。カリフはかろうじてマラケシュに逃げ帰ることができたが、もはや再建の意欲を示すことなく、一二一三年没した。

ベルベル系のマリーン族はこの戦いのあと、ムワッヒド朝への反旗をひるがえした。一方、モロッコ領内に進出してきたアラブ遊牧民はしばしば反乱を起こし政治的混乱に拍車をかけた。そして一二二九年カリフ、マームーンが王朝の基礎たるタウヒードの教義を否定し、金曜礼拝からイブン・トゥーマルトの名を消した。かくしてムワッヒド朝のチュニス総督ハフス家が独立を宣言した。国政の実権は有力官僚と軍人たちの手に渡り、彼らは幼少または従順なカリフを好き勝手に任免した。一二六九年九月マリーン朝軍隊がマラケシュを征服し、ムワッヒド朝は滅亡した。ムワッヒドたちは王朝揺籃の地、ティンマルに逃げたが、一二七六年までに王朝の残党も完全に消え去った。

5　アンダルスの社会と文化

アンダルス・イスラーム社会の形成過程

今から、八〇年前の一九二一年ベルギーの偉大な学者アンリ・ピレンヌは「ムスリムによる、地中海の東岸と南岸、スペイン、地中海の島々の征服が、ローマ帝国の時代から栄えてきた世界交易の大動脈を切断し、その結果八世紀には西ヨーロッパは外部世界との接触を断たれ、貨幣経済から自然経済へ、都市の商業中心から農村の農業中心へと変化をよぎなくされた」という趣旨のいわゆるピレンヌ学説を発表した。この学説はその後の実証研究によって徹底的に批判にさらされた。しかし、彼の見解のうち、交易活動の断絶という主張は否定されたとしても、社会と文化の側面でアンダルスを含めたイスラーム世界と西欧中世社会が決定的に分離するようになったのはイスラームの地中海への進出によるものであるのはまちがいない。

イベリア半島の社会はいつごろ、どのようにしてイスラーム化され、アラビア語化されたのか。その結果、成立したアンダルスのイスラーム社会を特徴づけるものはなんなのか。イベリア半島の征服はきわめて容易であったが、それは必ずしも土着スペイン人の急速なイスラーム化をともなっていたものではなかった。バレットというアメリカの研究者が人名辞典の名前から統計的に処理した研究によれば、アンダルスではイスラームへの改宗者は十世紀まではゆるやかで、二五％未満であった。その後、十世紀になると改宗者が急増し始めるが、それはアブド・アッラフマーン三世の治世(九一二〜九六一年)の時期と合致する。その勢いは一一〇〇年ころに完成し、土着スペイン人の八〇％がムスリムになった。ピエール・ギシャールのように十世紀以前にムスリムは多数派となっていたと主張し、十世紀にこうした急激な変化が起こったことを疑う研究者もいるが、十二世紀初めのアンダルス社会が圧倒的にイスラーム化していたことはほぼまちがいなさそうである。

では大多数のスペイン人がムスリムに改宗した理由はなんなのか。とりあえず二つの理由が考えられる。第一に、ズィンミーとして自治を認められていても、ムスリムと比べれば、租税上も、また社会生活上もさまざまな不利益をこうむらざるをえなかったこと。第二にイブン・ハフスーンの反乱鎮圧後、イスラーム政権が強化され、政治的、経済的に安定し始めると、イスラームの支配にたいする抵抗感が減少したこと。

改宗者の増加は社会の急激な変化をもたらした。社会は日常生活上の慣行でも、施設や制度でもイスラーム化が強まったし、また新・旧のムスリムのあいだに微妙な軋轢《あつれき》が生まれた。たとえば社会的な地位という点では旧改宗者が比較的高い地位をえ、また宗教上でも旧改宗者はマーリク派に従ったのにたいし、新改宗者はアシュアリー派やスーフィズムを選ぶ傾向があった。

イスラーム化の進展とともにアンダルス的イスラーム文化が形成されてくる。それはハディース学や法学におけるアンダルス学派の確立、マシュリクへの留学者の漸減、十一～十二世紀のアンダルス詩の編集、マシュリクがアンダルスの学者を教師として招請したことなどにあらわれている。アンダルスのアラビア語化については二つの側面に区別して考えなくてはならない。第一に住民たちのアラビア語化で、その達成は十三世紀までかかった。もうひとつはアラビア語・アンダルス方言の確立で、それは十世紀までに確立していた。このアンダルス方言にはロマンス語の影響があり、たとえばアラビア語にはないPの音が発音され、また長母音にかえてアクセント音が用いられた。

このようにして成立したアンダルス社会は多様なエスニック集団から構成されていた。ムスリムが多数派を形成したが、そのムスリムはつぎの三つの集団からなる。第一にアラブはムスリム住民の一部でしかなかったが、政治的支配層、知識人や官僚層を構成した。彼らは最良の土地を所有したので、もっとも富裕な集団であった。それゆえに彼らの文化的影響力は大きかった。第二にベルベルはアラブより多く、軍事的に重要な役割をはたした。彼らの多くは山岳地に住んだ。第三にムワッラドはスペイン人でイスラームに改宗した人々で、最大の多数派を占めた。

マイノリティ集団はキリスト教徒とユダヤ教徒で、前者の大部分はアラブ化しモサラベ(アラビア語でアラブ化した者の意)と呼ばれた。彼らはとくに文化活動や経済活動で重要な役割を担った。

イスラーム法はキリスト教徒やユダヤ教徒をズィンミーとして位置づけ、彼らに自治を認めた。宗教活動の自由が認められたが、その自治は結婚、離婚、相続などの民法上の問題に限られたし、刑法上の訴訟の場合、一方の当事者がムスリムであれば、イスラーム法の裁判官によって裁かれるのが普通であった。ムスリム男性はキリスト教徒やユダヤ教徒の女性との結婚が認められたが、キリスト教徒とユダヤ教徒のあいだの結婚は禁止された。宗教的マイノリティが官職に就任する例は普通にみられ、たとえばコルドバのキリスト教徒社会の長ラビーウはハカム一世(在位七九六~八二二)に仕え、ユダヤ教徒のハスダイ・イブン・シャプルートはウマイヤ朝下で大臣や医者として仕えた。十一世紀のグラナダのズィール朝ではとくにユダヤ教徒が高い地位に就き、たとえばイブン・ナグレル家のサミュエルとジョセフは大臣(ワズィール)として仕えたが、これはベルベル人支配者とアラブ人エリートとのあいだの不安定な力のバランスのうえに築かれたものである。

イスラームの進出とともに、乗り物が変化したという事実は非常に興味深い。スペイン、北アフリカ、西アジアでは、イスラーム時代にはいると有輪の乗り物が完全に姿を消し、すべての長距離の乗り物はラクダか馬かロバになった。その理由は鞍の改良によってラクダが軍事的により有用性を高めたこと、同時にラクダによるキャラバン交易が有効になったこと、アラブ、およびベルベルの遊牧民が定着民を優越したこと、などが考えられる。アンダルスでは荷物運搬用の荷車があったことが知られているが、西ゴート時代からの土着の手工業者が製造したものと思われる。アンダルスでは軍人、支配者がラクダにのるのはまれで、多くは馬にのった。ザフラー宮殿にはカリフによって維持された巨大な馬小屋があった。商人や一般の人々が陸路で旅する場合は、ロバかラバが利用された。

ユダヤ教徒とキリスト教徒の社会

アンダルス社会におけるムスリム、キリスト教徒、ユダヤ教徒の三者の共存問題は、その実態の評価をめぐって大きな論争点になっている。スペインの形成をめぐるサンチェス・アルボルノスとアメリコ・カストロの有名な論争もまさにこの問題をめぐる論争であったといえる。前者は、イスラーム以前のスペイン人の気質は連続し、イスラーム時代の影響は表面的であったというのであり、後者は三者の共通の歴史的体験を重視する。おそらくもっとも真実に近いのはつぎのような説明であろう。(1)三者の共存というのは、あくまでもムスリムが優位のうえでの不平等な共存であり、(2)しかしながら言語と文化の面でアラブ化がほぼ完全に実現したことは事実であり(アラブの影響を表面的とみるのは無理がある)、(3)したがってアンダルスの高度なアラブ・イスラーム文化は三者の共同の作品、成果であった。(4)他方、アンダルスのイスラーム政権と北方のキリスト教諸国との関係は一時的に和平が結ばれることはあっても、基調は敵対的であった。

西暦一〇〇〇年ころまでにアンダルスのユダヤ教徒コミュニティは文化的にも、言語的にも完全にアラブ化していたが、同時にそれを自らの伝統と融合させながら独自の文化的成果をつくりあげていった。たとえばアラビア語の文法学や詩の影響を受けながら、ヘブライ語の言語学や詩を復活させ、また彼らによる哲学や文学の仕事の多くはジュデオ・アラビック(ヘブライ文字で書かれたアラビア語)で執筆された。他方でユダヤ教徒の精神的苦痛を記した書簡も残されている。十一〜十二世紀になるとムラービト朝とムワッヒド朝のベルベル人の侵入によってユダヤ教徒社会への迫害が強まり、彼らは大量にキリスト教スペイ

チェスを楽しむキリスト教徒とムスリム 13世紀，キリスト教徒の写本の挿絵に描かれたものであるが，共存と対立(最後には勝敗の決着がつく)のイメージが重なっているようにみえる。

ン領へと避難した。しかしこれは結果的にはキリスト教社会にアラブ・イスラームの知識や技術を伝えることになった。

キリスト教徒はユダヤ教徒と比べると、イスラーム文化への同化は遅く、アラブ化もゆっくりと進行したが、トレドのような都市では一〇八五年にキリスト教徒によりレコンキスタされたとき、モサラベのすべてがアラビア語の単一言語使用者であった。しかし、先に述べたようにアンダルス社会全体がアラブ化したのは十三世紀である。このころにはほとんどすべてのキリスト教徒がアラビア語を話し、アラブ文化を身につけ、いわゆるモサラベとなっていた。モサラベの大部分は農村の居住者であり、一方都市に住むスペイン人はほとんどがイスラームへの改宗者(ムワッラド)であった。モサラベという用語はラテン語史料にのみあらわれ、しかもイスラーム支配下に住むアラブ化したキリスト教徒を軽蔑的に呼ぶ呼称であった。モサラベの語の元とされるムスターラブ(アラブ化した者)というアラビア語は十九世紀になってアラブ学者たちが用いたのが最初であり、それ以前のアラビア語史料では、アンダルスのキリスト教徒をアジャミー(外国人)、ナスラーニー(キリスト教徒)、ズィンミー(安全を保障された者)、ルーミー(ローマの民)などと呼んでいた。

十世紀の修道院の結婚記録には、ヤフヤーとフィラーリア、イーサーとアルヘンティア、スライマーンとローバなど、アラブ名をもつモサラベ男性の名が多数みられる。これはモサラベがムスリム社会と文化的には同化していた例証であろう。ところが、モサラベはイスラームを攻撃する反駁《はんばく》の書やキリスト教徒の殉教や嘆きの書は記述したが、イスラーム諸学（コーランやイスラーム法の研究など）を正面から論じた著作はほとんど残さなかった。おそらく彼らにとって文化的同化とイスラームへの関心とはまったく別々のものであったのであろう。

ムスリムのなかの多様なエスニック関係

アンダルスのムスリムは基本的にアラブ、ベルベル、ムワッラドの三つの集団から構成される。アラブは少数派であったが支配的特権階層、土地所有者であった。ベルベルはアラブよりも人数が多く、たえずマグリブから供給され、軍人、あるいは農民層を形成した。ムスリムのうち圧倒的な多数派を占めたのが、ムワッラド（土着のスペイン人でイスラームに改宗した人々）であった。正確な人口はわからないが、六〇〇万～七〇〇万人と推計する研究者もいる。階層的には一番下で、農民、都市の手工業者、労働者、商人などからなっていた。

ベルベルはアラブ化してもアラブとのあいだの溝が完全に埋まるわけではなかった。それは労働が分化していたからである。さらにアラブはベルベルがハワーリジュ派やイスマーイール派に親近感をもっていたことに不信感をいだいていたといわれる。またベルベル人の増大する軍事力、政治力にたいする警戒感もあり、ハカム二世は彼の小姓や兵士などにベルベル風の服装や鞍を禁止することもあった。しかしベルベル人の力の増大とともにベルベル的服装が受け入れられていった。それをもっとも象徴的に示すのが、ムラービト朝君主ユースフがスペインに進出してきたとき、アルメリアのトゥジービー家の君主ムータスィムはベルベル風のフード付マントを着て迎えたという。それをセビーリャのムータスィムは堕落した行為として詩で風刺しているが、アラブのなかにあった反ベルベル感情は社会的上下関係の反映であった。他方で家系を偽ってもアラブであると主張するベルベルの出現はこうした背景から生まれてくる。

十〜十一世紀にかけて、スペイン人のイスラームへの改宗が進み、さらにベルベル人の急増およびベルベル人のムラービト朝による支配などによってアラブの特権的支配体制がくずれると、ムワッラドを含めてムスリム間での社会階層的差異はしだいに縮まっていった。

都市と農村

アンダルス地方は乾燥地農法が中心であったが、イスラーム時代にはいって灌漑技術が発達し著しい農業の発展がみられた。灌漑技術はアラブの発明ではないが、彼らは新しい技術をアンダルスに導入した。灌漑は河川から、自然水力または家畜によって汲み上げられる方法と井戸水からの直接汲み上げの二つの方法があった。汲み上げられた水が細かく分れた運河によって畑へと導かれた。アラブは肥沃な灌漑農地を、ベルベルは山岳地の牧草地や果樹栽培地を、ムスリムにせよキリスト教徒にせよ土着スペイン人は、一部の富裕な者は灌漑農地を、多くの者は乾燥地農法の土地をそれぞれ所有していた。灌漑とならんで水車の利用が農業の生産力を一層高めた。ムルシア、トレド、コルドバなど主要な都市に設置されていたが、十三世紀アンダルスの学者シャクンディーはガダルキビル川には五〇〇〇の水車があったと伝える。

アラブ・ムスリムはまた、オリーヴ、オレンジ、グレープフルーツ、アプリコット、サトウキビ、サフラン、レモン、米、綿など多数の新しい農作物をアンダルスにもたらした。新しい農業技術の利用と多様な農産物の収穫はアンダルスに一種の農業革命をもたらしたといえる。農業という観点からすれば当時のアンダルスはもっとも豊かな土地であった。農村の実態は一村当り一〇人から九〇人程度の小集落であったと推定されているが、史料的制約のため農業経営の実態など詳細はほとんど明らかになっていない。

豊かな農業社会が出現していたとしても、アンダルス社会が商業に基盤をおく都市文明であったことはまちがいない。それはコルドバ、セビーリャ、トレド、マラガ、グラナダなどの諸都市の繁栄やスペイン語にはいったアラビア語が商業や都市にかんするものが多いという事実などからもうかがい知れる。アンダルスの諸都市はローマ時代に築かれた都市のうえに建設されたものが多いが(コルドバ、セビーリャ、トレド、サラゴサ、バレンシアなど)、これらの大半はすでに廃墟になっていたのでイスラーム都市計画にローマ都市の形態的影響は小さい。イスラーム都市の規模は当時の西欧の都市と比較してかなり大きかった。トーレス・バルベスは大モスクの収容人数から人口を推算したが、それによるとコルドバは八世紀二万五〇〇〇人、十世紀一〇万人、後ウマイヤ朝の衰退後、経済活動が活発になり地方都市が発展し、セビーリャは十世紀五万二〇〇〇人、十一世紀八万三〇〇〇人、トレドが十世紀二万八〇〇〇人、十一世紀三万七〇〇〇人、グラナダが十世紀二万人、十一世紀二万六〇〇〇人、サラゴサが十世紀一万二〇〇〇人、十一世紀一万七〇〇〇人となっている。

都市にはムスリムの多数派とユダヤ教徒とキリスト教徒のマイノリティが住んでいたが、十一世紀以降、モサラベは極端に少なくなっていった。ユダヤ教徒は自らの内壁と門に囲まれた街区に住み、モサラベはムスリム住民のなかに混住するのが普通であったが、たとえばバレンシアではモサラベの居住が独立し、またグラナダやサラゴサにはベルベル人の居住区が存在していた。また都市生活は城外の果樹園や灌漑耕地まで広がり、また都市エリートはしばしば農村に住居をもっていた。

アンダルスでは農村の各地で週市が開かれていた。村の古地名にアルバとかラルバとあるのは、水曜日(アルビアーの訛り)に市が開かれていたなごりであり、タラーテル村は火曜(サラーサーの訛り)市のなごりであろう。コルドバなど一部の都市を除き、都市に常設市がおかれるようになったのは十世紀末以降であった。都市化とともに国家の統制も強まり、ムフタスィブ(市場監督官)という役人が任命され、彼は度量衡の管理、手工業者による贋作や食料製造業者による不純な混ぜ物のチェック、公共の安全や秩序(道路の汚れ、明かりなど)の維持、風紀の取り締まり(ヴェール、華美な服装など)などを職務としていた。

アンダルス社会の著しい特徴は貨幣経済の発達である。それは北方のキリスト教スペインが農業と牧畜に基盤をおく社会であったのと好対照をなす。アンダルスでは後ウマイヤ朝の創始者アブド・アッラフマーン一世が銀貨(ディルハム)を導入して以来、銀本位制の時代が続いたが、アブド・アッラフマーン三世の時代の十世紀初めにスーダン(西アフリカ)から金が流入すると金貨(ディーナール)を鋳造し、金・銀の複本位制になった。後ウマイヤ朝下のアンダルスでは商業の発達を支えたのは西アフリカからの金の流入に加えて、キリスト教スペイン諸国から貢納として徴収した銀や奴隷、アンダルスで生産された絹織物、鋼《はがね》（剣や刃物の製造用）、木材などの輸出による利益であった。こうしてアンダルス社会は高物価、高賃金の経済ブームをむかえ、マシュリクからアンダルスへ手工業者や労働者が移住するようになった。アンダルスの交易活動はマグリブ地域を中心に世界に広がり、旧カイロ（フスタート）のシナゴーグから発見されたゲニザ文書（十〜十三世紀のユダヤ教徒の生活史料）によれば、イランのホラーサーン出身のユダヤ教徒がセビーリャに来て織物を売り、アンダルスのユダヤ教徒商人がパレスティナやシリアで商売をしていた。またインドの銅製の洗面器が大量にアンダルスに運ばれ、コルドバ近郊のザフラー宮殿からは中国の宋代の陶器が発掘されている。

カリフ、ヒシャーム二世時代の侍従（ハージブ）マンスールが九八〇年代に調査させた記録をみると、アンダルスの都市の繁栄ぶりがよくわかる。当時のコルドバには、庶民の住宅が二一万三〇七七軒、高官や貴族の邸宅が六万三〇〇軒、店舗が八万四五五軒もあった。イブン・ハイヤーン（九八七年ころコルドバ生まれ）によればコルドバには一六〇〇のモスクがあった。またハカム二世はザフラー宮殿に図書館を建て、四〇万巻とも六〇万巻ともいわれる図書が集められた。

しかしレコンキスタの進展とともにキリスト教スペインがアンダルスの中心部を支配するようになると、しだいにイスラーム支配下のアンダルス経済は勢いを失っていった。

アルハンブラ宮殿のライオンの間

アンダルス文明の偉大さ

ある文明が偉大であるかどうかをはかる基準をみつけるのはむずかしい。ワットという歴史家は、便宜的な判断基準としてではあるが、「古典の地位」を占める学者、思想家、芸術作品をどのくらい生み出したか、という考えを提示している。この場合の古典とは人類の文明に普遍的価値をもつ作品と理解できよう。それによれば哲学者のイブン・トゥファイル(ラテン名アブ・バケル)、イブン・ルシュド(ラテン名アヴェロエス)、スーフィー思想家のイブン・アラビー、歴史家イブン・ハルドゥーンの四人はまちがいなく第一級の学者たちである。これについで第一級ではないかもしれないが、詩人のイブン・ハズムや哲学者イブン・バーッジャ(ラテン名アヴェンパケ)など数多くの学者が輩出された。

建築の価値の評価はその精神性と関連させうるか否かという問題がからむだけに余計にむずかしい。ましてやイスラームという宗教を肯定的にみようとしない人々にとって、その建物の美しさは必ずしも文明の価値とはならない。しかしこのような評価はバイアスのかかった精神性によって美の本質を見失いかねない。美しさ、それ自体が重要な文化の尺度になりうるのではないか。アルハンブラ宮殿とコルドバの大モスクは美の本質に迫る高度な芸術性を有している。このような点でアンダルスのイスラーム文明は本質的に偉大であったといってよいだろう。

6　ムワッヒド朝滅亡後のマグリブとアンダルス

マリーン朝

ムワッヒド朝の滅亡とともにその領域は四つのイスラームの国家に分割された。モロッコのフェスにはマリーン朝が、アルジェリアのトレムセンにはザイヤーン朝(アブド・アルワード)が建国された。ともにザナータ系ベルベル人の王朝である。ムワッヒド朝のチュニス総督によってチュニスに建国されたハフス朝はムワッヒド朝の後継国家を自任し、チュニジア地方と東部アルジェリアを支配した。またアンダルスにはグラナダを拠点に最後のイスラーム王朝であるナスル朝が成立した。ムワッヒド朝のあと、マグリブに成立した三つの王朝では宗教的イデオロギーは弱く、むしろ政治的な動機から王朝が建設された。

マリーン族は元来アルジェリア東部のビスクラ地方で遊牧生活を送っていたが、十一世紀なかばにカイロのファーティマ朝が送り込んだアラブ遊牧民(ヒラール族とスライム族)の襲撃を受け、西方に移動しモロッコ東部のシジルマーサとムルーヤ川のあいだの砂漠地域で遊牧するようになった。マリーン族はムラ

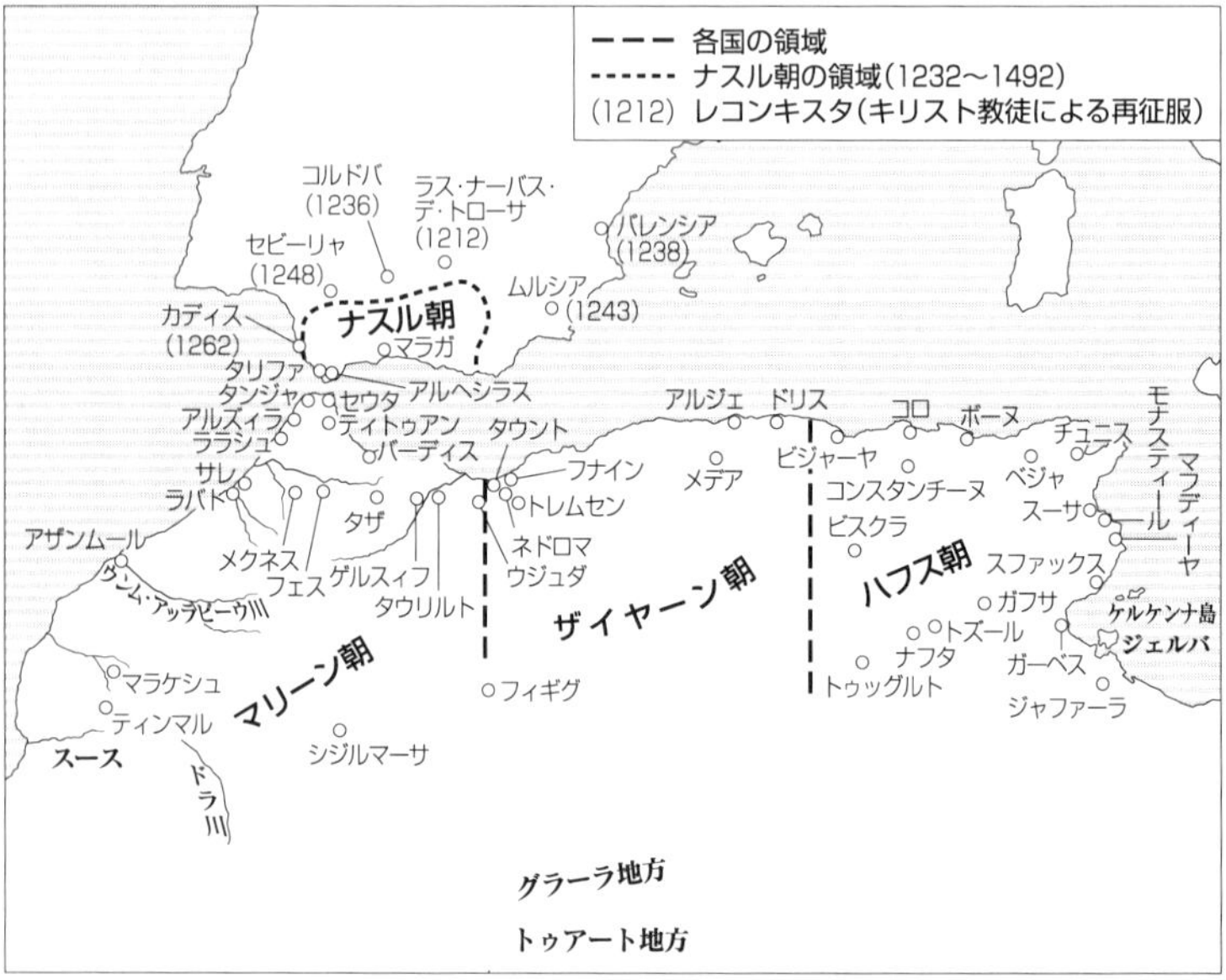

13世紀末のマグリブとスペイン

ービト朝期には歴史の表に顔をださなかった。ムワッヒドの時代になると最初は同王朝への服従を拒否して砂漠に退いたが、一一九五年のアンダルス遠征(アラルコスの戦い)には参戦して多額の戦利品を手にいれた。しかしマリーン族によるモロッコ北部への進出が始まるのは、ムワッヒド朝がアンダルスで決定的敗北を喫した「ラス・ナーバス・デ・トローサの戦い」以後である。マリーン族は大挙してモロッコ北部に進出し、十三世紀なかばまでにフェス(一二四八年征服)やメクネスを奪い、最終的には一二六九年マラケシュを征服してムワッヒド朝を滅ぼした。

王朝の始まりと終わりをいつに定めるかはむずかしい問題であるが、史料によればマリーン族を統合してムワッヒド朝北部への進出を開始したアブド・アルハック(一二一七年没)は初代アミール、フェスをはじめモロッコ北部を領有したアブー・ヤフヤー(一二五八年没)は最初の王(マリク)と呼ばれた。アミール・アルムスリミーン(ムスリムたちの長)という称号を最初に用いたのはアブー・ユースフ(在位一二五八〜八六)である。この称号が代々のマリーン朝スルタンによって使用され、また彼によってムワッヒド朝が征服されたことから、アブー・ユースフを建国者とする見方が多い。王家は出自はベルベルであっても、すでにアラブ化していたと考えられる。

マリーン朝はスペインへの遠征をしばしばおこなった。アブー・ユースフは自ら軍を率いて四度(一二七五年、七七年、七九年、八二年)も遠征をおこなったが、ナスル朝を倒してスペインを領有する意図はなかった。むしろキリスト教徒へのジハードを率先しておこなうことで王朝の宗教的イデオロギーの欠落を補い、マリーン族を蔑視するフェス市民(とくにアラブ系のイスラーム指導者層)を体制内に取り込もうとする意図があった。王朝によってフェスにアブー・イナーン・マドラサやアッターリーン・マドラサなど多数のマドラサが建設されたのもウラマー層の支持をえようとする意図からであった。政治的混乱はたえなかったが、偉大な歴史家イブン・ハルドゥーンは一時この王朝で国璽《こくじ》書記官として仕

イブン・ハルドゥーンの像　チュニス市内のブルギバ通りにある。彼の生家といわれる旧家はチュニス旧市内にある。

え、また大旅行家イブン・バットゥータがアブー・イナーン王(在位一三四八〜五八)の命に応じてフェスの宮廷で旅の話を語った。『諸都市の新奇さと旅の驚異にかんする観察者たちへの贈物(通称では、大旅行記)』はそれを宮廷書記のイブン・ジュザイイが書き取ったものである。

マリーン朝社会ではスーフィズムとともにシャリーフ(ムハンマドの血統)の家系にたいする崇拝が強まりつつあった。一四六五年フェスの民衆たちはスルタン、アブド・アルハックを襲撃、殺害した。マリーン朝はこのような劇的な最期をとげるが、その後に七年間の短命ではあったにせよ、シャリーフ政権が成立した。それは、社会のなかにシャリーフ崇拝の高揚があったからである。かくしてモロッコ史の展開はマリーン族の一派ワッタース朝(一四七一〜一五五〇年)をへて、シャリーフ政権サード朝(一五〇九〜一六四一年)へといたることになる。

ハフス朝

ハフス朝とはムワッヒド運動の創始期イブン・トゥーマルトに従ったアブー・ハフス・ウマル(一一七六年没)に由来する名で、出自はマスムーダ系ベルベル人に属するが、ハフス家は完全にアラブ化していたであろう。ハフス家はムワッヒド朝下でチュニスの統治を任されていた。ムハンマド・ブン・アブー・ハフスは一二〇七年からマラケシュのムワッヒド朝カリフから事実上自立をしていたが、カリフ、マームーンが二九年イブン・トゥーマルトの教義を否定したのを契機に、正式に独立を宣言した。ハフス朝は正統のムワッヒド朝の後継国家を自任していたので、一三一一年までイブン・トゥーマルトの名で金曜礼拝のフトバが読み上げられていた。王朝権力はムンタスィルの治世(一二四九〜七七年)下に強大となり、一二七〇年第七回(第八回とする説もある)十字軍のチュニス攻撃を撃退、フランスのルイ九世(聖王ルイ)はそこで戦死した。またアッバース朝カリフの後継者を主張し、カリフの称号(アミール・アルムーミニーン)を名乗る合法性をメッカのシャリーフから与えられた。

ハフス朝は地中海の真中に位置する、その戦略的位置をうまく利用し、交易活動や商業活動によってたいへん栄えた。十三世紀にはイタリアのジェノヴァ、ピサ、ヴェネツィア、スペインのアラゴンなどの商人たちは、ハフス朝スルタンと通商協定を結んでチュニスに領事(コンスル)をおいて自国の在留者を保護し、さらにボーヌ、ビジャーヤ、スファックス、ガーベス、ジェルバ島などにフンドク(商館。倉庫および避難所として機能)を設けて交易活動の便宜をはかった。しかし十五世紀になるとハフス朝の宮廷内の紛争が激しくなり、さらに地中海岸は海賊たち(いわゆるバルバリア海賊)の活動が目立つようになった。十六世紀にはハフス朝の権威はもはや首都のチュニスとその周辺にしかおよばなくなっていたが、東方からバルバロッサ(赤ひげ)兄弟の名で恐れられていた水軍(トルコ系軍人が主体だが、正式のオスマン朝軍ではない)の海賊的行為が活発化した。彼らは一五一六年アルジェを占領すると、そこを拠点にしてアルジェリアとチュニジアの沿岸都市をしばしば襲撃し、三四年弟ハイル・アッディーンがチュニスを征服した。ハフス朝スルタン、ハサンはスペインに援軍を依頼したので、神聖ローマ皇帝(ハプスブルク家)で、スペインの王位もかねたカルロス五世(在位一五一九〜五六)が一五三五年チュニスを攻撃し、ハイル・アッディーンの軍を撃退し、ハサンを復位させたが、この再征服に際し、わずか三日間であったが、徹底的な略奪と破壊がおこなわれた。結局、ハフス朝はオスマン海軍を率いたスィナン・パシャにより一五七四年征服された。最後のハフス朝スルタン、ムハンマドはイスタンブルに捕虜として連れていかれた。

ザイヤーン朝(アブド・アルワード朝)

マリーン朝と同様に、遊牧のザナータ系ベルベル族に属し、その一派アブド・アルワード族のなかのザイヤーン家がスルタン位を占めた。同王朝も最初はベルベル語を使用していたとしても、しだいにアラブ化していった。ムワッヒド朝にたいしてマリーン族は服従を拒否したので砂漠に退いていたが、ザイヤーン朝は忠誠を誓うことでムワッヒド朝からオラン西方の領域を与えられ定住した。

ムワッヒド朝の衰退後、アルジェリアのトレムセンを都にして一二三六年スルタン、ヤグムラーサン・ブン・ザイヤーンにより建国された。マリーン朝とハフス朝に挟まれきわめて不安定であり、一三三七～四八年と五二～五九年の二回にわたってマリーン朝の支配下におかれたが、首都トレムセンはサハラ交易によって栄えた。しかし一四九二年のグラナダ陥落をピークに多数のムスリムやユダヤ教徒が流入し、また地中海の沿岸には西方からスペインやポルトガルの勢力が進出し、東方からオスマン帝国軍の脅威が迫り、さらに国内ではアラブ遊牧民の活動が強まった。こうした激動の十六世紀前半、ザイヤーン朝は周辺の諸勢力によってかわるがわるその属国の地位におかれた。すなわち一五〇九年オランのスペイン、一五一七年アルジェのトルコ、ふたたびスペイン、トルコ、さらにモロッコのサード朝というように支配者が交替し、結局は一五五四／五年アルジェのオスマン帝国軍がサード朝を撃退し、ザイヤーン朝を滅ぼした。

ナスル朝

ムワッヒド朝が去ったあと、スペインではレコンキスタの勢いがますます強まるなか、指導者の一人、ムハンマド・ブン・ユースフ(イブン・アフマル)は一二三二年ハーエンの近くに小国を建設したが、三七年または三八年グラナダに入城し、そこに遷都した。これがグラナダのナスル朝の起源である。王家はメディナのアラブ系子孫であった。コルドバが一二三六年、セビーリャが四八年にキリスト教徒の手中に落ちるなかで、ナスル朝は一四九二年まで長期間独立を保つことができた。北のキリスト教勢力とも南のマリーン朝勢力とも友好関係を保つという巧みな外交政策に加えて、山岳地という地形が防衛に適したからであろう。イスラーム国家としての意識が強く、ムスリムの亡命者を受け入れ、アラビア語を唯一の言語とした。国内にはユダヤ教徒はいたが、モサラベはほとんど存在しなかったようである。小国ではあってもアルハンブラ宮殿に代表される高度な芸術と文化が栄えた。

キリスト教徒側の内紛やマリーン朝の援軍などにより、レコンキスタの勢いが、一時的にとまることはあっても、ナスル朝の長期政権はじり貧でしかなかった。アラゴンとカスティーリャの合併(一四七九年)によりキリスト教徒軍のグラナダ攻撃が激しくなると、最後の王ムハンマド十一世(ボアブディル)は城の明け渡しに調印し、ついに一四九二年ナスル朝が滅んだ。ここに七一一年から存続していたイベリア半島におけるイスラームの政治権力は消滅した。彼は城をでると、ジブラルタルをこえてモロッコに渡り、それからトレムセンにいき、そこで一四九四年死去した。

第四章　東アラブ世界の変容

1　軍人政権の台頭――分裂する国家

異民族の軍人政権

十世紀前半から、東アラブ世界の各地では、軍人が政治権力を掌握し、地方に政権が割拠する。アッバース朝の都バグダードやファーティマ朝の都カイロですら、軍人政権の争奪の場となった。このような状態は、オスマン帝国が地中海沿岸域を、サファヴィー朝がイラン地域を統一する十六世紀初頭まで続いた。しかし、ムスリムの歴史家たちは、このような現象をけっして否定的にとらえてはいなかった。神は、イスラームの共同体の秩序を守り、繁栄を維持させるために、これらの軍人をつかわせたと考えた(十五世紀の歴史家イブン・ハルドゥーン)。そして、軍人政権の登場とともに、行政、経済、社会、文化のいずれの面でも変化が生じ、この時期は、その前後の時代と対比して、中世と呼ばれる。

これらの軍人の多くは、トルコ系、イラン系、モンゴル系などの遊牧民出身者で、彼らが台頭したのは、

馬上の騎士(17世紀のミニアチュール)

馬にのり、弓矢を用いた戦さにひいでていたためである。彼らは、カリフやスルタンなどの君主によって、軍事用の奴隷(マムルーク)として購入される場合と、セルジューク朝のように、族長の指揮のもとに集団でアラブ世界にはいってくる場合とがあり、やがて前者のマムルークが、軍人の主流を占めるようになった。いずれにしても、東アラブの中世国家は、異民族の軍人による支配体制ということができる。

馬にのって弓矢を射る戦士が政治権力を握るということは、同時代の西欧の騎士、日本の武士の支配と共通する現象ではあるが、支配者が在地の住民からみれば異民族出身者であったこと、そして多くが奴隷身分出身者であったことは、大きな相違点としてあげられる。だからといって、軍人政権による支配は、むきだしの暴力に基づく支配ではなく、軍人として登用される際にはイスラームに改宗し、君主や地方総督として統治にあたる際には、イスラームを保護し、イスラーム法に則《のっと》って行政をおこなった。

第二は、行財政の変化である。国家はこれらの軍人にたいして、俸給として徴税権を与え、軍人は当該の地域から自ら税を徴収して部下や家族や馬を養った。授与された徴税権限をイクターと呼ぶ。このようなイクターの授与は、ブワイフ朝が、イラクのサワード地域でおこなったのが最初とされる。以後、セルジューク朝時代には、イランからシリアへと拡大し、アイユーブ朝時代には、エジプトでも施行された。マムルーク朝時代には、検地がおこなわれ、イクターの授与を通じた軍人と農村の管理体制が確立された。

異民族で異教徒の出身である軍人たちが、イスラームの理念と法に従って、統治をおこなうためには、イスラーム法の専門知識と技術を備えたウラマー(学者・知識人)の協力が不可欠であった。アッバース朝時代からすでに、法学者は政治や行政に参与を始めていたが、十世紀以降は、軍人の君主は、宰相(ワズィール)やカーディーなどの要職にウラマーを任命し、モスクやマドラサなどの宗教施設を積極的に建設し、ウラマーの側も、官職や権益を求め行政に参画した。君主やアミールらの軍人層とウラマーのあいだには、相互協力関係が生まれ、このような関係を築くことによって、統治者は、即位や戦争や徴税といった統治の節目において、ウラマーから政策の承認をえることができた。主要都市のマドラサで法学を学んだウラマーは、都市の裁判官としてあるいは行政官として実務に携わり、イスラーム法は、個別の王朝の領域をこえた普遍の法として広まり、適用された。

経済の面では、アッバース朝時代の前半に、地中海とインド洋を結ぶ国際的な交易網が成立し、農業技術の改善とあいまって、バクダードを中心とする繁栄をむかえていた。遊牧民族が西アジアへ進出したのは、イスラーム世界の富を求めてのものといえる。しかし、ティグリス・ユーフラテス川からペルシア湾を経由するルートは、アッバース朝の政治的動揺によって衰え、これにかわって南の紅海経由や北方の草原ルートが活発になった。経済の中心は、イランやエジプトやシリアに移動し、これらの地域で都市と商業が発展した。軍人支配者は、ワクフ制度によって、都市に宗教施設を建設し、商店や隊商宿などの経済施設を寄進した。宗教施設はウラマーの、経済施設は都市の商人や職人の活動を支えた。

異民族出身の軍人の流入、商業や学問の交流による人間の移動によって、社会階層のうえでも、また空間的にも、人の垂直的・水平的な移動が活発になり、パーソナルな絆に基づいたさまざまな集団が形成され、社会生活の基盤となった。神を頂点としたイスラーム共同体という理念のうえに、君主と軍人とのあいだの君臣関係、統治者と臣民の関係、商取引関係などが、いずれも神を媒介とした契約によって結ばれた。また、都市や農村では、名士のリーダーシップによって、地域の安全や秩序の維持がはかられた。ウラマーやスーフィーのあいだでは、師弟関係を軸とした法学派や教団が結成され、国家をこえたネットワークをつくりあげた。

以上のような変化は、ブワイフ朝とファーティマ朝の時代に始まり、セルジューク朝時代の軍人とウラマーの共同統治のシステムは、十字軍やモンゴルの侵入を契機にしながら、エジプトやシリアに移植されていく。マムルーク朝はその到達点ということができるだろう。以下、このような時期区分にそって、社会の変化と統合の様相をみていこう。

大アミールの任命

十世紀にはいると、アッバース朝は、統一帝国としての政治的な力を失っていた。北アフリカでは、モロッコのイドリース朝(七八九～九二六年)、アルジェリアのルスタム朝(七七七～九〇九年)、チュニジアのアグラブ朝(八〇〇～九〇九年)が、あいついで独立の政権を築いた。エジプトは、カリフの王子が州総督を務める帝国の税収源であったが、トルコ人マムルークの息子であったアフマド・ブン・トゥールーンが、八六八年にカリフ政権からの自立を明らかにした(トゥールーン朝、八六八～九〇五年)。東方でも、ホラーサーン地方でターヒル朝(八二一～八七三年)が、やがて、アリー朝(八六四～九二八年)やサッファール朝(八六七～十五世紀末)が独立して、アッバース朝の支配から離脱し、その領土を脅かした。

チュニジアのアグラブ朝やエジプトのトゥールーン朝は、アッバース朝のカリフの名でフトバ(モスクでの金曜日の礼拝に先立つ説教)をおこなうとともに貢納金を納め、カリフの宗主権を認めていた。しかし直接の支配領域の減少は、税収入の減少を意味し、アッバース朝はイラク、イランの一部から税収をえるだけになっていた。これらの地域は、農業生産の中心地で、しかも、ティグリス・ユーフラテス両川からペルシア湾にかけては、交易上の要地であったから、通商上の利益を望むことができた。これらの領土を確保するために、カリフは、トルコ人マムルークをはじめとする軍人を必要とし、彼らをどのように扶養し管理するかが、焦眉の課題となっていた。

財政危機にたいする対応策として、二つの方法がとられた。第一は、軍人にたいして、イクターや徴税請負などの権限を与えることであったが、これは、有力な軍人による地方分権を招く危険があった。第二の方策は、軍事と徴税を分離し、行政官吏による徴税体制を維持して税収を確保し、軍人の俸給を支給することであった。いまひとつの争点は、都市と農村の税収の比重の問題であった。アッバース朝の財政は、基本的には、農村の地租に立脚し、都市の有力者や商人は税を逃れ蓄財していた。農村の荒廃による税収

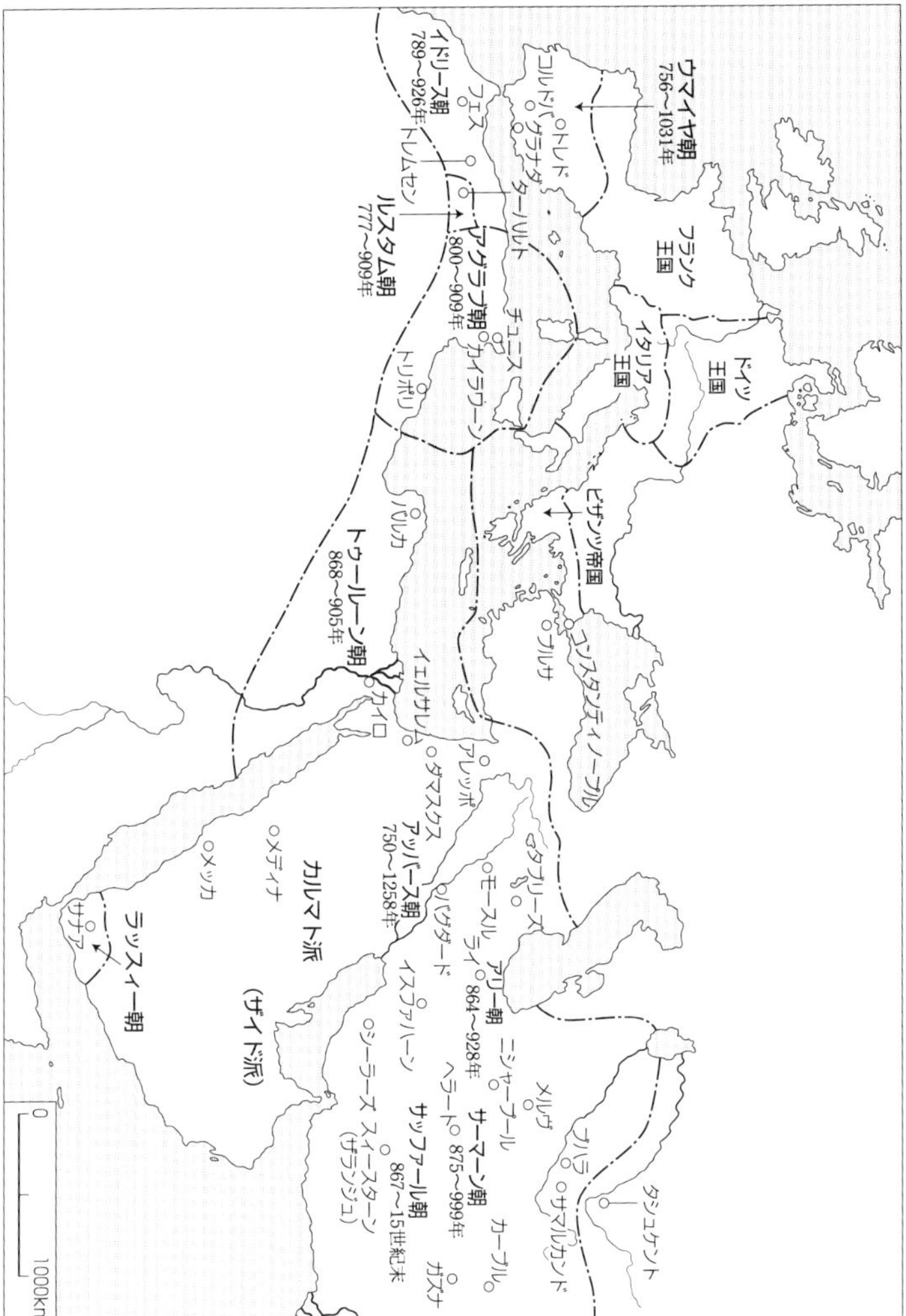
ウマイヤ朝
756～1031年
トレド
コルドバ
グラナダ
イドリース朝
789～926年
フェス
トレムセン
ターハルト
ルスタム朝
777～909年
アグラブ朝
800～909年
カイラワーン
チュニス
トリポリ
フランク
王国
ドイツ
王国
イタリア
王国
ビザンツ帝国
コンスタンティノープル
ブルサ
バルカ
トゥールーン朝
868～905年
カイロ
イェルサレム
アレッポ
ダマスクス
アッバース朝
750～1258年
タブリーズ
モースル
バグダード
ライ
アリー朝
864～928年
イスファハーン
シーラーズ
ニシャープール
メルヴ
ブハラ
サマルカンド
タシュケント
ヘラート
サーマーン朝
875～999年
カーブル
ガズナ
サッファール朝
867～15世紀末
スィースターン
(ザランジュ)
カルマト派
(ザイド派)
メディナ
メッカ
ラッスィー朝
サナア
0
1000km

900年ころのイスラーム世界

の減少を補うために、都市や交易にたいする課税を強化するという方策があった。このような政策上の対立は、軍人と書記官僚の対立、書記官僚同士の抗争(保守派のジャッラーフ家と改革派フラート家の対抗)と絡み合い、カリフやワズィールの地位をめぐる争いが続いた。

九三六年に、アッバース朝カリフのラーディー(在位九三四〜九四〇)は、バスラとワースィトの総督であるイブン・ラーイクをバグダードに呼び、大アミールの称号を与えた。このとき、彼には、軍隊の指揮権と帝国全土のハラージュ地、私領地、鉱山の管理権が与えられ、フトバで、彼の名が唱えられることが命じられた。これは、カリフ以外の人物に、統治権が委ねられ、軍人が軍隊の指揮権と統治権をともにえたことを意味する。こうして、カリフは、軍人に、軍事と徴税という国家の最大の権限を委ねるという道をとった。

ダイラム人のブワイフ朝

九四六年一月に、ブワイフ家の三男アフマドがバグダードに入城し、カリフのムスタクフィー(在位九四四〜九四六)から大アミールの職に任命され、ムイッズ・アッダウラの称号を授かった。これ以降一世紀にわたって、ブワイフ家の大アミールが、カリフにかわってイラクを統治した。

ブワイフ家の発祥の地は、カスピ海の南西岸の峻険な山岳地帯(ダイラム)で、九世紀末以降シーア派系のザイド派が布教し始め、そのイマームのもとで改宗者をふやしていた。漁師ブワイフの子であるアリー、ハサン、アフマドの三兄弟は、ギーラーン地方を統治するズィヤール朝(九二七〜一〇九〇年頃)のもとで、

神聖
ローマ
帝国
フランス
王国
ウマイヤ朝
756～1031年
レオン王国
ナヴァラ
王国
トレド
コルドバ
グラナダ
ブルガリア王国
ビザンツ
帝国
コンスタンティノープル
ブルサ
ディヤルバクル
マルワーン朝
990～1085年
ミルダース朝
1025～80年
タブリーズ
ウカイル朝
990～1096年
ライ
モースル
バグダード
(アッバース朝カリフ)
カラ・ハーン朝
840～1212年
タシュケント
ブハラ
サマルカンド
メルヴ
バルフ
ニシャープール
カーブル
ヘラート
ガズナ朝
977～1186年
ガズナ
チュニス
アルジェ
ズィール朝
972～1148年
フェス
トレムセン
ベルベル君主
ハンマード朝
1015～1152年
トリポリ
バルカ
アラブ遊牧民
アレッポ
ダマスクス
イエルサレム
ブワイフ朝
932～
1062年
イスファハーン
シーラーズ
カイロ
ファーティマ朝
909～1171年
メディナ
メッカ
0
1000km

1000年ころのアラブ世界

ダイラム人歩兵を率いて戦さに加わって頭角をあらわし、九三四年にはファールス地方を手中にした。続いて、アフマドはキルマーン地方からバグダードに進出し、ハサンはズィヤール朝からジバール地方を奪った。三人は、それぞれの地域を独立して統治する体制をとった。

ブワイフ朝の勢力の拡大を支えたのは、第一に、ダイラム人の歩兵隊で、第二は同族の絆であった。山岳地帯に住むイラン系のダイラム人は、サーサーン朝時代から忍耐強く勇敢な歩兵として知られていた。一族は、おもに年長者が族長として指揮をとったが、その地位は、すべての王子が継承権をもち、アリーの死後は弟のハサンへ、ハサンの死後はその子のアドゥド・アッダウラとファフルへ、その後はアドゥド・アッダウラの子へと移った。第三には、在地のイラン人の地主層と協力関係を築いたことで、彼らをワズィールなどの官僚に登用したり、徴税を請け負わせたりした。

ブワイフ家は、軍事能力によってのしあがったが、出自の点でも宗教の点でも、権威をもたなかった。このために、まずアッバース朝カリフによる権威の承認が必要であり、大アミールの職に任命されるとともに、歴代の大アミールは、ダウラ(国家)の守護者を意味する称号を授与された。また、ペルシア語でシャーハンシャー(王中の王)の称号も名乗り、イランの王の概念を利用した。

ブワイフ朝の統治

ブワイフ朝の支配領域は、イランとイラクにまたがっていたが、その中心はシーラーズを中心とするファールス地方で、豊かな穀倉地帯であり、また官僚層の輩出源となっていた。本巻では、イラクの統治を中心にして述べる。

ブワイフ朝の軍隊は、ダイラム人の歩兵勢力を基盤としていたが、ファールス地方にはいって以降は、トルコ人騎兵を採用し始めた。バグダードに入城したときの軍隊は、ダイラム人、ギーラーン人、トルコ人の三者からなり、このほかアラブやクルドの兵が加わることもあった。トルコ兵は、マムルーク(奴隷軍人)出身者で、ブワイフ朝がトルコ人マムルークを採用したのは、第一に、広大な領土を支配するために、機動力に優れた騎兵を必要としたからである。第二には、ダイラム人の族長たちは、ブワイフ家の家臣ではなく同等の立場を主張し、過大な報償を求めたりしたため、これを牽制し、君主としての権力を強化するために、忠実なトルコ人マムルークを用いたのである。

ムイッズ・アッダウラは、バグダード入城をはたしたすぐあとに、ダイラム人の高官とトルコ兵の高官と将兵にたいして、俸給にかえて、サワード地方の政府や民間の私領地(ダイア)の政府の取り分(税収分、収穫の約三分の一)をイクターとして授与した。このような措置をとったのは、俸給の支払いを求めてダイラム人が暴動を起こし、政府の側ではほかの財源がなかったからである。君主は、給与面でもトルコ騎兵を優遇したが、このようなトルコ人の優遇策は、ダイラム人の反発をかい、両者の対立が政治の安定を脅かした。

ブワイフ朝は、配下の軍人はもとより、対立したハムダーン朝(九〇五～一〇〇四年)やカルマト派にたいしても、講和とひきかえにイクターを授与した。イクターの授与は、ヨーロッパや日本の中世社会における封土や知行のように、君臣関係の絆としても用いられたが、通常は、当該地域やその領民にたいする裁判・行政権(領主権)をもつことはなかった。イクターの授与の際に税収高を定めなかったために、イクターを与えられた軍人たちは、農民から不当に税を収奪し、徴収にあたる奴隷兵や代理人や書記官が収入を横領したりしたため、農村は荒廃していった。

ブワイフ朝の衰退

ムイッズ・アッダウラは、無骨な武人で、アラビア語もほとんど話さなかった。このため行政は、ワズィールのムハッラビーに委ね、ワズィールは、君主と臣民の仲介役を務めた。ムイッズ・アッダウラの死後、息子のイッズ・アッダウラ(在位九六七~九七八)が後を継いだ。九七三年には、ビザンツ軍がシリア方面に進出し、イッズ・アッダウラはトルコ人将軍のサブクタキーンとともに遠征に出立したが、その間隙をぬって、ハムダーン朝がバグダードを包囲した。バグダードでは、トルコ兵とダイラム兵の対立が深まり、サブクタキーンが一時町を制圧し、イッズ・アッダウラは、ファールスのアドゥド・アッダウラの援軍をえて、九七五年にようやくバグダードに戻った。

アドゥド・アッダウラは、九七八年にイッズ・アッダウラの軍を破ってバグダードにはいった。彼は、ハムダーン朝からモースルを奪い(九七九年)、バグダード周辺のアラブ遊牧民の活動をおさえ、これらの地域からの税収によって、軍人に給与を支給し、軍人の暴動も沈静化した。また、バグダードの運河などの復興をおこなった。

しかしアドゥド・アッダウラが死去すると(九八三年)、ブワイフ朝の王子のあいだでの君主位をめぐる争いが再燃し、ダイラム軍人とトルコ軍人、および文官のさまざまな勢力がこれに加担し、内紛は激化していった。モースルは、九九六年にウカイル朝(九九〇～一〇九六年)のムカッラドに奪われ、ウカイル朝の勢力は南下し、一〇〇一年にはバグダードまで迫った。バグダード市内では、軍人の対立に加えて、スンナ派とシーア派の宗派対立が生まれ、またアイヤールーンと呼ばれるヤクザ集団が街区を根城にして、略奪や襲撃を繰り返し、治安は悪化した。農村部の荒廃に加えて、商業や交易もとだえ、イラク地方自体の経済が衰退した。困窮は大アミールにもおよび、ジャラール・アッダウラ(在位一〇二五～四三)は、扶養できない従者を解雇し、馬を解き放つほどであった。東方からは、トルコ系軍人のガズナ朝やセルジュ一ク族が西進し、ブワイフ朝の栄華は、風前のともしびとなっていた。

シーア派とスンナ派

ブワイフ家とダイラム人は、シーア派に親近感をもっていたため、バグダードやイラクでは、シーア派が興隆した。クライニーやシャイフ・アルムフィードなどのシーア派学者は、ブワイフ朝のワズィールの保護を受け、十二イマーム派の「隠れイマーム(ガイバ)」の理論を強化した。

ムイッズ・アッダウラは、九六二年に、「初代と二代のカリフは、アリーに委ねられるべきカリフ位を簒奪した」とのスンナ派にたいする非難をバグダードの壁に書かせ、翌年には、シーア派の祭礼(ガディール・フンムの祭り、アーシューラーでのフサインへの哀悼など)を奨励し、市民のアリー家の墓廟への参詣が盛んになった。ダイラム人がシーア派を支持したのにたいし、トルコ軍人はスンナ派を支持したため、宗派問題は政治の争いにも絡んだ。

スンナ派の側でも、これに対抗する意識が強まり、ヒジュラのときに預言者とアブー・バクルが洞窟に隠れたことを記念する「洞窟の祭り」が挙行され、これはシーア派のガディール・フンムの祭りの八日後にあたっていたため、暴力沙汰に発展することがあった。また、カリフのカーディル（在位九九一〜一〇三一）は、ファーティマ朝カリフに対抗し、一〇一八年に、「四人の正統カリフはすべて崇敬されるべし」という布告を発し（カーディリーヤ宣言）、カリフ位簒奪というシーア派の主張を否定した。カリフの宣言は、バグダードの市民やガズナ朝のマフムードの支持を受けた。シーア派とスンナ派がともにあいいれない教義を掲げるにいたり、ムスリムは、いずれかの主張を選択せざるをえなくなり、分裂は深まった。

アラブ遊牧民の政権

遊牧民は、砂漠で自給生活を送っているわけではなく、都市民との経済的な交流をおこない、また、隊商路の警護などとひきかえに定住民から獲得する保護料（ヒマーヤ）は重要な収入源になっていた。九世紀末以降、アッバース朝の力が弱まるとともに、シリアやイラクの各所でアラブ遊牧民の活動が活発となった。中部イラクのアサド族、ジャズィーラ地方のタグリブ族とウカイル族、北シリアのキラーブ族などは、アッバース朝やブワイフ朝に軍事的に対抗し、独立して政権を樹立した。

政治の舞台にはじめに登場したのは、ジャズィーラ地方（イラク北部）のタグリブ族であった。タグリブ族は、イスラーム時代以前からこの地方を拠点とし、九世紀には、その首長が、ジャズィーラの中心都市モースルの総督に任命された。ハムダーン家もタグリブ族のひとつで、フサイン・ブン・ハムダーンのときに、アッバース朝の軍隊のなかで頭角をあらわし、一族が登用された。弟のアブー・アルハイジャー(アブド・アッラーフ、在位九〇五~九二九)がモースル総督に任命され、九二七／八年に、カルマト派がバグダードに進攻しようとしたときには、三人の兄弟とともに出征して、これを防いだという。

ハムダーン朝は、アブー・アルハイジャーの二人の子息の時代に勢力を拡大した。ハサン(在位九二九~九六七)は、バグダードのカリフ政権から、年七万ディーナールと小麦の貢納を条件にジャズィーラ地方の統治者として認められた。やがてアッバース朝の政争にも関与するようになり、九四二年には、先の大アミール、イブン・ラーイクを殺害し、カリフのムッタキーを擁してバグダードにはいり、大アミールに任じられた。彼は、このときにナースィル・アッダウラ(「国家の守護者」)の称号をえていたが、協力した兄弟のアリーもまたサイフ・アッダウラ(「国家の剣」)の称号をえた。バグダードにブワイフ朝政権が樹立されると、これと勢力を争った。九五六／七年にナースィル・アッダウラは、バグダードへ進攻したが、ブワイフ朝の反撃を受けて後退し、九五八／九年には、逆にモースルから退却をよぎなくされた。ナースィル・アッダウラの死後も子息が王位を継いだが、すでに力はなく、やがて、ウカイル朝にモースルを奪われた(九九〇年)。

サイフ・アッダウラ(在位九四四~九六七)は、九四四年に、キラーブ族の支援をえて、イフシード朝からアレッポを奪い、自立した。彼は、ビザンツ帝国の北シリア進出に対抗し、ジハードを掲げてしばしば遠征をおこなったが、九五〇年以降は劣勢に転じた。ビザンツ軍は最大二〇万人の兵を動員したのにたいし、ハムダーン朝側は三万人が限界で、兵力の差は歴然としていた。このため、キリキアからマラティヤにかけての地域はビザンツ領に復帰し、キリスト教の影響が強まり、アラブ勢力は後退した。

サイフ・アッダウラの死後は、実権はしだいにマムルーク軍人の手に移っていった。ハムダーン朝は、アラブ遊牧民の出身者が樹立した政権であったが、その軍隊は、トルコやクルドの奴隷兵(ギルマーン、マムルーク)が主体となり、その点では、アッバース朝やブワイフ朝と違いはなかった。これらの兵に俸給を支給するために、厳しい徴税をおこない、イブン・ハウカルはこれを圧政として非難している。彼の記述によれば、九六九(三五八)年のジャズィーラ地方の税収は、地租が五〇〇万ディルハムであるのにたいし、ジズヤと酒税と食料品市場からの税がそれぞれ五〇〇〇ディーナール、都市の不動産税一万六〇〇〇ディーナールであり、地租への依存度が高いことがわかる。他方で、サイフ・アッダウラは、ビザンツとのジハードに邁進し、ムタナッビーなどの文人を宮廷に招き、後世の史料では勇気と寛大さを兼ね備えた君主として名声を博している。

ウカイル朝とミルダース朝

ハムダーン朝の後退とともに、モースルではウカイル朝が、アレッポではミルダース朝(一〇二五〜八〇年)が政権を握った。ウカイル朝は、北アラブのウカイル族の出身で、九九〇年にモースルをハムダーン朝から奪い、九九六年には、ブワイフ朝から承認をえた。キルワーシュ(在位一〇〇一〜七〇)が最盛期を築き、一〇一〇年にはファーティマ朝のカリフの名でフトバをおこなった。政権の基盤は、アラブ遊牧民にあり、領地からの直接の徴税よりは、保護(ヒマーヤ)の見返りに、保護料を徴収する方式をとった。また、ディヤルバクルでは、クルド出身のマルワーン朝が政権を樹立した(九九〇〜一〇八五年)。

アレッポでは、ハムダーン朝のマムルーク軍人、ビザンツやファーティマ朝などの勢力争いが続いた。アレッポ周辺で軍事的にも政治的にも勢力を保っていたキラーブ族出身のミルダース家のサーリフは、軍を率いてアレッポを包囲し、一〇一六年に君主マンスールが逃亡して、ハムダーン朝は潰えた。

一〇二五年にサーリフは、ファーティマ朝の総督から城を奪い、ミルダース朝を樹立した。ミルダースの軍隊は、キラーブ族をはじめとするアラブ兵を中心としたが、トルコの傭兵やまたアフダースと呼ばれる市民軍やその長(ライース)も町の防衛に協力した。一〇二九年にサーリフが死去すると、ナスルとスィマールの二人の息子の共同統治に移行した。一〇三一年には、ビザンツ帝国にたいし五〇万ディルハムの貢納を条件に講和を結んだが、三八年にファーティマ朝が遠征軍を派遣して制圧した。一〇四一年にその総督が死去すると、スィマールはワズィールの補佐をえて、市は一時的ながら、安定期をむかえることができた。しかし、一〇六二年にスィマールが死去すると、アレッポは、ビザンツ、ファーティマ朝、そしてセルジューク朝の勢力争いの場となり、八〇年にウカイル朝の占領によって、ミルダース朝は滅びた。

エジプトの軍人政権

エジプトは、アッバース朝の重要な歳入源で、カリフの子息が名目的な支配者となり、アラブの有力者が実権を握っていた。八六八年に、エジプトの統治を委ねられたアフマド・ブン・トゥールーンは、在地の徴税官から実権を奪い、黒人やギリシア人からなる奴隷軍を編成し、事実上独立した(トゥールーン朝、八六八〜九〇五年)。チュニジアにイスマーイール派の宣教運動によって樹立されたファーティマ朝(九〇九〜一一七一年)は、エジプトの征服を企て、九一三年以降、再三にわたって遠征軍を派遣した。アッバース朝は、トルコ軍人などを派遣して防戦した。この派遣軍のなかから、イラン系軍人のムハンマド・ブン・トゥグジュが頭角をあらわし、九三五年にエジプト総督に任命され、翌九三六年には、ファーティマ朝の三回目の攻撃を撃退し、カリフからイフシードの称号を授けられた(イフシード朝、九三五〜九六九年)。多数の黒人やトルコ兵を徴集して基盤を強化し、シリアにも進出した。九四五年にはハムダーン朝と協定を締結し、ダマスクスやパレスティナなど南シリアを確保した。

イフシードの死後(九四六年)は、子息がその地位を継いだが、実権は黒人の宦官のカーフールが握った。トゥールーン朝とイフシード朝は、アッバース朝の宗主権のもとで独立したが、軍隊の中心は、奴隷軍人や傭兵であり、行政面では在地の財務官(マザラーイースやイブン・キッリスなど)に依存していた。

ファーティマ朝のエジプト支配

ファーティマ朝は、第五代カリフ、ムイッズ(在位九五三〜九七五)の時期に、ベルベルやシチリア人などを軍隊に編入し、モロッコやエジプトへ遠征軍を派遣し、地中海とサハラ交易を支配下におくことをもくろんだ。シチリア出身の将軍ジャウハルは、一〇万の兵を率いてイフリーキヤを出立し、九六九年にアレクサンドリアを包囲し、七月には、首都のフスタートに入城した。イスマーイール派によるエジプト征服は、平和裏におこなわれた。イフシード朝はすでに弱体化して軍事的に抵抗する力をもたず、また、ファーティマ朝側も、イスマーイール派への全面改宗を求めることなく、官僚やカーディーなどの地位や財産の安全を保障した。

ジャウハルは、九六九年にフスタートの北東に新都の建設を開始し、カーヒラ(「勝利、征服」の意、英語でカイロ)と名づけられ、九七三年にカリフのムイッズをむかえた。東西〇・九キロ、南北約一・二キロの市壁によって囲まれ、中央の大通りの左右に宮殿を配し、九七〇年には、アズハル・モスクの建設に

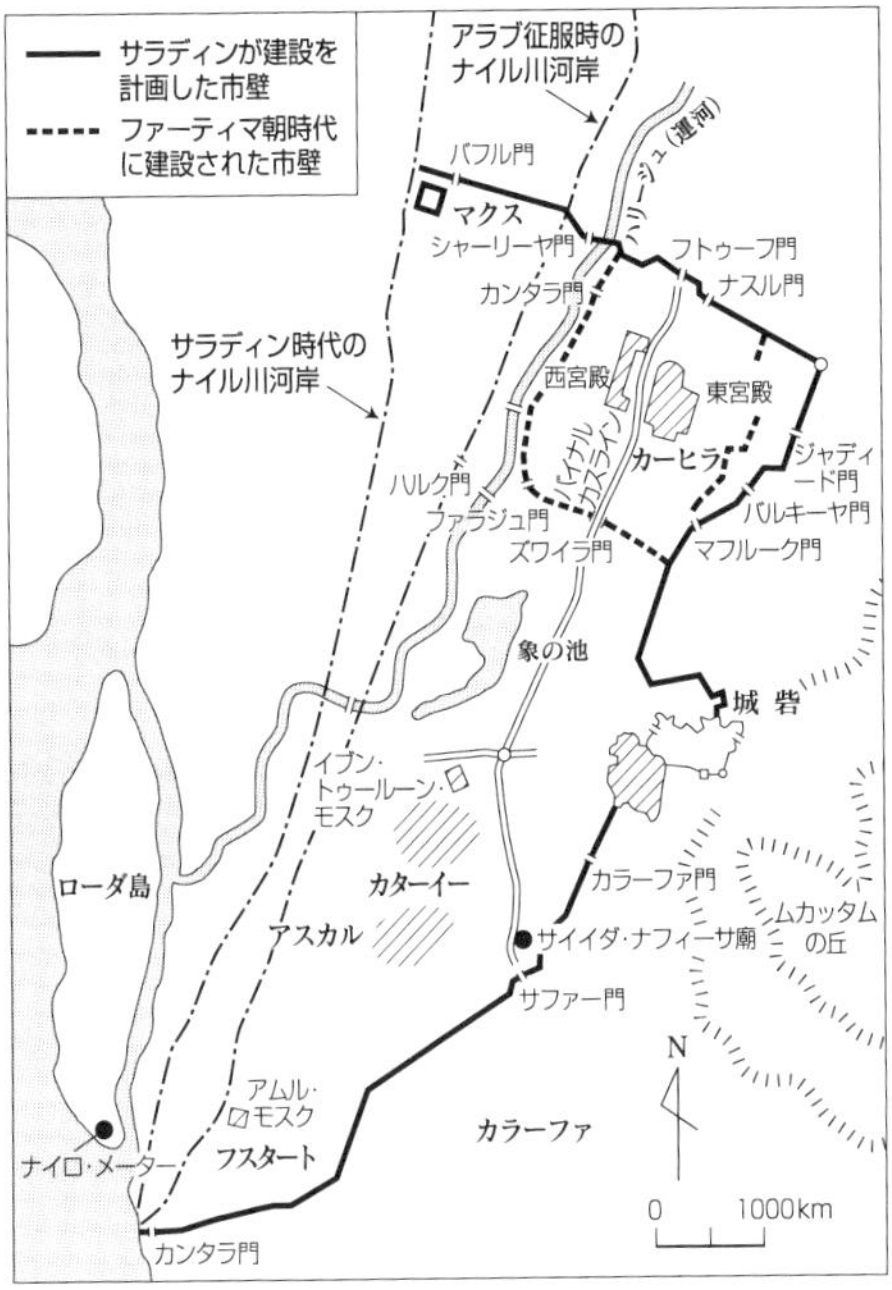

ファーティマ朝からサラディン時代のカイロ

も着手した。カイロは、ファーティマ朝の軍人や官僚を中心とする政治首都として発展したが、フスタートは、ナイル河畔の港町として、商工業をはじめ経済の中心として、いぜんとして重要な役割をはたした。

ムイッズは、外交と内政の両面で支配の基礎を固めた。シリアでは、イフシード朝の政策を踏襲し、南シリアの領土を確保した。しかし、イフシード朝がおこなっていたカルマト派への貢納をやめたために、カルマト派はエジプトに進攻したが、九七一年にこれを破った。ムイッズは、シーア派の法や祭礼をエジプトに導入したが、けっして、強制的な改宗策をとることなく、むしろスンナ派住民との融和をはかった。九七五年には、メッカに巡礼し、ファーティマ朝カリフの地位は、イスラーム世界で公に認められることになった。

ファーティマ朝の政治体制は、カリフを頂点とする集権的な体制をとった。カリフ位は、スンナ派とは異なり、シーア派イマームのアリーの後継者として、父から子へと引き継がれ、神意を解釈・体現する存在であるとされた。カイロの宮殿には、金色の玉座がすえられ、壁面には動植物の壁画が描かれ、カリフは王権を象徴する王冠や剣などを身につけた。アリー家の墓廟がさかんに建てられ、とくに、一一五三年には、シリアのアスカロンからイマーム・フサインの頭がカイロに運ばれ、フサイン廟が建設された。カリフは、イード(イスラームの二大祭)やナイルの満水祭りなどを先頭に立って挙行した。

カリフの政治を補佐するのは、将軍とワズィールであった。軍隊は、王朝の創設時はクターマ族が特権的な地位をえていたが、やがて、他のベルベル、黒人、ギリシア人、サカーリバ(スラヴ系奴隷)、トルコ兵なども編入された。ワズィールの地位は、ヤークーブ・ブン・キッリスのときに強化された。彼は、バグダードのユダヤ教徒出身で、改宗してのちイフシード朝のカーフールに仕えていた。ワズィールのなかには、キリスト教徒出身者が多かったが、カリフの不興をかって、投獄や財産没収を受ける者も少なくなかった。

十世紀末には、シリア、とくにダマスクスでファーティマ朝にたいする反感が強まり、アフダース（ヤクザ者、民兵）の支持をえた地元出身者の政権が樹立され（九七八年など）、ファーティマ朝の支配はゆらいだ。ハーキム（在位九九六～一〇二一）は、イェルサレムの聖墳墓教会の破壊を命じ、キリスト教徒に十字架を、ユダヤ教徒にはベルの携行を義務づけるなど、異教徒にたいする抑圧策をとった。また、飲酒、漁獲などのさまざまな禁止令を発した。このような専制君主の反面、禁欲主義に傾倒して、黒い粗衣をまとい馬にかえてロバにのるなどの行動を示した。このため、彼を神の化身とする教説も唱えられ、一〇二一年に彼が行方不明になると、これをイマームの「隠れ」と考え、救世主として彼の再臨を説くドゥルーズ派が生まれた。

ハーキム以後のカリフは、政治の実権は、ワズィールなどが握り、ベルベルとトルコ、ユダヤ教徒とキリスト教徒などのさまざまな対立が絡んで、政治は不安定となり、実権は、軍人出身のワズィールに移っていった。

エジプト経済の繁栄

農地では、税調査がおこなわれ、小麦、大麦、サトウキビ、染料、亜麻、棉などが作付けされた。麻、綿、絹の織物業は各地で営まれた。フスタートでは、ガラス、陶磁器、金属、紙、皮革、食品などの工業が発達し、染料ごとに専門職人がみられるなど分業が進んでいた。また、紅海を経由した東西交易も盛んになり、東方の香辛料やエジプトの織物は、ヨーロッパへ輸出された。また、ナイル川を通じて、スーダンから金がもたらされ、通貨の安定を支えた。ファーティマ朝国家は、これらの商工業に課税し税収の確保には熱心であったが、商工業や貿易にたいしてはおおむね放任主義をとっていた。

十一世紀中ごろにカイロをおとずれたナーセル・ホスローは、カイロには二万軒の商店、八〇〇〇軒の賃貸家屋があり、フスタートの市場には、ザンジバル産の象牙やアビシニア産の豹の毛皮がならんでいる、とその繁栄ぶりを描写している。十世紀のマクディスィーもまた、住宅は四~五階建てで一軒に二〇〇人が居住する大邸宅もあると述べる。実際にフスタートでは、大規模な下水道施設やレンガづくりの住宅群が発掘され、中国陶磁をはじめさまざまな交易品やガラス製の秤などが発見されている。このような商工業の繁栄を支えたのは、資本や労働をもちよって経営する協業のシステムであった。これは、イスラーム法でその運用法が定められていたが、ゴイテインは、フスタートのユダヤ教徒シナゴーグから発見された文書を用いて研究し、ユダヤ教徒間、あるいはキリスト教徒やムスリムとのあいだでも同様な協業関係がみられることを示し、宗教の違いをこえた自由な取引が、十三世紀まで、地中海社会に広がっていたと述べている。

2 セルジューク朝時代――スルタンとウラマー

トルコ族の西進

十一世紀初めに、中央アジアとの境にあたるアム川を渡り、イランに進出したトルコ系のセルジューク朝(一〇三八~一一九四年)は、一〇五五年にバグダードにはいり、その族長であるトゥグリル・ベクは、アッバース朝のカリフからイスラーム史上はじめて、スルタンの称号を公式に授けられ、統治権を委ねられた。中央アジアを故地とするトルコ族は、九世紀以降に奴隷軍人としてイスラーム世界に進出していたが、セルジューク族の場合は、族長に率いられた集団的移動であった。セルジューク族の西進は、中央アジアからの遊牧民族のイスラーム世界への移動の先駆けとなり、アラブやイランの社会は、これらを受け入れながら、民族的にも社会的にも混淆《こんこう》し、あらたな社会編成や文化が生まれていった。

セルジューク族は、トルコ系のオグズ族(トゥルクマーン)に属し、トゥグリル・ベクとチャグリー・ベクの兄弟に率いられ、イランのホラーサーン地方にはいり、一〇三八年にその中心都市のニーシャープールに入城した。四〇年には、ガズナ朝をダンダーナカーンの戦いで破り、四六年から五一年にかけてイスファハーンを攻略した。

セルジューク朝は、ガズナ朝やブワイフ朝にかわってイランの支配権を握ると、アッバース朝カリフのカーイム(在位一〇三一~七五)にたいして使者と贈物を送って、支配権の承認を求め、また、バグダードへ軍の派遣の用意があることを伝えた。カリフの側では、ブワイフ朝の大アミール位をめぐる後継争いなどでバグダードの治安が悪化していたため、トゥグリル・ベクの申し出を認めた。トゥグリル・ベクは、一〇五五年十二月(四四七年九月)に彼の名が金曜礼拝のフトバで唱えられたのち、バグダードにはいった。彼は、バグダードに一年余滞在し、一〇五八年にカリフに面会した。カリフはこのとき、彼を「スルタン」の称号で呼びかけ、「神がカリフに委ねていたすべての地方、諸国を委ねる」こと、「その領土では、神を恐れ、正義をおこない、神の恩寵に感謝すること」を命じた。

セルジューク朝の入城にたいして、シーア派系の将軍バサースィーリーはファーティマ朝カリフと連携し、中部・北イラクで抵抗を続けた。一〇五九年には、セルジューク家の内紛に乗じて、バグダードにはいってファーティマ朝カリフの名でフトバを唱えるとともに、カリフの印(ターバンやガウンなど)をカイロに送った。しかし、トゥグリル・ベクは、一〇六〇年までにこれらを制圧し、イランとイラクを統一した。一〇六三年にトゥグリル・ベクが死去すると、甥のアルプ・アルスラン(在位一〇六三〜七三)がスルタン位を継いだ。遠征に明け暮れ、自らはバグダードに滞在することなく、有力軍人をシフナ職に任じ、市の統治を委ねた。他方、西方のビザンツ国境では、中央の命令に従わないトゥルクマーンが西進し、ビザンツ皇帝ロマノス・ディオゲネスはこれをおさえるために遠征した。アルプ・アルスランは、一〇七一年にマラーズキルトの戦いでビザンツ軍を破り、名声を高めた。これを機に、トゥルクマーンはアナトリア地域に進入し、スライマーンによって、ルーム・セルジューク朝(一〇七七〜一三〇八年)が樹立され、アナトリアや北シリアは、トゥルクマーン系の部族集団の活躍する舞台となっていった。

第三代のマリク・シャー（在位一〇七二〜九二）は、アルプ・アルスランの子で、父の死とともに一〇七二年に十八歳で即位し、叔父のカーヴルドの反乱を奴隷軍人の力によって鎮圧した。弟のトゥトゥシュをシリアに派遣し、ダマスクスを攻略し、ファーティマ朝の勢力圏にあった南シリアを手中にして、イランからイラク、シリア、アナトリアにわたる大セルジューク帝国を樹立した。また、カリフに自分の娘を嫁がせ、外戚としてカリフに影響力を行使しようとした。

セルジューク朝の統治体制

セルジューク朝は、遊牧民の国家として出発したが、アルプ・アルスラン以降に領土が拡大すると、しだいに中央集権的な国家にかわっていった。遊牧民のあいだでは、支配権は個人がもつのではなく、王族全体がもつと考えられ、また族長位も長子相続の決まりはなかった。このため、族長は、一族の有力者に領土を分封し、族長位をめぐる争いは避けられなかった。遊牧民にとっては、戦争は生活の一部であり、戦利品が俸給であったが、広大な領土を支配しつづけるためには常備軍が必要であり、その俸給を用意する必要が生じた。また、スルタンは、一族内の反乱をおさえるために、トゥルクマーン以外のトルコ、ダイラム、グルジア、クルドなどの兵を軍団に編入した。マリク・シャー時代には四万六〇〇〇騎をこえていたという。これらの兵にたいしては、イクターと現金給与が支給されたが、十二世紀以降には、スルタンも王子も兵の確保のためにイクターを家臣に授与したため、中央の支配権は弱まり、地方で自立する将軍があらわれた。

セルジューク朝は遊牧国家の習慣として、固定した首都をもたず、スルタンは、主要な都市(バグダード、レイ、ニーシャープールなど)を夏冬のあいだに移動した。このため、行政の中心となる宮廷や官庁(ディーワーン)もともに移動することになった。宮廷には、執事、官房、厩長、厨長などの職がおかれ、トルコ軍人が務めた。有力なアミールが、王子の養育係りに任じられ、アターベク(父なる諸侯)の称号を授けられ、王の死後は王子の後見役となり、未亡人と結婚することもあった。このためスルタンの死後の後継争いに、后やアターベクが関与した。

ディーワーンの最高責任者は、ワズィールで、その下に、財政、文書、軍事、地方監察の四つの部門があり、それぞれ長官がおかれた。このような行政組織は、アッバース朝やガズナ朝などのイスラーム国家の伝統を引き継いでいた。ワズィールは、内政と財務の総責任者で、トゥグリル・ベク時代はクンドゥリーが、アルプ・アルスランとマリク・シャーの時代には、イラン人出身のニザーム・アルムルクがこの職に就き、王朝の繁栄を支えた。とくに、ニザーム・アルムルクは、自身の軍団やイクターを保持して絶大な権限をふるい、マドラサの建設などの宗教政策を実施し、イスラームに基づく集権国家の建設をめざした。その政治理念は、彼の『統治の書』に記されている。しかし一〇九二年に、このような政策に反対するニザール派(アサッシン)によって暗殺された。

セルジューク朝の分裂

一〇九二年にマリク・シャーが死去すると、その妻はわずか四歳の子マフムードを即位させたため、兄

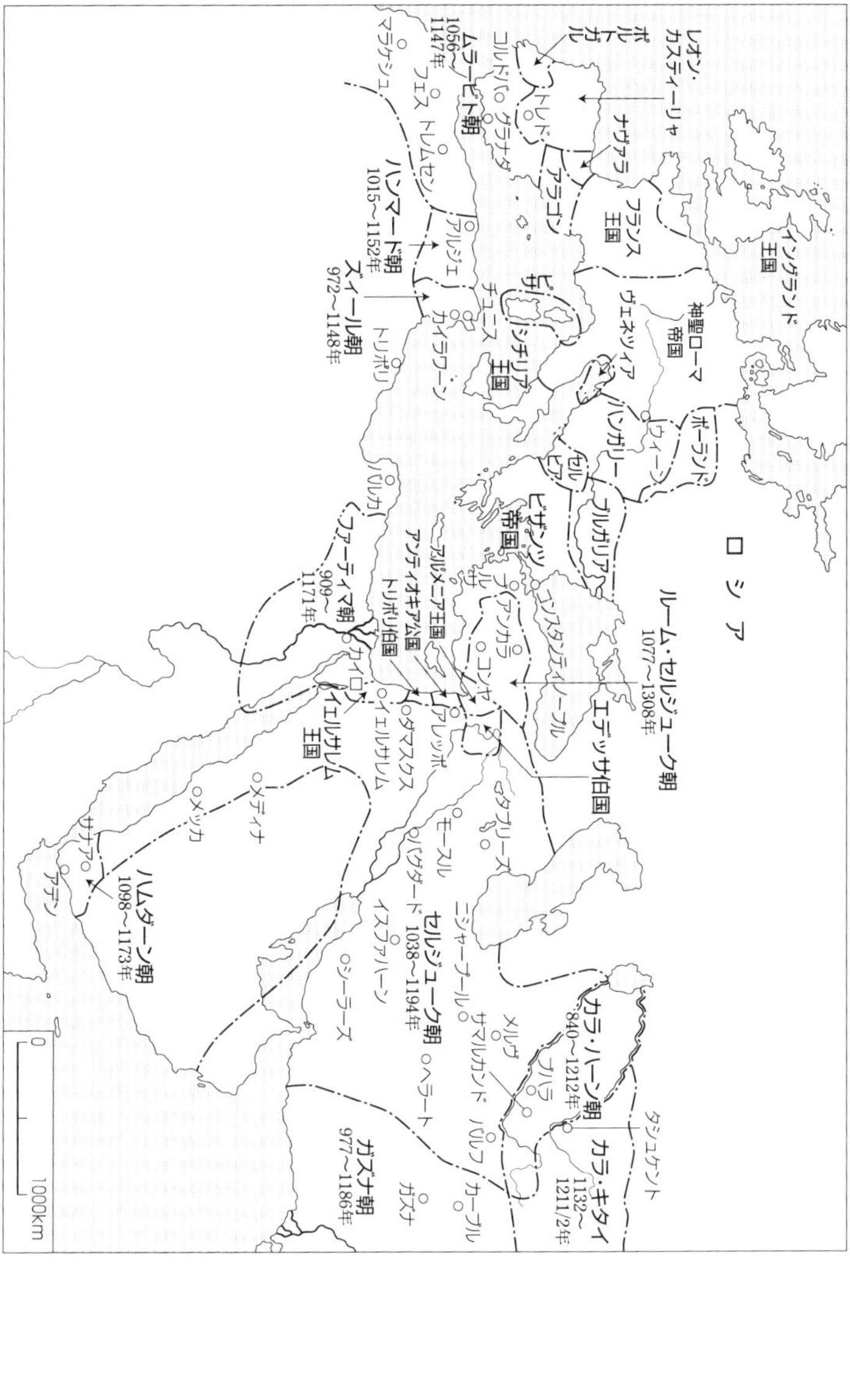
イングランド王国
フランス王国
神聖ローマ帝国
ポーランド
ロシア
レオン・カスティーリャ
ポルトガル
ナヴァラ
アラゴン
トレド
コルドバ
グラナダ
ムラービト朝
1056～1147年
マラケシュ
フェス
トレムセン
ハンマード朝
1015～1152年
アルジェ
ズィール朝
972～1148年
チュニス
カイラワーン
トリポリ
ピサ
ヴェネツィア
シチリア王国
ウィーン
ハンガリー
セルビア
ブルガリア
ビザンツ帝国
コンスタンティノープル
ルーム・セルジューク朝
1077～1308年
アンカラ
コンヤ
エデッサ伯国
アルメニア王国
アンティオキア公国
トリポリ伯国
アレッポ
ダマスクス
イェルサレム
イェルサレム王国
カイロ
ファーティマ朝
909～1171年
バルカ
メディナ
メッカ
サナア
アデン
ハムダーン朝
1098～1173年
タブリーズ
モースル
バグダード
イスファハーン
シーラーズ
ニシャープール
セルジューク朝
1038～1194年
メルヴ
サマルカンド
ブハラ
カラ・ハーン朝
840～1212年
タシュケント
カラ・キタイ
1132～1211/2年
ヘラート
バルフ
カーブル
ガズナ
ガズナ朝
977～1186年
0
1000km

1100年ころのアラブ世界

のバルキヤールクや叔父トゥトゥシュの反発をかい、内紛状態となった。このため、地方ではイクターとして割譲される領土がふえ、北イラクでは、アターベクに率いられた独立領が拡大した。シリアでは、一〇九八年に十字軍が進入し、瞬く間にシリアの地中海沿岸部などを占領したが、セルジューク朝スルタンもアッバース朝カリフも有効な対策をとることはできなかった。ムハンマド(在位一一〇五～一一一八)の治世には安定を回復し、続くサンジャル(在位一一一八～五七)の時代はイラン領の安定は維持されたが、イラク領では後継争いが生じ、ジャズィーラではザンギー朝が自立し(一一二七年)、アサド族のマズヤド朝(九六一頃～一一五〇年)も勢力を拡大した。

このような趨勢のなかで、カリフもまた軍事力を回復して、スルタンに対抗するようになった。ムクタフィー(在位一一三六～六〇)は、アルメニアやギリシアの奴隷軍人を購入し、一一五二年にスルタンのマスウードが死去すると、バグダードのシフナ職を追放し、スルタンの宮殿や領地も没収した。また、ナースィル(在位一一八〇～一二二五)は、軍を保持してセルジューク朝スルタンに対抗するとともに、カリフは「神の代理」であるとの理念を掲げ、民衆組織(フトゥーワ)を組織し、カリフによる統治をめざした。二人のカリフのもとでワズィールをつとめたイブン・フバイラとその子が、復権をあと押しした。

バグダードでは、ティグリス川東岸にカリフの宮殿やブワイフ朝やセルジューク朝の宮殿が建設され、西岸にかわる中心となった。しかし、十一世紀以来、戦乱と騒乱、火事や洪水があいつぎ、バグダードは荒廃し、とくに西岸は防壁で囲まれた街区が点在するだけになっていた。

セルジューク朝は、サンジャルの晩年にはイラン領が反乱で疲弊し、一一九四年に、カリフのナースィルの招聘を受けて東方から進出したホラズム・シャー朝(一〇七七～一二三一年)によって、スルタンがレイで敗死し、セルジューク朝は滅亡した。

カリフとスルタン(中世の政治論)

アッバース朝カリフによるスルタン位の授与は、カリフが宗教的権限、スルタンが政治的権限を行使するという二頭体制の始まりとされ、西欧中世の教皇と皇帝(国王)、日本中世の天皇と将軍と対比して理解されることが多い。イスラーム国家の理解としては、つぎのような相違点に留意する必要があるだろう。

第一には、イスラームの国家(ウンマ)概念は、そもそも、宗教と政治、聖と俗、教会組織と国家というような二分法をとっていない。宗教と政治を分離する考え方は、むしろヨーロッパのキリスト教世界から生まれた考え方である。第二には、カリフがムハンマドから受け継いだのは政治的権限だけであり、宗教の教義にかんする決定権はもたず、それはウンマの全体、実際にはウラマーの合意に委ねられていた。したがって、イスラームの国家観念からすれば、カリフは、軍人のスルタンやアミールにたいして、自らが保持していた統治権を委ねたのであり、権威の源泉はカリフにあった。

ムスリムにとって問題であったことは、イスラーム法(シャリーア)をわきまえない軍人が統治権を握ることの是非であった。これについて、マーワルディーは、支配者がイスラーム法に則って統治するかぎりその支配権を承認すべきであるとし、セルジューク朝時代のガザーリーは、ウンマの秩序維持にあたるスルタンをカリフは無条件で承認すべきであると述べた。これらはいずれも、現実のウンマの防衛や秩序の維持を優先する考え方であったが、同時に軍人政権にたいして、イスラーム法による統治という条件をつけることで、ウラマーの行政への参加や承認を必要条件とした。

軍人君主は、自らの支配の正当性を確かなものにするために、イランの理想君主論や哲学者の理想国家論を援用した。前者は、理想的な君主のあり方を述べるイランの鏡物文学の伝統に依拠するもので、ニザーム・アルムルクの『統治の書』やガザーリーの諸王への助言などが著わされた。後者は、ファーラービーの理想国家論に代表されるもので、プラトンの理想国家論を下敷きに神授の法による君主の統治を理想とした。これらの政治論からすれば、良き統治や秩序は、「善き君主」によってもたらされることになる。そこでは、具体的な政策論を欠き、政治は、君主をはじめとする支配者の倫理の問題としてのみ議論される結果となった。

スンナ派法学とスーフィズム

セルジューク朝のスルタンやワズィールは、マドラサなどの宗教施設を各地に建設した。とくに、シーア派のファーティマ朝との対抗関係が続いていたため、スンナ派のウラマーとその学問の保護をはかった。マドラサは、学生が寄宿できる施設を備えた教育専門の施設であり、法学教育を主としていたが、コーランやハディースや神学の講義もおこなわれた。創設者などの寄進財(ワクフ)によって運営され、その収益から教授には給与が支給され、学生の衣食住がまかなわれた。セルジューク朝時代には、ワズィールのニザーム・アルムルクが、バグダードやニシャープールをはじめ領域内の主要都市に計九つのマドラサを建

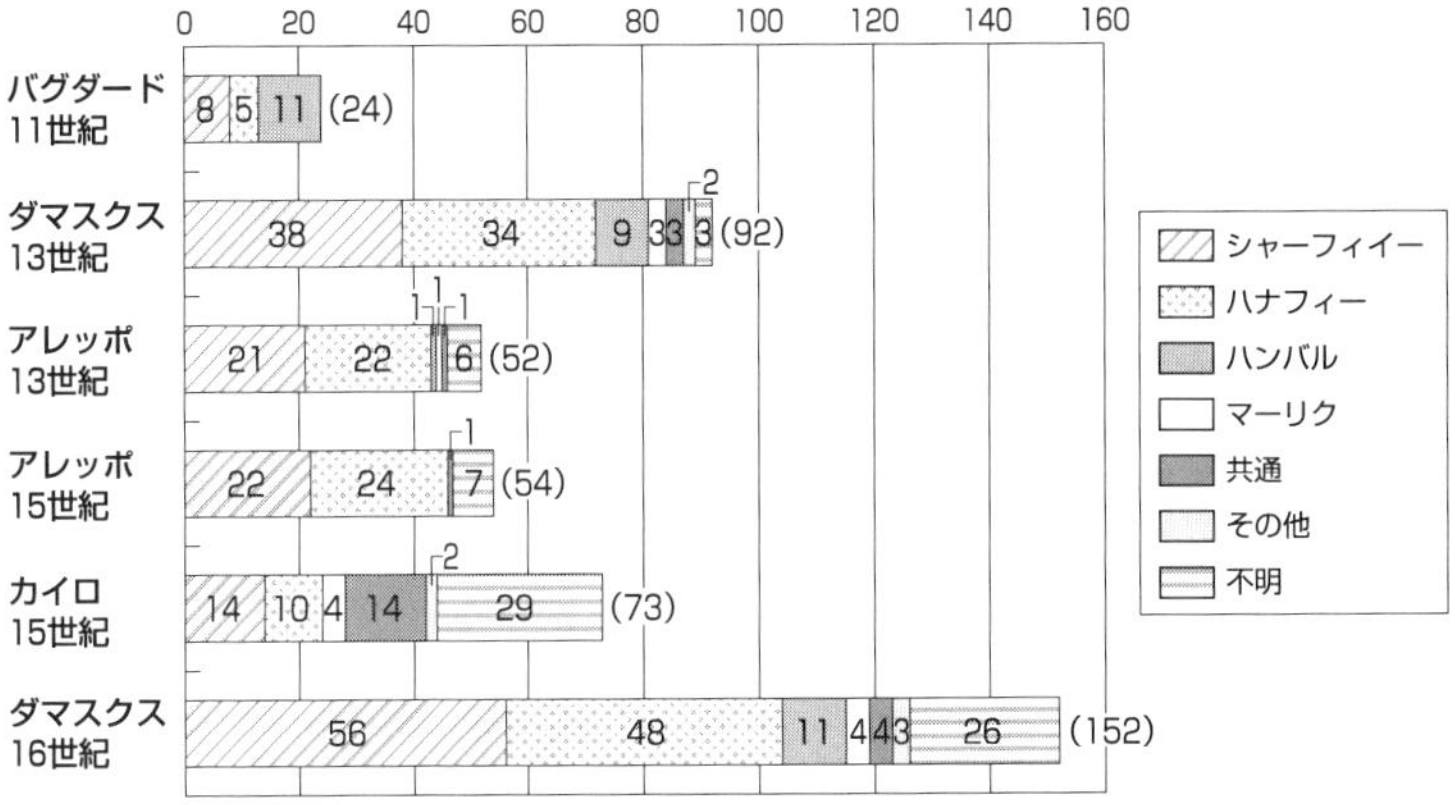

主要都市のマドラサと法学派別構成

設し、いずれも彼の名前を冠してニザーミーヤ学院と呼ばれた。バグダードでは、このほか、カリフのムスタンスィル(在位一二二六～四二)が建設したムスタンスィリーヤ学院などがあり、十二世紀には、バグダード東岸地域だけで三〇余のマドラサがあったという。マドラサの建設は、十一世紀以降には、モースル、アレッポ、ダマスクスなど、ジャズィーラやシリアにも広がった。これによって、ウラマーは、マドラサを遍歴しながら学問を修め、そののち、教授などの職に就くことで生計手段をえることができた。ウラマーは、軍人などによるマドラサの建設を歓迎し、軍人の支配者は、これらの施設の建設・寄進によって、特定のウラマーとの結びつきを深めた。

マドラサは、法学派を特定して建設されることが多く、法学派の勢力と結びついていた。スンナ派の四法学派のなかで、ハナフィー派は、セルジューク朝のトゥグリル・ベクやアルプ・アルスランの支持をえて、イランから中央アジアに拡大した。これにたいし、シャーフィイー派は、エジプトからシリアやイラクに拡大し、ニザーム・アルムルクの支持をえて、ニザーミーヤ学院では、アシュアリー派神学とシャーフィイー派法学が重んじられた。ハンバル派は、法源をコーランとハディースに限定し、伝統主義的傾向が強く、バグダードやダマスクスで熱心な支持者をえた。ムスタンスィリーヤ学院では、四つの法学派すべての教授がおかれ、病院や浴場などの施設も完備していた。

法学派が、宮廷や都市に支持者をみいだしていたのにたいして、農村では、スーフィズムが浸透していった。スーフィズムは、アラビア語のスーフ(羊毛)と主義(ism)の合成語で、羊毛でできた粗衣をまとい、禁欲と敬虔を旨とし、修行によって神との合一を追求するものをスーフィーと、このような思想をタサウウフ(神秘主義)と呼んだ。神秘主義の思想は、九~十世紀に生まれ、コーラン読誦、瞑想、ズィクル(唱名)などの修行の階梯が定められ、その究極の境地として、自己の意識が消滅し、神と一体化したファナー(忘我)の体験がえられるとされた。修行を積み、このような経験を会得したものは、師(シャイフ)とされ、弟子はその指導のもとに修行をおこない、また、神に近づき、特別な力(バラカ)を授かった聖者(ワリー)として民衆の崇敬を受けた。セルジューク朝時代の十一~十二世紀には、思想面でも社会面でも顕著な発展がみられた。

クシャイリーは、ニーシャープールでの法学派の抗争を逃れ、バグダードでは、カリフのカーイムにハディースを教授し、神秘主義の著作を著わし、スーフィズムの実践とシャリーアとの調和をはかった。ガザーリーは、神との合一の境地(ファナー)を信仰の基となる体験として高く評価しつつも、理性に基づくスンナ派の神学との調和をはかり、汎神論的なスーフィズムの傾向とは異なる穏健なスーフィズム思想をつくりあげた。組織面では、修道場(ハーンカー、リバート、ザーウィヤなどと呼ばれる)が各地に建設され、バグダードではアッバース朝末までに三〇の修道場を数えた。シャイフを師あるいは聖者として仰ぐ教団(タリーカ)が結成された。とくに、バグダードに生まれたスフラワルディー教団やカーディリー教団は、シリア、エジプト、トルコ、インドなどへ拡大をとげた。このような教団では、始祖からの師弟関係を示す系図(スィルスィラ)がつくられた。

法学派やスーフィズムの浸透によって、高名なウラマーやスーフィーは民衆の敬意を集め、民衆のあいだに、宗教的な連帯感が生み出された。しかし法学派やスーフィズムには、理論や実践面での違いがあり、それによる対立も生じた。バグダードでは、スンナ派、とりわけハンバル派がシーア派と対立し、街区を単位とした武力衝突に発展することもあった。それにもかかわらず、法学派とスーフィーの活発な活動は、軍人、官僚、商人や職人、農民のあいだに、イスラームの理念や法を広め、政治的な分裂の拡大とは反比例するように、宗教文化面での統合性は深まった。

イラン文化の移入

セルジューク朝のスルタンたちは、遊牧民の育ちで、アルプ・アルスランの代までは、アラビア語もペルシア語も理解することはなかった。しかし宮廷では、ペルシア語が行政に用いられ、ペルシア語の文学や歴史書が著わされ、君主に献上され、これらの知識人・官僚は、トルコ語、ペルシア語、アラビア語の複数の言語に通じていたとみられる。アラビア語はいぜんとして、法学や思想の分野では主流であり、ま

『マカーマート』の写本挿絵(13世紀前半)
書棚に本をならべたバスラの書店

た文学では、ハリーリーの『マカーマート』に代表される民衆文学が流行した。

建築や文化においても、セルジューク朝時代は、あらたな影響を与えた。建築では、中庭を中心にイーワーン(中庭側に開口した半ドームのホール)を配したマドラサ、塔状の墓廟、書道や写本挿絵、象嵌《ぞうがん》を施した金属器、そして、コバルトや光沢のある釉薬を用い(ラスター彩など)人物や花鳥を描いた陶磁器などは、十〜十三世紀のイラク、シリア、アナトリアの芸術文化の特徴となっている。これらの多くは、スルタンやワズィールやアミールなどの高官の援助によって支えられ、イラン系の工芸家によって制作された。セルジューク朝の西アジアへの進出は、社会文化の面で、トルコやイランの文化をアラブ地域に導入する役割をはたした。

3　十字軍時代――統一のきざし

十字軍到来前のシリア

シリア(シャーム)は、現在のレバノン、シリア、ヨルダン、イスラエル・パレスティナにまたがる領域をさし、それぞれが地域の個性をもつとともに、歴史的にも文化的にも、一体の地域として考えられてきた。また、ティグリス川とユーフラテス川の上流域は、ジャズィーラ(島、半島の意味)と呼ばれ、イラクとシリアの双方の政治に深く関与していた。また、北のビザンツ帝国と南のエジプトも、シリアを支配下におこうとして進出を繰り返していた。

東側はシリア砂漠で、人口は、西側の地中海沿岸地帯(アンティオキア、ラタキア、トリポリ、ベイルート、シドン、ティール、アッカーなど)と、それにそって南北にはしる山脈(アンサーリーヤ山地、レバノン山地、アンティ・レバノン山地)の東側の内陸都市(アレッポ、ハマー、ヒムス、ダマスクス、ボスラー、カラクなど)に集中している。これらの都市は、古代からフェニキア、ギリシア、ローマなどの諸文化の影響を受け、政治・行政と商工業の中心地となり、周囲の町や村落を含む行政圏を形成し、しばしば、独立の政治単位として行動した。これらの都市の人口を扶養したのは、パレスティナ、ハウラーン、ガウルなどの水に恵まれた農耕地帯であった。

十一世紀後半にファーティマ朝の力が衰えると、セルジューク朝がシリアに進出し、主要都市に群雄が割拠する時代となった。セルジューク朝のトゥトゥシュは、アレッポとダマスクスの二大都市を支配下においたが、その死後(一〇九五年)は、二人の息子——前者をリドワーンが、後者をドゥカークが——が継承した。アンティオキアは、ビザンツとルーム・セルジューク朝の争奪戦ののち、マリク・シャーのマムルークであるヤギシヤーンが支配者に任じられた。イェルサレムは、トゥトゥシュがトゥルクマーン系のアルトゥクを総督に任命したが、やがてファーティマ朝のアフダルが奪取した(一〇九八年)。ジャズィーラ地方のエデッサは、アルメニア系のトロスの支配するところとなっていた。

十字軍の始まり

一〇九五年十一月のクレルモン公会議において、教皇ウルバヌス二世は、「ペルシアからきた侵入者、トルコ人が武力でキリスト教徒を追放し、略奪を働き、町を焼き払っているのです。神の教会は滅ぼされ、信仰は踏みにじられています。このような悪を正し、かの地を回復することはみなさんの義務であります。みなさんは先祖の偉大な王たちのように、栄光をもって異教徒を打ち破り、聖なるキリストの墓を救うべきであります」と訴え、さらに、異教徒との戦いに向かかえば、誰もがキリストの兵士となり、永遠の報酬を受けることができると説いた。教皇がこのような宣言を発した背景には、ルーム・セルジューク朝のアナトリア進出によって守勢に立っていたビザンツ皇帝アレクシオス一世からの救援要請があった。また、東方の地では子供や若者から貴族や司教までが、ソドム(男色)の辱めを受けていると述べた偽書が流布し、救援の意義が扇動されていた。

こうして十字軍の派遣が開始された。一〇九六年に隠者ペトルスに率いられた先発隊が出立し、冬には、コンスタンティノープルにゴドフレイ・ド・ブイヨンをはじめとする諸侯が集結した。一〇九七年に、海を渡りアナトリアに上陸し、ルーム・セルジューク朝のクルチ・アルスランの軍を破り、シリアに向かった。シリアにはいっても進撃は続き、一〇九八年三月には、ボードワン一世がエデッサを攻略し、最初の十字軍国家エデッサ伯国を樹立した。ボヘモントは、アンティオキアを八カ月をかけて攻略した(一〇九八年六月)。翌九九年一月にはイェルサレム攻撃が決せられ、一カ月をこえる攻囲ののち、九九年七月に、安全保障を結んで、明け渡された。このとき、十字軍は、おびただしい数のムスリムやユダヤ教徒を殺戮した。西欧側の史料は「アクサー・モスクの門前では、(馬にのってはいろうとすると)膝や手綱まで血に染まってしまう。この場所が、不信仰者によって長きにわたって不敬を受けてきたため、今、これが血でいっぱいとなるということは、神の偉大なる裁きである。市は死体や血であふれている」と述べている。

翌年、イェルサレム王国の王位にボードワンがついた。イェルサレム攻撃の司令官であったレイモンは、トリポリを攻め、彼の死後一一〇九年に攻略をはたし、彼の子孫がトリポリ伯となって統治した。こうして、十字軍は、ムスリム領にいともたやすく進入し、シリアの沿岸部と、キリスト教徒が多いアンティオキアとエデッサに植民国家を築いた。

十字軍国家

十字軍の侵攻は、すぐさま、バグダードにいるアッバース朝カリフに伝えられた(一〇九九年八月)。このとき、「カリフは、カーディーなどの派遣を命じたが、目的を達成することなく、必要なことをなすことなく、戻ってきた。諸侯たちは、すでに述べたように、たがいに争い合っていたので、十字軍(フランク)は、諸国を支配できた」(イブン・アルアスィール『完史』)。

セルジューク朝のスルタンにたいしても、再三窮状が訴えられた。一一〇八年には、フランク軍の包囲が続いているトリポリの領主であるカーディーのファフル・アルムルクが、バグダードのスルタンのもとに直訴にあらわれ、援軍の派遣を要請した。スルタンはただちに派兵を命じたが、結果は、モースルに親セルジューク朝政権を樹立しただけであった。

アレッポとダマスクスのセルジューク政権の対応も、その場しのぎのものであった。ダマスクスでは、ドゥカークの死後(一一〇四年)、そのアターベクであるトゥグタキーンが実権を握り、続いて彼の子孫が政権を握った(ブーリー朝、一一〇四〜五四年)。トゥグタキーンが、イェルサレム王ボードワンとたびたび休戦協定を結んだように、ブーリー朝にとっては、パレスティナを握るイェルサレム王国は脅威であるだけに、北の勢力と対抗するためには、南の十字軍と同盟ないし休戦を必要としていた。アレッポでは、リドワーンが一一一三年に死去し、実権は、アターベクのルゥルゥが握ったが、政情は不安定であった。内部では、シーア派やアサッシンの勢力が台頭し、また、シーア派カーディーのイブン・ハッシャーブは、十字軍にたいして抵抗姿勢をとった。イブン・ハッシャーブやアレッポ市民は、十字軍の攻撃を受けると、外部の領主（ディヤルバクルのアルトゥク朝イルガーズィーやモースルのアクスンクル・アルブルスキー）に救援を要請し、町を守った。

十字軍によって樹立された国家は、ムスリムの領土を支配するという課題をかかえることになった。軍

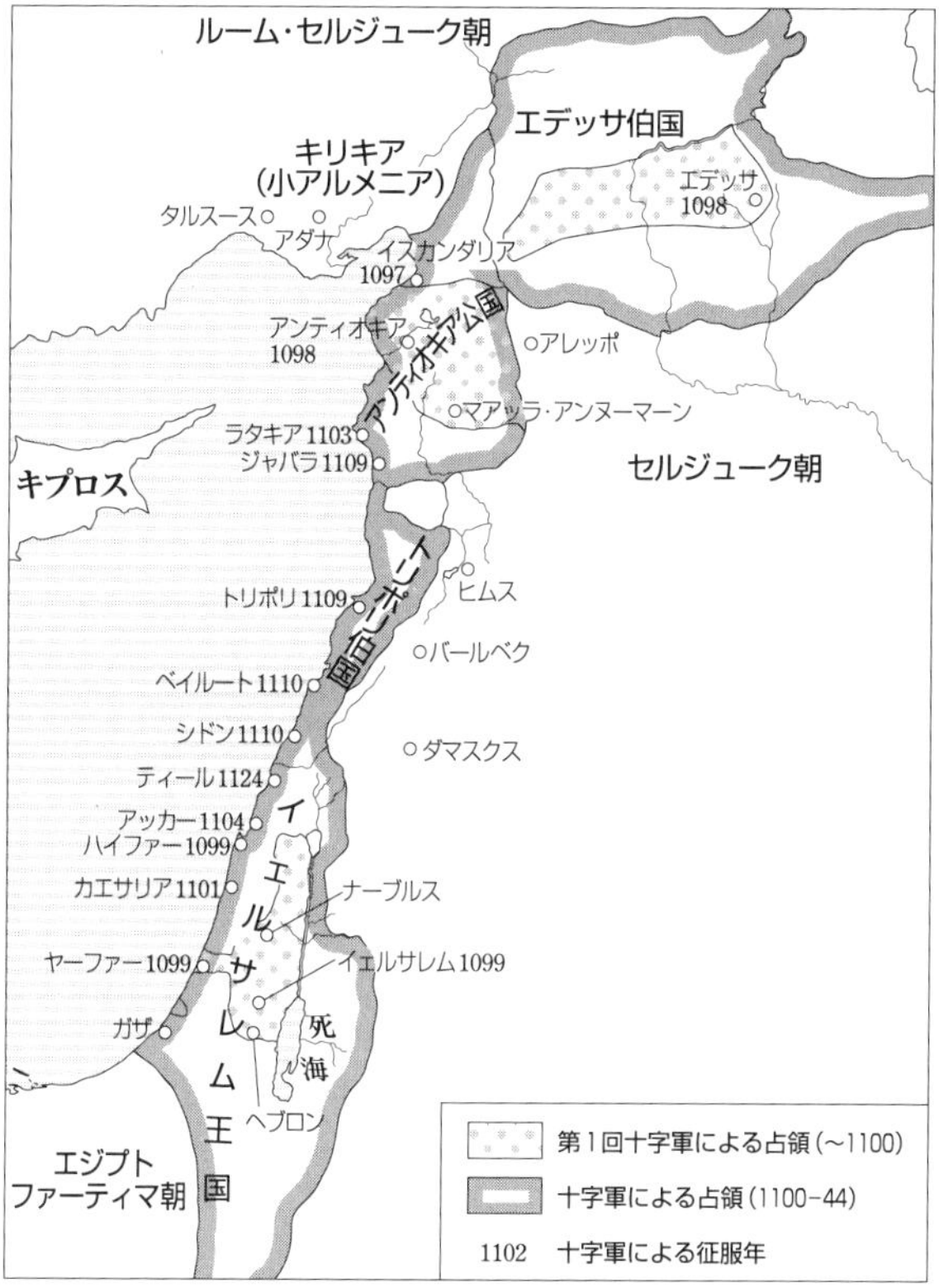

十字軍時代のシリア（十字軍諸国家）

事力を補うために、聖堂騎士修道会、テンプル騎士団などの騎士修道会が、大量の移民をおこなった。国家は、西欧の王権の原理に基づいて運営され、騎士や聖職者が貴族層を構成し、そのもとに都市住民がいたが、フランク人(ヨーロッパ人)は、総計でも二五万人程度で、ムスリムの農民を民族、言語、宗教を異にする少数のフランク人が支配する体制となった。当初、ムスリムは十字軍の支配を恐れて逃亡する者も多かったが、やがて、人頭税の支払いを甘受して、十字軍国家の支配下にとどまった。しかし、パレスティナのナーブルス地方からダマスクスに移住したハンバル派のクダーマ家のように、宗教的目的から、十字軍の支配を拒む動きもみられた。

西欧でいう十字軍は、ムスリムの史料では、「フランク(firanj, ifranj)」という呼称で呼ばれている。この呼称は、フランク(王国、族)に由来し、その後も、ビザンツ帝国やムスリムの地理書などで、ヨーロッパ諸国の人々を示すものとして用いられていた。西欧側が、聖地の回復を神にたいする使命として掲げ、宗教的目的を全面に掲げていたのにたいし、ムスリム側が、これを「キリスト教徒(ナスラーニー)」の攻撃ととらえていなかったことは注意すべきことだろう。そして、ムスリムの領主にとっては、自らの領土の維持が第一の関心であり、その目的のためには、十字軍と和平条約や軍事同盟を結ぶことにためらいはなかった。実際には、十一世紀の前半にムスリムの領主と十字軍とのあいだで締結された条約の多くは、領土の収穫の分割や貢納にかんする経済協定を含み、双方にとって、領土=収穫が第一の目的であったことをよく示している。

十一〜十二世紀のシリアの都市の政治について注目されることは、民衆が政治に参加していることである。ダマスクスとアレッポでは、ファーティマ朝やセルジューク朝、あるいは十字軍などの外部勢力によって攻撃されたときに、市民が義勇兵として、市の防衛に参加した。彼らは、史料のうえでは、アフダース（若者の意味）と呼ばれるが、「ならず者」と呼ばれることもあり、バグダードのアイヤールーンと同様、都市のヤクザ集団とみられる。彼らは、エジプトのファーティマ朝カリフにたいして反乱した総督に加担することもあり（九九一年、九九六年のダマスクス）、市を防衛する義勇兵としての強い意識をもっていた。また、ライースと呼ばれる彼らの首領は、アフダースの軍事行動を指揮するだけでなく、市のライース（市長）という職分に任じられ、ワズィールを兼務して徴税などの行政権力を行使した。なかでも、ダマスクスのスーフィー家は、代々ライース職を握り、ブーリー朝の君主にたいして、手勢を集めて対抗するほどの政治力をもっていた。また、ティール、トリポリ、ジャバラなどの地中海沿岸部の都市では、カーディーが法行政だけでなく、軍を率いたり、市を代表して外交交渉などにあたっていた。このような都市の住民の動きは、強力な政権が存在しない状態で、外部勢力から都市を防衛し、内部の治安を維持する役割をはたしたが、ザンギー朝やアイユーブ朝のようなシリアを統一する政権が樹立されると、アフダースやライースの活動は史料から姿を消していった。

ザンギー朝とジハード

分裂したシリアに統一をもたらしたのは、ジャズィーラからシリアに進出したザンギー朝であった。ザンギー朝の設立者である、ザンギー（在位一一二七〜四六）は、セルジューク朝のモースル総督であったアクスンクルの子で、一一二七年に、モースルの総督とアターベクの地位に任じられた。このとき、アレッポでは、支配者の悪政から内紛が生じ、十字軍がこれを機に攻撃の構えをみせていたが、ザンギーはこれを鎮める目的で、一一二八年に同市にはいり、セルジューク家のリドワーンの娘と結婚し、支配権を確立した。

ザンギーは、しだいに南進政策をとり、ダマスクスのブーリー朝と衝突した。一一三〇年にはハマーを奪い、十字軍と同盟関係にあったブーリー朝にたいして、ジハードへの参加を呼びかけた。一一三五年にはヒムスを奪い、三九年には、ダマスクスを包囲したが、ブーリー朝のウヌルは、イェルサレム王と同盟して対抗したため、ザンギーは退却をよぎなくされた。この間、ザンギーは、エデッサを一一四四年に攻略して、十字軍国家のひとつを滅亡させた。この功績にたいして、アッバース朝カリフは、彼に「イスラームの飾り」「カリフの援護者」という称号を贈った。ザンギーの政策は、ジハード(異教世界との戦い、聖戦)を正面に掲げ十字軍との妥協を拒んだが、それは、自らが南進をはたすためのスローガンであった。しかし、一一四六年にモースルで酒を飲んで眠っているところをフランク人の奴隷によって殺害され、その目的は、子息に引き継がれることとなった。

ザンギー朝の領土は、モースル領を長男のサイフ・アッディーンが、アレッポ領をその弟のヌール・アッディーンが継承した。ヌール・アッディーンの継承したアレッポ領は、たび重なる十字軍との争いで農耕地帯が疲弊しており、そのうえジャズィーラ領と切り離されたので、これにかわる歳入源として、南部のダマスクス領がねらわれた。

十字軍側は、エデッサの奪回をめざすがこれをヌール・アッディーンに阻まれると、フランス国王ルイ七世と神聖ローマ皇帝コンラート三世は、第二回十字軍を召集し、一一四八年にイェルサレムに集結して、ダマスクスを攻撃目標に定めた。これは長年のブーリー朝との和平協定を反故《ほご》にするもので、ウヌルはヌール・アッディーンに援軍を要請し、十字軍をダマスクス近郊で撃退した。一一五三年には、十字軍側がアスカロンを攻略し、ダマスクスでは十字軍にたいする恐怖が強まり、五四年に、ダマスクスに軍を進めたヌール・アッディーンは、市民の歓迎を受けてついに市に無血入城した。以後、ダマスクスは、対十字軍のジハードの拠点となる。

サラディンとエジプト

ファーティマ朝では、バドル・アルジャマーリーがワズィール職に就いて以降、軍人出身者がワズィールとして政治の実権を掌握した。とくにカリフのハーフィズの没後(一一四九年)には、幼少のカリフが続いて即位したため、政治の混乱が続いた。この機に、ヌール・アッディーンはエジプトの政治に介入を始め、ワズィール職を追われたシャーワルを支援して、アイユーブ家のシールクーフを指揮官とする軍を派遣した。シールクーフは一一六四年にカイロを制圧して、シャーワルをワズィールに復位させた。十字軍も弱体化したエジプトに遠征を繰り返し、一一六八年には、十字軍がフスタートに迫り、ここを占領されることを恐れたシャーワルがフスタートに火をかけたため、六四日間にわたって炎上し、フスタートは灰塵に帰した。同年には、カリフからの援軍要請に応えるかたちで、シールクーフが甥のサラディン(サラーフ・アッディーン)とともに出征し、シャーワルを処刑し、シールクーフがワズィール位に就いた。しかし、彼が数週間後に急死したために、ワズィールとスルタンの称号は、サラディンに授けられた。

アイユーブ家はクルド系の軍人で、サラディンの祖父の時代にジャズィーラのティクリートの城主に任じられ、父のアイユーブとその弟のシールクーフは、ザンギー朝に仕えて重用され、アイユーブはダマスクスの、シールクーフはヒムスの総督に任命された。軍人の出身ではあったが、マムルークではなく、セルジューク朝やザンギー朝のように、一族の結びつきを基礎にのし上がっていった。

エジプトの実権を手にしたサラディンは、一一六九年に黒人宦官のムータミンの反乱を鎮圧し、自前のサラーヒーヤ軍を育成し、軍事的基盤を固めた。自軍には、イクターを授与し、父のアイユーブに下エジプトを、弟のトゥーラーンシャーには上エジプトを与えた。一一七一年には、エジプトの大カーディーをシーア派からスンナ派に切り替え、また秘書長官にはカーディー・アルファーディルをむかえた。同七一年に、カリフのアーディドが死去すると、アッバース朝カリフの名でフトバをおこない、ここにファーティマ朝は滅亡した。内政では、マクス(市場税や巡礼者の通行税など)を廃止し、民衆の喝采をあびた。カイロのムカッタムの丘に城塞を建設し(一二〇七年完成)、これは十九世紀まで、君主の座として使用された。またフスタートとカイロを取り囲む市壁の建設を試みたが、未完に終わった。

サラディンは、トゥーラーンシャーに命じて、一一七三年にヌビア(スーダン)地方を、翌年にはイエメンを支配下におさめ、支配領域を拡大した。このような拡大に危機感を覚えたヌール・アッディーンは、エジプトから貢納を求めた。両者の衝突は、ヌール・アッディーンの死(一一七四年五月)によって、回避された。

ヌール・アッディーンのシリア領は、十一歳の息子が継承し、サラディンも彼を表向き主人として認めたが、実際には、ザンギー朝領の統合をめざして行動した。一一七四年には、ダマスクスにはいり、翌七五年には、ザンギー朝のモースル・シリア連合軍をハマーで破り、アッバース朝カリフは、サラディンに、エジプト、イエメン、シリアの統治を認め、一一七六年には、ヌール・アッディーンの未亡人と結婚し、その後継者としての地位を獲得した。一一八三年にはアレッポに入城し、シリア領の統一をなしとげ、八六年には、モースルでもサラディンの支配権が承認された。

シリアとエジプトの支配を固めたサラディンは、つぎの攻撃目標を十字軍国家に定めた。一一八四年三月にジハードを宣し、一万二〇〇〇の正規兵と二万の補助軍を結集し、七月にパレスティナのヒッテーンで、イェルサレム王ギーの率いる十字軍と対決した。このとき、サラディンは兵士にたいし、「われわれは全軍をもって不信仰者たちの軍と相まみえよう。物事は人の思惑どおりには運ばないものだ。われわれ人間には今後の運命を予知することはできない。この軍を解く前に、われわれは敢然としてジハードに力を傾けよう」と鼓舞した。戦いは、ムスリム側の圧倒的な勝利となった。十月には、二万騎を率いてイェルサレムを包囲し、フランクの守備隊はキリスト教徒の安全保障(アマーン)を条件に降伏して、町を明け渡した。岩のドームからは、金の十字架が引き下ろされたが、キリストの眠る聖墳墓教会などの施設はそのまま残された。

これにたいし、ヨーロッパ側では、神聖ローマ皇帝フリードリヒ・バルバロッサ、イギリスのリチャード獅子心王など国王が率いる第三回十字軍の派遣が決まり、一一九一年には、海岸部のアッカーやヤッファーを占領し、さらにアスカロンをめぐって攻防が繰り広げられた。両軍相ゆずらず、一一九二年にヤッファーまでの海岸部は十字軍、アスカロン以南はムスリム領という和平協定が締結され、また、キリスト教巡礼者のイェルサレムへの入市が認められた。

アイユーブ朝の連合国家体制

一一九三年にサラディンは五十五歳で死去し、ダマスクスに葬られた。三人の息子をはじめとする一族の者が、カイロ、ダマスクス、アレッポなど主要な地域ごとに領土を分割して継承した。それぞれは独立した王国として行動し、全体はゆるい連合国家を形成した。このなかで、サラディンの弟のアーディル(在位一二〇〇〜一八)は、ダマスクスで実権を掌握し、一二〇〇年にはカイロ政権を手にし、スルタン位に就いた。以後、この家系がスルタンを輩出することになるが、一族内部には対立があり、けっして一枚岩ではなく、十字軍との関係によって、複雑な外交と政治が展開された。

海岸部の十字軍国家は、宗教的な目的より政治的な利害を重視するようになり、また、ムスリム側にとっても、沿岸部の港町は通商上、重要であった。一二〇二年に開始された第四回十字軍は、ヴェネツィアの主導により、〇四年にコンスタンティノープルを占領してラテン帝国を樹立した。アーディルは、パレスティナのラムラとナザレを割譲し、ヴェネツィアやピサなどイタリア都市国家との通商関係を維持した。

第五回十字軍は、聖地ではなく、エジプトを攻撃目標とした。地中海沿岸の入口であるダミエッタが一一二一九年に陥落し、アイユーブ朝のカーミルは、イェルサレムを含む旧王国の領土の返還を提案するが、教皇の使節はこれを拒否し、首都カイロをめざして進軍を続けた。しかし、ナイル・デルタのマンスーラで孤立し、失敗に終わった。神聖ローマ皇帝フリードリヒ二世は、一二二五年にイザベルとの結婚によりイェルサレム王国の王位継承者となった。カーミルは、ダマスクス王のムアッザムと対抗するため、「友人」であるフリードリヒとの同盟を望み、イェルサレムの譲渡を提案し、条約が結ばれた。一二二九年にフリードリヒはイェルサレム入城をはたしたが(無血十字軍、第六回十字軍)、カーミルの政策は、裏切りとしてムスリム側から批判を受けた。イェルサレムは、一二三九年にダマスクス王ナースィルによって奪回された。

一二四八年には、フランス王ルイ九世がエジプトに出征し、ダミエッタを占領した(一二四九年、第七回十字軍)。これを迎え撃ったアイユーブ家のサーリフは、マンスーラの陣中で急死した。サーリフの後継者トゥーラーンシャーは、サーリフのマムルーク軍(バフリーヤ軍団)を弾圧したため、一二五〇年五月に、バフリーヤ軍団はトゥーラーンシャーを暗殺し、クーデタによって政権を奪った。これが、マムルーク朝である。

十字軍の政治的・社会的影響

十字軍のシリアへの侵攻から一五〇年をへて、エジプトとシリアは、アイユーブ朝によって統一され、マムルーク朝に引き継がれた。十字軍の与えた影響としては、直接的な対立・戦争や占領よりは、これをきっかけとした、政治社会体制の変化に注意すべきであろう。

すでにみたように、十字軍の侵攻からザンギーが登場する十二世紀前半までは、十字軍国家とムスリム諸政権は入り乱れ、合従連衡《がっしょうれんこう》を繰り返していた。十字軍を異教徒の侵攻とする批判は意外なほど少なく、ジハード(聖戦)が宣せられることはあっても、名目にすぎなかった。これにたいして、ザンギーとヌール・アッディーンは、ジハードを全面に掲げることで、シリア、とりわけダマスクスの統一をはたし、サラディンもまた、十字軍へのジハードを敢行することで政権を強化した。後世の伝記では、両者は十字軍と戦った名君として称えられているが、ジハードの宗教的目的とともに、彼らの政治目的に合致したがゆえの行動とみるべきであろう。

サラディンの時代でもなお、民間人のあいだでは通商がおこなわれており、一一八四年にシリアを旅行したイブン・ジュバイルは『旅行記』のなかでつぎのように述べている。

ムスリムとキリスト教徒の両派のあいだには戦火が燃え上がっており、双方の軍隊は遭遇戦を交えたり、戦闘隊形を保って対峙したりしているが、ムスリムやキリスト教徒の仲間たちは、なんの妨害も受けずに両軍のあいだを往来できる。……軍人は戦さに携わり、一般人は平穏に過ごしており、……民衆も商人もなんら妨害されることはないのである。

また、ヌール・アッディーンの臣下でシャイザルの領主であったウサーマ・ブン・ムンキズは、十字軍騎士と交流を続け、彼の『回想録』は、フランク人の習慣や制度について詳しく記述しているが、知性や礼儀や医術などの点でムスリムより劣っていると述べる。十字軍は、ヨーロッパとムスリムの文化交流の機会となり、この時期に、羅針盤や火薬の技術がヨーロッパに伝わり、また、サラディンの「寛容」さは、『賢者ナータン』の例のようにヨーロッパ文学の題材となった。

ザンギー朝とアイユーブ朝の軍事・政治体制は、セルジューク朝のマムルークとイクター制をさらに発展させた。軍隊の中心は、トルコ系のマムルーク兵であったが、クルド、トゥルクマーンなどの自由身分の騎兵も同等の兵力を占めていた。騎兵は、軽い槍と弓を携え、これは大きな馬にのり重い槍をかかえた十字軍騎兵と対照的で、ムスリム軍は、機動戦術を得意としていた。アミールたちは、それぞれ手勢を率いて参戦し、マムルーク朝時代の軍団と比べると、指揮系統は組織的ではなかった。軍人の地位やイクターを世襲することも、一般的におこなわれていた。また大きな戦争では、トゥルクマーンやアラブ遊牧民も召集され、また城攻めに不可欠なギリシア火(発火物を投射する焼夷弾)を使う工兵などの歩兵集団も活躍した。

官僚制度については、軍人と文官の二系統に分かれ、前者では宮廷のハージブ(サラールとも呼ばれる)が、後者ではワズィールやカーディーが最高責任者として、君主を補佐した。国家の統一が進むにつれ、都市や地方の名士の政治的影響力は減少し、君主に仕える官僚としての性格が強まっていった。

宗教活動の面では、シーア派から、ニザール派、ヌサイリー派、ドゥルーズ派が分派し、それぞれ独自の教義に基づく活動を展開した。ヌール・アッディーンやサラディンは、主要都市にマドラサやモスクを自ら建設し、これらの施設は、スンナ派のウラマーの養成と活動の場となり、スンナ派の力は増大していった。サラディンの統治時代(一一八四年)にダマスクスをおとずれたイブン・ジュバイルはつぎのように

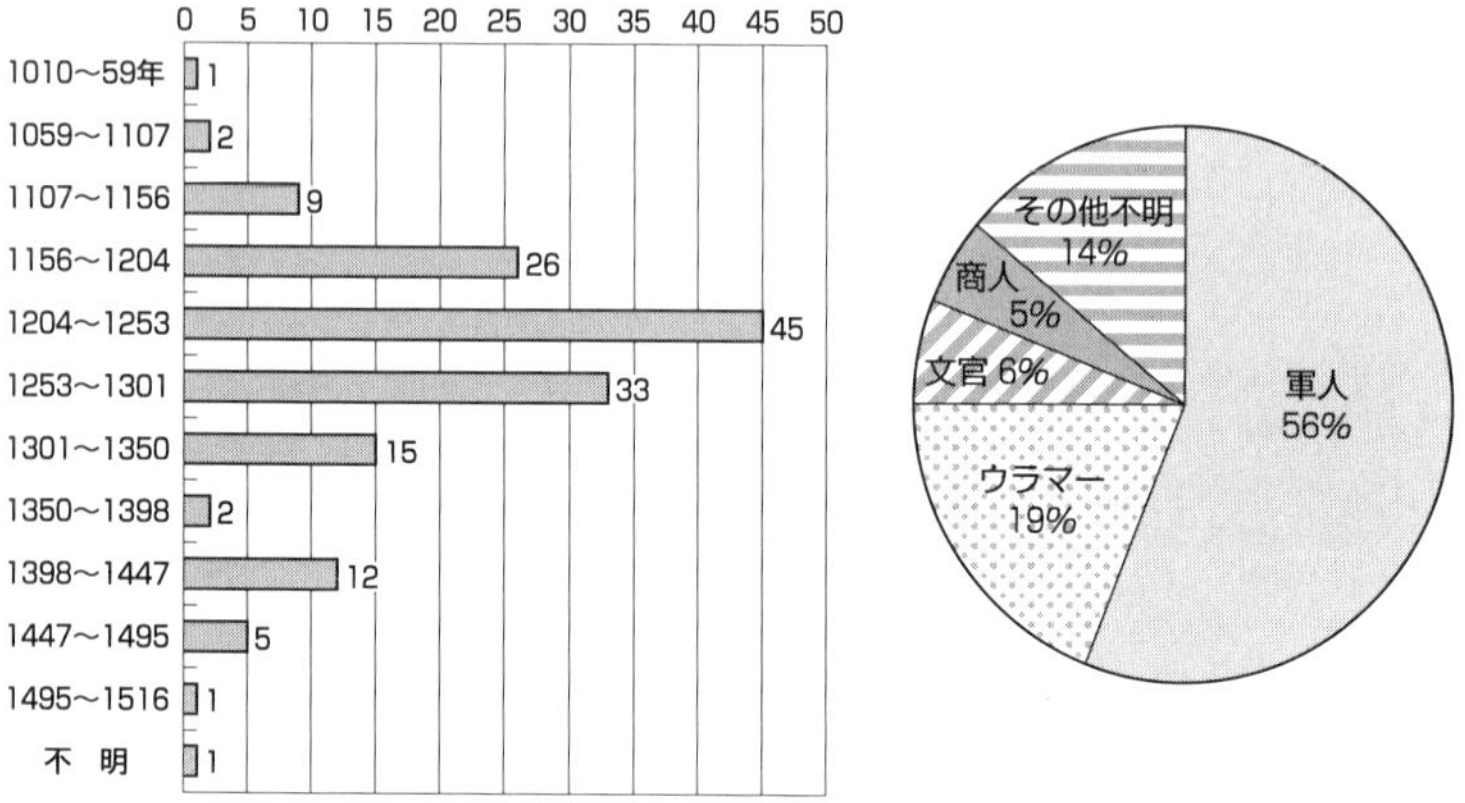

ダマスクスのマドラサの建設年代と建設者(建設年代は，ヒジュラ暦の50年を単位とする)

述べている。

この町のなかのものすべてがワクフで占められているかと思われるほどである。モスク、マドラサ、ハーンカー(道場)などが新しく建てられると、スルタンはそれにワクフを割り当て、それによって、その施設や、そこに住む人々、そこの管理人などを支えるのである。……身分が高く、恵まれた女性たちのなかにはモスクやリバートやマドラサを建てるように指示し、大金を投じ、自分の財産の一部をワクフにあてる者もいる。アミールたちのなかにもこれと同様のことをする者がいる。彼らはこの祝福された道を、競うように進んでおり、それによって至高至大なる神のもとで讃えられるだろう。

このような描写がけっして旅行者ゆえの誇張ではなく、ダマスクスのマドラサ(十六世紀初頭まで)の約半数がアイユーブ朝の支配した七〇年間に建設され、女性による建設は約一割を占めていた。また、スーフィー教団の施設もシリアやエジプトに広まり、イブン・ジュバイルは、「このスーフィー教団の面々は、この地においては王侯である。神は彼らにこの世の糧や恵みを十分に与え、生計を立てる手段に思い悩むことなく、神をもっぱら崇拝するように仕向け、天国の宮殿を思わせるような宮殿に住まわせ給うている」と述べている。

ウラマーや市民は武器をすて、軍人は防衛、ウラマーやスーフィーは宗教と法という分業とそれに基づく協力関係が固まっていったが、軍事力を独占する軍人への従属が強まっていった。

4　マムルーク朝時代――成熟と変容

マムルーク軍団のクーデタ

マムルーク朝は、一二五〇年にマムルーク軍人のクーデタによって樹立され、以後二六〇年にわたって、エジプト、シリア、ヒジャーズを支配した。政治権力は、マムルーク軍人が握り、最高権力者であるスルタンは、有力アミールから選出された。スルタンの子息が位を継承することはあったが、有力アミールが実権を握ったまま短命に終わる場合が多く、その意味で、血統を継承原理とする通常の王朝とは異なっていた。

支配エリートのマムルークは、前期はキプチャク系のトルコ人が、後期はチェルケス系(カフカース地方の民族)が多数を占め、外部からきた異民族出身者が、アラブの土地と住民を支配した。この時期に、カイロやダマスクスは、イスラーム世界全体の経済・文化の中心地となっていた。マムルークの統治は、軍事的な優越性によるだけではなく、産業を保護し、学芸を奨励し、ウラマーやスーフィーなどとのネットワークによって支えられていた。

一二四九年十一月に、アイユーブ朝スルタン、サーリフが、十字軍との戦いのさなかに急死すると、妻のシャジャル・アッドゥッルは夫の死を隠し、サーリフのマムルーク軍団(バフリーヤ)の奮戦によって、十字軍は撃退された。しかし、サーリフの後継者トゥーラーンシャーが、功績のあったバフリーヤ軍団を弾圧したため、一二五〇年五月に、バフリーヤ軍団はトゥーラーンシャーを暗殺し、シャジャルを王位に就けた。彼女は、「ハリール(サーリフとのあいだにできた子供の名、ただし死去)の母」を名乗り、アイユーブ家の後継者であることを主張したが、シリアのアイユーブ家はこの政権を認めず、ダマスクスではナースィル・ユースフが擁立され、また、アッバース朝も女性のスルタンを認めなかった。

カイロでは、対外危機に対処するため、シャジャルにかわってアイバクがスルタンに選出され(一二五〇年七月)、アイバクはシャジャルと結婚し、ナースィル・ユースフのカイロ進軍を阻んだ。しだいに自身のマムルークを優遇したため、バフリーヤ軍団はシリアに逃亡した。しかし、アイバクは、シャジャルによって宮殿の風呂場で殺害され、シャジャルもまた原因不明の死をとげた(一二五七年)。後継スルタンには、アイバクの子アリーが就いたが、実権はアイバクのマムルーク出身のクトゥズが握った。

マムルーク朝の内紛が続くうちに、フラグが率いるモンゴル軍が、一二五八年二月にバクダードを征服した。このとき、モンゴル軍は、アッバース朝カリフを殺害し、数十万人の市民が犠牲となり、ティグリス川は血の海と化したといわれる。フラグは、続いてシリアに侵攻し、一二六〇年一月にはアレッポを、

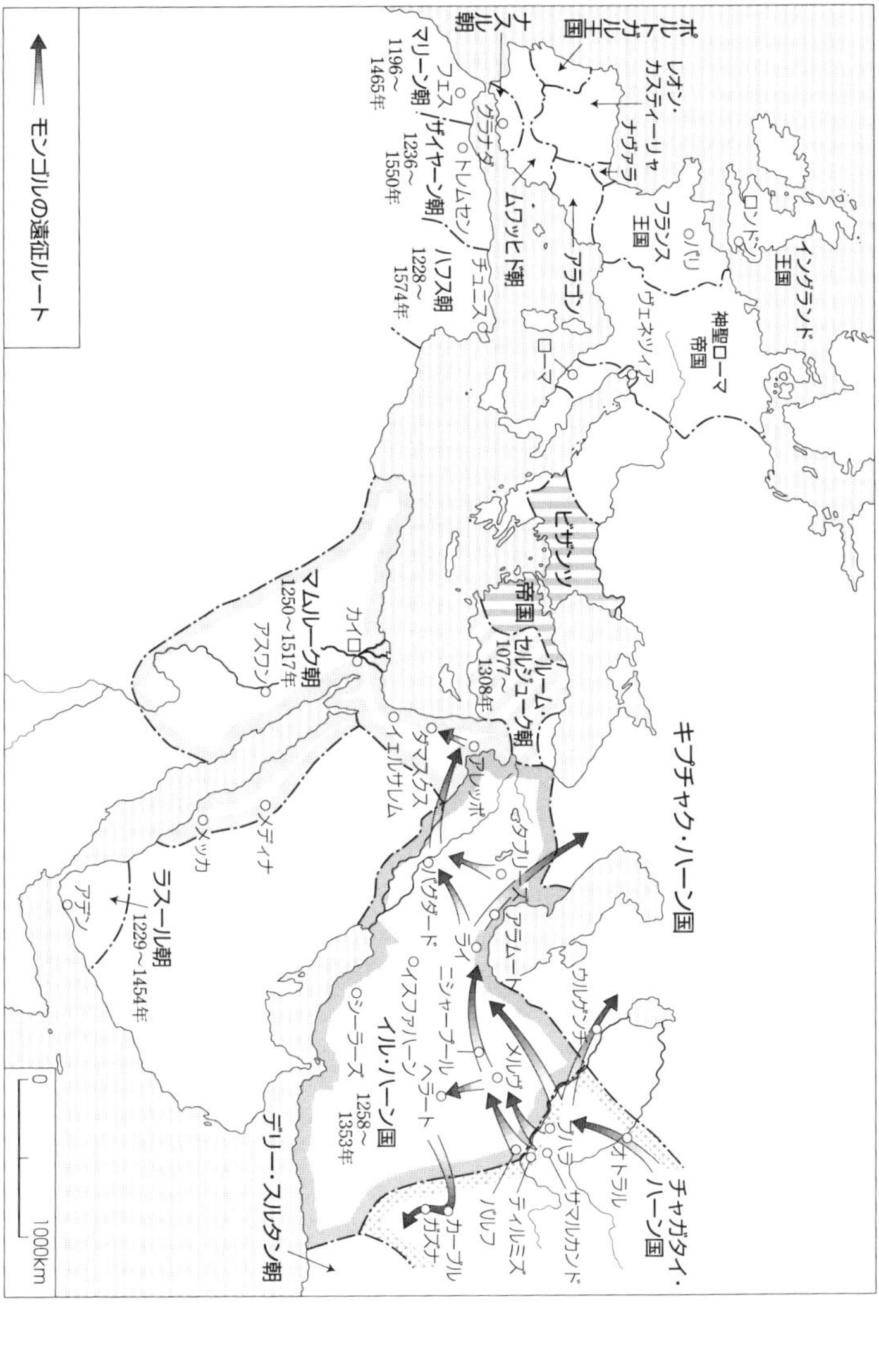
イングランド王国
ロンドン
パリ
フランス王国
神聖ローマ帝国
ヴェネツィア
ローマ
レオン・カスティーリャ
ナヴァラ
ポルトガル王国
アラゴン
ムワッヒド朝
グラナダ
ナスル朝
フェス
マリーン朝 1196～1465年
トレムセン
ザイヤーン朝 1236～1550年
チュニス
ハフス朝 1228～1574年
ビザンツ帝国
ルーム・セルジューク朝 1077～1308年
キプチャク・ハーン国
カイロ
マムルーク朝 1250～1517年
アスワン
イェルサレム
ダマスクス
アレッポ
タブリーズ
バグダード
メディナ
メッカ
ラスール朝 1229～1454年
アデン
アラムート
ライ
イスファハーン
シーラーズ
ニシャープール
ウルゲンチ
メルヴ
ヘラート
イル・ハーン国 1258～1353年
ブハラ
サマルカンド
オトラル
チャガタイ・ハーン国
ティルミズ
バルフ
カーブル
ガズナ
デリー・スルタン朝
モンゴルの遠征ルート
0
1000km

1250年ころのアラブ世界

モンゴルとマムルーク軍の戦い　ラシード・アッディーン『集史』の挿絵，14世紀。

三月にはダマスクスをあいついで征服し、アイユーブ家の王は逃亡した。このような危機に直面し、カイロでは、クトゥズ(在位一二五九～六〇)がスルタンに就き、バフリーヤ軍団はクトゥズと和解し、両者はモンゴルを迎え撃つために、一二万の兵を率いてシリアに出陣した。マムルーク軍とモンゴル軍は、一二六〇年九月に、パレスティナのアイン・ジャールートで会戦した。このとき、モンゴル側は、フラグが大ハーン(モンケ)の死を聞いて故国に帰還したため兵は一万余を残すのみで、数にまさるマムルーク朝側は、バイバルスらの活躍によって勝利し、モンゴルの将軍キトブガーは戦死した。

この勝利によって、マムルーク朝は、モンゴルを撃退するとともに、アイユーブ家のシリア領の大部分を併合した。しかし、報償に不満をもったバイバルスやバフリーヤ軍団は、カイロへの帰路にクトゥズを暗殺し、バイバルスをスルタンに擁立した(一二六〇年)。

バイバルスの統治

バイバルス(在位一二六〇～七七)は、アミールのマムルーク兵から身を起こし、三十二歳でスルタンに即位した。翌六一年には、アッバース家の末裔をカイロに招聘してカリフ、ムスタンスィルとして擁立し、カリフは、バイバルスに、エジプト・シリアのほか、イエメン、ヒジャーズ、ディヤルバクルなどの領有を認めた。ムスタンスィルは、バイバルスのシリア遠征に同行し、その後バグダードに向かう途上でモンゴル軍と遭遇し、殺害された。しかし、カリフ位は、別の縁者によって継承された。

外征では、シリアの沿岸部の十字軍の都市を征服した(一二六五年のカエサリア、ハイファー、六六年サファド、六八年ヤッファーとアンティオキア)。一二六六～六八年にはヒジャーズに遠征し、六九年にメッカ巡礼をはたした。一二七六年には、ヌビアに遠征をおこなった。シリア遠征は、計三八回にのぼり、在位中の半分の期間はカイロを留守にしていたという。対モンゴル政策では、キプチャク・ハーン国のベルケが、フラグと対立し、マムルーク朝と同盟を求めた。バイバルスは、使節にコーランなどを贈り、ベルケの名をフトバにも詠み込んだ。

内政面では、カイロをはじめ、主要都市において、スンナ派の四法学派の大カーディー職を設けた(四法学派の公認)。これによって、スンナ派の各派は形式的には対等な立場をえ、スンナ派全体が強化されるとともに、この職の任命を通じて、ウラマーにたいするコントロールが強まった。バリード(駅伝)網を整備し、定期的な通信をおこない、急使には伝書鳩が使われた。

バイバルスは、一二七七年には、アナトリアに遠征してモンゴル軍を破ったが、遠征の帰途、ダマスクスで死去し、同地のマドラサに葬られた。十字軍とモンゴル軍の侵攻という危機からエジプトとシリアを救い、マムルーク朝初期の内訌《ないこう》をおさめて、国家の基礎を築いた。このため、イスラームの名君として評価され、また語物《かたりもの》文学では、イスラーム世界にはびこるズルム(不正)を正し、アドル(公正)を実現する英雄として描かれている。

ナースィルとマムルーク体制の樹立

バイバルスは、スルタン位の世襲を望み、早くも一二六二年にわずか二歳のバラカを後継者に指名していた。バイバルスの死とともに、バラカが即位したが、やがて、バフリーヤ軍団出身のアミールたちとスルタンの親衛隊(ハーッサキーヤ)との対立が強まり、やがてアミールたちは、カラーウーン(在位一二七九~九〇)をスルタンに選出した。

カラーウーンは、バフリーヤの古参アミールで、即位のときには五十代なかばをこえていた。バイバルスのマムルーク軍(ザーヒリーヤと呼ばれた)にかえて、あらたにチェルケス系のマムルークを導入し始めた(カイロの城砦《ブルジュ》の兵舎で育成されたことから、ブルジーヤと呼ばれる)。イル・ハーン国の遠征軍をヒムスで

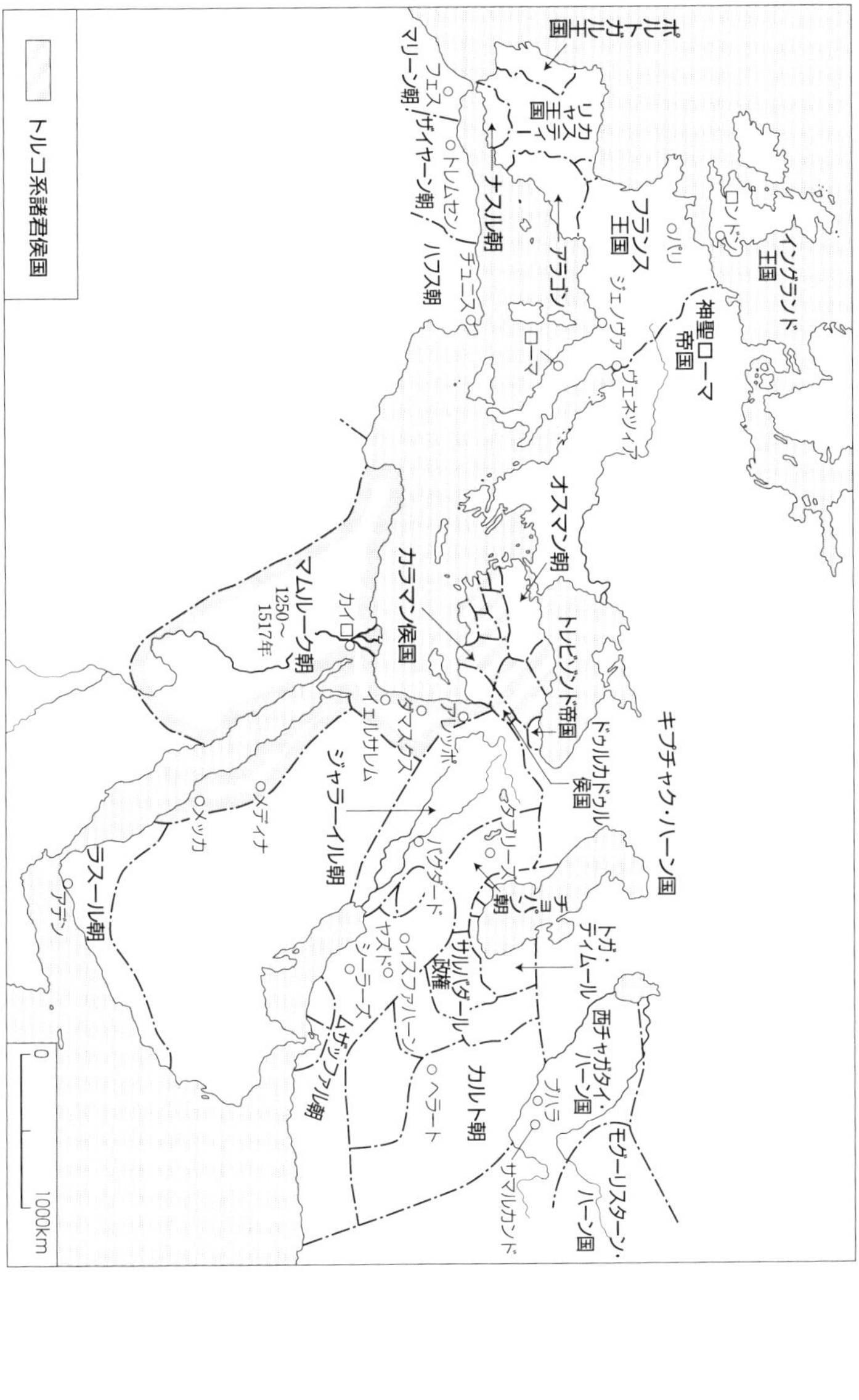
ポルトガル王国
カスティーリャ王国
アラゴン
フランス王国
○パリ
イングランド王国
○ロンドン
神聖ローマ帝国
ジェノヴァ
ローマ
ヴェネツィア
マリーン朝
フェス
ザイヤーン朝
トレムセン
ナスル朝
ハフス朝
チュニス
オスマン朝
カラマン侯国
トレビゾンド帝国
ドゥルカドゥル侯国
キプチャク・ハーン国
マムルーク朝
1250〜1517年
カイロ
アレッポ
ダマスクス
イェルサレム
ジャラーイル朝
タブリーズ
バグダード
チョバン朝
トガ・ティムール
サルバダール政権
イスファハーン
ヤズド
シーラーズ
ムザッファル朝
カルト朝
ヘラート
西チャガタイ・ハーン国
ブハラ
サマルカンド
モグーリスターン・ハーン国
メディナ
メッカ
ラスール朝
アデン
トルコ系諸君侯国
0
1000km

1350年ころのアラブ世界

破り、トリポリの十字軍国家を占領する(一二八九年)などの戦果をあげた。カイロの市中に、イェルサレムの岩のドームを模した墓廟を中心とした巨大な複合施設(マドラサ、病院)を建設した。

カラーウーンがシリア遠征中に死去すると、ハリールが即位した。ハリールは、アッカーをはじめ沿岸部の十字軍の砦を攻略し(一二九一年)、十字軍国家はついにパレスティナから姿を消した。ハリールもチェルケス系のマムルークを優遇したため、トルコ系のマムルークが反発し、カイロは内戦状態になった。このため、ハリールの弟のナースィル・ムハンマドが即位することで妥協がはかられた。

ナースィルの治世は、三次におよんだ(在位一二九三〜九四、九九〜一三〇九、一三一〇〜四一)。しかし、第一治世はアミールの傀儡《かいらい》にすぎず、スルタン位を奪ったラージンは、検地を実施したが(フサーム検地)、アミールの所領を減らしたために不興をかい、腹心の部下メンケテムルとともに殺害された(一二九九年)。反対派のアミールは、ナースィルを復位させた。

第二治世では、一三〇〇年にイル・ハーン国のガーザーンがシリアに侵攻し、ナースィルも出征したが、敗れてダマスクスが一時占領された。しかし、一三〇三年には、モンゴル軍をダマスクス近郊で破った。ナースィルは、自身のマムルークを育成し、しだいに有力アミールの影響力を排除しようとした。このため、先代以来のブルジーヤ軍はバイバルス二世(在位一三〇九〜一〇)を擁立したが、ナースィルは、シリアの総督たちの支持をえて、復位をなしとげた。

第三治世では、バイバルスをはじめとする旧勢力を排除し、自身のマムルーク軍(ナースィリーヤ)を登用した。シリア総督の地位を強化し、とりわけタンキズとは姻戚関係を結んで重用した。内政面では、シリアとエジプトで検地を実施した(一三一三〜一五年)。アミールを指揮官に任命し、書記官などを動員して村ごとに面積、税収高、作物の種類を調査した。政府は、商品への関税や賦役などの雑税を廃止し、さらに土地の配分を決め、エジプトにかんしては、二四分の一〇をスルタン領に、二四分の一四をアミールとハルカ騎士の取り分とした。以上に基づいて、マムルークらにたいして、村名と税収高を記したイクター授与証書を交付し、イクターを再配分した。検地によって、地租や人頭税や雑税など税目によって徴税権者が異なるという錯綜した状態を改め、徴税権をすべて一人のムクター(イクター保有者)に帰属させ、その税収高(イブラ)が示された。検地の結果、ひとつの村やイクターに複数の徴税権者がいる状態は解消され、スルタンとムクター、ムクターと農民の権利関係は、一元化された。スルタンは、イクターの授与によってマムルークを統御し、ムクターは領地からの税収を確保するために、灌漑の整備などにあたった。イクターの再配分にあたっては、かつての有力アミールやハルカ騎士のイクターを削減し、自身のマムルークへこれらを振り向けた。

ナースィルは、五〇年におよぶ治世のなかで、三回のメッカ巡礼をおこない、一三四一年に病没した。ナースィルの死後、その息子、孫、曾孫の一三人がスルタン位に就いた。しかし、ほとんどは幼少(最少で七歳)で即位し、アミールたちが実権を握って、改廃を繰り返し、彼らの傀儡にすぎなかった。

軍と行政機構

マムルーク朝の支配体制は、スルタンを頂点とし、マムルーク出身の軍人が軍事と行政を握った。マム

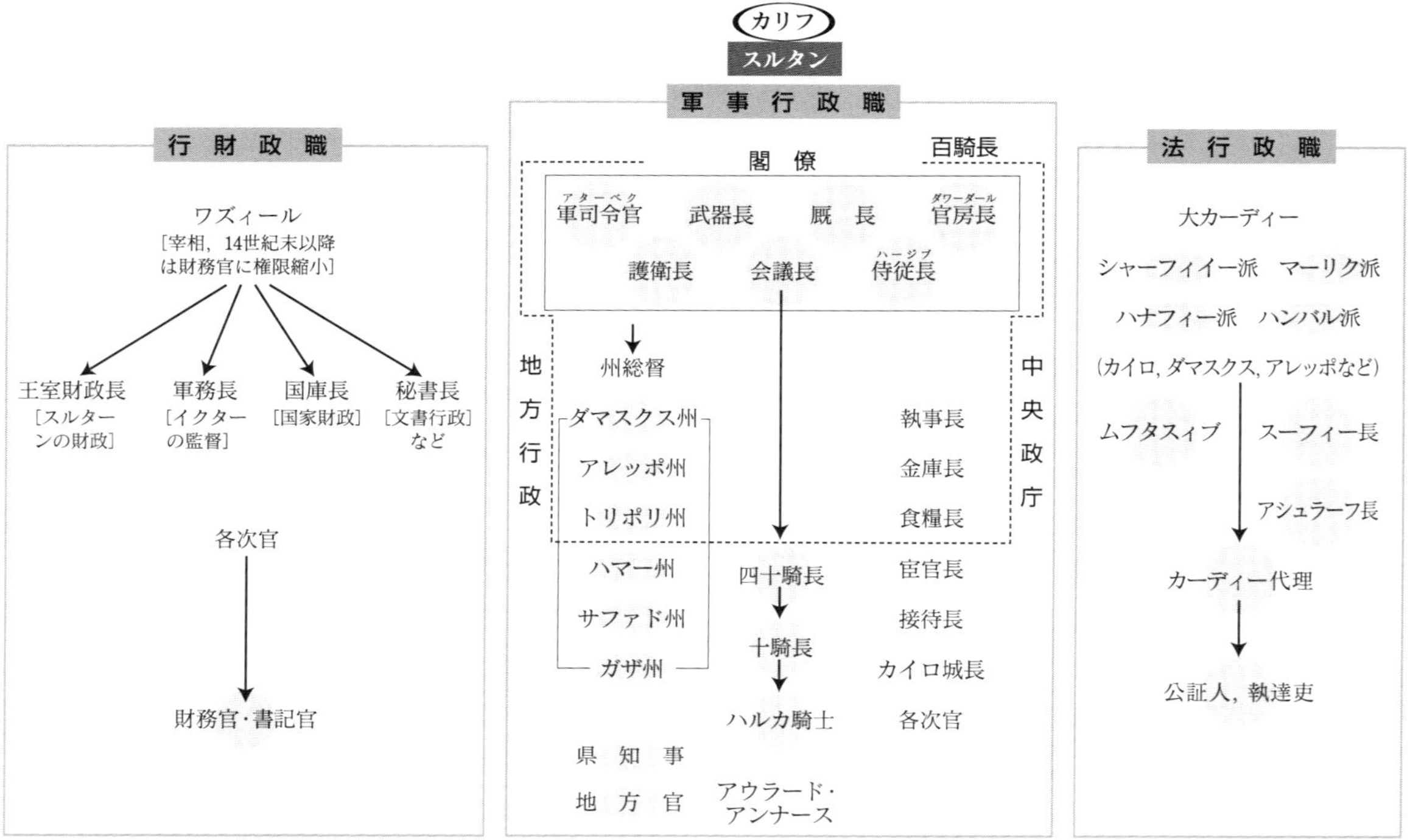
カリフ
スルタン
行財政職
ワズィール
[宰相，14世紀末以降は財務官に権限縮小]
王室財政長
[スルターンの財政]
軍務長
[イクターの監督]
国庫長
[国家財政]
秘書長
[文書行政]
など
各次官
財務官・書記官
軍事行政職
閣僚
百騎長
軍司令官《アターベク》
武器長
厩長
官房長《ダワーダール》
護衛長
会議長
侍従長《ハージブ》
地方行政
州総督
ダマスクス州
アレッポ州
トリポリ州
ハマー州
サファド州
ガザ州
県知事
地方官
中央政庁
執事長
金庫長
食糧長
宦官長
接待長
カイロ城長
各次官
四十騎長
十騎長
ハルカ騎士
アウラード・アンナース
法行政職
大カーディー
シャーフィイー派　マーリク派
ハナフィー派　ハンバル派
(カイロ，ダマスクス，アレッポなど)
ムフタスィブ
スーフィー長
アシュラーフ長
カーディー代理
公証人，執達吏

マムルーク朝国家の行政機構

ルークには、スルタンのマムルーク、アミールのマムルークの二種があり、このほか、自由身分の軍人(ハルカ騎士およびアウラード・アンナースと呼ばれるマムルーク軍人の子供)も軍隊を構成したが、出世の望めない二級の軍人として扱われた。現スルタンのマムルークがもっとも昇進の可能性をもち、なかでもスルタン自身が購入した兵士(ジュルバーン)が子飼いの兵として重用された。しかし、スルタンが退位してしまえばその特権的な地位は失われることになった。このため、スルタンがかわると、前スルタンのマムルーク、とりわけ有力なアミールは、新スルタンにたいして発言権を維持しようとつとめ、他方新スルタンは、マムルークをあらたに購入して子飼いの軍団を育成しようとしたために利害が対立し、マムルーク朝の恒常的な政治不安の原因となった。各軍団の兵数としては、ナースィル検地のときには、スルタンのマムルークが二〇〇〇、アミールのマムルークが一万三〇〇〇、自由身分の騎士が九〇〇〇、計二万四〇〇〇であった。スルタンのマムルークは、時期によって変化し、三〇〇〇から八〇〇〇の規模であった。

購入された若年のマムルークは、兵舎において、軍事教練とアラビア語やイスラームの教育を受けたのち、奴隷身分から解放され、イスラームに改宗した。マムルーク軍人は、やがてアミール(軍団長)の地位とそれにともなって行政上の官職に就いた。アミールの地位は、十騎長、四十騎長、百騎長と呼ばれ、それぞれ戦時に統率する騎数を示していた。ナースィル検地のときには、百騎長は二四名、四十騎長と十騎長は各二〇〇名であった。兵舎では、主人あるいは同胞との強い絆が育まれたが、男色関係も生まれ、監督の職がおかれた。また、領内のアラブ遊牧民にたいしても、アミール職を設け、その任免を通じて、コントロールをはかった。

行政上の官職は、軍事行政職、文書財政職、法行政職の三つの部門に分れ、軍人(剣の人)は軍事行政職を、ウラマー層(ペンの人)は法行政職を司り、行財政職は文書や財務を担当し、当初はウラマーの職分であったが、ブルジー・マムルーク期には、軍人や一般人も進出した。軍事行政職の最上位は、アターベク(軍司令)、ハージブ(侍従長)、ダワーダール(官房長)などの七つの職分で、スルタンの御前会議(マジュリス)に出席し、政策を協議した。これに続くのが、地方州の総督であった。行財政職のトップは、秘書長(カーティブ・アッスィッル)であったが、しだいに財務官の権限が強まった。法行政職は、各主要都市の大カーディーが統括した。エジプトの中央政府と地方州には、それぞれ、この三部門の官職がおかれ、軍人もウラマーも、中央と地方州の職を転々としながら昇進し、一定のヒエラルヒーができていた。スルタンや総督は、毎週高官を集めて御前会議を開き、そこでは政策や人事が決せられるとともに、住民からの訴えもとりあげられた。

これらの役職は、「国家の主」と総称され、スルタンの即位や戦勝などの国家行事のパレードでは、馬やロバに騎乗して行進した。マムルークは、奴隷身分から、実力(軍事力、政治力、財力)とコネ(主人の引きおよび同胞の支持)によって、末はスルタンにまで出世することができた。しかし、「マムルーク軍人(解放・改宗した自由人)の子はマムルーク(奴隷)になれない」というパラドクスのために、その特権的な地位を子供にゆずることはできなかった。子供は、アウラード・アンナースという二級の軍人に甘んじるか、学問や商業によって身を立てるかせざるをえず、マムルーク軍人が、ワクフ(寄進)によって、財産の保全をはかったのもこのためである。

ウラマーもまた、官職に就けば、俸給だけではなく、徴税や裁判の権限を利用して富や権力をえることができ、ある財務官は、一七〇頭の馬とラクダをもち、穀物や香料取引で四〇万ディーナールの蓄財をしていた。マドラサの教授職などの官職もまた、このような出世のステップであり、賄賂や高官とのコネを使って、官職の任免が争われた。このような高官にとっては、ターバンを巻き、騎乗することが地位の表象であり、マムルークの反乱では、ウラマーのターバンが標的となった。ウラマーの権益化の傾向にたいしては、現世に目を奪われ、来世やアドル(公正)を忘れたズルム(不正)として、批判がなされた。

戦争では、騎兵だけではなく、馬の世話をしたり、武器を運んだりする従者を必要とした。また、財務や法行政の場合でも、村や都市の徴税吏、契約書を作成する公証人や判決を執行する執達吏などの下僚が必要とされた。彼らは、実務経験や実務能力が重んじられ、財務官ではコプト教徒(エジプトのキリスト教徒の一派)出身者が多くみられた。下僚は、国の官吏ではなく、官僚から私的に任免され、自分の主人が罷免されれば、運命をともにした。このため、高官のもとには、一族や下僚を含めた家門(バイト、バーブ)が形成され、これが実際に行政を執行するようになっていった。

外交と通商

パレスティナの十字軍国家は、すでに脅威ではなくなっていたが、バイバルスやカラーウーンらの遠征によって一二九一年に消滅した。モンゴルは、西アジアへの侵攻を繰り返したが、一三二二年にイル・ハーン国とのあいだに和平条約が締結され、東西の外交関係において安定がもたらされた。

メッカ、メディナの二聖都をもつヒジャーズ地方は、イスラーム諸王朝にとって特別な領域であった。十世紀以降、シャリーフ(ムハンマドの子孫)がメッカに自立した政権(シャリーフ政権)を築いていたが、外部勢力が介入を繰り返した。アイユーブ朝とマムルーク朝は、「二聖都の保護者」を自認していたが、イエメンのラスール朝(一二二九〜一四五四年)やイル・ハーン国は、しばしばメッカの政治に介入し、マムルーク朝と衝突することもあった。マムルーク朝スルタンは、毎年のハッジュ(巡礼)に、アミールを巡礼隊の護衛として派遣し、カーバの覆い(キスワ)を奉納していたが、これを機に、メッカの政治や人事に影響力を行使した。十四世紀末には、メッカに総督職を設け、シャリーフ政権を支配下におさめた。また、ティムール朝のシャー・ルフがキスワの奉納を申し出ると、これをエジプトの大権として拒否した(一四三四年)。

イエメンでは、シーア派系のザイド派イマームが影響力をもち、スライフ朝(一〇四七〜一一三八年)は、イスマーイール派を信奉した。アイユーブ朝のイエメン占領以降、スンナ派が進出し、その配下から独立したラスール朝は、インド洋交易の利をえて繁栄した。ペルシア湾に近い東岸部は、イランを支配する王朝の影響が強かったが、オマーンでは、イバード派のイマームが影響力をもっていた。

マムルーク朝国家は、ヨーロッパ諸国との通商による利益を重んじ、ヴェネツィアやジェノヴァなどのイタリア諸都市やアラゴンなどと通商協定(カピチュレーション)を締結した。そこでは、ヨーロッパ人の財産、商取引の安全を保障するとともに、キリスト教徒間の争いについては、領事による裁判権を認めた。関税や拿捕《だほ》をめぐるトラブルは発生したが、そのたびに、これらの通商協定が改訂され、オスマン朝にも

主要都市の宗教施設と商業施設

		ダマスクス 13世紀中頃			ダマスクス 16世紀初め	カイロ 15世紀前半	フェス 12世紀後半
		市内	市外	計			
宗教施設	モスク	434	226	660	1,000以上	52	782
	ジャーミー	1	4	5	31	88	
	マドラサ	63	26	89	152(うち市内101)	73	—
	修道場	—	—	38	76	58	—
	教会	—	—	30	—	—	—
	墓	—	—	—	81	—	—
商業施設	市場	—	—	—	163	87	—
	公衆浴場	—	—	117	157	51	73
	隊商宿	—	—	—	64	58	467

引き継がれた。

農村と都市の繁栄

マムルーク軍人は、授与されたイクターの税収を確保するために、村領内の灌漑や堤防の維持や種籾の貸出しなどの管理をおこない、村の耕作民は、イクター保有者や徴税官と毎年耕作契約を結んだ。村には、モスクがあり、イマーム(礼拝の導師)やムアッズィン(礼拝の呼びかけ者)、灌漑の管理人などが居住し、水車や農具などの修理や販売をする職人や商人が出入りした。遊牧民は、保護料とひきかえに村の警護を請け負う一方で、収穫物を略奪する敵となることもあった。

マムルーク軍人自身は都市に居住し、ここを防衛し、農村からのイクター収入は、現物であるいは現金化されたうえで、都市に還流された。ワクフ制度によって都市に建設されたモスクやマドラサなどの宗教施設には、その運営費用をまかなうために、農地や商店や住宅などが寄進されたため、ワクフ制度もまた、都市に富を還流し蓄積する機能をはたした。オスマン朝から現在にいたる、主要都市

カイロのマドラサ，ハサン学院(19世紀初め)

の施設の骨格はこの時期につくられた。宗教施設では、イーワーンやムカルナス(鍾乳石状の飾り天井)のような装飾的な様式が発達し、とくにスルタンの壮大な建築物は、王権を象徴するものであった。

都市の商工業者は、ワクフとなった店や隊商宿を廉価で賃借し、営業することができたため、都市の経済が発展した。売買、賃貸借、金融、協業などの経済行為は、イスラーム法に基づいておこなわれ、不動産などの取引では文書契約が交わされた。これらの契約では、公証人が文書の起案や証人として重要な役割をはたし、市門などに店をかまえていた。国際交易に従事するカーリミー商人は、地中海やインド洋の港町に代理人をおき、商船を派遣し、巨万の富を築き、スルタンなどの支配者と結びつく者もいた。

都市には、イクターとワクフによって富が集積され、仕事や学問・文化を求めて、農村や地方からの移住者や旅行者が集まり、人口は膨れあがった。推計によれば、十四世紀のカイロは約三〇万人、ダマスクスは一〇万人といわれ、ヨーロッパからの旅行者は、市場の商店のにぎわいや道路の混雑ぶりに目をみはり、パリやロンドンの数倍の人口を擁すると記述している。ハーラ(またはマハッラ)と呼ばれる街区は、徴税などの行政上の単位であるとともに、祭りや相互扶助などの社会生活の単位であり、政治行動が組織されることもあった。このような大都会の秩序をどのように維持するかは、支配者の悩みの種であり、とくに十四世紀後半以降のカイロでは、食糧暴動が頻発した。ムフタスィブは、ムスリムの倫理を監督する役職で、市場での公正な取引の監督を任務としたが、逆に、不正を働く輩から、賄賂を受け取って目こぼしをすることもあった。

黒死病と経済

ナースィルが統治した十四世紀前半のエジプトは、農業生産、織物や砂糖などの製造業、そして東西交易に支えられ、繁栄をむかえた。しかし、これに大打撃を与えたのが、黒死病の流行であった。腺ペストは、モンゴルによって中東にもたらされたとされるが、エジプトでは、一三四七年以降十六世紀初めまで、少なくとも五五回の流行が記録されている。カイロでは、一日の死者が一〇〇〇人をこえることもあり、路上に死者があふれた。このような流行によって、エジプトでは、人口の約三分の一が失われ、農業生産は停滞した。これに加えて、スルタンやアミールらは、領主から厳しい徴税をおこなったために農村は荒廃し、エジプトの農村数はかつての一万から十五世紀中葉には二一七〇に減少し、地租収入は九〇〇〇万ディーナール(一三一五年)から二〇〇万(一五一七年)へと激減したという。

経済の衰退は、貨幣にもあらわれた。原材料である金はアフリカのスーダン地方から、銀はヨーロッパから輸入されていたが、マムルーク朝政府が鋳造する通貨の重量や品位は劣化し、ヴェネツィアなど外国

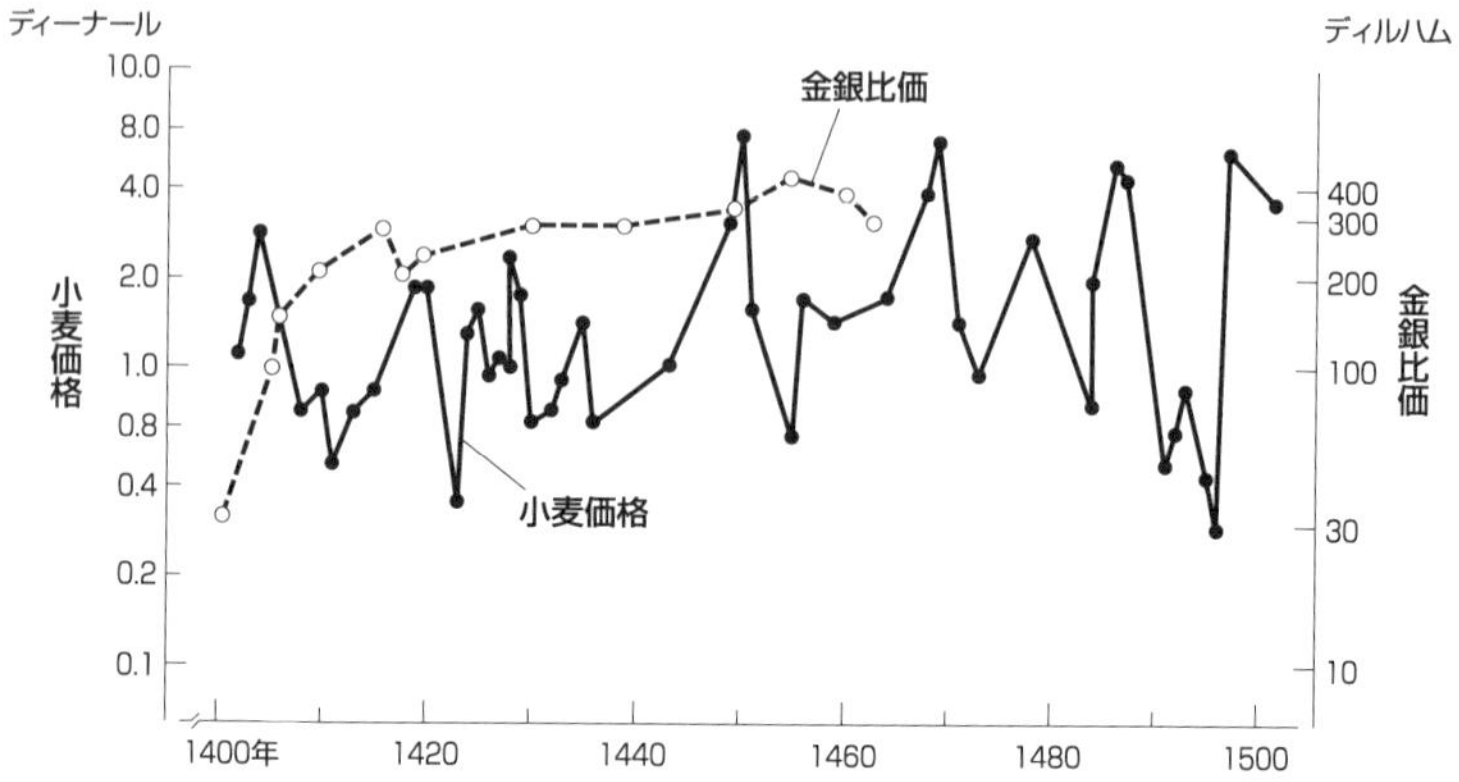

金銀貨幣の交換比率と小麦価格（エジプト）

で鋳造された金貨も流通した。両替商は、これらの多様な貨幣を交換したが、銀貨の金貨にたいする交換比率は下落を続け、十四世紀中葉の一対二〇から、十五世紀初頭には一対二〇〇をこえ、銀貨にかわって銅貨が流通した。政府は、物価安定のために、交換レートの告示などの対策をとったが、貨幣レートと物価は乱高下し、経済の混乱が続いた。

このような状況は、経済利益の競争に拍車をかけた。限られた利益を求め、あるいは損害を防ぐために、契約証書類の偽造、裁判官や公証人を買収した訴訟は、カイロのような大都市ではなかば常態と化していた。イブン・ハルドゥーンは、「裁判にもちこむのを恐れ、論争をきらう者や裁判に有効な権威をもたない者は、商業に携わらないほうが望ましい」と、警告を発している。

ブルジー・マムルーク朝

経済危機の進行は、イクター収入の減少となってアミールに打撃を与えたが、スルタンとアミールの抗争は、歳入の取り分をめぐって激しくはなっても、止むことはなかった。しだいにチェルケス系マムルークの勢力が優勢となり、一三八二年に、バルクークが同胞の推挙を受けて即位した(在位一三八二～八九、九〇～九九)。バルクークは、一時ヤルブガーとミンターシュに政権を奪われたが、一三九〇年に復位し、自身のマムルークを育成して、権力を固めた。バルクークの即位によって、カラーウーン家出身のスルタンは終焉し、以後は、バルクークのマムルークをはじめ、チェルケス系のマムルークが支配権を握ったことから、ブルジー・マムルーク朝(アラビア語ではチェルケス系マムルーク)と呼ばれる。

バルクークの死後、息子のファラジュ(在位一三九九～一四一二)が十歳でスルタンに即位したが、ヤシュバクをはじめとする父の時代からの有力アミールとの対立や彼らの反乱が続いた。また、ティムールがシリアに侵攻し、スルタンは遠征に赴いたが、カイロでのクーデタを怖れて帰還した。ダマスクスは一時占領され、過酷な税を徴収され、職人などが連行された(一四〇一年)。

一四一二年には、ムアイヤド・シャイフがシリアで反乱し、カイロでスルタンに即位した(在位一四一二～二一)。ムアイヤドは、一〇年間在位し、ズワイラ門の側に大規模なマドラサ兼モスクを建設するなど一時的な安定をえた。しかしその死後は、幼帝のスルタンと、アミールによるクーデタ(七人が簒奪者)が続いた。このなかで、バルスバーイ(在位一四二二～三八)、カーイトバーイ(在位一四六八～九六)、ガウリー(在位一五〇一～一六)の三人のスルタンは、いずれも、アミールの推挙によって選出され、長期にわたって在位し、衰退をとどめるために改革をおこなった。

バルスバーイは、キプロスに遠征して王を拉致し、貢納を条件にここを属国とした(一四二六年)。またイクターからの税収入の減少を補うために、胡椒をはじめとする香料、砂糖、織物などの専売政策をとった。これは、ムスリム商人とヨーロッパ商人の直接の取引を禁じ、スルタン自身がジェッダなどの港で香料を購入し、ヨーロッパ商人にたいして指定の価格(通常の五割増)で販売するもので、これらの政策によって、財政危機は回避された。しかし、ジャクマク(在位一四三八~五三)は、バルスバーイの残した三〇〇万ディーナールをわずか三年間で蕩尽《とうじん》し、ふたたび国庫は空っぽになった。このため、スルタンのマムルークへの給与の支給がとどこおり、彼らは支給を求めて反乱し、責任者である財務官の罷免を求めた。スルタンは、財務官に各種の徴税権限、さらには地方官の任免権や官吏の財産没収(ムサーダラ)などの権限を委ね、彼らの徴税能力によって給与が支給されることを期待した。このため、徳や知識を欠いた肉屋などの下層の者が、賄賂によってワズィールなどの要職に任命され、実権を掌握することもあった。

民衆の生活と文化

ウラマーは、コーラン学、ハディース学、法学、歴史、文学などの著作を活発におこない、膨大な数の著作とその写本群が残されている。これらは、伝統的な知識を再生産するものであり、とくに自然から行政の全般におよぶ百科全書や大部の伝記集が編纂執筆され、知識の体系化が進んだ。他方で、十五世紀の歴史家には、時代の傾きを感じとり、それにたいする批判や処方箋を著わす者もいた。マクリーズィーは、法行政官の腐敗が経済と社会の混乱の元凶であると批判し、イブン・ハルドゥーンは、法行政官の腐敗を指弾しつつ、民衆の利益を実現する政治をおこなうために、文明と人間社会の原理を解明する書(『歴史序説』)を著わした。固定化した公式のイスラームにたいする民衆の反動は、スーフィズムの伸張にも鮮明にあらわれていた。

スーフィーの修道場は、都市のみならず、町や村にも建設され、ズィクル(朗唱)や音楽をともなうサマーなどの修行が集団でおこなわれた。教団のシャイフは、バラカ(神の恩寵、奇跡)をもった聖者として崇拝され、病の治癒、結婚や出産などの願かけのために、聖者の墓への参詣(ズィヤーラ)が流行した。参詣の手引きや案内書が著わされ、カイロのカラーファやダマスクスのサーリヒーヤなど墓の町は、参詣者でにぎわった。イブン・アターー・アッラーフは、シャーズィリー教団のシャイフで、シャリーアとスーフィズムの中庸の道を示して多くの信奉者をえた。マムルーク朝のスルタンも、特定のスーフィーに帰依したり、大規模な修道場(ナースィルのスィルヤークースのザーウィヤ、ファラジュのハーンカーなど)を建設したりした。教団や修道場への入門志願者は、「腰帯をきちっと締め、肩には礼拝用の絨毯《じゅうたん》を、右手には杖、左手には水差し壺をもって」、自身の履歴などについて口頭試問を受けた(イブン・バットゥータの旅行記)。

このような墓参詣や聖者崇拝にたいしては、ハンバル派などから批判がなされた。とりわけイブン・タイミーヤは、これをビドア(逸脱)として強く批判してファトワー(法見解)を発し、敵対者からの非難を受け、投獄などの弾圧をこうむり、最期は獄死した。

イブン・アルファーリドは詩によって神秘思想を表現し、イブン・アルイードなどは政治や世相を諷刺する詩を著わし、イスラーム法で禁じられた飲酒や姦淫、男色やハシーシュ(大麻)などは、諷刺詩の格好の題材となった。都市民衆のあいだでは、千夜一夜物語やバイバルス物語などの語物文学が楽しまれた。

女性は、法学書の規定では、両親や配偶者の同伴なしで外出することが禁じられていた。しかし、カイロのフサイン廟などへの参詣の習慣は広まり、ペスト流行時に外出禁止令がだされていることからすれば、通常は、市場など必要な場へ外出していたとみられる。

ナイルの満水の祭りや増水祈願などの行事には、ムスリムだけではなく、コプトなどのキリスト教徒も参加した。スルタンは、このような民衆の儀礼に積極的に参加し、イスラーム共同体の長として、公正な支配者としてのイメージを造成する必要があった。

末期の社会変動

カーイトバーイの治世は、北シリアに進出するオスマン朝をはじめ対外派兵の必要が増し、スルタン自身は、一六回の遠征に約七〇〇万ディーナールを費やした。したがって、財政問題は、国家の安全に直結する問題となっていた。カーイトバーイは、歳入と歳出の両面における抜本的な改革をはかるために、ワクフや市民の財産(ミルク)にたいする課税と、マムルークをはじめとする軍人の給与の削減に着手し、以後踏襲された。とくに前者の政策は、即位当初は、シャリーアやアーダ(慣行)に反するズルムとしてウラマーや市民から批判された。しかし、農村のイクターに依存した国家体制を、都市や市民にたいする課税を強化することによって再建するという積極的な意義をもっていた。カーイトバーイは、このような方策をとることによって、一時的な財政再建をはたした。

他方で、国家の軍事の支柱であったマムルーク軍の弱体が顕著となった。とくにスルタンのマムルークは、イクター収入という基盤がくずれ、スルタンから支給される給与(現金と現物)を頼みとする都市の給与生活者と化し、スルタンからの臨時手当の支給を求めて、反乱を繰り返した。スルタンは、マムルーク出身者以外を集めて新軍を編成し、アビード(黒人奴隷)やズールと呼ばれる都市のヤクザ集団などを徴兵し、マムルークに依存した体制からの脱却がはかられた。これらは、銃砲を用いた歩兵であり、マムルークよりも安い報酬で雇われていた。

ガウリーもこれらの政策を継承したが、オスマン朝は、キリキアのズル・ガーディル(ドゥルカドゥル)侯国を属国とし、北シリアを脅かした。インド洋では、ポルトガルやサファヴィー朝が進出したが、これにたいする効果的な遠征をおこなうことはできなかった。オスマン朝スルタン、セリム一世は自らシリアに軍を進め、ガウリーはこれを迎え討った。一五一六年八月、オスマン朝軍とマムルーク朝軍は、アレッポ北のマルジュ・ダービクで戦火を交えた。マムルーク朝軍に寝返りが起き、軍は敗れガウリーも戦死した。オスマン朝軍は、アレッポとダマスクスに軍を進め、両都市の住民はこれに抵抗することなく、安全保障とひきかえにオスマン朝の支配を認めた。

カイロでは、トゥーマーンバーイがスルタンに即位し、防衛準備をした。セリムは、一五一六年末のカイロ近郊の戦いでマムルーク朝軍を破り、一七年一月にはカイロに入城し、逃亡中のトゥーマーンバーイが逮捕・処刑されて、マムルーク朝国家は終焉した。

オスマン朝の勝因は、銃や大砲を積極的に採用していたこと、そして、マムルーク朝の政治情勢に通じていたことがあげられ、とくにカーディーなどの腐敗を非難することによって、自身の征服と支配の正当性を巧みに印象づけた。しかし戦術の問題以前に、農村や都市の財産の多くがワクフやミルク(私有財)に転化し、徴税権も官職保有者に切り売りされたも同然の状態になっており、すでにマムルーク朝の国家自体が空洞化していた。

十世紀以来、アラブ世界では、イラン、トルコ、モンゴルらの遊牧軍人や十字軍の侵入があいつぎ、戦乱の時代をむかえた。社会の軍事化は、軍人政権とこれを追認するウラマーの共同統治体制を生み出した。しかし、マムルーク朝時代の後半に外敵の脅威が去ると、マムルーク軍人は戦争から遠ざかり、規律はゆるみ、ウラマー層とともに、官職と権限を用いて権益を追求した。両者はともに家門(党派)を築いて、民衆からの直接的な搾取を強め、民衆にとっては教団や街区などの組織がよりどころとなった。十五世紀末のエジプトのウラマー、アブー・ハーミドは、為政者やウラマーの不正や人々の争いごともすべて、神のなせるわざであり、このようなズルムがなければアドルの価値を知ることができないとし、なお混乱した軍人の統治を擁護する。しかし、社会の流動化と、そこから生じる人々の不安や欲求をくみとるあらたな統治システムが、求められていた。

第五章　オスマン帝国治下のアラブ地域

1　エジプトと紅海世界

エジプト州の成立

アッバース家のカリフを内包し、スンナ派世界の盟主的国家であったマムルーク朝が、一五一七年に消滅した。シリアに続き、大河ナイルの肥沃な灌漑農業地帯がオスマン帝国の支配下にはいったのである。カイロに長逗留したスルタン・セリム一世(在位一五一二～二〇)は、元マムルーク朝アミールのハーイルバク(ハユル・ベイ)にエジプト支配を委ね、首都イスタンブルへと戻っていった。「アミールたちの王」を称したハーイルバクによる過渡的な統治に続き、一五二二年には「立法者」として知られるスルタンのスレイマン一世(在位一五二〇～六六)の義弟にあたるムスタファ・パシャがエジプト州の州総督(ベイレルベイ、ワーリー)となり、帝国のエジプト支配はつぎの段階にはいった。

新体制で行政職につくマムルークは少なくなかった。たとえば、「スルタンの灌漑土手の監督者」であったカーシフ(地方総督)の多くが旧マムルーク朝軍人であった。それは行政上の経験を重視するオスマン支配の柔軟性を示すものだったが、一五二三年にはそのマムルークのカーシフたちが反乱を起こした。この最初の反乱は州都カイロのイェニチェリ軍などの力で制圧されたが、翌年には明瞭にマムルーク朝国家の復興をめざす州総督アフメト・パシャ(在任一五二三〜二四)の乱が起こった。大宰相職をめぐる争いに敗れて赴任してきたグルジア系のアフメトは、マムルーク勢力の支持をえるため自らをチェルケス人と喧伝し、マムルーク朝スルタンのカラーウーンと同じ王号をおびて新たに貨幣を鍛造し、独立の意志を示した。しかし、ローマ教皇にまで支援を求めたこの企ては、中央政府の討伐軍が到着する前にカイロ市内の浴場でアフメトが離反集団に急襲され潰え去った。スルタン・スレイマン一世は、アフメトの政敵だった大宰相イブラヒム・パシャを送り込んでカーヌーン・ナーメ(地方行政法令集)を発布させ、支配体制の強化と安定をはかった。カーヌーン・ナーメにはマムルーク朝の支配慣行への配慮もうかがえるが、行政法の体系化という点でそれはエジプト住民にとって新しい経験となった。

続いて州総督となった宦官のスレイマン・パシャ(在任一五二五〜三五、三七〜三八)は大規模なタフリール(徴税慣行、税目、人口などの調査)を実施し、徴税システムを確固たるものとした。また、カイロの城や河港にモスク、マドラサ、ハーン(商業施設)を建造し、救貧性も強いワクフを設定した。積極的な建設活動と宗教的寄進は、地方都市を含め十六世紀を通じ歴代州総督によって継続された。アルバニア出身の宮廷エリート、スィナン・パシャ(在任一五六七〜六八、七一〜七二)がカイロに築いた施設群スィナーニーヤが示すように、それは信仰心の表現であるばかりでなく、オスマン支配をマムルーク朝色の濃いアラブ都市空間に視覚化する文化戦略の表出であり、都市開発や社会資本整備のうえでも大きな役割をはたした。

オスマン帝国の紅海・インド洋政策とイエメン支配

セリム一世はカリフ制を利用しなかったが、マムルーク朝スルタンの立場を継承し、ポルトガルのインド洋世界における勢力拡大に抗して、メッカ、メディナとその巡礼を「両聖地の保護者」としてまもることに力を注いだ。紅海進出をめざすポルトガルの圧力を感じていたメッカのシャリーフは、オスマン帝国

スィナン・パシャのモスク(1571年建立)　スィナン・パシャはブーラークにモスク，給水所，コーラン学校，ハーン，穀物取引所，コーヒー・ハウス，公衆浴場などを建設し，河岸商業地区の開発を促進した。

に帰順した。帝国のヒジャーズ支配では、シャリーフを監督する港市ジェッダの総督が重要であり、グジャラート王ムザッファル・シャーとの親善などインド洋世界のイスラーム国家との外交活動の仲介役ともなった。紅海の要港スエズには、「インド洋艦隊」の海軍提督職がおかれ、初代提督にエーゲ海育ちのセルマン・レイスが任命された。彼はマムルーク朝との対ポルトガル共同作戦の指揮官だった人物である。スルタン・スレイマン一世はスエズ艦隊を増強し、スマトラ島のアチェのスルタンとも軍事・通商面での友好関係を築いた。この結果、オスマン、グジャラート、アチェというインド洋を横断するイスラーム国家間の協力体制が成立し、ポルトガル海上帝国と対峙した。

一五三八年、グジャラート王国からの救援要請を受け、前述のエジプト州総督スレイマン・パシャのインド洋遠征がおこなわれた。その帰途、イエメンの要衝ザビードが征服され、オスマン帝国のイエメン支配の基礎が築かれた。一五四二年には州へと格上げされ、エジプト州に依存しながらも独立採算州であるイエメン州に、中央集権的支配を創出しようとする試みが続けられた。北部のザイド派部族社会と南部の農村社会にたいして、オスマン側は軍事的に強力なザイド派を除いた諸勢力(スンナ派、イスマーイール派)を取り込む政策をとった。一五五二年にはザイド派イマームのムタッハルの服属を達成し、イエメン情勢はオズデミル・パシャ治下に安定したかにみえた。オズデミルはヌビア遠征でイブリームを征服し、下ヌビアのエジプト州への編入を実現し、一五五五年にハバシュ(紅海沿岸エチオピア)州を創設した野心的な旧マムルーク朝系の軍人である。

しかし、エジプト州の巡礼長官マフムードが一五六〇年にイエメン州総督となると、オスマン支配の動

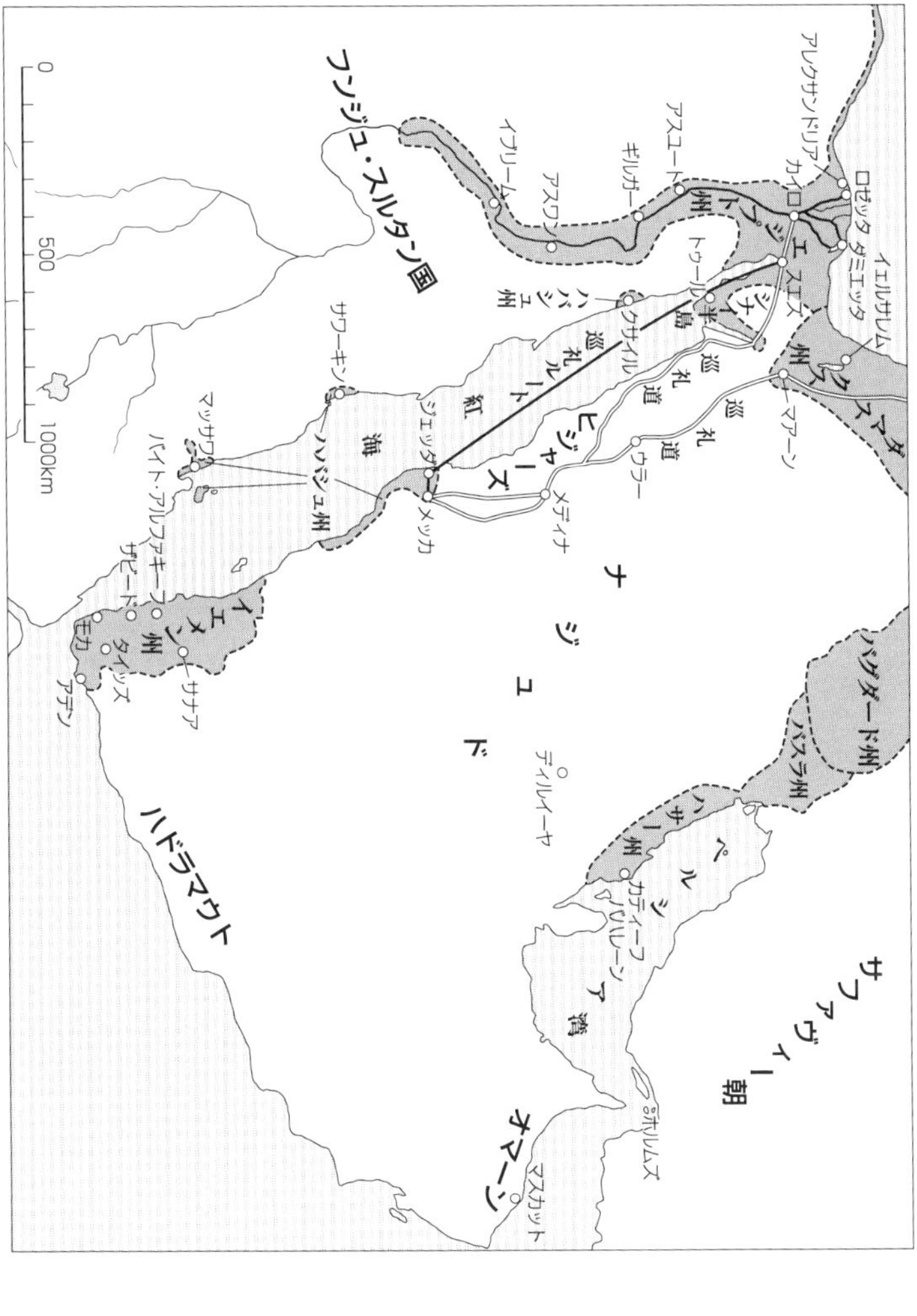

オスマン帝国期のエジプトとアラビア半島(17世紀初頭)

揺が始まった。彼は州総督職の獲得に要した出費を取り返そうと利益追求にはしり、住民からの過酷な収奪の原因をつくり、スンナ派の有力家系を弾圧し、宗派対立を利用した従来の統治手法を破綻させていった。彼がエジプト州総督に「栄転」し、スレイマン一世の訃報が届くと、ついにムタッハルが反乱を起こした。ザイド派反乱は宗派をこえて拡大し、サナア、タイッズの占領(一五六七年)で帝国のイエメン支配を壊滅へと追い込んだが、一五六九年、前述のエジプト州総督スィナン・パシャの大規模な軍の到来で、イエメン州支配は復元された。

その後、ザイド派イマームのカースィム(在位一五九七～一六〇二)とその子ムアイヤド(在位一六〇二～四四)が北部を中心に勢力拡大につとめた結果、一六三六年にはオスマン軍がイエメンから完全に撤退し、一八七二年にオスマンの支配が再成立するまで続くザイド派国家のイエメン支配が確立した。サナアを首都に定め、絶頂期を実現したムタワッキル(在位一六四四～七六)は、イエメンからのハッジュ巡礼団を復活させ、ハドラマウトに領土を広げ、ムガルのアウラングゼーブ帝との交流を深めた。

軍隊反乱とベイ勢力の台頭

エジプト州はバグダード州、バスラ州、イエメン州、マグリブ諸州などと同様に独立採算州(サールヤーネ州)であり、軍事奉仕を条件にスィパーヒー(在郷騎士)に徴税権を与えるティマール制ではなく、都市・農村のムカーター(徴税・行政単位)からの徴税にエミーンがあたるエマーネット制を採用していた。エミーンたちが集めた税の総計から官僚や軍人の給与などの州支出、両聖地や巡礼関連の支出、スルタン宮廷用物資(米、砂糖など)購入の特別支出などを除いた余剰分がイスタンブルに上納された。送金の最終責任は州総督にあった。

イスタンブルから赴任する「オスマン人」の州総督はスルタンの代理人として州を統治し、カイロ城の総督府で週四回の定例会議(ディーワーン)を招集した。州行政の最高会議である定例会議の主要構成員は、財務長官、送金長官、巡礼長官、上エジプト長官などの州の要職を担う軍人のサンジャク・ベイたち、ハナフィー派首席カーディー(カーディー・ミスル)、七軍団のアーガー(軍団長)などの高官たち、シャリーフ監督官(ナキーブ・アルアシュラーフ)であった。十八世紀には、有力スーフィー教団の教団長やアズハル・モスクのシャイフも定例会議に加わった。

七軍団とは、歩兵軍のイェニチェリとアザブ、騎兵軍のギョニュッリュヤーン、トゥフェンクチヤーン、チェラーキセ、州総督に仕えるミュテフェッリカとチャヴシャーンであった。一五八六年以降、騎兵軍を中心に軍隊による待遇改善の要求や反乱があいつぎ、州総督の権威は失墜した。一五九九年にカイロに滞在したオスマン知識人のムスタファ・アーリーも、『カイロの状態』で騎兵軍の無法ぶりを批判的に記している。反乱は、州支出抑制のための俸給削減にたいする軍隊の不満に起因していた。一六〇四年には、ナイル増水期の運河開きの際に騎兵軍が州総督を殺害し、首級を掲げて州都を行進した。その後州総督となったクルクラン・メフメト・パシャ(在任一六〇七〜一一)は殺害犯の徹底調査および騎兵軍が農民に課した違法なトゥルバ税の廃止を命じる勅令を公表した。これにたいし騎兵軍はタンターの聖者バダウィー廟に集結したが、鎮圧された。年代記作者バクリーはこの事件を「オスマン朝におけるエジプトの第二の征服」と表現した。

こうして州総督を頂点とする支配体制が復旧したかにみえたが、まもなく州政治の舞台ではサンジャク・ベイたちの活動が顕著になった。その経済的背景には、エマーネット制から徴税請負(イルティザーム)制への徴税システムの変化があった。十六世紀にも徴税請負は上エジプトの有力部族によっておこなわれ、エミーン配下の徴税人の請負もあったが、十七世紀にはいると俸給生活者であったベイや軍団の高官たちが徴税請負権を獲得し、ムルタズィム(徴税請負人)となっていった。その後、州総督府の大広間で徴税請負権の競売(ムザーヤダ)も始まり、徴税請負は軍人勢力の経済的基盤となったのである。

エジプトのサンジャク・ベイには十六世紀の段階ではマムルーク的要素はみられず、有力マムルークはチェラーキセ・ベイと呼ばれる別の地位に就いており、十七世紀にはいってからマムルークのサンジャク・ベイ(以下、ベイと呼ぶ)が登場したとみられる。エジプト州のベイはティマール制下の軍事封土保有者のサンジャク・ベイとは異なり、七軍団の外側に軍事力を保持して俸給をもらい、県総督を含む州の要職を占める有力軍人をさしたが、十八世紀前半までについていえば、ベイをマムルーク・ベイと言い換える従来の理解の仕方を修正すべきである。ベイは一族郎党の軍事集団である「家(バイト)」を保持していたが、ベイと主従関係を結ぶ「家」の構成員はマムルークに限られなかった。タービウ(従者)、サッラージュ(馬具係)と呼ばれるアナトリアやバルカンなどの自由身分出身の軍人たちも多数存在し、彼らがベイとなることもあったのである。また、マムルークの子孫でベイとなった例も多い。マムルーク朝期との比較でいえば、マムルークの子孫のはたす政治的役割が大きかった点も重要である。

十七世紀前半にはベイの「家」の連合体としての二大党派が出現した。フィカーリーヤ(ファカーリーヤ)とカースィミーヤである。チェルケス系マムルークを多く含み、当初優勢だったフィカーリーヤの実力者リドワーン・ベイは、一六三一年から約二五年間も巡礼長官職を占めて権勢をふるった。一六五六年にリドワーンが死去すると、おそらくは中央政府による非マムルーク軍人のカースィミーヤへの「注入」によって、党派間の争いが激化した。この結果、イスタンブルから送り込まれたとみられるボスニア系のアフマド・ベイが率いるカースィミーヤが優位に立ったが、一六六二年、州総督メレク・イブラヒム・パシャの手でアフマドが謀殺され、以後しばらく党派間の政争はおさまった。

リドワーン・ベイの邸宅　リドワーン・ベイはカイロのズワイラ門外に商業施設を建設し，それに隣接させて邸宅をかまえた。下の写真は邸宅の柱廊(マクアド)の壁面装飾。

メレク・イブラヒムは低落傾向にあった中央への送金額を引き上げようと増税と支出の抑制をはかったが、中央におけるキョプリュリュ家の改革と連動するこの試みは未完に終わった。続いて二〇〇〇人の兵を連れ乗り込んだカラ・イブラヒム・パシャは一六七二年、書記官を入れ替えて財政改革を断行し、送金の増額に成功した。しかし、彼の転任後、軍人たちの圧力で送金額はふたたび低下していったのである。

ヒジャーズの両聖地とエジプト州

オスマン帝国はカイロとダマスクスから出発するハッジュの巡礼団を前代にひきつづき組織し、巡礼長官を通じて聖地参詣の安全確保に尽力するとともに、メッカ、メディナの両聖地への経済的支援の充実につとめた。十六世紀には、両聖地で建築事業が精力的に進められ、メッカでは、スルタンのスレイマン一世、セリム二世(在位一五六六〜七四)、ムラト三世(在位一五七四〜九五)が聖モスクを増改築し、スレイマンはエジプトの穀物を分配する救貧施設も建てた。一六三〇年にメッカで大洪水が起きると、その後カーバ神殿の修復事業もおこなわれた。このときに指揮をとったのが先に触れたエジプト州のリドワーン・ベイであった。彼はメッカのシャリーフや有力ウラマーの合意をえて慎重に作業を進めた。この功績が同州における彼のその後の権勢強化につながったとみられる。

イスラーム世界の国際都市メッカ、メディナにおける食糧供給は、エジプト州、とくに穀物の主産地である上エジプトに依存していた。州の支出として毎年約三〇〇万リットルの小麦が送られたが、それに加えてマムルーク朝のジャクマクやカーイトバーイのワクフをセリム一世、スレイマン一世、ムラト三世が拡充した「大ダシーシャ」をはじめとした聖地向けの大小のワクフというかたちでも、莫大な浄財とともに穀物がエジプトから紅海を渡って聖地に流れ込み、聖地へと集う人々や住民の食生活を支えていたのである。

キュチュク・ムハンマドと党派政治の展開

十七世紀末以降のエジプトでは、イェニチェリ軍内で自生した軍事集団(タラフ)の領袖の活動が目立つようになった。代表例がキュチュク・ムハンマドとイフランジュ・アフマドで、彼らは兵営(オーダ)の長たちを束ねるバシュオーダバシュの職にあることを利用して力をたくわえ、実力者となった。

キュチュク・ムハンマドは一六七〇年代なかばからイェニチェリ軍内で頭角をあらわし、上官たちを追い落として実権を握った。一六九二年にはカイロ商工業者へのイェニチェリ軍のヒマーヤ(保護料)を廃して市場行政で住民利害を代弁し、一六九四年、ナイル増水不足に際し穀物が退蔵されると、仲買人にたいして厳しい価格統制をおこなった。彼は投機をもくろむ上エジプトのハウワーラ族などムルタズィムたちの賄賂攻勢を拒否して物価の安定をはかったが、ロバで市内を移動中に銃撃された。「民衆英雄」の死は市価の急騰をまねき、カイロ城周辺で食糧騒動が発生した。対策実施を求める貧民や乞食は州総督に追い返され、城下のルマイラ広場にあった穀倉やルクア(取引所)を襲撃した。穀価の上昇は続き、一六九六年には小麦価格が通常の一〇倍をこえ、エジプト各地で多数の餓死者をだす飢饉となった。

キュチュク・ムハンマドのような出自不明の「叩き上げ」イェニチェリ軍人が政治の表舞台に登場した

背景には、イェニチェリとアザブのめざましい勢力拡大があった。都市の徴税請負収入を経済基盤としていた両軍は、このころ、カイロの商工業者と混交の度合いを深めつつこれを統制下におき、国際交易の拡大により活況を呈した都市経済への影響力を確固たるものとしていた。また、両軍は一六七〇～八〇年代にアナトリア方面から流入した自由身分の兵士を多数吸収し、軍事的にも強大化していった。

十七世紀のエジプトでは、実権を握るベイの地位がリアーサ(リーダーシップ)という語で表現され、ベイ支配の現実を中央政府が容認する傾向が強まっていった。リアーサの分担もみられたが、同世紀末には、ベイとならび軍団長や次席のカトフダー(副団長)もその地位をえるようになった。キュチュク・ムハンマドの暗殺後にリアーサを握ったのは、ギョニュッリュヤーン軍団長ハサン・アーガー、財務長官イスマーイール・ベイ、イェニチェリ軍のムスタファー・カトフダー・アルカーズダグリーの三人であった。ムスタファー・カトフダーは西アナトリアのカズ山地の出身で、エジプトでハサン・アーガーの従者となり、イェニチェリのカトフダーに出世した自由身分出身の有力軍人であった。彼を祖として党派カーズダグリーヤが形成される。イェニチェリ内部に誕生したこの新党派が十八世紀を通じて強大な政治勢力へと成長していくのである。

州都の治安維持軍のイェニチェリとアザブは政治・経済両面で競合し、イェニチェリがフィカーリーヤと、アザブがカースィミーヤと結びついた。こうした二大グループ間の対立が一七一一年の内乱を引き起こした。一カ月以上続いた内乱では、イフランジュ・アフマドと配下のイェニチェリがフィカーリーヤとくんで州総督や首席カーディーから支持を取りつけ、他方、巡礼長官イーワーズ・ベイやアブー・シャナブを中心とするカースィミーヤとアザブ軍には、フィカーリーヤの一部やイェニチェリ内の反イフランジュ・アフマド勢力が加わった。激烈な市街戦はリーダー格のイーワーズ・ベイを失いながらも後者の勝利に終わり、イフランジュ・アフマドは殺害され、州総督も降参した。その後、中央政府は新しい州総督を送り込み、「反乱軍」を黙認した。

内乱の結果、カースィミーヤが主導権を握ったが、内部分裂が始まり、戦死したイーワーズ・ベイの「家」とアブー・シャナブの「家」が対立した。一七一八年にアブー・シャナブがペストで病死すると、イーワーズの息子イスマーイール・ベイとアブー・シャナブの従者出身のムハンマド・ベイ・チェルケス(以下、チェルケス)とのあいだでまた市街戦が起こった。これに勝ったイスマーイール・ベイにはベイの長を意味する「シャイフ・アルバラド(カイロの長)」の称号がはじめて中央政府から授与されたが、その後勢力を盛り返したチェルケスが続いて同職についた。ベイ勢力の復活がみられたこの時期、定例会議とは別に有力ベイの邸宅で開かれる会議(ジャムイーヤ)が政策決定の場として重要性を増していった。

州都カイロの成熟

十四世紀後半以降カイロの経済が衰退し、「暗黒のオスマン時代」がそれに続くとする旧来の停滞史観は、近年の都市研究の深化によって払拭された。イスタンブルに次ぐオスマン帝国第二の大都市となって市域も拡大したカイロは、十七世紀後半から十八世紀前半にかけて人口(三〇万人以上)や経済活動の面で発展の極みにいたったのである。

オスマン帝国治下カイロの中心部(18世紀)

オスマン帝国期のカイロ社会では、スンナ派ムスリムとコプト教会、ギリシア正教会、アルメニア教会のキリスト教徒、ユダヤ教徒が共生していたが、宗派によるゆるやかな住み分けもみられた。そして、メッカ巡礼などを契機に定着したマガーリバ(マグリブ人たち)が、「アスカリー(支配層)」と「ライーヤ(臣民)」にまたがるトルコ語の話者たちとともに経済的に注目されるエスニック集団だった。商業活動の中心はカーヒラ、なかでも目抜き通りのカサバにあった。カーヒラにはスークの半数近く、取引所の七割以上が集中していた。ブーラークは、ナイル最大の河港として、上エジプト物資の荷揚げ港であるフスタート港を圧倒し、デルタ農村、帝国各地、インド洋・地中海の両世界との交易で活況を呈した。

この時代のカイロ社会の特徴は、オスマン帝国各地の都市と同様にギルドやスーフィー教団のターイファ(社会集団)、それにハーラ(街区)の人的結合が強まったことにある。二〇〇におよぶ各種商工業ギルドが組織され、シャイフ(ギルド長)は組合員間の調停やギルドの利害の代弁、州政府の統制や徴税の末端として不可欠な役割を担った。スーフィズムは社会に一層浸透し、シャーラーニーやその弟子ムナーウィーのようなスーフィー知識人による文筆活動も活発化した。スーフィー教団の組織化と分裂・増殖も進み、カーディリー、シャーズィリー、リファーイーなどの「アラブ系」広域教団に加え、メヴレヴィーやベクターシュのような「非アラブ系」教団の活動もみられた。オカルト志向が強かったハルワティー教団は十八世紀に性格を変え、アズハル・モスクのウラマーにも多くの支持者をえた。聖者バダウィーを始祖とするアフマディー教団は確たる組織構造をもたなかったが多くの支教団を生み、たとえばバイユーミー教団は為政者の不正への抵抗を支える社会的結合や信念をフサイニーヤ地区の住民に与えた。

他方、支配体制の一翼を担ったのがバクリー教団とワファーイー教団である。前者の教団長は預言者ムハンマドの生誕祭の、後者の教団長はフサインの生誕祭の統括者として権威を高め、定例会議のメンバーに成り上がった。両教団長の威勢拡大はマウリド(祭)の活性化にともなうものであった。彼らは十八世紀にはカイロ西部の高級住宅地に住み、マムルークを保有し、従来イスタンブルから派遣されていたシャリーフ監督の職をめぐって競合した。こうしたスーフィズムの二大勢力の設定と操作は、フィカーリーヤとカースィミーヤの軍事党派の対立と同様に中央政府の統治術であったようにもみえる。

また、この時代のカイロや地方都市が、農村社会とのあいだに徴税や商業の面で密接な関係を保持していた点も確認しておかねばならない。農村は自給自足社会ではなく、とくに現金納であったデルタ地帯では中小都市や週市における交換が活発であり、都市商人による先物買い、融資、農業生産への投資もさかんにおこなわれていた。十七世紀末以降、帝国の各地でマーリカーネと呼ばれる終身の徴税請負が広がったが、十八世紀のエジプトでも終身徴税請負の導入により徴税請負権市場が活性化し、ウラマー、商人、女性による徴税請負権の獲得が進んだ。

民衆運動とアズハル

一七二〇年代前半に通貨制度が混乱し、物価が高騰すると、首都住民は経済的不満をシャイフ・アルバラドにたいしてぶつけた。一七二四年十一月の民衆蜂起はとくに激烈な展開を示した。蜂起民衆はアズハル・モスクを襲撃し、市内中心部でシャイフ・アルバラドのチェルケスの軍やアザブ軍と真っ向から対決した。敗走した民衆は墓地に避難し、聖廟に籠ってチェルケスへの神罰を祈りつづけ、市内全域のモスクでも蜂起者へのアッラーの赦《ゆる》しとチェルケスへの神罰を求める祈願行為が広がったため、チェルケスはやむなく減税策を実施した。一六七〇年代から一七三〇年代にかけて多発した食糧騒動や通貨騒動の基本的な行動形態は、州支配組織の頂点にある州総督にたいする不満の表明であり、「革命」的な様相を呈したこの一七二四年蜂起は前近代のエジプト民衆運動史のなかで異例のことであった。また、このころ、請願書(アルド)を使った異議申し立てに加え、民衆がアズハル・モスクの学者たちに不満を訴え、有力ウラマーを巻き込んで運動を強化する傾向も顕著になった。州政府と住民との媒介者として、アズハルの学者たちの政治的役割が重要になったのである。

オスマン帝国治下に学問の場としてのアズハルは巨大化し、ほかの研究・教育施設を完全に圧倒した。それはエジプト州の支配層がマムルーク朝支配層の建てた施設を避け、特定為政者の記憶と結びつかないアズハルを意図的に偏重してワクフ設定や増改築事業を集中させたためであった。十八世紀にはエジプトの著名な学者は例外なくアズハルにかかわりをもち、教授数七〇人、学生数三〇〇〇～五〇〇〇人におよぶこの高等教育施設のシャイフ(学長)の社会的権威と政治力は絶大なものとなった。法学派間の綱引きもあり、シャイフ職をめぐる熾烈な争いは時に武力衝突にいたることもあった。また、アズハルはムジャーウィル(聖地に住み、神の恩恵に浴して学ぶ者をさす語。アズハルの聖性を示す)と呼ばれる寄宿学生を多数かかえていた。彼らはおもに出身地域別に学寮(リワーク)に組織され、とくにマグリブ人寮や視覚障害者寮は抗議行動や学生運動で名を馳せた。このように活性化したアズハルのなかから、民衆運動の指導者ダルディール、前近代アラビア語辞典の到達点を示す『花嫁の冠』の編纂者でインド生まれのザビーディー、歴史家ジャバルティーなど数多くの優れた知識人が育ったのである。

カーズダグリーヤの時代

党派カーズダグリーヤは、一七三〇年代からナポレオン・ボナパルトの侵略までエジプト州政治の支配勢力でありつづけた。一七〇四年の創始者ムスタファーの死後、その従者であったハサン・カトフダー、続いてハサンの従者ウスマーン・カトフダーがイェニチェリ軍を基盤とする勢力を継承・拡大した。一七三〇年代に州の最高実力者となったウスマーンの時代以降、同党派はベイの地位をも独占するようになっていった。ウスマーンはカイロのエズベキーヤ地区に邸宅をかまえ、モスク、コーラン学校・給水施設、浴場を周辺に配し党派の拠点とした。

ウスマーン以後のカーズダグリーヤの隆盛は、徴税請負権の集積のほかに、十七世紀以降活性化していた紅海交易への積極的関与によるものだった。香辛料にかわる紅海交易の花形商品はコーヒーだった。イエメン高原の産地からバイト・アルファキーフ、モカをへてジェッダ、スエズへと運ばれたコーヒー豆はカイロに集められ、イスタンブルなどの帝国諸都市や地中海諸港へと運ばれた。「コーヒー景気」に沸くカイロでは大商人の社会的影響力が増大した。その代表例がマグリブのフェス出身のシャラーイビー家であった。カイロのシャーバンダル(遠隔地商人の長)であったダーダとその子カースィムのとき、同家は栄華をきわめ、エズベキーヤ地区の豪邸は文化活動のサロンとなった。ウスマーンは、イェニチェリ軍に形式的に加入した豪商カースィムと親密な交友関係を結んでいた。

一七三六年にウスマーンが反対勢力に暗殺されると、続いて主導権を握ったイブラーヒーム・カトフダーは、カースィミーヤに最終的勝利をおさめていたフィカーリーヤの勢力を一掃し、四八年にリアーサをえて、ここにカーズダグリーヤの支配が定まった。以後、同党派の人的構成では優勢だった自由身分出身のアナトリア系軍人が姿を消す一方で、サファヴィー朝崩壊(一七二二年)前後からアラブ地域の奴隷市場に大量に供給されるようになったグルジア系やアブハジア系のマムルークが主流となった。こうしてカーズダグリーヤの「マムルーク・ベイ」たちによる支配が始まることになる。

アブドゥッラフマーン・カトフダーのサビール・クッターブ　アズハルの増築など学芸保護に熱心だったアブドゥッラフマーンが，1744年，カイロのバイナルカスラインに建てた給水所(１階)とコーラン学校(２階)からなる複合施設。

中央政府に忠実な姿勢を示したイブラーヒームが一七五四年に死去すると、ハサン・カトフダーの息子アブドゥッラフマーン・カトフダーがカーズダグリーヤを率いたが、まもなく自らがシャイフ・アルバラド職にすえた若いグルジア系のアリー・ベイに主導権を奪われた。イブラーヒームのマムルークであったアリー・ベイ(ブルト・カパン)は、自己のマムルーク軍を整えて軍事力を強化し、一七六七年以降オスマン帝国からの自立計画を遂行していった。彼は州の要職を配下のマムルーク・ベイたちで固め、イェニチェリを弾圧してカイロと重要港のロゼッタ、ダミエッタ、スエズ、アレクサンドリアの徴税請負権を奪い、一七六九年には配下のアブー・アッザハブを上エジプトに遣わし、「上エジプトの王」であったハウワーラ族の族長フマームを戦死させた。農村部やズィンミーに重税を課して収入増をはかったアリーは、紅海にも熱い視線を注いだ。帝国はジェッダから奥の紅海北部へのヨーロッパ勢力の立ち入りを認めていなかったが、アリーはエジプト州総督を脅してヨーロッパ商船へのスエズ開港の認可を引き出した。フランスはイスタンブル政府への配慮から躊躇したが、ヴェネツィアはただちにスエズ港へ進出した。アリーは一七七〇年、メッカに派兵してヒジャーズ支配を強化し、ジェッダ港を整備してインド洋交易への意欲を示した。そしてついにシリアへの軍事侵攻に着手したのである。

マムルーク朝の旧領を意識したアリーの独立への動きは、露土戦争(一七六八〜七四年)を利用し、オスマン帝国領土の侵食をめざす「東方問題」的外圧に呼応する面をもっていた。ロシアと密約を交わしたアリーは、同時期のパレスティナでやはり自立化の動きを続けていたザーヒル・アルウマル(後述)と共同作戦を展開した。一七七〇年十一月に始まるシリア遠征は、翌年六月、総司令官アブー・アッザハブによるダマスクス征服まで進んだ。アリーは、軍事的才能あふれるこの子飼いのマムルーク・ベイに全シリアの平定を命じたが、アブー・アッザハブはキリスト教勢力と結んでスルタンの叛徒となることへの怖れ、参戦しないアリーへの不満などからダマスクス占領を一〇日間で取り止め、カイロに撤退してしまった。その後、両者の争いが続いたが、一七七二年にアブー・アッザハブが勝利し、アリーは盟友ザーヒルのもとに逃れた。翌年、エジプト奪還に動いたアリーを破り、アブー・アッザハブがエジプト州の実権を確保したのである。

アブー・アッザハブは主人アリーのやり方を踏襲しながらも、中央政府には一応従順な態度を示し、巧妙に自立的政権を構築しようとした。ヴェネツィア人やコプトの側近を重用して親欧的とみられたアリーと違い、彼はアズハルの近くに大モスクを建立し、学者の保護を強調して公正なムスリムの統治者を演じたが、反欧的な態度の裏で対欧交易、とくにイギリス東インド会社との結びつきを深めていた。一七七五年、ザーヒル討伐を唱えて踏み切ったシリア遠征の途上、彼は港市アッカーで病死する。中央政府はアリー同様の野望を警戒し、彼にエジプト州総督の職を与えようとしていた。ダマスクス征服を決意していたとみられるこの有能なマムルーク・ベイの急死は、オスマン政府にとってじつに幸運であった。

その後、アリー・ベイの配下からアブー・アッザハブの協力者となったイスマーイール・ベイ、それにアブー・アッザハブのマムルーク出身のムラード・ベイとイブラーヒーム・ベイによる権力争いがあり、一七八四年にはムラードとイブラーヒームによる二頭支配が成立し、自立化傾向はさらに強まった。これにたいして一七八六年、とだえていた送金を復活させ、中央による支配強化をめざすガーズィー・ハサン・パシャのエジプト遠征がおこなわれた。露土戦争においてオスマン海軍の総司令官として活躍したハサン・パシャは、かつてのイブラヒム・パシャ同様に大宰相としてエジプト州に乗り込み、中央によるエジプト州支配がいったんは回復した。露土戦争の再発により召還されたハサンのあとにはイスマーイール・ベイがすえられたが、一七九一年には上エジプトに逃れていたムラードとイブラーヒームによるエジプト支配が復活した。一七八〇年代以降のエジプト社会は農業・食糧危機、疫病の頻発による人口減少、通貨危機にみまわれていた。こうした危機的状況を「マムルークの圧政」によるものとし、解放者を自任して登場したのが、ナポレオンのフランス軍であった。

フランスのエジプト占領

数多くの学者や技術者を引き連れ――それは『エジプト誌』と「エジプト学」の成立に結実する――、征服のみならず統治の持続を周到に準備してきた総勢三万六〇〇〇人のナポレオン軍は、アレクサンドリアの西に上陸し、「ピラミッドの戦い」でムラード・ベイ軍を破り、一七九八年七月、カイロ、アレクサンドリアとナイル・デルタを支配下においた。突然侵攻したフランス軍は、イギリス・インド間にある戦略上の最重要地を獲得したのであった。しかし、ネルソン率いるイギリス海軍とのアブー・キールの戦いでフランス艦隊は壊滅し、ナポレオンは本国との通信も断たれ孤立状態に陥った。また、上エジプトに逃れたムラード・ベイは、カイロ方面への穀物供給を制限して占領軍を悩ませた。

ナポレオンは侵攻直後、自分たちをイスラーム教徒と偽ったアラビア語とオスマン語による宣言文を公表したが、そこでは「スルタンの特別な友人」としてマムルークの支配から人々を解放することが明言されていた。あらたに組織した諮問会議(ディーワーン)に有力ウラマーを多数参加させて占領体制に組み込み、バクリー教団長と親密な関係を結び、伝統のナイル増水祭や預言者生誕祭を盛大に催した。イスラームの保護者を装うナポレオンの統治スタイルはエジプト社会にかんする情報収集の成果ではあったが、同年九月のスルタン・セリム三世(在位一七八九〜一八〇七)によるフランス軍討伐命令に続き、十月にカイロで発生した民衆蜂起が「フランク人」支配者の仮面を剝ぐことになる。新しい財産税など過重な都市への課税に不満をもつ住民は、アッラーにイスラームの勝利を祈願し、首席カーディーの法廷に詰めかけて投石をおこない、アズハル・モスクに結集し、フランスの守備隊を襲い、街区にバリケードを築いた。ナポレオン軍はカイロ城などからの激しい砲撃でこれに応じ、市内で狼藉《ろうぜき》を働き、市民的抵抗を徹底的に鎮圧した。住民の死者数は二〇〇〇〜三〇〇〇人にのぼった。フランスの軍事占領はその真の姿をさらすことになったのである。

一七九九年二月、地中海とシリアからのオスマン軍の進攻を察知したナポレオンは、先手を打って、討伐軍を率いるサイダー州総督ジェッザール・アフメト・パシャ(後述)の本拠地アッカーへ攻め込んだ。しかし、このシリア侵攻は失敗に終わり、八月、ナポレオンは密かにフランスへ逃げ帰った。後継者のクレベールは、一八〇〇年一月、アリーシュ協定でフランス軍の撤退をオスマン政府に約束したが、イギリスの圧力でこの協定は破棄され、五月にはオスマン軍とフランス軍のあいだでヘリオポリスの戦いが起きた。これに勝利したクレベールは、カイロやデルタ地帯に広がった大規模な民衆反乱を制圧した。翌月、カイロのエズベキーヤでクレベールが暗殺されると、ムヌーが総司令官職を引き継いだ。彼はイスラームに改宗し、ウラマーを利用して占領体制の再編を企図したが、一八〇一年、イギリス軍とオスマン大宰相軍に敗れ、フランス占領期は終幕となった。その後、カイロの民衆運動が激化するなか、直轄支配をめざすオスマン帝国と、マムルーク・ベイたちを支援するイギリスの思惑が交錯し、マムルーク・ベイ諸勢力やエジプト州総督による主導権争いが続いた。結局、一八〇五年、カイロの民衆運動の「成果」として、オスマン軍のアルバニア人軍団を率いるムハンマド・アリー(メフメト・アリ)が州総督の地位を手にいれ、エジプト史はあらたな時代をむかえるのである。

2 シリアとイラク

ガザーリーの乱とシリア支配の確立

エジプトから首都への帰還途中にダマスクスで越冬したセリム一世は、一五一八年二月、新築した聖者イブン・アラビーのモスクで礼拝をすませ、北へ旅立っていった。ダマスクスの総督にはマムルーク朝の有力アミールだったジャーンビルディー・アルガザーリーが任命され、エジプトと同様に旧勢力を利用した支配体制がとられた。ガザーリーはウマイヤ・モスクを修復して市民の歓心をかい、ズールやアラブ遊牧民を懐柔して軍事基盤を強化し、一五二〇年にセリムが死去するとマムルーク朝の軍服に着替えて反乱を起こした。彼は主君であったカーイトバーイと同じ王号をおび、サファヴィー朝と結んでマムルーク朝を復興することを夢みたが、翌年、マルジュ・ダービクの戦いをこえる規模と重装備の討伐軍の前に敗れ去った。

この反乱の後、「アラブ州」のシリア部分がひとつの州となり、中央からダマスクスに派遣された州総督が統治する体制になったが、一五三〇年代にはいると、アレッポを中心とした州が分離・新設された。帝国の中央地域と同様に、ダマスクス州とアレッポ州には基本的にティマール制が施行された。州は県(サンジャク)からなり、県は行政区(ナーヒヤ)に分けられ、ナーヒヤは複数のカルヤ(村)やマズラア(非居住耕作地)などで構成された。カルヤには一人または複数の村長(ライース、のちにシャイフ)がいて、徴税や行政の末端、村落民の代表として機能した。農民たちは受動的存在ではなかった。検地に際して虚偽の申告をしたり、ティマール保持者の耕作管理を無視したりして生活を守り、役人の不正には力をあわせて対抗し、町のカーディー法廷に請願書を提出したのである。

イスタンブルとの緊密な関係が維持されたアレッポやダマスクスでは、流入したオスマン文化がアラブの都市文化と融合し、あらたな文化が形成された。内陸都市へアナトリア方面から多くの巡礼者がおとずれ、シリア各地からイスタンブルやコンヤなどへの留学も頻繁になり、オスマン文化のシリアへの浸透はアラブの他地域に比べてとくに進んだ。十七世紀の名士伝記集をまとめたシリアのウラマー名家出身のムヒッビーもイスタンブルやブルサで学び、彼の曽祖父や父にもマシュリク地域各地での学問遍歴に加え、イスタンブルへの留学経験があった。オスマン帝国期シリアを代表するスーフィーの思想家ナーブルスィーの活動圏にも帝都が含まれていた。

地方名家勢力の動向

帝国のシリア支配は州総督、イェニチェリ軍、ハナフィー派首席カーディー、地方のスィパーヒー軍などの配置に加え、各地方の名家の活用によって成り立っていた。十六世紀から十七世紀前半までの時期で注目されるのは、北レバノンのアッサーフ家やサイファー家(ともにスンナ派トルコ系)、ベカー高原のハルフーシュ家(シーア派アラブ系)、ハナシュ家とフライフ家(ともにスンナ派アラブ遊牧民)、南レバノンのマーン家(ドゥルーズ派アラブ系)、北パレスティナのラッジューン県のトゥラバーイ家とカラク・シャウバク地方のカーンスーフ家(ともにスンナ派アラブ遊牧民)などで、それらは帝国の中央政界や州総督との個人的コネを利用し、贈賄などの手段で地域における自らの勢力の存続や拡大をはかっていた。

このうち、サイファー家のユースフは東南アナトリアのマラシュに生まれ、ラーワンド(レヴェンド、「東地中海人」を語源とする非正規兵)としてトリポリに移住し、一五三〇年代以降、アッカール地方において支配的なアッサーフ家に依存しつつ同地方に地盤を築いていった。一五七〇年代、アッサーフ家は北レバノンに多く住むマロン派キリスト教徒の保護者としてカトリックと結び、キプロスから火器を輸入して軍を増強した。同家の保護下にマロン派信徒の南への移住も始まった。しかし、中央政府は外来のサイファー家に肩入れし、一五七九年にトリポリ(タラーブルス・アッシャーム)州を新設すると、州総督にユースフを抜擢した。一五九〇年、アッサーフ家を滅ぼしたサイファー家が南のキスラワーン地方やベイルート方面に勢力を広げると、シューフ山地のマーン家とのあいだに緊張が高まった。ダマスクス州総督は、ユースフの越境行為にたいし、マーン家の長ファフル・アッディーン(二世)とくみ、カルブ川の戦いに勝っ

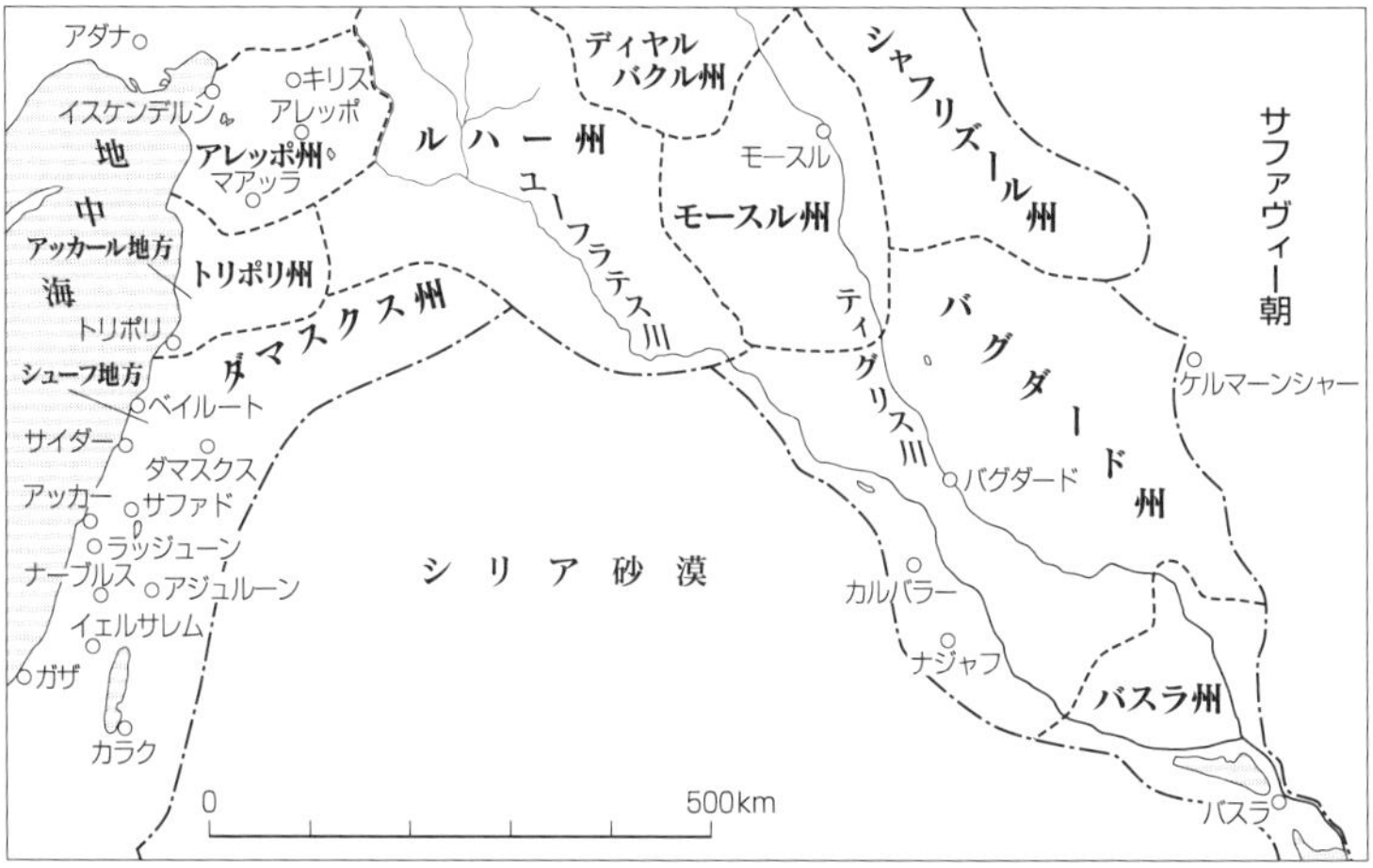

オスマン帝国期のシリアとイラク(17世紀初頭)

てサイファー家の南下をくいとめた(一五九八年)。その後、ファフル・アッディーンはサイダー・ベイルート県の総督として地中海交易を奨励し、北パレスティナのサファド県総督の地位を手にいれ、南への勢力圏拡大を開始した。

　このころ、アレッポ州では、アナトリアのジェラーリー諸反乱の影響やダマスクスのイェニチェリ軍による同州への干渉に起因する政治的混乱が続いていた。事態収拾のため、一六〇四年、アレッポ州総督にジャーンブラート(ジャンプラトオウル)家のフサインが任命された。同家はアレッポの北のキリスを拠点とするクルド系の名家であった。当時サファヴィー朝、ハプスブルク帝国、ジェラーリー諸反乱との三面の戦いを展開していたオスマン政府は、軍事力をもつ地方名家にアレッポ州統治を委ねたのである。しかし翌年、フサインは対サファヴィー朝戦への参加の遅れを理由に処刑され、その甥のアリーが同家を継承した。復讐に燃えるアリーは、アダナにおける反乱に乗じて手にいれたアレッポを中心に、支配圏の拡大を求めて軍事行動を展開した。

中央政府から討伐を命じられたサイファー家のユースフは、ハマーの戦いでアリーに惨敗した。このとき、マーン家のファフル・アッディーンはアリーのユースフ追討に協力した。アリー軍の主力はジェラーリー諸反乱と同様にサクバーン(セクバン、非正規兵)にあった。彼はキプロスやイェルサレムの征服をもくろむトスカーナ大公国のフェルディナンド一世と同盟を結び、ジェラーリー諸反乱勢力との連携を深めて独自のシリア国家を建設しようとしていた。中央政府は彼を州総督と認めて取り込みをはかったが、北シリアにおける「独立国家」の形成を放置することはシリアひいては東アラブ地域支配の崩壊をまねきかねず、結局七万五〇〇〇人の大軍を送ってこれを鎮定したのである。

アリーの反乱に協力したマーン家のファフル・アッディーンは、帝国大宰相ムラト・パシャへの多額の献金によって危機を乗りきった。彼はムラトのダマスクス州総督時代に築いた親密な関係をうまく利用したのである。しかし、一六一一年のムラトの死後、サクバーン軍を増強するマーン家への中央政府の疑念は深まった。南のナーブルス、アジュルーン両県への同家の勢力拡大にたいし、新大宰相がついに大軍を派遣する構えをみせたので、ファフル・アッディーンはサイダーから船出し、トスカーナ大公国の港リヴォルノへと亡命した。メディチ家はすでに一六〇三年からこのドゥルーズ派名家の実力者へも接近していた。一六〇八年には、大公国のイェルサレム征服にマーン家が協力する見返りに、大公国側が同家への軍事援助に加え、ローマ教皇に働きかけマロン派聖職者の同家支持を確保することに尽力する旨の密約が結ばれていたのであった。

一六一八年、赦されてシリアに帰還したファフル・アッディーンは、サイダー・ベイルート、サファド、ナーブルス、アジュルーンの県総督職をえた。また、宿敵サイファー家との婚姻による結合も進めた。一六二五年にユースフが死去するとサイファー家の血を引く幼少の末子フサインを通じトリポリ州総督職もおさえて、その威勢は絶頂に達した。彼の新しさは、エジプトと同じくシリアでもすでに拡大傾向にあった徴税請負の権利を集積するにとどまらず、一万二〇〇〇本もの桑を植樹して養蚕業を奨励するなど、地中海を通じた対ヨーロッパ輸出を強く意識しながらの農工業の振興に力を注いだ点にある。だが、こうした自立化の企てを見逃すほどムラト四世(在位一六二三～四〇)の帝国は弱体化していなかった。一六三三年、マーン家の南部レバノンを中心とした帝国離脱の試みは、ジャーンブラート家の場合と同じく大規模遠征軍の到来によって粉砕されたのであった。ファフル・アッディーンと息子二人はイスタンブルで処刑され(一六三五年)、若さゆえに助命された前述の息子フサインはオスマン宮廷で育ち、その後官僚、文人として名を残した。

隊商都市アレッポの繁栄

十六世紀にヨーロッパにおける絹織物生産が拡大すると、イランのギーラーン地方産の生糸を求め、ヨーロッパ商人たちがアレッポに集まった。絹の対価として銀が大量に流入し、イラン方面へ流出していった。マムルーク朝期から独占的地位にあったヴェネツィアにたいし、十六世紀後半にはフランスとイギリスが競合相手として登場した。イギリスのレヴァント会社は一五八一年以降アレッポをシリアにおける中心拠点とし、それは一八二五年にいたるまで続いた。アレッポで購入された物資を積み出す地中海港として当初はトリポリ港が使われたが、両都市間の距離が長く安全でないことやサイファー家の過酷な収奪のため、一五九〇年代以降、アレッポ州内のイスケンデルン港が浮上した。アンティオキア経由でアレッポと直結するイスケンデルンは、その後ヨーロッパ人の「植民都市」として特異な成長をとげてゆくことになる。

十七世紀にはいってアレッポの絹交易はペルシア湾に進出したオランダやイギリスの東インド会社と結ぶサファヴィー朝シャー・アッバース一世の専売政策で手痛い打撃を受けたが、シャーの死後回復した。生糸の生産地ギーラーンからモースルをへてアレッポにいたる交易ルートでは、西アジアのキリスト教徒、とくにサファヴィー朝の首都イスファハーン・ジョルファ地区のアルメニア商人が活躍し、アレッポにも彼らのコミュニティがあった。アレッポ商圏で人気を博した広幅毛織物の大量輸出でイギリスがフランスを圧倒した十七世紀後半、アレッポの絹交易はピークをむかえ、バグダードやバスラとの隊商交易も活性化して都市人口は一二万人をこえ、市域も拡大した。アレッポはイスタンブル、カイロにつぐ帝国第三の都市になった。北イラクやアナトリアのシリア教会信徒、東アルメニアのアルメニア人、シリアのギリシア正教徒などがアレッポに多数来住し、こうしたキリスト教徒人口を多くかかえる北のジュダイダ地区やナスル門外地区が織物職人町として発展した。州総督イプシール・パシャは十七世紀中葉、織物工場（カイサーリーヤ）、モスク、コーラン学校、コーヒー・ハウス、穀物取引所などからなる巨大複合施設をジュダイダ地区に建設した。エジプトと違ってシリアでは、十七世紀になっても州総督による大規模施設の建

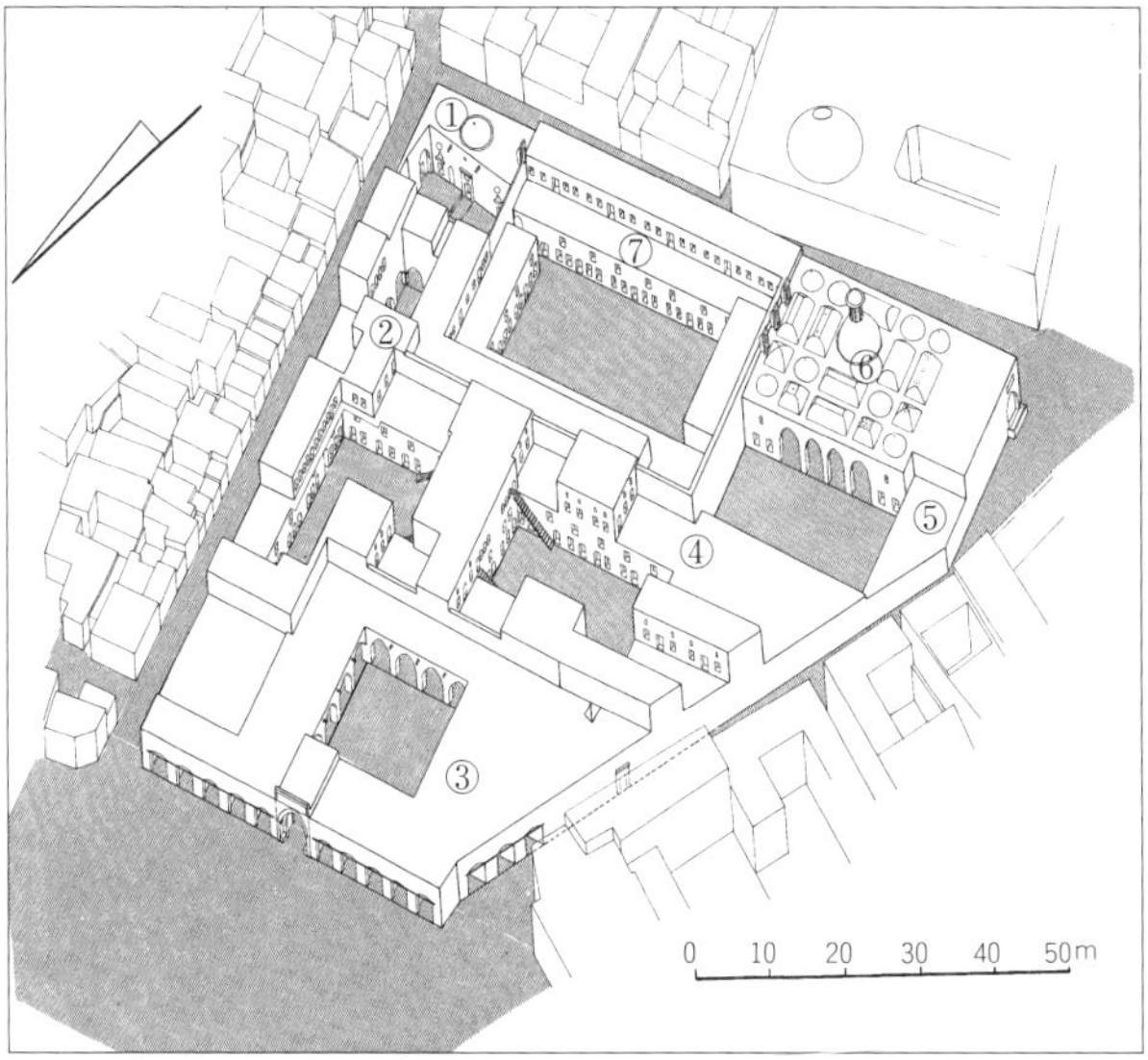

イプシール・パシャの複合施設
(1653年設立)

①モスク，コーラン学校
②カイサーリーヤ，毛糸スーク
③穀物取引所
④カイサーリーヤ
⑤染色工房，パン工房
⑥コーヒー・ハウス
⑦カイサーリーヤ

造やワクフ設定が続いていたのである。

カトリックの布教がさかんになった十七世紀のシリアでは、アレッポを中心として、シリア教会(ヤコブ派)、ギリシア正教会、アルメニア教会の信徒たちのなかに、従来の典礼を保持しながらローマ教皇の首位性を認める合同教会(ユーニアット)形成の動きが広がった。それは、西アジアの諸教会がそれぞれ分裂することを意味した。シリア・カトリック、ギリシア・カトリック、アルメニア・カトリックの信徒数は急増し、十七世紀末にはアレッポのシリア教会キリスト教徒の約四分の三がシリア・カトリックの信徒となっていたとの報告もある。オスマン政府はズィンミーの既成秩序を維持する観点からミッション活動を禁止ないしは制限したが、ダマスクスに比べて多くのヨーロッパ人居留民をかかえるアレッポでは、カトリック聖職者の存在や活動が大目にみられた。

また、こうした合同諸教会の信徒を中心にアラブのキリスト教徒が通訳などとしてヨーロッパの領事館のプロテジェ（被保護者、ベラートル）となる例が増加した。プロテジェは、スルタンから通商特権を付与されたヨーロッパ人居留民に準ずる法的立場を享受し、ヨーロッパ商人との密接な関係や海外市場情報の獲得により対欧交易で有利な位置を占めるようになった。こうしてプロテジェ身分を使い経済的成功をおさめたアーイダ家のようなキリスト教徒有力商家がつぎつぎと出現したが、一七三〇年代以降、絹交易を中心としたアレッポの対欧交易が衰退局面にはいると、彼らはムスリム名家とのあいだの商業上の協力関係や政治的結合を強め、都市名家としての勢力保持をはかるようになった。

カトリックとの交流の拡大は西アジアのキリスト教徒の文化に新局面を拓いた。一七〇六年にはアレッポに帝国初のアラビア文字印刷所が誕生し、ローマに留学したトリポリ生まれのマロン派信徒ジュゼッペ・アッセマーニ（ユースフ・アッサムアーニー）はヴァティカンの図書館員となってアラビア語やシリア語の写本の研究と整理で活躍した。

イェニチェリ軍とアシュラーフ勢力

一六五七年、アレッポ州総督のアバザ・ハサン・パシャがキョプリュリュ家主導のオスマン政府にたいし反旗をひるがえした。これをおさえた中央政府は、ダマスクスのイェニチェリ軍が反乱に協力したことに対処して新しいイェニチェリ軍（カプクルラル）を送り込み、以後ダマスクスには二つのイェニチェリ軍が並立することになった。中央やイラク方面からときおり注入がおこなわれる「外来勢力」のカプクルラルにたいし、すでに市民社会との溶解が進んでいた従来のイェニチェリ軍はイェルリイェと呼ばれ、それぞれに軍団長が任命された。両軍の対抗関係はダマスクスの政治を動かす要因となった。また歴代ダマスクス州総督は、アナトリア・バルカン出身者で構成されるダラーティーヤ、クルド人を多く含むラーワンド、アルジェ州やチュニス州から流れてきたマガーリバなどの傭兵軍を利用したので、十八世紀にはこうした諸軍団も入り乱れての勢力争いが激化した。

他方アレッポではイェニチェリ軍の「市民化」は進まず、アラブ遊牧民や地方民が多数加入したことからむしろ同軍の「部族化」がみられた。そして、市民の利害代表として、社会の貴種であるアシュラーフ（シャリーフの複数形）の勢力が台頭した。家系図の偽造・購入などによってアレッポのシャリーフの数は増大傾向にあり、ついには都市人口の一〇分の一に達したとの推計もある。かくして十八世紀のアレッポでは、東部周辺地区に強い勢力をもつ「田舎風」のイェニチェリ軍に、織物業者などの都市ギルドや中心部のスークの支持を集める「アレッポっ子」のアシュラーフ勢力が対峙するという構図が明瞭となった。また、町のシャリーフの有力者がシャリーフ監督官の地位につき、アシュラーフ軍を率いた事実も注目される。こうした都市政治の特徴は十九世紀にはいっても継続し、一八一九年十月の食糧騒動と民衆蜂起によるアシュラーフ自治政権の一時的成立へとつながることになる。

アズム家の時代

十七世紀末のダマスクスでは、メッカ巡礼団を率いる巡礼長官の職に、従来の地方名家の県総督やイェニチェリの高官にかわってダマスクス州総督自らがつく例がみられるようになった。一七〇八年以降は州総督による兼任が通例化し、巡礼の安全を確保できる州総督の任期が延長される傾向もでてきた。それは、カルロヴィッツ条約(一六九九年)をへてヨーロッパとの力の逆転を感じ始めていた十八世紀前半のオスマン帝国の、メッカ巡礼を政治的に重視し、ダマスクス州総督の役割を拡大することでシリア支配を再強化しようとする動きであった。巡礼長官を務める州総督は、毎年巡礼保護にともなう費用を捻出するため州の諸県でダウラ(巡回)をおこない、地方からの税徴収に尽力した。また、アレッポ、トリポリ、サイダーの州総督も資金供出に加え、ジャルダと呼ばれる巡礼の帰路の護衛職を担ったのである。

一七二五年から八三年まで巡礼長官やジャルダ長官の職をまっとうし、ダマスクス州やシリア各州の総督職に大きな足跡を残したのがアズム家の人々である。その起源、エスニシティなどについては不明な点が多いが、十八世紀初めにアレッポ州マアッラ県の地方名家として姿をあらわしたアズム家は、純然たる在地勢力ではなく、オスマンのエリート文化の担い手であった。一七二四年、ダマスクスでは市民が州政権の過酷な収奪にたいして蜂起し、スルタンへの嘆願などをおこない、翌年、州総督が解任された。以後、ダマスクスは民衆運動の高揚期にはいるが、このときに新総督に任命されたのがアズム家のイスマイルであった。以後アズム家は、イスタンブルの有力代理人を通じて中央との太いパイプを維持し、終身徴税請負などからえた収益を使って州総督職を確保していくことになる。

一七三〇年、帝都で起こったパトロナ・ハリルの乱の激動でイスマイルは解任され、アズム家はいったん後退をよぎなくされたが、反乱勢力が一掃されると、弟スレイマンがトリポリ州総督となり、地方反乱をおさえてジェルダ長官を十全に務めた功績でダマスクス州総督に昇格した(一七三四年)。アラビア語能力がたりないスレイマンは、巡礼保護に力を入れ、マドラサを建てウラマーと良好な関係を築き、減税策で州都住民の人気を集めた。他方、レバノンのシハーブ家などの地方勢力には強硬姿勢で臨んで激しい収奪をおこなった。一七三八年、大宰相の交代にともない突如解任されたが、四一年にダマスクス州総督に復帰すると、州都の穀価上昇を放置して退蔵による利益を追求する一方で、救貧活動や減税をおこなって「善政」を印象づけた。だが、拠点のティベリアスの防備を固める地方有力者ザーヒル・アルウマルにたいする遠征は失敗に終わった。第二回遠征の最中スレイマンは急死し(一七四三年)、イスマイルの子のエ

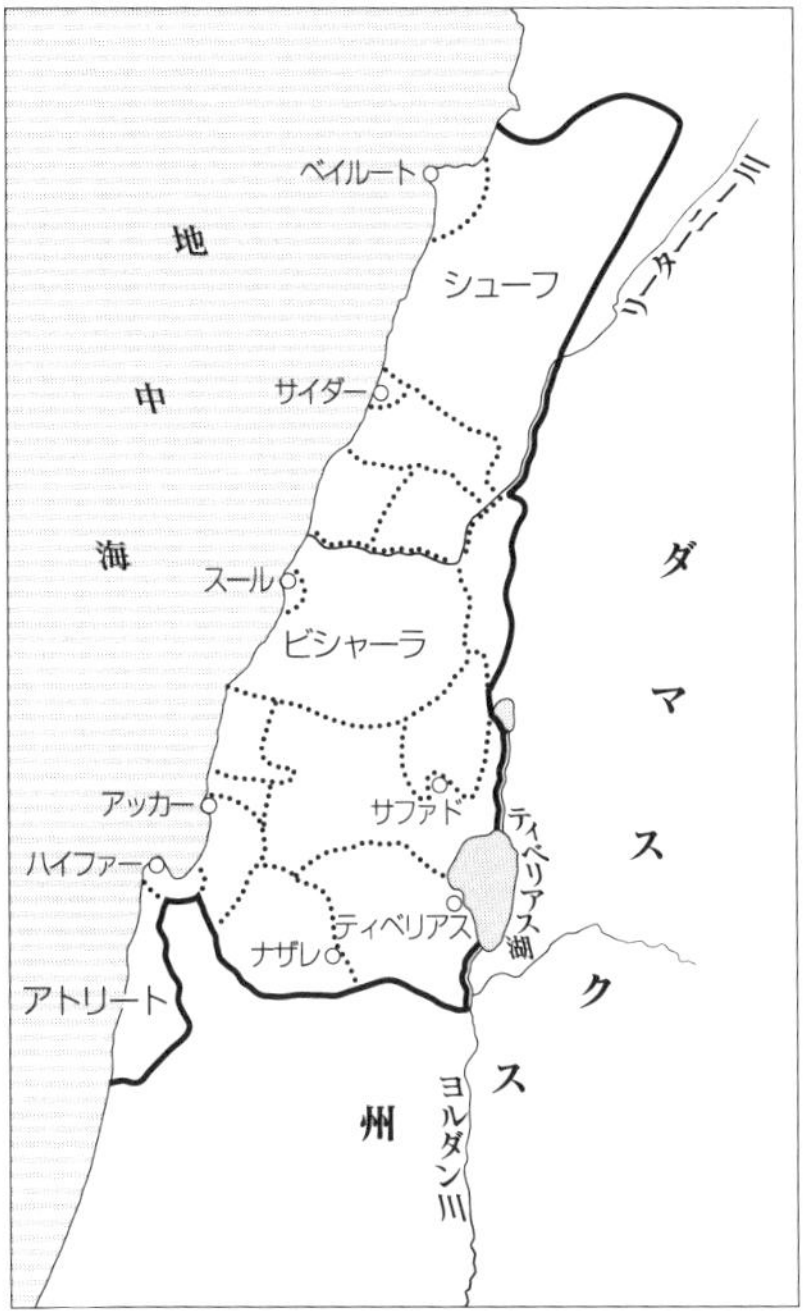

18世紀のサイダー州　サイダー州は1614年にマーン家の統制を目的に創設されたが，まもなく廃され，その後1660年にキョプリュリュ時代の改革でふたたび設けられた。ティマール制の解体により，18世紀に同州では州の下位区分はナーヒヤであり，サンジャク(県)はなかった。

サト・パシャが州総督となった。

エサトの在任中(一七四三~五七年)、アズム家は盛期をむかえた。彼はイェルリイェとくんで実権掌握をめざす州財務長官ファトヒーを処刑すると、カプクルラル、ダラーティーヤ、マガーリバを用いて権力基盤を固めた。徴税請負、穀物の投機的売買、政敵の財産没収により蓄財を進め、市内に豪邸(アズム宮殿)をかまえ、宗教施設の修復や巡礼道の整備に尽力した。床屋の年代記作者ブダイリーが絶賛する商業施設も建設し、アレッポ経由ルートにかわって活性化していたシリア砂漠越えのダマスクス・バグダード道の交易やサイダー州のフランス商人との取引を奨励した。

一七五五年の時点でエサトの兄弟がトリポリ州、サイダー州の総督を務め、アズム家の権勢はひとつのピークに達していたが、オスマン三世のスルタン就任(一七五四年)で中央の実権を握った黒人宦官長アフメトとの対立がエサトの命取りとなった。一七五六年、アフメトはイェルサレム州を新設したが、これに反発するエサトの働きかけで同州は九カ月で廃止された。翌年、エサトはアレッポ州総督に飛ばされ、一カ月後にはエジプト州総督への異動を命じられた。彼の物価対策を支持するアレッポ市民の運動でエジプト行きは中止となったが、まもなくシヴァス州へ転任となり、結局は処刑された(一七五八年)。彼の失脚は、中央政界の実力者とのインティサップ(パトロン・クライアント関係)に依存するアズム家の限界を示している。地方名家から州総督になり、巡礼・市民の保護者を演じたアズム家の人々の目は、いつもイスタンブルに向けられていた。だが、そうした「家」の生存・拡大戦略には帝国中枢の権力争いの影響をまともに受ける危険が潜んでいた。アズム家の台頭は地方名家の自立化ではなく、むしろ中央政府によるシリア支配の強化にこそ有効だったのである。

ザーヒル・アルウマルとジェッザール・アフメト・パシャ

バイト・アッディーン宮殿　シハーブ家のバシール２世(在位1788〜1840)がイタリア人建築家を雇ってシューフ地方のバイト・アッディーンに建てた支配拠点の豪邸。18世紀後半にマロン派に改宗したシハーブ家は彼の時代に最盛期をむかえ，今日のレバノンのほぼ全域を勢力下においた。

ザーヒル(ダーヒル)・アルウマルを生んだザイダーニー家は、十七世紀に北パレスティナのガリラヤ地方に定着したアラブ上層農民であった。十八世紀初頭、ザーヒルの父は徴税請負権の獲得を通じて同地方の最有力シャイフ(村長)となった。同じサイダー州に属する南レバノンでマーン家没落後に勢力を広げるシハーブ家のハイダルがアイン・ダーラの戦い(一七一一年)に勝ってシューフに権力を確立すると、これと結ぶザイダーニー家の力は一層強まった。父のあとを継ぎティベリアス村のシャイフとなったザーヒルは私兵を集め、サファドやダマスクス州ナーブルス県への侵攻を繰り返した。襲撃活動の拡大は前述のアズム家スレイマンによる討伐を招いたが、ザーヒルは難局を乗りきり西に勢力を拡大し、一七四五年にはアッカー港を支配下においた。十七世紀末以降、サイダーやアッカーではマルセイユのフランス商人による綿花買い付けが活発化し、十八世紀初頭にはアッカーのフランス商人がガリラヤのシャイフたちから前金払いで良質綿花を購入するようになった。需要の増大による綿花栽培の拡大がムルタズィムであるザイダーニー家の人々の経済的上昇をうながしたのである。

アッカーの関税徴収を請け負って実質的支配者となったザーヒルは、都市施設や港湾を整備して治安を確保し、住民にたいし宗教の別なく寛容な為政者としてふるまった。対欧交易や内陸交易の活性化により人口が急増したアッカーは、一七五〇年代以降シリアの最重要港に成長した。徴税請負を経済基盤とし、ガリラヤの綿花・小麦生産を奨励し、アッカー北部沿岸の五カ村をチフトリキ(農場)として開発した村落有力者出身のザーヒルは、十八世紀の帝国各地で台頭したアーヤーン(地方有力者)の一例といえよう。彼は売却拒否や価格操作によってフランス商人にたいししだいに優位に立つようになり、一七六四年には綿花専売制を施行する。これは、アリー・ベイからムハンマド・アリーにいたるエジプトにおける輸出専売の試みの先駆をなすものであった。ザーヒルがかくも自由に勢力を伸張しえたのは、多数の徴税下請け人を束ねるムルタズィムとしての有能さ、それに帝国首都に有力代理人を保持していたことによる。しかし、前節で述べたエジプトのアリー・ベイとの同盟は、中央政府やダマスクス州総督オスマン・パシャ(在任一七六〇〜七一、アズム家のマムルーク出身)との対立を決定づけ、結局一七七五年、アブー・アッザハブの来襲に続く海軍提督ハサン・パシャの海からの攻撃でアッカーは陥落し、ザーヒルは八〇年をこえるその生涯を閉じたのである。

サイダー州の経済発展を認識して支配の強化をめざすオスマン政府は、同年、ジェッザール(畜殺者)・アフメト・パシャを州総督にすえた。以後一八〇四年までの約三〇年間、かつてエジプトでアリー・ベイ配下のマムルーク・ベイだったこのボスニア系軍人による強圧的支配が続くことになる。ジェッザールはアッカーに州都を移転し、ザーヒルの交易独占の試みを徹底化し、綿花専売に加え一七八四年以降穀物の生産管理と専売を実施し、食糧危機に苦しむエジプトへの輸出を進めた。関税収入の上昇もあって巨富を積んだジェッザールは傭兵軍を増強したが、一七八九年にはフランスと結ぶ配下の軍の全面的反乱に直面した。彼はアッカーの市民を軍に組織して反乱軍を破り、以後忠実な軍の育成と都市防備の強化に専念した。これがナポレオンのアッカー攻囲の撃退につながった。ナポレオンのシリア侵攻時、オスマン政府はジェッザールの軍事力を重視し、彼にサイダーに加え一時的にダマスクス、トリポリ、エジプトの州総督、それに巡礼長官を兼任させる異例の措置をとった。彼がオスマン政府に逆らったのは、一八〇三年、時のダマスクス州総督と対立し、ヤーファー港に進軍した際のみだが、結局中央政府は彼の越境行為を容認し、ダマスクス州総督に再任した。

以上のように、帝国のエジプト・シリア支配が危機をむかえたのは、対ロシア戦の深刻化を背景にアリー・ベイのマムルーク勢力がエジプトからシリアに攻め込み、ザーヒルがこれに加担した時点からのことであった。こうした新しい地域勢力は、ヨーロッパ列強を帝国からの自立に利用する一方で、専売制を採用し、保護主義的な経済体制の確立をめざした。しかし、地域住民の生活世界からみれば、それは管理統制の強化を意味したのである。

十六・十七世紀のイラク

イラクにオスマン支配がおよぶのは、シリア、エジプトと同様にセリム一世期のことである。一五一五年にサファヴィー朝からディヤルバクルを奪い、一九年にはクルディスタン(クルド人居住地域)に接するジャズィーラ地方の要衝モースルのオスマン支配が定まった。モースル地域は当初ディヤルバクル州に属する県であったが、のちにモースル州となり、クルド人の住むシャフリズール州とともにティマール制が施行された。バグダードの征服および州の設立は一五三四年、スレイマン一世による対サファヴィー朝遠征の一環として実現した。その後、南の港町バスラを治めていたアラブのムンタフィク族のムガーミス家が服属を申し出て、一五四七年にはバスラ州が成立した。オスマン帝国は紅海に続きペルシア湾進出をはたし、ここでもポルトガルに対抗する主役となった。一五五二年にはアラビア半島北東岸にハサー州が創設され、バスラの交易を守り、バハレーンを攻略する基地となった。独立採算州とされたバスラ州、バグダード州、ハサー州では、アラブ遊牧勢力の動向が政治的に大きな意味をもった。また、イラク諸州がしばしばイランの国家(サファヴィー朝、その後アフシャール朝、ザンド朝)との係争地帯と化したことも重要である。近世西アジアの大国が激突する際の舞台や軍事拠点となったイラクでは軍需が織物業の発展をうながすなどの経済効果もあったが、戦争遂行が政治・社会に影を落とし、都市や村の住民にとってその脅威は大きかった。

十六世紀から十七世紀への世紀転換期には、バグダード州やバスラ州でも大きな政治変動がみられた。バスラ州では、セルジューク朝の末裔を名乗るアフラースィヤーブというアラブ系有力者が州総督職を購入した。その子アリー、孫のフサインと一六六八年まで続く「アフラースィヤーブ朝」はサファヴィー朝を撃退し、この時代にペルシア湾交易が隆盛し、州都バスラの社会資本が整備され、文化的にも活性化した。バグダード州では、土着化したオスマン軍人であるムハンマド・アッタウィールの乱が起こり、ディヤルバクル州総督の討伐軍を破った。この反乱が制圧されると今度はイェニチェリの有力軍人バクル・スーバシーが実権を掌握し、一六二一年には対立するアザブ軍とくむバグダード州総督を戦闘の末殺害し、中央政府に自らを州総督に任じるよう求めた。この要求を退け、ディヤルバクル州総督軍がバグダードを攻囲すると、バクルはサファヴィー朝のシャー・アッバースに助けを求めた。オスマン政府が攻囲を解いてバクルの統治を認める動きを示したので、バクルはシャーへの服属を止めようとしたが、結局サファヴィー朝の占領をまねくことになった。こうして一六二三年、イラクの中心地域にシーア派国家の支配が成立した。シャーは、ナジャフ、カルバラー、カーズィマイン、サーマッラーというシーア派の聖地をかかえるイラクにおけるシーア派信徒の保護者を自任した。しかし、一六三八年のスルタン・ムラト四世の親征によりバグダードがオスマン支配下に復し、翌年のカスリ・シーリーン条約で両大国の国境が画定した。以後、オスマン帝国のイラク支配は第一次世界大戦まで続くことになる。

「ハサン・パシャ朝」とジャリーリー家

一七〇四年、バグダード州総督に着任したハサン・パシャ(在任一七〇四〜二三)は、ムラト四世に仕えたグルジア系軍人の子であった。彼は一七〇八年にはムンタフィク族の勢力を叩くためバスラ遠征をおこなった。翌年、バスラ州はバグダード州に吸収され、ハサンの配下の州総督代理(ムタサッリム)によって支配されるようになった。ハサンとその子アフメト・パシャ(在任一七二四〜三四、三六〜四七)はグルジア系マムルークを大量導入して軍事力を強化し、イラク中部・南部に堅固な支配体制を打ち立てた。アフメトは、サファヴィー朝の崩壊を受けてのオスマン軍のイラン西部への侵攻でケルマーンシャーなどを征服する戦果をあげ、その後アフシャール朝ナーディル・シャーのイラク侵攻に対抗した。

一七四七年、ナーディル・シャーが暗殺された二カ月後、アフメトがバグダードで急死すると、オスマン政府は新総督を送り込んで直接支配の回復をめざした。だが、一七四九年にはアフメトのマムルーク軍人でバスラを治めていたスレイマンがバグダードを軍事征服し、州総督の座を奪った(在任一七四九〜六二)。以後、バグダードではオマル(在任一七六四〜七六)、ブユック・スレイマン(在任一七八〇〜一八〇二)などのマムルーク・パシャの支配体制が一八三一年まで続く。こうしたマムルーク政権の成立はエジプトにおけるカーズダグリーヤのマムルーク・ベイ体制の出現とパラレルな現象であり、強い自立性をもつ軍事的支配体制のイラクにおける形成は、十八世紀イランの政治的激動に対応した動きでもあった。

「ハサン・パシャ朝」の経済基盤であったバスラのペルシア湾交易では、十八世紀を通じイギリス東インド会社の活動が拡大していった。ただし、バスラにおけるイギリスやそれと結ぶアルメニア商人の役割のみを過大評価すべきではなく、大船団をもつインド西海岸スーラトの豪商チャラビー家による綿布・香辛料交易、オマーンのマスカットのブー・サイード朝(十八世紀中葉成立)によるモカ・コーヒーの遠隔地交易、アラビア半島海岸部のバハレーン、カティーフ、クウェイトなどのアラブ商人たちの多彩な商業活動も注目される。

モースル州では、一七二六年に都市名家であるジャリーリー家のイスマイル・パシャが州総督に就任してから同家が州総督職を独占し、それは一八三四年まで続いた。穀物、綿花、オリーヴなどを産する豊かな後背地をもつモースルは、イラン・アレッポ間の東西ルートと東アナトリアとペルシア湾を結ぶ南北ルートの交差点にあり、絹交易の中継地、クルディスタンの没食子《もっしょくし》の集散地であった。このティグリス河畔の町では、州総督とイェニチェリ軍とならんでアシュラーフやウラマー家系のウマリー家のような都市名家の政治的役割が大きかったが、十七世紀にモースルに移住したディヤルバクルの富裕な商人アブド・アルジャリールに始まるジャリーリー家が、十八世紀にはいって軍の遠征への援助、農村・都市の徴税請負権の獲得、都市の貧民や職人の保護を通じて台頭したのであった。

富裕化し、私兵を保有するジャリーリー家の諸家系相互の不和に、イェニチェリの諸部隊間の対立が絡まって展開される州総督職の争奪が、十八世紀中葉以降のモースル政治史の中心を占めた。州の主要な終身徴税請負権は同家の独占状態となり、メフメト・パシャの時代(一七八九〜一八〇六年)にその地域権力はピークに達した。ダマスクスのアズム家との相違点は、ジャリーリー家が商家として比較的早くに州都に定着していたこと、中央とのコネだけでなく強力な「ハサン・パシャ朝」との良好な関係を維持する必要があったこと、それに歴史家の保護に力をいれたことにある。家運の傾いたウマリー家のアミーンとヤースィーンの兄弟は、ジャリーリー家の州支配を正当化する歴史叙述を生業としたのである。

ワッハーブ派運動の出現

オスマン帝国の支配がおよばぬアラビア半島中部のナジュド地方で、十八世紀中葉、ワッハーブ派(自称ではムワッヒドゥーン)の運動が出現した。ワッハーブ派運動の創始者イブン・アブドゥルワッハーブは、一七〇三年、ナジュド中部のオアシス集落ウヤイナのウラマー名家に生まれた。彼は学問の町メディナに留学し、おそらくはそこでハンバル派中興の祖であるイブン・タイミーヤの思想にふれ、その後「ハサン・パシャ朝」下のバスラに移って学問修業を続け、スーフィズムの民間信仰的側面(聖木・聖石信仰、聖墓参詣など)およびシーア派への批判姿勢を強めていった。一七四〇年に故郷に戻ると、スンナを厳守してビドア(逸脱)を排し、原初の純粋なイスラームの復興をめざす自らのハンバル派思想の普及につとめた。

一七四四年、ハサー州の名家ハーリド家とシーア派勢力からの干渉で故郷を追われた彼は、ディルイーヤに移住し、名家のサウード(スウード)家と協力して小国家を樹立した。一八一八年まで続く第一次サウード朝の成立である。ナジュドの部族間戦争から出発したサウード朝は、一七九二年にイブン・アブドゥルワッハーブが死去するころには、サウード家の当主アブドゥルアズィーズ一世(在位一七六五～一八〇三)の軍事的指導下にイラク南部やヒジャーズを襲撃し、ハサーを支配下におく勢力になっていた。バグダード州総督ブユック・スレイマンによる遠征軍の派遣も失敗に終わり、一八〇二年には逆にサウード朝軍がシーア派の聖地カルバラーに攻め込んだ。カルバラーは十八世紀を通じてイスファハーンにかわるシーア派(十二イマーム派)の学問の中心へと成長していた。シーア派世界にショックを与えたフサイン廟への攻撃に続き、翌年にメッカ、一八〇五年にはメディナがワッハーブ派勢力の支配下にはいり、「両聖地の保護者」としてのオスマン帝国スルタンの立場が根底からゆらぐ事態となったのである。

ワッハーブ派運動は、近代のイスラーム改革運動、ヨーロッパの植民地主義への抵抗運動に広範な影響を与えることになる。ただし、留意しなければならないのは、十八世紀のアラブ地域あるいはオスマン帝国においてこうした思想傾向の宗教運動が必ずしも特異なものではなかったという点である。たとえば一七一一年、カイロでアナトリアの思想家ビルギリ・メフメトの反ビドア論の影響を受けたトルコ人説教師が民間信仰の現状を激しく非難し、都市騒乱が起こっている。ワッハーブ派運動の衝撃は、知識人のイスラーム純化思想と遊牧アラブの強い軍事力がオスマン帝国領外の隣接地域でじつにうまく結合したことによって生じた現象であったといえよう。

3　北アフリカ

オスマン帝国によるアルジェリア征服

ヨーロッパで地中海の海賊として恐れられていたバルバロッサ(赤ひげ)兄弟はレスボス島の出身で、父親はオスマン朝メフメト二世の騎兵であったようだ。バルバロッサ兄弟は正式にはオスマン朝の一員ではなかったが、すでに多数のトルコ系軍人を従え海賊活動を始めた。兄ウルージは一五一六年にアルジェを占領した。しかし彼が一五一八年に死去したため、弟のハイル・アッディーンがかわってアルジェの支配者になった。彼は一五一九年イスタンブルのセリム一世に使者を送り、臣従の意を伝え、アルジェのベイレルベイ(大総督)に任じられた。ただしハイル・アッディーンが自らイスタンブルに赴き、正式に帰順を申し出、パシャ(北アフリカ海軍提督をかねた総督の意)の称号を与えられたのは一五三三年である。ここにオスマン朝のアルジェ州が名実ともに成立した。

アルジェ州はマグリブにおけるオスマン朝支配の拠点になった。ハイル・アッディーンがその立役者であった。一五八七年までアルジェの支配者はベイレルベイと呼ばれ、イスタンブルのスルタンによって任命された。アルジェのベイレルベイはオスマン朝スルタンの名においてチュニスやトリポリのパシャにたいする宗主権を行使し、さらにキリスト教徒の諸国家、とくにスペインにたいしてジハードを指揮する責任もおっていた。

ベイレルベイの支配を支えたのがイスタンブルから派遣されるイェニチェリ軍団であった。彼らは支配者として特権的地位をえていた。たとえば一般の裁判規制に服する必要はなく、また正規の給与と海賊活動による略奪品の分け前に加えて、パン、肉、油などの食料を支給された。

海賊の船長(親分)はライースと呼ばれたが、彼らは海賊団(ターイファ)をつくって海賊活動をおこなっていた。海賊団は一般に「トルコ系海賊」として知られているが、多くはイタリア南端部カラブリア地域、シチリア島、コルシカ島などの下層出身者で捕虜としてアルジェやチュニスに連れてこられた者か、自ら志願してやってきた者で、キリスト教からイスラームに改宗した人々であった。彼らがもっていたキリスト教徒諸地域、諸都市についての知識が海賊活動に役立った。

オスマン朝の支配下でアルジェは地中海の重要な都市にのしあがり、十六世紀なかばの時期の人口は六

アルジェの海賊ライース（船長）　ヴォルフガングによる版画（1700年頃，パリ国立図書館蔵）。

18世紀アルジェのイェニチェリ兵士　ボナールによる版画（パリ国立図書館蔵）。

万人程度で、トルコ人、アンダルスからの移住者、ユダヤ教徒、シチリア島やコルシカ島の出身者でイスラームに改宗した人々、アラブ人やベルベル人など雑多な民族集団の寄せ集めであった。公式の言語はトルコ語であったが、アラビア語が広く話されていた。マグリブの諸国家にとって十七世紀は海賊活動の絶頂期であり、イスタンブルからは事実上独立し、西欧の艦隊とキリスト教諸国家の勢力が弱体化したので、アルジェリアやチュニジアの国家には莫大な戦利品がはいった。それにともないアルジェの町も繁栄し、十七世紀なかばの人口は一〇万人をこえるほどになり、そのほかに二万五〇〇〇人から三万五〇〇〇人のキリスト教徒の捕虜もかかえていた。十七世紀にはオランダの彩色陶器、イタリアの大理石の彫り物、リヨンの絹織物、ヴェネツィアの鏡、ボヘミアのガラスなどたくさんの贅沢品が富裕者の室内を飾るよ

アルジェにおけるキリスト教徒の奴隷市　海賊たちが捕虜としたキリスト教徒は，身代金をえて解放するか，奴隷市で売られた。この版画は，1684年ヴァン・ルイケンが想像によって描いたもの。

うになり、またモスクやザーウィヤなどの宗教建築物もたくさん建設された。

ウルジュ・アリーが一五六八年ベイレルベイに任命されたが、彼はハフス朝下のチュニス征服の任務をも与えられた。一五六九年に彼はチュニスを征服したが、七三年スペインによって再征服された。そこでウルジュ・アリーの艦隊とイスタンブルから派遣されたスィナン・パシャを指揮官とする艦隊との連合軍が一五七四年、再度チュニスを攻撃、征服した。ハフス朝最後のスルタン、ムハンマドはイスタンブルに連れていかれ、ハフス朝が終わりを告げた。ウルジュ・アリーは一五八七年に死去したが、彼はアルジェリア統治者としては最後のベイレルベイであった。

ウルジュ・アリーのあと、オスマン朝スルタンによってパシャという称号を与えられた者が統治する時代(一五八七〜一六五九年)とアガという称号を与えられた者が統治する時代(一六五九〜七一年)が続いた。アガとはウジャク(イェニチェリ軍団)の長官を意味した。

一六七一年からアルジェリアの統治制度に変化が起こった。ライースたちは権力の安定を求め、イェニチェリと結託して反乱を起こした。彼らはアガのアリーを処刑し、チュニジアの例(一五九一年からデイという称号を使用)にならい、デイ(トルコ語で母方の叔父の意)という称号を軍将官に与え、彼をアガにかえて統治者とした。一七一〇年からはデイはオスマン朝スルタンからパシャの称号をも与えられるようになった。

アルジェリアの統治機構

デイ体制の始まる一六七一年からその支配の終わる一八三〇年(フランスによる占領)までアルジェリアの統治体制に大きな変化はなく、トルコ系軍人による軍事的寡頭体制が維持された。行政区画は四つに分けられていた。アルジェとその周辺およびミティジャ平原は、ダール・アッスルターンと呼ばれ、デイの直轄地であった。残りの三地域は、オランのベイリク(ベイ管轄地の意)、コンスタンティーヌのベイリク、ティトゥリーのベイリク(ベイの都城はメデアにおかれた)と呼ばれ、それぞれベイによって統治された。

ダール・アッスルターンの場合、七つのワタン(軍管区)に分れ、各ワタンはトルコ人のカーイド(軍長官)によって統治され、カーイドはその下の部族の各シャイフ(部族長)を監督していた。

デイは普通、ディーワーンと呼ばれる諮問評議会によって選出された。アルジェリア統治にたいするイスタンブルのスルタンの権威は名目的なものであったが、デイの任免はスルタンによる任免というかたち

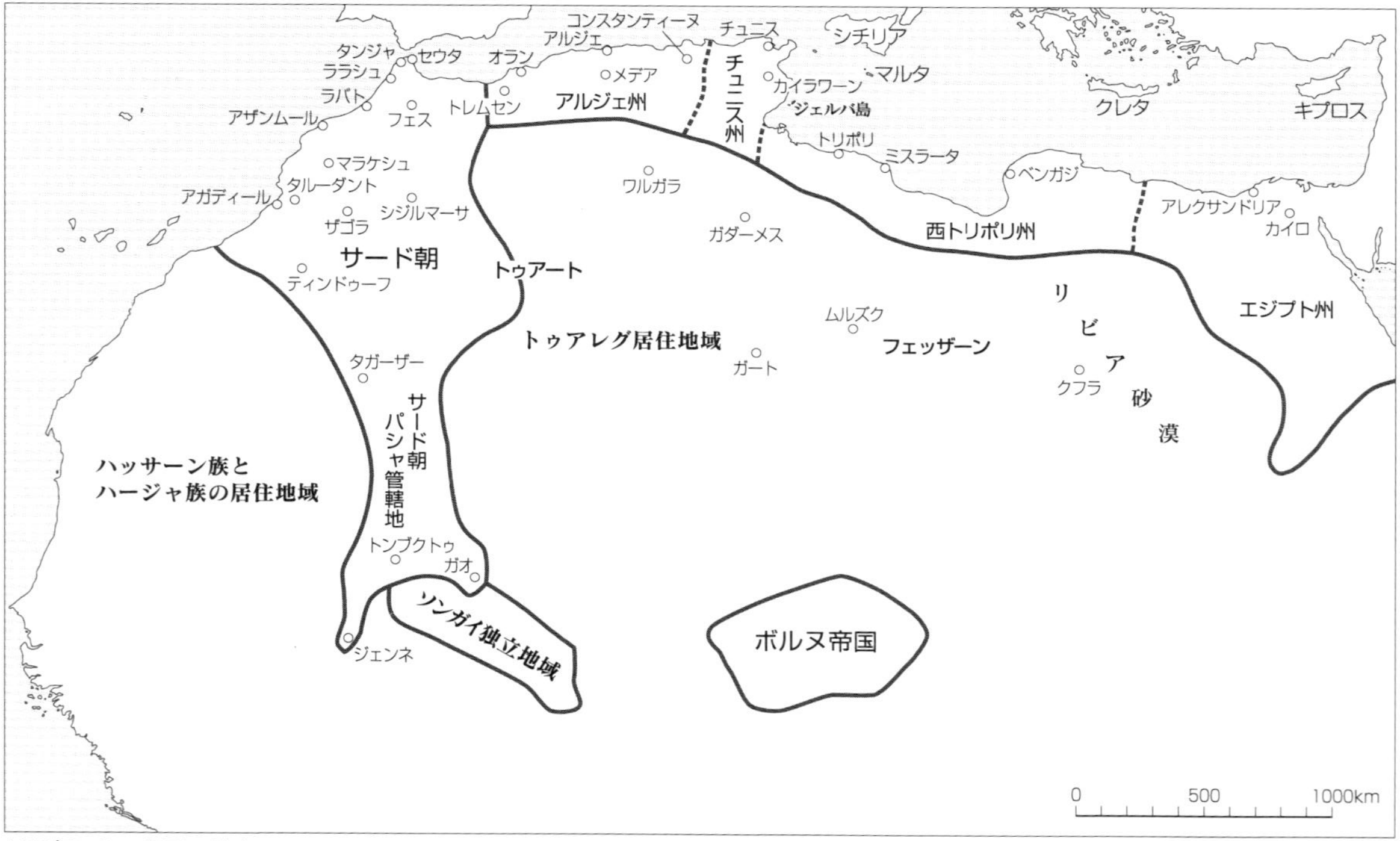

1610年ころの北アフリカ

がとられた。ディーワーンはウジャク(イェニチェリ軍団)の有力者たちと五人の大臣から構成されていた。デイの権力基盤はウジャクであったので、政治はしばしばウジャクによって操作された。実際に一六七一年から一八三〇年までに一四人のデイがウジャクによって暗殺された。デイのアリー・ホジャが一八一六年以降、カスバ(城砦)に籠り、ウジャクから身を守ったのはこのような事情があったからである。したがってデイの権限は名誉的性格が強く、実権はウジャク層によって握られていたといえる。

フランスが侵入する一八三〇年ころのアルジェリアの人口は三〇〇万人程度と推算され、そのうちアラブとベルベルが九〇〜九五％を占めていた。トルコ系の軍人は多く見積もっても一万五〇〇〇人をこえなかった。彼らは現地のアラブ系、ベルベル系の女性をめとったが、彼らのあいだの子供はクルオール(トルコ語で奴隷の息子の意)と呼ばれ、普通はトルコ軍団にはいれなかった。レコンキスタ運動によってアンダルスを追われた者やヨーロッパ出身でイスラームに改宗した者はモール人と呼ばれ、都市に住み、商業や手工業に従事し、それによってえた利益で土地を購入する者もいた。彼らは一般に教養人であり、なかには数カ国語を話す者もいた。奴隷商人がサハラ以南より連れてきた黒人は、都市の富裕者やトルコ系軍人のもとで土地の耕作や家事労働に従事した。ユダヤ教徒は少数者とはいえ重要な役割を担う集団であった。彼らは紀元前六世紀ころにはアルジェリアに移住し始めていたと考えられるが、多くは十三世紀末のバレアル諸島からの移住者、一四九二年のスペインにおけるフェルナンドとイザベルによるユダヤ教徒追放令にともなう亡命者、そのほかのヨーロッパ各地からの移住者によって構成されていた。彼らは主として商取引に従事し、とくに国家が海賊活動によってえた品物の売買を扱い、しだいに富をたくわえていった。十八世紀末になると、イタリアのリヴォルノ出身のバクリ家とブスナック家がとくに有力となり、政府の事実上の貿易独占権を握った。彼らは富と知識によってデイと緊密な関係を結び、政治にも関与するようになったが、それがウジャク層の反感をかうこともあった。事実、一八〇五年デイの商取引顧問であったネフタリ・ブスナックはイェニチェリによって殺された。

十八世紀末からヨーロッパの商船の装備が整い、海賊活動による収入が減ってきたので、デイ国家はアラブ人とベルベル人に重税を課した。これにたいし彼らの一部は土地をすて、砂漠や山岳地に逃亡した。こうした重税策にたいする農民たちの不満を反乱のかたちに組織したのがスーフィー教団であった。トルコ権力は、民衆反乱がスーフィー教団の組織を介して拡大するのを恐れ、スーフィー教団やマラブー(聖者)を弾圧したので、十八世紀末にはトルコ権力と友好関係にあるスーフィー教団はラフマーニー教団だけになった。スーフィー教団の反乱は一八〇〇〜三〇年まで断続的に勃発し、〇三〜一七年までダルカーウィー教団が、二〇〜二七年までティジャーニー教団が農民や遊牧民を率いてトルコ権力に反乱を起こした。しかし反乱はアルジェリア全土に広がることはなく鎮圧された。

結局、アルジェリア社会には利害を共にしない集団がいくつも存在し、圧倒的多数派のアラブやベルベルのあいだにも部族単位をこえた集団意識は希薄であった。したがって一八三〇年フランスが侵入してきたとき、抵抗は散発的であり、弱かった。トルコ系の支配者たちは国外に逃げ去り、モール人やユダヤ教徒は自らの利益に好都合として侵入を歓迎し、農村に住むアラブやベルベルは征服が都市部に限られているうちは無関心であった。フランスの征服が都市から内陸部へ拡大し、アルジェリア全土の植民地化へと歩み始めたとき、激しい抵抗と反乱が引き起こされた。もはやトルコの軍人たちはアルジェリアから立ち去っていたので、その主役はアラブとベルベルであった。反乱の指導者はアルジェリアのアラブ系名家出身でカーディリー教団の指導者の息子、アブド・アルカーディルであった。彼はアラブとベルベルの諸部族を率いて一八三二年十一月から四七年十二月までフランスの植民地支配にたいする激しい抵抗と反乱を展開することになる。

オスマン帝国によるチュニジア征服とフサイン朝

スィナン・パシャは一五七四年チュニスを征服すると、四〇〇〇のイェニチェリ兵をチュニスに残し、イスタンブルに帰った。四〇〇〇のイェニチェリ兵は一〇〇人単位のウジャク(軍団)に分けられ、各ウジャクはデイ(母方の叔父の意。合計四〇人)という軍団長によって指揮された。オスマン朝初期のチュニス州は、イスタンブルのスルタンによって任命されるパシャがベイ(国内統治と徴税を任務とする軍将官)と、イェニチェリ軍団およびライース(海賊＝水軍の長官)を率いて統治していた。ディーワーンも設けられ、有力将官によって構成されていた。

有力将官とディーワーンの権限の増大にたいして、一五九一年ウジャクの兵士たちが軍団内の平等を求めて反乱を起こし、ディーワーンのメンバーを殺害し、ディーワーンの権限を縮小した。四〇人のデイたちはウジャクの代表を一人選出し、彼をパシャの権威に匹敵する軍団全体の指揮官にしようとした。こうしたデイの代表であるウスマーン・デイ(在任一五九一～一六一〇)とユースフ・デイ(在任一六一〇～三七)

の時代に、デイの権限はしだいにパシャをしのぐようになった。

ところがデイのもとで国内統治と徴税を任されていたベイ職のムラード(在任一六一一～三一)が、アラブ部族の反乱鎮圧や巧みな行政により権威を高め、住民たちの支持をもえた。彼はパシャの称号をイスタンブルから与えられ、その権威はデイをしのぐようになった。一六三一年ムラードが死去したとき、チュニスの名士たちは、彼の息子ハンムーダ(在任一六三一～六六)をその後継者に任命するよう求め、実現させ、さらにハンムーダの後継者も息子のムラード(在任一六六六～七五)が任命された。こうしてパシャであり、かつベイのハンムーダ家によるチュニスの支配はムラード・ブン・アリーが一七〇二年、スィパーヒー(騎兵)の長官イブラーヒームによって暗殺されるまで続いた。このときハンムーダ家の者はほとんど皆殺しにされた。イブラーヒームはベイの職に就くと、さらにデイとパシャの称号をも有したが、一七〇五年アルジェのデイの攻撃を受け、彼は捕虜となってアルジェに連れていかれた。かわって同じく騎兵隊の長官であったフサイン・ブン・アリー(在任一七〇五～三五)が指揮をとり、アルジェ軍を撃退すると、彼はベイを宣言し、同時にデイ制を廃止した。以後、フサイン家の一族がベイの地位を占め、チュニジアを統治した。これがフサイン朝(一七〇五～一九五七年)の起源である。

十七世紀のチュニスもコスモポリタン都市であった。一六〇九～一四年にかけてスペインはモリスコ(スペインでイスラームからキリスト教に改宗した者)の強制追放をおこなった。追放されたモリスコの数は三〇万人を数えたが、そのうちもっともたくさんの亡命者を受け入れたのがチュニジアで、チュニス市内だけでも八万人以上のモリスコが住みついた。すでにチュニスにはアンダルスからの流入者がたくさんいたのでその関係から彼らを受け入れやすかったのである。チュニスの歴史家イブン・アビー・ディヤーフは「ウスマーン・ベイはチュニス市民たちにたいし、モリスコのために住まいを与えよ、彼らの必要としている物を分け与えよ、と命じた」と記述している。マグリブ地域はマーリク派法学が支配的であった。オスマン朝の公式法学派はハナフィー派であったので、十七世紀以降ハナフィー派のモスクがつぎつぎと建設された。ユースフ・モスク(一六一六年)、ハンムーダ・ベイのモスク(一六五五年)、シディー・ムフリズのモスク(一六七五年ころ)などが代表例である。しかし住民たちの大半はマーリク派のままであった。

創始者フサインはチュニスの生まれであるが、フサイン家のルーツはクレタ島出身のギリシア系オスマン軍人である。一七一〇年に特別の会議を招集し、フサイン家が代々ベイの地位を継承していくことを認めさせた。オスマン帝国が建てたアルジェとチュニスの両国家のあいだにはその後の歩みに決定的な違いが生じた。アルジェの場合、トルコ権力は在地の社会との同化は進まず最後まで外来の支配者のままであったが、チュニスの場合は土着化し、フサイン朝は十九世紀初めまでに完全にアラブ化し、チュニジア化していた。

フサイン朝はほぼ完全にイスタンブルから独立し、ベイが結んだ国際条約(一七一〇年フランス、一七一六年イギリス、一七二〇年スペイン、一七二五年オーストリア、一七二八年オランダ)はイスタンブルのスルタンの同意をえずに調印されている。またイスタンブルへの毎年の貢納もおこなわれていなかった。ところが、一八三七年ムスタファ・ベイが死去した年、フランス軍がアルジェリア東部のコンスタンティーヌを占領し、さらにチュニジアとの国境近くまで進軍してくると、フランスによる植民地化の脅威が現実のものとなったので植民地化をくいとめようとしてオスマン帝国との関係を強化するようになった。結局、フサイン朝は一八七一年正式にオスマン帝国の一部であることを認めた。しかしフランスの進出を阻止することはできず、その一〇年後、一八八一年にはフランス軍がチュニスに上陸し、バルドー条約が締結された(外交と財政の権限をフランスに譲渡)。その二年後、一八八三年マルサ(アルマルサー)の協定によりフサイン朝チュニジアはフランスの保護領となった。保護領体制ではフサイン朝の名目的権威とベイ制は維持され、それは独立(一九五六年)後の一九五七年七月二十五日、制憲議会がフサイン朝の廃止と共和制の樹立を公式に宣言するまで存続した。最後のベイ、アミーンはそのままチュニス郊外で自由な身分で余生を送り、一九六四年死去した。

オスマン帝国のリビア支配とカラマンリー朝

七世紀から十五世紀までのイスラーム期のリビアは、東部のキレナイカ地方はエジプトの諸王朝の影響(名目的従属)下に、西部のトリポリタニア地方は西方のムスリム権力の統制下におかれることが多かった。しかし、事実上は遊牧のアラブ諸部族が割拠、支配している状況にあった。

トリポリは一五一〇年にスペインのペドロ・ナバラによって征服されてから、キリスト教徒の拠点とされ、三〇年ころには、マルタ島を本部とする聖ヨハネ騎士団によって支配されるようになった。同じころオスマン帝国によるトリポリ攻撃も強まったので、その抗戦のために聖ヨハネ騎士団は神聖ローマ皇帝カルロス五世やローマ教皇に財政援助を依頼したが、失敗した。結局トリポリは一五五一年カプダン・パシャ(海軍大提督)、スィナンの率いるオスマン艦隊によって征服され、西トリポリ州(トラブルス・ガルプ)として オスマン帝国に編入された。オスマン軍に加わり、トリポリ征服に貢献した海賊の頭領ドラグトは無視され、トリポリの統治者には年長の将官ムラードが任命された。しかし、その二年後の一五五三年、オスマン帝国スルタン、スレイマン一世はドラグトをトリポリの統治者に任命した。トルコ兵たちはライフルと大砲を用いて、アラブ部族民を服従させ、チュニジアのジェルバ島も征服した。彼の治世中にトリポリタニアとジェルバ島がオスマン帝国の支配下にはいった。彼は海賊活動で莫大な富と奴隷を獲得して栄え、トリポリにモスクやサライ・ドラグトとして知られた居城を建設した。ドラグトは、一五六五年、オスマン艦隊とアルジェ軍によるマルタ島の聖ヨハネ騎士団の攻撃に参戦した際、同地で戦死した。

ドラグトの死後、一七一一年までトリポリの統治はイスタンブルのスルタンによって任命されるパシャによって統治された。トルコ系軍人、官僚、地方名士からなるディーワーンはパシャの諮問評議会として機能し、その代表はデイと呼ばれた。しかし、イェニチェリはパシャやディーワーンを無視して勝手な行動をとることが多く、政治の実権はイェニチェリ軍団によって握られていたといえよう。

十八世紀初期、西トリポリ州の政治体制はチュニジアのそれに似た体制へと変わった。すなわち一七一一年、地方統治者の一人で、トルコ騎兵(クルオール出身ともいわれる)アフマド・カラマンリーは、パシャのムハンマド・ハリールがイスタンブルをおとずれトリポリを留守にしているすきに、権力を簒奪した。彼はトルコ人将校たちのうち指導的な者三〇〇人を虐殺して、トルコ系軍団側からの反撃を封じつつ、残る将官たちにはたくさんの贈り物によって手なずけ、さらにオスマン帝国への臣従を誓ってスルタン、アフマド三世によって一七一一年、正式にトリポリのパシャに任命された。彼のあと、一族が一八三五年までパシャの地位に就いたので、これをカラマンリー朝と呼んでいる。パシャの即位はイスタンブルのスルタンからフェルマン(勅令)による認可をえるかたちをとった。

カラマンリー朝の最盛期はアリー・カラマンリーの治世(一七五四〜九三年)で、この時代は海賊活動で利益をえるとともに、キリスト教徒やユダヤ教徒の商人たちを保護し、彼らのトリポリでの交易活動を奨励することで繁栄した。

ユースフの治世(一七九六〜一八三二年)は、リビアが新しい時代へと向かう端緒といえるだろう。陸上では、サハラ越えのキャラバン交易はスーダン地方の混乱や交通路の不安定さもあって衰退していたが、ユースフが一八一一年ファッザーンを征服してから、チャドのボルヌとのサハラ越えのキャラバン交易が活発化した。のちにサヌースィー教団が発展するが、それは教団がこの交易ルート上にザーウィヤを建設し、キャラバン交易を支配したからである。この時期はヨーロッパ全体がナポレオン戦争に巻き込まれ、その対策に忙殺されていた。そのため地中海の海賊活動が活発化し、カラマンリー朝は勢いを取り戻したが、他方この時期は地中海に進出してきた大国と衝突することになる。一八〇一年、トリポリタニアの海賊たちはアメリカの船舶を包囲し、身代金交渉が失敗すると、〇三年アメリカの巨大フリゲート艦フィラデルフィア号を巧みに狭い海峡におびきだして難破させ、乗組員三〇七人を捕虜にした。ユースフは六万ドルの身代金をえ、そのかわりにアメリカ船の航海の妨害をしないという約束をした。ユースフの退位後、カラマンリー朝の勢力が衰えるとともに、オスマン朝スルタンがトリポリの直轄支配をねらい、一八三五年ターヒル・パシャを指揮官とする艦隊を派遣、五月二十日、最後のパシャ、アリー・カラマンリーを逮捕した。こうしてカラマンリー朝は滅亡し、カラマンリー家の者はイスタンブルに連れていかれた。リビアはふたたびオスマン帝国の支配下におかれるようになったが、この時期におよんでもリビアのナショナリズム形成は始まらず、その端緒は十九世紀後半からのサヌースィー教団の運動、さらに二十世紀のウマ

地中海のガレー船と海戦　ジャック・カロによる版画(1617年)。

地中海のガレー船と海戦　ヴァン・ルイケンによる版画(1684年)。

ル・ムフタールの反乱まで待たねばならない。

モロッコのシャリーフ体制の成立とサード朝

マグリブ諸国のなかでモロッコは唯一オスマン朝の征服をまぬがれた国である。その理由はなによりも地理的な遠さのためにオスマン軍の兵と糧食の補給路が伸びきっていたことにあるだろう。

モロッコでは部族的国家体制は一四一五年のポルトガルによるセウタ占領以来、キリスト教徒勢力の進出に抗することができず、その限界を明らかにしつつあった。イドリース家のアブー・アブド・アッラーにかわって支配者となったワッタース家のムハンマド・アッシャイフ(在位一四七一～一五〇五)はマリーン朝と同じくザナータ部族を中心にワッタース朝(一四七一～一五五〇年)を建国した。しかし同王朝はポルトガルによってタンジャ(一四七一年)、ララシュ(一四七三年)、アザンムール(一四八六年)をつぎつぎと占領され、他方国内は諸部族の反乱やザーウィヤなどの宗教勢力の跋扈《ばっこ》によって政治的混乱状況に陥った。このような状況下で、異教徒との戦いと国内の統一のために宗教的イデオロギーと政治的指導性をあわせもつリーダーを待望する機運が高まってきた。

イドリース朝とともに始まったシャリーフ崇拝はムラービト朝とムワッヒド朝の治世下では衰退したが、マリーン朝末期に復活した。それは、一四六五年マリーン朝最後のスルタンが暴動によって殺されたあと、シャリーフ政権が樹立されたことに端的に示されている。十二世紀にはアブー・マドヤンやアブド・アッサラーム・ブン・マシーシュといった有名なスーフィーも活躍していたが、スーフィズムが社会のなかに浸透するにつれ大衆的な聖者崇拝とも結合し、それはマラブーティズム(マラブー＝聖者の崇拝)として結実しつつあった。十五世紀になるとシャリーフ崇拝、スーフィズム、聖者崇拝の結合した力は、部族的指導力の幻想を破壊し、国土とイスラームの敵に対抗するための決定的シンボルとして前面にでてきた。

サード家の祖先は十二世紀(十四世紀の初めという説もある)ころ、おそらくアラウィー家の祖先が移住する少し前にアラビア半島のヤンブー(ヒジャーズ地方の港町)からやってきたシャリーフといわれる。モロッコ南部ドラア地方のザゴラ近くのターグマッダルトに居住していたが、十五世紀なかばに、彼らの一部の者が北上し、ティドシ(タルーダントの南西の小都市)に移住し、ジャズーリーのスーフィズムを指導していた聖者アブー・アブド・アッラー・アル・ムバーラクと接触した。サード家の宗教運動はここから始まるが、ポルトガルが進出する状況下で、ワッタース朝は無力であったため、人々は新しい指導者を待望していた。

一五一一年、サード朝の祖、ムハンマド・カーイム(在位一五一一〜一七)がアガディールを支配するポルトガルにたいするジハードを指揮したのは、シャーズィリー教団の組織力、影響力を使ったものである。一五一七年、ムハンマド・カーイムが死去すると、彼の遺体はシャーズィリーの隣に埋葬されたが、ここにはシャリーフの権威と聖者の権威とを重ねようとする意図がみられる。二人の遺体は一五二一年マラケシュの新しいザーウィヤに埋葬された。サード朝は一五二三年ワッタース朝軍を破りマラケシュを征服し、四一年ポルトガルからアガディールを奪取し、ポルトガルのモロッコ征服を挫折させた。一五四五年以降はモロッコ北部征服に乗り出し、四九年フェスの占領、一時ワッタース家によって再征服されたが、五四年ワッタース朝の最後の命脈をタドラ地方でたった。

サード朝はマンスールの治世(一五七八～一六〇三年)に最盛期をむかえた。彼は西スーダンにまで覇権を拡大しようとし、まずサハラ砂漠のタガーザー塩山をおさえた。塩は金や奴隷と交換できる重要な商品であったからである。一五九一年マンスールは西サハラに遠征軍を派遣し、ソンガイ帝国を滅ぼし、トンブクトゥとジェンネを支配した。サード朝軍はマスケット銃を使用し、アスキア王の率いるソンガイ帝国は銃をまだ知らなかったので、両者の軍事力に大きな差があった。こうしてサード朝に金や奴隷がたくさんもたらされるようになった。フィシュタ―リーという歴史家によれば、マンスールはカリフの称号(アミール・アルムーミニーン)を名乗った。これはモロッコ北部からガーナの地まで王権を拡大しようとする帝国意識の表れであった。実際にボルヌの王は一五八三年にサード朝のカリフの名でフトバをおこなうことを認めている。

この征服は文化的交流でも興味深い影響を与えた。なによりもトンブクトゥ、ガオ、ジェンネなどにマグリブの学問文化が伝えられた。一方一五九二年モロッコにはじめて象がもたらされ、また黒人たちが吸っていたタバコがモロッコに流入し、タバコ吸飲の是非をめぐる法学論争も起こった(モロッコにもたらされた最初のタバコは新大陸からのものではなく、この西アフリカからのものである)。西スーダンの統治はトンブクトゥにパシャを派遣しておこなったが、一六一二年以降、マラケシュのサード朝スルタンが統治を放棄してから、現地の駐屯軍に任されたため、略奪と破壊が支配し衰退していった。

サード朝国家体制は経済的にはサハラ交易の支配に、政治的には地方のザーウィヤ勢力との妥協によって保たれていた。地方のザーウィヤはキリスト教勢力という共通の敵の脅威がなくなると、サード朝に従わなくなり、またマンスール死後西スーダンをみすてたとき、経済的基盤も失われ、国家は急速に衰えていった。マンスールの死とともに、子供たちのあいだで権力闘争が始まった。フェスとマラケシュによった王子が王位を主張したため国家は分裂し、それに呼応してアラブの遊牧民や山岳のベルベル人が反乱を起こし国内は無秩序状態になり、マラケシュによった最後の王、アフマド・アッバースが一六五九年暗殺され、王朝は滅亡した。

アラウィー朝と西欧列強への従属の道

十七世紀のモロッコは、ディラーイーやジャズィーリーなどの宗教(スーフィー教団)勢力、サレやティトゥアンの都市国家、アイヤーシーやガイラーンなどの地方豪族が覇権を争う群雄割拠の状況にあった。アラウィー朝の祖、マウラーヤ・ハサン・アッダーヒルがサウジアラビアのヤンブーからシジルマーサにやってきたのは、史料によれば十三世紀後半(一説に一二六五〜六六年)である。アラウィー朝もサード朝とよく似た移住伝説をもつシャリーフであるが、アラウィー朝の場合、権力を確立する過程で聖者(マラブー)の権威を排除したところにサード朝とは大きな差異がある。宗教的にはイスラームの危機の救済者、防衛者として、経済的にはサハラ交易の支配者として頭角をあらわす点では両シャリーフ王朝は同じである。

アラウィー家はサハラ交易の重要な拠点シジルマーサに住みついた。地域社会で最初はシャリーフという資格によって宗教的な影響力をえていたが、マウラーヤ・シャリーフが一六三一年シジルマーサの住民たちからバイアを受けてから政治権力として認められ始めた。これを国家的体制にまで発展させたのがラシード(在位一六六四~七二)で、彼は敵対するディラーイー教団の勢力を中部アトラス山中に後退させ、フェスのイドリース家のシャリーフを服従させることで、モロッコのムスリム諸勢力の代表者としてカリフの称号(アミール・アルムーミニーン)を名乗った。

つぎのイスマーイール(在位一六七二~一七二七)はラシードが確立した権力の強化と整備をするため新しい政策を実施した。まず、スーフィー教団や大マラブー勢力を抑制するため各ザーウィヤの本部をフェスに移させた。つぎに、ウシュル(十分の一税)やザカートというイスラーム法による税とは別に、ナーイバという戦争税(現金または現物で徴収)を設けて税収入をふやした。この増税策は黒人傭兵の採用と密接に関係している。第三にオスマン朝のイェニチェリ制度から着想をえてブハーリーという黒人奴隷軍団を組織し、自らの権力を強化した。黒人傭兵はムワッヒド朝でもみられたが、アラウィー朝のブハーリー軍は恐らくサード朝の黒人傭兵を引き継ぐかたちで始まったのであろう。黒人少年を購入し、十歳になると訓練の開始、最初は駄獣の扱い方を教え、建築工事の手伝いをさせた。十四~十五歳ころになると乗馬、水泳などの軍事訓練が始まり、十八歳になると軍に登録された。イスマーイールの治世末、一五万人のブハーリーが首都メクネスに配置されていた。ブハーリーという名は、彼らが伝承学者ブハーリーの「ハディース集」のうえに手をおいてスルタンへの忠誠の誓いをおこなったことに由来している。女奴隷の場合は、宮廷内で雇用され、家事、育児、裁縫などを学び、とくに美しい女性は歌姫となり、またハーレムのなかにはいった。アラウィー朝の都をメクネスに定めたのもイスマーイールである。

しかしイスマーイールの死後、王家内部で権力抗争が起こり政治は分裂したが、それを再統一したのがムハンマド三世(在位一七五七〜九〇)である。彼はこれまでのスルタンの方針を変え、強力な軍隊の力や増税による統治から、貿易の独占、管理による国家財政の強化へと政策転換した。一七五七年にデンマークとの通商協定を結ぶと、続いて各国と同様の協定を結び、使節や商人たちをむかえた。一八〇〇年にタンジャに各国の領事が駐在し、タンジャが開港されるが、それまではモガドル(アッサウィーラ)が外国の商人に許された唯一の港であった。この時期から二十世紀初めまで国家収入の多くは関税収入であった。

デンマークの使節をむかえるスルタン(1766年)　アラウィー朝スルタン，ムハンマド３世の前に座っているのはウラマーや高官たちである。のちに領事となるデンマークの会社の駐在員が描いたもの。

彼は宗教的に敬虔でシャリーフとしての側面を強調して宗教的権威を高めようとし、そのためメッカのシャリーフと親しい関係をもち、また国内のマラブー崇拝を厳しく取り締まり、アラビア半島におこったワッハーブ派思想をも導入した。

アラウィー朝の統治機構の基本はつぎのようになっていた。行政の長はワズィール・アアザム(大宰相)と呼ばれた。

彼はとくに地方権力者との関係の維持を担当していた。外国との通商関係の増加とともに、その任務を担当するワズィール・アルバフル(海の大臣)がおかれた。財政長官はアミーン・アルウマナーと呼ばれ、帳簿の記録と管理を担当し、また港や大都市に任命されたアミーン(財政官)を監督していた。伝統的なハージブ(侍従)、カーティブ(書記官)、カーディー(裁判官)、ムフタスィブ(市場監督官)などもおかれた。村や地方の統治はカーイド(部族長)を介しておこなわれた。

しかし十八世紀末以後、内陸部や山岳地はいわゆる「スィーバの地(反乱した地)」で部族が支配し、中央政府から独立し税も納めていなかった。一方スルタンの権威のおよぶ「マフザンの地」は大都市を中心に平地に限定されていた。

スライマーン(在位一七九二~一八二二)は鎖国政策を採用し、国際交易から門戸を閉ざした。だが、西欧列強の帝国主義的進出はまもなくモロッコのこの鎖国体制を打ち破ることになる。イギリス(一八五六年)、スペイン(一八六〇~六一年)およびフランス(一八六三年)と結んだ通商協定は、さまざまな免税特権と治外法権を認める明らかに不平等な条約であり、対外従属への道であった。

第六章　近代のアラブ社会

1　ナイル峡谷とアラビア半島

アラブ世界の近代とナイル峡谷

アラブ世界とは、住民の大多数がアラブ人である地域のことを意味する。それは現在、多くの国家から構成されており、これらの国家はアラビア語を国語とし、一九四五年に結成されたアラブ連盟に加盟している。

ところで、このアラブ世界が形成されるためには、住民のあいだに、政治主体としてのアラブ民族の意識が浸透しなければならなかった。もちろん、アラブ意識(ウルーバ)そのものは、すでに五世紀の昔から存在した。しかし、それが近代的な意味での「民族」という意味をもって政治の場で主張されるようになるのは、十九世紀も末になってからである。そして、それは「東方問題」が深刻化する過程に対応していた。「東方問題」とは、十八世紀末以降、オスマン帝国の衰退に乗じたヨーロッパ列強の進出によって、オスマン帝国領で生じた一連の国際紛争をさす呼称である。

こうして、アラブ世界の近代とは、一言で述べれば、オスマン帝国の伝統的なイスラーム統治原理がくずれ、アラブ意識の覚醒にともなって、アラブ住民が多数住む地域が、今日のようにアラブ国家群として再編される過程であった。

ナイルは熱帯アフリカの奥深くに源を発する大河である。その峡谷は両岸を砂漠で囲まれ、古来、人々が共生する場を提供してきた。そこに住む人々はナイルから生活のための水をえるとともに、ナイルを輸送と移動のための手段としていた。ナイル峡谷はナイルの源である熱帯アフリカへの通路であった。ナイルはアフリカ大陸とアラビア半島とを結びつけてもいた。蒸気船や鉄道などの近代的な輸送機関が整備される以前にあって、メッカへの巡礼道がカイロからナイルを上がり、上エジプトの都市ケナから東部砂漠を横断して紅海にでるルートだったからである。この巡礼道は同時に隊商道でもあった。

また、ナイル峡谷の西岸には西部砂漠が展開するが、そこにはいくつものオアシス群が存在し、それをつなぐかたちで多くの隊商道がはしっていた。この大小さまざまな隊商道によって、ナイル峡谷は西のリビアと、南のスーダンと結びつき、そこでは活発な交易活動が営まれた。

エジプトとスーダンがナイル峡谷に位置するアラブ世界である。このうちエジプトは、アラブ世界においては例外的に、すみやかに国民国家への道を歩むことができる環境にあった。比較的に等質的な住民構成をもち、ナイルに全面的に依存する水利社会としての性格をもっていたからである。十八世紀の末、エジプトはオスマン帝国の一属州として、イスタンブルから派遣されるエジプト総督によって統治される建前になっていた。しかし、実質的なエジプトの支配者は、土着化し、徴税請負人になることによってエジプトの多くの富を取得したマムルーク(奴隷軍人貴族)たちであった。彼らは、有力マムルークを中心にいくつかの派閥をつくり、たがいに合従連衡《がっしょうれんこう》を繰り返していた。

これにたいして、スーダンは生態的にも、住民構成のうえからも多様であり、政治的なまとまりを欠いていた。とりわけ、イスラームが広まり、アラブ人が多数派の北部と、黒アフリカの伝統的な文化を保持し、多くの部族集団が棲み分ける南部とのあいだには、大きな溝があった。十九世紀の初め、スーダンには、北部にフンジュ・スルタン国、ダール・フール・スルタン国という二つのイスラーム国家が存在し、南部にヌエル、ディンカなどの部族集団が生活していた。

ナポレオンの東方遠征とムハンマド・アリー

一七九八年五月十九日、イギリスとフランスが世界の覇権を争うなか、フランスの青年将校、ナポレオン・ボナパルトは、イギリスのインドへの道を遮断すべく、エジプトに向けて出発した。アラブ世界における近代の開始を本格的に告げるナポレオンの東方遠征である。七月二日、アレクサンドリアに上陸、同月二十四日、カイロに入城する。

このフランスによる地政学的最重要地点への遠征は、イギリスのみならず、エジプトの宗主国オスマン帝国とロシアを巻き込んだ国際紛争となった。一七九九年八月二十三日、本国での政情の急展開に、ナポレオンは急遽フランスに帰還するが、フランス軍はそのままエジプト占領を続けた。カイロでは、オマル・マクラムなどのウラマーに指導された市民の反仏抵抗運動が発生した。一八〇一年十月、フランス軍本隊もエジプトを離れる。

カイロは騒然とした政情のなかにおかれた。フランス軍によっていったん排除された旧支配層マムルーク勢力、総督率いるオスマン軍、その有力な一翼アルバニア軍、さらにはイギリス軍が三つ巴、四つ巴の対立、抗争をおこなっていた。そのなかから、自らの王朝を打ち立てたのが、ムハンマド・アリー(在位一八〇五～四八)であった。

彼は、マケドニア地方の都市カヴァラに生まれ、フランス軍掃討のためにオスマン帝国からエジプトに派遣されたアルバニア非正規軍の副隊長であった。一八〇五年、彼は対立勢力のあいだを巧妙に立ち回り、またウラマーとカイロ市民の支持を取りつけることによって、エジプト総督(ワーリー)に任命された。オスマン帝国はこれを追認せざるをえなかった。一八一一年、アラビア半島への出陣の宴と称して有力マムルークを城砦に招き、彼らを虐殺する。こうして、旧支配階層であった残存マムルーク勢力を一掃し、エジプトでの支配権を固めたムハンマド・アリーは、以後、一連の富国強兵、殖産興業政策を実施し、国力の充実をめざす。日本の明治維新に先立つこと約半世紀の早い時期であった。

それまでの土地制度であった徴税請負制は廃止された。農地の国有が改めて確認され、土地税の改正がなされることによって、農民にたいする一元的支配が強化された。そのうえで、年一度のナイルの氾濫に依存する伝統的な自然(ベイスン)灌漑システムから、大小さまざまな運河の建設によって一年中農業用水の取得が可能となる近代的な人工(通年)灌漑システムへの移行、その結果としての土地開墾と桑や綿花などの商品作物栽培の奨励、農作物の専売制度の実施がなされた。こうして実現した農業部門からの収益は莫大なものであり、ムハンマド・アリーはそれを財源に、強力な西洋式軍隊の創設、軍需部門を核とした近代的国営工場の設立による自立した経済の建設、中央・地方行政改革による中央集権的国家体制の確立をめざした。

　西洋軍事技術、組織原理の導入がはかられる一方、一八二二年には、徴兵制が実施された。翌年には、徴兵の対象がコプト・キリスト教徒にまで広げられる。エジプトにおいて、正規軍へのキリスト教徒の参加はこれがはじめてであった。この事実は、宗教・宗派にこだわらぬ、エジプト「国民」からなる国家を建設しようとのムハンマド・アリーの決意を示すものである。

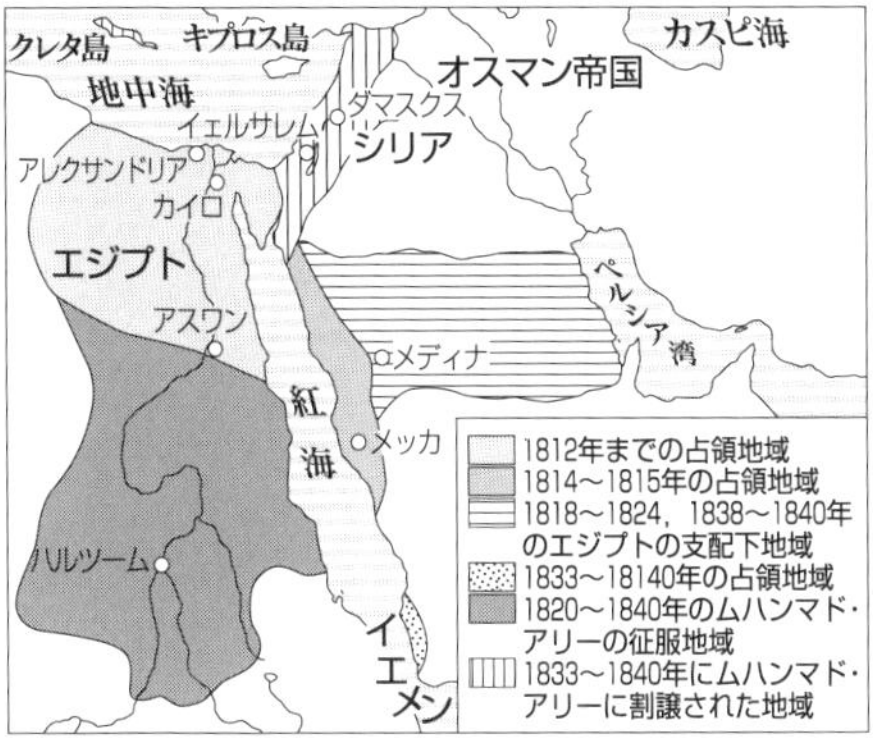

19世紀前半におけるムハンマド・アリー王朝の版図拡大

　彼は、西洋思想、技術の導入とエジプト「国民」への近代的教育の提供においても、積極的であった。若い留学生がヨーロッパに派遣され、ヨーロッパ人を教師とした各種専門学校やヨーロッパ出版物の翻訳局、伝統的なイスラーム教育システムにかかわる近代的な初等・中等学校が設立された。

　ムハンマド・アリーは、列強の国内干渉にたいして警戒怠りなかった。莫大な財源を必要とする国政の近代化政策を矢継ぎ早に実施しながらも、資金を外国からの借金に頼ることはなかった。その意味において、エジプトは経済的な自立をなしとげていたといえる。実際に、当時のエジプトの国力増大はめざましいものがあった。しかし、長期的にみるならば、ムハンマド・アリーの経済政策は、農業部門へ過重な財源負担を強いることによって農村の疲弊をもたらし、エジプトのヨーロッパ経済への従属化の道を開くことにもなった。

エジプトの海外進出

エジプトの宗主国オスマン帝国は当時、その政治権威を否定する二つの運動に直面していた。ひとつはアラビア半島におけるワッハーブ派のイスラーム運動であり、もうひとつはバルカン地方における民族主義の台頭である。

ワッハーブ派のイスラーム運動は、ナポレオンのエジプト遠征後の政治混乱期に急激な高揚をみせた。一八〇二年、シーア派イスラームの聖地カルバラーを奪い、〇三年から〇五年には、メッカ、メディナをさえ破壊した。復古主義的なこの運動の当面の敵は、スーフィズム(イスラーム神秘主義)と、部族的社会に広くみられた聖者・聖地崇拝などの偶像崇拝であった。しかし、列強の西アジア進出が本格化するにともない、攻撃の矛先は、異教徒であるヨーロッパ人とそれに加担するイスラーム教徒へと向かっていった。

一八〇八年以後、彼らは、ペルシア(アラビア)湾岸方面でイギリスと、紅海沿岸方面でオスマン帝国と戦いを交える。オスマン帝国は独力ではこの運動を鎮圧することはできず、エジプトに軍の派遣を要請した。一八一八年、ムハンマド・アリーの息子、イブラーヒーム率いるエジプトの近代軍はワッハーブ軍を打ち破った(第一次サウード朝の崩壊)。

一方、バルカン半島では、十八世紀末以降、諸民族がオスマン帝国からの独立を求めた。一八二一年には、ギリシア人が本格的に独立運動を開始する。これにたいして、オスマン帝国は独力では対処できず、その鎮圧をふたたびムハンマド・アリーに求めた。ギリシア独立運動は国際問題となった。オスマン帝国に反対するヨーロッパ諸国の世論はもりあがった。一八二七年、イギリス、フランス、ロシアの連合艦隊はペロポネソス半島南西岸ナヴァリーノの沖の海戦でオスマン・エジプト艦隊を破った。一八三〇年、ギリシアは独立を達成する。

この間、エジプトは海外への領土拡大政策をとった。一八二〇年から二二年にかけて、エジプト軍はスーダンに進出し、北部のフンジュ・スルタン国を滅ぼした。ここに、エジプト領スーダンが成立した。

エジプトの領土的野心は宗主国オスマン帝国にも向けられた。ムハンマド・アリーは、ギリシア遠征後、オスマン帝国にたいし、軍事援助の代償としてシリアの行政権を要求する。スルタンはこれを拒否した。すると、ムハンマド・アリーは、一八三一年、息子のイブラーヒームをシリア、さらにはアナトリアへと進軍させた(第一次シリア戦争)。オスマン帝国はエジプト軍との戦いに、こともあろうに宿敵ロシアに支援を要請した。イギリス、フランス、オーストリアもただちに干渉し、この争いは国際問題となった。結局、ムハンマド・アリーは、一八三三年にスルタンとキュタヒヤ条約を結び、一時的ではあるが、シリアの割譲を約束させた。

綿花経済の展開

エジプトの領土拡張は、オスマン帝国にかわるあらたな現地帝国の出現を予感させるものであった。とりわけ、シリア領有権の主張は、それまでの政治地図を一変させかねなかった。しかし、当時の西アジアをめぐる国際政治環境は、このようなエジプトの台頭を許すようなものではなかった。一八三九年、シリアの領有をめぐりオスマン帝国とエジプトが再度交戦(第二次シリア戦争)し、エジプトが勝利するや、列強はただちにこれに介入した。一八四〇年、イギリスはロシア、オーストリア、プロイセン(のちにフランスも参加)とともにロンドン四カ国条約を結び、ムハンマド・アリーにたいして、彼の一族によるエジプト総督世襲の国際的承認を条件に、スーダンを除く征服地を放棄し、一八三八年のイギリス・オスマン(トルコ)通商条約の適用に基づいて、つまりは列強に治外法権を認め、関税自主権を放棄したうえでの不平等条約のもとで、エジプト国内市場を開放するよう強硬に求めた。ムハンマド・アリーはこれを飲まざるをえなかった。以後、エジプトはナイル流域のみを領有する領域国家としての歴史を歩むことになる。

こうして、ムハンマド・アリーによる自立的近代国家建設の試みは、列強の圧力によって挫折した。しかし、その後のエジプトがなしくずし的にヨーロッパ経済への従属過程を歩んだわけではない。ナイルがもたらすエジプトの農業資源は、不平等条約によって列強から押しつけられた自由主義的経済体制のもとにあっても、一連の近代化政策の実施を許すほど豊かであった。

十九世紀中葉におけるサイード(在位一八五四〜六三)とイスマーイール(在位一八六三〜七九)の治世は、エジプト社会の大きな転換期であった。農地の国有と農作物の専売からなる農業独占政策は放棄された。

農地への近代的所有権の導入とともに、トルコ・チェルケス系貴族階層、村落有力者層、遊牧民の首長たちが土地を集積し、大地主制が展開する。人工灌漑システムの普及を背景に、市場向け農業、とりわけ綿花栽培が奨励される。綿花の生産と輸送のために、社会資本が整備される。アレクサンドリア―マルセイユ間、スエズ―ボンベイ間に蒸気船航路が開設され、カイロ―アレクサンドリア間、カイロ―スエズ間に鉄道が敷設される。

スエズ運河の開通式　1869年11月，スエズ運河を最初に渡る船。

さらに、一八六九年には、フランス人外交官、ド・レセップスによって、スエズ運河が完成した。この運河の完成によって、地中海と紅海・インド洋が水路で結びつけられることになり、エジプトの軍事戦略的、経済的重要性はさらに増した。運河の運営はスエズ運河株式会社によってなされた。その大株主はエジプト政府とフランス政府であった。イギリスは、運河建設がフランスの主導のもとで進められたことに反発し、運河株を購入しなかったため、運河の運営に参加することができなかった。

エジプト経済は、綿花の栽培に特化したモノカルチャー型構造をもつにいたる。一八六〇年代前半の南北戦争(市民戦争)を原因としたアメリカ合衆国からの綿花輸出の停止は、国際綿花市場における綿花価格を高騰させた。アメリカ綿のかわりとしてエジプト綿が求められ、エジプトの綿花市場は空前の活況を呈した。こうして、綿花経済に支えられて、エジプト経済は繁栄した。エジプトのヨーロッパへの顔であるアレクサンドリアには、ヨーロッパ人の租界地がおかれ、輸出入業者、投機的銀行家、投資家が集まった。国際都市アレクサンドリアは国際金融の中心であった。

当時、エジプトの富裕層はきそって西洋スタイルの生活様式を身につけようと努めた。こうした極端なまでの欧化主義の象徴が、スエズ運河の開通式にあわせて、ホテル、外国商会、領事館の建物がならぶ新しいカイロの中心のイズベキーヤ広場に、パリのオペラ座を模して建設された、カイロの歌劇場であった。オペラがはねたあと、カフェでお茶を飲み、会話を交わすことが流行した。

オラービー革命

しかし、このエジプトの経済繁栄は、長く続かなかった。あまりにも性急で計画性のない近代化政策はさしも豊かなエジプトの農業資源を食いつぶし、また、綿花の栽培に特化したモノカルチャー型経済の展開は、貿易収入を国際経済の変動に影響されやすい不安定なものにした。とりわけ、南北戦争終結後のアメリカ綿の輸出再開は、国際綿花市場における綿花価格の値くずれを引き起こし、エジプト経済に大打撃を与えた。

こうしたなか、エジプト政府は財源の不足分を外国からの借金に頼らざるをえなくなっていった。一八六二年、エジプト政府ははじめて外債の発行をおこなう。以後、雪だるま式に外債は累積し、一八七五年には、ついに元本のみならず、利子までもが支払い不能になる。財政難に陥ったエジプト政府は、虎の子のスエズ運河株をイギリスに売却する。こうして、イギリスはスエズ運河株式会社の運営を支配する手がかりをつかんだ。一八七六年、エジプト財政は破産し、列強による国際管理のもとにおかれた。さらに、イギリス人が予算の収入を管理する財務大臣として、フランス人が予算の支出を管理する公共事業大臣として、入閣する事態にまでいたった。「ヨーロッパ内閣」の成立である。

オラービー革命は、こうしたエジプト財政の破産に端を発した一連の政情不安のなかで起きた。この革命は、一八七九年に結成されたワタン(祖国)党を中心勢力とする、エジプト最初の民族主義運動であった。その指導者が農民出身のエジプト人将校、アフマド・オラービー大佐であったことから、彼の名前をとってオラービー革命と呼ばれた。革命は一八八一年、軍隊の武力蜂起をもって開始された。

この革命は、列強の国内干渉、オスマン帝国の宗主権、トルコ・チェルケス人からなる支配階層など、当時のエジプトの複雑な支配体制、社会階層を反映して、反ヨーロッパ、反オスマン帝国、反ヘディーウ(エジプト副王――当時のエジプト総督の称号)など、さまざまな側面をもっていた。しかし、運動の基調は、現内閣の解任、議会の招集、軍隊増強の即時実施などの主張にみられるように、立憲制の確立と議会開設による外国支配の排除とムハンマド・アリー王朝権力の制限を要求する、国民主義に基づいた立憲運動であった。

それは、エジプトがアラブ世界にあってもっとも早く、エジプト「国民」を創出したからであった。こ

イギリス軍のアレクサンドリア上陸　1882年のイギリス軍によるアレクサンドリア砲撃後に発生した暴動によって破壊されたヨーロッパ人居住区の建物。

の創出において、大きな役割をはたしたのが、タフターウィーを中心とする、ヨーロッパの自由主義思想の洗礼を受けたイスラーム知識人であった。彼らは、イスラーム世界の住民にとってもっとも強い帰属単位であったウンマ（信徒共同体）をヨーロッパのネイション（国民国家）へと練り直すべく努めた。その際、鍵概念とされたのは、エジプトがナイルに依存する水利社会であることから容易に想像されるように、ワタン（郷土、祖国）という地縁概念であった。

オラービー革命は、この国民主義の基調のため、エジプト人将校、改革派ウラマー、村落有力者、商人、さらにはトルコ系大地主層の一部をも巻き込んだ幅広い国民運動として展開した。運動は、ワタン党の権力掌握、アフマド・オラービーの陸軍大臣就任、一八八一年憲法の制定をもって頂点に達した。しかし、エジプト財政を国際管理下においた外国人債権者、ヨーロッパ列強は、議会による国家予算の管理を許すこの運動に敵対した。一八八二年、イギリス軍がアレクサンドリアに上陸し、革命は失敗に終わった。指導者アフマド・オラービーはセイロン（現スリランカ）島に流される。

以後、エジプトはイギリスの単独軍事占領下におかれることになり、ヨーロッパ列強、とりわけイギリスへの従属化が進行した。しかし、この運動の精神は、エジプト農民出身の軍人指導者アフマド・オラービーの人格に象徴され、運動の過程で唱えられた「エジプト人のためのエジプト」は、以後、一貫してエジプト民族運動のスローガンとなった。

イスラーム改革運動の展開

オラービー革命はひとりエジプト一国の事件にとどまらず、その影響は多方面におよんだ。アフガーニーとその弟子ムハンマド・アブドゥという二人のウラマーによって開始され、サラフィーヤ運動と呼ばれたイスラーム改革運動も、この革命がひとつの契機となって展開した。

アフガーニーはイスラームの危機の自覚を列強にたいする反帝国主義、反植民地主義闘争として政治化し、運動のなかでイスラーム世界の再生をめざした革命家であった。その行動は神出鬼没、エジプトのオ

ジャマール・アッディーン・アルアフガーニー(上)とムハンマド・アブドゥ(下)

ラービー革命のほか、イランのタバコ・ボイコット運動（一八九一〜九二年）など、当時イスラーム世界に生じたほとんどすべての蜂起、反乱、革命に関係した。一八八四年、亡命先のパリで、ムハンマド・アブドゥとともに創刊したアラビア語の政治評論誌『固き絆』は、イスラーム世界各地の知識人に大きな思想的影響を与えた。

アフガーニーは基本的には革命家であり、行動の人であった。そのため、その大きな影響力にもかかわらず、彼が自らの思想を体系立って提示することはなかった。それをおこなったのは、彼の弟子ムハンマド・アブドゥであった。ムハンマド・アブドゥの思想は、師匠のアフガーニーの戦闘的な革命思想を許容する、懐の広いものであった。彼は神の啓示と人の理性との調和を信じ、最終的には、革命よりも改革をめざした。彼の思想には、イスラーム世界はイスラーム教徒の自覚的な改革の試みによって再生しうるとの、当時におけるいまだ自信に満ちた精神が息吹いている。

ムハンマド・アブドゥの教説は、彼の弟子の一人であるラシード・リダーが主宰する『マナール』誌によって、中東イスラーム世界のみならず、中央アジア、インド亜大陸、東南アジアのイスラーム世界のすみずみにまで広まった。この雑誌は、イスラームの理論的論説のほか、世界各地で生じた事件をイスラームの文脈で解説する時事評論をも掲載したところから、この雑誌の講読を介して、広大なイスラーム世界に、改革派ウラマーのネットワークが形成されることになった。

しかし、十九世紀末以降、列強によるイスラーム世界進出が顕著になっていくにつれ、ムハンマド・アブドゥの教説にみられた楽観的な雰囲気は失われていく。その結果、ともにムハンマド・アブドゥの思想から出発しながらも、ヨーロッパ近代の政教分離に基づく政治体制とイスラームの教義とは矛盾しないとまでいい切った(『イスラームと統治の諸原則』一九二五年)アリー・アブドゥルラーズィクのような近代派と、預言者ムハンマド時代の純正なイスラームを出発点としてあらたなイスラーム国家論の構築をめざしたラシード・リダーのような復古派という、二つのイスラーム改革路線が対立するようになっていく。

エジプト民族運動の高揚

一八八二年のイギリスによる軍事占領において、エジプトはイギリスの植民地になったわけではなかった。いぜんとして、オスマン帝国がエジプトの宗主国であった。しかし、その宗主権は名目的なものであり、エジプトは独自に内閣を組織した。また、イギリスの軍事占領によって、ほかの列強のエジプトでの権益が排除されたわけでもなかった。しかし、イギリスは、諮問委員会などの設立をとおして、超法規的なかたちでエジプト政府に大きな影響力をふるった。

その中心にいたのが、エヴェリン・バーリング、のちのクローマー卿である。彼は、エジプト財政が破産した際、財務監督官、イギリス債権者代理人としてエジプトに赴任し、イギリスのエジプト軍事占領後の一八八三年、イギリス代表兼総領事となった。以後、一九〇七年に引退するまで、エジプトの事実上の支配者として君臨し、エジプトでの地場産業の成長をおさえ、「ランカシャーの綿花農場」としてのエジプトを運営した。クローマー体制のもとで、エジプト民族主義運動は一時下火となった。しかし、二十世紀にはいると、エジプト民族主義運動は当時台頭しつつあった知識人、学生など都市中間層が組織する政党の萌芽形態としての小イデオロギー集団を中心に、ふたたび活発となった。

一九〇六年、デンシャワーイ事件が起きた。これは、下エジプト・デルタ地方に鳩撃ちにいったイギリス将校の銃が暴発した事件である。実際には誰も傷つかなかったが、イギリス将校の退却の過程で、二人のイギリス将校と数人のエジプト人が殺された。逮捕されたエジプト人にたいする裁判の結果、四人が絞首刑、四人が終身刑となる。この事件をきっかけに、一般民衆を含む反英行動が盛り上がることになった。クローマー卿は、この事件にたいするまずい対応の責任をとって、イギリス総領事を辞した。

反英民族主義運動の中心人物は、ムスタファー・カーミルであった。若くしてフランスに留学した彼は、帰国後、『旗』紙を拠点に、反英独立を訴えた。その雄弁さからカリスマ的指導者となり、一九〇七年には国民党を結成する。彼はその直後、病没するが、その意思は、同僚ムハンマド・ファリードに引き継がれる。

第一次世界大戦後の一九一九年、全国規模の反英民族独立運動が発生する。いわゆる、一九一九年革命である。指導者はサアド・ザグルールであった。彼は、第一次世界大戦の終結にともない、ヴェルサイユ講和会議でのエジプト独立交渉のための代表団(ワフド)を組織したが、エジプトの保護国化を望むイギリスは、この代表団の会議出席を阻止した。この措置にたいする抗議運動が一九一九年革命の発端であり、この運動のなかから、その後のエジプト政治をリードしていく、ワフド党が結成された。

一九一九年革命は、一般農民をも巻き込んだ、広範囲の国民諸層を動員した民族運動であった。一九二二年、イギリスは、この運動の高まりのなかで、エジプトの独立を一方的に宣言せざるをえなくなり、翌年の一九二三年には、憲法が公布された。しかし、これによって従来のイギリス権益が放棄されたわけではなく、独立は名目的なものであった。そのため、その後のエジプト政局は、政党・議会政治の枠組みのなかで、イギリスからの完全独立の達成という課題をめぐって展開されることになる。

スーダンのマフディー運動

エジプトのスーダン支配の目的は、北部農村から租税を徴収し、また、象牙など南部地方の特産品の専売をとおして商業利潤をえようという経済的なものであり、この目的のために、中央集権的統治機構の導入と交通・通信網の整備がはかられた。こうして、地方の閉鎖性を破るひと、もの、情報の交流の機会が生み出され、そのなかから、スーダン住民の民族意識が形成されていった。

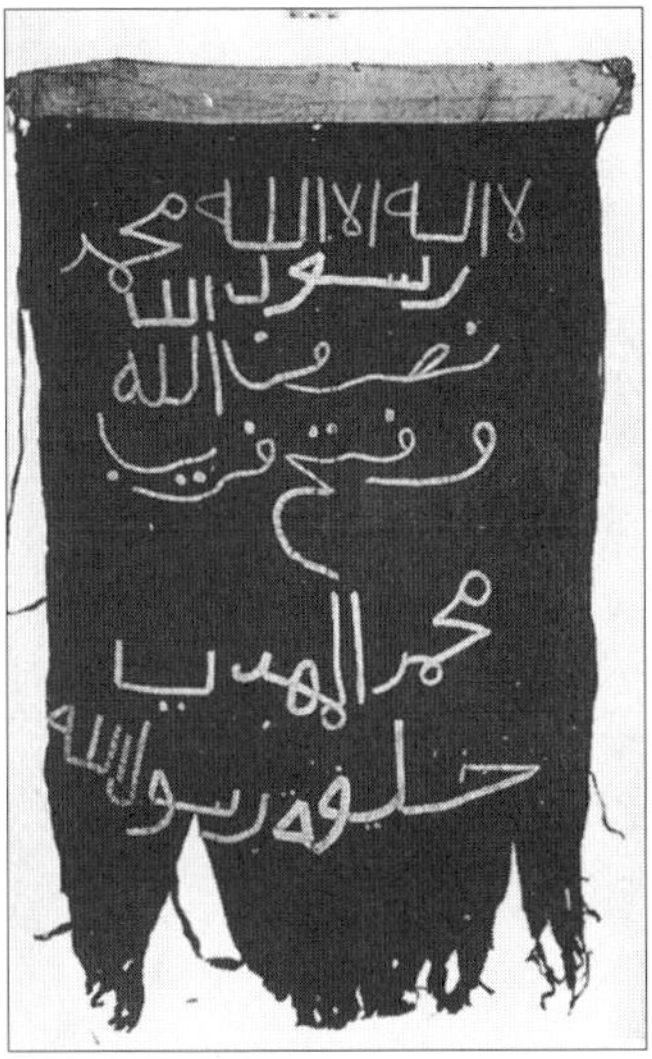

マフディー軍が使った旗　「ムハンマド・マフディーは神の使徒の後継者(カリフ)」の文言がみられる。

一八八一年、エジプトのオラービー革命に呼応するようなかたちで、マフディー運動が発生した。運動の指導者ムハンマド・アフマドは船大工の子であり、預言者ムハンマドの家系(シャリーフ)であるといわれる。彼は同年、自らをマフディー(救世主)と称し、ジハード(聖戦)を訴えた。この運動は、ヨーロッパ列強、オスマン帝国、ムハンマド・アリー朝という三重の支配のもとにおかれたスーダンの地域性を反映した、既成の政治体制へのラディカルな抵抗運動であった。ジハードの対象は、列強の異教徒のみならず、体制派のイスラーム教徒でもあった。

この点、同じ近代最初の民族主義運動でありながら、エジプトのオラービー革命が立憲思想を核とし、イスラーム思想はそこに溶解したかにみえるのにたいし、スーダンのマフディー運動はイスラーム世界、とりわけ民衆のあいだにおける伝統的なイスラーム革命思想であるマフディー思想に依拠した点において、両者は好対照である。以後展開する、スーダンの民族主義運動においても、住民を組織する媒体としてスーフィー(イスラーム神秘主義)教団が大きな役割をはたした。

マフディー運動によって、スーダンにおいてはじめて、出自、出身地域、教団にとらわれない、スーダン民族の自覚が芽生えた。一八八五年、マフディー勢力は首都ハルツームをおとしいれ、マフディー国家を樹立した。運動の指導者、ムハンマド・アフマドは同年に死亡したが、マフディー国家は、彼の後継者(ハリーファ)アブドッラーのもとで、以後十数年間、エジプト領スーダンのほぼ全域からエジプト軍、イギリス軍を排除した。

しかし、こうして成立したマフディー国家も、一八九八年、イギリスの侵攻によって滅ぼされる。以後、スーダンはイギリス・エジプト「共同統治(コンドミニウム)」下におかれることになる。もっとも、共同統治とはいえ、エジプト自体がすでに一八八二年以降、イギリスの占領下におかれていたところから、この統治は実質的にはイギリスの単独統治であった。そして、このイギリス統治下において、スーダンは、軍事的にはスエズ運河を擁するエジプトの後背地、アフリカ大陸進出への橋頭堡として、経済的にはイギリス綿業界にたいする綿花供給地として位置づけられていくことになる。

アラビア半島とイスラーム復興

アラビア半島では、近代においても、部族集団が各地に割拠し、勢力圏をめぐって対立抗争を繰り返していた。こうした状況にありながらも、アラビア半島は、第一次世界大戦まで、オスマン帝国領としてとどまった。それは、この地がオスマン帝国にとって特別の意味をもっていたからである。まず、アラビア半島は聖地メッカ、メディナを含むイスラーム発生の地ヒジャーズ地方をかかえていた。イスラーム世界で覇権を唱えようとする政治勢力にとって、この地方をおさえることは、彼らの権威の正統性を獲得するうえで必要であった。その意味で、アラビア半島でのワッハーブ派の台頭は、宗教運動としてのみならず、住民を民族に目覚めさせる政治運動としても大きな影響力をもった。ワッハーブ運動は、

ワッハーブ運動の指導者アブドゥッラー・イブン・サウード　彼はエジプト軍に捕らえられ，イスタンブルに連行され，そこで殺された。

ヒジャーズ鉄道を使って巡礼にいく人々

ヨーロッパ列強にたいする民族意識を宗派的なかたちでしか実現しえなかったし、部族的な枠をこえて展開することもなかった。しかし、イスラームという宗教が社会のすみずみにまで浸透し、イスラーム的な言説でもってしか政治を語れないようなイデオロギー状況にあったアラブ世界の近代において、この運動は、その後のアラブ世界での政治運動、とりわけ民族主義運動のひとつの原型となった。

その影響は、ワッハーブ運動の敵のひとつ、スーフィズムにまでおよんだ。近代におけるイスラーム復興の流れは、聖地メッカの重要性を高めた。実際、近代になってメッカ巡礼者の数が増加した。とりわけ、鉄道、蒸気船ルートの開設など、交通機関の発達を背景に、東南アジア、西アフリカなどのイスラーム世界のいわば周縁からの巡礼者の数が増加した。民衆の巡礼の多くは、スーフィー教団が組織した「講」を単位としてなされた。そのため、巡礼を介してメッカとスーフィー教団との関係が生まれ、多くのスーフィー教団がメッカに修行道場を開き、そこを活動の拠点とした。彼らはワッハーブ派によるイスラーム改革運動に無関係ではすまされなかった。

そこで、彼らはスーフィー教団独自の神秘主義思想と預言者ムハンマドのスンナ(慣行)との接点を探る試みをおこなった。こうした、近代における一連のスーフィー教団の改革運動はネオ・スーフィズム運動と総称されている。その先頭をきったのが、モロッコ出身のアフマド・ブン・イドリースによってメッカに創設されたイドリース教団であった。その分派のひとつが、リビアでオマル・ムフタールの対イタリア・ゲリラ戦を支えたサヌースィー教団である。このほか、スーダンのマフディー運動など、近代イスラーム世界におけるイスラーム改革運動の多くが、ネオ・スーフィズム運動の影響のもとに展開した。

国際情勢のなかのアラビア半島

ついで、アラビア半島はインド以東のアジアへいたる交通の要衝にあたっていた。つまり、ヨーロッパからみて、地中海経由紅海ルート(このルートは一八六九年のスエズ運河開通以後、その重要性を増す)をとるにせよ、シリア、イラク経由ペルシア(アラビア)湾ルートをとるにせよ、さらにヴァスコ・ダ・ガマ以来の喜望峰経由アラビア海ルートをとるにせよ、東洋への行程において、アラビア半島はかならず通過しなければならなかったのである。

この点、同じアラビア半島でも、海岸部と内陸部では、事情を異にした。海岸部は、インドへの道にあたる交通の要衝であるため、交易路の支配をめぐって、オスマン帝国とイギリスとが対立する舞台となった。オスマン帝国は、一八七一年、ペルシア湾岸のハサー地方を併合し、翌七二年には、スエズ運河をとおってイエメンに大規模な遠征をおこない、その地をふたたび統治下に組み込んだ。

これにたいして、イギリスは、十九世紀を通じて海岸部に割拠する部族集団の首長たちと平和条約や商業独占条約を結ぶことで、あるいは一八三九年のアデン占領のように、必要とあれば直接武力に訴えることで、ペルシア湾岸、オマーン、イエメン海岸地方を保護下におさめていった。そのため、かつて「海賊海岸」と呼ばれていたペルシア湾岸は、「休戦海岸」といわれるようになった。

こうした海岸部にたいして、アラビア半島の内陸部については、オスマン帝国の支配はおよばず、イギリスもまた、アラビア半島にたいする関心はあくまでインドへの道を確保することであって、内陸部の砂漠にはほとんど関心を示さなかった。そのため、この権力の空白地帯では、各地に割拠する有力部族集団が勢力圏をめぐって対立抗争を繰り返しており、そのなかにオスマン帝国とイギリスが割り込んで、彼らのあいだで影響力を確保しようとしていた。

イブン・サウード家の第一次サウード朝(一七四四～一八一八年)はエジプトのムハンマド・アリー軍の前に壊滅したが、ほどなく復興し、第二次サウード朝(一八二三～八九年)が建設された。しかし、この王国も、イブン・ラシード家との戦いに敗れ、イブン・サウード家の当主は、クウェイトの領主、イブン・サバーハ家にかくまわれた。そのクウェイトは、一八九九年、イブン・ラシード家を援助するオスマン帝国の圧力を前に、イギリスの保護下にはいった。現在のクウェイトという国家の事実上の成立である。

イエメンとサウジアラビアの建国

十九世紀の末から二十世紀にかけては、ヨーロッパ列強の帝国主義とアラブ世界の民族主義が激しく渡り合った時代であった。そのなかから、アラブ世界の各地に民族意識に目覚めた地域住民が、国民国家を用意しつつあった。アラビア半島においても例外ではなかった。イエメンとサウジアラビアの建国である。

ザイド派というシーア派の分派に支配の正統性をおき、北イエメンの山岳地帯を拠点とするイエメン王国は、一八九二年、ふたたびオスマン帝国の統治下におかれた。しかし、オスマン帝国が事実上崩壊した一九一八年、イエメン王国は独立を宣言し、この独立は国際的にも承認された。以後、イエメンは、貧しいながらも、アラビア半島にあっては人口の多いことから、アラブ諸国へ労働力を供給する国家として、特異な歴史を歩むことになる。

二十世紀にはいり、一九〇二年、イブン・サウード家の当主、アブドゥルアズィーズは、ナジュド地方をイブン・ラシード家から取り戻した。そして、王国の基礎を固めたが、その力となったのは、「イフワーン(兄弟)」と呼ばれた兵士たちであった。彼らは、出身部族への忠誠にかわって、ワッハーブ派の教義に殉じることを期待されて入植した武装アラブ遊牧民であった。

一九二四年、アブドゥルアズィーズはハーシム家の当主、フサインをメッカから追い、ヒジャーズ地方を併合した。こうして、王国の基礎が定まるや、一九三〇年には、これまで王国建設に力のあったイフワーン軍団を正規軍によって粉砕する。彼らが、その過激な行動からアブドゥルアズィーズと対立し、近代国家建設の足枷《あしかせ》になったからである。一九三二年には、国名が「イブン・サウード家のアラブ」を意味する、現在のサウジアラビアに変更される。以後、サウジアラビア王国は、つぎの二つの点からアラブ現代史に大きな影響力をもつことになる。

第一は、この王国がヒジャーズ地方を支配下におくことによって、聖地メッカ、メディナを管理することになったということである。聖地が復古主義的なワッハーブ派を奉じるサウジアラビア王国によって管理されるようになったことは、その後のイスラーム世界の歴史にはかりしれない影響を与えることになる。こうして、われわれは、年に一回、この王国の主催でなされる、膨大な数のイスラーム教徒によるメッカ巡礼をみることになる。

そして、第二は、一九〇七年におけるイランを最初として、イラク(一九二七年)、ついでバハレーン(一九三二年)、サウジアラビア(一九三八年)やクウェイト(一九四六年)など湾岸アラブ諸国にあいついで石油が発見されたことである。とりわけ、サウジアラビアの石油の埋蔵量は莫大なものであった。そのため、以後展開する石油時代において、この国の動向は、国際政治経済の焦点となっていく。

2 シリアとイラク

シリアの土地と社会

エジプトから東のアラブ世界は、イスラーム時代においてマシュリク(東方アラブ世界)と呼ばれた。「太陽の昇る地」、つまり東方という意味である。本節は、このマシュリクの中核地域であるシリアとイラクの近代を扱う。

そのうち、シリアは、イスラーム時代にはシャームと呼ばれた。狭くはダマスクスを中心とした地方をさすが、広くは現在のレバノン、シリア、パレスティナ(イスラエル)、ヨルダンとトルコの一部を含む、いわゆる肥沃な三日月地帯を意味した。以下、シリアと呼ぶのは、この広い意味での歴史的シリアのことである。

シリアはエジプトとは対照的な土地であった。エジプトが周囲を砂漠に囲まれ、ひとつの閉じられた地域をなしていたのにたいして、シリアはユーラシア大陸の基幹交易ルート「絹の道」の西端に位置し、ユーラシア内陸部と地中海・ヨーロッパとをつなぐ、交通の要衝であった。シリアは、その歴史において、幾多の政治権力の興亡の舞台となった。そのため、エジプトが比較的に等質的な住民構成からなっていたのにたいして、そこでの住民の言語、宗教・宗派構成は多様であった。こうして、エジプトの特徴が統一性と中央性であるとするならば、シリアの特徴は多様性と地域性であった。

エジプトは、一五一七年にオスマン帝国によって征服されて以降、形式的にはオスマン帝国の一属州とされた。しかし、すでに十七世紀において、実質的には独立を享受していた。これにたいして、シリアは、地方によって程度の差はあれ、形式的にも実質的にもオスマン帝国の直接統治下におかれ、それは第一次世界大戦まで続いた。

シリアは大別して、港湾都市がならぶ地中海沿岸部、その後背地であるレバノン山岳部、そして内陸平原部の三つの地方からなっていた。内陸平原部はさらに、北部シリアと南部シリアに分けられる。

北部シリアはその距離的な近さもあって、オスマン帝国の強い影響下におかれたが、内陸アジアとヨーロッパを結ぶ交易の中継地として栄えた。その中心がアレッポであった。これにたいして、南部シリアは、経済的には発展が遅れていたが、そこに聖地イェルサレムがあるため、政治的に重要な地域であった。歴史上、パレスティナということばは、このイェルサレムのある南部シリアを漠然とさす呼称であった。

十九世紀初頭、地中海沿岸部とシリアの内陸平原部では、アッカー、ベイルート、ダマスクス、アレッポなどの大都市を中心に、地域社会が形成されていた。地域社会の中心である大都市に居を構え、都市の行政を担うとともに、後背地である農村を支配した地方名望家は、アーヤーンと総称された。彼らは中央から派遣され土着化した軍人、行政官や在地の有力者からなり、徴税請負人や土地経営によって財をたくわえ、時とともに中央からの自立性を高めていった。アーヤーンはその立場から、中央政府と地域社会をつなぐ存在であった。

地中海沿岸部では、アッカーを拠点にしたアフマド・アルジャッザール(ジェッザール・アフメト)がアーヤーンの典型である。彼はボスニア生まれのキリスト教徒であったが、エジプトのマムルークの領袖、アリー・ベイの臣下となった。その後、シリアに移り、自らマムルークの領袖として派閥を組織し、サイダーの総督におさまった。一七九九年、エジプトに遠征したナポレオン軍がシリアに攻め上がってきたときには、アッカーでこれを撃退した。

シリアの内陸平原部でのアーヤーンの典型は、ダマスクスのアズム家である。この家系は北部シリアの農村都市ハマー出身であるが、ダマスクスを拠点として勢力を拡張し、一七二五年から一八〇八年にかけて、ダマスクス州総督職をほぼ独占した。その支配権はトリポリ、サイダーの地中海沿岸都市、さらに一時はアレッポにまでおよんだ。

これにたいして、中央権力のおよばないレバノン山岳部は、マロン派キリスト教徒、ドゥルーズ派イスラーム教徒など、特異な教義、慣習をもつ少数宗派集団によって棲み分けられていた。

マロン派は、七世紀に修道士マールーンによって創始され、十字軍時代の十二世紀にローマの首位権を認めてカトリック化した東方キリスト教の一派である。ドゥルーズ派は、十一世紀の初めにエジプトでファーティマ朝カリフ・ハーキムを神格化することによって成立したシーア・イスマーイール派の分派であり、成立後、レバノン山岳地帯に本拠を移した。これらの少数宗派集団は、各地に割拠する宗派のリーダーであり領主でもある、ザイームと呼ばれた有力家系の領袖たちに統括されていた。シハーブ家とジュンブラート家はこうした有力家系の典型である。

シハーブ家は一六九七年から一八四二年のあいだ、レバノンの支配者(アミール)の地位にあった有力家系で、かつてはイスラーム教徒であったが、現在ではマロン派キリスト教徒である。ジュンブラート家はコーカサスのクルド系ドゥルーズ派の有力家系であり、十七世紀前半に反乱を起こし、それまで居住していたアレッポからレバノンに追われ、定着した。

レバノン山岳部での宗派対立と特別区レバノンの成立

一八三二年から四〇年まで、シリアはエジプトによる占領と支配を経験した。この期間、ムハンマド・

アリーの息子、イブラーヒームの統治下にあって、イスラーム教徒とキリスト教徒とのあいだの同権が強調され、シリア地方の統一がはかられた。しかし、レバノン山岳部では逆に、宗教・宗派間対立が顕在化した。マロン派とドゥルーズ派とのあいだの対立である。ことの起りはマロン派の教会改革にあった。十八世紀中葉まで、マロン派教会は、大司教と司教の任命権をもつ世俗の領主たちの管理下におかれていた。ところが、ローマのヴァティカンで教育を受けた聖職者を中心に、教会運営の脱世俗化への改革が開始された。改革派聖職者たちは独自の教育制度をつくり、住民に教会主導の政治組織の設立を訴えた。

一八二〇年には、領主層にたいする農民暴動が起きた。このマロン派の宗教改革運動はドゥルーズ派に危機感をもたらし、マロン派とドゥルーズ派とのあいだに緊張が高まった。そのなかで、シハーブ家のバシール二世(在位一七八九～一八四〇)はドゥルーズ派の領主層を排除し、権力の集中をはかった。一八二五年、彼はドゥルーズ派との戦闘に勝利し、三一年、エジプト軍のシリア征服時には、エジプト陣営についた。これにたいして、イギリスとフランスはシリア情勢に介入し、マロン派の反バシール勢力を援助し、エジプト軍のシリアからの撤退を迫った。

一八四〇年、ムハンマド・アリーはヨーロッパ列強の圧力に屈し、ロンドン四カ国条約を受け入れる。その結果、エジプト軍はシリアから撤退し、バシール二世はマルタ島に逃亡する。しかし、その後も一八四一～四二年、四五年と、マロン派とドゥルーズ派とのあいだの対立は続いた。このように、レバノン山岳部では政治闘争は宗教・宗派対立というかたちで現象したが、その背景には、不穏な経済・社会状況があった。

エジプト統治下にあって、シリアにエジプト流の近代化政策と産業振興政策が導入された。とりわけ、生糸、繭《まゆ》の生産拡大のために、桑畑の拡大がはかられた。この商品経済の展開がそれまでの政治・社会体制を守ろうとする領主層と、彼らの領主体制を打破しようとする農民とのあいだに鋭い対立をもたらした。マロン派であれドゥルーズ派であれ、それは一枚岩の宗派集団ではなく、有力領主たちの連合体であった。そのため、宗派内部で名望家間の闘争はたえなかったが、この闘争は農民の領主層への反抗と結びついたかたちで展開した。レバノンにおけるシハーブ家支配の最盛期をつくりだしたバシール二世の統治を

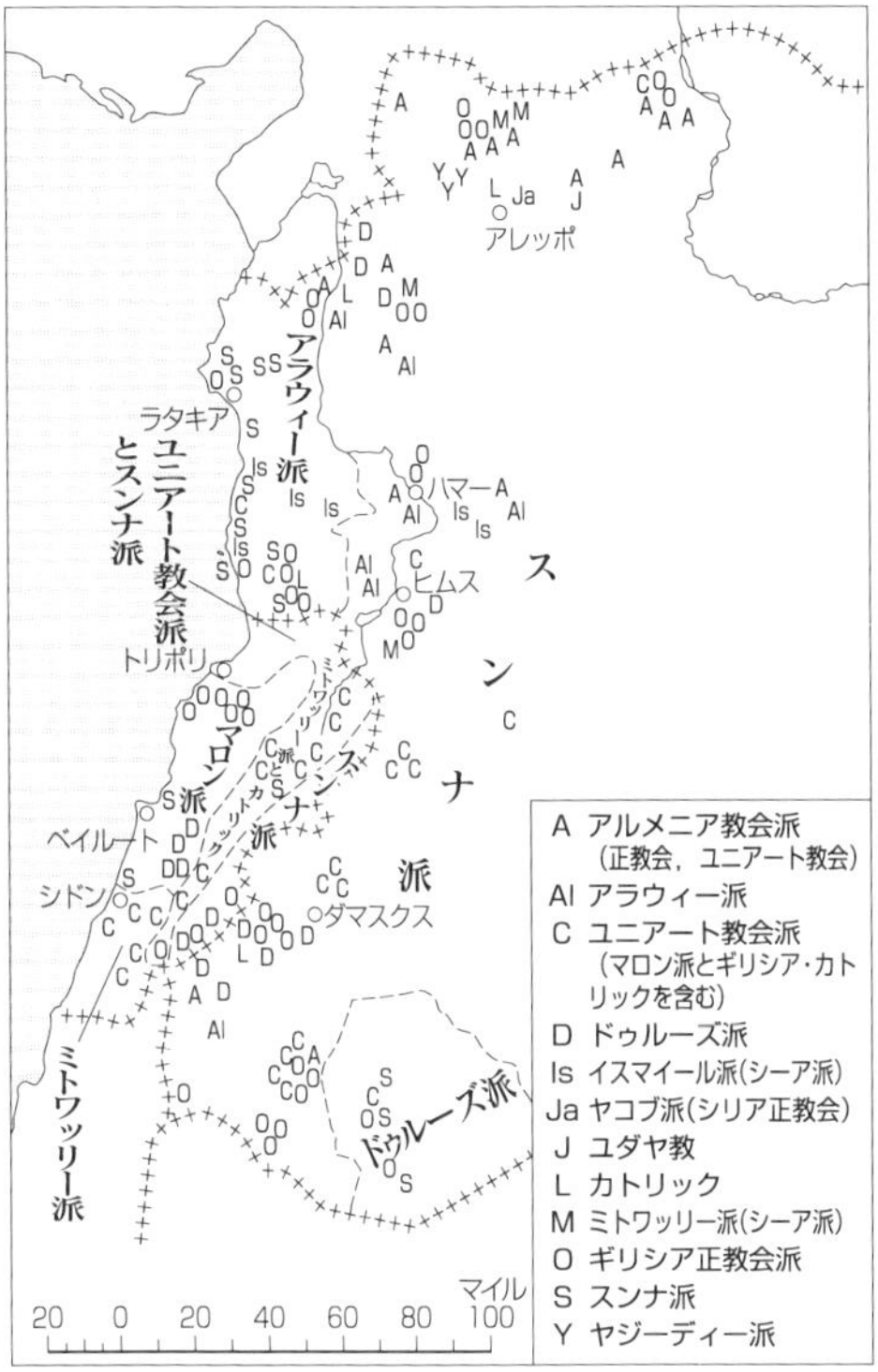

大戦間期におけるレバノンの宗派分布　イギリス諜報局が作成。

終わらせたのも、こうした農民蜂起であった。その頂点は一八五九年のキスラワーン農民反乱である。こうして、レバノン山岳部では、本来、経済的な理由によって生じた農民と領主とのあいだの対立が、先にみたように、宗教・宗派間の対立として現象することが多かった。それは、この地方の社会関係が、ザイームと呼ばれた、宗派の領袖をもかねる、少数の名望家が住民とのあいだに結ぶパトロン・クライアント関係を軸に成り立っていたからである。

さらに事態を複雑にさせたのは、ヨーロッパ列強の介入である。マロン派とドゥルーズ派とのあいだの対立はその典型であった。この対立において、フランスは伝統的に関係の深いマロン派に、そしてイギリスはその対抗上、ドゥルーズ派に加担し、さらにロシアはギリシア正教徒の保護者を主張したのである。かくて、対立は地域紛争にとどまらず、国際紛争となるにいたった。

こうした政治状況下、一八四三年、オスマン帝国はレバノン山岳部を中央政府の直轄統治下においた。北部にマロン派の、南部にドゥルーズ派の行政官(カーイム・マカーム)が任命され、レバノン山岳部は南北の二つの行政区に分割された。しかし、レバノン山岳部の政情不安はおさまらなかった。一八五八年、マロン派住民がふたたび領主層に反乱を起こした。この反乱をきっかけに、一八五九年と六〇年、ドゥルーズ派住民がマロン派住民に襲いかかった。階級対立は宗派対立にとってかわられた。

この事態に、ヨーロッパ列強がふたたび介入した。一八六一年、オスマン帝国とイギリス、フランス、ロシア、オーストリア、プロイセンの列強は、「レバノン統治組織基本法」を公布する。その結果、レバノン山岳部は、細分化された地方行政区に再編され、それを、オスマン帝国政府によって任命されるキリスト教徒の行政官(ムタサッリフ)が統括することになった。こうして、レバノン山岳部はキリスト教徒の優位のもとで内陸部シリアから切り離され、列強が治安の維持を保障する特別区(ムタサッリフィーヤ)となった。つまり、レバノン山岳部での宗教・宗派間対立が既成事実化されることになったのである。

シリア社会の変容と都市騒乱

これにたいして、内陸部シリアはオスマン帝国の直接支配下におかれつづけた。しかし、ここでもまた、十九世紀の中葉にいたって、それまでの伝統的な政治・社会構造の動揺と変容がみられた。十九世紀初頭において、内陸部シリアを支配したのは都市を拠点としたアーヤーン、つまり名望家層であった。彼らはウラマーの宗教的な権威とイェニチェリの軍事力を背景に、街区を支配し、職人、商人の経済行動に大きな影響力をおよぼしていた。

行政の中央集権化をめざしたオスマン帝国のタンジマートは、地方行政制度の再編成をとおして、街区や都市を拠点としたアーヤーンの権力基盤をおびやかした。しかし、タンジマートはアーヤーンの伝統的な権威と権力を覆すまでにはいたらなかった。

アーヤーンの支配体制に決定的な打撃を与えたのは、エジプト軍の占領であった。このとき、地方分権化の克服と中央集権的な政治機構の確立がはかられ、資本主義的な経済発展の推進がなされた。住民の武装解除が命じられ、徴兵制と強制労働が導入された。あらたな人頭税が課され、商品作物である桑、綿花、タバコの生産に独占体制がしかれた。

一八四一年、エジプト軍は撤退し、シリアはふたたびオスマン帝国の統治下に戻ったが、オスマン帝国は引き続き中央集権的な政治機構の確立をめざした。裁判制度の世俗化がはかられ、イスラーム教徒と非イスラーム教徒の法の前での平等がうたわれた。こうして、伝統的名望家は中央権力と結びついたあらたな名望家にとってかわられていった。

その一方で、資本主義的経済がシリア社会に浸透していった。ヨーロッパから商品が流れ込んだが、その仲介をしたのはキリスト教徒とユダヤ教徒の非イスラーム教徒であった。彼らは、地方社会において金貸し業をも営むようになっていく。このようななか、名望家のみでなく、生活基盤をゆすぶられた職人、商人などの都市民のあいだにも、不安と動揺が広がっていった。北部シリアの政治・経済の中心で、ヨーロッパとの交渉の古い伝統をもつアレッポでは、一八一九〜二〇年、さらに五〇年とあいついで都市騒乱が発生した。

こうして、アーヤーンを中心に、都市社会の秩序をつくりだしていたそれまでの伝統的な社会規範と価値観はくずれていった。その表れがイスラーム教徒のキリスト教徒襲撃に端を発した、都市内部の宗派対立の顕在化である。キリスト教徒の一部は、都市の有力者にかわって、ヨーロッパ人、すなわち列強に保護を求めるようになっていく。

つまり、シリア内陸部でも、レバノン山岳部と同じく、政治・社会変動が宗派紛争へとそらされる傾向がみられたのである。そして、こうしたなか、レバノン山岳部の宗派紛争が都市騒乱というかたちでシリア内陸部に伝播したのが、一八六〇年におけるダマスクスの都市暴動であった。このとき、約二〇〇〇人のキリスト教徒が殺害された。

アラブの覚醒とアラブ民族主義の台頭

歴史上、「アラブの覚醒」と呼ばれるアラブ文芸復興運動は、こうした宗教・宗派対立を政治的に利用しようとする動向にたいして危機感をもち、この動向を乗りこえようとした運動であった。それゆえ、この運動の主たる担い手は、宗教・宗派間の対立がヨーロッパ列強の介入によって既成事実化しつつあったシリア、とりわけレバノンでの政治的マイノリティであるキリスト教徒であった。

その背景には、キリスト教各派の活発な宣教活動があった。彼らは、宣教活動の一環として、西欧の思想、科学、文学の紹介、アラビア語印刷所の建設と出版、翻訳活動の奨励、近代的教育機関の設立などをおこなった。その象徴的な存在が、一八六六年にプロテスタントの宣教団によって創立されたシリア・プロテスタント大学、つまり現在のベイルート・アメリカ大学である。

「アラブの覚醒」は、一八四七年にベイルートで設立された「文芸・科学協会」を中心として展開された。当初は、外国人宣教師、キリスト教徒だけの文芸運動であったが、一八五七年に「シリア科学協会」が設立されたときには、イスラーム教徒をも巻き込む運動へと発展した。その中心は、ナーシフ・アルヤージジーやブトルス・アルブスターニーなど、ベイルートのキリスト教徒知識人サークルであった。ナーシフ・アルヤージジーは優れた作家、詩人であるとともに、民謡、説話のなかにアラブ民族の魂をみて、アラビア語文法のあらたな体系化をめざした。

ナーシフ・アルヤージジー(上)とブトルス・アルブスターニー(下)

また、ブトルス・アルブスターニーは、一八六三年におけるベイルート郊外での「国民学校」設立に代表される、広範囲な教育活動に従事するかたわら、多くの文芸誌や評論誌の発刊、聖書のアラビア語訳、アラビア語の大百科辞典の執筆など、多彩な文芸活動に従事した。

このように、「アラブの覚醒」は、宗教・宗派対立をかき立てる政治動向に対抗して、アラビア語に基づく共通の文化伝統を強調し、宗教・宗派の違いをこえた、同じアラブ民族としての自覚をシリア住民にたいして訴えることを目的とした運動であった。

一八六八年、シリア科学協会の秘密会議で、ナーシフ・アルヤージジーの息子で詩人のイブラーヒーム・アルヤージジーが朗読した、「立て、汝《なんじ》らアラブよ、目覚めよ」で始まる詩は有名である。この詩にみられるように、この運動はただたんなる文芸運動ではなかった。また、この運動の影響はシリアにとどまらず、エジプトにまでおよんだ。十九世紀の後半から二十世紀の初頭にかけて、多くのキリスト教徒の文化人や知識人が、雇用機会を求めて、シリアからエジプトに移住したからである。

当時、シリアでは高学歴層が急速に形成されたが、彼らはシリアでは有望な職をみつけられず、将来の成功を、経済が活況を呈し、アラブ世界における文化の中心として繁栄するエジプトに求めた。ジュルジー・ザイダーンに代表される彼らはジャーナリストや作家として活躍し、エジプトにおける文芸復興に貢献した。

しかし、この「アラブの覚醒」には、明確な政治的なプログラムが欠けていた。そのため、この運動は文化的民族主義思想の表明の域をでなかった。また、この運動がシリア社会におけるマイノリティであるキリスト教徒によって指導されたものであったため、その現実の政治への影響は限られていた。

もちろん、イスラーム教徒の思想家のあいだにも、アラブの覚醒はみられた。しかし、彼らにあっては、いぜんとしてイスラーム共同体はひとつであるとの観念は強い影響力をもち、アラブ意識も、イスラームをよりどころとした、アフガーニーの革命思想に代表される、汎イスラーム主義に溶解していた。また、時の権力者、オスマン帝国スルタン、アブデュルハミト二世(在位一八七六〜一九〇九)も、民族の覚醒が反オスマン帝国の政治運動に転化することを防ぐ目的から、汎イスラーム主義を利用した。

アラブ民族主義の先鋭化

これにたいして、アラブの覚醒がアラブ民族主義として政治理論化されるのは、オスマン帝国がアラブ地域にたいして中央集権的支配を強化するようになる十九世紀末になってからであった。一八七八年、オスマン帝国は、東方問題の解決をはかったベルリン条約によって、ヨーロッパにおける領土の大部分を失う。アブデュルハミト二世は、このバルカン半島での領土喪失を挽回すべく、アラブ地域での支配強化に乗り出した。一八八七年、シリアはアレッポ、シャーム(ダマスクス)、ベイルートの三つのウィラーヤ(州)とレバノン、イェルサレムの二つの独立サンジャク(県)に分けられた。これらの州、県は、ワーリー(知事)を頂点とした官僚組織によってオスマン帝国の中央政府とつなげられた。

かくて、オスマン帝国の中央集権的政治が強まるなか、アラブ世界のオスマン帝国からの政治的自立を主張するアラブ民族主義が台頭した。しかし、少数のレバノン人キリスト教徒のあいだでのアラブ国家建設の動きを除けば、この動きが、オスマン帝国のイスラーム国家としての政治的正統性を否定し、独自のアラブ国家建設へと向かうことはなかった。こうしたなか、当時、アラブ民族主義の政治理論化に貢献した思想家として、イスラーム教徒では、カワーキビー、キリスト教徒では、パリを根拠に活躍したナジーブ・アズーリーがいる。前者は、純粋に精神的な権威であるアラブ人カリフのもと、アラブのヘゲモニーによるイスラームの復興を主張した。また、後者は、その主張のなかで、はじめてオスマン帝国からのシリアの分離、独立を主張した。

1870年代におけるイェルサレム嘆きの壁の風景

また、十九世紀末のシリアには、その後のアラブ民族主義の先鋭化にとって決定的な重要性をもつ事態が進行していた。パレスティナへのユダヤ人の入植である。一八八二年から八三年にかけて、ロシア帝国でのポグロム(ユダヤ人への迫害、虐殺)を契機としてユダヤ人がパレスティナに移住(第一次アリヤーと呼ばれる)して以来、ヨーロッパやロシア帝国から「ユダヤ人問題」を逃れてパレスティナに入植するユダヤ人の数はふえつづけた。

とりわけ、一八九七年、テオドール・ヘルツルによって、スイスのバーゼルで第一回の世界シオニスト(ユダヤ民族主義)会議が開催されて以降、ユダヤ人のパレスティナへの入植は組織的になされるようになった。このユダヤ人の移住は、一九一七年、イギリスがバルフォア宣言によって、ユダヤ人にたいしてパレスティナでの「民族的郷土(ナショナル・ホーム)」建設を約束するにおよんで、パレスティナ問題(パレスティナをめぐるユダヤ人とアラブ人の民族紛争)として顕在化した。

近代におけるイラク

イラクも、シリアと同じく、民族、宗教・宗派構成において、地域性と多様性を特徴とした。十六世紀以降、この地方は、オスマン帝国とイランのサファヴィー朝、カージャール朝が領土を接する地域として、いくたびもの戦争の舞台となり、また、ペルシア(アラビア)湾はイギリスとフランスの抗争の場となった。イラクという国家は、第一次世界大戦後において建国された人工国家であって、それ以前に、等質的で、歴史的に確定されたイラク社会や、イラク地方を支配する領域国家が存在したわけではなかった。十九世紀の近代においても、イラク地方は、つぎの四つの異質な地域社会から成り立っていた。

第一は、バグダード、モースル、バスラなどの都市部である。そこは、行政の拠点として、オスマン帝国中央と結びついていた。また、同じくオスマン帝国の直轄統治下におかれ、地続きで歴史的に深い関係をもつシリアとのあいだには、頻繁な人的交流がみられた。第二は、中央政府の支配から自立していた遊牧諸部族が居住する西部地方である。そこは、シリア、ネフド砂漠の遊牧社会につながっていた。第三は、多くのシーア派イスラーム教徒住民が居住する南部地方である。それは、同じ宗派のイラン社会とつながっていた。そして、第四は、クルド人が多く居住する北部地方である。それは、クルディスタン地方の同じ民族のクルド人社会と結びつきをもっていた。

十九世紀以降、イラク地方もまた、オスマン帝国のタンジマートによる近代化の波に洗われた。イラクのバグダードを中心にした中南部は、一八一七年以降、マムルーク出身の州総督、ダウト・パシャの支配下にあった。彼は遊牧諸部族を討伐し、イラン・カージャール朝、アラビア半島のワッハーブ勢力と対峙するなかで、軍隊と産業の近代化に努めた。

しかし、その彼も、一八三一年、タンジマートの一環としての行政の中央集権化政策によってバグダード総督の任を解かれた。一七四九年以来続いてきたマムルーク支配の終焉である。また、イラク北部のモースル地方は一七二六年以来、クルド系の有力家系であるアブデュルジャリール家の支配下にあったが、一八三四年、オスマン帝国はこのアブデュルジャリール家を放逐した。こうしたオスマン帝国によるイラク行政の中央集権化は、アブデュルハミト二世の専制政治のもとでも進行した。一八八七年、イラクにはモースル、バグダード、バスラの三州がおかれた。

また、その一方で、交通の要衝であるメソポタミア地方には、イギリスがインドへの道を確保すべく進出した。一八七〇年には、イギリスからの蒸気船をつなぐ波止場がバスラに建設され、さらに、ティグリス川とペルシア湾を結ぶ蒸気船航路が開設された。その結果、イラク地方における交通運輸の社会資本が整備されることになった。しかし、中央権力は部族の抵抗により地方の末端にまでおよばず、また、地場産業が育たなかったため、資本主義経済の浸透も遅れた。その結果、イラクでの政治運動は都市部の軍人、知識人の運動として、そして人的ネットワークをとおして彼らが深く関係をもっていたシリアの動向と連動したかたちで展開された。

アラブ民族主義運動の高揚とアラブの反乱

一九〇八年、オスマン帝国で青年トルコ人による革命が起きた。この革命は、当時台頭しつつあったアラブ民族主義運動に大きな転機をもたらした。若手将校を中心とした青年トルコ人の政府は、オスマン帝国の近代化をより徹底した中央集権化政策でもってなそうとした。その結果は、国政のトルコ化であった。かくて、その平等主義的思想の表明とは裏腹に、国政のトルコ化を強力に推し進める青年トルコ人の政府にたいし、アラブ住民のあいだで反発が強まった。そのなかで、アラブ民族主義に基づく政治運動が急速に高まっていった。

アラブ各地、とりわけマシュリクにおいて、立憲体制のもとでのアラブ人の自治、アラビア語の公用語化などを要求する各種文化・政治団体が形成されていく。と同時に、シリア、イラクを中心に、アラブの政治的自立をめざした急進的な秘密結社が結成された。そのなかで、代表的な結社として、カフターン会(一九〇九年)、アラブの独立を要求した青年アラブ(一九一一年)、聖約協会(アフド、一九一四年)があげられる。

カフターン会はイスタンブルでアラブ人によって組織され、トルコ人とアラブ人の機会均等や、オーストリア・ハンガリー帝国をモデルにしたアラブ・トルコ連邦君主国の建設を要求した。青年アラブはパリでレバノン出身のアラブ人によって組織され、活動拠点をベイルートに移したあと、その民族主義運動はアラブの反乱を準備した。聖約協会はシリア、イラク出身のオスマン軍の将校を中心にイスタンブルで組織され、オスマン帝国スルタンの権威を認めつつも、アラブの自治を要求した。これらの結社は人的ネットワークによって結びつくかたちで、政治運動を展開した。

第一次世界大戦の最中、イギリス軍諜報将校トマス・ロレンス、通称アラビアのロレンスの活動で有名な「アラブの反乱」は、こうしたアラブ民族主義の高揚とイギリスの中東戦略が結びつくことによって生じた。イギリスは、大戦開始直後、中東での戦局を有利に進めるために、カイロ駐在の高等弁務官マクマホンを通じて、メッカのアミール(総督)フサインにドイツ側についたオスマン帝国にたいする参戦を呼びかけた。この目的のため、マクマホンとフサインとのあいだで書簡が交わされ(一九一五〜一六年)、そのなかで、参戦の見返りとして、イギリスはフサインにたいして、「アラブ領土」での独立国家建設を認めた。世にいうフサイン・マクマホン書簡である。ここで、「アラブ領土」とは、マシュリクとアラビア半島からなる地域と考えられた。

かくして、一九一六年、フサインはオスマン帝国に反旗をひるがえし、アラブ世界の独立を宣言した。ここに「アラブの反乱」が開始され、フサインの第三子ファイサルに率いられたアラブ反乱軍は、シリア戦線での陽動部隊としてイギリス軍を側面から援助し、一九一八年、ダマスクスに入城した。そして翌年、ファイサルはアラブ民族主義者を糾合し、シリア王国の樹立を宣言した。こうして、「アラブの反乱」とは、マシュリクにおけるアラブ民族主義の諸潮流、諸団体を、イスラームの預言者ムハンマドの血につながるアラブ最大の名家であるハーシム家の当主フサインのもとに結集して展開された政治運動であった。

ところが、このアラブ国家建設というアラブ民族主義者たちの夢は、大戦後、イギリスの裏切りによってくだけ散った。イギリスはすでに、フサイン・マクマホン書簡と同時期の一九一六年、フランスとのあいだに、大戦後のアラブ世界の分割を画したサイクス・ピコ協定を結び、また、一七年には、バルフォア宣言によって、ユダヤ人にたいしてパレスティナでの「民族的郷土」建設を約束していた。

かくして、一九二〇年のサン・レモ会議によって、サイクス・ピコ協定の線にそったかたちで、歴史的シリアの北半分、つまり現在のレバノン、シリアはフランスの、歴史的シリアの南半分、つまり現在のパレスティナ(イスラエル)、トランス・ヨルダン(のちにヨルダン)とイラクはイギリスの委任統治下におかれることになり、同年、フランス軍のダマスクス進攻によって、ファイサルのシリア王国は瓦解した。

3 北アフリカ

十九世紀初頭の北アフリカ社会

リビア以西の北アフリカは、イスラーム時代においてマグリブ(西方アラブ世界)と呼ばれた。「太陽の沈む地」、つまり西方という意味である。北アフリカはアトラス山脈群を境として、生態的にまったく異なる二つの地域からなっている。第一は、山脈群から北、地中海、大西洋とのあいだに展開する沿岸部である。そして第二は、山脈群から南、サハラ砂漠へと続く内陸部である。前者が温暖な地中海性気候をもつのにたいして、後者は乾燥した砂漠性気候をもつ。

都市部の住民のほとんどはアラブ人であるが、山岳部とその南方の内陸部には、マグリブの先住民であるベルベル人が多く住んでいる。人口規模の大きい都市は沿岸部にある。それらは地中海、大西洋と内陸部を結ぶ交易都市として栄え、その多くは前近代において、チュニスやアルジェのように海賊の拠点であった。山脈が沿岸部に深く迫《せ》り出しているため、平野は狭いが、そこでは、エジプトにおけるような生産性の高い灌漑農業ではないものの、農業が営まれた。また、山麓部を中心に、オリーヴ、ブドウなどの果樹が栽培された。

これにたいして、沿岸部にとって広大な後背地である内陸部のほとんどは砂漠であり、そのなかに、小さなオアシスが点々と存在する。オアシスでは粗放な農業が営まれ、家畜を飼育する遊牧民が水と交易を求めて集まった。そして、オアシスはまた黒アフリカとの交易ルートの中継地であり、オアシスをつなぐかたちで交易ルートのネットワークが縦横に形成されていた。と同時に、そこにはザーウィヤと呼ばれる修道場がおかれ、オアシスはスーフィー教団の拠点でもあった。

こうして、内陸部は沿岸部の都市からの亡命者の避難場所であるとともに、遊牧民の生活の場であった。内陸部の遊牧民は時に、突如として強固な凝集力をもつ集団となり、沿岸部に攻め入った。こうした強大な遊牧民の勢力は、スーフィズムの宗教指導者を頭に戴くのがつねであった。

マグリブは、マシュリクとは異なる近代史を歩んだ。また、マグリブの地は、現在の国名で、東から西にリビア、チュニジア、アルジェリア、モロッコからなるが、それぞれの国ごとに、その歴史は異なった。その地勢から陸路での東西の交通が不便であったこととならんで、近代におけるヨーロッパ列強の進出の仕方、それにたいする現地側の社会構造、イデオロギー事情が地域・国ごとに異なったからである。十九世紀の初め、マグリブは、モロッコを除いて、オスマン帝国の属州であった。しかし、その支配は名目的なものでしかなく、実質的な支配者は、デイあるいはベイの称号を名乗った軍人たちであった。彼らは、イスタンブルから派遣されたトルコ系軍人や、海軍士官とは名ばかりの、実際には海賊の頭目である、イスラームに改宗したキリスト教徒あるいはユダヤ教徒の軍人で、土着化した人間集団からなっていた。

アルジェリアは一六七一年以降、デイのもとでオスマン帝国から事実上自立していた。チュニジア、リビアも同じ過程を歩んだ。しかし、この二つの国では、デイあるいはベイの位はやがて世襲化され、王朝の建設という経過をたどった。チュニジアではムラード朝（一六一三～一七〇五年）とフサイン朝（一七〇五

〜一九五七年)であり、リビアではカラマンリー朝(一七一一〜一八三五年)である。

これにたいして、モロッコは、地理的条件からほかのマグリブ諸国と比して孤立性を守るのが容易であるため、独自な歴史を歩んだ。そこでの支配者はアラブ系で、預言者ムハンマドの家系(シャリーフ)であると称するサード朝(一五〇九〜一六四一年)とアラウィー朝(一六三一〜　)だったからである。これら在地の王朝は、スペイン、ポルトガルの侵攻とアルジェリアを介したオスマン帝国の勢力拡張という二つの外圧をはねのけて、モロッコの独立を維持していた。

フランスのアルジェリア占領とアブド・アルカーディルの反乱

十九世紀にはいっても、アルジェを拠点とする海賊行為はおさまらなかった。彼らはヨーロッパの船舶、さらにのちにはアメリカの船舶をつぎつぎと襲撃した。一八一五年には、アメリカ海軍がアルジェに遠征し、そこの総督に、アメリカ籍の船舶にたいする襲撃を終わらせることを約束した平和協定を締結させた。それでも、海賊行為はやまなかった。一八一六年には、オランダとイギリスの連合海軍がアルジェリア艦隊をほぼ全滅させた。しかし、結局のところ、アルジェを拠点とする海賊行為は、一八三〇年、フランスがアルジェを占領するまで続いた。

この年、フランスは、マルセイユ商人の支持をえて、自国籍の船舶への襲撃にたいする報復としてアルジェを占領した。このアルジェ占領は、ほどなくアルジェリア全土の軍事占領へと発展した。この事件は、その後のアルジェリアのみならず、マグリブ全体がヨーロッパ列強によって植民地化される出発点となった。と同時に、それはまた、マグリブ社会が近代化の波に飲み込まれ、大きく変容していく起点でもあった。

一八三四年、アルジェリアのフランス併合が決定された。併合後、アルジェリアはフランス陸軍省の管轄下におかれ、武官の総督によって統治されることになった。植民地当局はフランス本国からの移民を促進するために、イスラーム教徒の地主から土地を没収したり、安い価格で買い上げた。こうしたなか、アブド・アルカーディルは、一八三二年、フランスの占領地拡大政策にたいしてジハード(聖戦)を宣言し、以後一六年にわたって、徹底抗戦をおこなった。彼はアラブ系の地方名望家の家柄に属した。当時のマグリブ社会は、部族的結びつきの強い社会であった。

また、彼の父親は、有力スーフィー教団である、カーディリー教団の指導者でもあった。かくて、彼はこの地域社会における自分の立場を利用して、教団組織を通じて部族間の連帯を強化し、抵抗活動を組織していった。彼の運動は、スーフィー教団と部族の結びつきのうえに展開したという点において、マグリブ社会での抵抗運動の典型である。

アブド・アルカーディル

アブド・アルカーディルは支配領域を拡大し、一時は、全アルジェリアのほぼ三分の二をその支配下におさめた。西部アルジェリアのオラン地方を中心とした彼の政治組織は、階層的に徴税、軍事、司法機構が積み上げられ、国家の体裁をとっていた。一八三四年と三七年には、フランスとアブド・アルカーディルとのあいだに協定が結ばれ、フランスは、彼を介して影響力を行使するため、オラン地方におけるアブド・アルカーディルの統治権を認めた。

しかし、この約束は、一八四一年、フランス軍がアブド・アルカーディルの支配領を侵犯したことによって破られた。彼はモロッコの支持もえて、ふたたびフランスとの戦争を開始した。フランスは焦土作戦を展開し、彼はオラン地方を退去せざるをえなかったが、その後もゲリラ戦を展開した。しかし、一八四七年、戦いに敗れ、モロッコの支持も失ったアブド・アルカーディルは、フランス当局に降伏した。彼は四年間、フランスで投獄されたあと、一八五二年に釈放され、シリアのダマスクスにいくことを許された。こうして、アブド・アルカーディルの抵抗運動は失敗に終わった。しかし、彼の運動は、その後のアルジェリア民族運動の出発点となった。

アルジェリアの植民地体制

以後、アルジェリアでは、植民地体制が強化される。一八四八年には、フランス本土と同じく行政単位として三つの県(アルジェ、オラン、コンスタンティーヌ)が設けられた。議員が本土の国会に送られ、県と町村に地方自治制度が導入された。しかし、これはアルジェリアにおいて特権的エリート層を形成したフランス人植民者(コロン)を対象とした措置であった。

彼らは本国からの資本の流入もあって、資本主義経済をアルジェリアにもちこんだ。工場、銀行が設立された。また、学校、店舗が建設され、本国と同じサーヴィスが彼らの生活のために提供された。アルジェリアの農業はフランス経済に組み込まれた。大土地所有者の農場では、ブドウ酒、柑橘類が生産され、フランスに輸出された。コロンのなかには、巨大な財をなす者もいた。しかし、彼らの多くは小農民、商人、店主、工場労働者であった。

これにたいして、現地住民であるイスラーム教徒たちは「アラブ局」の管轄下におかれることになった。しかし、そのためにあらたな政治制度がしかれたわけではなく、徴税や治安の維持などの地方行政は、それまでどおり、部族の首長や有力者の手によってなされた。植民地行政にとって、政治制度の急な変革は望ましくなかったからである。

こうして、時のフランス皇帝ナポレオン三世は、フランスからのアルジェリア入植を制限する目的もあって、一八六四年に、フランス人とアルジェリア人の宥和を目的に「アラブ帝国」構想を発表し、六五年には、完全な市民権ではなく、ただたんに臣民としての身分を与えたにすぎなかったものの、アルジェリア人にたいしてフランス国籍を認めた。しかし、こうしたフランスのアルジェリア人にたいする宥和政策は、それがゆるやかなものであったにもかかわらず、入植地の拡大をめざすフランス人植民者のあいだに不満を引き起こした。この不満は、一八七〇年の普仏戦争敗北後、フランス第二帝政を倒したパリの民衆蜂起に呼応して起こされた、アルジェ・コミューンとして爆発した。

アルジェリア人側からも反応があった。一八七一年、ムハンマド・アルハッジ・アルムクラーニーとラフマーニー教団長、シャイフ・アルハッダードを指導者とする反乱が起きたのである。この反乱はカビリイ地方を中心に、一時はアルジェリア国土の三分の一にまで拡大した。

フランス人植民者のアルジェ・コミューンも、アルジェリア人の「ムクラーニーの乱」も、ともに長くは続かず、一八七一年中に終息した。しかし、その教訓から、サハラ砂漠に続く南部地方では、その後も軍政が続いたが、北部地方の三県では、管轄権は陸軍省から内務省へと移され、文官の総督によって統治される民政が開始された。民政のもとで、国政への参加、地方自治、裁判などにおいて、本国フランスと同じ制度が適用された。しかし、その恩恵を受けたのはフランス人居住者のみで、アルジェリア人はいぜんとして完全な市民権をもたず、多くの制約から、自由な政治や地方自治への参加を阻まれていた。

一八八一年には、「原住民身分法」が制定され、行政官が裁判なしにアルジェリア人を逮捕、拘禁できるようになった。アルジェリア人は集会結社、武器所持、無許可で故郷や村を離れることを禁止されていた。彼らは法的には、フランス臣民であった。しかし、彼らがフランス市民になるためには、自らの信仰を棄《す》てねばならなかった。そのため、そうする住民はほとんどいなかった。

十九世紀末になると、フランス人居住者は本土の制度を適用されるだけでは満足できず、彼らのアルジェリアでの自治を要求するまでになる。本土の安全保障にとってアルジェリアを手放すことのできないフランスは、フランス人居住者の要求を飲まざるをえなかった。こうして、一八九八年には、事実上の植民地議会である「財政審議会」が設置され、一九〇〇年には、「財政上の自治」が承認された。

リビアの植民地化と抵抗運動

十九世紀の初頭、カラマンリー朝では後継位をめぐって内部紛争が生じたが、それぞれの勢力は勢力拡張のため、アメリカを含む、当時地中海に進出してきた列強、とりわけフランスとイギリスに支持を求めた。そのなかで、リビアも国際政治における権力ゲームのなかに引き込まれていった。

一八三〇年、フランスはアルジェリアを占領する。これに危機感をもったオスマン帝国は、一八三五年、カラマンリー朝の内紛を利用して、トリポリに軍隊を派遣し、カラマンリー家を放逐して、リビアでの支配権を回復した。リビアはふたたびオスマン帝国の直轄領となり、イスタンブルから派遣される総督によって統治されることになった。主要都市に軍隊を配し、徴税と治安維持をはかったが、部族に自治を許し、地方行政を部族の有力者に託した点は、支配権回復以前と変わりなかった。

十九世紀の後半には、フランス、イギリスのほか、後発ヨーロッパ列強であるイタリア、ドイツがリビアに経済的関心を示し、影響力をおよぼそうとした。こうした、オスマン帝国を巻き込んだ、列強間の駆け引きのなかで、リビアはかろうじて特定の列強による軍事的占領と政治的支配をまぬがれていた。

このように、対内的には、改革の試みもなされず、旧態依然たる政治、社会が続き、対外的には、列強からの圧力と干渉が強まるなか、サヌースィー教団が勢力を急速に拡大していった。サヌースィー教団は、一八三七年、アルジェリア出身のムハンマド・ブン・アリー・アルサヌースィーによって、メッカにおいて創設された。その教義は、預言者ムハンマドの時代のイスラームを原点として、そこへの回帰によってイスラームの再生をはかろうとする、復古主義的なものであった。この点、サウジアラビアのワッハーブ派と共通するが、ジクル(祈禱文)に神秘性を認める点において、ワッハーブ派とは異なっていた。

一八四〇年代以降、教団は本拠をリビアのキレナイカ地方に移した。地中海沿岸地域よりも内陸部の砂

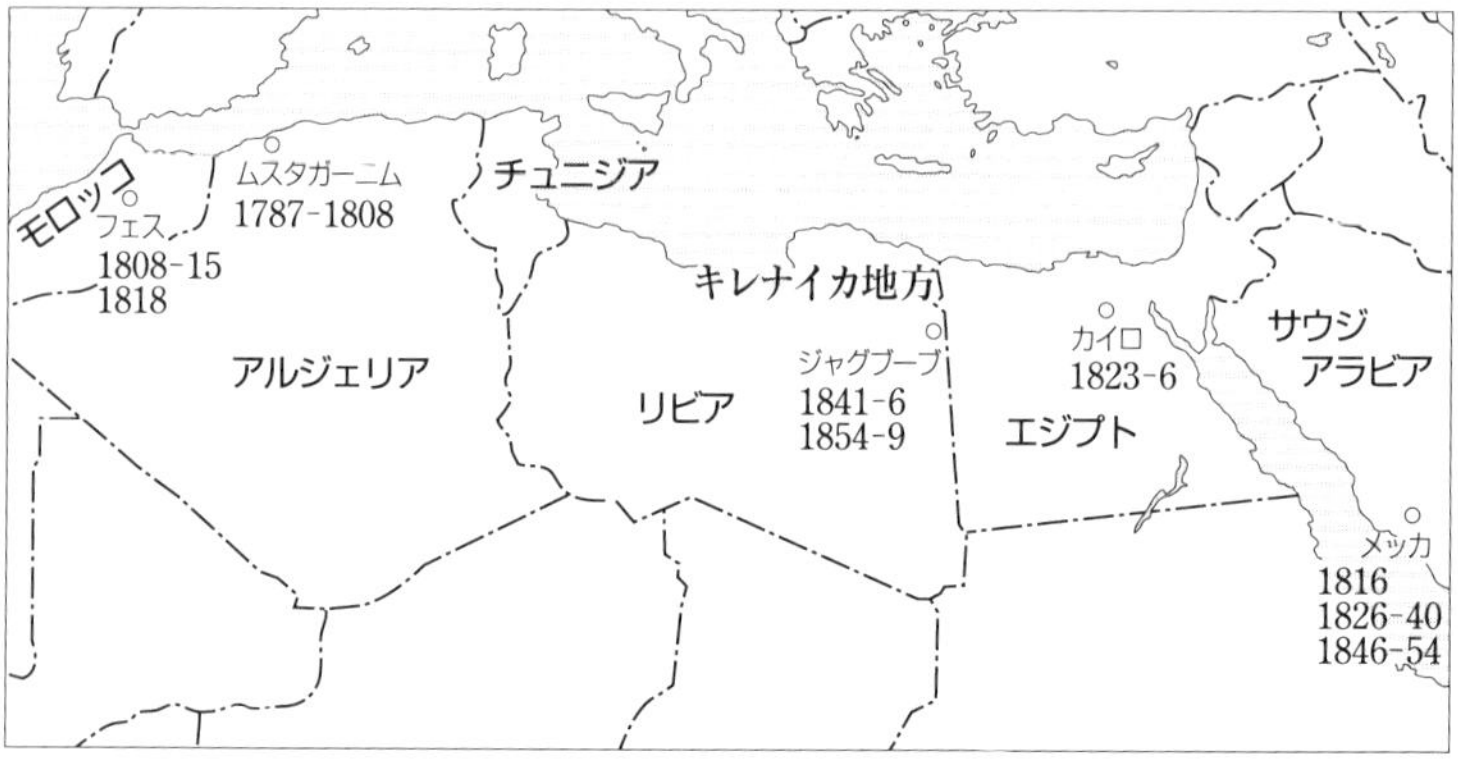

サヌースィー教団の活動拠点

漠・オアシス地域において布教活動を展開し、サハラ一帯のオアシスに多くの教団支部(ザーウィヤ)を設立することによって、遊牧民を組織するとともに、内陸部のサハラ交易路をおさえた。かくて、サヌースィー教団は、一大政治勢力にまで成長した。サヌースィー教団の影響力はリビアにとどまるものではなかった。彼らのメッセージは北アフリカや東部スーダン、さらには黒アフリカのチャドや中部スーダンの住民にまで届けられた。チャドと中部スーダンへのフランス進出にたいして、抵抗の先頭に立ったのはサヌースィー教団であった。

一九一一年、アフリカ分割に野心をもつ後発資本主義国イタリアは、突然オスマン帝国に宣戦し、リビアを占領した。翌年、両国の講和を取り決めたローザンヌ条約によって、イタリアは、イギリス、フランスの黙認のもと、秘密裡にオスマン帝国からリビアの領有権を譲り受けた。キレナイカでは、サヌースィー教団がただちにイタリアにたいしてジハード(聖戦)を宣言し、抵抗運動を開始した。また、トリポリタニアでは、ベルベル系のスライマーン・バルーニーやアブドゥルラフマーン・アッザームを指導者とする抵抗運動が組織された。一九一八年には、部族指導者を糾合した「トリポリタニア連合戦線」が結成され、続いてトリポリタニア共和国の成立が宣言された。

一九二三年以降、リビア沿岸部では、イタリア軍の優勢が明らかになっていく。しかし、山岳部と内陸部の砂漠・オアシス地方では、引き続き抵抗運動が展開された。その指導者がオマル・ムフタールであった。彼は、サヌースィー教団の名において、遊牧民の部族組織を生かした戦闘組織をつくり、一九三一年に捕えられ、処刑されるまで、エジプトからの補給路を確保しつつ、イタリア軍を後方から脅かすゲリラ戦を展開した。こうした、ジハードによる抵抗運動のなかから、リビア人の民族的自覚がうながされていった。

チュニジアの近代化と植民地化

十九世紀初頭のチュニジアは、一七〇五年から続くフサイン朝のもとにあった。フサイン朝のベイたちは、オスマン帝国権力の不在のなかで、フランス、イギリス、イタリア諸国家とのあいだに独自に外交関係をもっていた。フサイン朝は、列強との外交的、軍事的駆け引きにおいて有利なことから、オスマン帝国の宗主権からの独立よりも、その傘のなかにいることを選んだ。ギリシア独立戦争とクリミア戦争では、軍隊を派遣し、オスマン軍に参加した。

しかし、一八四五年、フサイン朝は、フランスの外交的あと押しもあって、イスタンブルへ貢納金を送る義務を反故《ほご》にした。オスマン帝国はその後も、チュニジアへの宗主権を主張したが、両者の結びつきは、ほとんど象徴的なものとなっていった。その間、列強のチュニジアへの干渉は高まったものの、特定の列強による植民地化という事態は避けられていた。それは、列強の進出が、アルジェリアの場合、軍事占領というかたちをとったのにたいして、チュニジアの場合、政治的・経済的影響力の拡張というかたちをとったからである。

これにたいして、チュニジアのベイたちは、一八三〇年代後半以降、エジプトのムハンマド・アリーの近代化改革とオスマン帝国のタンジマートにならった、一連の近代化改革をおこなうことによって、列強の進出を阻止しようと試みた。そのなかには、奴隷貿易の廃止もあった。この改革の頂点は、一八六一年における憲法(ドゥストゥール)の公布であった。この憲法に従って、議会にあたる大評議会と裁判所が設置された。しかし、この憲法は三年後の一八六四年、停止される。そのため、この憲法の復活が、その後の植民地時代におけるチュニジア政治運動の目標とされた。

こうして、チュニジアは、近代的改革の推進をもって、国の独立を守ろうとした。しかし、その過程で、放漫な支出と行政の失敗のため、チュニジア政府は財政難に陥り、それを補塡しようとして、外債の累積を招いた。一八六九年、チュニジアの国家財政は破産し、イギリス、イタリア、フランスの三国による共同管理下におかれた。

しかし、それでも、チュニジアが植民地になったわけではなかった。一八七三年から七七年にかけて、列強の監視下のもとにではあるが、先の近代化改革を指導した改革派官僚、ハイルディーンによって、ふたたび国内の近代化改革による財政の自主的再建が試みられた。しかし、この試みも、宮廷革命によって挫折することになる。

一八七八年、ベルリン条約によって、植民地分割にかんするヨーロッパ列強間の利害調整がなされた。その結果、ドイツにアルザス・ロレーヌ地方の併合が、イギリスにスエズ運河株の取得とキプロスの占領が認められることになったが、フランスはこれらを認める代償として、チュニジアでの行動の自由を要求した。かくて、チュニジアは、一八八一年、アルジェリアについで、フランスの占領下におかれることになった。

二十世紀にはいり、チュニジアにおいても、民族主義運動の展開がみられた。しかし、チュニジアでは、同じくフランスの強力な支配下におかれたアルジェリアとは異なり、民族主義運動の高揚が組織だった武装抵抗運動として展開することはなく、運動の主流は、穏健な立憲主義に基づいたものであった。それはまず、同窓会、学芸・スポーツ愛好会などを母体にした文化サークルの組織、討論会、講演会の開催、機関誌の発行を通じて、新しい思想を啓蒙し、住民のあいだに民族意識の覚醒をめざす文化運動として展開した。一九〇七年、サーディキー中学校の同窓会を母体として、改革派の知識人たちが組織した青年チュニジア党は、こうした文化運動の主体として出発したが、一一年のトルコ・イタリア戦争を契機に、現地人の政治的地位の向上、政治活動の自由などをめざす大衆政治運動の核となっていった。

モロッコの植民地化と抵抗運動

十八世紀から十九世紀の初頭にかけて、モロッコを含む北アフリカの港を拠点とする海賊の跋扈《ばっこ》は、地中海地域へ経済進出をはかる列強にとって大きな障害となっていた。モロッコは、スペインとともにジブラルタル海峡を管理しうる位置にあったところから、地中海での制海権を握ろうとする列強、とりわけスペイン、イギリス、フランスにとって重要な戦略拠点となっていった。

モロッコを統治していたアラウィー朝は、中央政府の弱体化とたび重なる部族反乱に直面した。しかし、対外的には、タンジャ(タンジール)のみを開港し、ほかの港には外国船の寄港を禁止する、それまでの鎖国政策を維持することに努めた。しかし、それも列強の外圧からもはや不可能となり、十九世紀中葉には開国をよぎなくされていった。こうして、一八五六年にはイギリス、六一年にはスペイン、六三年にはフランスとのあいだに、あいついで通商条約が結ばれた。スペインとの通商条約は、戦争(一八五九〜六〇年)の敗北の結果として締結された。

アラウィー朝は、この事態を、チュニジアと同じく、行政、財政、軍事の近代的改革の実施によって対処しようと努めた。しかし、結果はこれまたチュニジアと同じく、財政危機、外債の累積、そして列強への従属に終わった。このようななか、モロッコ各地に、外国人の排斥のみならず、列強に妥協するモロッコ政府の権威をも否定する激しい抵抗運動が組織されていった。その中心になったのはスーフィー教団であった。彼らは戦いに際してジハード(聖戦)を宣言し、民衆の抵抗運動を宗教運動としてまとめあげていった。

十九世紀末から二十世紀初頭にかけて、アラウィー朝は統治能力を失い、モロッコは、列強が利権をめぐって激しく競合する場となっていった。一九〇四年、英仏協商によって、イギリスは、フランスがエジプトの権益を放棄することの代償に、フランスにたいしてモロッコでの権益を認めた。ついで、同年、フランスとスペインはモロッコにおける勢力範囲の分割を定めた。つまり、「フランス領モロッコ」と「スペイン領モロッコ」の確定である。

そこに割ってはいったのが、遅れて植民地獲得競争に参加したドイツであった。一九〇六年、スペインのアルヘシラスでアメリカを含む列強が集う国際会議が開かれ、モロッコの独立と領土保全、門戸開放、すべての国家にたいする経済的機会均等が決議され、同時に、フランスとスペインに治安維持と財政についてモロッコ政府を後見する権利が委ねられた。さらに、ドイツは一九一一年、一隻の軍艦をモロッコの港アガディールに派遣した。それはフランスのモロッコ占領にたいする現地住民の抵抗運動を扇動する目的からなされたものであり、ヨーロッパを戦争の淵にいたらしめた。しかし、この事件も、コンゴについてフランスがドイツに譲歩することの代償に、ドイツがモロッコをフランスの保護領として認めるという、列強間の取引によって解決された。

ついに、一九一二年、アラウィー朝スルタンは、フェス条約によって、フランスのモロッコにたいする保護権を認めた。ここに、モロッコは主権を失うことになった。同年、フランスは、一九〇四年におけるスペインとの勢力範囲の分割協定を改正し、より広域の「フランス領モロッコ」をえることになった。

リーフ戦争

スペインは、利権を求めて競合するヨーロッパ列強のなかでも、とりわけ強引であった。スペインは、

リーフ戦争の指導者アブデル・クリム
(アブド・アルカリーム)

十九世紀後半になると、アフリカ分割に狂奔する先発ヨーロッパ列強のあとを追い、対モロッコ戦争(一八五九〜六〇年)の勝利によってティトゥアンを獲得したのを皮切りに、モロッコに経済、軍事の両面で進出をはかった。こうして、スペインは、フランスの圧力からの保護を理由に、カナリア諸島の対岸の西サハラと、セウタからメリーリャ一帯を占領する。「スペイン領モロッコ」の成立である。しかし、そこでのスペイン統治は、住民の抵抗にあって、容易ではなかった。

一九二〇年、「スペイン領モロッコ」のリーフ地方において、アブデル・クリム(アブド・アルカリーム)を指導者としたリーフ戦争が発生した。アブデル・クリムはリーフ地方の名望家の家に生まれ、裁判官(カーディー)、教師、新聞の編集者をつとめた。スペイン文化に造詣が深く、ヨーロッパと接触する機会の多い知識人であった。彼は、部族の指導者であり、裁判官でもあった父が開始した対スペイン抵抗運動を、父の死後に引き継いだ。部族の有力者を糾合し、スペイン軍を海岸の都市まで追い詰めた。一九二三年、タンジャ周辺を除くリーフ地方一帯を支配するリーフ共和国の樹立が宣言された。

スペイン軍は「スペイン領モロッコ」のほとんどから排除された。リーフ共和国は地方の独立した部族の連合体であった。アブデル・クリムはことさら宗教に訴えることはなかったが、復古主義的イスラーム観をもち、聖者崇拝にたいしては敵対的であった。リーフ共和国の軍隊は「フランス領モロッコ」にまで侵攻した。こうして、この戦争は、その影響力を「スペイン領モロッコ」のみならず「フランス領モロッコ」にまでおよぼした。そのため、リーフ地方住民の武力抵抗の域をこえた、モロッコ民族解放闘争の性格をもつにいたった。

一九二五年、フランスとスペインはアブデル・クリムにたいして共同戦線をくむことに合意した。アブデル・クリム勢力討伐の遠征には、二〇万人以上もの兵士が参加した。一九二六年、アブデル・クリムはこのフランス軍とスペイン軍の共同作戦による反撃の前に降伏し、リーフ共和国は崩壊した。しかし、その後も、モロッコでの騒乱は完全にはおさまらなかった。

第七章　現代アラブの国家と社会

1　両大戦間期のアラブ地域

第一次世界大戦とアラブの反乱

今日みられるアラブの諸国家の枠組みは、第一次世界大戦の結果、できあがったと考えられる。敗戦国のオスマン帝国は解体され、十六世紀以来、同朝の版図であった東アラブ地域は、列強の支配を直接受けることになった。この列強による地域秩序の再編は、大戦中や戦争直後に各地で興隆した民族運動や民衆蜂起をおさえこむことで達成された。そして、この新しい地域支配の体制のなかから生まれた一群の領域国家は、その後経済開発と近代化を推し進める政策主体となり、また現在のアラブ域内政治の枠組み、「アラブ諸国家システム」の構成単位となった。しかし、大戦後に成立したこの地域秩序は、ひとつの矛盾をかかえていた。それは、オスマン帝国という広域的なイスラーム帝国の秩序から切り離されて強められたアラブ世界の統一を求める志向と、英仏の委任統治によって押しつけられた分割支配という現実のあ

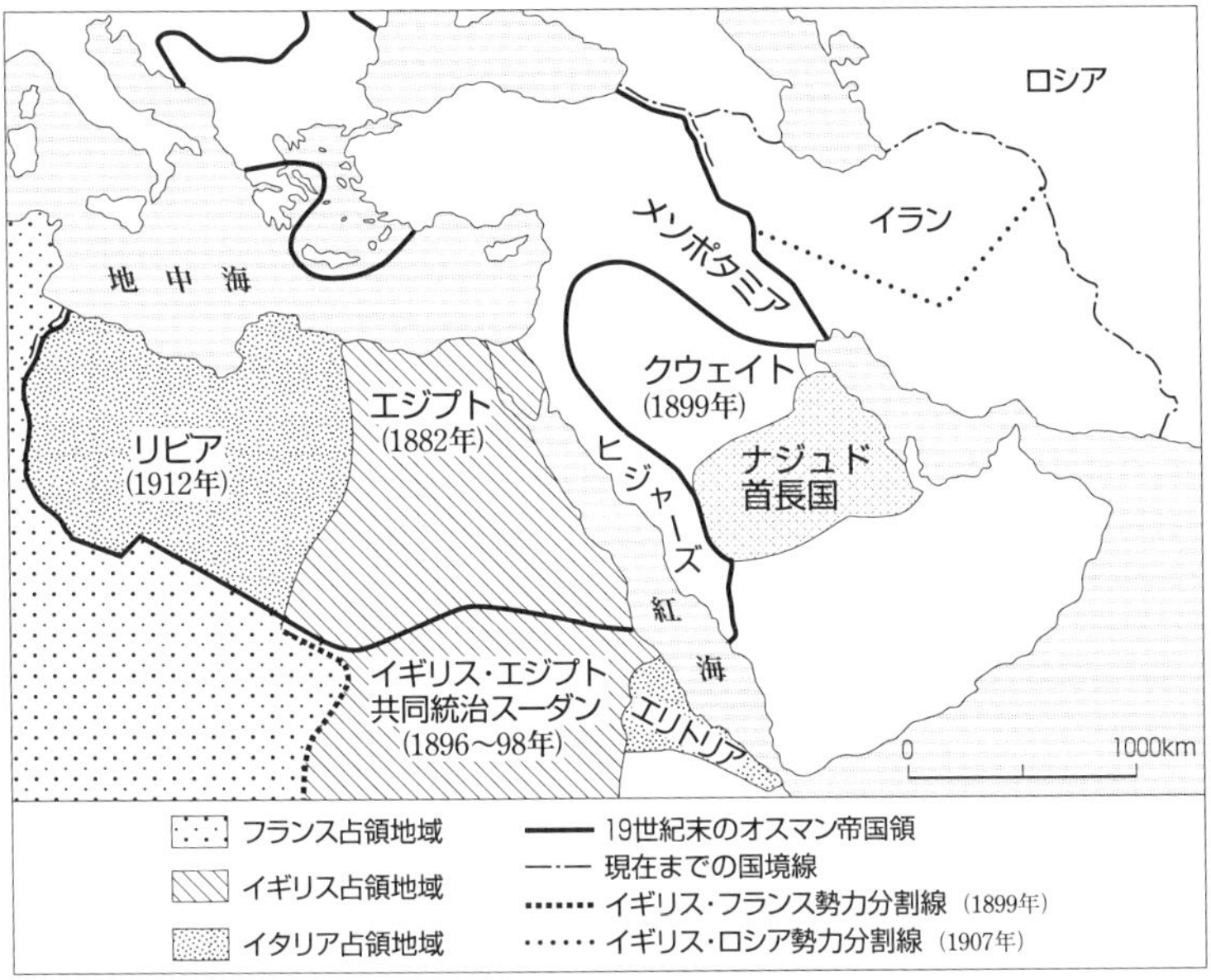

第一次世界大戦前夜の中東

いだの矛盾である。この矛盾は、つぎの時代にアラブ世界の構造変化をもたらす基本的な背景となった(３節参照)。

第一次世界大戦は、一九一四年七月に勃発した。オスマン帝国は、同年十一月、同盟国側に立って参戦し、南部のアラブ地域においてイギリスと敵対した。同地域をインドの植民地支配にとっての生命線と考えたイギリスは、オスマン帝国の参戦直後の十一月、イラクにインド兵からなる軍隊を送り、南部のバスラを一時占領する。これにたいして一五年二月にシリアのオスマン軍は、シナイ半島をこえてスエズ運河地帯に攻撃をしかけた。この攻撃は、イギリスにエジプトがもつ世界戦略上の意義を再認識させた。

さて、開戦とともにオスマン帝国は、連合国にたいするジハード(聖戦)を宣言し、各地のムスリムの動員を画策した。これにたいしイギリスは、宗教的権威をもつ地方の有力者への工作によって対抗しようとし、メッカのアミール、フサインに「アラブの反乱」を起こさせた。フサインは、預言者の血筋を引くアラブの名門ハーシム家の当主であったが、当時、ヒジャーズ鉄道の延伸にともない、オスマン帝国中央政権による統制がさらに強化されたことに反感をいだいていた。

すでに一九一四年十月にイギリスのエジプト高等弁務官キッチナーから親書を受け取っていたフサインは、オスマン朝が発したジハード宣言への態度を保留した。さらに一五年七月以降、新高等弁務官マクマホンと書簡を交わし、連合国側への参戦を引き換えに戦後のアラブ独立の約束を取りつけた(いわゆるフサイン・マクマホン書簡)。

アラブの反乱は、イギリスの工作と同時に、シリアなどの都市部で高揚していたアラブ民族主義者の運動に触発されたものであった。アラブの反乱に期待をよせた民族主義者の知識人や軍人は、オスマン帝国の近代教育を受け、十九世紀末のアラブ文芸復興運動(ナフダ)が育てた明確な民族意識をもつ新世代の指導者であった。彼らが組織した秘密結社(第六章参照)は、一九一三年にパリで第一回アラブ会議を開催し、さらに開戦後の一五年五月にはイギリスの保護のもとでアラブの独立をめざす「ダマスクス議定書」を作成し、フセインの三男ファイサルにこれを託して決起をうながした。

この呼びかけに応えて、フサインは、一九一六年六月メディナのオスマン軍を攻め、アラブの反乱を開始する。そのきっかけは、シリア州を支配するオスマン帝国のジェマル・パシャが公開処刑などによって民族主義者の弾圧を強化し、またイエメンへの出兵を計画したことにある。遊牧民の軍事力を動員したア

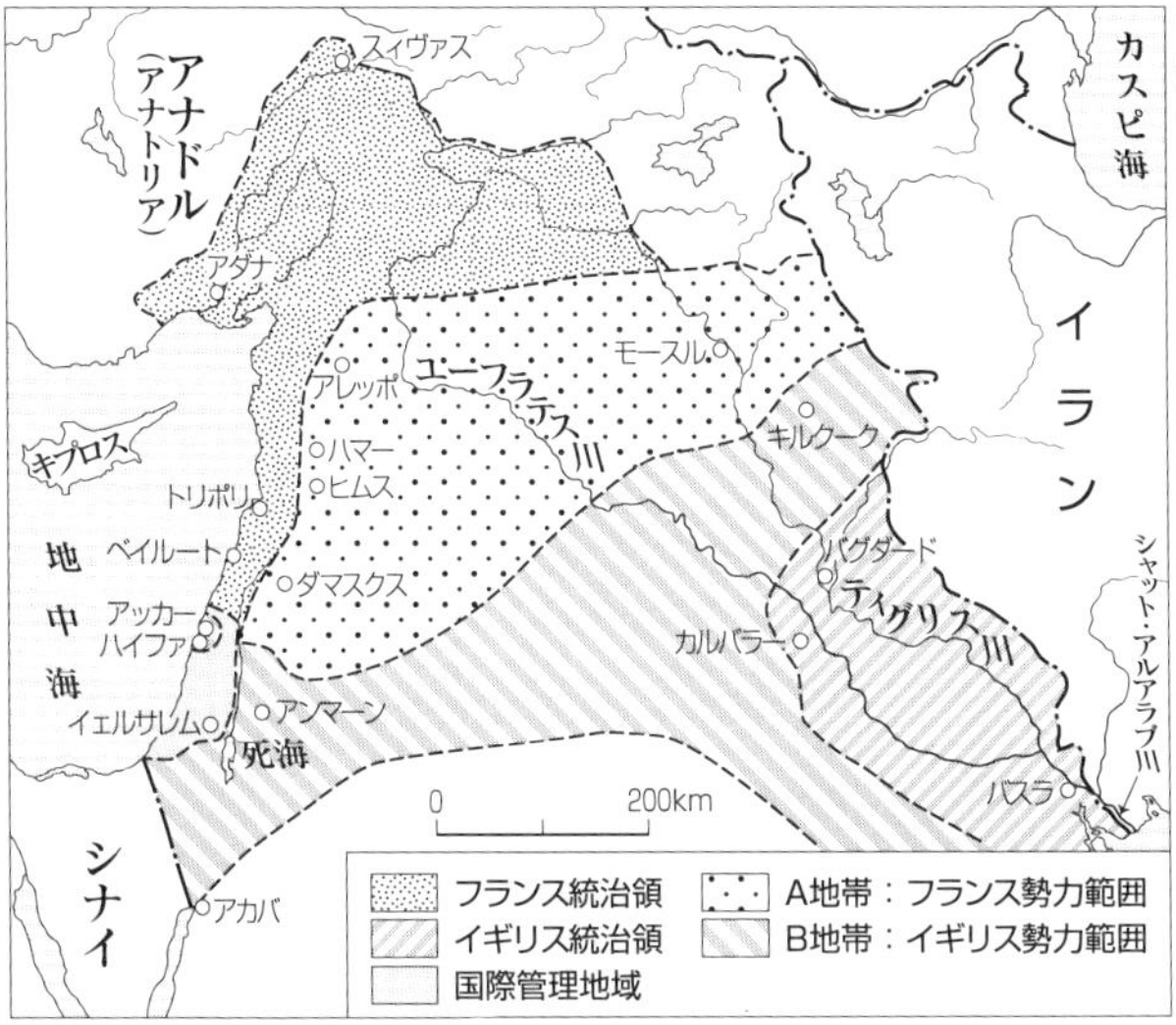

サイクス・ピコ協定による東アラブの分割案

ラブの反乱軍は、一七年七月に要衝アカバを占領し、一八年十月にダマスクスに進軍する。

しかし、アラブの反乱(サウラ)は、広汎な社会の支持をえた真の意味でのアラブの革命(サウラ)とはならなかった。むしろそれは、反乱を資金・技術援助したイギリスの軍事作戦の一部にすぎなかったという厳しい評価もある。しかし、この挫折した革命は、その後のアラブ世界の民族運動の重要な踏み台となった。それは、挫折の原因が列強の二枚舌外交による裏切りによると考えられたためである。

フサイン・マクマホン書簡は、オスマン帝国による対アラブ懐柔策(アナトリア・アラビスタン連邦構想)に対抗して、イギリスがはじめてアラブの独立国家を承認した歴史的文書であるが、その領土の約束は、パレスティナ地域の帰属など不明確な部分が多かった。さらに問題なのは、イギリスがほかの列強とのあいだに、開戦当初からオスマン朝の領土分割をめぐってさまざまな秘密協定を結んでいたことである。そのなかでももっとも有名なのが、サイクス・ピコ協定である(第一次、一九一六年四~十月)。この秘密協定には、帝政ロシアも加わっていたが、ロシア革命後、ボリシェヴィキ政権がその内容を一七年十一月に暴露しアラブ側に衝撃を与えた(その後、一八年十一月の第二次協定で内容が修正された)。

さらにアラブの民族主義者に不安を与えたのが、同じ一九一七年十一月に発表されたバルフォア宣言であった。同宣言は、イギリス外相バルフォアが、ユダヤ人の富豪ロスチャイルドに宛てた書簡のかたちで、ユダヤ人がパレスティナに民族的郷土を建設する保証を与えたものであり、シオニスト指導者のワイツマンによる交渉の成果だった。

アラブの反乱軍がダマスクスに進駐した一九一八年十月に、オスマン帝国が休戦協定(ムドロス条約)を結んだあと、第一次世界大戦は、翌十一月にドイツの降伏によって終結する。しかし、大戦中の海上封鎖などが原因で三〇万人の死者がでたといわれるシリアやレバノンでの飢饉や、エジプト農民の前線基地への大規模な徴用などによって、民衆のあいだに深い怨嗟《えんさ》を残した。これは、戦争直後に各地でいっせいに起きた民衆蜂起や騒乱の原因になった。

東アラブにおける委任統治体制の成立

第一次世界大戦後、旧オスマン帝国領の東アラブに、イギリスの委任統治領としてイラク、パレスティナ(2節参照)、トランス・ヨルダンが、そしてフランスの委任統治領としてシリア、レバノンが成立する。

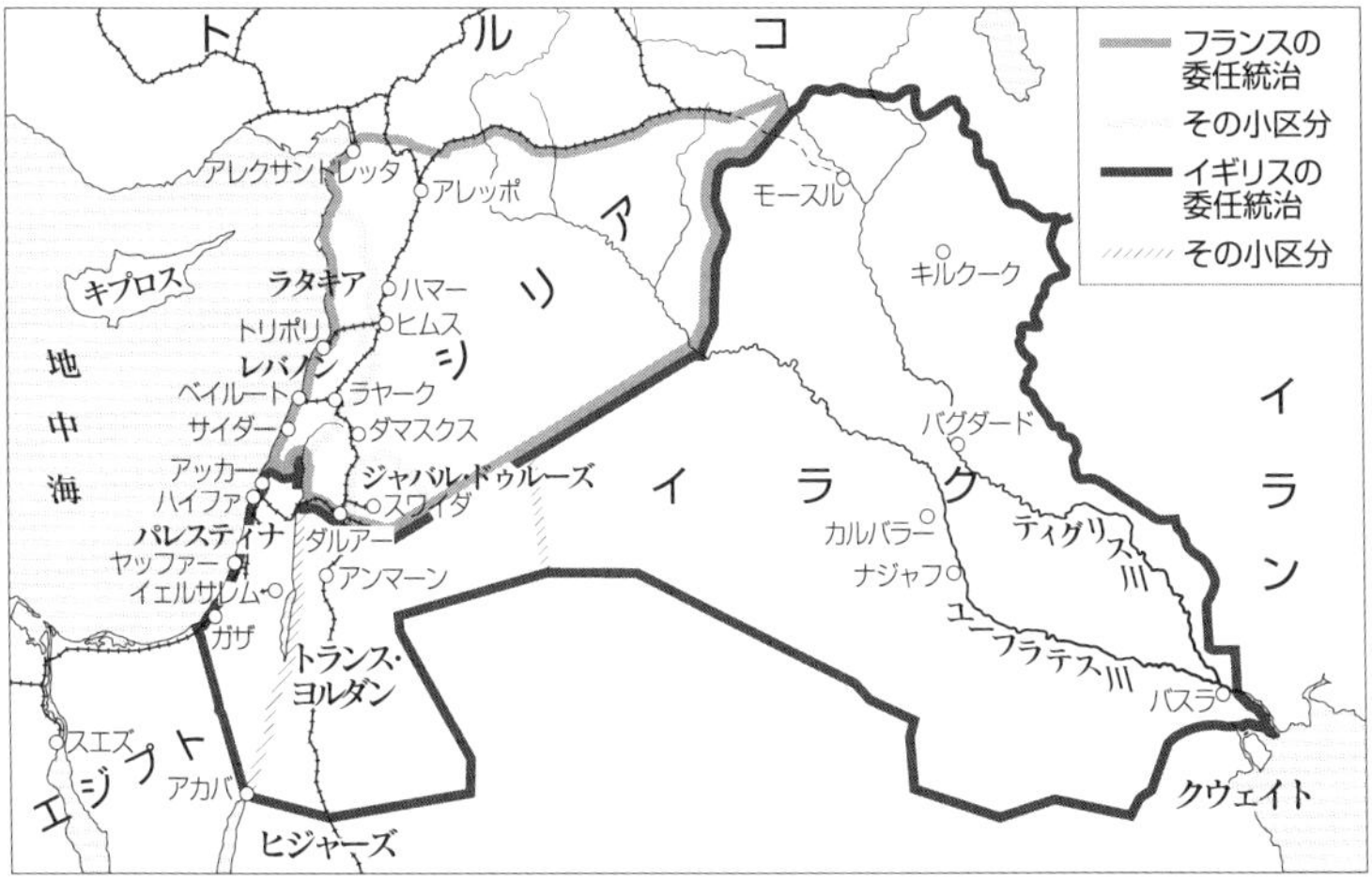

第一次世界大戦後のイギリス，フランスの委任統治

その後の領域国家の原型となるこれらの委任統治領は、戦争中にアラブにたいしておこなった約束を無視し、列強間の秘密協定を優先させるかたちで決定された。これまでイギリスは、ほかの列強をたがいに牽制させ、アジア支配の要所を確保するためにオスマン帝国の温存をはかってきたが、大戦後、上記のアラブ地域をフランスとともに直接支配に組み入れる方針に転換したのである。

イギリスにとって、これらのアラブ地域は、地中海の制海権やインドへの航海路や制空権の確保といった世界戦略や、綿花や石油(一九一一年イギリス海軍は燃料を石炭から石油に転換した)などの資源確保において重要な意味をもっていた。加えて、シオニストの庇護者として民族的郷土の建設を支援することもアラブ地域政策の柱であった。また、フランスにとっても、東アラブは、マグリブ地域とともに地中海政策の両輪を形成し、仏領インドシナへとつながる世界戦略の拠点であった。また、十九世紀以来の経済進出の歴史を背景として、マロン派などキリスト教徒を保護することを通じて、利権の拡大をはかろうとした。

フランス軍は、ファイサル率いるアラブの反乱軍がダマスクスに進軍したのと同じ一九一八年十月にベイルートに上陸する。ファイサルは、ダマスクスでアラブ政府を樹立したあと、父フサインの命を受け、一九年一月のパリ講和会議に参加し、戦争中に約束された領土の獲得交渉を試みるが失敗する。アメリカ大統領ウィルソンの提唱した民族自決の原則はアラブ地域には適用されず、大戦中の列強間の秘密協定が優先されたためである。一方、現地でフランスとの対決姿勢を強めた民族主義者は、同年七月に全シリア会議を開催し、パレスティナを含む大シリアの独立を宣言し、翌二〇年三月にファイサルをシリア王に推戴した。しかし、英仏はこれを認めず、翌四月のサン・レモ会議でフランスの委任統治を決定する。そして、七月にフランス軍は、民衆の抵抗を排してダマスクスを占領し、ファイサルのアラブ政府(大シリア立憲王国)を打倒した。フランスのシリア委任統治は、二年後の二二年七月に国際連盟で承認される。

フランスはシリア地域において、植民地支配の常套手段である分割支配の体制をしいた。シリアで特徴的だったのは、多数派のスンナ派をアラブの民族主義の支持母体とみなし、その勢力を削ぐために、宗派別の分断統治体制をしいたことである。こうした分断統治の背景には、中東イスラーム世界を細かく分裂したモザイク社会とみるヨーロッパ人の偏見があった。

まずレバノンでは、マロン派優位の特別区(ムタサッリフィーヤ)のレバノン山岳部に、ベカー高原とベイルートなど海岸地帯が編入され、一九二〇年にいわゆる大レバノンが形成された(四八五ページ地図参照)。編入された地域は、ムスリムが多数を占めており、その後内戦を引き起こす宗派対立の構造がこのときにできあがった。大レバノンは、二六年にレバノン共和国として名目上の独立をとげ、同時に公布された憲法のもと、宗派体制国家として出発することとなった。

つぎにシリアでは、当初一九二〇年にダマスクスとアレッポを中心にした二つの行政区、二二年に少数宗派のアラウィー派とドゥルーズ派がそれぞれ北部と南部に独自の行政区をおく分断統治の体制がしかれた。しかし、二四年に前者の二行政区を統合し、スンナ派商人層など都市名望家(アーヤーン)の政治エリートをフランス支配の同盟者とする方針に転換する。一方、南部のジャバル・ドゥルーズ地区では、土地制度の改革などフランスの統治政策に反発して、二五年に反乱が起きる。この反乱は、ただちに全国の都市民衆を動員する抵抗運動に発展し、その後、現代シリアの建国神話としてシンボル化された。

反乱後の情勢安定化のために、フランスは一九二八年に軍政を廃止し、都市名望家層の取り込みをはかって制憲議会選挙を実施する。この選挙で勝利をおさめた国民ブロックは、独立をめざしてフランスと交渉を続け、その後三六年にはフランス・シリア同盟条約によって独立の達成の一歩手前までできた。国民ブロックを支えた都市名望家層は、オスマン朝支配期と同様に、外国勢力の支配と地域住民のあいだを仲介する政治的役割をはたした。彼らは、パトロン政治の手法を用いて街区の民衆を動員し、また民族主義的なスローガンを操りながら、フランス委任統治政府の融和策に応じる姿勢をみせた。

イギリスのイラク支配もまた激しい住民の抵抗の抑圧のうえに成り立っていた。大戦中、イギリス軍は、一時撤退したイラク南部のバスラにふたたび侵攻し、反英ジハードを唱えるシーア派ウラマーと部族勢力の抵抗を排除して、一九一七年三月にバグダードを占領、停戦時にはモースルまで支配下におさめた。この北部地域は、秘密協定によればフランスに帰属する予定だったが、石油の埋蔵が予測されたため、イギリスの委任統治領イラクに組み込まれた(正式には二五年の国際連盟による承認)。この地域とイラン、トルコの山岳地帯に居住するクルド人は、大戦後の二〇年のセーヴル条約で独立を認められたが、二三年のローザンヌ条約では一転して否定され、民族自立の長い闘争を始めることになる。

さて、イラクの民族主義者は、一九一九年のシリアの独立宣言と時を同じくしてフサインの次男アブドゥッラーを王とするイラク独立を宣言した。しかし、翌二〇年四月のサン・レモ会議がこれを否定し、イギリス委任統治が決定されると、六月に南部のシーア派や部族勢力と連帯して大規模な反乱を起こした。この大反乱は、シリアのドゥルーズ反乱と同様、現代イラクの建国神話として語られることになった。

イギリスは、反乱後の事態を収拾するため、一九二一年三月にカイロ会議を開き、ダマスクスを追われたファイサルをイラクの王としてむかえる妥協策をとった。イギリスは、二二年の協定によってイラク王国の地位を確定させ、さらに三〇年の同盟条約でその独立を認め、三二年には国際連盟への加盟を許した。

さて、この新生イラク王国の権力を掌握したのは、ハーシム家のファイサルとアラブの反乱に参加したヌーリー・サイードなど民族主義者の軍人であった。その結果、同国はイギリスの強い影響下にありながら、アラブ主義を正統イデオロギーとする最初のアラブ国家となった。アラブ主義は、国内の複雑な宗派構成にたいして国民統合をはかる手段としても、また近隣諸国にたいして独自のアラブ域内外交を展開するためにも必要な思想装置になった。とくに、つぎに述べるトランス・ヨルダンとともに、ハーシム家の二つの王国を中心に「肥沃な三日月地帯」を統合する構想を打ち出したことは、その後、アラブ主義の主張を中心にアラブ域内政治が展開する起点になった。しかし、アラブ主義的な教育と軍事力を用いた国内少数派にたいするイラクの国民統合政策は、思わしい成果をあげられなかった。一九三〇～三一年には北部でクルド人の反乱があり、また三三年には大戦後トルコによって迫害されたアッシリア人(ネストリウス派教徒)が軍隊によって虐殺される事件が起きた。

さて、上述のとおり、イラクの王位に就けなかったアブドゥッラーは、一九二〇年十一月、兵を率いてヨルダン川東岸(トランス・ヨルダン)に駐屯し、シリアを占領したフランス軍を攻撃する構えをみせた。イギリスは、彼を懐柔するために、翌二一年委任統治領トランス・ヨルダン首長国を与えた。同国は、二八年のイギリスとの協定で地位を確定し、三〇年には地元の遊牧民を近代的な軍隊に組織したアラブ軍団がイギリス人の軍事顧問のグラブ・パシャによって創設された。大戦中のオスマン軍の攻撃によって砂漠がもはや安全な自然の防壁ではなくなったことを認識したイギリスは、スエズ運河を守る緩衝国を必要としていたのである。

イギリスによるナイル河谷支配の再編

第一次世界大戦にオスマン帝国が参戦すると、一九一四年十二月イギリスは一八八二年以来占領していたエジプトの保護国化を宣言した。これでエジプトは、約四世紀におよぶオスマン帝国の支配から形式上も離脱することになった。大戦後、エジプトの民族主義者は独立を求めて一九一九年革命を起こすが、これにたいしイギリスは、二二年二月に、一方的にエジプトの独立を宣言する。しかし、(1)イギリスの通信・運輸施設、(2)防衛、(3)外国人や少数派の保護、(4)スーダン統治の四点でイギリスの特権を認める条件がつけられていたため、民族主義者は、これを完全な独立と認めなかった。翌二三年に公布された憲法の体制下で、革命を指導したワフド党と宮廷派の対立にイギリスが介入する議会政治が展開した。そのなかで、ワフド党のナッハース内閣は、三六年イギリスと同盟条約を結び、イギリス軍の駐留をスエズ運河地帯に限定するなどエジプトの地位の大幅な改善を進めた。ただし、ワフド党主流派とイギリスとの妥協に批判的な政治勢力は、この不完全な独立に満足せず、運動を急進化させていった。

さて、スーダンにおいても、エジプトの一九一九年革命の影響を受け、エジプトの民族運動と連動して独立を志向する運動組織が生まれた。その中心が、元軍人のアリー・アブドゥル・ラティーフ率いる白旗協会であった。彼は、部族の枠をこえたスーダン民族の存在を主張し、ナイル河谷の一部としてエジプト王制のもとで独立することをめざした。両国の民族運動の連携を警戒したイギリスは、一九二四年夏に白旗協会を弾圧し、同年十一月にスーダン総督スタック卿がカイロで暗殺されると、エジプト人の軍人や官吏をスーダンから追放し、エジプトの影響力を排除しようとした。また、イギリスは、都市部知識人を中心とする民族運動に対抗し、三一年の土着政庁や部族法廷の設置によって部族長など伝統的支配層を動員し、部族主義を強調する分断統治政策をとった。とくに南部三州においては、北部のムスリム居住地域と切り離し、英語教育とキリスト教布教による分断政策を徹底し、独立後の南北内戦の背景をつくった。

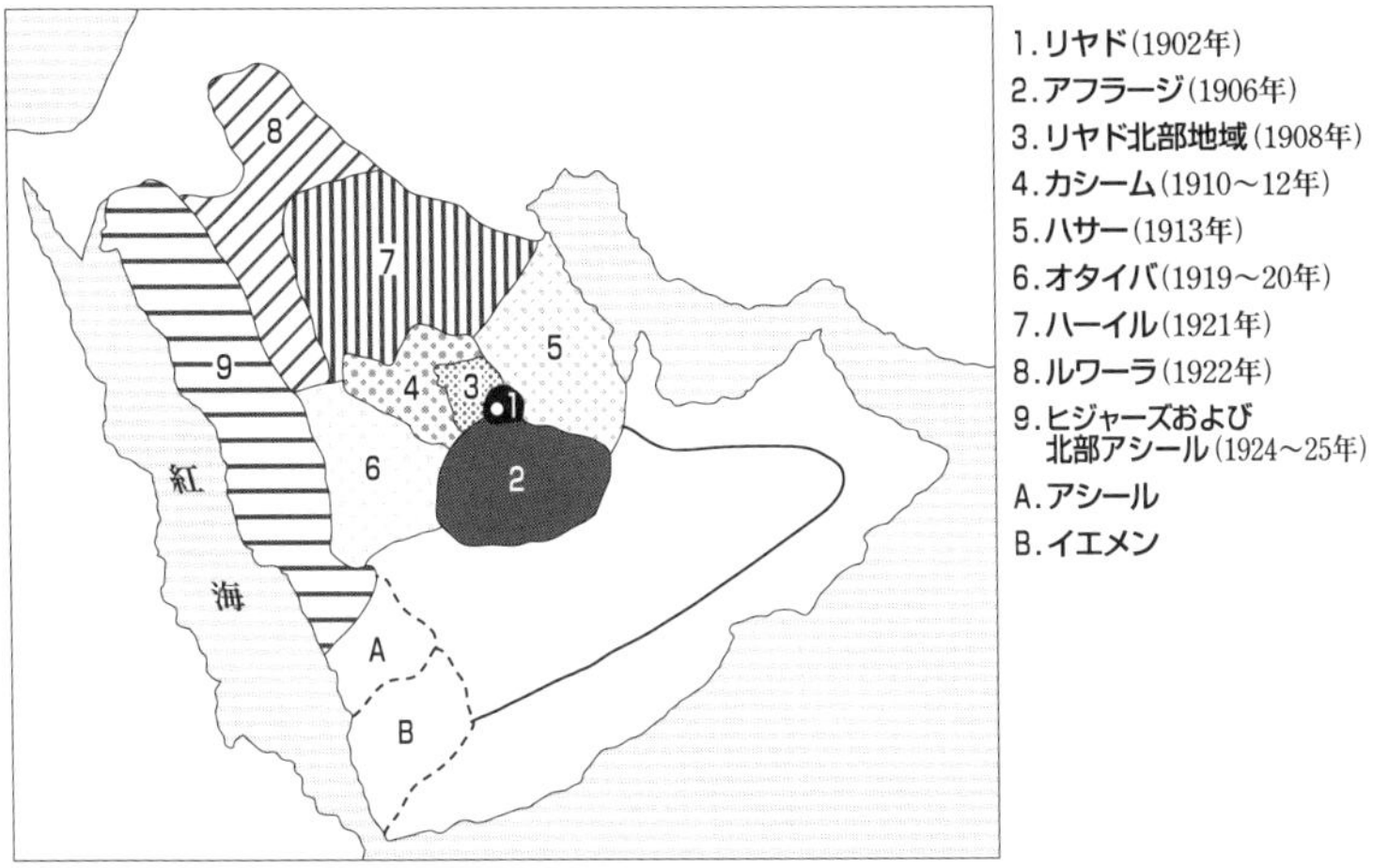

サウジアラビアの版図の拡大(1902～25年)

アラビア半島における国家建設

大戦中、アラブの反乱を起こしたメッカのフサインは、イギリスの支援を受けて一九一六年ヒジャーズ王を名乗るが、その大アラブ王国建設の野望は、前述のように列強主導の戦後処理によって潰れる。一方、イブン・サウード家のアブドゥルアズィーズは、一三年に湾岸のハサー地方に進出し、大戦中はイギリスの支援を受け、戦後の二一年にナジュドおよびその属州のスルタンを名乗り、宿敵のラシード家を倒した。さらに二四年にフサインのハーシム家が統治するヒジャーズ王国に攻め込み、翌二五年に同国を滅ぼした。フサインの敗北は、終戦によるイギリスの補助金削減で遊牧民の支持を失い、また増税によって地元商人層の反感をかったことにも原因があった。二六年にヒジャーズの王を名乗ったアブドゥルアズィーズは、全イスラーム会議を開催して、メッカ、メディナ両聖都の守護者たることを宣言し、三二年にはヒジャーズとナジュドの両王国を統合して、サウジアラビア王国を建国し、同年にエジプトなどの承認をえた。ハーシム家連合(イラクとトランス・ヨルダン)に対抗した同国とエジプトの接近は、アラブ諸国家システム内部に覇権争いの最初の図式をつくりだした。その後、サウジアラビアは、南西部アシール地方の豪族イドリーシー家の内紛につけこんで同地方を三三年に併合し、翌三四年には隣接する北イエメンにも侵攻し、三七年に同国とターイフ協定を結んで版図をさらに広げた。

マグリブ地域の民族運動

第一次世界大戦は、マグリブの人々にたいしても大きな犠牲を強いた。大戦中、フランスの支配下にあったアルジェリア、チュニジア、モロッコの三国からは、二六万人が兵士としてヨーロッパ戦線に動員され、八万人が戦死したといわれる。また、軍需労働などで一三万人が徴用を受け、その後ヨーロッパへの出稼労働が拡大する契機となった。

戦後、東アラブ地域と同様、マグリブでも各地で民族運動が高揚するが、厳しい弾圧を受けた。チュニジアでは、一九二〇年に立憲自由党(後のドゥストゥール党)が結成されるが、フランスは二二年に地方評議会の設立など行政改革によって運動をおさえ込んだ。アルジェリアでは、アブド・アルカーディルの孫アミール・ハーリドが二〇年の地方議会選挙で勝利するが、二三年に引退を強制された。

さらに、リーフ戦争後のモロッコにたいし、フランスは一九三〇年、「ベルベル勅令」によってベルベル地域にシャリーアのかわりに慣習法の裁判制度を導入した。この分断統治策は、モロッコ人の民族意識を刺激し、三四年に国民行動ブロックが結成された。この指導者で流刑処分を受けたアラール・ファーシーは、三一年にアルジェリアでウラマー協会を組織したイブン・バーディースと同様、エジプトのムハンマド・アブドゥの影響を受けたサラフィー主義者であった。他方、民族主義左派の潮流では、二六年にフランスのアルジェリア人出稼労働者を組織化し「北アフリカの星」を結成したメッサーリ・ハッジが活躍した。また、チュニジアでは、ハビーブ・ブルギーバが三四年に新ドゥストゥール党を結成した。旧ドゥストゥール党を牛耳るチュニスの都市名望家層から、急進的な民族主義を主張するブルギーバら地方出身の青年知識人層へという、民族指導層の勢力交替が、東アラブと同様ここでもみられたのである。

両大戦間期の経済と社会

第一次世界大戦後、東アラブ地域に成立した一群の領域国家は、国民経済が成長する枠組みとなった。自由な往来を規制する国境線の画定は、国内市場が成立する前提条件であったし、また関税自主権の取得や自国通貨の発行、産業や通信・運輸などのインフラ建設によって国民経済が発展する基盤がかたちづくられた。

領域国家の国境画定と自動車道路などの近代交通網の発展は、隊商交易を最終的に消滅させ、遊牧民の定住化を加速した。とくにサウジアラビアにおける遊牧民の定住化は、一九一三年に設立されたイフワーン軍団の入植地(ヒジャル)を先行例にして、建国後、部族保有地の国家管理によってさらに促進された。こうして都市民・農民・遊牧民からなるアラブ世界の伝統的な社会構成に大きな変化が生じた。

農業開発もまた、定住化した遊牧民を農業労働力として吸収するのに加えて、社会の階級構成に大きな影響を与えた。イラクでは、イギリス人技師の指導のもと、ティグリス・ユーフラテス川の灌漑開発が始まり、その恩恵に浴す大地主となったのは、スンナ派商人、宮廷政治家、部族長といったハーシム王家を支える特権層であった。また、イギリスはスーダンでも、一九二九年のエジプトとのナイル川取水協定を基礎にして、上流のゲジーラ地区で綿花栽培のための灌漑開発を進めた。

一方、両大戦間期には、本格的な工業化がエジプトを先頭に始まった。エジプトの綿花経済は、大恐慌以降、綿花価格が下落したため深刻な危機に陥っていた。このモノカルチャー経済の構造改革に立ち上がったのが、一九二〇年にミスル銀行を創設した民族主義的企業家、タラアト・ハルブである。彼は、同銀行を通じた地主層の投資によって綿工業をはじめとする諸産業の振興につとめたが、三〇年の関税自主権回復は、この輸入代替工業化の追い風となった。

しかし一方で、こうした工業化は、労働者階級の成長をうながし、政治運動が大衆的な基盤を獲得する背景をつくった。また、ホダ・シャアラーウィーが指導するエジプトの女性運動は、一九一九年革命に参加するなど、労働運動とならぶ重要な社会運動として民族主義運動において大きな役割をはたした。

また、両大戦間期は、ナフダ(近代アラブの思想的覚醒)を土台にしてアラブのリベラリズムが発展した時代であった。その代表は、ジャーヒリーヤ詩の研究で論争を呼んだターハ・フサインや近代最大の劇作家タウフィーク・ハキームである。一方、ムハンマド・アブドゥの弟子であるラシード・リダーは、『マナール』誌の発行によって、その後成長するイスラーム運動に大きな影響を与えた。

また、この時代にはハルブが設立したエジプト映画産業が繁栄の基礎を築き、大衆演劇とならんで、近代的な大衆文化の発展に大きく貢献した。また、雑誌・新聞などのアラビア語の出版文化も大きな発展をみせ、アラブ世界を横断する知的文化が育っていった。一九三六年のパレスティナ・アラブ大反乱(2節参照)などがアラブ各国で大きな反響を呼び、急進的な民族運動が育っていったのは、こうしたアラブ世界共通の知的なインフラが整備されていたからである。また、両大戦間期には、大学など高等教育の発展がみられる一方(一九二五年設立のカイロ大学の前身エジプト大学など)、二一年創設のシリアの士官学校や、三六年の対イギリス同盟条約で中・下層出身者の入学が許可されたエジプトの士官学校は、つぎのアラブ民族革命の時代に重要な役割をはたす軍事エリートの養成機関となった。

2　パレスティナ問題の展開

パレスティナ問題の前史

現在、パレスティナと呼ばれている地域は、十六世紀以来、大シリア(シャーム)を支配したオスマン帝国の行政区分によれば、シドン州(エヤラート)の南部とダマスクス州のイェルサレム県(サンジャク)を中心にした南西部にほぼ該当する。第一次世界大戦後、イギリスは、これらの地域をシオニストの要求に従って委任統治領パレスティナとして切りとった。第二次世界大戦後、このイギリス領パレスティナから独立したイスラエルは、多数派のパレスティナ・アラブ人を追い出し、やがてアメリカの庇護のもと、その全領土を手中におさめた。しかし、離散(ディアスポラ)の逆境から立ち上がったパレスティナ人の民族運動は、厳しい環境のなかで多くの傷をおいながらも、独立国家の建設に向けて歩みを進めている。

パレスティナを含めた大シリア地域に近代化改革の波を最初にもたらしたのは、エジプトのムハンマド・アリー朝のイブラーヒーム・パシャによる統治(一八三一〜四〇年)である。イブラーヒーム・パシャは、行政機構を整備し、遊牧民を定住させ、産業と通商を奨励した。また、対ヨーロッパ貿易の拡大にともないキリスト教徒の地位を改善し、キリスト教宣教団が進出するきっかけをつくった。

エジプトの撤退後、ふたたびオスマン帝国の支配下にはいったパレスティナは、タンジマート改革とクリミア戦争の大きな影響を受ける。まず、一連のタンジマート改革のなかでもっとも重要だったのが、一八五八年のオスマン土地法による農地の私有化の進行だった。農地の私有化と商品経済の浸透は、それまで遊牧民の略奪によって荒廃していた沿岸平原部の農地の開拓をうながし、オレンジなどの柑橘類を有力な輸出商品とする商業的農業も進んだ。しかしその一方で、借金のために土地を手放して没落する農民もふえ、農業資金を前貸しした都市の商人層が土地を集積して不在地主となった。この地主制度と農民の貧窮化は、つぎの委任統治期にユダヤ人の入植経済が成長する前提条件となった。すなわち、二十世紀初頭には、パレスティナの農地の約三分の一がわずか一四四家族の大地主によって所有され、また一九四五年までにシオニストに売り渡された土地の九割近くが不在地主の所有地だったといわれているからである。

また、クリミア戦争(一八五三〜五六年)は、聖地イェルサレムの管理権をめぐる列強の対立(ギリシア正教側のロシアとカトリック側のフランス)をきっかけに勃発した戦争であり、戦後、パレスティナへのヨーロッパ勢力の進出が加速した。ドイツのテンプル教団をはじめとするキリスト教団の入植活動が活発になったが、同じくヨーロッパ人のユダヤ人による入植もこうした「平和な十字軍」の一部として始まった。

ユダヤ人のパレスティナ入植は、すでに一八四〇年代にみられたが、農業入植活動をともなうユダヤ人移民の波(アリヤーと呼ばれる)が本格化するのは八〇年代以降である。この第一次アリヤー(一八八二～一九〇四年。移住者数二万五〇〇〇人)は、当時頻発していたポグロム(反ユダヤ暴動)の迫害を恐れたロシアのユダヤ人が多数を占めていた。こうした移住活動の一方で、反ユダヤ主義の台頭に対抗する政治運動として、中・東欧のユダヤ知識人のあいだに、ユダヤ人の民族国家の建設を主張するシオニズム運動が生まれた。その代表が『ユダヤ人国家』(一八九六年)を著わしたテオドール・ヘルツルである。ドレフュス事件に強い衝撃を受けたヘルツルは、ヨーロッパにおける既存の国家の枠組みではユダヤ人問題は解決できないと考え、植民地建設によるユダヤ人のための国家建設を構想した。一八九七年にヘルツルは、第一回世界シオニスト会議をスイスのバーゼルで開催し、世界シオニスト機構を設立する。

こうしたシオニズムの発展を背景にして、その後のパレスティナ問題の展開に、そしてイスラエル国家の土台づくりに決定的な影響を与えたのが第二次アリヤー(一九〇四～一四年。三万五〇〇〇人)であった。第一次アリヤーの農業入植活動が、アラブ人の雇用労働に依存するプランテーション型の経営であったのにたいし、第二次アリヤーは、ユダヤ人入植者自身の労働による「土地と労働の征服」の方針を打ち出し、ユダヤ植民協会による組織的な入植活動をおこなった。ユダヤ民族が自らの労働による共同社会を建設することで土地取得を正当化するこうした考え方は、労働シオニズムと呼ばれる。労働シオニズムは、ロシアや東欧の社会主義の影響を受けたダヴィド・ベングリオン(のちの初代イスラエル首相)など第二次アリヤーの世代によって主張された。このイスラエル建国の理念となった政治思想の実践的なモデルが、キブーツやモシャーヴなどと呼ばれる共同経営村落であった。

委任統治下のパレスティナ

第一次世界大戦の戦後処理は、パレスティナの運命に決定的な影響を与えた。前節でみたように、大戦中イギリスは、戦後のパレスティナ地方の帰属問題について、フサイン・マクマホン書簡、サイクス・ピコ協定、バルフォア宣言という三つのたがいに矛盾した約束をしていた。なかでもバルフォア宣言でシオニストに示された民族的郷土樹立の保証は、国際連盟の委任統治制度が認めたアラブ人住民の権利を侵害する明らかな矛盾をかかえていた。この矛盾はイギリスの委任統治によってその後深刻化し、一九四八年に大きな破局を招くことになる。

第一次世界大戦中、イギリス軍は、シナイ半島をこえて一九一七年十二月にイェルサレムに進駐し、二〇年まで二年半にわたってパレスティナを軍事占領した。一九年に国際連盟が派遣したアメリカ人のキング・クレイン調査団は、パレスティナを大シリア地域に統合し、宗教的差別のない民主的な統治体制を樹立すべきだと勧告したが、英仏は無視し、二〇年のサン・レモ会議で大シリア地域を両者で分割する委任統治を決定した。この決定は、ほかの大シリア地域と同様にパレスティナにおいても民衆暴動を引き起こした。この同年四月ナビー・ムーサー(預言者モーゼ)の祭りで起きた暴動の原因を調査したイギリスの調査団は、シオニスト側の対応を非難した。にもかかわらず、イギリスのロイド・ジョージ首相は、ユダヤ系で親シオニストのサミュエルをパレスティナ高等弁務官に任命し、バルフォア宣言を実行に移す決断をした。

委任統治の開始とともに多数のユダヤ人の移住が始まった。そのためにユダヤとアラブ間の緊張が高まり、一九二一年のメーデーにふたたび大規模な衝突事件が起きた。同事件を調査したヘイクラフト調査団は、移住禁止を勧告するが、この措置は二カ月後に撤廃された。そしてイギリスは、国際連盟による委任統治の正式承認に際して、二二年六月に「チャーチル白書」を発表し、改めてバルフォア宣言の履行を確約した。また同白書は、宗派別選挙による議会とアラブ、ユダヤ双方が参加する諮問委員会を設置する内容の憲法を提案したが、アラブ側の賛意をえられなかった。

さらにイギリスは、一九二三年十月にはユダヤ機関と同格のアラブ機関の設定を提案してきた。アラブ側は、少数派の移住者と同格に扱われた点、またユダヤ機関が選挙なのにアラブ機関は委任統治政府による任命で選ばれる点を批判し、この提案も拒否した。ユダヤ人の急増に危機感を覚えたアラブ側は、二〇年十二月にパレスティナ・アラブ会議を開催して、アラブ執行委員会を設置し、民族政府の樹立をめざす運動を進めていたからである。しかし、イギリスの提案にたいするアラブ側の拒否は、委任統治体制下でアラブとユダヤに不公平な待遇をもたらす結果を招いた。すなわち、シオニストが諮問機関という公式の地位をえたユダヤ機関を通じて、委任統治政府に影響力をおよぼし、着々と入植経済を拡大したのにたいし、アラブの自治は認められず、アラブ執行委員会は非公式な組織にとどまったのである。

さて、アラブ執行委員会に結集した名望家層の政治エリートは、フサイニー家とナシャシビー家の確執を中心に内紛をかかえていた。イギリス委任統治政府は、この内部対立につけこんで、一九二一年にフサイニー家のハーッジ・アミーンをムフティー(イスラーム法の裁定をおこなう最高権威)に任命し、さらにワクフやシャリーア法廷を管轄する最高ムスリム評議会の委員長に登用した。しかし、イギリスの期待とは反対に、ハーッジ・アミーンは、これらの役職を権力基盤にして急進的な民族主義の主張を掲げる指導者として成長した。彼はイスラームを政治的に利用し、三一年にはイェルサレムでイスラーム会議を主催した。

この会議のきっかけともなり、またアラブ、ユダヤの対立に決定的で深刻な局面をもたらしたのが、急進派の修正主義シオニスト、ジャボティンスキーの扇動で始まった一九二九年八月の嘆きの壁事件である。衝撃を受けたイギリスは、この衝突事件の原因を究明するショー調査団を送り、その勧告に従ってホープ・シンプソン調査団に事件の社会経済的背景を調べさせた。同調査団は、アラブ農民の貧困と失業問題を指摘し、ユダヤ人移民を制限すべきだと勧告した。この報告に従って、移民を制限しユダヤ人への土地売却を規制する内容の「パスフィールド白書」が三〇年にだされた。しかし、シオニストの猛烈な反対を受け、マクドナルド首相はワイツマンに「黒い手紙」をだして同白書の撤回を表明した。

嘆きの壁事件が起きた背景には、イギリス委任統治の庇護のもとで急速に成長するユダヤ人入植社会と、貧窮のなかに停滞するアラブ社会の二重構造があった。イギリスのパレスティナ統治は、スエズ運河の防衛とユダヤ人の民族的郷土の樹立を目的としていたために、インフラや治安関係への支出を優先し、アラブ社会の社会経済開発を軽視していた。その一方で、イギリスは、入植地拡大のためにシオニストに土地提供の便宜をはかり、入植地のあいだを結ぶ道路を建設した。さらにユダヤ人を優先的に公共部門に雇用し、電力会社や死海の製塩・化学工業などユダヤ資本の投下による産業開発に利権を与えた。

また、ユダヤの工業部門は、保護関税の恩恵を受けたが、その一方でこれらの工業の原料となる輸入農産物の関税の引き下げは、アラブ人の農業に打撃を与えた。また、委任統治政府は、財政自立主義の立場をとり、アラブの農業部門に農地税の重圧をかけていたため、大恐慌後の農産物価格の下落によって、土地を失う農民が急増した。

これにたいして、ユダヤ人入植者社会(イシューヴ)は、世界シオニスト機構やユダヤ資本の支援と、イギリス委任統治の庇護を受けて、着実に成長した。委任統治が開始された一九二〇年には、ヒスタドルート(ヘブライ人労働総同盟)が設立され、アラブ人労働者を排斥しながらほぼ全産業にわたるユダヤ人のための雇用創出事業を実施した。また、同年にはナビー・ムーサー事件をきっかけにハガナ(防衛軍)が結成され、イスラエル国軍の基礎となった。

ユダヤ人の人口は、第一次アリヤーが始まる一八八二年以前にはパレスティナの全人口約五〇万人のうちわずか二万四〇〇〇人(人口比五％)であったが、第一次世界大戦が始まる一九一四年には八万五〇〇〇人にまで増加していた。二二年の人口センサスによると、アラブとユダヤの人口比は、八九％対一一％であり、その後の第三次アリヤー(一九～二三年。三万五〇〇〇人)と第四次アリヤー(二四～三一年。八万五〇〇〇人)の大量移民にもかかわらず、三一年センサスの人口比は八四％対一六％とそれほど変わらなかった。

しかし、「パスフィールド白書」が撤回されると、ユダヤ人の年間の移住者数は、一九三一年の四〇〇〇人から三五年の六万人に急増した(第五次アリヤー〈三一～三六年。二〇万人〉)。その結果、ユダヤ人の人口比は、一六%から二八%へと上昇し、貧窮に苦しむアラブ社会に不満が高まった。この時期、パレスティナにはアラブ主義を掲げるイスティクラール(独立)党(三二年設立)をはじめ急進的な政治勢力が台頭した。彼らは、パレスティナの独立のために民主的政府の樹立とユダヤ人移民の停止、土地売却の禁止を要求する運動を展開し、パレスティナ・アラブ大反乱(三六～三九年)へとつながっていった。

大反乱の直接のきっかけは、一九三五年十一月に土地を失った貧農のゲリラ部隊を率いて活動していたシャイフ・カッサームが委任統治政府警察によって殺害された事件だった。三六年四月にカッサーム同胞団とハガナのあいだで報復の応酬が起きると、ハーッジ・アミーンを議長とするアラブ高等委員会が結成されて、ゼネストを指示し、各地で武装闘争が始まった。これにたいしイギリスは、二万人の兵力を投入して反乱を鎮圧する一方、調査団を送り三七年七月に「ピール白書」を発表した。同白書は、はじめてパレスティナをアラブ、ユダヤ双方に分割する案を示したが、アラブ高等委員会はこれを全面拒否した。イギリスは、ナチス・ドイツと接触を開始したハーッジ・アミーンを追放し、ゲリラ活動の掃討作戦を展開したが、反乱が終息するのは三九年五月までかかった。

イギリスは、深刻化した事態の打開策を求め、一九三九年二月にアラブとユダヤ双方を招いてロンドン円卓会議を開催するが議論は暗礁に乗り上げた。そしてドイツとの開戦が間近に迫ると、帝国の利害のために中東地域の安定確保を最優先し、五月に「マクドナルド白書」を発表して、これまでの親ユダヤの姿勢を転換する。同白書は、ユダヤ人移民数を制限し土地取得を規制、またユダヤ国家の建設を認めず、一〇年以内にパレスティナの独立を認めるという、バルフォア宣言を否定する内容であった。

同年九月の第二次世界大戦の勃発は、ヨーロッパ各地のユダヤ人の前にホロコーストの地獄の門を開いた。虐殺をまぬがれたユダヤ人は、難民として脱出したが、パレスティナをめざした船がイギリスの移民規制によって行く手を阻まれ沈没する悲劇も起き、国際世論に同情の声が高まった。シオニスト指導部は、これまで庇護者であったイギリスの態度に失望し一九四二年五月ニューヨークでビルトモア会議を開き、イギリスにかわってユダヤ機関が移民の管理をおこない、ユダヤ人の自治政府を建設することを決議した。

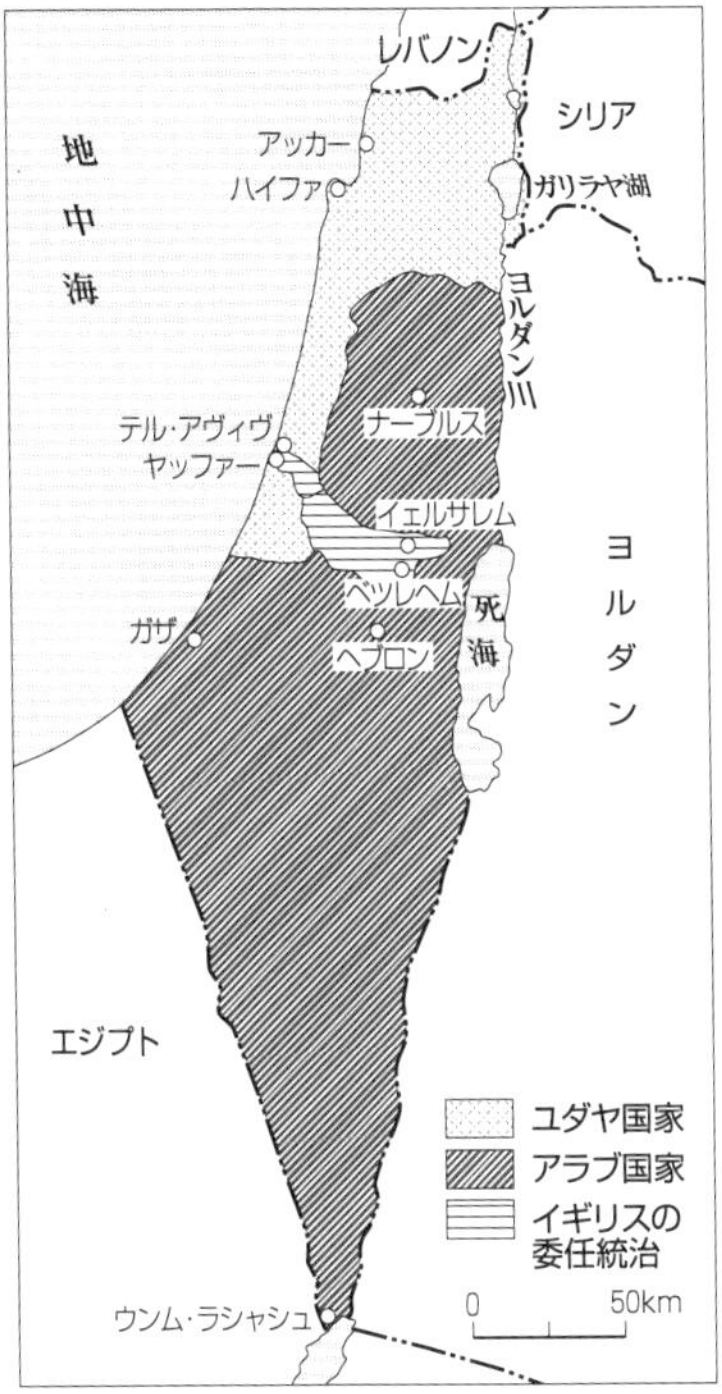

「ピール白書」によるパレスティナ分割案（1937年）

アメリカのシオニストは政治圧力団体として急速に成長し、四四年一月アメリカ議会は、ビルトモア決議を支持するにいたる。こうして大戦後、アメリカがシオニストの新しい庇護者となる構造がつくられた。

パレスティナ人の離散

第二次世界大戦の終了とともにシオニストは、イギリスにユダヤ人国家の独立を要求したが、拒否されると武装闘争の道を選んだ。一九四六年七月に修正主義シオニストの武装組織イルグンがイェルサレムのキング・デビッド・ホテルを爆破した事件をはじめ、反英テロ活動の頻発によってパレスティナは内戦状態に陥った。四七年二月にイギリスのベヴィン外相は、委任統治の継続はもはや困難と判断して、国際連合に介入を要請し、六月に国連のパレスティナ特別委員会が現地調査をおこなった。同委員会は、九月に報告書を提出したが、内部の意見は、アラブ・ユダヤ連邦制国家案と二国家案(分割案)に割れていた。翌年の大統領選挙でユダヤ票を期待したトルーマンは、シオニストが認めた後者のパレスティナ分割案をソ連の支持と多数派工作によって四七年十一月国連決議第一八一号として実現させる。ただし、この決議案は、賛成票三三にたいし、反対票一三、棄権一〇というように、総会でも大きく意見が分かれていた。

国連のパレスティナ分割決議は、人口比三一%のユダヤ系住民が領土の六割をえるという不公平な内容で、アラブ側はこれを断固として拒否した。一方、シオニストは、イギリスの最終撤退を知らされると、武力によってユダヤ人国家を建設する準備にはいった。シオニストの軍隊は、大戦中に連合軍に従軍し実戦経験を積んだ三万人のハガナを中心に、一九四八年五月には六万人の規模に拡大した。一方、アラブ側は、アラブ連盟が戦争の可能性を否定して楽観的な態度をとったのに加え、ハーッジ・アミーンが四七年十二月にアラブ解放軍という名ばかりの五〇〇〇人の非正規軍を組織した程度で、準備不足は明白だった。

両者の戦闘は、当初一九四八年三月まではアラブ側が押し気味であったが、シオニスト軍は、五月十五日のイギリス撤収に照準をあわせて四月から攻勢に転じ、五月十二日までに主要都市を占領し、十四日イスラエルの建国を宣言する。アラブ各国は、十五日に合計二万一〇〇〇人の正規軍をパレスティナに派遣するが時すでに遅かった。六月の停戦を挟んで、七月に再開された戦闘でアラブ諸国軍は相互の連係の悪さと不十分な武器のためにイスラエル軍の前に敗走し、四八年の年末、第一次中東戦争(パレスティナ戦争)は終了する。イスラエルの占領をまぬがれたヨルダン川西岸地区(西イェルサレムを含む)は、シオニス

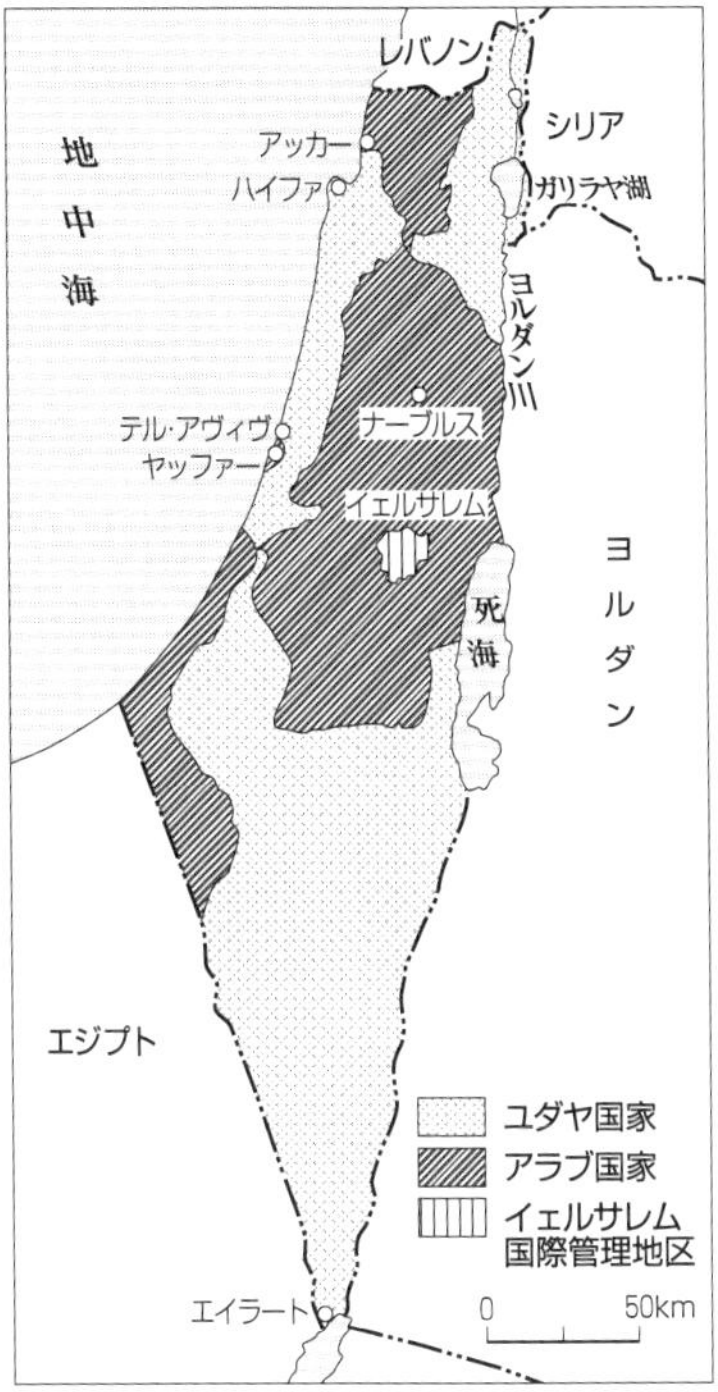

国連によるパレスチナ分割案(1947年)

トと秘密交渉によって以前から領土の拡大をねらっていたアブドゥッラー国王のヨルダンによって五〇年に併合された。また、ガザ地区はエジプトの軍事占領下にはいった。敗戦は、ナクバ(大災厄)として記憶され、アラブ各国の政治に激震を与えた(3節参照)。

シオニストは、ユダヤ民族基金から資金の提供を受けて、パレスティナ土地開発会社やユダヤ植民協会を通じパレスティナの土地取得事業を進め、一九二二年の七五万ドーヌム(全農地の三%)から四七年には一七三万ドーヌム(全農地の二四%=全国土の七%)へと支配面積を拡大していた。そして、この戦争の結果、一挙に全国土の七七%、とくに肥沃な農地の大半を手中におさめた。それは、パレスティナ人が所有していた土地の八〇%と、残留したパレスティナ人の資産の四〇%を接収した略奪事業の成果であった。

第一次中東戦争に際し、シオニストは、以前から準備していたアラブ住民の追い出し計画(ダレット計画)を実施した。アラブ人の故郷離脱は、シオニストが宣伝してきたような、アラブ側の放送の退去勧告にうながされた自発的なものではなく、テロや脅迫による誘導といった強制の結果だった。その代表的な事件が、一九四八年四月にメナハム・ベギン率いる修正シオニストの武装組織イルグンが二五四名の村民を虐殺したイェルサレム近郊のデイル・ヤーシン村事件であった。

戦争の結果、一四〇万人のパレスティナ人のうち、イスラエル国内に残ったのは一〇万〜一八万人にすぎず、占領をまぬがれたヨルダン川西岸とガザに五〇万人が居住し、そしてそのほかの過半数の八〇万人が難民となった。スウェーデン人外交官の国連パレスティナ調停官ベルナドッテ伯爵は、難民の帰還を主張したが、一九四八年九月に修正主義シオニストの武装組織レヒ(のちの首相イツハク・シャミールがその指導者であった)によって暗殺される。また彼の勧告に従った難民の帰還の権利と賠償の国連決議(第一九四号)を、イスラエルは頑なに拒否した。イスラエルの国内に残留したパレスティナ人は、その後二級市民の扱いを受けながらも村の破壊や土地の接収などに抵抗した。とくにゼネストにより死者のでた七六年の三月三十日は、その後「土地の日」として記憶された。

さて、多くのパレスティナ人を難民として追い出したあと、イスラエルの人口は、一九四八年の六五万人から五一年の一三〇万人に倍増した。この人口増大は、主としてホロコーストの生き残りである東欧のユダヤ人の移民によるものであったが、同時にエジプト、イエメン、イラク、モロッコなどのアラブ諸国からも、四八〜五六年間で四五万人のユダヤ教徒がイスラエルに移住した。この移住は、イスラエルの移

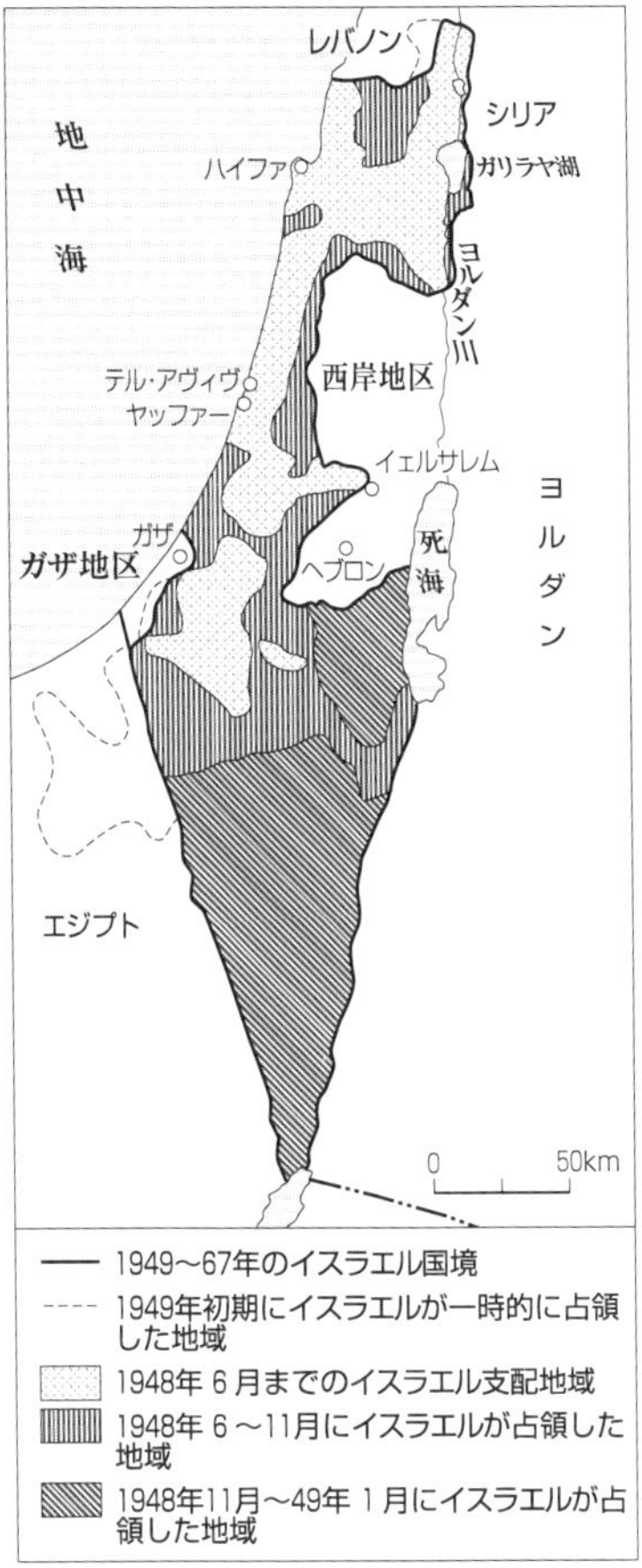

第1次中東戦争とイスラエルの領土拡大(1948〜49年)

住作戦の結果でもあったが、またアラブの国々で起きた排外的な民族主義による迫害によっても加速された。こうして二〇〇〇年以上の歴史をもつバグダードなどのユダヤ教徒社会が消滅することになった。

さて、難民となったパレスティナ人は、一九五〇、六〇年代にはヨルダン、七〇年代以降は石油ブームに沸く湾岸産油国に多くが出稼ぎし、各国の経済発展に貢献した。さらに欧米各地に離散していく人々も少なからずいた。教育投資に熱心なパレスティナ人のなかには、技師や教師など専門職の中間層や企業家などの富裕層として成功する人もあった。しかし、多数のパレスティナ人は難民キャンプで劣悪な生活を送り、受入国であるアラブ諸国でさまざまな社会的差別に苦しんだ。こうしたディアスポラ(離散)のパレスティナ人青年層のなかから、武装闘争による故郷の奪還をめざすフェダイーン(戦士)が発生し、新しいパレスティナ民族運動を担うことになる。

このパレスティナ民族運動の復活に大きな影響を与えたのが、アラブ民族革命の指導者ナセルであった。ナセルは、当初、秘密交渉によってイスラエルとの関係改善を試みた。しかし、一九五五年二月にイスラエルがガザのエジプト軍基地を襲撃し、五六年に英仏と共謀してスエズ戦争を起こして以降は、パレスティナ解放をアラブ世界統一の第一歩と訴えるプロパガンダによって、エジプトがアラブ政治の主導権を握る方針を明確に打ち出していく。不満の鬱積したパレスティナ人の青年たちに、ナセルの唱えるアラブ民族革命の夢は希望の光を与えた。六四年にナセルの肝いりで結成されたパレスティナ解放機構(PLO)は、エジプトの強い影響下におかれてはいたが、パレスティナ民族運動の組織的基盤となっていった。

アラブ・イスラエル紛争が第三次中東戦争(六月戦争)という全面的な軍事衝突をむかえるまでには、両者のあいだでヨルダン川の水利用をめぐる対立や難民の帰還権をめぐる議論の応酬があった。また、フェダイーンの攻撃と、これにたいするイスラエルの報復による国境や休戦ラインの侵犯も頻発した。さらに重要だったのは、両者の対立がこの時期、冷戦の構造のなかにより深く組み込まれた点である。ナセルは、ソ連の援助を受け入れたシリアの急進的なバアス党政権の要請に従い、シナイ半島に軍隊を集結し、一九六七年五月、イスラエルとの国境に展開していた国連緊急軍(UNEF)を撤退させる。続いてイスラエルの紅海への出口であるティラン海峡を封鎖すると、事態は一気に緊迫化した。内戦のイエメンに軍隊を駐留中にとられたこの行動は、アメリカに支援されたイスラエルの軍事力を過小評価した結果であり、致命

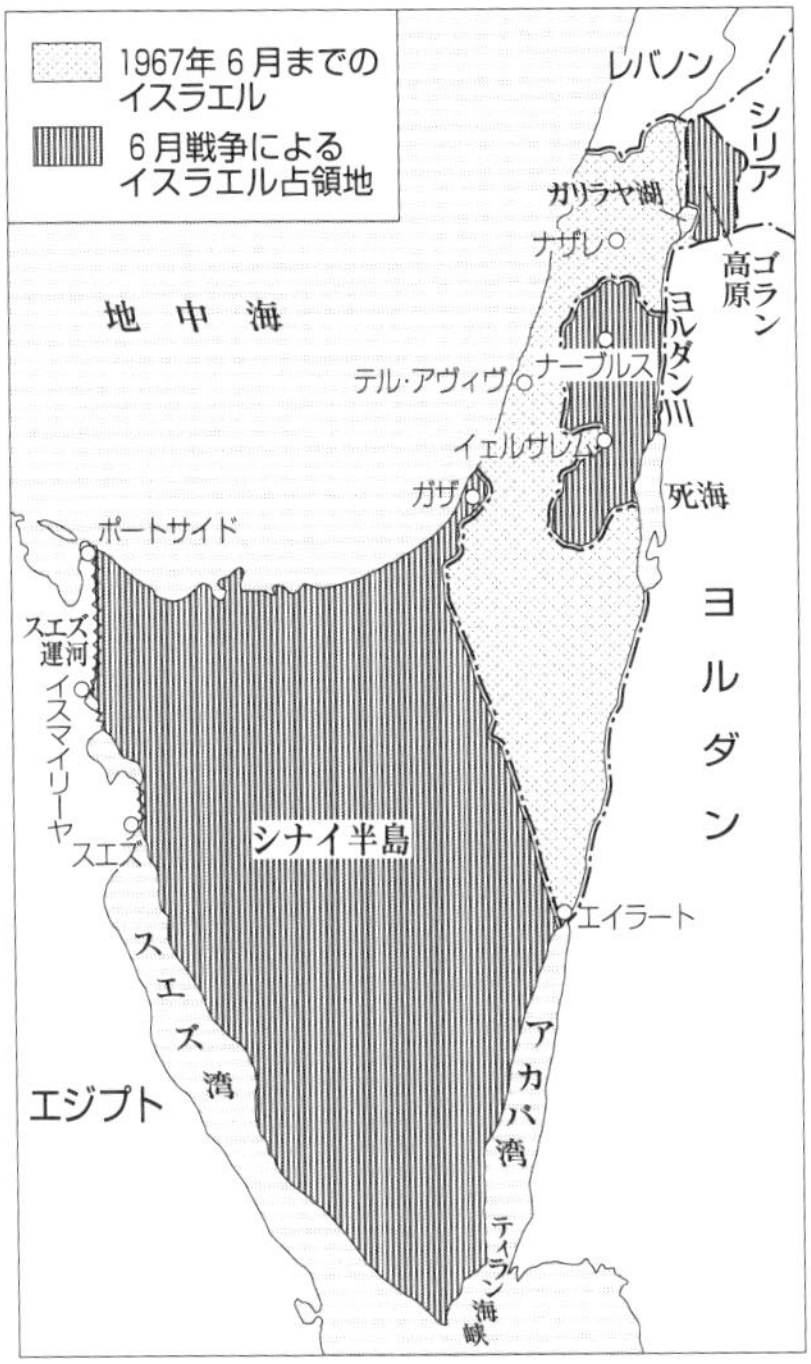

第3次中東戦争(6月戦争)によるイスラエルの占領地の拡大(1967年)

的な軍事的判断の誤りだった。六月五日のイスラエル空軍の奇襲で始まったわずか六日間の戦闘でアラブ各国の軍隊は完璧に打ちのめされ、アラブ民族革命の夢を語るナセルの権威は失墜した。

イスラエルは、エジプトからシナイ半島、シリアからゴラン高原を奪い、さらに東イェルサレムを含む西岸とガザ地区を占領して、委任統治領パレスティナの全土を支配下におく大勝利をおさめた。イスラエルの占領地の拡大によって西岸とガザからふたたび四〇万人の難民が生まれた。その多くはヨルダンなどに逃れ、急進的な民族抵抗運動を生み出す温床となっていく。六月戦争の惨敗はナクサ(挫折)として記憶され、アラブ世界の政治運動にトラウマ(精神的な外傷)となる衝撃を与えた(4節参照)。

パレスティナ民族運動の発展

六月戦争後、パレスティナ問題をめぐる基本的な構造が大きく変化した。まず、第一にパレスティナ人自身の民族運動が成長する一方で、アラブ各国がこの運動を自国の利害のために利用するさまざまな政治戦略が展開した。この変化は、敗戦によってナセルのエジプトの権威が失墜し、アラブ各国間の力関係に変化が生じたことと関係している。これまでエジプトの保護下にあったパレスティナ民族運動が自立する動きを示す一方で、この運動をほかのアラブ諸国が政治的に利用する動きが目立ってきた。バアス党のシリアやイラクが急進派組織を支援したのにたいし、体制変革を恐れるサウジアラビアなど産油国は、主流派に活動資金を提供した。また、エジプトは、自国の利害を優先する現実主義的な外交政策に転換し、ヨルダンは、パレスティナ問題を利用し「ヨルダン・オプション」という西岸支配の復活をもくろむ戦略をとった。

第二に、以上のアラブ世界内部の構造変化とならんで、国際社会におけるパレスティナ問題の地位が大きく変化した。六月戦争後の一九六七年十一月、国連は、既存国家の領土の保全とともにイスラエルに占領地の返還を求める第二四二号決議を採択した。この決議は、パレスティナ人の民族自決権に言及しない不十分なものであったが、その後の国際社会が求める中東和平の基本的枠組みになった。一方、六月戦争後も米ソの支援を受けてイスラエルとエジプトのあいだで「消耗戦争」が続いていたが、これを仲裁するニクソン政権のロジャーズ国務長官の調停(ロジャーズ提案)は難航した。そのあとを引き継いだキッシンジャーは、ソ連の影響力を排除しながら、親イスラエルの立場に立って地域秩序の安定を求めるアメリカの中東政策の基本路線をしいた。そして、その後のパレスティナ問題にたいする国際的な関心の高まりに決定的な影響を与えたのが、第一次石油危機であった(4節参照)。

さて、新しいパレスティナ民族運動の担い手となったのは、ディアスポラの知識人青年層が指導するフェダイーン組織であった。なかでもアラファト(ヤーセル・アラファート)が率いる主流派組織、ファタハ(パレスティナ解放運動の略称。一九五九年設立)は、六八年三月のカラーマの戦いでイスラエル軍を撃退したことを足がかりに勢力を伸張した。アラファトは、六九年二月にＰＬＯ議長に選ばれ、パレスティナ民族運動全体の指導者となった。一方、ＡＮＭ(アラブ民族運動。五一年創設)の流れをくむＰＦＬＰ(パレスティナ人民解放戦線。六八年設立)や、それから分派したＤＦＬＰ(パレスティナ民主解放戦線)などの急進派は、当時世界で流行した急進的な左翼思想に影響されて人民革命路線による過激な武装闘争を展開した。

これらのフェダイーン組織は、占領パレスティナへの出撃基地をヨルダンとレバノンにつくった。とくにPLOの本部がおかれたヨルダンは、フサイン国王が急進派組織の増強に危機感をつのらせ、一九七〇年九月に弾圧をおこなった。このヨルダン内戦は、ナセルの命をかけた仲介で終息し、PLOは本部をベイルートに移転した。この「黒い九月」以降、フェダイーンの闘争は、ハイジャックなど過激な手段をとり、七二年五月のロッド空港襲撃事件や同年九月のミュンヘン五輪事件を引き起し、世界の注目を集めた。

パレスティナ問題は、一九七三年十月の第四次中東戦争(十月戦争)によって世界をゆるがす最大級の国際問題となった。イスラエルがアラブにたいしていだいた軍事的優位の自信は、エジプト空軍の電撃作戦で大きくゆらぎ、アラブ産油国の石油戦略は、PLOの国際的地位を向上させた。七四年十一月の国連決議第三二三六号は、パレスティナ人の民族自決権とPLOの正統性を認めた。このときの国連総会でアラファトは、有名な「オリーヴの枝と銃」の演説をおこなった。これはPLO主流派が外交的手段を用いて六月戦争後のイスラエル占領地(西岸とガザ)に独立国家を建設する現実主義的な路線に傾斜したことの表明であった。しかし、この和平路線は、運動の内部と外部の双方で厳しい試練に直面することになった。

まず、PLOの内部では、シオニスト国家の打倒とパレスティナの全面解放をめざすPFLPなど理想主義的な急進派が、このミニ・パレスティナ国家構想を批判し、シリアやイラク、リビアなどの支援をえて拒否戦線を結成し主流派と鋭く対決した。一方、PLOが亡命政権とみなされて外交的な実力を発揮するためには、政治的・軍事的な拠点となる地域を確保しなければならなかった。しかし、新しく本部がおかれたレバノンで現地社会との摩擦が拡大し、これが内戦の原因のひとつになった。

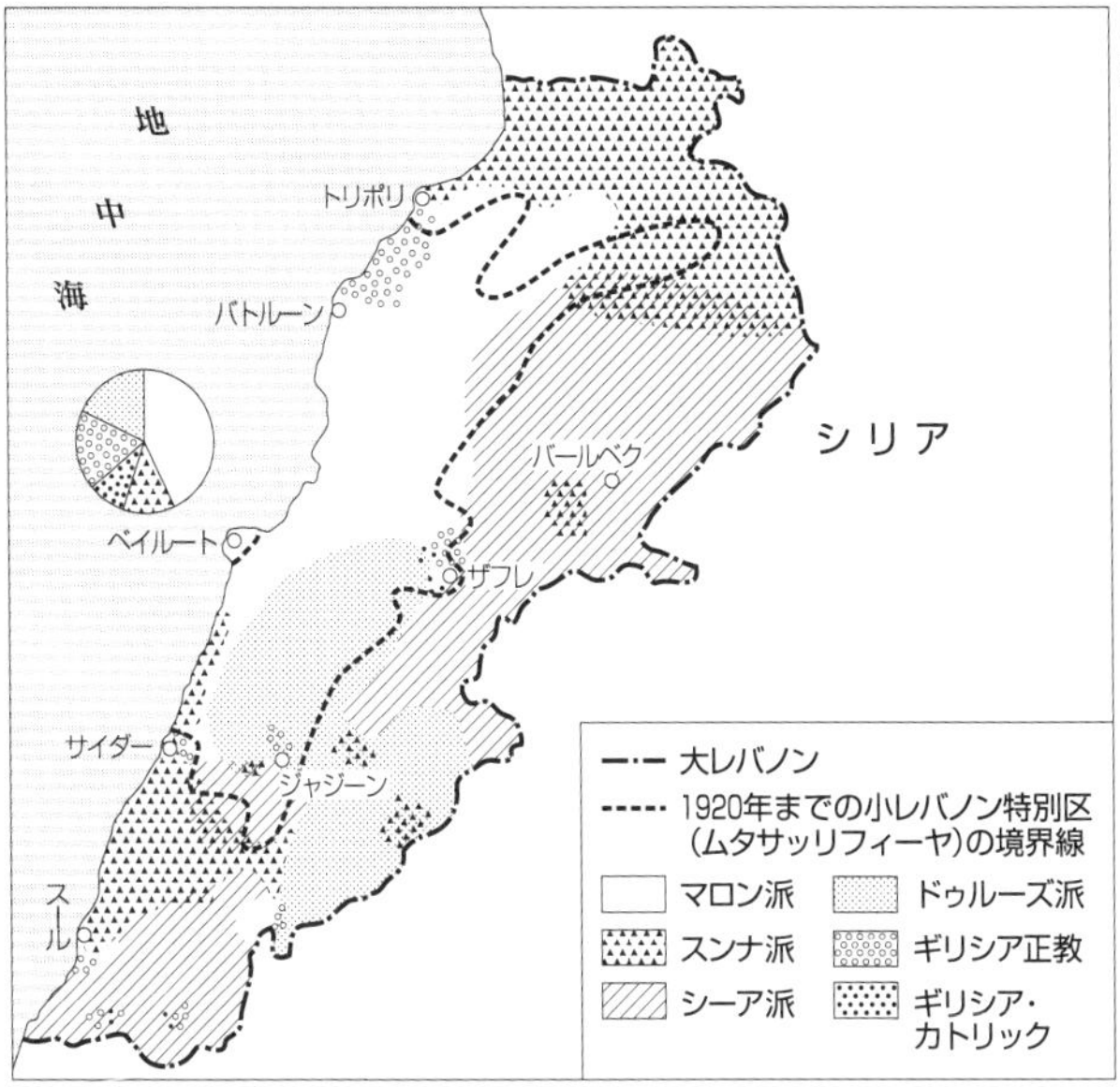

レバノンの宗派別分布(1953年)

レバノン内戦地図(1982年)

PLOは、レバノン国家のなかに擬似国家的な支配地域をつくったが、これに反感を強めたキリスト教徒右派のマロン派ファランジストとのあいだで一九七五年四月に武力衝突が起きる。その後、PLOと連帯した左派勢力によってキリスト教徒右派勢力が追いつめられると、イスラエルやアメリカの軍事干渉を恐れたシリアが軍を派遣し、左派勢力をおさえこんだ。その後内戦は、七六年十月アラブ首脳会議がシリア軍主体のアラブ平和維持軍の駐留を決定してひとまず終息する。

さて、PLO主流派による和平戦略の進路に大きな影響を与えたのが、サダト大統領によるエジプトの自国利害優先の和平外交である。エジプトは、シナイ半島でのイスラエルとの兵力引き離し交渉(第一次シナイ協定一九七四年一月、第二次シナイ協定七五年九月)をおこなったが、これを仲介したフォード政権のキッシンジャーによるシャトル外交を通じて、アメリカに接近するきっかけをつくった。

当時、中東和平交渉をめぐって、アラブ関係国やソ連も参加する国際会議(ジュネーヴ会議)による包括和平方式と、イスラエルが望むPLOを排除したアラブ各国との個別交渉方式とが厳しく対立していた。カーター政権は、当初、従来の中東政策を転換し、前者の包括和平方式を選んだ。しかし、一九七七年十一月、サダトの突然のイェルサレム訪問で事態は急変する。サダトは、国内の経済危機に直面してその克服策を早急な和平の実現に求めたのである(4節参照)。カーター政権は、個別交渉方式にふたたび路線を変更し、七八年九月にイスラエルのベギン首相にサダトとキャンプ・デーヴィッド合意を結ばせた。翌七九年三月にはエジプト・イスラエル平和条約が締結された。

シナイ半島の返還とアメリカの援助と引き換えにエジプトがイスラエルを承認した「裏切り」行為は、

シリアなどアラブの急進派諸国の憤激をかった。その結果、エジプトは、アラブ連盟からボイコットされて孤立し、サダトは一九八一年十月にイスラーム主義者によって暗殺される。しかし、イスラエルは、対エジプト平和条約後も、占領した西岸・ガザへの入植地の拡大を続け、キャンプ・デーヴィッド合意で含意された占領地の自治にかんする交渉を空洞化させた。こうしたなか、PLOの和平路線は、主流派のなかからも公然と批判がだされるようになり、厳しい事態に直面した。

一方、この時期レバノンではキリスト教徒右派のレバノン軍団が勢力を盛り返し、内戦が再開した。彼らの一部はイスラエルと結託して南部に自由レバノン地区を形成し、シリアやPLO、レバノン左派勢力と対決した。また、イラン革命の影響でアマルなどシーア派軍事組織が台頭し、レバノン内戦の対立構造は複雑化した(4節参照)。そして、対エジプト平和条約によって後顧の憂いがなくなったイスラエルは、PLOの軍事拠点の壊滅をねらって一九八二年六月、レバノンに侵攻した。PLO本部は、九月にベイルートを退去し、戦力を削がれてチュニスに拠点を移した。そして同月、シャロン国防相率いるイスラエル軍は、キリスト教徒右派のファランジスト兵が、パレスティナ人難民キャンプのサブラとシャティーラで大量虐殺をおかすのを黙認し、国際世論の非難をあびた。

さて、レーガン政権は、イスラエルのレバノン侵攻にたいする国連安保理の非難決議に拒否権を行使する一方、虐殺事件と同じ一九八二年九月に和平提案(ヨルダン支配下での西岸・ガザの自治)をおこなった。これは、七二年にフサイン国王が提示したヨルダン・パレスティナ連邦国家案(いわゆるヨルダン・オプション)に準拠したものであった。八四年九月にPLO内の反乱軍(アブー・ムーサ派)を操るシリアによって

国連で演説するPLOのアラファト議長

レバノン北部のトリポリに追いつめられ勢力が衰えていたPLO主流派は、ついに八五年二月にフサイン国王と連邦国家による和平案に合意せざるをえなくなった(アンマン合意)。しかし、翌八六年二月に仇敵同士のシリアとヨルダンが接近し、一緒になって弱体化したPLOをおさえこもうとしたため、アラファトはアンマン合意を破棄した。

さて、アンマン合意を受けて、イスラエルのペレス首相は、フサイン国王と協力してPLOを排除する和平プロセスを画策した。とくに西岸地区では、抵抗運動を進めてきた民族指導委員会を非合法化し、伝統的な指導者層を利用する「村落同盟」政策をさらに強化した。また、一九八六年十月に政権に就いた右派リクードのシャミール首相が入植地拡大策を展開すると、PLOの弱体化とあいまって、占領地区のパレスティナ住民に絶望感が深まった。そして、八七年十二月にガザでイスラエル軍用車がパレスティナ出稼ぎ労働者をひき殺す事件が起きると、これにたいする抗議行動が継続的な民衆蜂起、インティファーダへと発展した。長い忍従の末ついに決起したこの占領地住民の蜂起を組織的な運動へとまとめあげるために、八八年一月、PLO主流派のファタハを中心に民族指導部が結成された。

ディアスポラ知識人の運動として始まったパレスティナ民族運動は、この蜂起を契機に活動の拠点を占領地に移すことになった。一方、インティファーダのなかで、占領地住民を動員する強力な政治勢力として登場したのが、ハマース(イスラーム抵抗運動の略称)であった。ムスリム同胞団の流れをくむハマースは、ＰＬＯの運動の基本理念である非宗派的で民主的な国家の建設にたいし、パレスティナ全土の解放によるイスラーム国家の実現を主張し、ＰＬＯ主流派の和平路線を批判した。抗議のゼネストと青少年の投石にたいし、イスラエルのラビン国防相が指示した容赦のない弾圧政策は、メディアによって伝えられ全世界から非難の声をあび、パレスティナ人への同情を集めた。一九八八年七月、ヨルダンのフサイン国王は、この民衆蜂起が王制の危機につながることを恐れ、長年執着してきた西岸支配の主張をついに撤回し、ヨルダンの行政から分離する声明を発表した。この声明を受けて、ＰＬＯは同年十二月、国連決議第二四二号、三三八号を受け入れ、武装闘争の放棄と西岸・ガザを領土とするパレスティナ国家の独立を宣言した。

この和平路線は、アジア・アフリカ諸国を中心にパレスティナ独立の承認をつぎつぎに勝ちとり、最終的にはアメリカによるＰＬＯの認知をめざして前進をすると思われたが、しかし、湾岸戦争によって一挙にご破算になる。湾岸戦争において、アラファトは、占領地やヨルダンなどのパレスティナ民衆の情緒的反応に引きずられイラクの支持に回った結果、サウジアラビアなどの産油国や欧米諸国からの信頼を失った。クウェイトに長年居住してきた三五万人のパレスティナ人が追放され、産油国からＰＬＯへの資金援助も打ち切られ、パレスティナ独立国家はつかの間の夢に終わったかにみえた。

3　第二次世界大戦とアラブ革命の時代

第二次世界大戦とアラブ世界

第二次世界大戦は、アラブ世界における脱植民地化の動きを加速させた。この動きは、ナチスによるユダヤ人の迫害の影響を受けて深刻さを増したパレスティナ問題(2節参照)と結びついて急進化し、一九五〇年代以降のアラブ世界に民族革命の時代をもたらすことになった。

中東・地中海地域における第二次世界大戦の序曲は、イギリスの覇権体制にたいするイタリアのファシスト政権による挑戦で始まった。一九三五年五月のイタリアのエチオピア侵略は、スエズ運河経由のインド航路やイギリス領東アフリカを直接脅かした。台頭するファシズム勢力の脅威にさらされた英仏は、戦略的要衝であるアラブ地域の権益を保持するために、各地の民族主義勢力に譲歩する方針に転換した。イギリスの対エジプト同盟条約(三六年)、パレスティナの「マクドナルド白書」(三九年。2節参照)がその典型である。

イギリスと同様にフランスの人民戦線内閣は、一九三六年にシリアと同盟条約を結んだ。しかし、政権が交代すると条約の批准を拒否し、さらに三九年七月枢軸国側への配慮からアレクサンドレッタ地区をトルコに割譲してシリア住民の憤激をかった。同年九月に第二次世界大戦が勃発すると、翌四〇年六月にフランスはドイツに降伏し、仏領マグリブ三国とともに、シリアは対独協力のヴィシー政権の支配下にはいった。さて、イラクでは三三年のファイサル国王死去後、民族主義的な軍人の政治介入が繰り返され、政情が安定しなかったが、四一年四月のクーデタによってラシード・アリー・ガイラーニーの親独派政権ができた。地域支配の体制の危機に直面したイギリスは、トランス・ヨルダンのアラブ軍団の支援も受け、同年六月にイラクの軍事政権を打倒した。そして七月には自由フランス軍とともにシリアを枢軸国側から奪還した。

一方、エジプトは、大戦中カイロに連合軍の中東総司令部や戦時経済を維持する中東供給センターがおかれるなど、戦略的重要性が増大した。このエジプトにたいし、ロンメル将軍率いるドイツのアフリカ軍団が、イタリア占領下のリビアを足場に、スエズ運河地帯の奪取をめざして進軍し、一九四一年春には国境を越えて侵入する事態となった。このような軍事的な緊張が高まるなか、四二年二月、イギリス軍が親独派の民族主義者に同調する態度をみせたファールーク国王を威嚇するために王宮を包囲する事件が起きた。この二月四日事件は、圧力に屈服した国王と、イギリスに妥協して事件後に政権に就いたワフド党にたいする国民の人気を失墜させ、その後の民族運動の展開に大きな影響を与えた。

さて、イギリスは、対枢軸国戦略の一環として、アラブ世界の統一を求めるアラブ主義者の主張に応え、アラブ諸国が地域協力機構を設立する構想を支持した。その結果、一九四四年十月のアレクサンドリア議定書に基づいて、四五年三月にアラブ連盟(正式にはアラブ諸国家連盟)が設立された。カイロに本部をおくアラブ連盟の設立は、イギリスの協力のもと、ワフド党のナッハース首相がサウジアラビアなどの支持をえて、イラクとヨルダンのハーシム王家連合に打ち勝った域内外交の成果であった。こうしてエジプトは、アラブ世界の中心的な地位を手にいれ、アラブ国家としての性格を一層強めていった。

一九四二年十月、エジプトのイギリス軍が、エル・アラメインの会戦でドイツ軍を敗退させたことで大戦の戦局は大きく転換する。翌十一月にモロッコとアルジェリアに上陸した連合軍は、四三年五月には北アフリカから枢軸軍を駆逐し、第二次世界大戦の戦闘は終局に向かった。

第二次世界大戦の終結とともに、英仏のアラブ地域支配の体制にも終止符が打たれることになった。レバノンは、一九四一年六月の自由フランス軍の進駐にともない委任統治の終了が宣言され、形式的には独立した。しかし、四三年にホーリー大統領が憲法を改正しフランスの特権条項を廃止すると、フランスはレバノン内政に干渉し大統領を解任した。しかし、イギリスの仲介によって復帰した同政権は、アラブ国家の枠組みのなかでキリスト教徒とムスリムの共存をめざす国民協約体制を成立させた。このときに行政府の主要な役職と国会の議席の数を宗派別に配分する原則が口頭で約束された。

フランスは、シリアにおいてもまた植民地支配の継続に執着した。一九四五年五月のドイツの降伏にともない、独立を求める民衆蜂起が発生すると、フランスは爆撃でこれを鎮圧した。しかし、シリアの独立を認めたイギリスから非難され、また国連安保理でソ連の圧力を受けたフランスは、翌四六年ようやくシリアとレバノンから撤退し、両国は完全な独立を勝ちとった。

一方、イギリス委任統治領トランス・ヨルダンは、大戦中の軍事的貢献をイギリスに認められ一九四六年にヨルダン王国として独立した。しかし、同じ委任統治領のパレスティナの独立問題は、2節でみたように混迷し、その後深刻な影響を周辺のアラブ諸国におよぼすことになった。

スーダンでは、大戦後に民族運動の復活がみられたが、その内部で親エジプトのナイル河谷統一派と、親英派が対立する。前者は、ハーティィミーヤ教団ミルガーニー家の支持を受けたアッシカ(のちの国民統一党)に、後者は、マフディー派のウンマ党に結集した。独立への道は、一九四八年の立法議会選挙を親エジプト派が拒否して難航するが、五二年のエジプト革命を転機に進展する。五三年二月にエジプトとイギリスがスーダン独立に合意したあと、十一月の選挙で勝利した国民統一党は、方針を変えてエジプトとの連合を選ばず、五六年一月スーダンは単独で独立した。

第二次大戦後、マグリブ地域では、リビアとモロッコが王国として、チュニジアとアルジェリアが共和国として独立した。リビアは、英仏伊三国が分割信託統治を画策していたが、一九四九年の国連決議に基づいて五一年十二月に独立した。トリポリタニア、キレナイカ、ファッザーンという三地域に分裂していた民族運動をまとめ上げたのは、サヌースィー教団のムハンマド・イドリースであった。モロッコでは、国民行動ブロックの弾圧後、民族主義者が四三年にイスティクラール(独立)党を結成した。大戦後、同党を中心とした民族運動は、都市部の労働運動や山岳部のゲリラ部隊(フェラーガ)の武装闘争とも結びついて全国的に展開したが、国民統合のシンボルとして宗教的権威をもつアラウィー朝スルタン・ムハンマド五世を担いだ。五五年十一月に流刑から帰国したスルタンは、五六年三月にフランス、四月にスペインと独立協定を結び、さらに十月にタンジャの国際地位協定を廃止して、モロッコ全土の解放を勝ちとった。

このモロッコ独立を受けて、フランスは、チュニジアにも同年三月に独立を認めた。大戦中、反枢軸国の態度を貫いたブルギーバの新ドゥストゥール党は、枢軸国側に協力して信用を失ったベイの伝統的な権威をしのいで、独立運動の中心となった。一方、一〇〇万人ものフランス人植民者をかかえるアルジェリアの独立への道は厳しく、大量の犠牲者がでた。戦争協力の代償として自由フランスに求めた独立への期待が裏切られると、一九四五年にセティフなどで暴動が起こり多数の死者がでた。フランスは、組織法改正などの戦後改革で不満をおさえ込もうとしたが、民族運動の内部ではメッサーリ派のアフマド・ベンベッラら新世代の急進的な活動家が台頭した。彼らは、五四年にFLN(国民解放戦線)を結成し、長く激しい解放闘争を開始した。

さて、第二次世界大戦を挟む時期には、これまでの都市名望家や地主が担った民族運動にかわって、各国で急進的な主張を掲げる新しい政治勢力が台頭した。青年エジプト党やレバノン・マロン派のファランジスト(カターイブ)、大シリアの統合をめざすシリア社会民族党などアラブ版のファシスト組織が活動を展開する一方、ロシア革命後の一九二〇年代以降、アラブ各国で結成された共産党が、国際的な反ファシズム運動と結びついて四〇年代に組織を拡大した。これらの急進的な運動組織のなかで、やがて中心的な政治勢力に成長したのが、エジプトのムスリム同胞団とシリアのバアス党である。

ムスリム同胞団は、一九二九年イスマイリーヤでハサン・バンナーがムスリム青年の啓発を目的に結成した社会団体だったが、その後シャリーアの実施とイスラーム国家の樹立をめざす、エジプト最大の大衆動員力をもつ政治組織に成長した。バアス党は、四〇年代前半にミシェル・アフラークとサラーハ・ビタールが結成したアラブ復興党が、五三年アクラム・ホーラーニーのシリア社会党と合体した民族主義政党であり、アラブ統一と社会主義の実現を主張し、イラクやヨルダンなどにも支部を結成した。これらの組織は、英仏植民地権力と妥協する態度をみせたワフド党や国民ブロックなど旧政治勢力を批判し、またパレスティナ紛争に刺激されて、大戦後に展開するアラブ民族革命の中心勢力となっていった。

アラブ民族革命の時代

アラブ民族革命が高揚する直接的な背景は、一九四八年の第一次中東戦争の敗北であり、その発火点は五二年のエジプト革命、そしてその絶頂は五六年のスエズ戦争であった。革命を取り巻く国際政治の環境は、英仏の中東支配からの退場と米ソの介入による冷戦の開始によって特徴づけられる。一方、革命の国内的条件は、植民地時代の遺産である貧富の格差など社会問題の累積であり、革命を主導する新しい政治勢力の台頭であった。地主や都市名望家が支配してきた議会政治は否定され、地方都市や農村の中・下層出身である知識人や軍人が新しい政治エリートとして国政の表舞台におどりでた。彼らは、アラブ民族主義やイスラーム主義という既存の領域国家の枠組みを乗りこえる新しい政治的主張を掲げ、大戦時に普及したラジオ放送などによって生まれた大衆政治状況を利用して権力を掌握し、強力な国家機構を建設した。

一九四八年の第一次中東戦争の敗北は、台頭する新しい政治勢力に大きな衝撃を与えた。とくに戦争に義勇軍を送ったエジプトのムスリム同胞団は、外国人排撃など過激な直接行動を展開した。そして、解散命令をだして弾圧したヌクラーシー首相を四八年十二月に暗殺し、その報復で翌四九年二月にムルシド(指導者)バンナーが殺害された。一方、この戦争に従軍したガマール・アブドン・ナーセル(ナセル)ら青年将校は、敗戦の原因が腐敗したアラブの王制にあると考え、秘密結社の自由将校団を結成した。彼らは、

ナセル(左)とナギーブ

ムスリム同胞団や共産主義組織、ワフド党左派などとも連係して、体制転覆の機会をねらった。

当時、エジプト政治の最大の懸案事項は、イギリスと結んだ一九三六年同盟条約の改定とイギリス軍の撤退問題だった。四六年のシドキー首相とイギリスのベヴィン外相との合意では、三年以内のイギリス軍撤退が約されたが、エジプト王制のもとでのスーダン独立にかんする解釈が食い違い、事態は紛糾する。四八年のパレスティナ戦争の敗北によって急進化した国内世論を背景に、五一年十月ワフド党内閣は、同盟条約を一方的に破棄した。そして翌五二年一月にはスエズ運河地帯でイギリス軍にたいするゲリラ戦が発生し、これが飛び火して同月二十六日反外国人暴動のカイロ放火(黒い土曜日)事件が起き、旧体制は事態収拾の能力を失った。この危機的状況のなかで、七月二十三日ナセルら自由将校団は、軍事クーデタに成功する。彼らは、国民的人気があるナギーブ将軍を担いで革命評議会を結成し全権を掌握した。翌五三年六月ムハンマド・アリー朝が廃され、共和制に移行した。

革命評議会は、一九五三年一月にすべての旧政党を解散して集権体制を確立するが、翌五四年二月にナセルらとナギーブ大統領とのあいだの対立が表面化する。ナギーブが議会政治の復帰に理解をみせ、ムスリム同胞団と接近したためである。しかし、十月に同胞団員によるナセル暗殺未遂事件が起きると、十一月にナギーブは解任され、ムスリム同胞団は、その後徹底した弾圧を受けることになる。ナセルは、新憲法のもと五六年六月に大統領に就任して権力基盤を固める。諸政治勢力を弾圧したナセルが国民の圧倒的な支持をえたのは、冷戦と脱植民地化という国際環境のなかで勝ちとった外交的成功によるものであった。

一九四七年夏に始まる東西冷戦は、五二年アイゼンハワー政権のダレスによる共産圏封じ込め政策で新しい局面にはいった。ソ連に隣接する中東の「北層諸国」にたいする共産勢力の浸透を防ぐために、五四年四月のトルコ・パキスタン相互軍事協力協定が、続いて五五年二月にトルコ・イラク相互防衛条約(バグダード条約)が結ばれ、さらにイギリス・イランを正規の加盟国とするバグダード条約機構(のちの中央条約機構〈CENTO〉)の設立が準備された。しかし、同年四月にバンドン会議に参加して非同盟主義の主張に共鳴したナセルは、イギリスの中東支配の体制が温存されることに反発し、またイラクに対抗しアラブ域内政治での覇権を握るために、バグダード条約機構反対のキャンペーンを張った。このナセルの試みは、シリアとサウジアラビアに支持され、さらに「アラブの声」放送のプロパガンダによってアラブ世界の大衆の支持を集め、イラク政府を追いつめた。

ナセルは、米ソ双方からの援助を天秤にかける積極的中立の外交政策をとっていたが、アメリカがイスラエルに配慮して武器の提供に躊躇したために、一九五五年九月チェコ製の武器購入に踏み切った。この決定は、アメリカの不興をかい、翌五六年七月に世界銀行のアスワン・ハイダム融資拒否という報復を招いた。ここでナセルが政治生命をかけてくだした決断が同月二十六日のスエズ運河の国有化宣言である。

これにたいし、スエズ運河に利権をもつ英仏は、イスラエルとくんでナセル政権の打倒をたくらみ、十月エジプトに攻撃をしかけた。この第二次中東戦争(スエズ戦争)の戦局は、エジプトに不利であった。しかし、アメリカは、サウジアラビアなどのエジプト支持を考慮し、また核兵器の使用をほのめかすソ連の軍事介入を避けるために、英仏の植民地主義的行動を非難して、国連決議による停戦に導いた。そして、アメリカは、翌五七年一月にアイゼンハワー教書を発表し、英仏が撤退したあとの中東にたいするソ連の勢力浸透を阻止するために経済・軍事援助をおこなうと宣言した。

こうした大国の仲介のおかげでエジプトは、スエズ戦争で実質的な勝利をおさめた。このナセル革命の外交的勝利は、各国の政治地図を大きく塗りかえることになった。この革命の衝撃をもっとも大きく受けたのがハーシム家王国イラクであった。イラクでは、一九四八年の対英新条約反対デモ、五二年の民衆蜂起、五六年の反英仏暴動などが社会不安を醸成していた。そして、ついに五八年七月アブデル・カリーム・カーセム准将とアブドゥッサラーム・アーレフ大佐が率いる自由将校団が軍事クーデタを起こして、王族重臣を殺害し、ハーシム王制を打倒した。軍事政権は、ただちにバグダード条約を破棄する一方、反体制派の共産党員を釈放し、クルド民主党(四六年創設)の指導者バルザーニーの帰国を許した。しかし、まもなく共産党とクルドの支持を受けたカーセムと、バアス党やナセル主義者に支援されたアーレフのあいだで権力闘争が起き、五九年のモースル事件によって後者のアラブ民族主義勢力が弾圧された。この結果カーセムは、ナセルの強力なライバルとして登場し、アラブ域内政治の覇権を争うことになる。しかし、カーセム政権は、六一年六月にイギリスから独立したクウェイトに軍事介入を試みて失敗し、また内政面でも約束した自治を認めずにクルド人の反乱を招き、六三年二月バアス党のクーデタで打倒された。ナセルとカーセムによる二つの民族革命の荒波をかぶって動揺したのが、レバノンの宗派体制であった。ナセル革命の波及を恐れるシャムウーン大統領が任期を延長する憲法改正を試みたのがきっかけで、一九五八年五月にムスリムとキリスト教徒が交戦する第一次内戦が勃発した。アメリカは、内戦の勃発直後の七月に共産党が荷担するイラク革命が起きたことに衝撃を受けて、海兵隊をベイルートに上陸させた。

さてシリアでは、パレスティナでの敗北の衝撃を受けて一九四八年十一月にザイーム大佐が最初の軍事クーデタを起こし、その後三年間で三回のクーデタが連続して発生した。この不安定な政治状況の背景には、新旧政治勢力の対立があった。五四年二月シシャクリー軍事独裁政権が新旧両勢力の共闘で打倒されたあと、五五年四月にバアス党は共産党とくんで、ライバルのシリア社会民族党の追い落としに成功し、五六年にはじめて政権に参加する。しかし、バアス党は、左派勢力の伸張を恐れ、五八年一月に共産主義者を弾圧したナセルに接近し、二月シリア・エジプトの国家合同をめざすアラブ連合共和国の結成に踏み切った。しかし、既存の政党が解散されるなどエジプト中心の集権的な政治体制にたいする不満が高まり、六一年にクーデタが起き、このアラブ初の国家合同の試みは挫折する。

しかしながら、この二国連合が解消したあとも、エジプトとシリアが、一九六三年四月にカーセム政権崩壊後のイラクと三国で統合憲章を結ぶなど、共和制革命によるアラブ統一を求める夢は、いぜん魅力を失わなかった。さらに、六二年七月にはアラブ民族革命の影響を受けたアルジェリアの独立闘争がついに勝利した(アルジェリア革命)。独立戦争におけるフランス軍のＦＬＮにたいする攻撃は苛烈を極めたが、五九年に新フランス大統領のドゴールがアルジェリアの自決権を認める決断をしたことで事態は大きく転換する。ドゴールは、軍と植民者極右勢力が結びついてフランス本国の内乱に展開することを憂慮したからである。独立後の六三年八月、ベンベッラが大統領に就任してFLNの単一政党制を確立するが、六五年六月にブーメディエン国防相が無血クーデタで政権に就いた。アルジェリア社会主義を唱えたブーメディエンは、チュニジアのブルギーバとともにアラブ民族主義による国造りを進めた。こうしたアラブ民族革命の波に脅威を感じたのが、二つの王制国家、ハーシム家ヨルダンとサウジアラビアである。両者は、かつての宿怨を乗りこえて保守派の同盟を結び、エジプト・シリアを軸としたアラブの革新派と対抗した。

ヨルダンは、第一次中東戦争後の一九五〇年に西岸地区を併合したが、このイスラエルとの裏取引に憤激したパレスティナ人青年によって翌五一年七月にアブドゥッラー国王が暗殺された。さらに五六年十月に成立したナブルーシー内閣がエジプトに接近し、翌五七年四月にはフサイン新国王にたいするクーデタ未遂が起きる。このヨルダン王制の危機を救ったのが、サウジアラビアとアメリカであった。アイゼンハワー教書に基づいて第六艦隊を派遣したアメリカは、イギリスにかわってヨルダンの新しい保護者になった。

サウジアラビアでも、ナセル革命に共鳴したタラール王子らの自由プリンス運動が起きるなど改革が求められ、一九六四年に頑迷なサウード国王にかわって、開明派のファイサル皇太子が新国王に即位した。ファイサル国王は、ケネディー政権の圧力もあり、奴隷制の廃止などの近代化政策をおこない、サウード家の支配体制を強化した。また、サウジアラビアは、ナセルのアラブ社会主義にたいし、イスラームの政治的利用によって対抗しようとした。

また、王制国家モロッコでは、一九六一年に父王ムハンマド五世の後を継いだハサン二世が数回の憲法改正と独特の宗教的権威で政党勢力をおさえ込んだが、その一方でたびたび軍事クーデタの脅威にさらされた。同国王は、対外拡張政策によって国民の不満をそらすために、スペイン領サハラの併合を要求して七五年十一月に大サハラ行進(緑の行進)を組織した。これにたいして、ポリサリオ戦線を中心とする西サハラの住民は、七六年にサハラ・アラブ民主共和国の独立を宣言し、抵抗運動を開始した。

さて、民族革命の時代のアラブ域内政治は、こうした革新派と保守派という内部対立の構図ができあがる一方で、アラブ諸国家システムの拡大と成熟がみられた。アラブ連盟は、独立によって加盟国が増大し、その傘下に国連の組織を模した各種の地域機関がつくられた。また一九六三年からはナセルの提案によってアラブ首脳会議が開催され、アラブ諸国家間の調整をおこなう仕組みが強化された。しかしその一方で、五〇年にアラブ集団安全保障協定が結ばれたにもかかわらず、統一された軍事司令機構の結成には失敗した。また六〇年のイラクによるクウェイト領有の要求は退けたものの、加盟国のあいだで発生したそのほかの多くの紛争にたいし、アラブ連盟やアラブ首脳会議は、十分な調停機能をもたなかった。

アラブ社会主義と石油開発

アラブ民族革命は、十九世紀以来の列強の進出や委任統治などによる植民地支配によってつくりだされた社会経済構造の改革を試みた。エジプトを先発モデルとするアラブ社会主義の実験は、その代表であった。各国の革命政権が実施した農地改革や公共部門中心の工業化などの政策は、民族主義イデオロギーの主張を具体的な経済制度として実現したものだった。

エジプト革命直後の一九五二年九月に公布された農地改革令は、ほかのアラブ諸国の政策モデルとなった。これらの農地改革の目的は、農村部の極端な貧富の格差を生んでいた不均衡な土地制度の是正だったが、同時に大地主を中心とする旧政治勢力の打倒という政治的な狙いもあった。シリアでは、エジプトとの連合時代の五八年に実施された最初の農地改革が地主の抵抗で挫折したあと、六三年以降のバアス党政権が内容を修正して実施した。イラクでもカーセム政権による五八年の急進的な農地改革が失敗したあと、同じくバアス党政権が七〇年に改革を前進させた。そのほか、独立後の南イエメンも六八年と七〇年に改革を実施し、王制のヨルダンでさえ、五九年に灌漑開発地域の土地所有規模を制限し再分配する政策を実施した。また、独立後のアルジェリアでは、フランス人植民者(コロン)の土地を接収して自主管理農場がつくられたが、さらに七一年には農業革命が宣言され、一般農地でも農地改革が進められた。

ナセルのエジプトは、経済の計画化と産業や銀行の国有化による国家中心の開発体制の建設という点でも、アラブ各国のモデルとなった。エジプトの革命政権は、当初期待した民間の産業資本家の協力がえられないと判断すると、スエズ戦争時の敵国資産(英仏資本など)の接収に続いて、一九六〇、六一年に主要企業と銀行を国有化し、第一次五カ年計画を実施して国家が開発の主体となる経済体制をつくりあげた。スエズ運河国有化のきっかけとなったアスワン・ハイダム(六〇年に着工、七〇年に完成)は、アラブ民族革命全体の開発のシンボルであった。エジプトと同様に、シリアでは六三年から六五年にかけて、またイラクでは六四年に主要産業と銀行の国有化がおこなわれた。また、アルジェリアでは、六六年のフランス系銀行の接収を皮切りに、国有企業による重化学工業化が試みられた。

これらのアラブ社会主義体制による開発政策には、ソ連・東欧圏からの援助の影響もみられた。しかし重要なのは、十九世紀以来、列強がつくりあげた経済自由主義体制を批判し、貧富の格差を是正して社会的公正を追求する民族主義の主張がその基礎にあった点である。こうしたアラブ社会主義の理念を体系的に表現したのが、エジプトの「国民憲章」(一九六二年)であった。同憲章には、ナセル政権が弾圧したムスリム同胞団や共産党の主張が体制イデオロギーのなかに取り込まれており、また諸階級を均質的な国民のなかに融合させる国民動員組織として六二年に結成されたアラブ社会主義連合の理念的基礎となった。

このエジプトのアラブ社会主義体制よりも統制のとれた党組織とイデオロギーの体系化を自負していたのが、イラクとシリアの二つのバアス党であった。しかし、一九六〇年代後半以降、国家権力を掌握した両党は、軍事エリートと結びついて内部で激しい権力闘争を展開するなかで、その民族革命の理念を形骸化させていった。シリアでは、六六年に二回目のバアス党によるクーデタが起き、アラウィー派のジャディード将軍が政権の座に就いたが、軍部の介入を批判した党創設者のアフラークとビタールは指導部から排除された。イラクでは、六八年七月にハサン・バクル将軍のクーデタで政権に復帰したバアス党が、陰の実力者サッダーム・フサインによる血の粛清で強権体制を固めていった。

さて、民族主義に根ざした経済建設を試みたアラブ社会主義の実験とともに、第二次世界大戦後のアラブ世界の経済発展に大きな影響をおよぼしたのが石油開発であった。このアラブの石油利権をめぐる争いは、大戦を境としたイギリスからアメリカへの勢力交替のひとつの舞台となった。イギリスの中東石油の支配にたいするアメリカの挑戦は、委任統治領イラクで始まった。イギリスは、イラク政府と一九二五年に石油利権協定を結んだが、二七年にキルクークで石油が発見されると、二八年にアメリカなどのメジャー(多国籍石油会社)各社の要求によって、赤線協定と呼ばれる石油利権のコンソーシアムが結成された。

アメリカ資本によるアラブの石油支配は、メジャーのひとつソーカル社が、一九三一年にアラビア半島ではじめてバハレーンでの石油採掘に成功した勢いにのって、赤線協定の規制をかいくぐり、三三年にサウジアラビアと利権協定を結んだことに始まる。当時のサウジアラビア側には、大恐慌の影響でメッカ巡礼の収入が減少し財政難に陥った事情があった。三八年に始まる同国の石油生産は、アメリカ系メジャーが結成したアラムコ社によって、つぎつぎに大油田が発見され、第二次世界大戦後に急増する。大戦中のアブドゥルアズィーズ王とローズヴェルト大統領の会談(四四年二月)は、戦後の中東政治においてひとつの中軸を形成するアメリカとサウジアラビアの同盟関係の確立を示すものだった。

アラブの石油問題は、一九六〇年のOPEC(石油輸出国機構)結成で新しい時代にはいった。イランのモサッデグ首相によるメジャーの石油支配にたいする挑戦(五三年)が失敗したあと、五九年サウジアラビアのターリキー石油相はカイロで第一回アラブ石油会議を開いた。当時のアラブ民族主義の高揚を背景に、翌年ベネズエラなどとともにアラブ産油国はOPECを結成し、資源主権を主張する組織的な土台ができた。さらに革命後のイラクでは、六四年にイラク石油国民会社が設立され、六七年にメジャー系のイラク石油会社からルメイラ油田の利権を取り上げるなど、石油国有化の動きの先駆けとなった。六八年にはO

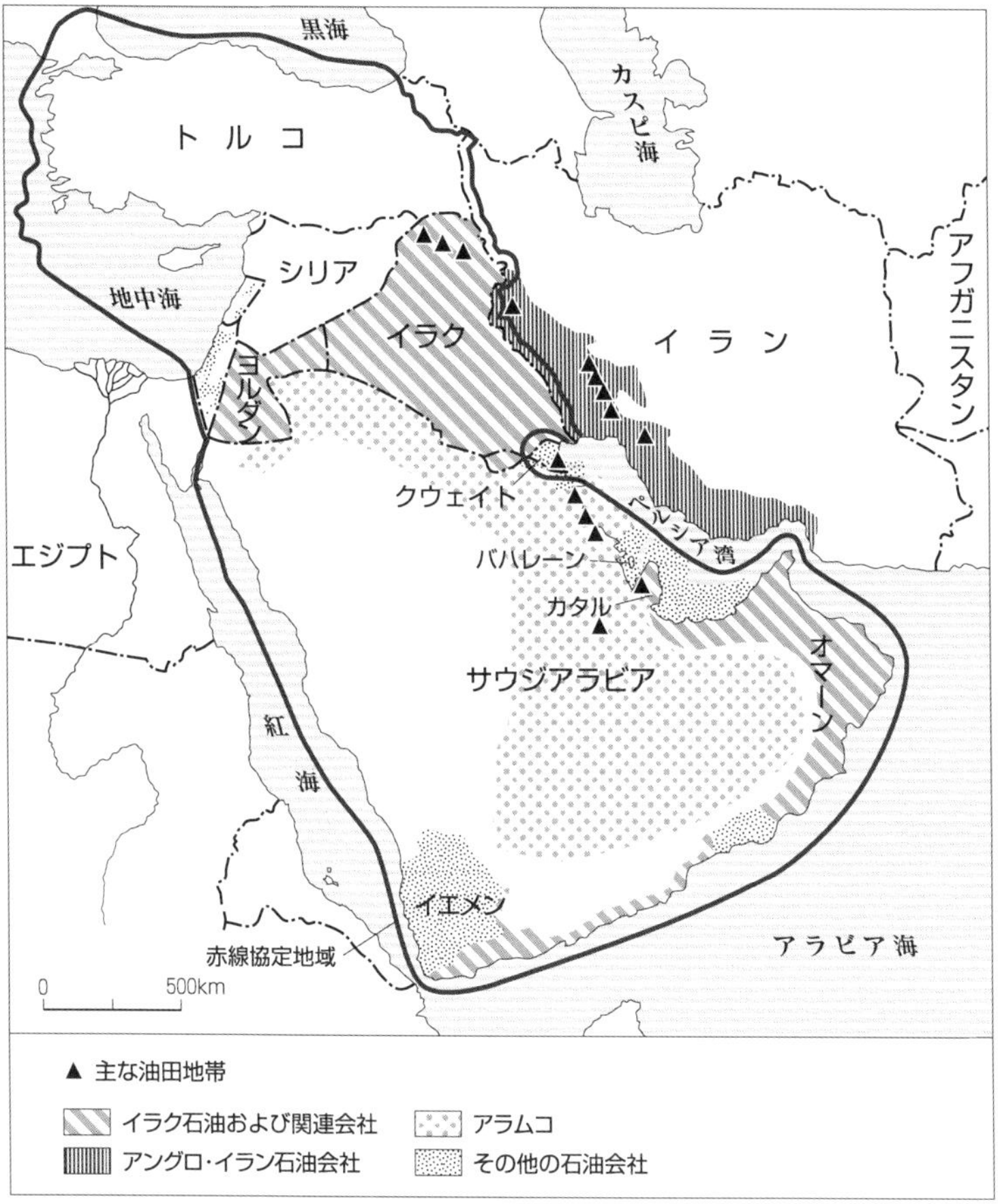

赤線協定(1928年)と主要石油会社の利権地域

APEC（アラブ石油輸出国機構）も結成されている。

さて、アラブ民族革命は、上からの社会改革を通じて高等教育の大衆化や女性の職場進出など、アラブ世界の社会変容に大きな影響を与えた。しかし、革命によって成立した強力な国家体制は、労働運動や女性運動などの社会運動を統制し、都市の街区や農村部など社会のすみずみにまで権力を浸透させたため、人々の自由な活動に基づく自律的な社会発展が制約を受けた。

ただし、その一方で、民族革命の時代は、新しい文化活動と大衆文化の発展によっても彩られていた。アドーニスやカッバーニーを代表とする新体詩運動は、現代文化の文脈において豊かなアラビア語の表現能力の可能性に挑戦する試みであった。また、アラブ初のノーベル文学賞受賞作家ナギーブ・マハフーズやユースフ・イドリースなどの小説家は、庶民の視点から現実の社会問題を鋭く告発した。彼らの作品は、大衆文化の王様である映画作品を通じて多くの人々の支持を集めた。PFLPの幹部で爆殺されたガッサーン・カナファーニーの小説やマフムード・ダルウィーシュの詩は、パレスティナ人の民族的主張の豊かな文学的表現であった。また、エジプト人の女性歌手ウンム・カルスームは、各国で輩出する人気歌手のなかでまさにアラブ歌謡の女王として君臨した。これらの文化活動は、アラブ世界がまとまりのある文化的世界として発展するのに大きく貢献した。

アラブ民族革命がつくりだした国家体制は、国民にたいする抑圧政治や、非効率な経済運営などの内部矛盾をかかえていた。しかし、アラブ民族革命の体制が危機に陥った直接的なきっかけは、対外戦争の敗北であった。アラブの域内のエジプトとサウジアラビアの覇権争いは、当時の米ソの冷戦と結びついて、イエメン内戦への両国の介入に発展した。一九六二年に北イエメンの伝統的支配者、ザイド派のイマームが死去すると、ナセル主義者のサッラール大佐がクーデタを起こして、イエメン・アラブ共和国の成立を宣言した。サウジアラビアの支援を受けたイマーム派の反乱にたいし、ナセルのエジプトは、アラブ域内の「封建勢力」の打倒を掲げて軍隊を派遣し共和派を援助したが、内戦は部族間のゲリラ戦となって泥沼化した。エジプト軍は、この内戦に巻き込まれたままで、六七年六月の第三次中東戦争に臨み、イスラエルの奇襲で決定的な敗北をこうむる。この六月戦争の敗北は、アラブ民族革命の終焉という新しい時代をアラブ世界にもたらすことになった。

4　湾岸戦争への道

アラブ民族革命の挫折

近代のアラブの歴史において、この二十世紀最後の三〇年のように巨万の富が流入し、また大量の人命が戦争や内戦による殺戮で失われた時代はなかった。石油危機をきっかけとして、湾岸産油国の石油収入は、一九七〇年の四〇億ドルから八〇年の二〇〇〇億ドルに跳ね上がり、その結果未曾有の開発ブームがこの地域に到来した。その一方で、推計によれば、レバノン内戦では一五万人が、イラン・イラク戦争ではイラク人一〇万人以上、イラン人二五万人以上、そして湾岸戦争ではイラクの軍人が一五万人以上（民間人四万〜七万人）が命を落とした。また、国際社会からほとんど無視されつづけたスーダンの内戦では、八〇年代だけで二五万人が殺され、ほぼ同数が飢饉などで死亡したといわれている。このように総力戦による国家間の全面戦争が起こる一方で、民兵組織によるゲリラ戦などの日常的な内戦が絶え間なく続いた地域は、同時期の世界でほかになかった。

さて、こうした激しい戦乱が続く一方で、この時代にはシリアとイラクのバアス党体制や王制産油国などで長期安定政権が成立した。そして、これらの石油の富によって強化された国家権力にたいし、イラン革命後に勢いを増した急進的なイスラーム運動やクルド人などの少数派の反政府運動が挑戦し、またときには都市民衆の物価暴動などが体制を震撼させるという政治危機のパターンが各地で繰り返された。2節でみたようにパレスティナ問題は、こうした目まぐるしく変転する現代アラブ政治の渦の中心にあった。

このような現代アラブ政治の激しい動きは、一九六七年の六月戦争の敗北を発火点にしている。敗戦によってナセルが掲げたアラブ民族革命の旗は地に落ち、アラブ社会主義からより現実的な経済政策や外交路線に転換する「修正革命」の路線がエジプトを先頭にして選択されていった。この修正革命によってアラブ民族主義のイデオロギーは形骸化し、それにかわって急進左派勢力が唱える人民革命が、そしてイスラーム主義が唱えるイスラーム国家建設のスローガンが、不満をもつ多くの青年を動員したのである。

本書の最終部にあたる本節では、アラブ世界の過去三〇年の変動について、六月戦争の敗戦、石油危機、イラン革命、そして湾岸戦争をそれぞれの時代的な節目におきながら、概観していくことにしたい。

一九六七年の第三次中東戦争(六月戦争)におけるアラブ諸国軍の惨敗は、アラブ世界全体に大きな衝撃を与えた。イスラエルにたいする軍事的敗北は、科学技術の立ち遅れなどアラブ各国の近代化政策の失敗が原因だとされ、さらには政治社会体制そのものに構造的な欠陥があるという厳しい批判が巻き起こった。こうして敗戦による挫折(ナクサ)は、アラブ民族革命によって成立した国家体制の支配の正当性をゆるがした。こうした体制の危機にたいし、六月戦争後、あらたに政権の座に就いた各国の指導者たちは、アラブ民族革命の路線を修正し、統治体制の再編と強化をはかった。彼らに共通していたのは、アラブ統一の理念を棚上げにして自国の利害を最優先する政策と、ポピュリズム的な権威主義の政治手法であった。

エジプトでは、一九七〇年九月のナセルの死後、同じ自由将校団出身で副大統領のアンワル・サーダート(サダト)が大統領に選出された。サダトは、七一年五月の「修正革命」によってアリー・サブリーらの左派勢力を粛清し、政権を安定化させた。さらに左派の「権力の巣」集団が指導部を牛耳っていたアラブ社会主義連合の解体に乗り出し、七五年同連合内部に中道・左派・右派の政党準備組織(ミンバル)を結成して複数政党制の導入を試みた。サダトによるこの政治の自由化は、六月戦争後に起こった激しい学生運動など国民の民主化要求への

イェルサレムを訪問したサダト大統領(左)を出迎えるベギン首相(右)

対応策でもあった。またその一方で、サダトは、ナセル体制から脱却し、また左派勢力に対抗するために、イスラームを政治的に利用しようとしてムスリム同胞団の活動再開を黙認した。しかし、サダトの権威主義的で強引な政治運営は、政治の自由化によって噴出した国民の批判をあび、やがて急進的なイスラーム運動の台頭によって、大統領暗殺という政治危機を招くことになる。

シリアでも六月戦争後の一九六九年二月、バアス党の急進派ジャディード政権にかわって、七〇年十一月にジャディードと同じくアラウィー派出身だが穏健派のハーフィズ・アサド国防相が全権を掌握した(「矯正運動」)。アサド大統領は、進歩国民戦線を結成して共産党など左派野党勢力の存在を認めた形式的な議会政治を運営する一方、秘密警察(ムハーバラート)を用いて反対派を弾圧し、バアス党を中核にした国民動員体制をつくりあげた。

イラクでは、サッダーム・フサインがバアス党内部の民兵組織と秘密警察を使って、軍人出身の派閥にたいする血で血を洗う権力闘争に打ち勝ち、一九七一年ころには実質的な国家指導者となった。彼は、七〇年の暫定憲法でクルドを民族として承認する融和策を打ち出し、七二年にソ連と友好協力条約を結んだあと、七三年に共産党やクルド民主党を取り込むかたちで進歩愛国民族戦線を組織し、国民統合政策を進めた。しかし、七四年にクルドとの自治交渉が決裂すると、七五年にはクルド反乱軍を支援するイランにたいしてアルジェ協定を結び、領土的な譲歩(シャットゥ・アルアラブ川国境線の変更)という犠牲を払ってまでも反乱を鎮圧した。サッダーム体制の実態は、アラウィー派で固めたシリアのアサド政権と同じく、ティグリス川沿いのティクリート地域の出身者による少数派閥の支配であった。

一方、独立後のスーダンでは、親英派と親エジプト派の対立のために混迷していた政党政治にたいし、一九五八年十一月アッブード将軍がクーデタを起こした。しかし、アッブード軍事政権は、国民統合政策を性急に進め、キリスト教宣教団を追放するなど南部のアラブ化とイスラーム化を強行したため、五五年の南部出身軍人による反乱で始まっていた内戦がさらに激化した。同政権は、内戦による経済の疲弊を背景にした六四年の民衆蜂起(十月革命)によって打倒される。革命後、旧政党勢力が復活するが、六五年の円卓会議で内戦の調停が挫折し、北部の中央政権と南部の武装勢力(アニャ・ニャ)とのあいだで激しい戦闘が続いた。長期化した内戦は、六九年五月のクーデタで政権の座に就いたジャアファル・ヌマイリー将軍が、七二年二月のアジス・アベバ協定で事実上の連邦制を認めたことでようやく終息する。ヌマイリー政権は、七〇年三月のアバ島事件でマフディー派を、さらに七一年七月のクーデタ未遂事件後に、それまで協力関係にあった共産党を弾圧して権力を強化し、スーダン社会主義連合の結成によって体制固めをはかった。

また、リビアでは、一九五一年の独立によって成立したサヌースィー家のイドリース国王の支配体制が、六九年九月にムアンマル・ガッザーフィー(カダフィー)大佐のクーデタによって打倒された。ナセルを尊敬するカダフィーは、銀行や外国企業を国有化するなど、アラブ民族革命の夢を追い求めた。七三年にはリビア文化革命を開始し、『緑の書』によって「第三の普遍理論」を唱え、人民委員会による直接民主主義的な国家体制(ジャマーヒリーヤ)の建設をめざした。しかし、カダフィー体制は、ユートピア的な政治理論の陰で反体制派を厳しく弾圧し、またチャド内戦に介入するなど近隣諸国との軋轢がたえなかった。

ただし、カダフィーのリビアは、石油戦略の先導役という点で重要な役割をはたした。

石油の富がつくりだす秩序

一九七三年十月の第四次中東戦争は、アラブの石油戦略によって世界の経済をゆるがした。この多国籍資本(メジャー)の石油支配にたいするアラブ産油国の挑戦は、リビアによって三年前から始まっていた。六月戦争によるスエズ運河の閉鎖のためにタンカー輸送が制約を受け、さらに七〇年五月にサウジアラビアからのタップライン(アラビア横断パイプライン)がシリア領内の事故で切断されると、ヨーロッパに近いリビア原油が急に注目を集めた。カダフィー政権は、この石油市場の逼迫を利用して、立場の弱い非メジャーの独立系石油会社を狙い撃ちにする巧妙な交渉をおこない、価格引き上げに成功する。これに勢いをえたOPEC加盟国は、翌七一年一月にテヘランで会議を開いて石油禁輸をほのめかし、メジャーから大幅な譲歩を引き出した(テヘラン協定)。

続いて一九七三年十月、第四次中東戦争が始まると、サウジアラビアのヤマニー石油相による指導のもと、OAPECに結集したアラブ産油国は、イスラエルが六七年に占領したパレスティナ地域から撤退するまで、段階的に石油輸出を削減し、またイスラエル友好国には全面禁輸をおこなうと宣告した。このいわゆる石油武器の発動によって、石油価格は最初の二カ月間で三倍に高騰し、世界を石油危機のパニックに陥らせた。日本政府は、この石油ショックにたいし、十二月三木特使を中東諸国に派遣し、パレスティナ人の権利を支持する態度を表明した。アラブ産油国は、アメリカの圧力によって七四年三月に石油禁輸

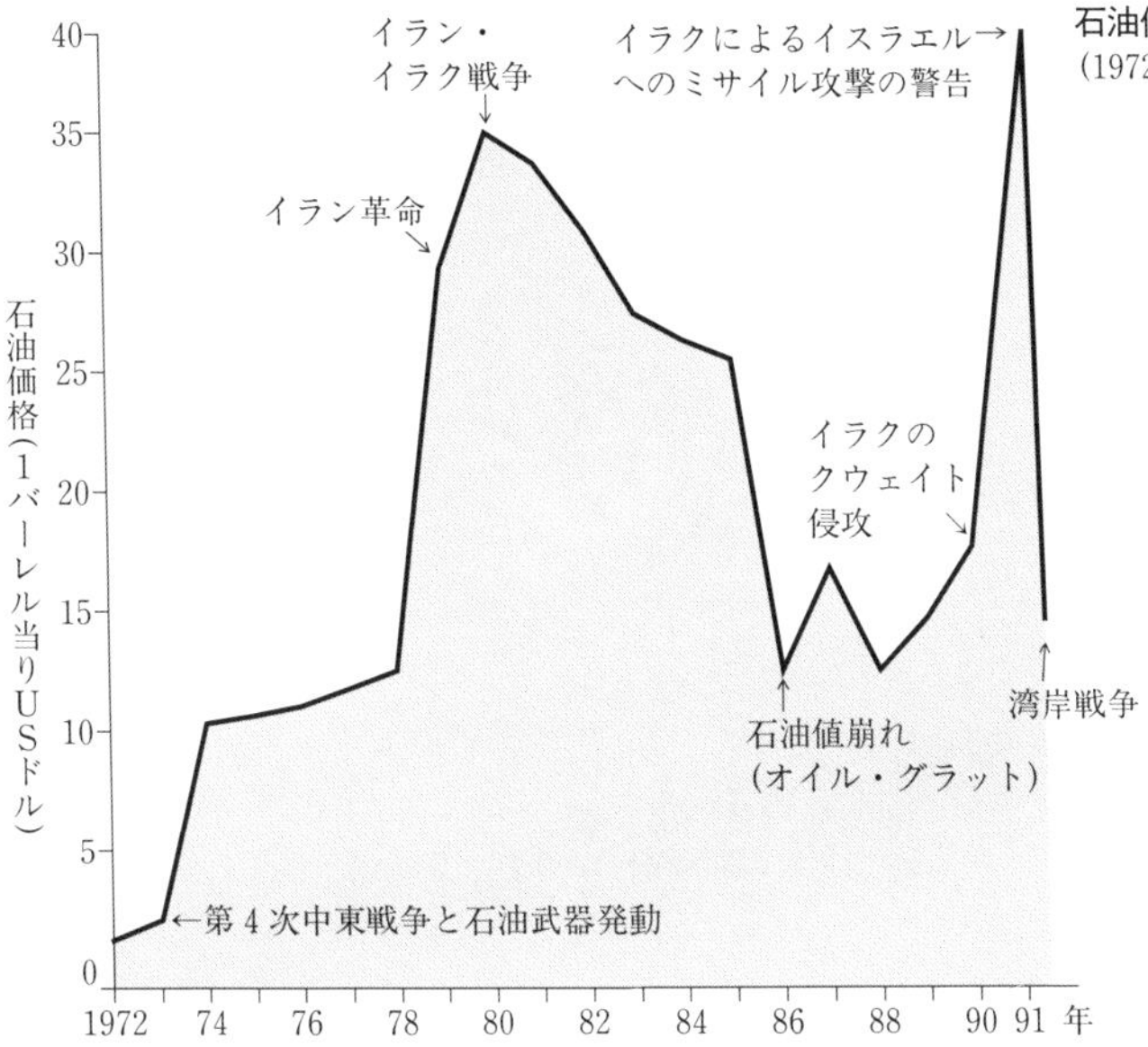

石油価格の変動
(1972〜91年)

措置を解除するが、石油武器の発動は、パレスティナ民族運動の国際的地位を引き上げ、また莫大な石油の富の流入によってアラブ世界の社会変動を引き起こすきっかけをつくった。

膨大な石油収入の流入によってアラブ世界には空前の経済ブームがおとずれた。とくにアラブ首長国連邦、カタル、バハレーンなどの湾岸の産油国は、いずれも一九七一年にイギリスの保護領から独立したばかりの新興の首長国であり、国家建設と石油の富による開発ブームとが重なった。また、オマーンでは、七〇年にクーデタによってスルタン・カーブースが父王を廃位して政権を握り、これまでの鎖国策を転換して国家体制の近代化につとめた。これらの国では、港湾施設や空港、道路などの運輸・交通のインフラ整備に始まり教育・医療制度の確立にいたるまで、ありとあらゆる開発事業が同時期に進行した。

さて、石油収入の一部は、産油国が設立した開発基金や政府間の直接援助によって、周辺のアラブ諸国にも配分され、地域経済全体の開発にも貢献した。だが、石油の富の分配において、アラブ世界全体の社会変動により大きな影響を与えたのは、産油国で働く出稼ぎ労働者の送金であった。突然の開発ブームがおとずれた産油国は、単純労働から技能労働、技師や医師などあらゆる業種のマンパワーが不足していたために、周辺諸国から多種で大量の労働力が流入し、その結果、巨額の出稼ぎ送金が出身国の経済を潤した。

この石油ブームに対応して、エジプトなどアラブの主要国は、従来のアラブ社会主義的な経済政策を転換した。新しい政策モデルは、ナセル体制からの脱却をめざすサダトが始めたインフィターフ(門戸開放)政策であった。第四次中東戦争による軍事的威信の回復によって政権基盤を強化したサダトは、一九七四年に「十月文書」を発表し、外資の優遇と輸入規制の緩和を柱とする経済自由化路線を打ち出した。このインフィターフ政策は、シリアやイラクなどほかのアラブ諸国も追随して採用していった。

しかし、サダトがめざした経済自由化路線は、すぐに大きな壁に突き当たった。経済の門戸開放は、消費ブームなどによって貿易赤字と財政赤字を膨らませ、その結果、対外債務が急増した。一方、開放経済の恩恵に浴する新興富裕層といぜんとして貧困にあえぐ大多数の庶民とのあいだで貧富の格差が拡大した。そして、一九七七年一月、累積債務に対処するため、エジプト政府がＩＭＦ(国際通貨基金)の勧告に従い財政赤字の削減策として、パンなど基本的な食糧品の補助金の削減を発表すると、物価引き上げに怒ったカイロなど都市部の群集が暴動を起こした。この暴動は、五二年の革命以来の戒厳令をしくほどの動揺を、サダト体制に与えた。サダトは、予定していた経済改革を断念し、経済危機を解決するためにアメリカなど西側の援助を求めて、同年十一月、突然イェルサレムを訪問するという外交的な賭けを打つことになる。その後も、経済の自由化政策に反対する都市暴動は、八二年にスーダン、八四年にチュニジアとモロッコ、八八年にアルジェリア、そして八九年にヨルダンで発生し、各国の体制をゆるがした。

さて、六月戦争後のアラブ各国の体制に挑戦した政治運動のなかで、一方の極を担ったのが急進的な左翼の運動であった。なかでも、一九五一年にベイルートで結成されたANM(アラブ民族運動)は、急進化して既存のアラブ民族革命体制をプチブルによる支配と批判し、人民革命路線を唱えて各国の左翼運動に影響を与えた。指導者の一人ジョルジュ・ハバシュが率いるPFLPなどのパレスティナ解放諸組織は、PLO内の急進派の中心となり、またアフマド・ハティーブらが一時期国会議員になったクウェイトなど湾岸産油国において、ある時期ANMは、改革運動の主要な勢力となった。また、オマーンでは、南部で反乱を起こしたドファール解放戦線がANM系勢力の指導を受け入れた。そしてイギリス領アデンでは、独立闘争の主力だった労働運動を母体とする占領南イエメン民族解放戦線(NFL)がANMの指導下にはいった。NFLは、六七年十一月の独立後、北イエメンからのエジプト軍撤退にともないライバルのナセル派の政治勢力を駆逐して、新生南イエメン(イエメン民主人民共和国)の権力を掌握した。しかし、ANM系やその他の左派勢力の前には、石油の富によって強化された国家権力に弾圧され、また冷戦の展開によって翻弄される厳しい運命が待ちかまえていた。そして、この左翼勢力の退潮とほぼ時期を同じくして、大衆の動員に成功したイスラーム運動の波がアラブ世界を洗うことになる。

イスラーム運動の挑戦

六月戦争後、アラブ民族革命の夢が色あせるなかで、急進左派の勢力をしのぎ、反体制運動の中心となったのがイスラーム運動である。この反体制運動としてのイスラーム運動を特徴づけたのは、世俗的な近代国家体制にたいする批判であり、上からの近代化にたいする異議申し立てであった。しかし、この運動は、単純な反近代を志向する伝統主義的な運動ではなく、むしろ組織的な社会運動という近代性をもっていた点に注意しなければならない。この点で、現代のイスラーム運動は、十九世紀エジプトで発生したマフディー(救世主)が率いる農民反乱のような「素朴な」社会運動とは性格を異にしていた。こうした近代的性格をもつイスラーム社会運動の代表がムスリム同胞団である。

ムスリム同胞団は、前節でみたように第二次世界大戦後、エジプトの一九五二年革命を成功に導く大衆運動組織として成長をとげていたが、五四年にナセル政権の苛烈な弾圧を受ける。その後も六五年にナセル暗殺計画の容疑でふたたび多くの団員が逮捕され、翌六六年には理論的指導者であったサイイド・クトゥブが処刑される。しかし、ナセル政権の弾圧に直面したクトゥブが、現代社会を不信仰が支配する新しいジャーヒリーヤにあると論じたイスラーム革命の理論は、その後七〇年代以降の新しい急進的なイスラーム運動組織に大きな影響を与えた。これらの運動組織のひとつであるジハード団は、八一年十月サダト大統領を不信仰者と断定して暗殺を決行した。また同月、ガマーアト・イスラーミーヤ(イスラーム集団)は、ジハード団と共闘して上エジプトのアシュート市で騒乱を起こした。

これらの急進派組織にたいして、ムスリム同胞団は、合法的な手段でイスラーム国家の実現を求める穏健な政治路線を選んだ。同胞団は、スラム街での医療事業など社会福祉活動で大衆の支持を集める一方、野党と選挙協力をして国会の議席をふやした。また、医師会など専門職協会の役員会選挙で勝利をおさめ、サダトを引き継いだ軍人出身のホスニー・ムバーラク大統領の体制に脅威を与える存在になった。

また、シリアのムスリム同胞団は、一九六〇年代初めに国会で議席を獲得するまで組織を拡大したが、六三年以降政権を握ったバアス党と対立し、非合法化される。バアス党体制にたいする同胞団の抵抗運動は、七〇年代に急進化し、とくに同胞団の分派組織であるイスラーム戦線が、八二年二月に中部の主要都市ハマーで反乱を起こした。この反乱は、軍隊によって鎮圧され一万〜三万人ともいわれる犠牲者がでた。

一方、スーダンでは、一九八二年の食糧暴動などで経済危機に直面したヌマイリー大統領が、ハサン・トゥラービー率いるムスリム同胞団と接近し、国家体制のイスラーム化によって政権維持をはかろうとした。しかし、このイスラーム化政策は、南部住民の反感をかい、ジョン・ガラン大佐率いるSPLM(スーダン人民解放運動)が反乱を起こし、内戦が再開した。ヌマイリー政権は、八五年の民衆蜂起(四月革命)によって打倒される。しかし、独立後三回目となるこの政党政治も短命に終わり、八九年六月のオマル・バシール将軍の軍事クーデタによって崩壊する。このバシール軍事政権を背後で操っていたのが、同胞団のトゥラービーが指導する民族イスラーム戦線であり、九一年にはイスラーム法を非ムスリムにまで適用しようとした結果、SPLMとの内戦がさらに泥沼化した。

東アラブと同様にマグリブ諸国においても、新しいイスラーム運動が台頭した。かつて民族運動の中心となったスーフィー教団やサラフィー主義者にかわって登場したのは、アルジェリアのFIS(イスラーム救済戦線)が代表する大衆運動組織であった。ＦＩＳは、支配政党ＦＬＮの腐敗した体制を批判し、一九九一年初めの選挙で圧勝するが、軍部の介入で非合法化される。その後のＦＩＳへの弾圧は、より過激なＧＩＡ(武装イスラーム集団)を生みだし、アルジェリアは、多数の人々が犠牲となる内戦状態に陥った。

さて、こうしたアラブ世界のイスラーム運動の台頭に大きな影響を与えたのが、一九七九年二月のイラン革命であった。この革命は、イランと同じ宗派のレバノンやイラクのシーア派住民ばかりではなく、アラブのムスリムの多数を占めるスンナ派の政治運動にも強烈な刺激を与えた。サウジアラビアでは、イラン革命と同じ七九年の十一月に、イスラーム主義者の武装集団が聖地メッカのハラーム・モスクを占拠する事件が起きた。サウード王家の体制を石油の富の浪費と不正によって腐敗したと批判したこの反乱は、同時に東部油田地帯で発生したシーア派住民の蜂起とともに、サウジアラビアの国家体制を動揺させた。

アラブ諸国のシーア派は、イラン革命の影響を受けて急速に政治化した。とくにレバノンでは、南部に軍事基地をつくったＰＬＯにたいするイスラエルの攻撃(一九七八年リタニー川作戦)に際して、この地域のシーア派住民が自衛組織、アマル(レバノン抵抗大隊の略称。「希望」の意味をもつ)を結成した。アマルは、指導者ムーサ・サドル師の「失踪」後、イスラエルのレバノン侵攻による戦乱のなかで勢力を拡大した。同じく、この戦乱を通じて、イランから直接支援を受けた急進的な運動組織、ヒズブッラー(神の党)が成長し、シーア派住民の支持をアマルと競い合った。ヒズブッラーは、ファドルッラー師による指導のもと、イスラーム国家の建設を主張したが、八三年十月アメリカ海兵隊基地にたいする自爆攻撃をおこない、アメリカ軍のレバノン撤退を導くなど過激な行動で知られた。

さて、イラクでは、イラン革命が起きる以前からシーア派による反体制運動が展開していた。とくにこれまで共産党の影響力が強かった貧しい南部のシーア派住民のあいだに、一九五七年結成のダアワ党のようにイスラーム主義の立場からバアス党体制を批判する運動組織が勢力を拡大していた。七七年二月にシーア派の聖地カルバラーでアーシューラーの祭りが暴動化し、脅威を感じたイラク政府は、イランから亡命していたホメイニー師を追放した。そして、二年後にイラン革命が成功すると、シーア派の弾圧を強化し、その思想的指導者であるバキール・サドル師を八〇年四月に処刑した。

一九八〇年九月、イラクは予告なしにイランへの侵攻を開始し、八年間におよぶイラン・イラク戦争（第一次湾岸戦争とも呼ばれる）が勃発した。開戦を決断したのは、イラン革命後シーア派に妥協的な態度を示したバクル大統領を追い落とし、七九年七月に形式のうえでもイラクの支配者となったサッダーム大統領であった。サッダームが開戦に踏み切った理由の第一は、七五年のアルジェ協定でイランに譲歩したシャット・アルアラブ川の国境線の回復と、さらにアラブ系住民の多いイラン南部の油田地帯への領土的野心であった。第二の理由は、イスラーム革命の波及にたいするバアス党体制の防衛であった。さらにサッダームは、対イラン戦争をイスラーム革命にたいする防衛戦争と位置づけ、湾岸産油国にたいし財政支援を求めた。戦争の脅威に直面したサウジアラビアなど湾岸産油国七カ国は、湾岸協力会議（GCC）を設立して結束を強めた。その後GCCは、八九年にマグリブ諸国が結成した大マグリブ連合（AMU）とともに、アラブ諸国家システムの地域単位として、域内経済協力を推進する役割をはたすことになる。

さて、イラクは、従来のソ連に加えて、革命イランと関係が悪化したアメリカからも援助を受けた。一九八三年二月以降イランが攻勢に転じ、また八五年三月には逆にイラク領に攻め込んだあともイラク軍が戦線をもちこたえられたのは、これらの援助のおかげだった。しかし同時に、こうした米ソと産油国による支援は、サッダームの独裁権力を強化する結果をもたらし、その後の湾岸危機・戦争の背景をつくった。イラン・イラク戦争は、八六年以降の「タンカー戦争」による経済的損失や、イラク軍の化学兵器による五〇〇〇人ものクルド人の虐殺(八八年三月)など、多くの悲惨な結果を残して八八年八月に終了した。

対イラン戦争は、イラクに多大の人的・経済的損失と膨大な対外債務を残したが、軍事力の増強に自信を深めたサッダームは、アラブ域内政治の覇権を握ることで強権体制を維持しようとした。さて、対イスラエル平和条約後、アラブ世界で孤立していたエジプトは、戦争中、対イラン戦線を背後から支えることによってアラブ政治に復帰する手がかりをえた。一九八九年二月イラクは、アラブ政治に復帰したエジプトと、同じく非産油国であるヨルダンと北イエメンとともにアラブ協力会議(ACC)を結成し、域内政治における主導権を握ろうとした。ACCの結成は、アラブ内の富裕国クラブであるGCCへの対抗であると同時に、イラクの仇敵シリアを包囲する狙いがあった。そして、このイラク対シリアの宿怨の対決は、レバノン内戦を舞台に展開する。

レバノン内戦は、ベイルートからイスラエルとアメリカが撤退したあと、マロン派内部の抗争(ジャアジャア派対ホーベイカ派)やシーア派内部のアマルとヒズブッラーの対決、PLO主流派にたいするアマル、シリア軍、アブー・ムーサ派の攻撃などで、混迷をきわめた。一九八五年二月に各派の調停に失敗したシリアは、七月に西ベイルートに進駐して、軍事力によるおさえこみで内戦の終結をはかった。しかし、このシリアによるレバノン支配の強化にたいし、八九年三月、マロン派内の強硬派アウン将軍がイラクの支援をえて、シリアにたいし「解放戦争」を開始した。シリアは、事態を憂慮してアラブ諸国がおこなった調停外交でうまく立ち回り、同年十月にサウジアラビアのターイフでアウン派を除くレバノン諸勢力のあいだで停戦の合意をつくりだすのに成功した。ターイフ合意は、大統領と首相の権限や宗派別の議席配分を見直し、四三年の国民協約体制を修正する内容であった。

さて、このイラン・イラク戦争から湾岸危機にいたる時期に大きな影響をおよぼしたのが、冷戦の終結である。第二次世界大戦後のアラブ政治に大きな影響を与えてきた冷戦体制は、一九八五年にソ連共産党の書記長となったゴルバチョフの新思想外交によって終局に向かう。ゴルバチョフは、八九年二月にアフガニスタンからのソ連軍撤退を完了させる一方、アラブ急進派諸国に軍事援助の削減を通告した。このソ連の新外交政策によって大きな影響を受けたのが南イエメンであった。ソ連からの援助が削減され穏健化した南イエメンの社会主義政権は、九〇年五月に長年の懸案であった北イエメンとの統合協定に調印した。一方、ソ連との外交関係が改善できたイスラエルには、八九年末以降ロシア系ユダヤ人が入植地などに大量に流入し、インティファーダを開始した占領地のパレスティナ人の危機意識を一層深めた。

湾岸戦争後のアラブ世界

一九八九年十二月のマルタ会談によって冷戦終結が宣言された直後の世界全体に大きな衝撃を与えたのが、九〇年八月のイラクによるクウェイト侵攻(湾岸危機)であった。サッダーム・フサインによるクウェ

サッダーム大統領とネブカドネザル王の顔をならべたバビロン国際芸術祭の記章　サッダームは，アラブの英雄，イスラームの守護者ばかりか，古代メソポタミア文明の後継者というイメージを演出し，強権的支配体制を正当化した。

イト侵攻の決断は、冷戦直後にできた国際政治力学の空隙につけいろうとしたのか、あるいはソ連の仲介を期待する古い冷戦的な戦略思考に依拠したものだったのか、見方は分れる。ただし、彼の決断には、冷戦後、唯一の超大国として一極的な覇権体制をめざしていたアメリカの軍事介入を甘くみる誤算があった。

　また、ACCの結成によってアラブ政治の主導権を握ったと錯覚し、エジプトやシリアが参戦しないとふんだのも誤算であった。しかし、その後の経過をみると、アラブ諸国家システムの内部には、たとえ外国軍の介入を招いても、システムの構成員であるクウェイトの国家消滅は許さない、という暗黙の合意があったことがわかる。

　しかしながら、クウェイト侵攻の決定は、サッダームの個人的な野望というよりは、むしろ石油の富に依存した国家権力のゆがんだ性格に起因するものだったとみるべきであろう。石油の富は、アラブの国家と社会の関係にゆがみを与えてきた。王制の産油国はもちろん、産油国の援助によって石油の富の再配分を受けた共和制の独裁国家も、いずれも石油の富によって権力基盤を強化し、イスラーム運動など反体制運動の挑戦を退けてきた。また、食糧補助金の支給など石油の富をばらまくことで国民一般の不満に対応し、支配部族や少数派の党エリートによる権力政治を批判する民主的勢力の成長の芽を摘んできた。とくに、対イラン戦争で軍事力を肥大化させたイラクは、石油の富という権力の源泉そのものを独占することで、アラブ世界全体の覇者となろうとした。

湾岸危機の直接のきっかけは、対イラン戦争中に累積した産油国にたいする多額の債務をかかえて経済危機に陥ったイラクが、石油の増産を続けるクウェイトのために石油価格が下がり、石油収入が大きな打撃を受けたと考えたからである。一九九〇年七月、イラクは、国境沿いの自国の油田から石油を盗掘しているとクウェイトを非難し、石油収入減少の損失補償としてOPECに価格引き上げを要求した。そして、この要求が拒否されると、八月にクウェイトを軍事占領する挙にでた。そして、カイロで開かれたアラブ外相会議や国連安保理による非難決議を無視し、同国をイラクの一州として併合すると宣言した。これにたいし、アメリカのブッシュ政権は、イラク軍のサウジアラビアへの侵攻を危惧し、軍事介入による湾岸危機の解決に乗り出した。十一月の国連安保理決議でイラク軍への攻撃を正当化する根拠をえたアメリカは、NATO加盟国を中心に五五万人の多国籍軍を編成し、九一年二月にイラク軍に総攻撃を仕掛けてクウェイトから撤退させ、イラク本土を爆撃した(「砂漠の嵐」作戦)。このとき日本は、アメリカの要請に従い多国籍軍の後方支援の費用として一一〇億ドルを支出した。

この湾岸戦争には、エジプトやシリアなどが多国籍軍側に立って参戦した。他方、ヨルダン、スーダン、イエメン、そしてPLOは、公然とイラク支持を表明した。このようにアラブ各国が立場を異にする二つの陣営に分裂したのは、イラクがおこなったアラブの大衆にたいする宣伝工作の結果でもあった。それは、第一に、クウェイトからの撤退とイスラエルのパレスティナ占領地からの撤退を結びつける「リンケージ論」であり、第二に、アメリカがイスラエルによる占領を放置しながら、イラクによる占領を非難するのは矛盾している、という「二重基準」への批判であった。占領地のパレスティナ人は、イスラエルを攻撃するイラクのスカッド・ミサイルに歓声を上げ、アルジェリアなどでは大規模な反米デモが起きた。

さて、イラク軍を撃退したあと、アメリカは多国籍軍による攻撃を中止して停戦を結ぶ一方、イラク国民にサッダーム体制の打倒を呼びかけた。この呼びかけに応えて、南部のシーア派住民と北部のクルド人が蜂起したが、期待した外部からの軍事的支援はえられず、いずれも短期間に中央政府の軍隊によって鎮圧された。とくに、クルド人の犠牲者は五万人におよび、一〇〇万人が難民となって流出した。事態を憂慮したアメリカは、一九九一年四月に国連安保理決議によって北部にクルド人自治区を設け、これを保護するために北緯三六度を境界線とする飛行禁止区域を設定した。その後のイラクでは、国連の経済制裁で多くの子供たちなどの犠牲者がでたが、サッダーム政権は容易に崩壊しなかった。

湾岸戦争後のアラブ諸国が直面した共通の課題は、政治体制の民主化であり、これと密接に関係するイスラーム運動への対応であった。レバノンでは、イラクが支援したアウン派が追放されたあと、ターイフ合意による修正された宗派体制のもとで、ヒズブッラーも参加する議会政治が再開された。とくに、民主化が緊急の課題となったのは、アラビア半島の国々であった。なかでもクウェイトは、一九八九年に民主化要求を拒否して国政が混乱し、イラクに侵攻の口実を与えた点を反省し、九二年に国民議会を再開した。また、オマーンとサウジアラビアでは、いずれも九〇年十一月にシューラー(諮問)議会が開設された。湾岸戦争後のイエメンでも、統一後はじめての総選挙が九三年四月におこなわれたが、九四年五月に南部の旧勢力が分離独立を宣言して内戦となり、北部のサーレハ政権によって鎮圧された。以上のクウェイトとイエメン、そしてヨルダンの選挙では、いずれもイスラーム主義政党の躍進がみられた。

一方、急進派のイスラーム主義勢力は、アルジェリアとエジプトで政府と激しい武闘を続け、九七年の日本人観光客殺害事件を含め、多くの犠牲者をだした。しかし、二〇〇〇年までには両国で武力闘争が中断し、民主政治の発展に向けた新しい動きになるかと期待された。しかしその一方で、湾岸戦争後、アラビア半島に駐留したアメリカが連続テロの攻撃目標となり、それが〇一年九月の同時多発テロ攻撃へとつながっていった。このテロ攻撃は、湾岸戦争と連続性をもつ事件であったが、混迷するパレスティナ問題を暴挙の口実にするという点でも共通性があった。事件後の同年十月、アメリカは、容疑者との関係を理由にしてアフガニスタンのターリバーン政権を武力攻撃して翌十一月に崩壊させたのに続いて、同じく国際テロ組織との関係と、さらに大量破壊兵器の開発の疑惑を口実に、〇三年三月にイラクを攻撃して体制を打倒した。この攻撃に際しては在日米軍基地も重要な役割をはたし、戦後復興を理由に日本の陸上自衛隊が派遣された。サッダーム・フサインは対イラン戦争開始の動機など多くの歴史的事実を明らかにしないまま〇六年十二月に処刑された。新生イラクでは〇四年六月に主権が委譲され、〇六年五月に正式政権が成立したが、テロや戦闘による多数の民間犠牲者が出る事態が続いた。

最後に、湾岸戦争後のパレスティナ問題の展開についてふれておこう。湾岸戦争は、中東和平の進展に大きな影響をおよぼした。PLOによるパレスティナ国家の独立宣言は、イラクを支持したために空文と

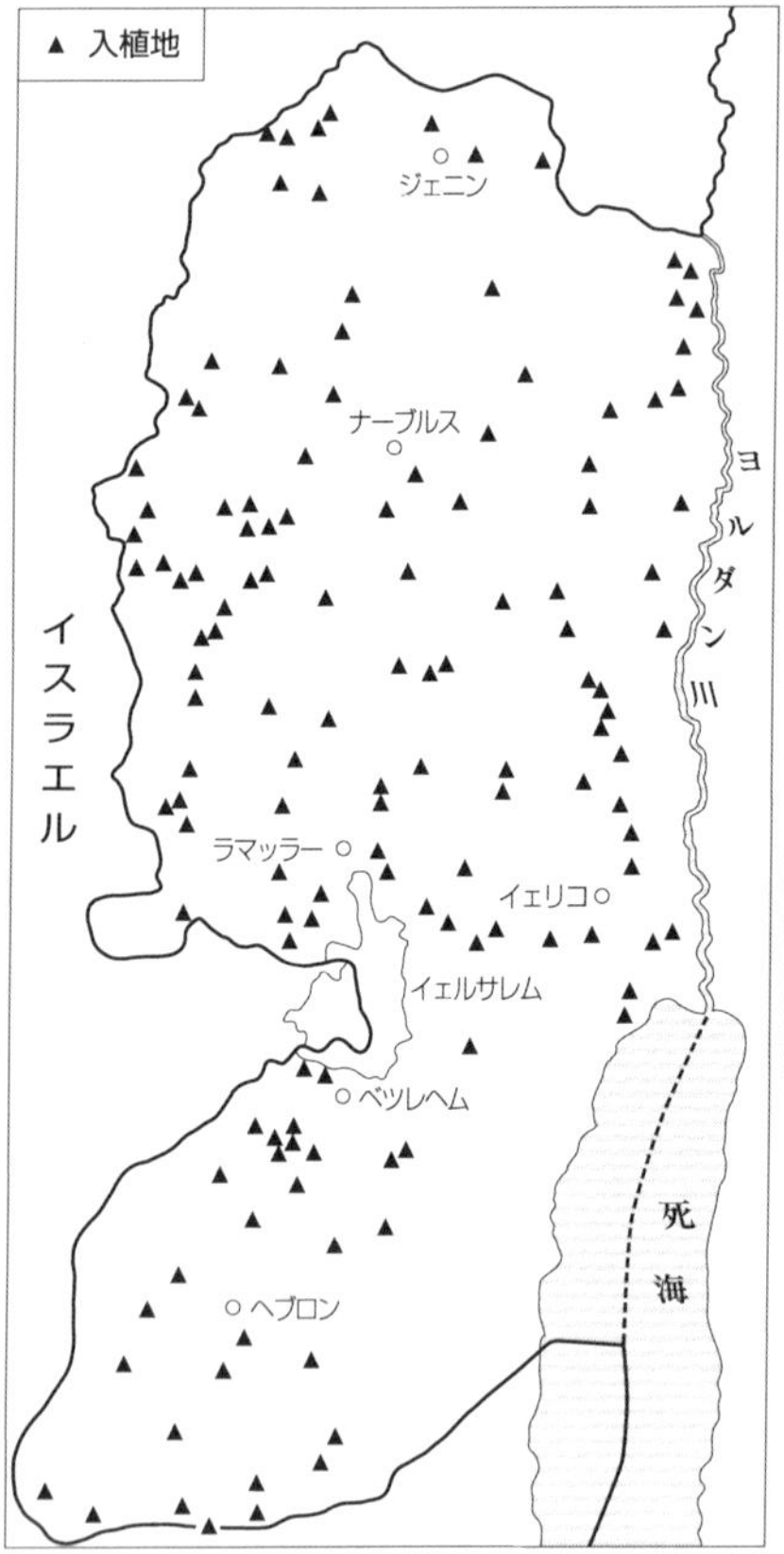

ヨルダン川西岸および東イェルサレム
のユダヤ人入植地

化した。その一方、アメリカは、湾岸戦争後の地域秩序を自らの覇権のもとに再編するため、パレスティナ問題への対応を迫られ、一九九一年十月にソ連と共催でマドリード中東和平会議を開いた。この会議によって、イスラエルとシリア、ヨルダン、レバノン、そしてPLOぬきのパレスティナ代表団との個別交渉が開始された。その後、交渉は難航するが、一九九三年九月のオスロ合意によって突破口が開かれる。事態を変えたのは、湾岸戦争時のスカッド・ミサイルなどで安全保障政策に見直しを迫られていたイスラエルに、九二年六月労働党のラビン政権が成立したことである。国防相時代にインティファーダと対峙し、パレスティナ民族運動の実力を認めたラビン首相は、長年にわたってイスラエルが交渉を拒否してきたPLOをパレスティナ人の代表としてはじめて認知した。そして、ノルウェー外相の仲介でアラファト議長と秘密交渉を始め、五年間のパレスティナ暫定自治と、その後の最終地位交渉という和平の筋道をつくった。

両者の交渉は、一九九四年二月のヘブロンのユダヤ人入植者による虐殺事件や、これにたいするハマースの報復などで停滞するが、ガザと西岸のイェリコ市での自治先行協定(カイロ合意)によって、九四年五月にようやく暫定自治が開始された。さらに九月には、第二次オスロ合意が結ばれ、自治区が拡大した。

しかし、中東和平の進展は、一九九五年十一月ラビン首相が暗殺されたあと、九六年五月に和平に消極的なリクードのネタニヤーフ政権が成立したことで停滞する。九七年一月のヘブロン合意が決めたヘブロン市からのイスラエル軍撤退の実施は遅れ、また九八年十月のワイ合意が定めた西岸からの追加撤退も、政権内部の反対で凍結された。同政権の退陣後九九年五月に成立した労働党のバラク政権は、九月にシャロム・シャイフ合意を締結し、中東和平交渉をふたたび前進させるかにみえた。しかし、この交渉を通じて、イェルサレムの帰属や難民の帰還といった最終地位交渉にかかわる重要な問題が、現実的な解決を求められる段階にはいると、中東和平は大きな壁に突き当たった。そして、二〇〇〇年十月、イェルサレムで起こった衝突事件をきっかけに、占領地住民の蜂起が再開し、この事件を扇動したリクードのシャロン元国防相が〇一年二月に首相に就任したことで、和平の将来に暗雲が立ち込めた。〇二年三月に自治区にイスラエル軍が侵攻し、五月ジェニーンの難民キャンプなどでの虐殺と報復の自爆攻撃が激化するなか、オスロ合意体制は完全に破綻した。シャロン政権は、〇五年夏にガザ地区から入植地を撤去する一方で、国際司法裁判所や国連の反対にもかかわらず西岸地区では境界線を食い込むかたちで分離壁の建設を続けた。一方、パレスティナ側では〇四年に死去したアラファトのあとを継いだマフムード・アッバース自治政府大統領のファタハと、〇六年自治区評議会選挙で勝利したハマースの対立が先鋭化し、アメリカが主導するロードマップ(和平行程表)の予定通りの進行も危ぶまれている。

聖地イェルサレムをパレスティナとイスラエルが首都として共有、あるいは分有することは、きわめてむずかしい課題である。同様に、一九四八年以来、郷土を追われたパレスティナ人難民(難民登録者約三〇〇万人)の帰還問題についても安易な解決策はなく、また、執拗に増殖を続けるユダヤ人入植地の撤去も容易には進まないであろう。これまで子供たちをはじめ多くの犠牲者をだしてきたパレスティナ人の抱く絶望感はますます深まりつつある。パレスティナ問題の公正な解決のために、アメリカを頂点とする国際社会のはたすべき責任は、きわめて大きい。

付　　録

■索　引

人名索引

●アーオ

アイ　79
Ay　位前1323-前1319頃
アーイシャ　140,149
'Ā'isha　613頃-678
アイバク　306
Aybak
アイユーブ　298
Ayyūb
アウレリアヌス　114
Aurelianus　位270-275
アクエンアテン──→アメンヘテプ4世
アグム2世　38
Agum II　?-?
アスキア王(ソンガイ帝国)　390
Askia
アッシュルバニパル　42,43,45,86
Ashurbanipal(Ashur-ban-apli)　位前1307-前1275
アッシュルウバリト1世　36,42
Ashur-uballit I　位前1365-前1245
アッシュルダン2世　40
Ashur-dan II　位前934-前912
アッシュルナツィパル2世　40
Ashurnasirpal II(Ashur-nasir-apli)　位前883-前859
アーディド　298
al-'Āḍid li-Dīn Allāh　?-1171
アーディル　300
al-Malik al-'Ādil　?-1218
アドゥド・アッダウラ　264,266
'Aḍud al-Dawla Fanā Khusraw
アハ　55,56
Aha　位前2982-前2950頃
アバザ・ハサン・パシャ　360
Abāẓa Ḥasan Paşa　?-1658
アハズ　108
Ahaz　位前736頃-前716頃(異説あり)
アハブ　108
Ahab　位前874頃-前853頃(異説あり)
アブー・アッザハブ　348,349,366
Muḥammad Bey Abū al-Dhahab　?-1775
アブー・アブド・アッラーフ　205-207
Abū 'Abd Allāh
アブー・アルアッバース(サッファーフ)　169,170
Abū al-'Abbās(=Saffāḥ)　723頃-754(位750-754)
アブー・アルカースィム　206-208
Abū al-Qāsim　934-946
アブー・アルハーティム　196
Abū al-Ḥātim
アブー・イナーン　251,252
Abū 'Inān Fāris　?-1359(位1348-58)
アブー・ウバイダ　141,144
Abū 'Ubayda
アフガーニー　407,408,429
Jamāl al-Dīn al-Afghānī
アブー・サラマ　168
Abū Salama　?-750
アブー・シャナブ　340,341
Abū Shanab
アブー・ジャーファル(マンスール)　170
Abū Ja'far
アブー・ターリブ　132,135
Abū Ṭālib
アブド・アッラーフ　171
'Abd Allāh　?-764
アブド・アッラーフ　127,131
'Abd Allāh
アブド・アッラーフ(アブー・アルハイジャー)　199,219,269
Abū al-Hayjā' 'Abd Allāh(Ibn Ḥamdān)　位905-929
アブド・アッラーフ2世　198
'Abd Allāh II
アブド・アッラーフ・ブン・アッズバイル(イブン・アッズバイル)　155
Ibn al-Zubayr　622-692

アブド・アッラフマーン1世　217,218,246
'Abd al-Raḥmān I　731-788(位756-788)
アブド・アッラフマーン3世　207,218-221,238,246
'Abd al-Raḥmān III　889-961(位912-961)
アブド・アルカーディル　381,464
'Abd al-Qādir　1807-83
アブド・アルハック　250,252
'Abd al-Ḥaqq　?-1217
アブド・アルマリク　155,157-159,190
'Abd al-Malik　647-705(位685-705)
アブド・アルマリク　222
'Abd al-Malik b. Abī 'Āmir　?-1008
アブド・アルムッタリブ　132
'Abd al-Muṭṭalib　?-?
アブド・アルムーミン　232,234,235
'Abd al-Mu'min　?-1163(位1130-63)
アブドゥッラー　460,461,478,500
'Abd Allāh
アブドゥルアズィーズ　463,504
Shāh 'Abd al-'Azīz
アブドゥルアズィーズ1世　372
'Abd al-'Azīz b. Muḥammad　?-1803(位1765-1803)
アブー・バクル　136,140-144,155,169,225,268
Abū Bakr　573?-634(位632-634)
アブー・ハーシム　167
Abū Hāshim　?-716
アブー・ハニーファ　178
Abū Ḥanīfa　699頃-767
アブー・ハフス・ウマル　252
Abū Ḥafṣ 'Umar　?-1176
アフマド・オラービー　405-407
Aḥmad 'Urābī
アフマド・カラマンリー　385
Aḥmad al-Qaramanlī　1686-1745(位1711-45)
アフマド・ハティーブ　515
Aḥmad Khaṭīb
アフマド・ブン・イドリース　415
Aḥmad b. Idrīs　1750頃-1837
アフマド・ブン・トゥールーン　260,262,264,271
Aḥmad b. Tūlūn　?-884
アブー・ムスリム　168,169,171
Abū Muslim　?-755
アブー・ヤクザーン　194
Abū al-Yaqẓān　?-894
アブー・ヤズィード　203
Abū Yazīd
アブー・ユースフ　177,180,251
Abū Yūsuf Ya'qūb　?-1286
アフラースィヤーブ　368
Afrāsiyāb
アプリエス　87
Apries　位前589-前570
アミュルタイオス　88
Amyrtaios　位前401-前399
アミール・ハーリド　464
Amīr Khālid
アミーン　384
Amīn
アムトピエル　98
Amut-pi-El　位?-?
アムル・ブン・アルアース　92,145
'Amr b. al-'Āṣ　570頃-663頃
アメンエムハト1世　66,67,69
Amenemhat I　位前1976-前1947頃
アメンエムハト2世　67
Amenemhat II　位前1914-前1876頃
アメンエムハト3世　68
Amenemhat III　位前1853-前1805頃
アメンエムハト4世　68
Amenemhat IV　位前1806-前1797頃
アメンヘテプ1世　69,72
Amenhetep I　位前1525-前1504頃
アメンヘテプ2世　35,74,84
Amenhetep II　位前1428-前1397頃
アメンヘテプ3世　75,76,79,80,101
Amenhetep III　位前1388-前1350頃
アメンヘテプ4世　36,75-79
Amenhetep IV　位前1351-前1334頃
アラファト(ヤーセル・アラファート)　483,484,527,528
Yāsir 'Arafāt　1929-2004
アリー　262
'Imād al-Dawla 'Alī

アリー・アブドゥル・ラティーフ　462
'Alī 'Abd al-Laṭīf
アリー・ハムダーン　269
Sayf al-Dawla 'Alī
アリー・ブン・ムハンマド　184,185
'Alī b. Muḥammad　?-883
アリー・ベイ(ブルト・カパン)　348,349,366,367
'Alī bey Bulūṭ Qapan　?-1773
アリー(ムハンマドの従兄弟で娘婿)
149,151,153,167-169,179,201,267,274
'Alī b. Abī Ṭālib　600頃-661(位656-661)
アルタクセルクセス3世　88
Artaxerxes III　位前358-前338
アルハサン・ブン・ザカリヤー　204
al-Ḥasan b. Zakariyā'　?-911
アルプ・アルスラン　278-280,285,287
Alp(b) Arslān　?-1072(位1063-73)
アルフォンソ　234
Alfonso
アルフォンソ6世　226,227
Alfonso VI　1042?-1109(位1072-1109)
アレクサンドロス(大王)　40,48,49,89,111
Alexandros　位前336頃-323
アンティオコス1世　48
Antiochos I　前324-前261
アンティオコス3世　111
Antiochos III　前241-前187(位前223-前187)
アンティオコス4世　112
Antiochos IV　前215頃-前163(位前175-前163)
アンティパトロス　113
Antipatros　前1世紀
アンミディタナ　31
Ammi-ditana　位前1683-前1646
イアフメス・ネフェルトイリ王妃　69
Iahmes-Nefertiri　前1550頃
イエス　137
Iesous　前4-後28
イーサー・ブン・ヤズィート　193
'Īsā b. Yazīd
イザヤ　109
Isaiah　前8世紀
イシビエッラ　30
Ishbi-Erra　位前2017-前1985
イスマイル・アズム　362
İsmail 'Azm
イスマーイール(イシュマエル)　137,204
Ismā'īl　?-760
イスマイル・パシャ　371
İsmail Paşa
イスマーイール・ベイ　340,341,349,350
İsmail Bey　?-1791
イッズ・アッダウラ　266
'Izz al-Dawla Bakhtiyār　967-987
イッビシン　26
Ibbi-Sin　位前2026-前2004
イドリース(2世)　202
Idrīs　?-828
イドリース・ブン・アブド・アッラーフ(1世)　201,202
Idrīs b. 'Abd Allāh　?-793
イバルピエル　98
Ibal-pi-El　位前1779頃-前1765頃
イフシード　272
Ikhshīd
イプシール・パシャ　358
Ipshir Paşa
イブラヒーム(3世)　198
Ibrāhīm
イブラーヒーム(アブラハム)　137,165,169,196,199,348,350,382
Ibrāhīm(Abraham)
イブラーヒーム・カトフダー　347,348
Ibrāhīm Katkhudā　?-1754
イブラヒム・パシャ　330,350
İbrahim Paşa　1493?-1536
イブラヒーム・ブン・アグラブ　198
Ibrāhīm b. Aghlab　?-812
イブラーヒーム・ベイ　349
Ibrāhīm Bey
イフランジュ・アフマド　339-341
Ifranj Aḥmad
イブン・アッズバイル　156,157,159,180
Ibn al-Zubayr　?-692
イブン・アブドゥルワッハーブ　372
Ibn 'Abd al-Wahhāb　?-1792
イブン・アラビー　248,352
Ibn al-'Arabī　1165-1240
イブン・アルアシュアス　160

Ibn al-Ash'ath　?-704
イブン・ジュバイル　302-304
Ibn Jubayr　?-1217
イブン・タイミーヤ　325,372
Ibn Taymīya(Taymiyya)　1263-1328
イブン・トゥファイル(アブ・バケル)　233,248
Ibn Ṭufayl　1105-85
イブン・トゥーマルト　230,232,235,236,252
Ibn Tūmart　1091?-1130
イブン・トゥールーン　183
Aḥmad b. Ṭūlūn　835-884
イブン・ハウカル　270
Ibn Ḥawqal　?-980?
イブン・ハズム　248
Ibn Ḥazm　994-1064
イブン・バーッジャ(アヴェンパケ)　248
Ibn Bājja　?-1139
イブン・ハッシャーブ　292
Ibn al-Khashshāb
イブン・バットゥータ　252,325
Ibn Baṭṭūta　1304-68?
イブン・ハフスーン　238
Ibn Ḥafṣūn　?-917
イブン・ハルドゥーン　248,251,256,322,324
Ibn Khaldūn　1332-1406
イブン・ハンバル　179
Ibn Ḥanbal　780-855
イブン・ヤースィーン　224,225
Ibn Yāsīn　?-1058?
イブン・ラーイク　262,269
Ibn Rā'iq　?-942
イブン・ルシュド(アヴェロエス)　233,248
Ibn Rushd　1126-98
イムルゥ・ル・カイス　121
Imru' al-Qays　?-328(位?-328)
イルシュム　30
Ilushum　位前1960-前1939
イーワーズ・ベイ　340,341
I'wādh Bay
インノセント3世　235
Innocent III　1160?-1216(位1198-1216)
ウサーマ・ブン・ムンキズ　302
Usāma b. Munqidh　?-1188
ウスマーン　147,148,151,152,188
'Uthmān b. 'Affān　?-656
ウスマーン・カトフダー　346,347
'Uthmān Katkhudā al-Qāzdaghlī
ウセルカフ　62,63
Userkaf　位前2454-前2446頃
ウトゥヘガル　25
Utu-hegal　位前22世紀
ウニス　63
Unis　位前2317-前2297頃
ウバイド・アッラーフ　154
'Ubayd Allāh　?-686
ウバイド・アッラーフ・サイード　206
'Ubayd Allāh Sa'īd　?-934
ウマル1世　136,141-144,147,163,176
'Umar b. al-Khaṭṭāb　?-644(位634-644)
ウマル2世　164
'Umar b. 'Abd al-'Azīz　682-720(位718-720)
ウルージ　373
Oruç Reis(Arrudye Barbarossa)　1474頃-1518
ウルジュ・アリー　376
Uluç Ali　1519-87
ウルナンム　33
Ur-Nammu　位前2113-前2096
ウンタシュナピリシャ　39
Untash-napirisha　位前1275-前1240
ウンム・カルスーム　506
Umm Kulthūm　1898-1975
エヴェリン・バーリング(クローマー卿)　409,410
Evelyn Baring
エサト・パシャ　364
Es'ad Paşa
エサルハドン　40,42,43,86
Esarhaddon(Ashur-ahhe-iddina)　位前680-前669
エンシャクシュアンナ　23,24
Enshakushanna　位前24世紀
オズデミル・パシャ　332
Özdemir Paşa　?-1561?

オマル　370
'Umar Paşa ('Omar)　1764-76
オマル・バシール　517
'Umar Bashīr
オマル・マクラム　397
'Umar Makram

●カーコ

カーイトバーイ　323,326,338,352
Qā'it Bāy　?-1496
カーイム　277,286
al-Qā'im　?-1075(位1031-75)
ガウリー　323,327
al-Ghawrī
ガザーリー　230,283,284,286
al-Ghazālī　1058-1111
ガーザーン　312
Ghāzān (Khān)　?-1304
カースィム　334
Qāsim　位1597-1602
カセケム(カセケムイ)　57,58
Khasekhem (Khasekhemui)　位前2684-前2657頃
カーター　486
James Earl (Jimmy) Carter　1924-
ガッサーン・カナファーニー　506
Ghassān Kanafānī　1936-72
カーディル　268
al-Qādir　991-1031
カーバー　59
Kaba　位前2615頃
カーヒナ　162,191
Kāhina　?-698
カフラー　61
Khafra　位前2522-前2496頃
カーフール　272,275
Kāfūr　?-968?
カーミル　301
al-Kāmil　?-1238
カーメス　69
Kames　位前1554-前1550頃
カラーウーン　310,312,317,323,330
Qalāwūn　?-1290
カルロス5世　253,384
Karl V　1500-58(位1519-56)
カンビュセス2世　40,46,110
Cambyses II　位前530-前522
キュチュク・ムハンマド　339,340
Küçük Muhammad　?-1694
キッシンジャー　483
Henry Alfred Kissinger　1923-
キッチナー　454
Horatio Herbert Kichener　1850-1916
キュアクサレス　42
Cyaxares　位前625-前585
キュロス2世　45,46,87
Cyrus II　位前559-前530
クサイイ　130
Qusayy
クシャイリー　286
al-Qushayrī
クタイバ・ブン・ムスリム　160
Quṭayba b. Muslim　669?-715
クトゥズ　306,308,309
Quṭuz　?-1260
クフ　60,61,87
Khufu　位前2554-前2531頃
クライシュ　130
Quraysh
クルチ・アルスラン　291
Kılıç Arslān
クレオパトラ7世　90
Cleopatra Ⅶ　位前51-前30
クレベール　351,352
Jean Baptiste Kléber　1753-1800
グングヌム　30
Gungunum　位前1932-前1906
クンドゥリー　280
al-Kundurī　?-1064
ゴルバチョフ　521
Gorbachov, Mikhal Sergeevich　1931-

●サーソ

サイイド・クトゥブ　516
Sayyid Quṭb　1906-66
ザイド・ブン・アリー　165
Zayd b. 'Alī　?-740
サイフ・アッダウラ(アリー)　269,270
Sayf al-Dawla 'Alī
サイフ・アッディーン　296

Sayf al-Dīn Ghāzī ?-1149
サウード 500
Sa'ūd
サダト(サーダート) 486,509,510,514-517
Anwar al-Sādāt 1918-81
サッダーム・フサイン 503,510,519-522,524,525
Ṣaddām Ḥusayn 1937-2006
サッファーフ 170-172,176
al-Saffāḥ
サード・ブン・アビー・ワッカース 145
Sa'd b. Abi Waqqāṣ ?-670?
ザビーディー 346
Murtaḍā al-Zabīdī 1732-90
ザーヒル(ダーヒル)・アルウマル 348,349,363,365-367
Ẓāhir al-'Umar al-Zaydānī ?-1776
サフラー 62
Sahura 位前2446-前2433頃
サーマーン 183
Sāmān
サムスディタナ 31
Samsu-ditana 位前1625-前1595
サラディン 209,297-300,302,303
Ṣalāḥ al-Dīn Yūsuf 1138-93
サーリフ(ミルダース朝) 271
(Asad al-Dawla)Ṣāliḥ(b. Mirdās) ?-1029
サーリフ(アイユーブ朝) 301,306
al-Ṣāliḥ ?-1249
サルゴン 24,26-29,46,95
Sargon (Sharr-kin) 位前2340-前2284
ザンギー 295,296,302
Zankī 位1127-46
サンジャル 282
Sanjar 位1118-57
シェションク1世 85
Sheshong I 位前 945-前924頃
ジェッザール(畜殺者)・アフメト・パシャ 351,367,420
Jezzār Ahmed Paşa ?-1804
ジェドカラー・イセシ 63
Djedkara-isesi 位前2355-前2317頃
シェプセスカフ 62
Shepseskaf 位前2461-前2456頃
ジェマル・パシャ 454
Cemal Paşa 1872-1922
ジェル 55,57
Djer 位前2949-前2902頃
ジムリリム 97,98
Zimri-Lim 位前1776頃-前1760頃
シモン 112
Simon 位前143-前135
シャー・アッバース1世 358,369
Shāh 'Abbās I 1571-1629(位1587-1629)
ジャアファル・ヌマイリー 511
Ja'far Numayrī
ジャウハル 209,272,273
Jawhar
ジャクマク 324,334,338
Jaqmaq ?-1453(位1438-53)
シャジャル・アッドゥッル 306
Shajarat al-Durr ?-1257
ジャバルティー 346
al-Jabartī 1753-1825
ジャーヒズ 182
al-Jāḥiẓ
ジャーファル 176,177
Ja'far b. Yaḥyā ?-803
ジャボティンスキー 472
Jabotinsky, Vladimir Zeev 1880-1940
シャムシアダド1世 33,97
Shamshi-Adad I 位前1813-前1781
シャー・ルフ 318
Shāh Rukh ?-1447
シャルマナサル3世 108,118
Shalmanasar III(Shulmanuashared) 位前858-前824
シャーワル 297,298
Shāwar ?-1169
ジャーンビルディー・アルカザーリー 352
Jānbirdī al-Ghazālī
シュッピルリウマ1世 101
Suppiluliuma I 位前1370頃-前1336頃(異説あり)
シュトルクナフンテ 39
Shutruk-Nahhunte I 位前1185-前1155

シュルギ　26
Shulgi　位前2094-前2047
シールクーフ　297,298
Shīrkūh　?-1169
スィナン・パシャ　254,330,334,376,381
Sinan Paşa　1520頃-96(位1567-68,71-72)
スィナン・パシャ　385
Sinanüddin Yusuf Paşa　?-1553
ズー・ヌワース　129
Dhū Nuwās
スネフェル　59,60
Sneferu　位前2589-前2554頃
ズハイル　189
Zuhayr
ズバイル・ブン・アッワーム　145
Zubayr b. ʻAwwām　?-656
スムアブム　32
Sumu-abum　位前1894-前1881
スメンクカーラー　78,79
Smenkhkara　位前1337-前1333頃
スメンデス(ネスバネブジェド)　83
Smendes(Nesbanebdjed)　位前1069-前1043頃
スライマーン(ウマイヤ朝)　216
Sulaymān　位715-717
スライマーン(ルーム・セルジューク朝)　278
Sulaymān　?-1086?
スレイマン　362,363,365
Sulaymān al-ʻAẓm
スレイマン1世　329,330,332,334,338,385
Süleyman I　位1520-66
セケニエンラー2世　69
Seqenenra II　位前1555頃
セケムケト王　59
Sekhemkhet　位前2620-前2613頃
セティ1世　79
Seti I　位前1290-前1278頃
セティ2世　80
Seti II　位前1199-前1193頃
ゼデキア　110
Zedekiah　位前597頃-前587/6
ゼノビア　114
Zenobia　位267頃-272
セリム1世　327,329,331,338,352,373
Selim I　1470-1520(位1512-20)
セリム2世　338
Selim II　?-1574(位1566-74)
セリム3世　351
Selim III　1761-1808(位1789-1807)
セルマン・レイス　332
Selman Reis　?-1527
セレウコス1世　111
Seleukos I　前358頃-前280(位前312-前280)
センウセレト1世　66,67
Senwseret I　位前1956-前1910頃
センエンムウト　72
Senenmut　前1470頃
センナケリブ　42,43,109,116
Sennacherib(Sin-ahhe-eriba)　位前704-前681
ソロモン　107,110
Solomon　位前970頃-前931頃(異説あり)

●ター卜

ダヴィド・ベングリオン　470
David Ben-Gurion　1886-1973
タウフィーク・ハキーム　466
Ṭawfīq al-Ḥakīm　1902-87
ダーダ・シャラーイビー　346
Dāda al-Sharā'ibī　?-1724
ターハ・フサイン　466
Ṭāhā Ḥusayn　1889-1973
タバリー　172
Ṭabarī　839-923
タハルカ　86
Taharqa　位前690-前664
ダビデ　107,112,113
David　位前1010頃-前970頃(異説あり)
ターヒル　180,183
Ṭāhir　?-822
タラアト・ハルブ　466
Ṭal'at Ḥarb　1867-1941
タラール王子　500
Ṭalāl
ダリウス1世　110
Darius I　位前522-前486
ダリウス2世　46

Darius II　位前423-前405
ターリク　162,213,215,216
Ṭāriq b. Ziyād　?-720
チャグリー・ベグ　277
Chaghrī Beg　?-1060?
ティグラトピレセル1世　38,43
Tiglath-pileser I(Tuklti-apil-eshara)　位前1114-前1076
ティグラトピレセル3世　41,108
Tiglath-pileser III(Tuklti-apileshara)　位前744-前727
ティムール　323
Tīmūr　?-1405
テオドール・ヘルツル　469
Theodor Herzl
デン　55,56
Den　位前2889-前2842
ドゥカーク　290,292
Duqāq　?-1104
トゥグタキーン　292
Ṭughtakīn　?-1128
トゥグリル・ベク　277,278,280,285
Ṭughril Beg(Bik)
トゥクルティニヌルタ1世　37
Tukulti-Ninurta I　位前1244-前1208
トゥトアンクアメン(ツタンカーメン)　78,79,83
Tutankhamen　位前1333-前1323頃
トゥトゥシュ　279,282,290
Tutush　?-1095
トゥトゥハリヤ1世　101
TudkhaliyaI　位前1450頃-前1420頃(異説あり)
トゥーマーンバーイ　327
Ṭūmān Bay　?-1517
トゥーラーンシャー　298,301,306
Tūrān-Shāh　?-1181
ドゴール　500
Charles de Gaulle　1890-1970
トトメス1世　72,100
Djehwtymes I　位前1504-前1492頃
トトメス3世　35,72,73,101
Djehwtymes III　位前1479-前1425頃
トトメス4世　74-76,101
Djehwtymes IV　位前1397-前1388頃
ドラグト　385
Dragut(Turgut Reis)　1485-1565
トルーマン　476
Truman, Harry S.　1884-1972

●ナ―ノ

ナギーブ・マハフーズ　506
Najīb Maḥfūẓ　1911-2006
ナースィル(ムワッヒド朝カリフ)　235
Nāṣir　?-1213
ナースィル(ダマスクス王)　301
al-Nāṣir
ナースィル(アッバース朝第34代カリフ)　282
al-Nāṣir li-Dīn Allāh　位1180-1225
ナースィル・アッダウラ　269
Nāṣir al-Dawla
ナースィル・ムハンマド　312,313,315,321,325
al-Nāṣir Muḥammad　?-1341
ナースィル・ユースフ(アイユーブ朝)　306
al-Nāṣir Yūsuf　?-1260
ナースィル・リ・ディーン・アッラー(後ウマイヤ朝)　219
al-Nāṣir lī-Dīn Allāh
ナスル　166,168
Naṣr b. Sayyār　?-748
ナセル　480,482,484,507,508,514,516
Jamāl ʻAbd al-Nāṣir　1918-1970
ナーセル・ホスロー　276
Nāṣir-i Khusraw
ナーディル・シャー　370
Nādir Shāh　1688-1747(位1736-47)
ナーブルスィー　353
ʻAbd al-Ghanī al-Nābulusī　?-1731
ナボニドス　45
Nabonidus (Nabu-na'id)　位前555-前539
ナボポラッサル　42,44
Nabopolassar(Nabu-apla-usur)　位前626-前605
ナポレオン　89,346,350,351,367
Bobaparte, Napoleon　1769-1821
ナラムシン　24,26-29,50,95

Naram-Sin 位前2260-前2223
ナルメル 55,56
Narmer 位前3000頃
ニウセルラー 64
Niuserra 位前2454-前2446頃
ニクソン 483
Nixon, Richard Milhous 1913-94
ニザーム・アルムルク 280,284,286
Niẓām al-Mulk ?-1092
ニトイケルティ(ニトクリス)女王 64
Netiqerti(Nitokris) 位前2168-前2166頃
ニネチェル 57
Nineter 位前2760-前2717頃
ヌーリー・サイード 460
Nūrī al-Sa'īd 1888-1958
ヌール・アッディーン 296-299,302,303
Nūr al-Dīn Maḥmūd ?-1174
ネカウ(ネコ)1世 87
Nekau(Neko) I 位前665頃
ネカウ(ネコ)2世 44,87,109
Nekau(Neko) II 位前610-前595
ネクタネボ1世 88
Nectanebo I 位前380-前362
ネクタネボ2世 88
Nectanebo II 位前360-前342
ネチェリケト(ジェセル) 58,59
Neterikhet(Djeser) 位前2640-前2620頃
ネフェリテス1世 88
Nepherites I 位前399-前393
ネフェルイルカラー 62
Neferirkara 位前2433-前2413頃
ネフェルウセベク 68,69
Neferusebek 位前1797-前1793頃
ネフェルトイティ(ネフェルティティ) 78
Nefertiti 前1360-前1335頃
ネブカ 58
Nebka 位前2657-前2640頃
ネブカドネザル1世 39
Nebuchadnezzar I(Nabu-kudurru-usur) 位前1126-前1105
ネブカドネザル2世 38,44,109
Nebuchadnezzar II(Nabu-kudurru-usur) 位前605-前562
ネルソン 350
Nelson, Horatio 1758-1805

●ハーホ

ハイダル 365
Ḥaydar Shihāb
バイバルス 308-310,317,325
Baybars
バイバルス2世 312
Baybars II
ハイル・アッディーン 253,373,374
Hayreddin Paşa ?-1546
ハーイルバク(ハエル・ベイ) 329
Khāyir Bey
ハカム1世 240
Ḥakam I ?-822(位796-822)
ハカム2世 221,222,244
Ḥakam II 915?-976(位961-976)
ハーキム 275
al-Ḥākim 996-1021
バキール・サドル 519
Baqīr Ṣadr
ハザエル 105
Haza'el 位前842頃-前805頃
バサースィーリー 278
al-Basāsīrī ?-1060
ハサン 201,253
al-Ḥasan b. 'Alī 624-670
ハサン・バクル 503
Ḥasan Bakr
ハサン・パシャ 369-371
Hasan Paşa ?-1723(位1704-23)
ハーシム 130,131
Hāshim
バダウィー 343
Aḥmad al-Badawī 1199-1276
ハッサーン・ブン・ヌーマーン 190
Ḥassān b. Nu'mān
ハーッジ・アミーン 472,474,477
al-Ḥājj Amīn
ハッジャージュ・ブン・ユースフ 157,159,160,163
Ḥajjāj b. Yūsuf 661-714
ハットゥシリ3世 80,102
Khattushili III 位前1263頃-前1245頃(異説あり)
ハディージャ 132,133,135

Khadīja　?-619
バーディース　210
Bādīs b. al-Manṣūr　996-1016
ハトシェプスト　72,73
Hatshepsut　位前1473-前1457頃
バドル・アルジャマーリー　297
Badr al-Jamālī　?-1094
ハーフィズ・アサド　510
Ḥāfiẓ al-Asad　1930-2000
ハーリド　144,176
Khālid b. Barmak　?-767
ハーリド・ブン・アルワリード　142
Khālid b. al-Walīd　?-642
ハリーリー　288
Khalīlī
ハリール　312
Khalīl　?-1293
バルキヤールク　282
Barkiyāruk　?-1105
バルクーク　323
Barqūq　?-1399
バルスバーイ　323,324
Barsbāy　?-1438
バルバロッサ(赤ひげ)兄弟　253,373
Barbarossa
バルフォア　456
Arthur James Balfour　1848-1930
パルメニオン　111
Parmenion　前4世紀
ハールーン・アッラシード　176,177,180,183,201
Hārūn al-Rashīd　766?-809
バンナー　495
Ḥasan al-Bannā
ハンムーダ・ブン・ムラード・ベイ　382
Ḥammūda b. Murād Bey　1631-66
ハンムラビ　29,31,33,46,97,98
Hammurabi　位前1792?-前1750頃
ピイ(ピアンキ)　86
Piy(Piankhy)　位前746-前713
ヒシャーム　222
Hishām b. al-Ḥakam　976-1013
ヒシャーム2世　247
Hishām al-Mu'ayyad bi-Allāh　966-1013
ヒシャーム・ブン・アブド・アルマリク　164,165,217
Hishām b. 'Abd al-Malik　691-743(位724-743)
ヒゼキア　109
Hezekiah　位前716頃-前687頃(異説あり)
ファイサル　454,458,460,500
Fayṣal b. 'Abd al-'Aziz　1906?-75(位1964-75)
ファイサル(1世)　435
Fayṣal　1885-1933(位1921-33)
ファドル　173,176,177
Faḍl b. Yaḥyā　?-808
ファフル・アッディーン(2世)　354-357
Fakhr al-Dīn　?-1635
ファーラービー　284
al-Fārābī
フェルナンド　379
Fernand
フサイン　153,154,156,165,167,274,326,344
Ḥusayn b. 'Alī　625-680
フサイン(ハーシム家)　417,434,435,454,458,463
Ḥusayn b. 'Alī　1853-1931
フサイン(ヨルダン)　484,487-489,500
al-Ḥusayn b. Ṭalāl　1935-99(位1955-99)
フサイン・ジャーンブラート(ジャンプラトオル)　355
Ḥusayn Jānbulāṭ
フサイン・ブン・アリー　382,383
Ḥusayn b. 'Alī　任1705-35
プサメティコス1世　87
Psametik I　位前664-前640
プサメティコス2世　87
Psametik II　位前595-前589
プスセンネス(パスバカエムニウト)1世　83
Psusennes(Pasebakhaemniut) I　位前1043-前993頃
フスラウ(ホスロー)2世　114
Khusraw II　位591-628
ブッシュ　523
Bush, George Herbert Walker　1924-
ブトルス・アルブスターニー　427,428
Buṭrus al-Bustānī　1819-83

プトレマイオス　48,89,129
Ptolemy　位前305-前282
プトレマイオス5世　89
Ptolemy V　位前204-前180
フニ　59
Huni　位前2613-前2589頃
ブハーリー　392
al-Bukhārī
ブーメディエン　500
Houari Boumedienne　1927?-78
ブユック・スレイマン　370
Büyük Süleyman Paşa　?-1802(位1780-1802)
フラグ　307-309
Hūlāg(h)ū　?-1265?
ブルギーバ　465,493,500
Ḥabīb b. ʻAlī Būrqība
ブルッギーン　209
Bulukkīn b. Zīrī b. Manād　?-984
ブルナブリアシュ2世　36
Burnaburiash II　位前1359-前1333
ヘテプイブラー・アアムサホルネジュヘルアンテフ　69,70
Hetepibra-aamsahornedjherantef　位前1793頃
ヘテプセケムイ　57
Hetepsekhemui　位前2803-前2775頃
ヘテプヘレス　59,60
Hetepheres　前2600-前2550頃
ペドロ・ナバラ　384
Pedro Navarra
ペピ2世　64
Pepy II　位前2229-前2169頃
ヘラクレイオス1世　114,144
Herakleios I　575頃-641(位610-641)
ペルイブセン　57
Peribsen　位前2685頃
ベルケ　309
Berke
ベロッソス　48
Berossus　前290頃
ヘロデ　113
Herod　位前37-前4
ヘロドトス　44,51,55,68
Herodotus　前484-前425
ベンハダド2世　105,106
Ben-Hadad II　位?-前842頃
ベンベッラ　500
Ahmad Ben Bella
ホシェア　109
Hoshea　位前731頃-前722頃
ホメイニー　519
Rūḥollā Mūsavī Khomeynī　1902-89
ホルエムヘブ　78,79
Horemheb　位前1319-前1292頃
ポンペイウス　113
Pompeius　前106-前48

●マ―モ

マヴィア　121
Mavia　4世紀
マウラーヤ・ハサン・アッダーヒル　391
Mawlāya Ḥasan al-Dākhil
マクドナルド　472
James Ramsay Macdonald　1866-1937
マクマホン　434,454
Arthur Henry MacMahon　1862-1949
マクリーズィー　324
al-Maqrīzī　?-1442
マスウード　282
Masʻūd　?-1152
マニシュトゥス　28
Manishtusu　位前2275-前2260
マネトー(メリネチェルアア)　55
Manetho　前3世紀
マフムード　268,280
Maḥmūd
マフムード・ダルウィーシュ　506
Maḥmūd Darwīsh
マリク・シャー　279,280,290
Malik Shāh　?-1092(位1072-92)
マーリク・ブン・アナス　178
Mālik b. Anas　709頃-795
マルワーン1世　155,165
Marwān I　?-684
マルワーン2世　169
Marwān II　位744-750
マルワーン・ブン・ムハンマド　165
Marwān b. Muḥammad II　?-750
マーワルディー　283

al-Māwardī
マンスール　170-172
al-Manṣūr　713?-775(位 754-775)
マンスール　209,210
al-Manṣūr　位984-996
マンスール　222
Manṣūr bi-Allāh
マンスール　390,391
Manṣūr　位1578-1603
ミシェル・アフラーク　494
Mishil Aflag　1910-89
ミドラール　193
Midrār
ムアイヤド　334
al-Mu'ayyad　1582-1644(位1602-44)
ムアイヤド・シャイフ　323
Mu'ayyad Shaykh
ムアーウィヤ　147,149,151-153
Mu'āwiya
ムアーウィヤ2世　155
Mu'āwiya II　?-680
ムアッザム　301
al-Mu'aẓẓam　?-1227
ムアンマル・ガッザーフィー(カダフィー)　511,512
Mu'ammar al-Qadhdhāfī　1941?-
ムイッズ　208-210,212
al-Mu'izz　931-975(位953-975)
ムイッズ　272-274
Mu'izz li-Dīn Allāh
ムイッズ・アッダウラ　262,266,267
Mu'izz al-Dawla Aḥmad
ムカッラド　267
(Ḥusām al-Dawla) Muqallad　?-967
ムクタディル　207
Muqtadir　908-932
ムクタフィー　282
al-Muqtafī li-Amr Allāh　1136-60
ムサイリマ　142
Musaylima　?-642
ムーサ・サドル　518
Mūsā Ṣadr
ムーサー・ブン・ヌサイル　162,191,213,215,216
Mūsā b. Nusayr　640-716?
ムスアブ　156,157
Mus'ab b. Zubayr　?-691
ムスタクフィー　262
Mustakfī bi-Allāh　?-967(位944-946)
ムスタファ・アーリー　335
Mustafa 'Âlî
ムスタファー・カトフダー・アルカーズダグリー　340,346
Muṣṭafā Katkhudā al-Qāzdaghlī
ムスタファー・カーミル　410
Muṣṭafā Kāmil　1874-1908
ムスタンスィル　210,285,309
al-Mustanṣir　1036-94
ムータスィム　180,181,198
al-Mu'tasim　794?-842
ムタワッキル　184
Mutawakkil
ムタワッキル　334
al-Mutawakkil　1610-76(位1644-76)
ムヌー　352
Jacques-François Menou　1750-1810
ムバーラク　517
Muḥammad Ḥusnī Mubārak　1928-
ムハンマド　167,232,282,283,318,376
Muḥammad
ムハンマド　254
Abū 'Abd Allāh Muḥammad　?-1526
ムハンマド　286
Muḥammad　位1105-18
ムハンマド(預言者)　8,11,13,16,18,127,130-137,139-142,153,167,168,177,283,344,409,411,415,435,438
Muḥammad　570-632
ムハンマド11世(ボアブディル)　255
Muḥammad XI(Boabdil)　?-1494
ムハンマド・アッシャイフ　388
Muḥammad al-Shaykh al-Waṭṭās　位1472-1504
ムハンマド・アブドゥ　407,408,465,466
Muḥammad 'Abduh　1849-1905
ムハンマド・アフマド　411,412
Muḥammad Aḥmad　1844-85
ムハンマド・アリー(メフメト・アリ)

352,366,397,398-402,405,416,421,446
Muḥammad ‘Alī (Mehmed Ali) 1769-1849(位1805-48)
ムハンマド・イドリース　493
Muḥammad Idrīs
ムハンマド・イフシード　208
Muḥammad Ikhshīd
ムハンマド・ファリード　410
Muḥammad Farīd　1868-1919
ムハンマド・ブン・アブー・ハフス　252
Muḥammad b. Abū Ḥafṣ　?-?
ムハンマド・ブン・アリー・アルサヌースィー　447
Muḥammad b. ‘Alī al-Sanūsī　1791-1859
ムハンマド・ブン・アルカースィム　160
Muḥammad b. al-Qāsim　693頃-716頃
ムハンマド・ブン・アルハナフィーヤ　156
Muḥammad b. al-Ḥanafīya　?-700
ムハンマド・ブン・ユースフ　255
Muḥammad b. Yuṣuf (Ibn Aḥmar) ?-?
ムハンマド・ベイ・チェルケス　341,344,355
Muḥammad Bey Çerkes
ムフタール　155-157,159,163,167
Mukhtār　622-687
ムラード　382
Murād
ムラト3世　338
Murād III　?-1595(位1574-95)
ムラト4世　369
Murād IV　?-1640
ムラード・ベイ　349,350
Murād Bey
ムルシリ1世　31,100
Murshili I　位前1620頃-前1590頃
ムワタリ　36,80,101
Muwatalli　位前1296頃-前1271頃(異説あり)
ムンタスィル　253
Muntaṣir　位1249-77
メシリム　23
Mesilim　位前2500頃
メナハム・ベギン　478
Menahem Begin　1913-92
メネス　55,56
Menes　位前2982-前2950頃
メフメト・パシャ　371
Mehmed Paşa　位1789-1806
メルエンプタハ　80
Merenptah　位前1213-前1203頃
メレク・イブラヒム・パシャ　337,338
Melek İbrahim Paşa
メンカウラー　61-63,87
Menkaura　位前2489-前2461頃
メンチュヘテプ2世　66
Mentuhetep II　位前2046-前1995頃
メンチュヘテプ4世　66
Mentuhetep IV　位前1983-前1976頃
モサッデグ　504
Moḥammad Moṣaddeq　1882-1967
モーセ　137
Moseh

●ヤ―ヨ

ヤークービー　172
Ya‘qūbī　?-897
ヤークーブ　183,185
Ya‘qūb b. al-Layth
ヤークーブ・アルマンスール　233,234
Abū Yūsuf Ya‘qūb al-Manṣūr　?-1199(位1184-99)
ヤズィード1世　153,155
Yazīd I　位680-683
ヤズィード2世　164
Yazīd II　?-724(位720-724)
ヤズィード3世　165
Yazīd III　?-744(位744)
ヤズドギルド3世　145
Yazdegird III　?-651(位632-651)
ヤフヤー・ブン・ウマル　176,224,225
Yaḥyā b. ‘Umar al-Lamtūnī　?-1056
ユースフ・パシャ　354,356,357
Yūsuf Paşa Sayfā　?-1625
ユースフ・アルフィフィリー　216-218
Yūsuf al-Fihrī
ユースフ・イドリース　506
Yūsuf Idrīs
ユダス・マッカバイオス　112
Judas Makkabaios　位前166-前160
ヨハネ・ヒルカノス1世　112

Johannes Hyrkanos I　前134-前104
ヨヤキン(エホヤキン)　109
Joiachin(Jehoiachin)　位前598-前597

●ラ－ロ

ラシード──→ハールーン・アッラシード
ラシード・アリー・ガイラーニー　491
Rashīd ʻAlī al-Gaylānī
ラシード・リダー　408,409,466
Muḥammad Rashīd Riḍā　1865-1935
ラージン　312
Lājīn　?-1299
ラーディー　262
al-Rāḍī bi-Allāh　位934-940
ラーネブ　57
Raneb　位前2775-前2760頃
ラビン　489,527
Rabin, Yitzhak　1922-95
ラメセス2世　36,79-81,83,88,101
Rameses II　位前1279-前1213頃
ラメセス3世　81
Rameses III　位前1182-前1151頃
ラメセス4世　81
Rameses IV　位前1151-前1144頃
ラメセス9世　82
Rameses IX　位前1121-前1103頃
ラメセス11世　81,82
Rameses XI　位前1099-前1069頃
リドワーン　290,292,296
Riḍwān　?-1113
リドワーン・ベイ　337,338
Riḍwān Bey　?-1656
リピトイシュタル　30,33
Lipit-Ishtar　位前1934-前1896
リムシュ　28
Rimush　位前2284-前2275
リムシン　30,98
Rim-Sin　位前1822頃-前1763頃
ルイ9世　253,301
Louis IX　1214-70
ルガルザケシ　24
Lugalzagesi　位前2350頃
レーガン　487
Regan, Ronald Wilson　1911-2004
ロイド・ジョージ　471
George, David Lloyd　1863-1945
ローズヴェルト　504
Roosevelt, Franklin Delan　1882-1945(任1933-45)
ロデリック(ロドリーゴ)　162,213-215
Rodrigo　?-711?
ロマノス・ディオゲネス　278
Romanus IV Diogenes
ロンメル　491
Rommel, Erwin　1891-1944

●ワ

ワイツマン　456,476
Chaim Weīzmann　1874-1952
ワラドシン　30
Warad-Sin　位前1890-前1878
ワリード1世　216
Walīd　668?-715(位705-715)
ワリード2世　165
Walīd II　?-744(位743-744)

事項索引

●アーオ

●カ—コ

●サ－ソ

●ナ―ノ

●ハ―ホ

●マ－モ

●ヤ―ヨ

●ラ―ロ

●ワ

■年　　表

＊近年，従来の編年のしかたは再検討の対象になっており，メソポタミアやエジプトの編年の方式は異なっている。

年代	事　　　項
前11000頃	シリア・パレスティナにナトゥーフ(中石器)文化おこる
前7600頃	先土器新石器時代のイェリコに塔や周壁を備えた大集落発展
前7000頃	ナトゥーフ文化圏で穀物栽培始まる
前6000頃	シリア・パレスティナに土器が普及(土器新石器時代の開始)
前6000～5300	ハラフ期，サマラ期
前6150年頃	ナブタで初期新石器文化始まる。農耕・牧畜の開始。エジプト先王朝時代文化が栄える。北のメリムデ文化，ファイユームＡ文化，そして南のバダーリ文化，ナカーダ文化
前5300～3500	ウバイド期
前3500～3100	ウルク期，メソポタミアにおける都市文明の開花，文字の発明
前3100頃	シリア・パレスティナ，前期青銅器時代にはいる
前3100～2900	ジェムデト・ナスル期，メソポタミアを中心とした文化が西アジア全体に拡大
前3000頃	ナルメル王によりエジプト全土が統一される。第１王朝の成立。伝説上の初代の王メネスはナルメル王のことであるとされる シリア・パレスティナの都市化始まる
前３千年紀前半	アラビア南東部でヒトコブ・ラクダが家畜化され，ラクダ遊牧が始まる
前2940頃	古代エジプト第１王朝３代目のジェル王，シナイ半島やヌビアに遠征隊を派遣
前2900～2285	シュメール，初期王朝時代
前2803頃	エジプト，第１王朝から第２王朝へ移行
前2686頃	ペルイブセン王のセレク(王名枠)の上にセト神の姿がはじめて登場する
前2660頃	ホルス神とセト神の和解。カセケムイ王は，ホルス・セト名を一時的に利用
前2640頃	第３王朝２代目ジェセル(ネチェリケト)王の治世下，宰相イムヘテプによる階段ピラミッドの造営
前2595頃	スネフェル，第３王朝の最後の王フニの娘ヘテプヘレスと結婚し，第４王朝初代の王となる。ダハシュールに２基の大ピラミッドの造営，マイドゥームのピラミッドも真正ピラミッドとして完成させる
前2550頃	クフ王，アルギーザ台地に大ピラミッドを造営。クフ王，カフラー王，メンカウラー王の３大ピラミッドが建設される
前2550	キシュの王メシリム，南部まで勢力を伸ばす。「ウルの王墓」にみられるようにウルが勢力を有する
前2500	ラガシュにウルナンシェ朝成立，ウルナンシェ，エアンナトゥム，エンテメナのとき優勢を誇る

前3千年紀第3四半期	北シリアの都市エブラの繁栄
前2461頃	シェプセスカフ王，南サッカーラにマスタバ・ファラウンを造営
前2450頃	ウセルカフ王，第5王朝を開く。この頃，太陽神殿が造営される
前2340	ウルクのエンシャクシュアンナ，はじめてシュメール全土の王たる「国土の王」を名乗る
前2310	ウルクのルガルザゲシ即位，はじめてシュメールを統合
前2300年頃	ウニス王のピラミッド内部にはじめて「ピラミッド・テキスト」が刻される
前2290	ラガシュのウルカギナ，「改革碑文」(孤児・寡婦の保護を唱える)。ウルカギナはルガルザゲシに敗北，諸神殿を略奪さる
前2285	アッカドのサルゴン，シュメールの王ルガルザゲシを破り，はじめて両川下流域(シュメール・アッカド)全域を統合する。アッカド王朝の成立
前2254	アッカドのナラムシン，「四方世界の王」を名乗り，自らを神格化。アッカド王朝の最大版図
前2200	グティ，エラムの侵入があり，アッカド王朝の統一は崩壊。ラガシュはグデア治世下の繁栄期
前2169頃	ペピ2世の死後，王国は急速に衰退し，ニトイケルティ(ニトクリス)女王を最後に第6王朝滅亡
前2123	ウルクのウトゥヘガル，グティの支配からシュメールを解放
前2120頃	メンフィスの第8王朝滅亡し，古王国時代は幕を閉じる
前2112	ウルナンム即位，シュメール最後の統一王朝であるウル第3王朝成立(～2004)，法典の編纂
前2094	ウル第3王朝，シュルギ即位，王朝の完成者
前2020頃	第11王朝5代目の王メンチュヘテプ2世により，エジプトは再統一され，中王国時代が始まる
前3千年紀末	シリア・パレスティナで都市文明が断絶，暗黒時代にはいる。アムル人がシリア・パレスティナ，次いでメソポタミアに侵入開始
前2004	ウル第3王朝，エラム王キンダットゥの侵入を受け滅亡。イシンのイシビエッラ独立。イシン・ラルサ2王朝並立時代の開始，ともにアムル系王朝。アムル人の政治的優位が確立し，日常の言葉がシュメール語からアッカド語にかわる
前2千年紀初め	カナーン人がシリア・パレスティナに移住開始
前1976頃	メンチュヘテプ4世の宰相アメンエムハト自ら即位(アメンエムハト1世)し，第12王朝を樹立。王都を北部のリシェト付近のイチ・タウイに造営・移転。ピラミッドの造営を再開
前1956頃	アメンエムハト1世，息子のセンウセレト1世と初の共同統治を開始
前1947頃	アメンエムハト1世暗殺され，センウセレト1世単独の王位に就く。ヌビアの第3急湍にまで進出し巨大な要塞を建設。この頃，「シヌへの物語」成立
前1934	イシンのリピトイシュタル即位，法典編纂
前1932	ラルサのグングヌム即位，この時期以降，ラルサがイシンと対等の位置を占める
前20～18世紀	カネシュ商業植民市の隆盛，アッシリアはアナトリアのカネシュに商業植

	民市を置き,おもに銅・錫交易を活発におこなった
前1872頃	センウセレト3世，積極的な対外政策を採り，パレスティナとヌビアへ軍事遠征を実施。とくにヌビアに大規模な遠征をおこない，セムナに境界碑を建立
前1853頃	アメンエムハト3世の治世下で，王国の繁栄は絶頂に達する。ファイユーム地域の開拓事業の完成。王の死後，王権は急速に衰退
前1834	ヤムトバルの族長クドゥルマブクの子ワラドシンがラルサの王となる
前1822	ラルサのリムシン即位(クドゥルマブクのもう一人の子)
前1813	アッシリア王シャムシアダド即位，アムル系王朝，長子イシュメダガンをアッシュルに，次子ヤスマフアッドゥをマリに送り，支配
前1800頃	シリア・パレスティナ，中期青銅器時代にはいり都市文明復興。アレッポを中心にアムル人のヤムハド王国栄え，ヤリム・リム王は周囲の20人の王を従える
前2千年紀前半	アルファベットの祖型(原カナーン文字，原シナイ文字)成立。フルリ人がシリアに侵入し，先住民を圧迫
前1794	ラルサのリムシンがイシンを滅ぼす
前1793頃	第12王朝最後の支配者ネフェルウセベク女王の執事長でアジア系のヘテプイブラー・アアムサホルネジュヘルアンテフが即位。第二中間期となる
前1792	バビロン第1王朝のハンムラビ即位
前1763	ハンムラビ，ラルサのリムシンを破る。ラルサ王朝滅亡
前1760	ハンムラビ，マリのジムリリムを破り，メソポタミア統一を達成する。法典の編纂
前1749	バビロンのサマスイルナ即位，カッシート族の侵入,「海の国」成立，エラムの離反
前1646	バビロン第1王朝のアンミザドカ即位，徳政の勅令，金星観察記録
前1645頃	ヒクソスの王朝である第15・16王朝が相次いで樹立され，エジプト北部を支配。南部はテーベを拠点とするエジプト人の第17王朝が支配
前17世紀末	ヒッタイトのムルシリ1世がアレッポを占領し，一時北シリアを支配下に置く
前1600頃	シリア・パレスティナ，後期青銅器時代にはいる
前1595	ヒッタイトのムルシリがバビロンを攻略し，その余波でバビロン第1王朝は滅亡。16世紀半ば，フルリ系のミタンニ王国強勢に向う。アッシリアを服属させる
前1550	バビロンにカッシート王朝成立(～1155)
前1550年頃	イアフメス王，ヒクソスをエジプトから完全に追放し，テーベに第18王朝を開き，新王国時代が開始
前1510	この頃より，北シリアにミタンニが，南シリア・パレスティナにエジプトが勢力を拡大し，抗争を深める。15世紀初頭，海の国滅亡，カッシート王朝によって滅ぼされる
前1500年頃	トトメス1世，南はヌビアの第3急湍，北はユーフラテス河畔にまで軍事遠征を実施，ユーフラテス川の北岸にまで達する
前1479頃	ハトシェプスト，幼少のトトメス3世の摂政となり実権を掌握
前1457頃	トトメス3世，単独の王位に就き，アジアとヌビアに多数の軍事遠征を実

	施し，版図は最大となる
前16～15世紀	シリアの支配を巡りエジプトとミタンニが対立。トトメス1世はユーフラテス河岸にまで軍を進め，トトメス3世はオロンテス川中流域以南をエジプトの属領とする
前1450	トゥトハリヤ2世即位，ヒッタイト新王国時代(～1200)
前15～13世紀	シリアの支配を巡りエジプトとヒッタイトが対立。ヒッタイトのトゥトゥハリヤ1世がアレッポを占領，シュピルリウマ1世はカルケミシュ，アレッポ，アララク，カデシュ，ウガリトなどの重要都市を含むシリア北半を支配下に収める
前2千年紀後半	エマル，ウガリトの楔形文字粘土板文書
前1427頃	アメンヘテプ2世のアジア遠征
前1397頃	トトメス4世即位し，「スフィンクス夢の碑」を大スフィンクスの前脚のあいだに建立
前1388年頃	第9代目のアメンヘテプ3世のもとで，新王国は絶頂期を迎える
前1370	ヒッタイトのシュッピルリウマ1世，ミタンニのトゥシュラッタを破る。ミタンニ事実上消滅。シリアをめぐるエジプト・ヒッタイトの抗争
前1365	アッシリアのアッシュルウバリト1世即位，ミタンニからの独立をはたす。バビロンにたいしても優位な地位を占める。一方でアッシリアの「バビロニア化」が進む
前1358頃	アメンヘテプ3世の治世30年，セド祭(王位更新祭)のためにテーベにマルカタ王宮を造営。巨大な祝祭都市を建設し，王の3回のセド祭を執りおこなう
前1347頃	このころ，エジプト，ヒッタイト，バビロンのあいだでいわゆるアマルナ外交書簡が交わされる。 アメンヘテプ4世の治世4年アマルナ(アケト・アテン)を公式訪問。治世6年までに王名をアクエンアテンに改名。アテン神を唯一神とする宗教改革を断行
前1337頃	アクエンアテン王の妃ネフェルトイティ，突然姿を消す。アンケトケペルウラー王として即位か
前1333頃	トゥトアンクアテン王が王位を継承。王はアテン信仰を破棄し，トゥトアンクアメン(ツタンカーメン，紀元前1333～23年頃)と改名，アマルナからメンフィスに遷都
前1319頃	軍の総指令ホルエムヘブ即位し，権威の復興とアテン信仰の抹殺をはかる
前1307	アッシリアのアダドニラリ1世即位，中期アッシリアにおける隆盛期にはいる
前1292頃	軍の総指令パラメセス，ラメセス1世として即位，第19王朝を確立
前1290頃	ラメセス1世の息子セティ1世，シリア・パレスティナ地域の失地の回復を達成するため，大規模な軍事遠征を実施
前1275頃	エジプト王ラメセス2世とヒッタイト王ムワタリがカデシュ郊外で戦う
前1273	アッシリアのシャルマネセル1世即位
前1260	エラムのウンタシュナピリシャ，チョガザンビルに巨大なジックラトを建設。エラムの古典期
前1259年頃	ヒッタイトのハットゥシリ3世とのあいだで平和条約を締結し，ヒッタイ

	トとの友好関係を維持
前1246年頃	ラメセス２世の妃としてハットゥシリ３世の娘マアトネフェルウラー王女がエジプトに嫁ぐ
前1244	アッシリアのトゥクルティニヌルタ１世即位，バビロンを攻略し，カッシト朝のカシュティリアシュ４世を捕虜
前1213頃	ラメセス２世，66年10カ月の長き統治の末に死去，後継者として13男のメルエンプタハ王が即位
前1200頃	「海の民」が襲来し，エマル，ウガリトなどの都市を破壊。シリア・パレスティナ，鉄器時代にはいる。アラム人の定住地域への侵入が顕著となる一方で，イスラエル人がパレスティナの中央山地帯に出現
前1193頃	セティ２世の妃タウセレト，王の死後，実質的権力を掌握
前1190	「海の民」の移動によりヒッタイト帝国滅亡
前1185頃	セトナクトにより第20王朝が開始される
前1175頃	第20王朝２代目のラメセス３世の治世８年，王はデルタに侵入した「海の民」を撃退
前1155	エラムのシュトクナフンテの子クティルナフンテの攻撃によって，カッシト朝滅亡
前1125	イシン第２王朝のネブカドネザル１世即位
前1120頃	ラメセス９世時代のアメン大司祭アメンヘテプ，絶大な権力を行使
前1114	アッシリアのティグラトピレセル１世即位，ふたたび勢力盛んになる。バビロン攻略。シリア進出。首都をニネヴェに移す。中期アッシリア法典の編纂
前２千年紀末	フェニキア人の海上活動活発化。ラクダを運搬手段とする隊商交易始まり，アラビアへ文字が伝播
前1081頃	ラメセス11世の治世19年にアメン大司祭ヘリホルによる「新紀元(ウヘム・メスウト)」が宣せられる。実質的な支配権は，南のテーベのアメン大司祭ヘリホルと北のタニスの宰相スメンデス(ネスバネブジェド)との２人の手に委ねられる
前1077頃	ヘリホル，ウンアメンをビブロスへ杉材の買いつけに派遣。「ウンアメンの航海記」成立
前1069頃	スメンデス(ネスバネブジェド)王，東デルタのタニスに第21王朝を開く。第３中間期開始。この頃，アメン神官団により王のミイラが安全な隠し場所に移動させられる
前1025	バビロンに第二海の国成立(～05)。このころアラム人とカルデア人の勢力拡大急
前1020頃	サウルが即位し，イスラエル王国成立
前1010頃	ダビデが即位し，周辺諸族を征服，シリア南部とパレスティナを領域とする小帝国建設
前985	バビロンにエラム王朝成立
前970頃	ダビデの息子ソロモンが即位し，イェルサレムにヤハウェ神殿と王宮を造営
前945頃	リビア人傭兵の末裔であったシェションク１世，第22王朝を樹立
前934	アッシリアのアッシュルダン２世即位。暗黒時代を経たのちの新アッシリ

	ア時代の基を築く
前931頃	ソロモンの死後，王国は北の10部族からなるイスラエル王国と，ダビデ王家の支配が続くユダ族の南王国(ユダ王国)に分裂
前884	アッシリアのアッシュルナシルパル２世即位，首都をニネヴェから新都カルフに移す
前858	アッシリアのシャルマナセル３世即位，シリアの地中海岸まで勢力を拡大，ダマスカスは従属
前853	ダマスクス王ベン・ハダド２世が，ほかのシリア都市やイスラエル王国のアハブ王と協力し，カルカルの戦いでアッシリアのシャルマナサル３世の進撃を阻止。この時の記録に「アラブ」という語がはじめて登場
前756頃	デルタのレオントポリスに第23王朝成立，その後，イェルサレムを略奪
前746頃	ナパタ出身の第25王朝のピイ王，エジプトに侵入する。『アメン十字軍』
前745	アッシリアのティグラトピレセル３世即位，軍制改革と中央集権的な内政改革によって王権の強化をはかる。大規模な強制移住政策が採用される
前740頃	サイスでテフナクトが第24王朝を樹立
前733	シリア・エフライム戦争ティグラト・ピレセル３世の遠征軍にシリア・パレスティナ諸都市の同盟軍は敗れ，ダマスクスを含むシリアはアッシリアの属州となる
前732	サルゴン２世のアッシリア軍がサマリアを陥落させ，イスラエル王国滅亡
前722/721	アッシリアのサルゴン２世即位，イスラエル王国を滅ぼす。新都ドゥルシャルルキンの造営
前704	アッシリアのセンナヘリブ即位首都をカルフからニネヴェに移す。バビロンを掠奪・破壊
前８世紀末	この頃までに南アラビアのサバァ王国成立。その後，続いてハドラマウト，カタバーン，マイーンの３王国成立
前700年頃	第25王朝のピイ王の弟シャバカ王，エジプト全土を再統一する センナケリブのシリア・パレスティナ遠征，イェルサレム攻囲
前680	アッシリアのエサルハドン即位，エジプトに侵入し，短期間ながらオリエント世界の統一が実現
前668	アッシリアのアッシュルバニパル，テーベを攻略し，エジプトを支配下に置く。古来の粘土板を収集し図書館をつくる
前664	プサメティコス１世，サイスに第26王朝を樹立。この王朝のもとで復古主義的政策が採られ，古典文化が大いに栄える
前625	カルデア人のナボポラッサル，アッシリアを破りバビロンで独立
前612	アッシリアの首都ニネヴェ陥落。メディア王キァクサレスとバビロン王ナボポラッサルが徹底的に破壊し，ニネヴェは廃墟と化す。ハランに逃れた亡命政権は610に解体。アッシリアの滅亡
７世紀末期	ウラルトゥ，キンメリアによって最終的に滅びる
前609	エジプトのネコ２世がシリア・パレスティナに進出，ユダ王ヨシヤはこれとメギッドで戦い敗死
前605	新バビロニアのネブカドネザル２世がカルケミシュの戦いでエジプト軍を撃破し，シリア・パレスティナの覇権を奪還
前604	バビロンの王ナボポラッサルの子ネブカドネザル２世，シリアにおいてエ

	ジプトのネコを破る。エジプトのシリア支配の終焉。ネブカドネザル2世即位，バビロンで旺盛な建築事業をおこなう。(バベルの塔，「空中庭園」など)
前597	ネブカドネザル2世，イエルサレムを陥す。第1回バビロン捕囚
前587/586	ネブカドネザル2世がイェルサレムを破壊し，ユダ王国滅亡。ゼデキア王とユダの人々をバビロンに強制移住させる(第2回バビロン捕囚)
前559	ペルシアのキュロス2世即位
前555	新バビロニアのナボニドゥス，王となる。皇太子が実際の統治にあたる
前550	ペルシアのキュロス2世，首都エクバタナを陥し，メディアを併合
前539	キュロス2世，新バビロニアを滅ぼし，統一を達成
前538	アケメネス朝のキュロス2世がバビロンの捕囚たちを解放，イェルサレムへの帰還者は神殿再建
前6～5世紀	ヒジャーズ地方のウラーにデダーン王国栄える
前529	カンビュセス2世即位，エジプトまで征服，全オリエント統一
前525年	アケメネス朝ペルシアのカンビュセス王，エジプトを征服，第26王朝を滅ぼしペルシア支配時代(第27王朝)始まる
前521	ダリウス1世政権奪取。即位時の反乱を鎮圧文サトラップの整備など国支配。体制を固めた。インドまで領域が広がる
前490	ペルシア戦争
前485	クセルクセス1世即位
前404	アルタクセスクセス2世即位
	アミュルタイオス，ペルシア支配より独立し，サイスに第28王朝を開く
前4～前1世紀	ウラーを中心にリフヤーン王国栄える
前399	メンデスのネフェリテス1世がアミュルテスを倒し，第29王朝を樹立
前380	ネクタネボ1世，第30王朝を樹立
前341	アケメネス朝ペルシアのアルタクセルクセス3世，ネクタネボ2世を破り，エジプトはふたたびペルシアの支配下にはいる(第2次ペルシア支配，第31王朝)
前332	アレクサンドロス大王の東征
前331	ダリウス3世マケドニアがアレキサンドロスに敗れ，アケメネス朝滅亡
前323	アレクサンドロス大王，バビロンで病没(33歳)
前312	セレウコス朝成立し，アンティオコス1世はシリア各地に首都アンティオキアを始めとする都市を建設
前305	プトレマイオス1世即位し，エジプトにプトレマイオス朝を樹立
前3世紀	シリア・パレスティナの領有をめぐり，セレウコス朝とプトレマイオス朝争う。アラビアにペトラ，カルヤ，ゲラなどの商業都市が生まれる
前280頃	ベロッソス『バビロニア誌』をアンティオコス1世に献呈。
	プトレマイオス2世のもとマネトーが『エジプト史』を編纂
前198	第5次シリア戦争の勝利で，セレウコス朝のシリア・パレスティナ全域にたいする覇権が確立
前196頃	この頃，ロゼッタ・ストーンが建立される
前169頃	この頃までにナバテア王国成立
前166	マカベア戦争始まる

前142	イェルサレムの解放とユダヤの実質的独立達成，ハスモン朝の支配固まる
前２世紀	この頃，ラクダ鞍の改良を含む新技術の導入で，ベドウィンの戦闘能力向上
前２世紀末	南アラビアにヒムヤル部族連合(のちに王国)成立。この頃より南アラビアの政治・経済の中心は，内陸のオアシス地帯から西部の高原地帯に移る
前64	ポンペイウスがシリアに進駐し，セレウコス朝滅亡，シリアはローマの属州に
前37	ヘロデがハスモン朝を滅ぼしてユダヤ王となる
前30	クレオパトラ７世自殺し，プトレマイオス朝は滅亡，ローマの支配下にはいる
前25/24	ローマ軍の南アラビア遠征。マイーン王国はすでに滅亡していた
前４	この頃，イエス誕生
１世紀初頭	南アラビアでサバァ・ヒムヤル連合王国成立(同世紀末には分裂)
１世紀	シリア—メソポタミア間で，この頃より３世紀にかけてパルミュラ，ハトラ，ドゥラ・エウロポスなどの隊商都市が栄える。この頃より，南アラビアへのアラブ・ベドウィンの侵入が始まる
66〜70	第１次ユダヤ戦争
１世紀後半	マルコによるキリスト教伝道
106	ナバテア王国がローマに併合され属州となる
132〜135	第２次ユダヤ戦争(バル・コクバの乱)
２世紀半ば過ぎ	カタバーン王国はハドラマウト王国に併合されて滅亡
２世紀末	エチオピアのアクスム王国の南アラビアへの侵入が始まる
３世紀半ば過ぎ	アクスム王がエジプトを除く紅海両岸を征服，紅海経由のインド航路の主導権を握る
270	パルミュラ軍がローマ軍を破り，シリア，エジプトを占領
272	ローマ皇帝アウレリアヌスがシリアに親征，パルミュラ軍を破ってゼノビア女王を捕虜とし，翌年パルミュラを破壊
３世紀末	ヒムヤルがサバァとハドラマウトを併合して南アラビアを統一。イラクのヒーラを中心にラフム朝成立(〜602)
３世紀末〜４世紀初	イムルゥ・ル・カイス(〜328)のアラビア遠征，「全アラブの王」と称す
303	ディオクレティアヌス帝によるキリスト教徒の大規模な迫害が起こる
313	ミラノ勅令によりキリスト教が公認される
４世紀半ば頃	シャープフル２世のアラビア遠征。ヒムヤル王がキリスト教に改宗
392	キリスト教はローマの国教となる
395	ローマ帝国が東西に分裂し，エジプトは東ローマにはいる
５世紀初	ヒムヤル王アブーカリブ・アスアドの中央アラビア遠征に従軍したフジュルがキンダ王国を樹立(〜６世紀前半)
５世紀末	シリアのジャービヤを中心にガッサーン朝成立(〜７世紀初) クライシュ部族，長クサイイに率いられてメッカに定住
523	ユダヤ教徒のヒムヤル王がナジュラーンのキリスト教徒を迫害
525	アクスム王エッラ・アスベハーのヒムヤル征服
570	アブラハのメッカ遠征の伝説。この年(象の年)ムハンマド誕生
575	サーサーン朝がイエメンを征服し，サトラップを置く

610		ムハンマド，ヒラー山でアッラーの啓示を天使ジブリールより授けられる
614		フスラウ2世がシリア・パレスティナを占領し，イェルサレムから「真の十字架」を奪う
		ムハンマドの布教開始
622	***9***	ヒジュラ(聖遷)によって，ムハンマドと信徒たちがメディナに移住(ヒジュラ暦元年)
624	***2***	キブラがイェルサレムからメッカに変更される。***3*** バドルの戦いにおいて，メディナのムスリム軍，メッカ軍に勝利
625	***3***	ウフドの戦いにおいて，ムスリム軍，メッカ軍に敗れる
627	***4***	ハンダクの戦いにおいて，ムスリム軍，一万のメッカ軍に勝利
628		ヘラクレイオス帝がシリア・パレスティナ，および「真の十字架」を奪還。***3*** フダイビヤの和議により，メディナのムスリムとメッカとのあいだで10年間の休戦協定締結
630	***1***	ムハンマド，メッカに無血入城
632	***3***	ムハンマド，メッカに別離の巡礼をおこなう。***6*** ムハンマド死去。アブー・バクルが初代カリフに就任
633		リッダ討伐，続けてアラブによる大征服開始。ムスリム，アラビア半島統一
634	***8***	アブー・バクル死去。ウマル，2代目カリフに就任
636	***8***	ヤルムーク河畔の戦いにおいて，ムスリム，ビザンツ軍を撃破。さらに，9月カーディスィーヤの戦いにおいて，サーサーン朝軍を破る
637		ムスリム軍，サーサーン朝の首都クテシフォンを陥落させ，南イラクを制圧
638		最初のミスル(軍営都市)バスラが建設される。ムスリム軍，イェルサレムを占領
639		第二の軍営都市，クーファが建設される。***12*** アムル・ブン・アルアースによるエジプト遠征開始
640	***1***	ディーワーン創設，行政機構が整えられる
641		アムル・ブン・アルアースに率いられたアラブ軍が，エジプトに侵入
642		ニハーワンドの戦いにおいて，ムスリム軍，サーサーン朝軍を撃破。***10*** フスタート建設される
644	***11***	ウマル暗殺され，ウスマーン，第3代カリフに就任
650		この頃，コーランの編纂がおこなわれる
651		ヤズデギルド3世の死去により，サーサーン朝滅亡
655		帆柱の戦いにおいて，ムスリム艦隊，ビザンツ艦隊を破り，東地中海の制海権を握る
656	***6***	ウスマーン殺害される。ムハンマドの従兄弟で娘婿のアリーが第4代カリフに就任。第一次内乱勃発。***12*** 駱駝の戦いにおいて，アリー，ムハンマドの未亡人アーイシャらに率いられた軍隊に勝利
657	***7***	シリアのスィッフィーンで，シリア総督のムアーウィヤとアリーが交戦。両軍の和平に不満を抱く一団がアリーの陣営を離脱し，ハワーリジュ派となる
660		ムアーウィヤ，イェルサレムにてカリフ位就任を宣言

661	***1***	アリー，ハワーリジュ派によって暗殺され，第一次内乱が終結。ムアーウィヤが唯一のカリフとなり，ウマイヤ朝成立
669		ウマイヤ朝軍，コンスタンティノープルを包囲
670		チュニジアに軍営都市カイラワーンが建設される(675年完成)
674		ビザンツ帝国との7年戦争勃発。ムスリム軍はコンスタンティノープルの海上封鎖をおこなう
680	***4***	ムアーウィヤ死去。息子のヤズィードがカリフに就任。***10*** アリーの息子フサイン，カルバラーでウマイヤ朝軍と戦い，戦死
683	***11***	イブン・アッズバイル，メッカでカリフ位就任を宣言。第二次内乱勃発
684	***6***	マルワーン，ウマイヤ朝第4代カリフに就任
685	***10***	ムフタールの乱勃発
692		ハッジャージュ・ブン・ユースフ率いるウマイヤ朝軍，メッカを陥落させ，第2次内乱終結
694		ハッジャージュ，イラク総督に任命される
695		ウマイヤ朝5代カリフ，アブド・アルマリクがディーナール金貨とディルハム銀貨の発行を開始
697頃		行政用語としてアラビア語が定着
698		ハッサーン・ブン・ヌウマーン率いるアラブ軍，カルタゴを奪取
702		この頃，軍営都市ワースィトが建設され，シリア軍が駐留
704		ハッジャージュ，クタイバ・ブン・ムスリムをホラーサーン総督に任命し，中央アジア遠征に着手させる
711	***4***	ベルベル人将軍ターリク・ブン・ズィヤードがイベリア半島に上陸。***7-19*** ターリク，西ゴート王国のロデリック王とシドニア地方で会戦，同26日勝利。10月にはコルドバを征服
712	***6～7***	イフリーキヤ総督ムーサー・ブン・ヌサイル，イベリア半島に侵攻。セビーリャを制圧
714		ムーサー，サラゴサの攻略後，9月にイフリーキヤ総督を解任される。ダマスクスの「洗礼者ヨハネの教会」，ウマイヤ・モスクに改築される
715		スライマーン，カリフに就任
716		***8*** カリフ・スライマーン，コンスタンティノープルを攻囲
717	***10***	ウマル2世，カリフに就任。マワーリー問題解決のため改革。アンダルスの中心都市がセビーリャからコルドバに移される
718		アッバース運動の工作員たちが各地に派遣され，ホラーサーン地方を中心に反ウマイヤ朝運動が始まる
719		ムスリム軍，ナルボンヌを占領し，トゥールーズへ進軍
724	***1***	ヒシャーム，カリフに就任
725		ムスリム軍，カルカッソンヌ，ニームを獲得
726		エジプトでコプト教徒の農民反乱が起こる
732		ムスリム軍，ボルドーを占領し，北上。***10*** トゥール・ポワティエ間の戦いにおいて，メロヴィング朝の宮宰カール・マルテルに敗北。以後，ピレネー以北への軍事活動は下火になる
734		ホラーサーンでハーリス・ブン・スライジュの反乱が起こる
740	***1***	フサインの孫ザイド，イマーム位を主張し，クーファで反乱を起こす。

		ザイド派の起源となる
747	***6***	ホラーサーンにおけるアッバース運動の指導者アブー・ムスリム，メルヴ近郊で蜂起。アッバース朝革命始まる
749	***9***	ホラーサーン軍，クーファに入城。***11*** アッバース家のアブー・アルアッバース，カリフ位に就任
750	***1***	ホラーサーン軍，モースル近郊にて，カリフ・マルワーン2世率いるウマイヤ朝軍を破る。マルワーンの殺害により，アッバース朝成立
751	***6***	タラス河畔の戦いにおいて，アッバース軍，高仙芝率いる唐軍を破る。製紙法が伝わる
754	***6***	マンスール，2代カリフに就任。シリア総督でアブー・アルアッバースの伯父アブド・アッラーフがカリフ位を要求して反乱，アブー・ムスリムによって鎮圧される
755	***2***	アッバース朝革命の功労者アブー・ムスリムとアブー・サラマが粛清される。アブー・ムスリムの復讐を唱えるスンバーズの乱がホラーサーンで起こる
756	***5-15***	ウマイヤ朝カリフ・ヒシャームの孫アブド・アッラフマーン，アンダルス総督のユースフ・アッフィフィリーを破り，コルドバにアンダルス・ウマイヤ朝成立
760		シーア派の一分派イスマーイール派の結成
762		アッバース朝の新首都バグダードの建設が開始される。***12*** アリー家の「純粋な魂」ムハンマドがメディナで反乱を起こす
766		バグダード完成
773		円城の南側カルフ地区にバグダードの市場が移される。アンダルス・ウマイヤ朝のアミール・アブド・アッラフマーン，アッバース朝との決別を表明
776		ホラーサーンで，アブー・ムスリムの再来と主張する「覆面者」ムカンナーの反乱が起こる。イブン・ルスタム，アルジェリアにルスタム朝を興す
786	***9***	アッバース朝5代カリフにハールーン・アッラシードが就任。「純粋な魂」ムハンマドの兄弟イドリース，メディナで反乱を起こすが，失敗
789	***2***	イドリース，モロッコに逃亡し，イドリース朝を興す
790		イドリース朝，トレムセンを征服
797		アンダルス・ウマイヤ朝のアミール・ハカム，不満分子を謀殺，いわゆる「堀割の日」事件発生
800	***1***	イフリーキヤ州の総督イブラーヒーム・ブン・アルアグラブ，総督職の世襲を獲得。アグラブ朝成立。ホラーサーンでホッラム教の運動が始まる
802		ハールーン・アッラシード，長男アミーンにイラクを，次男マームーンにホラーサーンを相続させることを決定
803	***1***	バルマク一族が粛清される
806		アッバース朝軍，アナトリアのヘラクレアとティアナを占領
808		イドリース朝の首都フェスが完成
809	***11***	ハールーン死去，アミーンが次期カリフとなるが，マームーンと後継を

		巡って争いが起こる
813	***9***	マームーン陣営の将軍ターヒル・ブン・フサイン，バグダードを攻略し，アミーンを殺害。後継争いによる内戦終結
816		ホッラム教の指導者バーバク，アゼルバイジャンの信徒らを率いて反乱
818	***9***	シーア派イマームのアリー・アッリダー，急死
821		マームーンの功臣ターヒル，ホラーサーン総督職の世襲を認められ，ターヒル朝を興す
827		ムータズィラ派の「クルアーン創造説」，公認される。***6*** アグラブ朝君主ズィヤード・アッラーフ，シチリア侵攻を開始
830頃		バグダードにバイト・アルヒクマ(知恵の館)が建設され，ギリシア語書籍のアラビア語への翻訳作業が始まる
831		アグラブ朝軍，シチリアのパレルモを占領。エジプトの農民反乱
833		ミフナ(異端審問機関)が創設され，ムータズィラ派の学説に従わない人物を糾弾。***8*** アッバース朝8代カリフにムータスィムが就任。多数のトルコ人軍事奴隷を購入し，直属の軍隊(アトラーク軍団)を創設
836		ムータスィム，サーマッラーに遷都
837	***8***	ムータスィム，バーバクの乱を鎮圧
839		タバリスターン総督マーズヤール・ブン・カーリーン，古代ペルシアの再興をめざして反乱を起こす
846		アグラブ朝，ローマを攻撃し，サン・ピエトロ寺院を略奪
848		カリフ・ムタワッキル，ムータズィラ派学説の公認を取り消す
861		アトラーク軍団によってムタワッキルが殺害される
864	***10***	タバリスターンにザイド派のアリー朝が興る
867		ヤークーブ・ブン・ライス，同地のターヒル朝総督を追放して独立，サッファール朝を興す
868		トルコ人将軍アフマド・ブン・トゥールーン，エジプトで独立し，トゥールーン朝を興す。アグラブ朝，マルタ島を占領
869		アリー・ブン・ムハンマドに率いられたザンジュがイラク南部で蜂起(ザンジュの乱，～883)
873		サッファール朝のヤークーブ，ニーシャープールに入城し，ホラーサーン全土を獲得するとともに，ターヒル朝を滅ぼす
874		シーア派12代イマームのムハンマド・アルムンタザルがガイバ(お隠れ)になり，12イマーム派の起源となる
875		サーマーン家のナスル・ブン・アフマド，マーワラーアンナフルの総督に任命され，サーマーン朝成立
876		サッファール朝軍，バグダード侵攻を企てるが，カリフの弟ムワッファクに撃退される
877		トゥールーン朝，アッバース朝の混乱を衝いて，シリアを征服
878		ザンジュの乱の活動が最盛期を迎え，ワースィトが同勢力によって占領される
883	***8***	ムワッファク，ザンジュの乱の拠点ムフターラを陥落させ，反乱を鎮圧
884		アンダルスにおいて，西ゴートの子孫イブン・ハフスーンの乱
889		アゼルバイジャンにサージュ朝が興る

890		ハムダーン・カルマト，クーファ近郊に拠点を築き，カルマト派の宣教を開始
892		ムワッファクの息子ムータディド，カリフに就任し，首都をサーマッラーからバグダードに戻す
899		アンダルスで反乱を起こしたイブン・ハフスーンがキリスト教に改宗し，支持を失う。ハムダーン・カルマト，バハレーンにカルマト派政権樹立
900	**5**	サーマーン朝君主イスマーイール，サッファール朝君主アムルを破り，ホラーサーンを獲得
903		カルマト派勢力がダマスクスを包囲し，シリア諸都市をその支配下におさめる
905	**11**	アブド・アッラーフ・ブン・ハムダーンがモースル総督に任命され，ハムダーン朝を興す。トゥールーン朝が滅亡し，再びエジプトがアッバース朝領となる
909		チュニジアにおいて，イスマーイール派の宣教師アブー・アブド・アッラーフがアグラブ朝を滅ぼし，ファーティマ朝を樹立。同年，ルスタム朝も滅亡
910	**1-15**	イスマーイール派のイマーム・ウバイド・アッラーフ，チュニジアに迎えられ，ファーティマ朝初代カリフに就任
912	**10**	アンダルス・ウマイヤ朝のアミールとして，アブド・アッラフマーン3世が即位
920		ファーティマ朝，新たな都としてマフディーヤを建設する
921		ファーティマ朝軍，イドリース朝の首都フェズを占領
927		マルダーヴィージュ，ズィヤール朝を興し，北部イラン一帯を支配下におく
928	**1**	イブン・ハフスーンの反乱勢力，完全に鎮圧される
929	**1**	アンダルス・ウマイヤ朝のアブド・アッラフマーン3世，カリフを称す
930	**1**	バハレーンのカルマト派勢力，メッカを襲撃し，カーバ神殿の黒石を奪う
932		アンダルス・ウマイヤ朝の軍隊，トレドを奪還。**10** アッバース朝カリフ・ムクタディル麾下の宦官将軍ムーニス，反乱を起こし，カリフを殺害
934		アリー・ブン・ブワイフ，シーラーズに入城し，ブワイフ朝を興す
935		エジプト総督ムハンマド・ブン・トグジュ，エジプトにイフシード朝を興す
936	**10**	バスラとワースィトの総督イブン・ラーイクがカリフ・ラーディーより大アミールに任命される
938	**9**	イブン・ラーイク麾下の将軍バジュカム，クーデターを起こし，大アミールに就任する
942	**4**	ハムダーン朝の君主ハサン，カリフよりナースィル・アッダウラの称号を授与され，大アミールに就任する
943		ナースィル・アッダウラ麾下の将軍トゥーズーン，クーデターを起こし，バグダードを制圧。大アミールに就任する。アッバース朝カリフ，ナースィル・アッダウラとともにモースルに逃亡

945	*4*	サイフ・アッダウラ，シリアに進出し，北部シリアの支配権を獲得。アレッポ・ハムダーン朝を興す
946	*1*	ブワイフ家の三男アフマド，バグダードに入城し，カリフよりムイッズ・アッダウラの称号を授与される。ムイッズ・アッダウラ，麾下のトルコ軍人らにイクターを支給。軍事イクター制の開始
947		ルクン・アッダウラがライを占領し，ブワイフ朝3政権の鼎立が成立する
948		ファーティマ朝のシチリア総督カルビーが独立し，カルブ朝を興す
960頃		中央アジアのイスラーム化が始まる
962		サーマーン朝のトルコ人将軍アルプティギーン，ガズナを占領
969	*7*	ファーティマ朝の将軍ジャウハルがフスタートに入城して，イフシード朝を滅ぼす。ジャウハルはカイロの建設に着手する
972		ファーティマ朝の新首都カイロ完成。8月，ベルベル族のズィール家がカイラワーン総督職を世襲し，ズィール朝を興す
973	*6*	ファーティマ朝カリフ・ムイッズ，カイロに入城
974		ブワイフ朝のトルコ人将軍サブクティギーン，反乱を起こす。イドリース朝滅亡
977		ブワイフ朝のアドゥド・アッダウラ，イラクを征服し，ブワイフ朝政権を統合する。アルプティギーンの奴隷軍人サブクティギーンがガズナの支配者となり，実質上ガズナ朝を興す
983		クルド・フマイディー家のバーズ，ディヤール・バクルの支配を認められ，マルワーン朝を興す
990		アラブ・ウカイル族のムハンマド・ブン・アルムサイイブ，モースル・ハムダーン朝を滅ぼし，ウカイル朝を興す
997		アラブ・アサド族のアリー・ブン・マズヤド，クーファを中心にブワイフ朝から独立し，マズヤド朝を興す
999		サーマーン朝，カラハーン朝により滅ぼされる
1005		ファーティマ朝カリフ・ハーキム，カイロにダール・アルヒクマ(知恵の館)を建設
1008		イスファハーンを根拠とするカークワイフ朝がブワイフ朝より自立
1009		ファーティマ朝のハーキム，イェルサレムの聖墳墓教会を破壊。***2*** コルドバの住民がアーミル家の専横に反発して蜂起し，カリフ・ヒシャームを廃位
1015		ズィール一族のハンマードがアルジェリアのカビール地方にて独立し，ハンマード朝を創設
1016		アリー・ブン・ハンマード，ベルベル族の支持をえてコルドバを占領し，カリフを称す。ミルダース家のサーリフ，アレッポを攻略し，アレッポ・ハムダーン朝滅亡
1018		アッバース朝カリフ・カーディル，シーア派非難の宣言を発する
1023		コルドバ住民，ハンマード朝カリフを追い出し，ウマイヤ家の人物をカリフに据える。セビーリャの有力一族であるアッバード家のムハンマドが，ハンマード朝勢力を駆逐し，アッバード朝を興す
1025		サーリフ・ブン・ミルダースがファーティマ朝のアレッポ総督を追放し，

		ミルダース朝を興す
1027		ガズナ朝君主マフムードの息子マスウード，ブワイフ朝治下の都市ライを征服
1029		バグダードでスンナ・シーアの宗派間抗争が激化。***11*** カーディルが『カーディル綱領』を著し，コーラン被造説や12イマーム派を否定
1031	***12***	コルドバ住民，ウマイヤ家のカリフを廃し，アンダルス・ウマイヤ朝滅亡
1036頃		セネガルのベルベル人首長ヤフヤー・ブン・イブラーヒームがメッカ巡礼。マーリク派法学者のイブン・ヤースィーンをともなって帰る
1038		トゥグリル・ベク，ニーシャープールに入城し，セルジューク朝を興す
1040		ダンダーナカーンの戦いにおいて，セルジューク朝がガズナ朝を破り，ホラーサーンを領有
1049		チュニジアのズィール朝，ファーティマ朝の宗主権を否認し，アッバース朝カリフに臣従
1050		ファーティマ朝，ヒラール族とスライム族をイフリーキーヤに派遣し，同地への支配権回復をはかる
1054		イブン・ヤーシーンに師事するサンハージャ族のムラービトゥーン(修行者)たちがスィジルマーサ一帯を征服し，ムラービト朝を興す
1055	***1***	トゥグリル・ベク率いるセルジューク朝軍，バグダードに入城し，ブワイフ朝勢力を駆逐。トゥグリル，カリフよりスルタンの称号を授かる
1056		ブワイフ朝のトルコ人将軍バサースィーリー，セルジューク朝にたいして反乱を起こす
1057		ズィール朝，カイラワーンを放棄し，マフディーヤに遷都
1059		バサースィーリーがバグダードを占領し，セルジューク朝勢力を駆逐する
1060	***1***	トゥグリル・ベク，バサースィーリーを倒して，再びバグダードに入城。シフナ(軍政長官)をバグダードに配置する
1062		ケルマーン・セルジューク朝の君主ガーヴルド，シーラーズを占領し，ブワイフ朝を滅ぼす
1063		アルプ・アルスラーン，セルジューク朝第2代スルタン位に就任
1065		エジプトで7年の大飢饉が発生
1067		セルジューク朝の宰相ニザーム・アルムルク，バグダードなどの主要都市にニザーミーヤ学院を設置
1070		セビーリャのアッバード朝，コルドバの有力一族ジャフワル家を駆逐し，コルドバを領有。ムラービト朝が新首都マラケシュを建設
1071	***8***	マラーズギルドの戦いにおいて，アルプ・アルスラーン率いるセルジューク朝軍，ビザンツ軍を破り，小アジアに進出。トルコ人アミールのダーニシュマンド，スィヴァスを中心にダーニシュマンド侯国を興す
1072		ムスリム政権の支配下にあったシチリアがノルマン人により征服される
1074		マフムード・アルカーシュガリー，『トルコ語・アラビア語辞典』を編纂。セルジューク朝第3代スルタンのマリク・シャー，天文台を建設。***1*** ファーティマ朝の混乱を収拾すべく，シリア総督のバドル・アルジャマーリーが宰相に就任

1076		セルジューク朝がアラビア半島に進出。ヒジャーズ領有を巡ってファーティマ朝と対立する。ムラービト朝，西アフリカのガーナ王国に遠征し，これを滅ぼす
1077		アヌーシュティギーンが独立し，ホラズム・シャー朝を興す。スライマーン・シャーがニケーアにおいてスルタンに就任し，ルーム・セルジューク朝を興す
1079		ジャラリー暦が制定される
1080		ミルダース朝，ウカイル朝君主ムスリム・ブン・クライシュの攻撃を受けて滅亡。北シリアのジャバラのカーディー，トリポリのカーディー政権の援助を受けてビザンツ支配を脱し，トリポリの支配下にはいる
1085	***5***	キリスト教国レオン，カスティーリャの王アルフォンソ6世がトレドを征服する。セルジューク朝，マルワーン朝を滅ぼす
1090		ムラービト朝，イベリア半島に進出し，グラナダを占領
1091		ムラービト朝，コルドバ，続いてセビーリャを占領。アッバード朝が滅亡
1092	***10***	ニザール派，セルジューク朝の宰相ニザーム・アルムルクを暗殺
1094		カスティーリャのモサラベであったエル・シド，バレンシアを占領
1095	***11***	クレルモン公会議において，ウルバヌス2世，聖地イェルサレム奪還のための十字軍を提唱する
1096		セルジューク朝によってウカイル朝が滅ぼされる。ノルマン人，北アフリカのトリポリを占領
1098		ファーティマ朝の軍人宰相アフダル，イェルサレムを奪取。***3*** 十字軍の司令官ボードワン1世，エデッサを占領し，エデッサ伯となる。***6*** 十字軍，アンティオキアを占領。司令官のボヘモントがアンティオキア伯となる。十字軍の侵攻後パレスティナから撤退したトゥルクマーン武将のアルトゥク，ディヤール・バクルでアルトゥク朝を興す
1099	***7-15***	十字軍，イェルサレムを占領し，住民を虐殺。ゴドフロワ・ド・ブイヨン，イェルサレムの王に就く
1100	***12***	ボードワン１世，イェルサレムに入城し，イェルサレム王国を建国
1104		ボードワン１世，アッカーを占領
1110		ボードワン１世，サイダーとベイルートを占領
1118		ムラービト朝軍，サラゴサにおいて，アラゴン王アルフォンソ１世に敗れる
1121		ベルベル・マスムーダ族のイブン・トゥーマルト，神の唯一性を掲げるムワッヒド運動を開始する
1127	***9***	イマード・アッディーン・ザンギー，セルジューク朝のモースル総督に任命され，独立。ザンギー朝を興す
1130		アブド・アルムーミン，ムワッヒド運動の後継者(カリフ)となり，ムワッヒド朝を興す
1143		フランク王の勧めでコーランのラテン語訳がおこなわれる
1144	***12***	ザンギー，エデッサ伯領を征服
1145		トレムセンにおいて，ムワッヒド朝軍，ムラービト朝軍を敗走させる。アンダルスの反乱が激化し，ムラービト朝がイベリア半島から撤退

1147	*4*	ムラービト朝の首都マラケシュ，ムワッヒド朝によって占領される。ムラービト朝滅亡
1148		ノルマン人によってズィール朝が滅ぼされる
1150		アンダルスのムスリム諸勢力，ムワッヒド朝の宗主権を認める
1152	*8*	ムワッヒド朝，アルジェリアに侵攻し，ハンマード朝を滅ぼす
1154	*4*	ザンギー朝の君主ヌール・アッディーン，シリア諸都市を占領し，ダマスクスに入城。ブーリー朝滅亡
1159		ムワッヒド朝軍，トリポリからノルマン人の勢力を駆逐するとともに，カイラワーンやマフディーヤなどを占領し，北アフリカ西半を版図におさめる
1168		イェルサレム王国のアマルリク，カイロを攻撃
1169	*3*	サラーフ・アッディーン，ファーティマ朝宰相に就任し，ファーティマ朝の支配権を奪ってアイユーブ朝を起こす。サラーフ・アッディーン，イクター制を施行。8月これに反対する黒人奴隷軍団とバイナルカスラインにおいて戦い，追放する
1171	*9*	ファーティマ朝カリフの血統が絶え，滅亡
1172		ムワッヒド朝がアンダルス全域を領有
1174		サラーフ・アッディーン，ダマスクスに入城。彼の兄トゥーラーン・シャーがイエメンを征服する
1184		この頃，イブン・ジュバイルがヒジャーズ，イラク，シリア地方などを旅行
1187	*7*	サラーフ・アッディーン，ヒッティーンの戦いにおいて，イェルサレム王ギー率いる十字軍を破る。***10*** サラーフ・アッディーン，イェルサレムを十字軍より奪回
1191		英王リチャード，仏王フィリップ，神聖ローマ皇帝フリードリヒ・バルバロッサ率いる第3回十字軍によってアッカーが占領される
1192	*9*	サラーフ・アッディーンとリチャードとのあいだで和平が成立
1194	*3*	ホラズム・シャー朝，セルジューク朝を滅亡させる
1195	*7-10*	アラルコスにおいて，ムワッヒド朝がキリスト教国の連合軍に大勝する
1196		ベルベル・ザナータ族のマリーン家に属するアブド・アルハック，マリーン朝を興す
1200		サラーフ・アッディーンの弟アーディルがアイユーブ朝を継承し，エジプト・シリア・ジャズィーラの諸地域を統合
1204		ヴェネツィア主導の第4回十字軍，コンスタンティノープルを占領し，ラテン帝国を樹立
1212	*7-16*	ラス・ナバス・デ・トロサ(ヒスン・アルイカーブ)の戦いにおいて，ムワッヒド朝，キリスト教国の軍隊に敗れ，イベリア半島から撤退する
1219		第5回十字軍によって，エジプトのダミエッタが占領される
1228		ムワッヒド朝のチュニジア総督であったハフス家のアブー・ザカリヤーが独立し，ハフス朝を興す
1229		イエメンのアイユーブ家のトルコ人武将であったマンスールが独立し，ラスール朝を興す。アイユーブ朝スルタンのカーミルと十字軍の指揮官フリードリヒ2世とのあいだで休戦協定が結ばれ，イェルサレムが共同

		管轄下におかれる
1231	**8**	ジャラール・アッディーン・マンクビルディーがクルド族に殺害され，ホラズム・シャー朝が滅亡。ムハンマド・アルアフマル，ナスル朝を興す
1233		ザンギー朝のアミール・バドル・アッディーン・ルウルウ，モースルの支配権を獲得
1235		ナスル朝のムハンマド・アルアフマル，グラナダに入城し，アルハンブラ宮殿の建設を始める
1236		ベルベル・ザナータ系アブド・アルワード族がザイヤーン朝を興す。コルドバがキリスト教国軍によって陥落
1244		アイユーブ朝スルタン・サーリフ配下のホラズム・シャー朝残党軍がイェルサレムを征服
1248		セビーリャ，キリスト教国軍によって陥落
1249		仏王ルイ9世率いる第7回十字軍，エジプトに遠征し，ダミエッタを占領
1250	**2**	アイユーブ朝の奴隷軍団バフリー・マムルーク軍，ダミエッタに侵攻してきた仏王ルイ9世を破る。**5** バフリー・マムルーク軍，アイユーブ朝スルタン・トゥーラーン・シャーを殺害し，マムルーク朝を興す
1253		フラグ・ハーン，モンゴル軍を率いて西征を開始。上エジプトの遊牧アラブ，イブン・サーラブに率いられて，マムルーク朝に反抗
1256		モンゴル軍によってニザール派の拠点アラムートが陥落
1258	**2**	フラグ率いるモンゴル軍，バグダードを攻略。カリフ・ムスタースィムが殺害され，アッバース朝が滅亡する
1259		モンゴル軍，シリアへ侵攻。翌60年1月にアレッポ，3月にダマスクスが征服される。フラグ自身は皇帝モンケの死を受けてアゼルバイジャンに撤退し，イル・ハーン国が成立する
1260	**9**	アイン・ジャールートの戦い。クトゥズ率いるマムルーク朝軍，モンゴル軍(指揮官キトブガー)を破り，イル・ハーン国のエジプト進出を阻止する。バイバルスがクトゥズを殺害し，マムルーク朝のスルタンに就任(～77)
1261	**6**	マムルーク朝のバイバルス，カイロでアッバース家の末裔をカリフ・ムスタンスィルとして擁立
1262		イル・ハーン国からマムルーク朝へ，最初の亡命軍事集団が到来
1263		マムルーク朝のバイバルス，キプチャク・ハーン国のムスリム君主ベルケと使節を交換
1264		マムルーク朝のバイバルス，スンナ派の4法学派それぞれに大カーディー職を創設
1265		マムルーク朝のバイバルスが対十字軍戦争に乗り出し，シリア沿岸部の諸都市(カエサリア，ハイファなど)を奪回
1266		バイバルス，アナトリアに進出し，小アルメニア王国の首都スィースを攻略。その後，ヒジャーズに遠征(～68)
1268	**5**	マムルーク朝のバイバルス，サファド(66)，ヤーファーに続きアンティオキアを攻略。アンティオキア公国を滅ぼす
1269		マリーン朝のアブー・ユースフ，マラケシュを占領し，ムワッヒド朝を

	滅ぼす
1270	ハフス朝のムンタスィル，チュニスに侵攻したルイ9世率いる第7回十字軍を撃退。ルイ9世は戦死し，両勢力のあいだで和平条約締結
1271	イル・ハーン国のアバガ，シリアに出兵。マムルーク朝バイバルスがこれを撃退
1275	マリーン朝，イベリア半島に遠征し，カスティーリャ王国軍を破る
1276	バイバルス，ヌビアへ遠征，ヌビア王国を属国化
1277	バイバルス，アナトリアに遠征し，モンゴルとルーム・セルジューク朝の連合軍を破る。その帰途，バイバルスはダマスクスで死去
1279	カラーウーン，マムルーク朝スルタンに就任(～90)。以後，彼を祖とする「カラーウーン家の時代」が続く(～1390)
1285	モロッコのマリーン朝，カスティーリャ王国と和平を締結
1289	カラーウーン，シリアのトリポリを占領し，トリポリ伯領を滅ぼす
1291	ハリール率いるマムルーク朝軍，アッカーを攻略。エルサレム王国を滅ぼし，十字軍勢力をシリアから一掃する
1298	マムルーク朝のラージンにより，エジプトを対象としてフサーム検地が実施される
1299	イル・ハーン国のガザン・ハーンによるシリア遠征。ダマスクスが一時占領される(～1300)
1302	マムルーク朝のナースィル，ヴェネツィアにたいしてアレクサンドリアでの領事の駐在を認める
1303	マムルーク朝軍，ダマスクス近郊でガザン率いるイル・ハーン国軍を打ち破る
1309	ジブラルタル，キリスト教徒の手に落ちる
1313	マムルーク朝治下のシリア・エジプトを対象としてナースィル検地が開始される
1318	ビジャーヤのハフス朝君主アブー・バクル，チュニスを併合し，同王朝を再統一
1322	マムルーク朝とイル・ハーン国とのあいだで和平条約締結
1336	イラクにジャラーイル朝が興る
1337	マリーン朝のアブー・アルハサン，トレムセンを占領。ザイヤーン朝，マリーン朝の支配下に置かれる(～48)
1340	マリーン朝，リオ・サラドの戦いでキリスト教徒軍に敗北。イベリア半島進出を断念
1347	マリーン朝のアブー・アルハサン，チュニスを占領。ザイヤーン朝，ハフス朝を抑えて一時的にマグリブ全域を支配する。エジプト，シリアでペスト(黒死病)大流行(～49)
1352	マリーン朝による二度目のザイヤーン朝支配(～59)
1375ころ	ジャズィーラ地方にカラ・コユンル朝(黒羊朝)が興る(～1469)
1378	ジャズィーラ地方にアク・コユンル朝(白羊朝)が興る(～1508)
1382	バルクーク，バフリー・マムルーク勢力に勝利し，マムルーク朝スルタンに就任(～89，90～99)。ブルジー(チュルケス)・マムルーク朝の開始(～1517)

1393		ティムールの対西アジア遠征(1392～96)。イランのムザッファル朝が滅ぼされ，ジャラーイル朝治下のバグダードが占領される
1399		ティムールの対西アジア遠征(～1404)。マムルーク朝治下のアレッポ(1400)，ダマスクス(1400)があいついで占領される
1411		アク・コユンル朝，バグダードを占領。ジャラーイル朝，イラク南部に追われる
1415		モロッコのセウタ，ポルトガルによって占領される
1420		モロッコでマリーン家近縁のワッタース家のアブー・ザカリヤーが同王朝の実権を掌握する
1426		マムルーク朝バルスバーイ，キプロス島に遠征し，同島を占領(～1517)
1434		マムルーク朝，ティムール朝シャー・ルフによるカーバ神殿へのキスワ奉納の申し出を拒否
1438ころ		マムルーク朝のバルスバーイ，財政改善のために香辛料や砂糖等の価格統制，貿易独占に乗り出す。カーリミー商人が没落
1454		イエメンでラスール朝が滅亡し，ターヒル朝が興る(～1517)
1465		フェスのマリーン朝滅亡。フェスにはシャリーフ政権が誕生(～72)
1472		モロッコでワッタース家のムハンマド・アッシャイフ(～1505)がフェスを占領し，ワッタース朝を興す(～1550)。タンジェ(1471)，ララシュ(73)，アザンムール(86)など，モロッコ沿岸部の諸都市がポルトガルによって征服される
1492		グラナダがキリスト教徒軍の攻撃により陥落し，ナスル朝が滅亡。イベリア半島のイスラーム政権が消滅する。スペインで，フェルディナントとイサベルによりユダヤ教徒追放令が発布される
1508		サファヴィー朝，アク・コユンル朝を滅ぼす
1509		ザイヤーン朝，スペインの支配下に置かれる。インドのディユー沖の海戦で，マムルーク朝とグジャラートなどの連合艦隊がポルトガルに敗れる
1511		サード家のムハンマド・カーイム(～17)がアガディールを支配するポルトガルにたいするジハードを開始。サード朝の成立(～1659)
1513		ポルトガル，イエメンのアデンを攻撃し，紅海を荒らす。15年にはペルシア湾岸のホルムズを占領
1516	*8*	マルジュ・ダービクの戦いで，マムルーク朝軍，セリム1世率いるオスマン朝軍に敗北。シリア地方，オスマン朝に併合される。バルバロッサ兄弟の率いるオスマン朝海軍により，アルジェが占領される
1517		カイロ北部ライダーニーヤの戦いでマムルーク朝軍がオスマン朝軍に敗北し，マムルーク朝滅亡。エジプト，シリアがオスマン朝に併合され，メッカのシャリーフ家は同王朝の保護下に入る
1519		ハイル・アッディーン，オスマン朝のセリム1世に臣従を誓い，アルジェのベイレルベイ(大総督)に任命される
1520		オスマン朝のダマスクス州総督ジャーンビルディー・アルガザーリー，マムルーク朝の復興をめざして反乱を起こすが，翌21年に制圧される
1524		オスマン朝のエジプト州総督アフメト・パシャ，反乱を起こす
1525		オスマン朝の大宰相イブラヒム・パシャ，エジプトに「カーヌーン・ナーメ」を発布

1529	サファヴィー朝のタスマースプ1世，オスマン朝と結んだズー・アルファカール・ベクの反乱を鎮圧
1530頃	トリポリ，聖ヨハネ騎士団の支配下におかれる
1533	アルジェのハイル・アッディーン，イスタンブルに伺候し，オスマン朝への帰順を正式に表明
1534	ハイル・アッディーン率いるオスマン朝海軍によりチュニスが征服される。対サファヴィー朝遠征(33～35)の途上，スレイマン1世率いるオスマン朝軍によりバグダードが占領される
1535	神聖ローマ皇帝カール5世，チュニスを攻撃し，オスマン勢力を駆逐。ハフス朝，スペインの保護国となる
1538	エジプト州総督スレイマン・パシャ率いるオスマン朝のインド(グジャラート)遠征艦隊，帰途イエメンのアデン(38)，ザビード(39)を占領
1545	サード朝，モロッコ北部の征服に着手する。49年にフェスを占領
1554/5	ザイヤーン朝，オスマン朝によって滅ぼされる。アルジェリア全域がオスマン朝の版図になる
1551	リビアのトリポリ，オスマン朝領に編入される
1552	イエメンでオスマン朝とザイド派が和平条約締結。オスマン朝，ペルシア湾に進出
1553	海賊の頭領ドラグト，オスマン朝スレイマン1世によりトリポリの統治者に任命される
1565	オスマン朝艦隊とアルジェ軍，マルタ島の聖ヨハネ騎士団を攻撃
1567	イエメンのザイド派，イマーム・ムタッハルのもとでオスマン朝にたいして蜂起。サナア，タイッズを奪還し，同王朝のイエメン支配を壊滅に追い込む
1568	ウルジュ・アリー，アルジェ州のベイレルベイに就任。翌69年，彼によってチュニスが征服される
1569	エジプト州総督スィナン・パシャ率いるオスマン朝軍によるイエメン遠征。イエメンは再び同王朝の支配下におかれる
1573	スペインのドン・ジョン，チュニスを占領。ハフス家のムハンマド6世，その臣下として即位する
1574	ハフス朝，スィナン・パシャらの率いるオスマン朝海軍により滅ぼされる。モロッコを除くマグリブ全域がオスマン朝の支配下におかれる
1579	オスマン朝治下のシリア，トリポリ(タラーブルス・アッシャーム)州が新設され，北レバノンの地方名家サイファー家のユースフが州総督に任命される
1590	南レバノンの山岳地域でマーン家のファフル・アッディーン2世がドルーズ派の首長として即位(～1633)
1591	チュニジアでイェニチェリ兵達による反乱が起こる。サード朝のマンスール(1578～1603)，西サハラ遠征を実施。ソンガイ帝国を滅ぼし，トンブクトゥとジェンネを支配する
1598	カルブ川の戦いで，マーン家のファフル・アッディーン2世とダマスクス州総督の連合軍がサイファー家のユースフに勝利。同家の南下を阻む
1602？	ペルシア湾岸のバハレーン，サファヴィー朝により占領される

1604	クルド系の地方名家，ジャーンブラート(ジャンプラトオウル)家のフサインがアレッポ州総督に任命される(～05)
1608	マーン家のファフル・アッディーン2世，トスカナ大公国と軍事条約を締結
1609～14	スペインでモリスコ(イスラームからキリスト教への改宗者)の強制追放がおこなわれる
1613？	チュニジアでベイ職にあったムラード(1611～31)が台頭，オスマン朝からパシャの称号も授与される。ムラード朝成立(～1702)
1618	トスカナ大公国に亡命していたファフル・アッディーン2世，赦されてシリアに帰還
1621	バグダード州で，イエニチェリの有力軍人バクル・スーバシーが実権を掌握
1623	サファヴィー朝のシャー・アッバースによりバグダードが占領され，イラク地方(メソポタミア平原)は同王朝の支配下におかれる
1630	アレッポのジャーンブラート家，レバノンに移住
1631	アラウィー家のマウラーイ・ムハンマド，モロッコのシジルマーサで政治権力を掌握し，アラウィー朝成立
1633	南レバノンでの自立をはかったファフル・アッディーン2世，オスマン朝の討伐軍により逮捕される。35年にイスタンブルで処刑
1635	ザイド派を中心としたイエメンの反オスマン朝蜂起(33～)が成功。同王朝の勢力を駆逐し，ザイド派イマームによるイエメン支配が確立する(～1872)
1638	オスマン朝のムラト4世，サファヴィー朝からバグダードを奪還する。翌39年のカスリ・シーリーン条約(ズハーブ条約)により，イラク地方のオスマン朝への帰属が確定し，現在のトルコ・イラン国境の原型が形成される
1650	オマーンでヤアーリバ(ヤールブ)朝がマスカトを征服し，ポルトガル人勢力を駆逐。東アフリカ海岸に貿易路を広げる
1659	マラケシュのサード朝君主アフマド・アッバースが暗殺され，サード朝滅亡
1671	アルジェリアで権力者がデイの称号を帯びて統治する体制(デイ体制)が成立
1697	レバノン山岳地域でマーン家による支配が終焉。バシール・シハーブ1世が後継のアミールに選出され，以後シハーブ家が同地域の支配的家系になる(～1842)
1702	チュニジアで，スィパーヒー(騎兵)長官のイブラーヒームがハンムーダ家のムラード・ブン・アリーを暗殺し，自らベイの地位に就く
1705	チュニジアでスィパーヒー長官のフサイン・ブン・アリーがベイを宣言(～35)，フサイン朝が興る(～1957)
1706	アレッポにオスマン朝初のアラビア文字印刷所が建設される
1708	ハサン・パシャによるバスラ遠征
1710	チュニジアのフサイン朝がフランスと独自に国際条約を結ぶ。その後，イギリス(16)，スペイン(20)，オーストリア(25)，オランダ(28)とも相

		次いで条約を締結
1711		エジプトでフィカーリーヤとカースィミーヤの二大党派間の対立，内乱が発生。トルコ騎兵のアフマド・カラマンリーが西トリポリ州で権力を簒奪し，カラマンリー朝を興す(～1835)
1724	**11**	カイロで民衆蜂起が発生。ハサン・パシャの息子のアフメト・パシャがバグダード州総督に就任(～34，36～47)
1725		ダマスクスで地方名家アズム家のイスマイルが州総督に就任(～30)
1726		地方名家ジャリーリー家のイスマイル・パシャがモースル州総督に就任
1740		この頃，イブン・アブドゥルワッハーブ(03～92)がナジュド地方のウヤイナでワッハーブ派運動を開始
1744		イブン・アブドゥルワッハーブがダルイーヤのサウード家と協力し，第1次ワッハーブ王国(サウード朝)が成立(～1818)
1744？		オマーンでブー・サイード家のアフマドがイランのアフシャール朝の勢力を駆逐し，政治的実権を掌握する。その後，ブー・サイード朝が興る
1749		アフメト・パシャのマムルーク，スレイマンがバグダードを征服し，州総督の地位を奪う(～62)
1755頃		エサトのもと，アズム家がトリポリ州，サイダー州の総督職も一族で占め，その絶頂期を迎える
1757		アラウィー朝がデンマークと通商協定を締結する
1760頃～		エジプトで，グルジア系マムルークでシャイフ・アルバラド職にあったアリー・ベイが台頭
1768		第1次露土戦争(～71)
1770		エジプトのアリー・ベイがメッカに派兵，ヒジャーズ地方の支配を強化する。
	11	アリー・ベイがオスマン朝に反旗を翻し，シリアへの侵攻を開始
1772		アブー・アッザハブが主人であるアリー・ベイとの抗争に勝利，翌73年にはエジプトでの実権を確立
1773		イブン・サウード家がリヤドを征服し，ナジュド地方東南部における支配的地位を固める
1775		ハサン・パシャ率いるオスマン朝海軍の攻撃を受けてアッカーが陥落，ザーヒル・ウマル死亡。ジェッザール(畜殺者)・アフメト・パシャがオスマン朝のサイダー州総督に就任
1783		ハリーファ家がバハレーンを支配
1786		オスマン朝の大宰相ガーズィー・ハサン・パシャによるエジプト遠征。中央によるエジプト支配が一時的に回復(～91)
1791		ムラード・ベイ，イブラーヒーム・ベイによるエジプト支配が復活
1798	**7**	ナポレオン・ボナパルト率いるフランス軍がエジプトに侵攻。カイロ，アレクサンドリア，ナイル・デルタが支配下に置かれる。同年10月，カイロで民衆蜂起発生
1799	**2**	ナポレオンがシリア侵攻。**5** サイダー州総督のジェッザール・アフメト・パシャがフランス軍をアッカーで撃退し，ナポレオンはフランスへ帰還(8月)
1800	**1**	フランス―オスマン朝間でアリーシュ協定(仏軍の撤退を約束)が締結さ

		れるがすぐに破棄。***5*** ヘリオポリスの戦い。フランス軍がオスマン朝軍を破る。アラウィー朝がタンジェを開港
1801		イギリス，オスマン朝連合軍がフランス軍を破り，フランスはエジプトから撤退(10月)。翌82年のアミアンの和約によりエジプトがオスマン朝に返還される
1802		ワッハーブ派軍がシーア派の聖地カルバラーに侵攻し，フセイン廟を攻撃。翌03年にはメッカ，05年にはメディナを攻略
1805		カイロで民衆運動が激化し，アルバニア人軍団を率いるムハンマド・アリーがエジプト州総督の地位をえる
1811		カラマンリー朝のユースフ，サハラ地方のフェッザーンを征服。ムハンマド・アリー，マムルーク勢力を一掃し，エジプトの支配権を固める。ムハンマド・アリー，ワッハーブ派鎮圧のため，ヒジャーズ地方に出兵(～13，16～18)
1813		ムハンマド・アリー，エジプトで土地制度改革(徴税請負制の廃止，農地の国有確認，土地税改正)を実施(～14)
1815		アメリカ海軍，アルジェに遠征。同地のデイと海賊行為の停止を約した平和協定を締結
1816		アルジェリアの艦隊，オランダ・イギリス連合海軍の攻撃によりほぼ全滅
1818		ムハンマド・アリーの息子イブラーヒーム率いるエジプト軍の攻撃により，第1次サウード朝が崩壊
1819	***10***	アレッポで食糧暴動と民衆蜂起が発生，アシュラーフ自治政権が一時的に成立
1820		エジプト軍がスーダンに侵攻。北部のフンジュ・スルタン国を滅ぼし，エジプト領スーダン成立
1820？		レバノン山岳地域でマロン派農民を中心とする反重税蜂起(アーンミーヤ)発生
1821		カイロのブーラーク地区に，エジプト初の印刷所が開設される
1822		エジプトで徴兵制実施。翌23年にはコプト教徒も対象になる
1823		アラビア半島で第2次サウード朝が興る(～89)
1827		ナヴァリノ沖の海戦。オスマン朝・エジプト連合艦隊，イギリス，フランス，ロシアの連合艦隊に敗れる
1828		この頃，ブー・サイード朝のサイードが東アフリカのモンバサ，ザンジバルに到達。以後ザンジバル島を本拠として海洋国家に成長
1830	***6***	フランス軍がアルジェリアに侵攻，7月にはアルジェが占領される。34年にはアルジェリアのフランスへの併合が決定される
1831		第1次シリア戦争(～33)。イブラーヒーム率いるエジプト軍がシリアに遠征し，オスマン朝軍を破り同地方を占領。ダウト・パシャが最後のバグダード州総督から解任され，マムルーク・パシャ体制終焉
1832	***11***	アルジェリアでカーディリー教団の指導者の息子，アブド・アルカーディルがフランスの植民地支配にたいする抵抗運動を展開(～47.***12***)
1833		キュタヒヤ条約締結。ムハンマド・アリー，オスマン朝にシリア領有を承認させ，息子のイブラーヒームがその統治にあたる

1835	*5*	ターヒル・パシャを指揮官とするオスマン朝艦隊がトリポリを攻撃。カラマンリー朝が滅ぼされ，リビアはオスマン朝の直轄支配下に置かれる。メッカでサヌースィー教団が創設される。アレクサンドリア―マルセイユ間(35)，スエズ―ボンベイ間(36)に蒸気船航路開設
1838		レバノン南東部でエジプト・マロン派連合軍がドルーズ派を鎮圧。以後両宗派の対立が決定的になる
1839		第2次シリア戦争(～40)。ネジブの戦いで，エジプト軍がオスマン朝軍に勝利。イエメンのアデンがイギリスによって占領される
1840		イギリス，ロシア，オーストリア，プロイセンがロンドン四国条約を締結。ムハンマド・アリーにシリア領有の放棄，関税自主権の放棄と治外法権の承認をせまる
1841		ムハンマド・アリー，シリアを放棄。見返りにエジプト州総督の一族世襲がオスマン朝から承認される。***9*** レバノン山岳地域でマロン派とドゥルーズ派が武力衝突。翌年1月，シハーブ家の支配が終焉，オスマン朝の直轄支配下に置かれる
1843	*1*	オスマン朝によりレバノン山岳地域が北部マロン派，南部ドルーズ派の両行政区域に二分され，分割統治が開始される(カーイム・マカーム体制)
1845		チュニジアのフサイン朝，イスタンブルへの貢納金送付を停止
1847		ベイルートで「文芸・科学協会」設立。***12*** アブド・アルカーディル，フランスに降伏
1850	*10*	アレッポで徴兵反対の都市騒乱が発生，キリスト教徒居住地区が襲撃がされる
1853		イェルサレムの管理権をめぐる対立を発端としてクリミア戦争勃発(～56)
1854		フランス人のレセップスにスエズ運河建設が許可される。59年着工
1856～		モロッコのアラウィー朝がイギリス(56)，スペイン(61)，フランス(63)と通商協定を結び，免税特権と治外法権を認める
1857		ベイルートで「シリア科学協会」設立。イスラーム教徒をも巻き込み「アラブの覚醒」運動を展開
1858	*3*	レバノン山岳地域北部でマロン派農民が領主層にたいして反乱を起こす(～61)。オスマン朝のタンズィマート(39～76)の一環として土地法が公布され，農地の私有化が進行。エジプトでサイード法制定
1859～		モロッコのアラウィー朝，スペインと戦い敗北する
1860		レバノン山岳地域のドルーズ派・マロン派間で大規模な宗派紛争。***7*** ダマスクスでキリスト教徒虐殺事件が発生
1861		オスマン朝とヨーロッパ諸列強(英・仏・露・墺・普)により「レバノン統治組織基本法」が公布され，レバノン山岳地域ではキリスト教徒出身の総督による統治体制(ムタサッリフ制)が成立。64年9月には同法が改正され宗派体制が成立。チュニジアで憲法(ドゥストゥール)公布。立憲君主制となり議会(大評議会)と裁判所が設置される。憲法は64年に停止される
1861～65頃		アメリカ南北戦争の影響により，エジプト綿花ブームが起こる
1864		フランスのナポレオン3世が「アラブ帝国」構想を発表，フランス人と

		アルジェリア人の宥和をはかる
1866	**12**	ベイルートにシリア・プロテスタント大学(ベイルート・アメリカン大学の前身)開校
1869		フランス外交官，レセップスによりスエズ運河開通。これにあわせて，カイロの歌劇場が完成。**7** チュニジアの国家財政が破産，イギリス，フランス，イタリアの共同管理下に置かれる
1870		ティグリス川とペルシア湾を結ぶ蒸気船航路開設
1871		チュニジアのフサイン朝，オスマン朝の一部であることを正式に認める。アルジェリアでムハンマド・アルハッジ・アルムクラーニーらを指導者とする対仏蜂起が発生(ムクラーニーの乱)。エジプトでムバーラカ法制定
1872		オスマン朝がイエメンに遠征し，同地が再びオスマン朝の支配下に置かれる
1875		財政難に陥ったエジプト政府がスエズ運河株をイギリスに売却
1876		エジプトの財政が破産し，イギリス，フランスによる国際管理下に置かれる。
1879		エジプトでワタン(祖国)党結成
1880		バハレーンがイギリスの保護下にはいる
1881		エジプトでアフマド・オラービーを指導者とする立憲革命が起こる(オラービー革命)。ワタン党が権力を掌握し，1881年憲法が制定される。フランス軍がチュニスに侵攻。フサイン朝はバルドー条約により財政と外交の権限を譲渡し，フランスの保護領化する。スーダンでムハンマド・アフマドを指導者としてマフディー運動が起こる(～98)
1882		イギリスの介入によりオラービー革命が失敗に終わる。以後，エジプトはイギリスの軍事占領下に置かれる(～1922)。ロシアのユダヤ人がポグロム(反ユダヤ暴動)から逃れるためパレスティナへの移住を本格化。第1次アリヤー(～1904)
1883		マルサ(アルマルサー)協定の締結。フサイン朝チュニジアがフランスの保護領となる
1884		アフガーニーとムハンマド・アブドゥ，パリでアラビア語の政治評論誌『固き絆』を創刊
1885		スーダンでマフディー勢力がハルトゥームを陥落させ，マフディー国家樹立。ゴードン将軍が殺害される
1892		ペルシア湾岸がイギリスの保護下にはいる
1897	*8*	テオドール・ヘルツルらがスイスのバーゼルで第1回世界シオニスト会議を開催。パレスティナでのユダヤ人国家建設が唱えられ，世界シオニスト機構設立
1898		スーダンのマフディー国家がイギリス軍により滅ぼされる。翌99年，スーダンはイギリス・エジプトの共同統治下に置かれる
1898？		ラシード・リダーがカイロで雑誌『マナール(灯台)』を創刊(～1936？)
1899		クウェイト(イブン・サバーハ家)がイギリスの保護下にはいる
1902		イブン・サウード家のアブドゥルアズィーズ，ナジュド地方(リヤド)を奪還し，王国の基礎を固める
1904		英仏協商。イギリスのエジプトにおける権益とフランスのモロッコにお

		ける権益を相互に承認
1906		エジプトでディンシャワーイ事件が起きる。以後，エジプト民族運動が盛り上がる。アルヘシラス国際会議。モロッコの独立と門戸開放などの決議
1907		改革派の知識人達が青年チュニジア党を組織。11年以降，大衆政治運動に発展
1908		オスマン朝で青年トルコ革命起こる。***9*** ダマスクス―メディナ間を結ぶヒジャーズ鉄道完成。同年ハーシム家のフサインがメッカ太守となる
1911	***9***	イタリアがオスマン朝に宣戦してリビアのトリポリに侵攻(伊土戦争)。翌12年のローザンヌ条約によりリビアはイタリアに併合される
1912	***3***	アラウィー朝がフランスとフェス条約を締結。モロッコがフランスの保護領となることを認める。11月にはフランス・スペイン条約によりモロッコ北部がスペイン領とされ，タンジールが国債管理下に置かれる
1913	***6***	青年アラブや聖約協会などの秘密結社がパリで第1回アラブ会議を開催。15年5月には「ダマスクス議定書」を作成し，ファイサル(メッカ太守フサインの三男)にアラブ独立のための決起を促す
1914	***7***	第一次世界大戦勃発(～18)。11月にはオスマン朝が同盟国側に立ち参戦。これにたいしてイギリスはインド兵部隊をイラクに派遣し，バスラを占領。12月にはエジプトがイギリスにより保護領とされる
1915	***7～***	フサイン・マクマホン書簡。イギリスがメッカのアミール(総督)フサインにオスマン朝に対する参戦を要請し，見返りに「アラブ領土」での国家建設を認める
1916	***3～5***	サイクス・ピコ協定。***6*** メッカの太守フサインがオスマン朝に反旗をひるがえす(アラブの反乱)。フサインは「ヒジャーズ王」次いで「アラブ国王」を名乗り，翌年7月にはアラブ軍がアカバを奪取後，パレスティナへ進撃する
1917	***3***	バグダードがイギリス軍によって占領される。翌18年にはモースルもイギリスの支配下に置かれる。***11*** バルフォア宣言。イギリスがユダヤ人にたいしてパレスティナでの「民族的郷土(ナショナル・ホーム)」建設を約束。12月にはイギリス軍がイェルサレムに侵攻し，パレスティナはイギリスの軍事占領下に置かれる(～20)
1918		イエメン王国が独立。***10*** ファイサルの率いるアラブ軍がダマスクスに入城。フランス軍，ベイルートに上陸。***10*** オスマン朝が休戦協定を結ぶ(ムドロス条約)。11月にはドイツの降伏により第1次世界大戦が終結。 ***10～11*** サアド・ザグルールらがエジプトの独立を求めてパリ講和会議への派遣代表団(ワフド党の前身)を組織
1919	***1***	パリ講和会議。***3*** エジプトでサアド・ザグルールを指導者とする反英独立運動が起こる(1919年革命)。***7*** ダマスクスで全シリア会議開催。シリア王国の樹立を宣言し，翌20年3月にファイサルをシリア王に推戴する。イラクの民族主義者達が，アブドゥッラー(フサインの次男)を王としてイラクの独立を宣言
1920		チュニジアで立憲自由党(のちのドゥストゥール党)結成。***4*** サン・レモ会議。シリア王国とイラク王国の独立が否定され，レバノンとシリアが

		フランスの，パレスティナとイラクがイギリスの委任統治下に置かれる。***6*** イラクで民族主義者と南部のシーア派や部族勢力が連帯した大規模な反英蜂起発生。***7*** フランス軍がダマスクスに侵攻，ファイサルのシリア王国瓦解。***9*** レバノン山岳地域にベカー高原と沿岸部のベイルートやトリポリなどが編入され，大レバノンが形成される。***12*** パレスティナ・アラブ会議が開催される
1921	***3***	イギリスがカイロ会議を開催し，イラク問題の解決をはかる。この席でヨルダン川を境界に西をパレスティナ，東をトランス・ヨルダンとする。***5*** アブドゥッラーがイギリス委任統治下のトランス・ヨルダンの首長(アミール)になる。***5*** メーデーにユダヤとアラブのあいだで大規模な衝突事件がパレスティナで発生。***6*** イギリスが「チャーチル白書」を発表し，バルフォア宣言の履行を確約する。***6〜11*** イブン・サウード家のアブドゥルアズィーズが，ラシード家を倒してアラビア半島中央部の全域を支配下に置く。***8*** ダマスクスを追われたファイサル，イギリス委任統治下のイラク国王になる。翌22年のイギリスとの協定によりイラク王国の地位が確定。***8*** アブド・アルカリーム(アブデル・クリム)がスペイン軍に勝利し，リーフ地方の支配権を奪還，23年2月にはリーフ共和国の樹立を宣言(リーフ戦争，〜26)
1922	***2***	イギリスがエジプトの独立を一方的に宣言
1923	***4***	エジプトで憲法公布
1924	***3***	トルコのアタテュルクによりカリフ制が廃止される。***6〜7*** スーダンの独立運動組織，白旗協会がイギリスにより弾圧される。***9*** イブン・サウード家のアブドゥルアズィーズ，ヒジャーズ地方に進攻。メッカ太守のフサインを追放し，翌年末までにハーシム家のヒジャーズ王国を滅ぼす
1925	***7***	シリア南部のジャバル・ドルーズ地方で反仏蜂起が発生。その後シリア全域にわたる民族的闘争に発展(大シリア反乱，〜27)
1926	***1***	イブン・サウード家のアブドゥルアズィーズが「ヒジャーズ王」を名乗り同地方を併合。6月にはメッカでイスラーム諸国会議を開催し，両聖都(メッカ，メディナ)の守護者たることを宣言。***5*** モロッコでアブド・アルカリームがフランス・スペイン連合軍に降伏。リーフ共和国崩壊。***5*** フランス委任統治下でレバノン共和国が形式的に独立。憲法が公布され，宗派体制国家となる
1927		イラン(07)につづき，イラクで石油が発見される。その後，バハレーン(32)，サウジアラビア(38)，クウェイト(46)などで相次いで発見される。***10*** ベイルートでシリアとレバノンの民族主義者会議が開催され，「国民(ナショナル)ブロック」の母体となる
1929	***4***	エジプトのイスマーイーリーヤでハサン・バンナーによりムスリム同胞団が結成される。***8*** イェルサレムで「嘆きの壁」事件が発生。イブン・サウード家のアブドゥルアズィーズがイフワーンの反乱を鎮圧し同軍団を殲滅
1930		イラク北部でクルド人の反乱が起こる(〜31)。33年にはアッシリア人にたいする虐殺事件が発生。***5*** フランスの「ベルベル勅令」により，モロッコのベルベル地域で慣習法の裁判制度が導入される

1931	***9***	リビア内陸部で対イタリア抵抗運動をつづけていたオマル・ムフタールが逮捕・処刑される。イタリアによるリビア植民地化達成。アルジェリア・ウラマー協会が設立される。***11*** スーダンでイギリスにより土着政庁や部族法廷が設置され，分断統治政策が強化される
1932		アブドゥルアズィーズがヒジャーズとナジュド両地方(王国)を統合し，サウジアラビア王国を建国。パレスティナでアラブ主義を掲げる「イスティクラール(独立)党」設立。***10*** イラク王国がイギリスの委任統治下から独立を果たし，国際連盟に加盟
1933		サウジアラビア王国が南西部のアスィール地方を併合。翌年には北イエメンにも侵攻
1934		モロッコでアラール・ファーシーが国民行動ブロックを結成。チュニジアではハビーブ・ブルギーバが新ドゥストゥール党を結成。
1936	***4***	カッサーム師の殺害を契機として，パレスティナ各地でアラブ人による武装蜂起が始まる(パレスティナ・アラブ大反乱)(～39.***5***)。***8*** エジプトがイギリスと同盟条約を締結。イギリス軍の駐留がスエズ運河地帯に制限される。***9*** シリアがフランスと同盟条約を締結。***10*** イラクでクルド系のバクル・スィドキー将軍がクーデタを起こし，軍部独裁政権成立
1937	***7***	パレスティナ・アラブ大反乱を受けてイギリスが「ピール白書」を発表。パレスティナ分割によるユダヤ人国家・アラブ国家構想を提示するが，アラブ側は全面拒否
1939	***2***	イギリスがロンドン円卓会議を開催し，パレスティナ問題の打開策を探るが挫折。***4***「マクドナルド白書」を発表。従来の親ユダヤ姿勢を転換し，バルフォア宣言の内容を否定。シリア北部のアレクサンドレッタ地区がトルコに割譲される。***9*** 第二次世界大戦が勃発
1941	***4***	イラクでラシード・ガイラーニー大佐率いる親独派の秘密将校団(黄金方陣)がクーデタを起こす。6月にイギリスにより鎮圧される。***6*** 自由フランス軍がイギリス軍とともにシリア，レバノンに進駐。レバノンでは委任統治の終了が宣言され，形式的に独立する
1942	***2***	エジプトでイギリス軍が親独派内閣の退陣を迫り，カイロの王宮を包囲，威嚇する(2月4日事件)。***10*** エジプト西部のエル・アラメインの会戦でイギリス軍がドイツ軍を破る。***11*** 連合国軍がモロッコとアルジェリアに上陸。翌年5月，北アフリカから枢軸国軍が駆逐される
1943	***8***	シリア議会で「国民ブロック」の指導者シュクリー・アルクーワトリーが初代大統領に選出される。***9*** レバノンでマロン派のホーリーが初代大統領に就任。「国民協約」体制を成立させる。モロッコで民族主義者がイスティクラール(独立)党を結成
1945	***3***	アレクサンドリア議定書(44.***10***)に基づき，アラブ連盟設立。イギリスの主導で，エジプト，イラク，サウジアラビア，イエメン，トランス・ヨルダン，シリア，レバノンによってアラブ連盟が結成される
1946	***3***	トランス・ヨルダンがイギリスより独立。***8*** フランスがレバノンから撤退し，シリア，レバノンが独立
1947	***4***	ダマスクスで第1回バアス党大会が開催され，全アラブの統一を目標とする。***11*** 国連はシオニストの主張を優先させたパレスティナ分割案を

		決議し，イェルサレムを国際管理区域とする
1948	***4***	メナハム・ベギン率いるイルグンがイェルサレム近郊のデイル・ヤーシン村でアラブ住民254名を虐殺。***5-14*** ベングリオンがイスラエルの独立を宣言。周辺アラブ諸国がイスラエルに侵攻し，第１次中東戦争勃発(同年末終了)
1949	***2***	エジプトでムスリム同胞団の指導者ハサン・バンナーが秘密警察により殺害。イスラエルがエジプト，レバノン，シリア，ヨルダンと停戦。***4*** トランス・ヨルダンがヨルダン・ハーシム王国に改称
1951	***10***	エジプトのワフド党内閣がイギリスとの同盟条約を一方的に破棄。***12-24*** リビア連合王国独立。国王はサヌースィー教団ムハンマド・イドリース
1952	***1***	カイロで反外国人暴動による放火事件が発生(黒い土曜日事件)。７月にはナセルら自由将校団が軍事クーデタを起こす。ナギーブ将軍を担いで革命評議会を結成し全権を掌握(エジプト革命)。***9*** エジプトで農地改革令公布
1953	***2***	エジプトとイギリスがスーダン独立に合意する。***5*** ヨルダン国王にフサインが即位。***6*** エジプトでムハンマド・アリー朝が廃され，共和制に移行。***8-20*** モロッコのスルタン・ムハンマド(５世)の廃位
1954	***10***	エジプトでムスリム同胞団によるナセル暗殺未遂事件が起こる。11月にはナギーブが大統領職を解任され，ムスリム同胞団は徹底した弾圧を受ける。***11-1*** アルジェリアの国民解放戦線(FLN)が武装蜂起し，独立戦争を開始
1955	***8***	フランス軍のフェザーン撤退についての協定が調印される。***9-17*** ハビーブ・ブルギーバ首班によるチュニジア新政府が樹立。***11*** メッサーリがアルジェリア国民運動を結成し，FLN に対抗。***11-15*** ムハンマドがスルタン位に復位し，モロッコに帰国
1956	***1***	スーダンがエジプトとの連合を選ばず単独で独立。モロッコのムハンマド５世がフランス(***3***)，スペイン(***4***)と独立協定を締結。10月にはタンジールの国際地位協定を廃止して，モロッコ全土を解放。***3*** チュニジアがフランスと独立協定を締結し，独立をはたす。***6*** エジプトでナセルが大統領に就任。７月にはスエズ運河の国有化を宣言。***10*** イギリス，フランス，イスラエルがエジプトを攻撃(第２次中東戦争)。国連の停戦決議を受け，12月には英仏軍撤退
1957	***7-25***	チュニジアで制憲議会がフサイン朝の廃止と共和制の樹立を公式に宣言。***8-16*** モロッコのムハンマド５世が，称号をスルタンから国王に改称
1958	***2***	エジプト・シリアが合併し，アラブ連合共和国が成立，1961年９月まで存続。***5*** 第１次レバノン内戦始まる。***7*** イラクで，アブデル・カリーム・カーセム准将らの率いる自由将校団が蜂起し，王政を廃止して共和制を樹立。***10*** モーリタニア・イスラム共和国成立。***11*** スーダンでアッブード将軍がクーデタを起こす
1959	***11- 8***	チュニジアでブルギーバが大統領に選出される
1960	***1***	エジプトでアスワン・ハイダムの建設が始まる(～70.***7-21***)。***8*** イラク，イラン，サウジアラビア，クウェイト，ベネズエラの参加により石油輸

		出国機構(OPEC)が結成される。エジプトでナセルが主要企業と銀行を国有化し，第１次五カ年計画を実施(～65)
1961	*2-26*	ムハンマド５世逝去，ハサン２世即位。***6*** クウェイトがイギリスより独立するが，イラクがクウェイト併合を意図
1962	*7- 3*	アルジェリアがフランスからの独立を宣言。***9*** 北イエメンでイエメン・アラブが共和国成立するも，内戦勃発。***10*** エジプトのナセル，北イエメンでの内乱に軍事介入
1963	***2***	イラクでバアス党がクーデタを起こし，カーセム政権を打倒。これに呼応して，シリアでもバアス党が蜂起。***9-8*** アルジェリアはFLNの一党体制になり，アフマド・ベンベッラが大統領に就任
1964	***5***	アラブ連盟の主導によりパレスティナ解放機構(PLO)が結成される。***10*** スーダンでアッブード軍事政権が民衆蜂起によって打倒される(10月革命)
1965	***6***	アルジェリアでブーメディエン国防相が無血クーデタで政権に就く。***9～10*** エジプトでナセル大統領の暗殺計画容疑で大量のムスリム同胞団員が逮捕される。翌年８月には理論的指導者であるサイイド・クトブが処刑される
1967	*6- 5*	イスラエルがヨルダン，シリア，エジプトを攻撃，第３次中東戦争(六日間戦争)勃発。イスラエル軍，ヨルダン川西岸やガザ地区，ゴラン高原，シナイ半島を占領
1968	***1***	サウジアラビア，クウェイト，リビアの提唱で，アラブ石油輸出国機構(OAPEC)が結成される。***7*** イラクで，バアス党が再びクーデタを起こし，バアス党の一党独裁体制を樹立
1969	***2***	アラファトがPLOの議長に就任。***5*** スーダンでジャーファル・ヌマイリー将軍がクーデタで政権に就く。***9*** リビアでカダフィー大佐がクーデタを起こし，イドリース国王の支配が打倒される
1970		エジプトのアスワン・ハイダム(60年着工)が完成。***9*** エジプトのナセル大統領死亡。サダトが新大統領に就任。リビアのカダフィー政権が石油の価格引き上げに成功。アラブの石油戦略の先駆けとなる。***11*** シリアのバアス党内部で，ハーフィズ・アサドが実権を掌握。翌年３月，大統領就任
1971		アルジェリアで農業革命が宣言される。***5*** イスラーム諸国会議が正式に発足
1972	***2***	スーダンでアジス・アベバ協定が成立。事実上の連邦制を認め，内戦は終結
1973	***4***	リビアでカダフィー大佐が文化革命を開始。『緑の書』により「第三の普遍理論」を唱える。***10-6*** エジプトとシリアがイスラエルを攻撃，第４次中東戦争(十月戦争)勃発。これを支援するアラブ産油国が石油戦略を発動し，石油危機(オイル・ショック)が起こる
1974	***10***	エジプトのサダトが「10月文書」を発表し，経済自由化路線を打ち出す
1975	***3***	サウジアラビアのファイサル国王が暗殺される。***6*** イラン・イラクのあいだで，両国国境をシャット・アルアラブ川の中央線とするアルジェ協定が締結される。***11*** モロッコ国王ハサン２世はスペイン領サハラの併

		合を要求して大サハラ行進を組織
1976	***1***	レバノンにて，ファランジスト党を中心にレバノン戦線が結成される。***2*** 西サハラでポリサリオ戦線を中心としてサハラ・アラブ民主共和国の独立を宣言し，抵抗運動を開始
1977	***1***	エジプトで物価暴動 ***11*** エジプトのサダト大統領が突然イェルサレムを訪問し，イスラエル国会で演説をする
1978	***3***	イスラエル軍がレバノン南部に侵攻。6月には撤退。***9*** イスラエルのベギン首相とエジプトのサダト大統領が，米大統領カーターの仲介で和平に合意(キャンプ・デーヴィッド合意)
1979	***2***	イラン革命が起こる。***3*** エジプト・イスラエル和平条約 ***7*** イラク大統領にサッダーム・フサインが就任。***11*** メッカ事件
1980	***9***	イラクのフサイン大統領，アルジェ協定を破棄し，イラン領へ侵攻。イラン・イラク戦争勃発
1981	***8***	米軍機がリビアを爆撃(シドラ湾事件)。***10*** サダト大統領が「ジハード団」のメンバーにより暗殺される。ムバーラクが新大統領に就任する
1982	***6-*** *6*	イスラエルがレバノンに侵攻，レバノン戦争勃発。***9*** ベイルートのサブラとシャティーラの難民キャンプで虐殺事件。PLO はベイルートより撤退し，チュニスに移転
1983	***6***	リビアのカダフィー政権がチャド内戦に軍事介入
1985	***4***	スーダンのヌマイリー政権が民衆蜂起によって打倒される(4月革命)。***10-****1* イスラエル軍機がチュニスのPLO本部を空爆
1987	***11***	チュニジアのブルギーバ大統領が引退し，ベン・アリー首相が新大統領に就任。***12*** ガザ地区，ヨルダン川西岸でパレスティナ人によるインティファーダ(蜂起)が起こる
1988	***7***	イランが国連の即時停戦決議を受諾し，8月イラン・イラク戦争が停戦。***12*** パレスティナ国家独立を宣言
1989	***2***	マグリブ諸国が大マグリブ連合(AMU)の結成の協定に調印。***2*** ソ連がアフガニスタンから撤退を完了。***6*** スーダンでオマル・バシール将軍が軍事クーデタで政権に就く。***10*** レバノン諸勢力がターイフで内戦停止を合意
1990	***5***	南北イエメンが統合協定に調印。***8-*** *2* イラクがクウェイトに侵攻。アメリカを中心とする多国籍軍がペルシア湾岸に展開
1991	***1-****17*	多国籍軍がイラク空爆を開始し，湾岸戦争勃発。***10*** マドリード国際平和会議 ***12*** アルジェリアで，複数政党制下で初の国会選挙が実施され，FIS(イスラーム救済戦線)が圧勝。翌年3月，軍部の介入によりFISが非合法化される
1992	***6***	イスラエルの総選挙で労働党が勝利し，イツハク・ラビンが首相に就任
1993	***9***	ワシントンでイスラエルのラビン首相とPLOのアラファト議長がパレスティナ暫定自治に合意(オスロ合意)
1994	***5***	暫定自治合意に基づき，ガザとイェリコ両地区におけるイスラエル軍の管轄権がなくなり，パレスティナ警察の手に渡る。アラファト議長とラビン首相がノーベル平和賞受賞
1995	***9-****28*	パレスティナ自治拡大協定(第2次オスロ合意)。***11-****4* イスラエルのラ

		ビン首相暗殺
1997	***11***	エジプト南部のルクソールで襲撃事件が発生。日本人を含む多くの観光客が殺害される
1998	***8***- *7*	ケニアの首都ナイロビとその隣国タンザニアの首都ダルエスサラームで米国大使館同時爆破テロが発生
1999	***2***- *7*	ヨルダンのフサイン国王死去，長男のアブドゥッラー皇太子が新国王になる。***7*** モロッコのハサン2世が死去し，息子のムハンマド6世が即位
2000	***6***	シリアのアサド大統領が死去。次男のバッシャールが新大統領に就任。***10*** イスラエルのシャロン元国防相がイェルサレムのアクサー・モスク訪問を強行したため，インティファーダが再開する
2001	***9***-*11*	ニューヨークの世界貿易センタービルにたいする航空旅客機激突テロ事件発生。***10***-*7* アメリカはウサーマ・ビン・ラーディン率いるイスラーム過激派のしわざとみなし，彼らを匿うターリバーン政権にたいする報復としてアフガニスタン空爆を開始
2003	***3***	アメリカ軍の侵攻を受け，フサイン政権が崩壊。アメリカを主体とする連合暫定施政当局(CPA)がイラク統治を開始
2004	***6***	CPAよりイラク暫定政府に対し統治権限が移譲される。***11*** アラファト議長が死去。アッバース事務局長がPLO議長に就任
2005	***2***	反シリア派のハリーリー前首相が暗殺される。***4*** レバノン駐留中のシリア軍の撤退。***9*** ガザ地区及び西岸地区の主要都市からイスラエル軍が撤退
2006	***1***	第2回PLO選挙によりイスラーム原理主義組織ハマースが議席の過半数を獲得し，3月ハマース主導のパレスティナ自治政府内閣が発足。***4*** タラバーニーを大統領とするイラク新政権が発足。***7*** ヒズブッラーによるイスラエル兵拘束事件を受けてイスラエルがレバノンに侵攻
2007	***6***	ハマースがガザ地区を武力制圧。西岸地区のパレスティナ自治政府と分離。アッバース議長は非常事態宣言を出して内閣を解散させ，緊急内閣を発足させる
2008	***12***-*27*	イスラエルによるガザ地区空爆開始。
2009	***1***- *3*	イスラエル軍ガザ地区への侵攻開始。

参考文献

Ⅰ　西アジア(アラブ)史全体に関するもの

A　通史・概説

⑴　バーナード・ルイス，林武他訳『アラブの歴史』みすず書房　1967
⑵　護雅夫他編『中世２　西アジア』(岩波講座世界歴史８）岩波書店　1969
⑶　前嶋信次編『西アジア史（新版)』(世界各国史11）山川出版社　1972
⑷　嶋田襄平『イスラムの国家と社会』岩波書店　1977
⑸　中村廣治郎『イスラム――思想と歴史』東京大学出版会　1977
⑹　ヒッティ，岩永博訳『アラブの歴史』上・下（講談社学術文庫）講談社　1982-83
⑺　板垣雄三・佐藤次高編『概説イスラーム史』有斐閣　1986
⑻　余部福三『イスラーム全史』勁草書房　1991
⑼　屋形禎亮他『西アジア』上・下（地域からの世界史７・８）朝日新聞社　1993-94
⑽　佐藤次高・鈴木董・坂本勉編『新書イスラームの世界史』１～３(講談社現代新書)講談社　1993
⑾　板垣雄三監修『講座イスラーム世界』１～５栄光教育文化研究所　1994-95
⑿　佐藤次高編『イスラーム世界の発展』(岩波講座世界歴史10）岩波書店　1999
⒀　間野英二編『西アジア史』(アジアの歴史と文化９）同朋舎　2000
⒁　H. A. R. Gibb, *Mohammedanism,* London, 1961.
⒂　M. G. S. Hodgson, *The Venture of Islam,* 3 vols., The University of Chicago Press, 1974.
⒃　I. M. Lapidus, *A History of Islamic Societies*, Cambridge University Press, 1988.
⒄　A. Hourani, *A History of the Arab Peoples,* Cambridge, Mass. 1991.

⑴は社会経済史にも目配りしたイスラーム史の大家による通史。⑵は戦後のアラブ・イスラーム史研究の集大成，⑶は本シリーズの旧版であり，

西アジア史の古典としての価値をもつ。(4)はイスラーム初期から12世紀ころまでの通史であるが，イスラームの国家と社会を考えるうえでの基本書といえよう。(5)はイスラーム思想の歴史的展開を平易に説いており，イスラーム入門の良書として推薦できる。(6)は逸話を交えてアラブの歴史を楽しく語ったもの。(7)と(8)はアラブ史を含むイスラームの通史。(9)は地域史の視点から，古代〜現代の西アジア史を概観する。(10)は中堅・若手の研究者が新書の形式でわかりやすいイスラーム世界史の記述を試みた書。(11)はイスラームの国家・社会・思想・文化などのテーマごとに最新の研究成果を集めた論集。(12)はイスラーム初期から16世紀ころの西アジア・中央アジア史を対象に国家と社会の諸問題，とくに王権とスーフィー(神秘主義)教団との関わりを論じた意欲的な論文集。(13)は古代から現代までを扱う新しい西アジア史の概説。(14)は小冊子ではあるが，バランスのとれた概説書であり，イスラーム史におけるスーフィズムの重要性を説いている点が特徴。(15)はアラブ・イスラーム史の本格的な通史として定評のあるもの。欧米におけるオリエント・イスラーム学の集大成の書とされている。(16)は都市史の専門家が，イスラーム世界の全域を対象に，国家と社会の歴史的展開を概観する。(17)はアラブの歴史家によるアラブの通史として高い評価を受けている。ムハンマドによるイスラーム創始から民族国家の建設と変容までを扱う。

B　研究史・研究案内・歴史地図

(1)　『内陸アジア・西アジア』(アジア歴史研究入門 4) 同朋舎出版　1984

(2)　羽田正・三浦徹編『イスラム都市研究』東京大学出版会　1991

(3)　佐藤次高「地域世界の経済史——イスラム世界」『社会経済史学の課題と展望』有斐閣　1992

(4)　三浦徹・東長靖・黒木英充編『イスラーム研究ハンドブック』栄光教育文化研究所　1995

(5)　佐藤次高「西アジア・イスラーム学の継承と発展」『東方学』100　2000

(6)　J. Sauvaget, *Introduction à l'histoire de l'Orient musulman,* Paris, 1961.

(7)　J. Sauvaget, *Introduction to the History of the Muslim East,* University of California Press, 1965.

(8)　T. Sato, "The Present Situation of Islamic and Middle Eastern

Studies in Japan", *Annales of Japan Association for Middle East Studies,* 7, 1992.

(9) R. S. Humphreys, *Islamic History,* London, Revised ed., 1995.

(10) K. Miyaji, Middle East Studies in Japan, *Islamic Area Studies,* Working Paper Series 16, 1999.

(11) R. Roolvink, *Historical Atlas of the Muslim Peoples,* Amsterdam, 1957.

(12) W. C. Brice, *An Historical Atlas of Islam,* Leiden, 1981.

(1)は西アジアの各時代について，内外の研究状況，基本史料の版本・翻訳・内容などを解説したかなり高度な研究案内。(2)はアラブ世界その他の都市研究について研究史を詳細にたどり，イスラム都市研究の新しい方向を探った書である。(3)は戦後の日本における西アジアの社会経済史研究の動向を概観したもの。(4)はイスラーム研究の最近の傾向を分野別に解説する。(5)はヨーロッパにおけるオリエント学・イスラーム学の成立と発展をたどり，中東のイスラーム学，アメリカのイスラーム学の系譜を踏まえたうえで，日本の西アジア・イスラーム学の位置づけを試みたもの。(6)はフランスを中心とするイスラーム研究動向の解説。(7)はフランス以外の欧米の研究を補充した(6)の英訳書。(8)は戦後日本の中東・イスラーム研究の発展をたどり，関連の大学・研究機関を紹介する。(10)は明治以来の中東研究史をより広い視野から概観したもの。(9)は大学院生を対象に，テーマ別に研究史と問題点を指摘した入門書であるが，専門の研究者にとってもきわめて利用価値が高い。(11)は中東を中心とする歴史地図。(12)は中東およびそれ以外のイスラーム世界も対象とする。

C 文献目録

(1) 東洋文庫・ユネスコ東アジア文化研究センター編『日本における中東・イスラーム研究文献目録 1868-1988年』1992

(2) C. Brockelmann, *Geschichte der arabischen Litteratur,* 5 vols., Leiden, 1937-49.

(3) F. Sezgin, *Geschichte des arabischen Schrifttums,* 9 vols., Leiden, 1967-84.

(4) J. D. Pearson and G. J. Roper, *Index Islamicus,* Cambridge, 1958-

(5) D. Grimwood-Jones and et al., *Arab Islamic Bibliography,* Harvester Press, 1977.

(1)は日本で唯一の完備した研究文献目録。本編および1989年以降の文献についてもインターネットでの検索が可能。(2)はアラビア語史料について，著者・写本の所在・関連の図書などに関するきわめて詳細な目録であり，(3)はさらにこれを補訂したアラビア語史料の目録。(4)は欧米諸語で発表された論文目録であり，1981年以降は著書も組み込まれるようになった。専門的に研究する場合には必見の目録といえよう。(5)は分野別に欧米の基本書を解説したもの。

D　事典その他の工具類

(1)　黒田寿郎編『イスラーム辞典』東京堂出版　1983
(2)　板垣雄三編『新・中東ハンドブック』講談社　1992
(3)　板垣雄三・後藤明編『事典イスラームの都市性』亜紀書房　1992
(4)　大塚和夫他編『岩波イスラーム辞典』岩波書店　2002
(5)　日本イスラム協会監修『新イスラム事典』平凡社　2002
(6)　*The Encyclopaedia of Islam,* 1st ed., Leiden, 1913-42; new ed., Leiden, 1960-
(7)　W. Hinz, *Islamische Masse und Gewichte,* Leiden, 1955.
(8)　G. S. P. Freeman/Grenville, *The Muslim and Christian Calendars,* revised ed., London, 1995.
(9)　C. E. Bosworth, *The New Islamic Dynasties,* Edinburgh, 1996.

(1)は分野別のイスラーム解説辞典。(2)は現代の中東を知るための案内書。(3)は都市生活に関連した大項目事典。(4)は現代のイスラームに重点をおいた小項目事典。(5)は旧版(1982年)を全面的に改訂・増補したハンディなイスラーム事典である。(6)はイスラームに関する基礎データをふんだんに収録した大百科であり，新版には最新の研究成果が盛り込まれている。(7)はやや古いが，度量衡の解説として基本的な書。(8)はヒジュラ暦と西暦の換算に便利であるが，最近は換算表掲載のCD-ROMも発売されている。(9)は現在，王朝表としてもっとも充実したもの。

E　学術雑誌（国内）

(1)　『日本中東学会年報』日本中東学会
(2)　『イスラム世界』日本イスラム協会
(3)　『オリエント』日本オリエント学会
(4)　『西南アジア研究』西南アジア研究会

(5)　『東洋学報』財団法人東洋文庫
(6)　『東洋史研究』東洋史研究会
(7)　『現代の中東』アジア経済研究所
(8)　*Memoires of the Research Department of the Toyo Bunko*（財団法人東洋文庫）
(9)　*Asian Research Trends*（財団法人東洋文庫・ユネスコ東アジア文化研究センター）
(10)　*Orient*（日本オリエント学会）

これらの雑誌には，西アジア・イスラーム世界の歴史・政治・経済・社会・文化に関する研究成果が発表される。また，『史学雑誌』や『史林』などの雑誌にも関連の論文がある。とくに(9)はアジア諸国の研究動向を知るうえで貴重である。

II　各章に関するもの

第1章　古代オリエントの世界

1　メソポタミア

(1)　H. クレンゲル，江上波夫・五味亨訳『古代バビロニアの歴史――ハンムラビ王とその社会』山川出版社　1980
(2)　S. N. クレーマー，久我行子訳『シュメールの世界に生きて――ある学者の自叙伝』岩波書店　1989
(3)　マイケル・ローフ，松谷敏雄監訳『古代メソポタミア』朝倉書店　1994
(4)　前田徹『都市国家の誕生』（世界史リブレット１）山川出版社　1995
(5)　ドミニク・コロン，久我行子訳『円筒印章――古代西アジアの生活と文明』東京美術　1996
(6)　ジャン・ボッテロ，松島英子訳『メソポタミア』法政大学出版局　1998
(7)　前川和也・屋形禎亮他『オリエント世界』（岩波講座世界歴史２）岩波書店　1998
(8)　大貫良夫・前川和也・渡辺和子・屋形禎亮『人類の起源と古代オリエント』（世界の歴史1）中央公論社　1998
(9)　中田一郎『原典訳　ハンムラビ「法典」』（古代オリエント資料集成１）リトン　1999

⑽　前田徹・川崎康司・山田雅道・小野哲・山田重郎，鵜木元尋『古代オリエント』(歴史学の現在) 山川出版社　2000
⑾　Jeremy Black and Anthony Green, *Gods, Demons and Symbols of Ancient Mesopotamia,* London, 1992.
⑿　J. M. Sasson, et al (eds.), *Civilizations of the Ancient Near East*, 4 vols., New York, 1995.
⒀　G. Leick, *Who's Who in the Ancient Near East,* London, 1998.
⒁　P. Bienkowski and A. Millard (eds.), *Dictionary of the Ancient Near East,* Pennsylvania, 2000.

西アジア古代とエジプト王朝時代は，日本では古代オリエントとして，欧米では古代東方(Ancient Near East)として，一括される場合がある。⑺⑻⑿に挙げた概説書も，西アジア古代(古代メソポタミア)だけでなくエジプトも記述する。その中で⑺はやや専門的であるが，歴史概観とともに個別論文的記述もあって，近年の研究動向を知ることができる。⑻は一般読者向けであるが，的確な記述になっている。⑿は古代オリエントの歴史・社会・宗教などの諸問題を網羅的に集めた研究参考書であり，学生・院生の研究やレポート作成の導きとしておおいに活用できる。⑶は西アジアだけを対象とし，先史時代からの歴史を扱っている。記述は平易で，内容も充実している。写真や図も多く，格好の概説書である。⑽は西アジア古代史(アッシリア学)の研究入門書であり，日本語で書かれたものとして類書がない。最新の研究動向を踏まえた記述であり，参考文献も充実している。

シュメール初期王朝時代やウル第三王朝時代については⑷が，それ以後の古バビロニア時代については⑴が，参考になる。その記述はハンムラビ法典が基礎になっているが，ハンムラビ法典については⑼が必読。ハンムラビかハンムラピかについては⑼が言及する。⑵はシュメール文学研究の草分けであったクレーマーの自伝である。自身の研究内容を披瀝することがシュメール文学全体を示すという第一人者ならではの記述になっている。⑹もフランスの碩学がメソポタミア文明の特質やそこに生きた人々の心性を描き出し，一方で現代人が古代の文明を研究することの意味を問うた好著である。

円筒印章の図柄から古代メソポタミアの歴史と社会と文化を摘出したのが⑸である。翻訳もすばらしい。⑾⒀⒁は事典類である。⒁は古代メソポタミア関係の事項を網羅した事典であり，コンパクトにまとまっていて机

上に置いてつねに利用するのに便利である。⑾はメソポタミアの神々を，⒀は王などの歴史上の人物を集めた事典である。

2　エジプト

⑴　川村喜一「古代オリエントにおける灌漑文明の成立」『岩波講座世界歴史 1　古代 1』岩波書店　1969
⑵　屋形禎亮「『神王国家』の出現と『庶民国家』」『岩波講座世界歴史 1　古代 1』岩波書店　1969
⑶　屋形禎亮「イク＝エン＝アテンとその時代」『岩波講座世界歴史 1　古代 1』岩波書店　1969
⑷　鈴木八司『王と神とナイル』（沈黙の世界史 2）新潮社　1970
⑸　屋形禎亮「ナイルが育んだ文明」大貫良夫・前川和也・渡辺和子・屋形禎亮『人類の起源と古代オリエント』（世界の歴史 1）中央公論社　1998
⑹　屋形禎亮「古代エジプト」『岩波講座世界歴史 2　オリエント世界』岩波書店　1998
⑺　高宮いづみ「ナカダ文化論」『岩波講座世界歴史 2　オリエント世界』岩波書店　1998
⑻　畑守泰子「ピラミッドと古王国の王権」『岩波講座世界歴史 2　オリエント世界』岩波書店　1998
⑼　近藤二郎「アメンヘテプ三世とその時代」『岩波講座世界歴史　オリエント世界』岩波書店　1998
⑽　吉成薫『エジプト王国三千年』講談社　2000
⑾　友部直編『エジプト美術』（世界美術大全集 2）小学館　1994
⑿　杉勇・三笠宮崇仁編『古代オリエント集』（筑摩世界文学大系 1）筑摩書房　1978
⒀　J.ベインズ・Y.マレク，吉村作治訳『古代のエジプト』（図説世界文化地理大百科）朝倉書店　1983
⒁　鈴木八司監修『世界の歴史と文化　エジプト』新潮社　1996
⒂　近藤二郎『エジプトの考古学』同成社　1997
⒃　J. M. Sasson, et al (eds.), *Civilizations of the Ancient Near East,* 4 vols., New York, 1995.

エジプト史の概説書としては⑷⑸⑽がある。⑷はエジプト史を簡潔に遺跡や文化とからめながら手際良くまとめたものである。⑸は日本語で記さ

れた通史として優れたものである。(10)は通史とエジプト史におけるトピックとの2部構成をとったものであり，標準的な概説書となっている。(1)(2)(3)(6)(7)(8)(9)の論考は，岩波講座世界歴史のために書かれたものであり，個々の分野の研究としては細部にわたっており参考になるものと考えられる。美術や文学などに関する概説書は多いが，エジプト美術史としては(11)を，そしてエジプト文学に関しては(12)を挙げる。(12)は数少ない日本語訳で貴重な資料である。(13)(14)の2冊は遺跡の解説が細部にわたっており，遺跡を中心にエジプト史を組み立てることができるように編まれている。(15)はエジプト考古学に関する概説書であり，幾つかのトピックにより先史時代から第3中間期までを取り扱っている。また，シリウス星の出現記録による編年の方法論と問題点に関する詳細な記述もある。(16)は古代オリエントの歴史・社会・宗教などの諸問題を網羅的に集めた優れた研究参考書である。

3　シリア・アラビア半島

(1)　P. K. ヒッティ，小玉新次郎訳『シリア――東西文明の十字路』(中公文庫) 中央公論社　1991
(2)　H. クレンゲル，五味亨訳『古代シリアの歴史と文化――東西文化のかけ橋』六興出版　1991
(3)　大貫良夫・前川和也・渡辺和子・屋形禎亮『人類の起源と古代オリエント』(世界の歴史1) 中央公論社　1998
(4)　小川英雄・山本由美子『オリエント世界の発展』(世界の歴史4) 中央公論社　1997
(5)　前川和也・屋形禎亮他『オリエント世界』(岩波講座世界歴史2) 岩波書店　1998
(6)　月本昭男・小林稔編『聖書の風土・歴史・社会』(現代聖書講座第1巻) 日本基督教団出版局　1996
(7)　Jack M. Sasson et al. (eds.), *Civilizations of the Ancient Near East,* 4 vols., New York, Charles Scriber's Sons, 1995.
(8)　K. A. Kitchen, *Documentation for Ancient Arabia,* Part I: *Chronological Framework and Historical Sources,* Liverpool University Press, 1994.
(9)　S. Noja (ed.), *L'Arabie avant l'Islam,* Aix-en-Provence, Edisud, 1994.

⑽　J.-F. Breton, *Arabia Felix from the Time of the Queen of Sheba : Eighth Century B.C. to First Century A.D.*, University of Notre Dame Press, 1998.

まず，シリア関連の専論から挙げる。⑴は古代より第二次世界大戦終了までのシリアの通史。原著は1959年刊とやや古い。⑵はアレクサンドロス大王の征服までの古代シリア史の一般向け概説書で，考古学的な説明が詳しい。原著は1979年刊。

⑶以下は古代オリエント史概説のなかにシリア関連の章が含まれるもの。まず，⑶は随所でメソポタミアとエジプトのシリア・パレスティナ進出が言及されている。また，⑷では全10章のうちの6章が，シリア・パレスティナを含む古代の地中海アジアを対象としている。⑸はエマル，古代イスラエル人，ハビルを論じた章を含む。⑹は聖書の歴史的・社会的背景という視点から，古代パレスティナの歴史を多面的に扱っている。⑺のとくに第2巻からは，シリア・パレスティナを含む古代オリエント史研究に関する各方面の最新の情報をえることができる。日本語では古代アラビア史関連の適当な概説書も研究書もないので，欧文のものを3点挙げる。⑻は古代アラビア史とその研究の概要を知るのに便利。ただし，著者はエジプト学が専門。⑼はフランス語の概説書であるが，各地域の専門家が近年の研究成果に基づく記述をおこなっている。⑽はフランスの考古学者によって書かれた古代南アラビア史の概説で，当然のことながら考古学的な説明が詳しい。記述が後1世紀で終わっているのが惜しまれる。

第2章　アラブ・イスラーム世界の形成

⑴　嶋田襄平『預言者マホメット』（角川新書221）角川書店　1966
⑵　嶋田襄平『マホメット　預言者の国づくり』（人と歴史シリーズ　東洋18）清水書院　1975
⑶　嶋田襄平『イスラムの国家と社会』（世界歴史叢書）岩波書店　1977
⑷　嶋田襄平『初期イスラーム国家の研究』（中央大学学術図書40）中央大学出版局　1980
⑸　後藤晃『ムハンマドとアラブ』（オリエント叢書6　朝日文庫）東京新聞出版局　1980
⑹　後藤明『メッカ』（中公新書1012）中央公論社　1991
⑺　W. M. ワット，牧野信也・久保儀明訳『ムハンマド　預言者と政治家』みすず書房　1970

⑻　F. ガブリエリ，矢島文夫訳『マホメットとアラブの大征服』（世界大学選書029）平凡社　1971
⑼　佐藤次高『イスラーム世界の興隆』（世界の歴史 8 ）中央公論社　1997
⑽　W. M. Watt, *Muhammad at Mecca,* Oxford, 1953.
⑾　W. M. Watt, *Muhammad at Medina*, Oxford, 1956.
⑿　J. ヴェルハウゼン，荒川道夫・花田宇秋訳『アラブ帝国とその衰亡』 1 ～ 5 明治学院論叢第532，547，557，570，588号
⒀　J. Wellhausen, *Das arabische Reich und sein Sturz,* Berin, 1960.
⒁　L. Caetani, *Annali dell'Islam,* Vol.I-X, Heidesheim, New York, 1972.
⒂　P. M. Holt ed., *The Cambridge History of Islam,* Vol.I, Cambridge, 1970.
⒃　M. A. Shaban, *Islamic History A. D.* 600-750: *A New Interpretation,* Cambridge, 1971.
⒄　G. R. Hawting, *The First Dynasty of Islam: the Umayyad Caliphate A. D. 661-750.,* London, 1986.

⑴～⑷の著者はわが国イスラーム史学界を長いあいだリードしてきたわが国学界の第一人者であった。これらの著作は，ヨーロッパ・イスラーム史学の研究史を踏まえつつ，氏独自の見解を随所に織り込んだもので，今でも邦語のなかでは最高のものである。なお，⑷は氏の論文集である。⑸⑹は，イスラーム勃興期に関するヨーロッパ・イスラーム史学への問題提起の好著。⑺は著者による⑽と⑾を要約縮小したもの。その，20世紀半ばを代表する作品で，今もなおムハンマド伝の白眉である。⑻はムハンマド・大征服・アラブ帝国に関する近代ヨーロッパ・イスラーム史学の成果をまとめた珠玉の名編。⑼は政治史を主軸にしながらも社会史・文化史的側面に照射をあてた意欲作。⒀は「アラブ帝国」の命名者である著者の近代ヨーロッパ・イスラーム史学を代表する名著。⑿はその翻訳で，第 1 章(序論)のみにすぎないがこの書のエッセンスが述べられている。⒁の『イスラーム年代記』は，ジャーヒリーヤ時代からヒジュラまでは通史的に，ヒジュラ以後は年代記的に第1次内乱の終結まで，史料を網羅的に収集・翻訳しつつ自らの解釈を述べ綴った大著。⒂の第 1 部「アラブの勃興と支配」が本章の内容に対応する。⒃は副題にあるように従来の定説，とくにヴェルハウゼンの『アラブ帝国とその衰亡』の批判を意図したもの。⒄は

ウマイヤ朝史に関する最近の成果を要領よく織り込んだ通史。

第3章　西アラブ世界の展開

(1)　佐藤次高編『都市の文明イスラーム』(講談社現代新書) 講談社　1993
(2)　佐藤健太郎「8世紀アンダルスとイフリーキヤにおけるアラブ初期移住者――フィフル家を中心に」『東洋学報』77/3・4　1996
(3)　森本公誠『イブン＝ハルドゥーン』講談社　1980
(4)　私市正年「マグリブ中世社会のユダヤ教徒」『岩波講座　世界歴史10』岩波書店　1999
(5)　私市正年『イスラム聖者――奇跡・予言・癒しの世界』講談社現代新書　1996
(6)　私市正年「12世紀マグリブのスーフィー・聖者社会とリバート及びラービタ」『東洋史研究』48/1　1989
(7)　M. ワット，黒田壽郎・柏木英彦訳『イスラーム・スペイン史』岩波書店　1984
(8)　安達かおり『イスラム・スペインとモサラベ』彩流社　1997
(9)　余部福三『アラブとしてのスペイン』第三書館　1992
(10)　フィリップ・コンラ，有田忠郎訳『レコンキスタの歴史』(文庫クセジュ) 白水社　2000
(11)　村田靖子「ヒスバの手引書に見るムフタシブ」『西南アジア研究』39号　1993
(12)　高山博『神秘の中世王国』東京大学出版会　1995
(13)　羽田正・三浦徹編『イスラム都市研究』東京大学出版会　1991
(14)　J. M. Abun-Nasir, *A History of the Maghrib,* Cambridge, 1971.
(15)　Ch-A. Julien, *Hisory of North Africa,* London, 1970.
(16)　A. Laroui, *The History of the Maghrib,* Princeton, 1977.
(17)　A. D. Taha, *The Muslim Conquest and Settlement of North Africa and Spain,* Routledge, 1989
(18)　M. Kably, *Société, pouvoir et religion au Maroc à la fin du moyen-âge,* Paris, 1986.
(19)　T. F. Glick, *Islamic and Christian Spain in the Early Middle Ages,* Princeton, 1979.

残念ながら，マグリブ前近代史に関する日本語による本格的な研究書はいまだ書かれていない。(1)のなかに収められた私市の第6章「イスラーム

の地中海」，第7章「アフリカ史のなかのイスラーム」は，この地域をイスラーム世界史のなかにどのように位置づけるかという問題意識から書かれている。個別の論文では，(2)(4)(7)が参考になる。また，(5)は聖者と聖者崇拝を軸にしたマグリブ中世の社会史である。民衆の視点から新しいイスラーム史を描いたところに特徴がある。(3)はイブン・ハルドゥーンの思想と生涯についての書であるが，当時の詳しいマグリブ政治史としても利用できる。アンダルス史については，(7)がしっかりした歴史観に基づく通史として定評がある。また，(8)はキリスト教徒とムスリムの双方の立場をバランスよくまとめている。(9)とフィリップ(10)はアンダルスの政治史の理解に役立つ。都市史研究としては，(13)の第1章に収められた私市の論稿が詳しく，(11)はヒスバ(都市の生活倫理)を扱った個別論文である。いずれにしろ，外国語文献に頼らざるをえず，マグリブ史では(14)(15)が基本的な通史であるが，植民地的視点から脱却し，マグリブ史を独自の歴史的世界として記述しようとする(16)が注目される。(17)は初期征服史に関するドズィーやレヴィ・プロヴァンサルによる通説の再検討を促す実証的な研究書である。(18)はマリーン朝期の宗教と権力の関係を分析し，(19)はアンダルス社会におけるムスリム，キリスト教徒，ユダヤ教徒の三者の共存と対立の実態を政治，経済，文化の多様な面から考察している。どちらも歴史を分析的に説明しようとする意識が明確な研究書である。(12)はノルマン朝シチリア史を扱っているが，キリスト教徒とムスリムとの共存の実態をも考察した第一級の研究である。

第4章　東アラブ世界の変容

(1) 佐藤次高『イスラーム世界の興隆』(世界の歴史 8) 中央公論社 1997

(2) 佐藤次高編『都市の文明イスラーム』(講談社現代新書) 講談社 1994

(3) 佐藤次高『中世イスラム国家とアラブ社会——イクター制の研究』山川出版社　1986 (増補改訂英語版：Sato Tsugitaka, *State & Rural Society in Medieval Islam: Sultans, Muqta's & Fallahun,* Leiden, 1997.)

(4) 佐藤次高『マムルーク——異教の世界からきたイスラムの支配者たち』東京大学出版会　1991

(5) アブー・ルゴド，佐藤次高・三浦徹他訳『ヨーロッパ覇権以前——も

うひとつの世界システム』上・下 岩波書店 2001
⑹ 家島彦一『イスラム世界の成立と国際商業――国際商業ネットワークの変動を中心に』岩波書店 1991
⑺ 清水和裕「後期アッバース朝バグダードの暴力集団――政治権力との関わりを中心に」『東洋学報』77/3・4 1996
⑻ 清水宏祐「ブワイフ朝の軍隊」『史学雑誌』81/3 1972
⑼ 清水宏祐「トゥグリル・ベクとカリフ・アルカーイムの外交交渉」『東洋史研究』45/1 1986
⑽ 菟原卓「エジプトにおけるファーティマ朝前半期のワズィール職」『史林』61/6 1978
⑾ 谷口淳一「十一世紀のハラブにおけるカルアとマディーナ」『東洋史研究』49/2 1990
⑿ 太田敬子「ミルダース朝の外交政策――西暦11世紀のアレッポを中心として」『史学雑誌』101/3 1992
⒀ 『シンポジウム「十字軍」』中近東文化センター 1988
⒁ 佐藤次高『イスラームの「英雄」サラディン――十字軍と戦った男』講談社 1996
⒂ 中村妙子「12世紀前半におけるシリア諸都市と初期十字軍の交渉・協定」『史学雑誌』109/12 2000
⒃ 長谷部史彦「14世紀末-15世紀初頭カイロの食糧暴動」『史学雑誌』97/10 1988
⒄ 大稔哲也「エジプト死者の街における聖墓参詣――12-15世紀の参詣慣行」『史学雑誌』102/10 1993
⒅ 三浦徹「マムルーク朝末期の都市社会――ダマスクスを中心に」『史学雑誌』98/1 1989
⒆ 佐藤次高・清水宏祐・三浦徹他『イスラム社会のヤクザ――歴史を生きる任侠と無頼』第三書館 1994
⒇ イブン・ジュバイル，藤本勝次訳『旅行記』関西大学出版部 1992
(21) イブン・バットゥータ，家島彦一訳『大旅行記』全8巻（東洋文庫）平凡社 1996-
(22) ウサーマ・ブヌ・ムンキズ，藤本勝次・池田修・梅田輝世訳『回想録』関西大学出版部 1987
(23) イブン・ハルドゥーン，森本公誠訳『歴史序説』全3巻 岩波書店 1979-87（再刊：岩波文庫 2001）

(24) Hugh Kennedy, *The Prophet and the Age of the Caliphate: The Islamic Near East from the Sixth to the Eleventh Century,* London & N. Y., 1986 (A History of the Near East).
(25) P. M. Holt, *The Age of the Crusades: The Near East from the Eleventh Century to 1517,* London & N. Y., 1986 (A History of the Near East).

東アラブ地域の中世の全体を見渡すことのできる通史としては(1)が挙げられ，一般向けに史料の記述を紹介しながら，読みやすく書かれている。(2)は７～15世紀の時代を，佐藤次高，清水宏祐，長谷部史彦などが分担執筆している。

中世の軍事・政治体制の骨格となるマムルークとイクター制については，この分野での世界的な研究者である佐藤次高の研究がある。(3)の英語版ではさらに史料を増強して改訂がおこなわれており，卒業論文などでこの分野を扱う人は英語版を参照すべきだろう。社会経済については，(6)が地理書・年代記などの史料をもとに，ジャーヒリーヤ時代から17世紀までのイスラム世界の商業とその国際ネットワークの形成と変容を論じたものである。(5)はヨーロッパ，中東，アジアの交易ネットワークの変化を世界システムの問題として論じる。

軍人政権の台頭した時代について，ＩＡ(4)が初期イスラム史の体系的把握をめざした嶋田襄平の書きおろしで，カリフ制から軍人政権の樹立までのイスラム国家の変化をつかむことができる。(7)はアッバース朝後期(10～11世紀)の民衆の暴力集団と政治権力との関係について論じており，(8)(9)はブワイフ朝からセルジューク朝時代のカリフと軍事勢力の関係を扱っている。ファーティマ朝については(10)がある。十字軍前後のシリア史について，(13)はシンポジウムの報告集であるが，この時代の問題点を簡潔に知ることができる。(11)(12)はアレッポを扱い，(14)はサラディンの生涯を追い，(15)は十字軍到来直後の政治・外交を扱う。マムルーク朝時代については，(3)(4)が政治史のうえでも参考になるが，近年は(16)(17)(18)をはじめ，都市を舞台にした社会史研究が盛んになっている。また，都市のヤクザ集団をテーマにした社会史として(19)を挙げることができる。

社会の生きたありさまを味わうには，同時代の史料にまさるものはないだろう。(20)(21)は12～14世紀の旅行記で，とくに(21)は訳者によって当時の政治，経済，社会状況について，詳しい解説が注のかたちでなされている。(22)は十字軍時代のシリアの一領主による回想録，(23)は具体的な歴史事象を

挙げながら，イスラムの国家，社会，経済のあり方を論じたものである。

なお，英語で書かれた通史では(24)(25)が幅広い視野をもった研究者によるものとして薦められ，本章の執筆にも参考にした。

第5章　オスマン帝国治下のアラブ地域

(1) 永田雄三・羽田正『成熟のイスラーム社会』(世界の歴史15) 中央公論社　1998
(2) 林佳世子『オスマン帝国の時代』(世界史リブレット19) 山川出版社　1997
(3) 鈴木董『オスマン帝国の権力とエリート』東京大学出版会　1993
(4) 黒木英充「オスマン期アレッポにおけるヨーロッパ諸国領事通訳」『一橋論叢』111-4　1993
(5) M. W. Daly ed., *The Cambridge History of Egypt,* vol.2 *Modern Egypt, from 1517 to the End of the Twentieth Century,* Cambridge, 1998.
(6) A. Raymond, *Le Caire,* Paris, 1993.
(7) D. Crecelius, *The Roots of Modern Egypt: A Study of the Regimes of 'Ali Bey al-Kabir and Muhammad Bey Abu al-Dhahab, 1760-1775,* Minneapolis and Chicago, 1981.
(8) J. Hathaway, *The Politics of Households in Ottoman Egypt: The Rise of the Qazdaglis,* Cambridge, 1997.
(9) A. K. Rafeq, *The Province of Damscus 1723-1783,* Beirut, 1966.
(10) A. Cohen, *Palestine in the Eighteenth Century: Patterns of Government and Administration,* Jerusalem, 1973.
(11) B. Masters, *The Origins of Western Economic Dominance in the Middle East: Mercantilism and the Islamic Economy in Aleppo, 1600-1750,* New York and London, 1988.
(12) A. Singer, *Palestinian Peasants and Ottoman Officials: Rural Administration around Sixteenth-Century Jerusalem,* Cambridge, 1994.
(13) D. Khoury, *State and Provincial Society in the Ottoman Empire: Mosul, 1540-1834,* Cambridge, 1997.
(14) T. Abdullah, *Merchants, Mamluks, and Murder: The Political Economy of Trade in Eighteenth Century Basra,* Albany, 2001.
(15) 宮治一雄『アフリカ現代史Ⅴ　北アフリカ』山川出版社　1978

⒃ スタンリー・レーン・プール，前嶋信次訳『バルバリア海賊盛衰記』リブロポート 1981
⒄ 私市正年「フランスのアルジェリア侵入とアブド＝アルカーディルの反乱（Ⅰ）」『マグレブ』99・100号 1982
⒅ 私市正年「フランスのアルジェリア侵入とアブド＝アルカーディルの反乱（Ⅱ）」『マグレブ』104号 1983
⒆ 小山田紀子「19世紀初頭の地中海と〈アルジェリア危機〉」『歴史学研究』692号 1996
⒇ J. M. Abun-Nasir, *A History of the Maghrib,* Cambridge, 1971.
(21) Ch-A. Julien, *Hisory of North Africa,* London, 1970.
(22) A. Laroui, *The History of the Maghrib,* Princeton, 1977.
(23) L. Valensi, *Le maghreb avant la prise d'alger,* Flammarion, 1969.
(24) L. Valensi, *Tunisian peasants in the eighteenth and nineteenth centuries* ,Cambridge & New York, 1985.

⑴⑵は一般書でありながら研究の最前線を伝える卓越したオスマン帝国史概説。オスマン帝国の支配組織についての精緻な研究書⑶はアラブ地域の州総督に関する理解を深めるうえでも有効である。⑷はヨーロッパ領事通訳に関する論考。⑸は最新のエジプト通史の後編。オスマン帝国期についても詳しい。⑹はカイロの都市研究の到達点を示す。⑺はアリー・ベイとアブー・アッザハブの支配の性格を詳論する。カーズダグリーヤに関する⑻はオスマン帝国期エジプトの支配層についての旧来のイメージを変えた研究書。アズム家支配期を扱う古典的研究⑼は，民衆運動への目配りのきいた政治史叙述を展開していまだに新鮮である。⑽はザーヒル・アルウマルとアフメト・ジェッザールに関する研究書。⑾は17・18世紀アレッポの都市経済を論じた画期的な研究書。16世紀のパレスティナ村落社会を描出する⑿には，オスマン帝国治下のアラブ農村の政治文化に関する興味深い分析がみられる。モスル州の政治と社会経済を論じた⒀はジャリーリー家支配期について詳しい。⒁はオスマン帝国期の商都バスラに関する最新の成果で，18世紀のペルシャ湾交易を考えるうえでも示唆に富む。

わが国において，16世紀から19世紀までのマグリブ史研究(オリジナルな研究という意味で)は，ほとんど未開拓といってよいだろう。⒂はマグリブ現代史であるが，近代史の理解にも役立つ。⒃は翻訳で，しかも古色蒼然とした書(原著は1890年の出版)であるが，この時代のバルバリア海賊についての概観をえるのに有益である。⒄⒅⒆は主としてフランスの研究

をもとにまとめられた論文である。Tamimi教授が編集するRevue d'histoire maghrébine(チュニジア)にはオスマン語文書を用いた研究が既に発表されているので，わが国でもオスマン語やアラビア語の史料を利用した本格的な研究が待たれる。(20)(21)(22)は代表的な通史であるが，植民地史観を脱しようとする意欲的研究である(22)が最も興味深い。(23)は小さな本ながら，19世紀のフランスによるアルジェリア植民地化以前のマグリブの社会構造を鋭い視点から分析している。同じ著者による(24)はアナール学派の理論を用いた農村構造の分析である。

第6章　近代のアラブ社会

(1)　G. アントニウス，木村申二訳『アラブ民族運動物語　アラブの目覚め』第三書館　1989
(2)　石田進『帝国主義下のエジプト経済』御茶の水書房　1974
(3)　板垣雄三『歴史の現在と地域学——現代中東への視角』岩波書店　1992
(4)　臼杵陽『中東和平への道』(世界史リブレット52) 山川出版社　1999
(5)　加藤博『イスラーム世界の危機と改革』(世界史リブレット37) 山川出版社　1997
(6)　加藤博「オスマン帝国の『近代化』——アラブ世界を中心に」歴史学研究会編『民族と国家　自覚と抵抗』(講座世界史3) 東京大学出版会　1995
(7)　木村喜博『東アラブ国家形成の研究』アジア経済研究所　1986
(8)　栗田禎子『近代スーダンにおける体制変動と民族形成』大月書店　2001
(9)　黒木英充「都市騒乱に見る社会関係——アレッポ　1850年」『東洋文化』69号　1989
(10)　酒井啓子「イラクにおける国家形成と政治組織」酒井啓子編『国家・部族・アイデンティティー——アラブ社会の国民形成』アジア経済研究所　1993
(11)　中岡三益『アラブ近現代史——社会と経済』岩波書店　1991
(12)　宮治一雄『アフリカ現代史　北アフリカ』(世界現代史17) 山川出版社　1978
(13)　ラックナー・ヘレン，岸田聡訳『砂の王国サウジアラビア』ダイヤモンド社　1981

(14) Albert Hourani, *Arabic Thought in the Liberal Age 1798-1939,* Oxford University Press, 1967.
(15) Albert Hourani, *A History of the Arab Peoples,* London, Faber and Faber Limited, 1991.
(16) Charles Issawi, *An Economic History of the Middle East and North Africa,* Columbia University Press, 1982.
(17) Ira M Lapidus, *A History of Islamic Societies,* Cambridge University Press, 1988.
(18) Robert Mantran, (ed.), *Great Dates in Islamic History,* New York, Facts On File, Inc., 1996.
(19) Roger Owen, *The Middle East in the World Economy 1800-1917,* London and New York, Methuen, 1981.
(20) W. R. Polk, and R. L. Chambers (eds.), *Beginnings of Modernization in the Middle East,* University of Chicago Press, 1968.
(21) Maxime Rodinson, *The Arabs,* University of Chicago Press, 1981.

(15)(17)は，アラブ世界の近代史に関するバランスのとれた通史。(18)は，重要な事件の年代を確認するのに便利。アラブ近代史における問題の所在とその理解の視角については，(3)(11)を参照のこと。後者は社会経済の関連文献について詳しい。(14)と(16)(19)は，それぞれ近代アラブ世界の政治思想史と経済史に関する堅実で評価の高い文献である。また，(20)はアラブ世界における近代化の問題を論じた論文集。なお，本章執筆者のアラブ近代史観は，(5)(6)にみられる。

個別具体的なテーマについて文献を挙げると，マシュリクを中心としたアラブ民族主義の起源とその近代における台頭については，(1)(21)を参照のこと。前者は少し古くなったが，著者のアラブ民族主義にたいする熱い思いを伝えている。(2)は，エジプトの植民地化過程に関する優れた業績である。また，(8)はスーダンにおける「民族」形成の過程を論じつくしている。

マシュリクとイラクについては，(9)がシリア・レバノンにおける宗派対立の背景を，(7)と(10)がそれぞれマシュリクとイラクにおける国民国家形成の過程とそこでの問題点を論じている。また，パレスティナ問題を引き起こしたシオニズム(ユダヤ民族主義)に基づくユダヤ人のパレスティナ移民の歴史的背景については，(4)を参照のこと。マグリブの近代史については，(12)が依然として邦語における最良のガイドブックである。アラビア半島の近代史については，(13)が平易な文章でその概要を示してくれている。

第７章　現代アラブの国家と社会

⑴　アジア経済研究所編『現代東アラブの政治経済構造』アジア経済研究所　1983
⑵　泉淳『アイゼンハワー政権の中東政策』国際書院　2001
⑶　板垣雄三『石の叫びに耳を澄ます――中東和平の模索』平凡社　1992
⑷　板垣雄三『歴史の現在と地域学――現代中東への視角』岩波書店　1992
⑸　伊能武次『現代エジプト政治』朔北社　1993
⑹　臼杵陽『中東和平への道』（世界史リブレット52）山川出版社　1999
⑺　栗田禎子『近代スーダンにおける体制変動と民族形成』大月書店　2001
⑻　小杉泰『現代中東とイスラーム政治』昭和堂　1994
⑼　酒井啓子編『国家・部族・アイデンティティ――アラブ社会の国民形成』アジア経済研究所　1993
⑽　清水学編『アラブ社会主義の危機と変容』アジア経済研究所　1992
⑾　中岡三益『アラブ近現代史――社会と経済』岩波書店　1991
⑿　長沢栄治編『東アラブ社会変容の構図』アジア経済研究所　1990
⒀　東アラブにおける社会変容の諸側面研究会編『文献解題　東アラブ近現代史研究』アジア経済研究所　1989
⒁　宮治一雄『アフリカ現代史Ⅴ　北アフリカ』（世界現代史17）山川出版社　1978
⒂　山根学『現代エジプトの発展構造――ナセルの時代』晃洋書房　1977
⒃　山根学・森賀千景『世界経済システムと西アジア――近代化と変容』知碩書院　1998

⑴はバアス党の発展を中心にシリア現代政治の展開を詳細に叙述している。⑵は冷戦初期のアメリカの対中東政策を外交資料から本格的に分析したもの。⑶はパレスティナ問題の歴史的展開を考察する同時代的評論集。⑷は地域研究の視角から中東政治史を分析。近現代エジプトに関する重要論文を含む。⑸はナセル後のエジプト政治体制の変化を比較政治学の手法で分析。⑹はパレスティナ問題に関する簡便最良の入門書の一つ。⑺は階級と民族の視角から近現代スーダンの通史的叙述をおこなう。⑻はアラブ世界におけるイスラーム復興現象について理論モデルを提示している。⑼はイラクなどアラブの国家形成において集団への帰属意識がはたす役割を

比較分析する。⑽はエジプトなどアラブ社会主義体制の矛盾と構造転換を分析。⑾は近現代東アラブの社会経済変容を西欧の経済進出との関係で詳細に叙述している。⑿はパレスティナ，エジプトなどの革命運動と社会変容との相互関連を分析。⒀は基本研究資料を国別事項別に分類し，解説した文献案内。⒁はマグリブ地域の近現代史を植民地支配と独立運動を中心に叙述している。⒂はエジプト革命の背景と展開をマルクス経済学の視点から総合的に分析する。⒃は西アジア各国の経済開発を政治史との関連で比較分析する。

■ 王朝系図

クライシュ家家系図

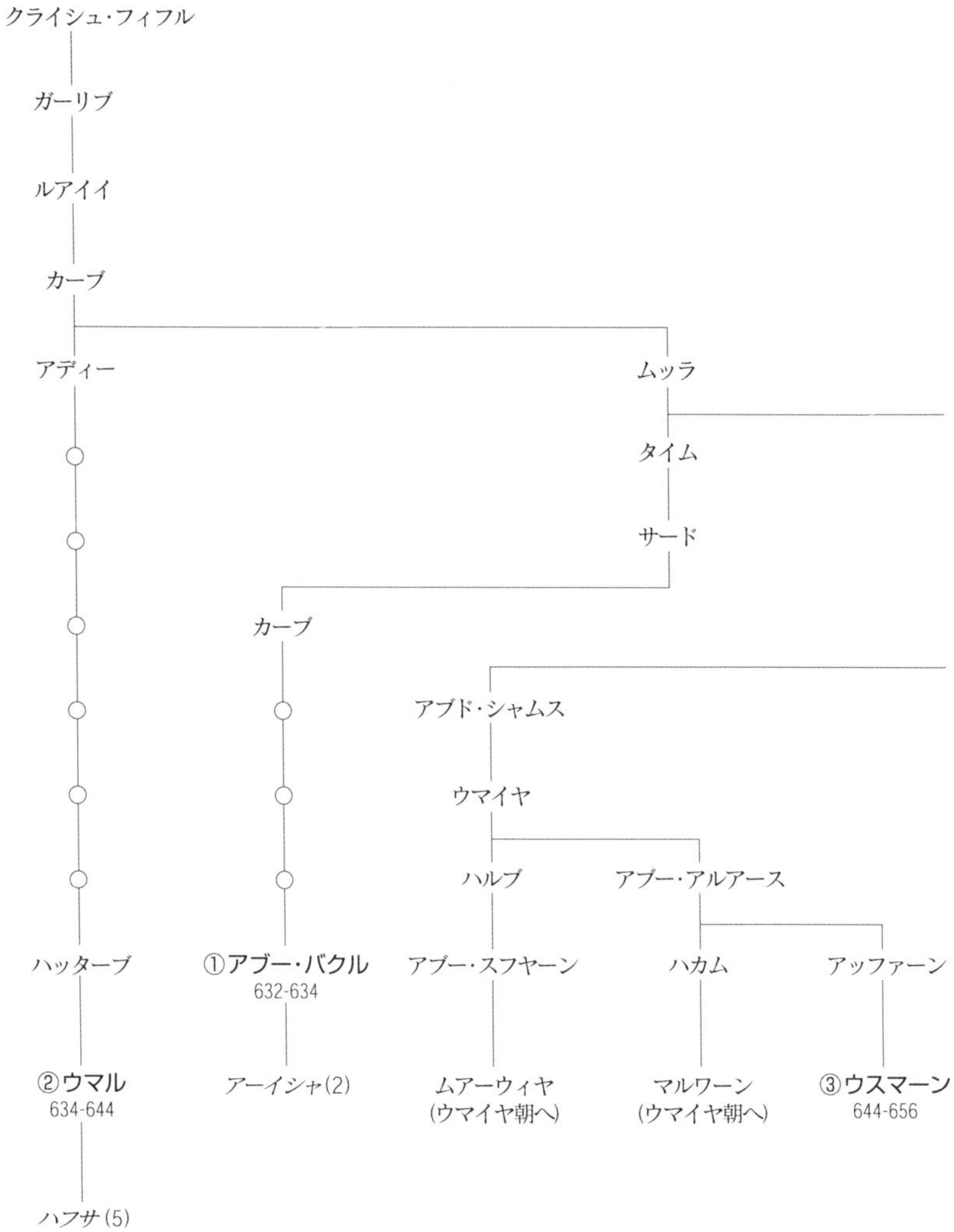
クライシュ・フィフル
ガーリブ
ルアイイ
カーブ
アディー
ムッラ
タイム
サード
カーブ
アブド・シャムス
ウマイヤ
ハルブ
アブー・アルアース
ハッターブ
①アブー・バクル
632-634
アブー・スフヤーン
ハカム
アッファーン
②ウマル
634-644
アーイシャ(2)
ムアーウィヤ
(ウマイヤ朝へ)
マルワーン
(ウマイヤ朝へ)
③ウスマーン
644-656
ハフサ(5)

斜体カタカナは女性
(1)アブド・アッラーの妻でムハンマドの母
(2)ムハンマドの妻
(3)ウスマーンの妻
(4)アリーの妻
(5)ムハンマドの妻

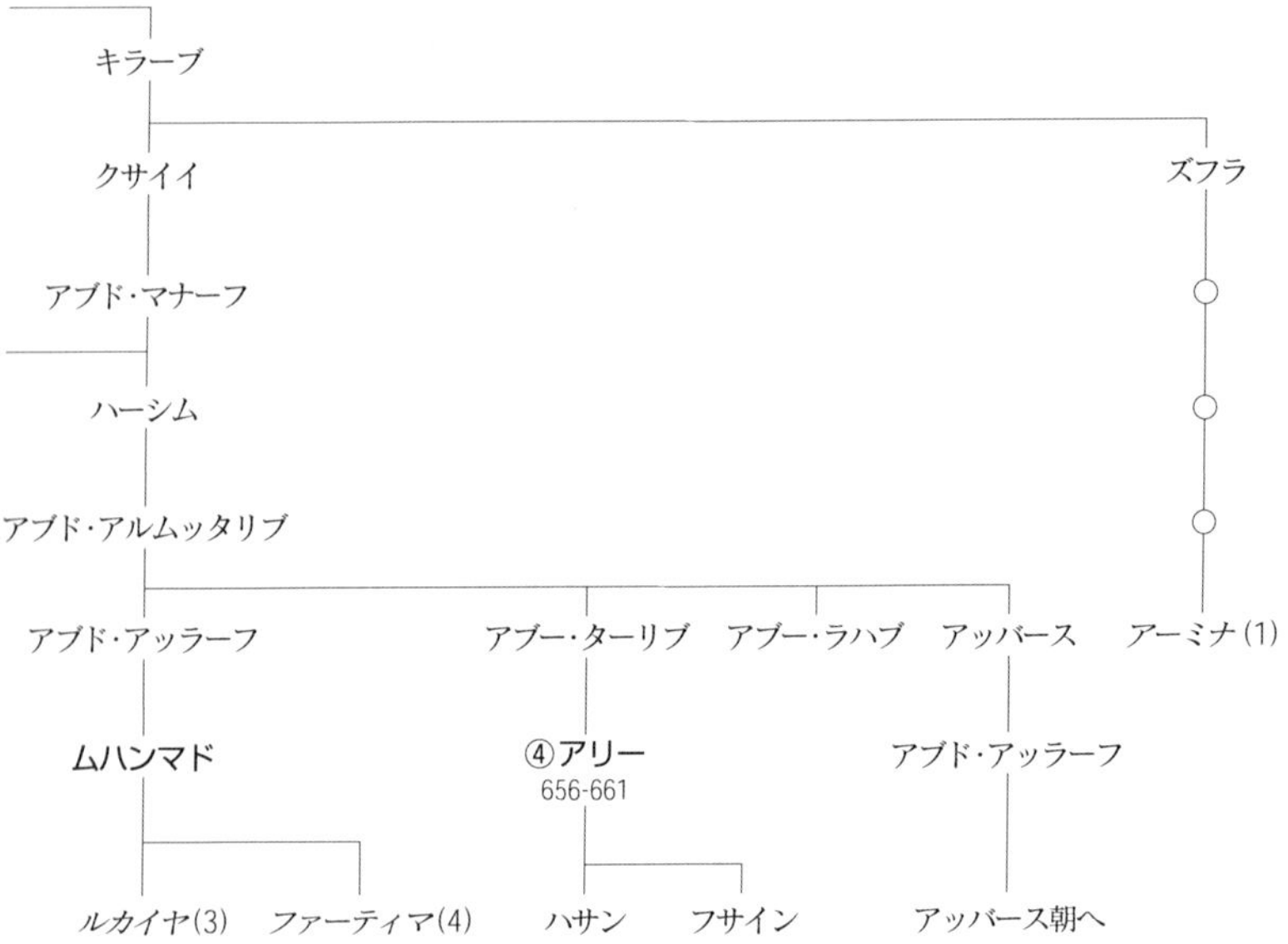

アリー家家系図

- アブー・ターリブ
  - ①アリー（第４代正統カリフ・初代シーア派イマーム d.661）
    - ②ハサン（d.669）
      - ○
        - ○
          - ムハンマド（純粋の魂）
          - イドリース（→イドリース朝）
    - ③フサイン（d.680）
      - ④アリー・ザイン・アルアービディーン（d.714）
        - ⑤ムハンマド・アルバーキル（d.733）
          - ⑥ジャーファル・アッサーディク（d.765）
            - イスマーイール
              - ムハンマド（→隠れイマーム→ファーティマ朝）
            - ⑦ムーサー・アルカーズィム（d.799）
              - ⑧アリー・アッリダー（d.818）
                - ⑨ムハンマド・アルジャワード・タキー（d.835）
                  - ⑩アリー・アルハーディー（d.868）
                    - ⑪ハサン・アルカスリー（d.874）
                      - ⑫ムハンマド・アルムンタザル（ガイバ　お隠れ d.874）
        - ザイド（→ザイド派）
    - ムハンマド
      - アブー・ハーシム（→アッバース家へイマーム位を移譲）

ウマイヤ朝

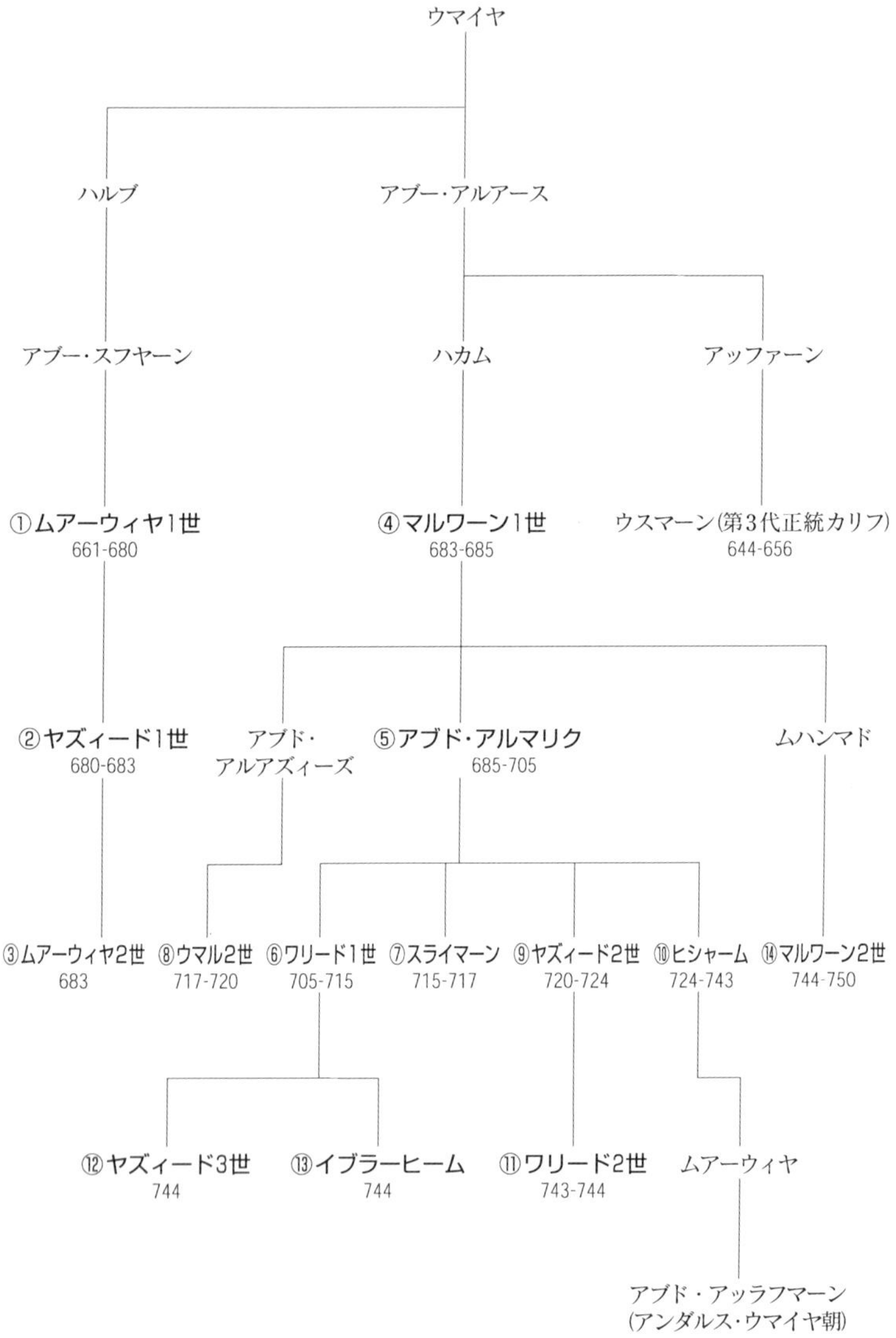

ウマイヤ
ハルブ
アブー・アルアース
アブー・スフヤーン
ハカム
アッファーン
①ムアーウィヤ1世
661-680
④マルワーン1世
683-685
ウスマーン(第3代正統カリフ)
644-656
②ヤズィード1世
680-683
アブド・
アルアズィーズ
⑤アブド・アルマリク
685-705
ムハンマド
③ムアーウィヤ2世
683
⑧ウマル2世
717-720
⑥ワリード1世
705-715
⑦スライマーン
715-717
⑨ヤズィード2世
720-724
⑩ヒシャーム
724-743
⑭マルワーン2世
744-750
⑫ヤズィード3世
744
⑬イブラーヒーム
744
⑪ワリード2世
743-744
ムアーウィヤ
アブド・アッラフマーン
(アンダルス・ウマイヤ朝)

アッバース朝

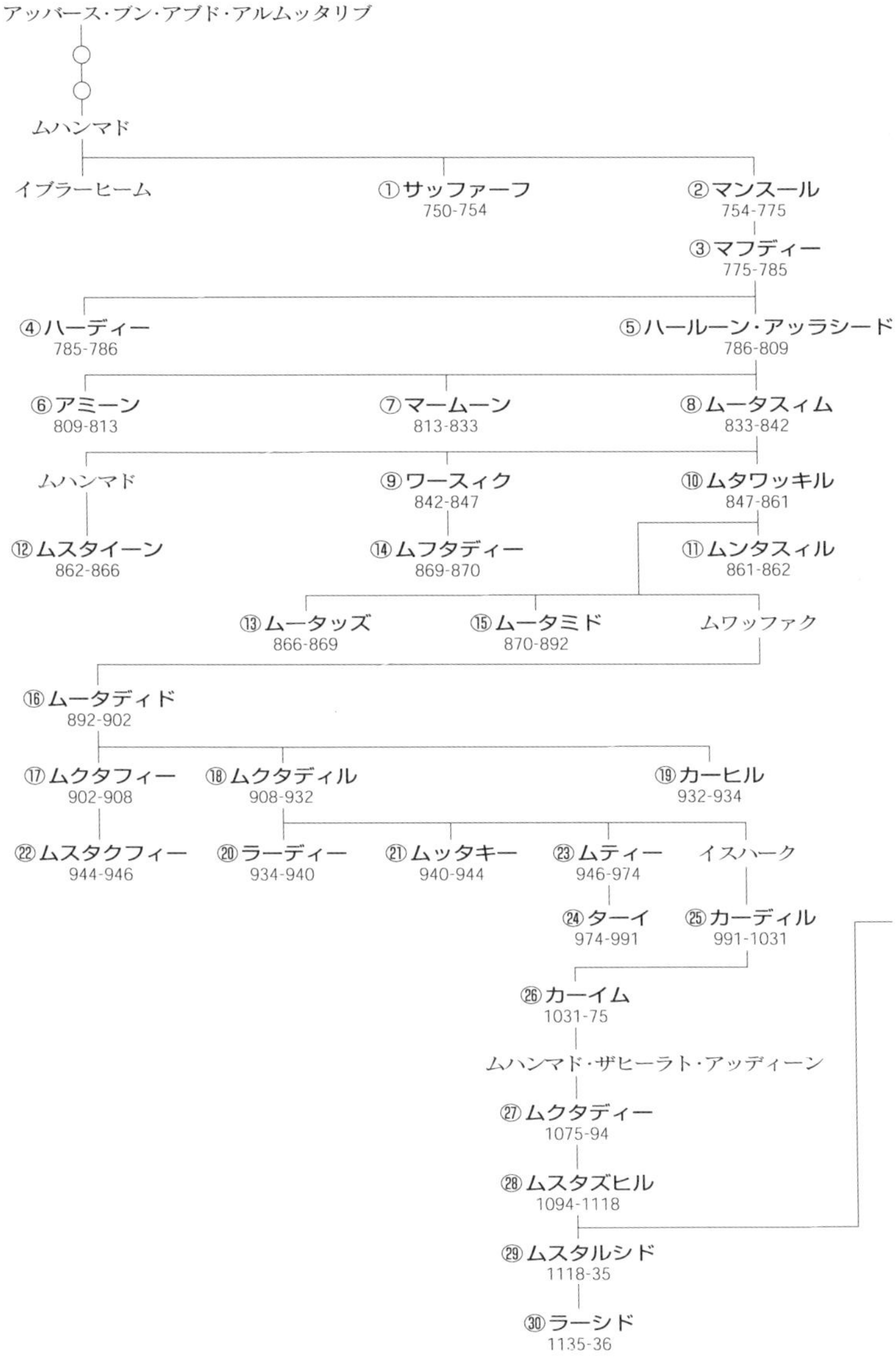
アッバース・ブン・アブド・アルムッタリブ
ムハンマド
イブラーヒーム
①サッファーフ
750-754
②マンスール
754-775
③マフディー
775-785
④ハーディー
785-786
⑤ハールーン・アッラシード
786-809
⑥アミーン
809-813
⑦マームーン
813-833
⑧ムータスィム
833-842
ムハンマド
⑨ワースィク
842-847
⑩ムタワッキル
847-861
⑫ムスタイーン
862-866
⑭ムフタディー
869-870
⑪ムンタスィル
861-862
⑬ムータッズ
866-869
⑮ムータミド
870-892
ムワッファク
⑯ムータディド
892-902
⑰ムクタフィー
902-908
⑱ムクタディル
908-932
⑲カーヒル
932-934
㉒ムスタクフィー
944-946
⑳ラーディー
934-940
㉑ムッタキー
940-944
㉓ムティー
946-974
イスハーク
㉔ターイ
974-991
㉕カーディル
991-1031
㉖カーイム
1031-75
ムハンマド・ザヒーラト・アッディーン
㉗ムクタディー
1075-94
㉘ムスタズヒル
1094-1118
㉙ムスタルシド
1118-35
㉚ラーシド
1135-36

ファーティマ朝

- ①マフディー 909-934
  - ②カーイム 934-946
    - ③マンスール 946-953
      - ④ムイッズ 953-975
        - ⑤アズィーズ 975-996
          - ⑥ハーキム 996-1021
            - ⑦ザーヒル 1021-36
              - ⑧ムスタンスィル 1036-94
                - ニザール
                - ムハンマド
                  - ⑪ハーフィズ 1130-49
                    - ユースフ
                      - ⑭アーディド 1160-71
                    - ⑫ザーフィル 1149-54
                      - ⑬ファーイズ 1154-60
                - ⑨ムスターリー 1094-1101
                  - ⑩アーミル 1101-30

- ㉛ムクタフィー 1136-60
  - ㉜ムスタンジド 1160-70
    - ㉝ムスタディー 1170-80
      - ㉞ナースィル 1180-1225
        - ㉟ザーヒル 1225-26
          - ㊱ムスタンスィル 1226-42
            - ㊲ムスタースィム 1242-58
          - ムスタンスィル（エジプト・アッバース朝初代カリフ）

セルジューク朝 1040〜1194

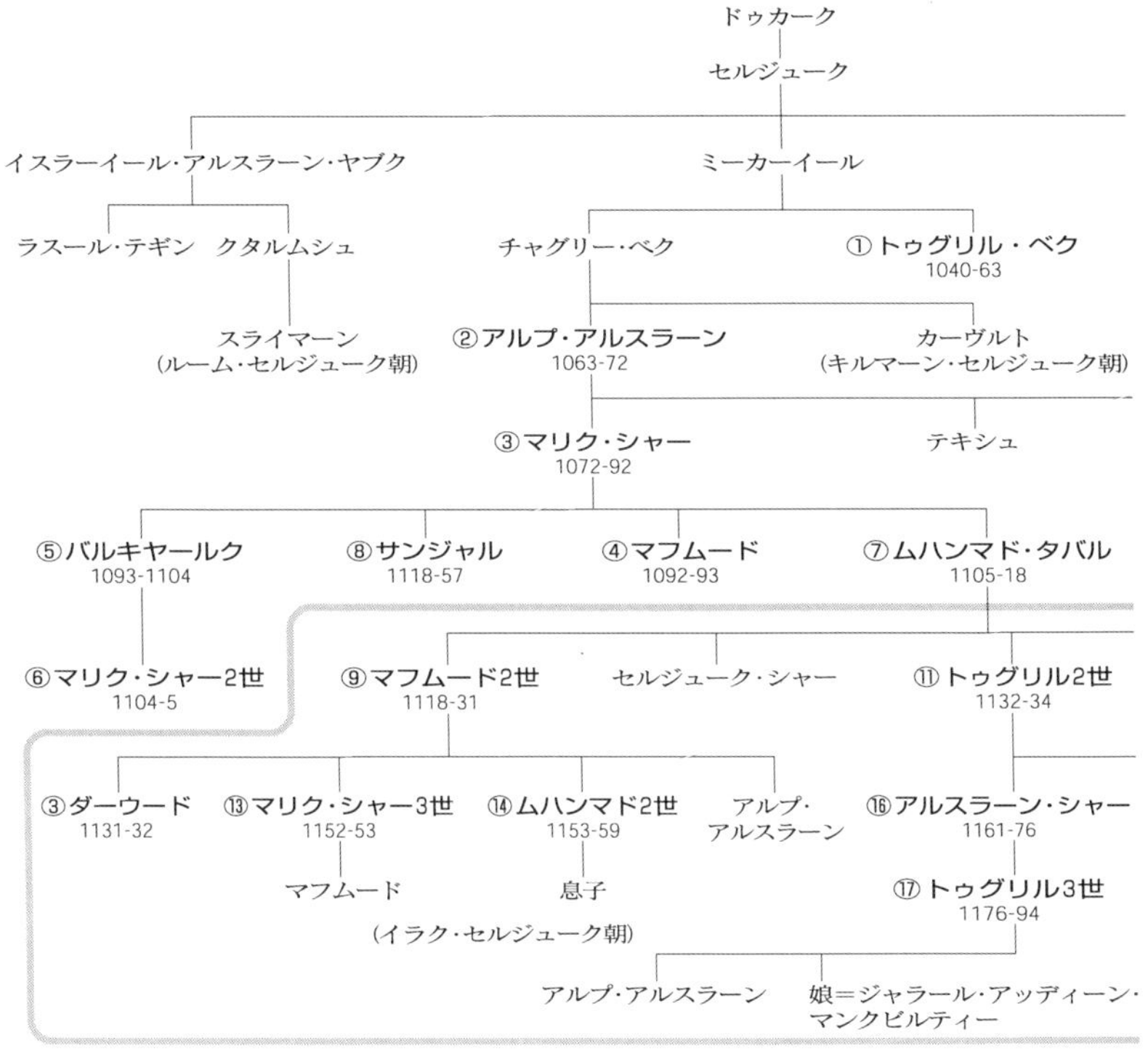
ドゥカーク
セルジューク
イスラーイール・アルスラーン・ヤブク
ミーカーイール
ラスール・テギン
クタルムシュ
スライマーン
(ルーム・セルジューク朝)
チャグリー・ベク
①トゥグリル・ベク
1040-63
②アルプ・アルスラーン
1063-72
カーヴルト
(キルマーン・セルジューク朝)
③マリク・シャー
1072-92
テキシュ
⑤バルキヤールク
1093-1104
⑧サンジャル
1118-57
④マフムード
1092-93
⑦ムハンマド・タパル
1105-18
⑥マリク・シャー2世
1104-5
⑨マフムード2世
1118-31
セルジューク・シャー
⑪トゥグリル2世
1132-34
③ダーウード
1131-32
⑬マリク・シャー3世
1152-53
⑭ムハンマド2世
1153-59
アルプ・
アルスラーン
⑯アルスラーン・シャー
1161-76
マフムード
息子
⑰トゥグリル3世
1176-94
(イラク・セルジューク朝)
アルプ・アルスラーン
娘＝ジャラール・アッディーン・
マンクビルティー

ムハンマド・アリー政権家系図

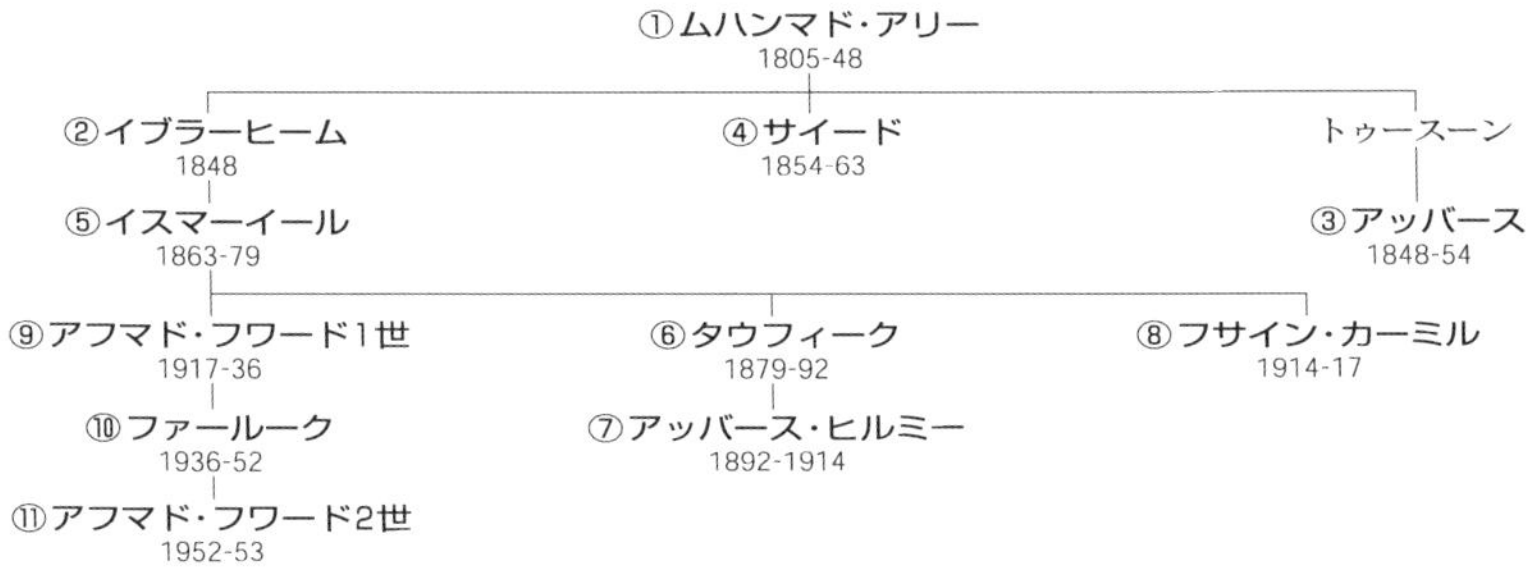
①ムハンマド・アリー
1805-48
②イブラーヒーム
1848
④サイード
1854-63
トゥースーン
⑤イスマーイール
1863-79
③アッバース
1848-54
⑨アフマド・フワード1世
1917-36
⑥タウフィーク
1879-92
⑧フサイン・カーミル
1914-17
⑩ファールーク
1936-52
⑦アッバース・ヒルミー
1892-1914
⑪アフマド・フワード2世
1952-53

ムーサー・ヤブク　ユースフ・イナール

イブラーヒーム・イナール

❶トゥトゥシュ　(シリア・セルジューク朝)
1078-94

❸ドゥカーク
1098-1113(アレッポ)

❷リドワーン
1095-1113(ダマスクス，以下同)

トゥトゥシュ　❹アルプ・アルスラーン 1113-14　❺スルターン・シャー 1114-17

⑫マスウード 1134-52　⑮スライマーン・シャー 1159-61

ムハンマド

ムラービト朝　～1147

※アブド・アッラーフ・イブン・ヤースィーン？-1058or59
①ヤフヤー・イブン・イブラーヒーム・グダーリー

イブラーヒーム

アリー　ウマル　ターシュフィーン

②ヤフヤー 1056没
③アブー・バクル 1056-(87没)
イブラーヒーム (1070-75シジルマーサ)
ヤンヌー

④ユースフ 1061-1106
⑤アリー 1107-42
⑥ターシュフィーン 1142-46
⑦イブラーヒーム 1146
⑧イスハーク 1146-47

ムワッヒド朝　1130～1269

※イブン・トゥーマルト・アルマフディー 1121?-1130

- ①アブド・アルムーミン 1130-63
  - ②アブー・ヤークーブ・ユースフ1世 1163-84
    - ③ヤークーブ・マンスール 1184-99
      - ④ムハンマド・ナースィル 1199-1213
        - ⑤ユースフ2世・ムスタンスィル 1213-24
        - ⑧ヤフヤー・ムータスィム[2] 1227-35
      - アブー・ムーサー
      - ⑦アブド・アッラーフ・アーディル 1224-27
      - ⑨イドリース・マームーン 1227-32
        - ⑩アブド・アルワーヒド・ラシード 1232-42
    - ⑥アブド・アルワーヒド・マフルー 1224

アイユーブ朝　1169～1250　斜体カタカナは女性

- ナジュム・アッディーン・アイユーブ
  - ①サラーフ・アッディーン・ユースフ(＝サラディン) 1169-93
    - アフダル・アリー
    - ②アズィーズ・ウスマーン 1193-98
      - ③マンスール・ムハンマド 1198-1200
    - ザーフィル・ヒドル
    - ムアッザム・トゥーラーンシャー
    - ザーヒル・ガーズィー ＝
      - サーリフ・アフマド
      - アズィーズ・ムハンマド
        - ガーズィーヤ・ハートゥーン
        - ナースィル・ユースフ

（アズィーズ・ムハンマド以下：アレッポ）

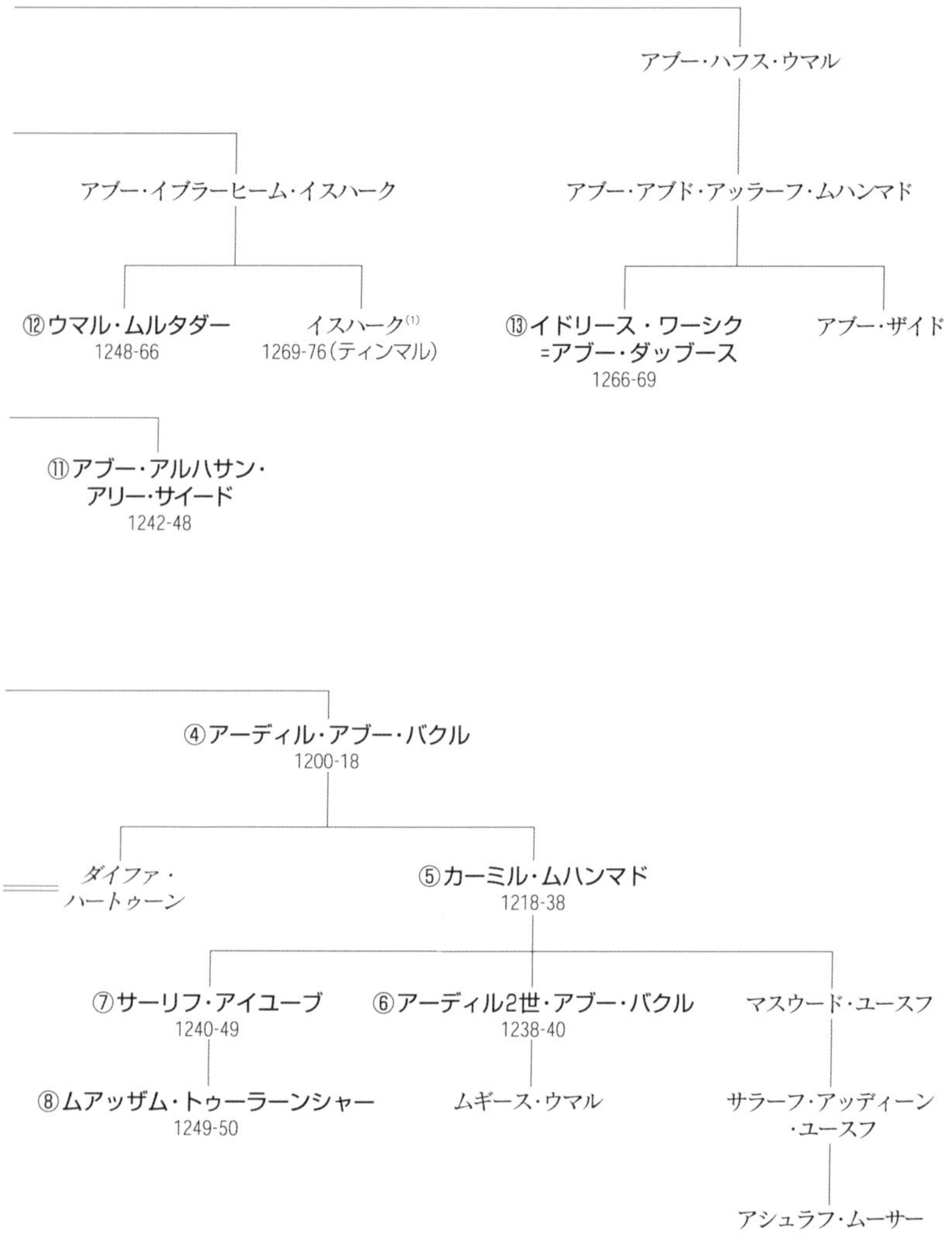
アブー・ハフス・ウマル
アブー・イブラーヒーム・イスハーク
アブー・アブド・アッラーフ・ムハンマド
⑫ウマル・ムルタダー
1248-66
イスハーク(1)
1269-76(ティンマル)
⑬イドリース・ワーシク
=アブー・ダッブース
1266-69
アブー・ザイド
⑪アブー・アルハサン・
アリー・サイード
1242-48
④アーディル・アブー・バクル
1200-18
ダイファ・
ハートゥーン
⑤カーミル・ムハンマド
1218-38
⑦サーリフ・アイユーブ
1240-49
⑥アーディル2世・アブー・バクル
1238-40
マスウード・ユースフ
⑧ムアッザム・トゥーラーンシャー
1249-50
ムギース・ウマル
サラーフ・アッディーン
・ユースフ
アシュラフ・ムーサー

バフリー・マムルーク朝

★印は前世代との血縁関係なし　═══ は婚姻関係

サーリフ・アイユーブ(アイユーブ朝君主)
1240-49

ムアッザム トゥーラーンシャー 1249-50
★① シャジャル・アッドゥッル 1250 ═══ ★② ムイッズ アイバク 1250-57

③マンスール アリー 1257-59
★④ムザッファル クトゥズ 1259-60
⑥サイード バラカハーン 1277-79
⑦アーディル サラーミシュ 1279
サーリフ アリー
⑨アシュラフ ハリール 1290-93

⑯マンスール アブー・バクル 1341
⑰アシュラフ クジュク 1341-42
⑱ナースィル アフマド 1342
⑲サーリフ イスマーイール 1342-45
⑳カーミル シャーバーン 1345-46

チェルケス・マルムーク朝

★印は前世代との血縁関係なし　注①(1412年にはカリフ・ムスタイーンがスルタン位を兼任しているが，これは即位順に数えない)

アシュラフ・シャーバーン：バフリー・マルムーク朝26代スルタン

★①ザーヒル バルクーク 1390-99

②,④ナースィル ファラジュ 1399-1405 1405-12 注①
③マンスール アブド・アルアズィーズ 1405
★⑤ムアイヤド シャイフ 1412-21
★⑦ザーヒル タタール 1421

⑥ムザッファル アフマド 1421
★⑯ザーヒル フシュカダム 1461-67
★⑰ザーヒル ヤルバーイ 1467-68
⑧サーリフ ムハンマド 1421-22
⑪アズィーズ ユースフ 1348

⑳ナースィル ムハンマド 1495-98
★㉑ザーヒル カーンスーフ 1498-99
★㉒アシュラフ ジャーンバラート 1499-1501

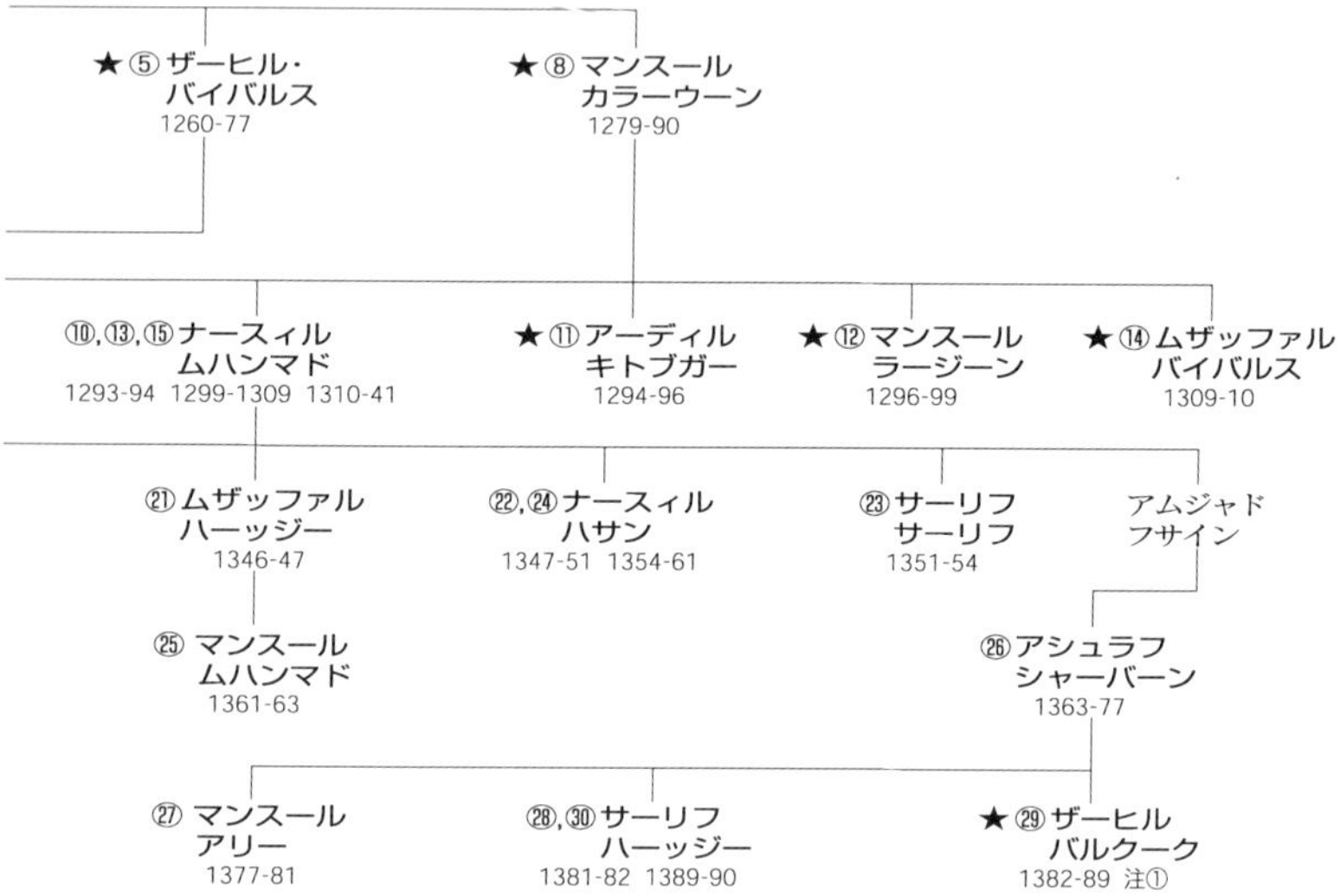
★⑤ザーヒル・
バイバルス
1260-77
★⑧マンスール
カラーウーン
1279-90
⑩,⑬,⑮ナースィル
ムハンマド
1293-94 1299-1309 1310-41
★⑪アーディル
キトブガー
1294-96
★⑫マンスール
ラージーン
1296-99
★⑭ムザッファル
バイバルス
1309-10
㉑ムザッファル
ハーッジー
1346-47
㉒,㉔ナースィル
ハサン
1347-51 1354-61
㉓サーリフ
サーリフ
1351-54
アムジャド
フサイン
㉕マンスール
ムハンマド
1361-63
㉖アシュラフ
シャーバーン
1363-77
㉗マンスール
アリー
1377-81
㉘,㉚サーリフ
ハーッジー
1381-82 1389-90
★㉙ザーヒル
バルクーク
1382-89 注①

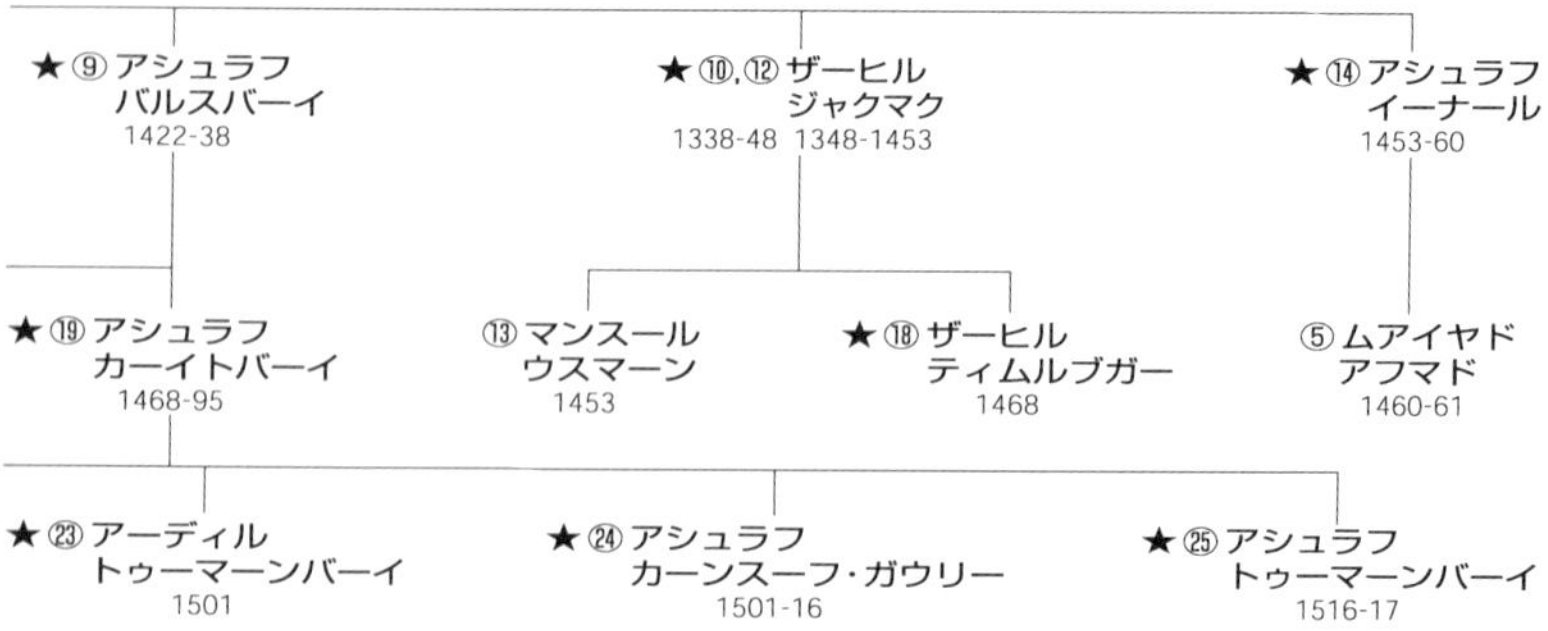
★⑨アシュラフ
バルスバーイ
1422-38
★⑩,⑫ザーヒル
ジャクマク
1338-48 1348-1453
★⑭アシュラフ
イーナール
1453-60
★⑲アシュラフ
カーイトバーイ
1468-95
⑬マンスール
ウスマーン
1453
★⑱ザーヒル
ティムルブガー
1468
⑤ムアイヤド
アフマド
1460-61
★㉓アーディル
トゥーマーンバーイ
1501
★㉔アシュラフ
カーンスーフ・ガウリー
1501-16
★㉕アシュラフ
トゥーマーンバーイ
1516-17

■ 写真引用一覧

1 …… Jean-Daniel Forest, *MÉSOPOTAMIE, L'apparition de l'Etat VIIe-IIIe Millénaires,* Paris, Méditerranée, 1996.

2 …… Jeremy Black and Anthony Green, *Gods, Demons and Symbols of Ancient Mesopotamia, An Illustrated Dictionary,* London, British Museum Press, 1992.

3 …… S. Parpola and R. M. Whiting, *Assyria 1995,* Helsinki, The Neo-Assyrian Text Corpus Project, 1997.

4 …… Jacquetta Hawkes, *Atlas of Ancient Archaeology,* London, Heinemann, 1974.

5 ……近藤二郎『エジプトの考古学』(世界の考古学 4) 同成社　1997

6 …… *ARCHEOLOGIA,* Milano, Arnold Mondadori Editore, 1978.

7 …… *Yêmem au pays de la reine de Saba',* Paris, 1997.

8 …… Francesco Gabrieli, *Muhammad and the Conquests of Islam,* London, Weidenfeld and Nicolson, 1968.

9 …… Francis Robinson, *The Cambridge Illustrated History of the Islamic World,* Cambridge University Press, 1996.

10…… Richard Ettinghausen, Oleg Grabar, *The Art and Architecture of Islam 650-1250,* New York, Penguin Books, 1987.

11…… Albert Skira, *Treasures of Asia: Arab Painting,* The World Publishing Company, 1962.

12…… Al-'Arabī al-Siqillī (ed.), *Mudhākirāt min al-Turāth al-Maghribī,* vol.2, Rabat, Nord Organisation, 1985.

13…… Bernard Lewis, *The World of Islam,* London, Thamesand Hudson, 1980.

14……'Abd al-Hādī al-Tāzī, *Al-Tārīkh al-Diblumāsī al-Maghribī,* vol.5, Al-Muḥammadīya, Maṭābi' al-Faḍāla, 1987.

15…… Bernard Lewis, *The World of Islam,* London, Thamesand Hudson, 1980.

16…… Stanley Lane-Poole, *The Moors in Spain,* London, Darf Publishers Limited, 1984.

17…… Jaqueline Sublet, *Les trois vies du Sultan Baïbars,* Paris, 1992.

18…… Robert Anderson and Ibrahim Fawzy (ed.), *Egypt revealed : scenes from Napoleon's description de l'Egypte,* Cairo, The American University in Cairo Press, 1987.

19…… André Raymond, *Le Caire des Janissaires ; L'apogée de la ville ottomane sous 'Abd al-Rahmân Katkhudâ,* Paris, CNRS Éditions, 1995.

20…… B. Maury, A. Raymond, J. Revault, M. Zakariya, *Palais et Maisons du Caire, Époque Ottomane,* XVIe-XVIIIe siècles, Paris, Éditions du CNRS, 1983.

21…… Jean-Claude David, *Le Waqf D'Ipšīr, Pāšā à Alep,* Damas, 1982.

22…… *L'architecture Libanaise du XVe au XIXe Siècle,* Beyrouth, Les Cahiers de L'est, 1985.

23…… *Esclave à Alger, récit de captivité de João Mascarenhas (1621-1626),* Paris, Éditions Chandeigne, 1993.

24…… *Histoire Diplomatique du Maroc (Des Origines à Nos Jours),* Tome 9, L'époque

alaouite 1, Par Abdelhadi Tazi.
25…… Anthony Sattin, *Lifting the Veil, British Society in Egypt, 1768-1956,* London, J. M. Dent & Sons Ltd., 1988.
26…… *al-Munjid fī al-a'lām,* Beirut, 1975.
27…… Michael Barthorp, *War on the Nile,* New York, Blandford, 1990.
28…… Richard Trench, *Arabian Travellers,* London, Macmillan, 1986.
29…… J. M. Landau, *The Hejaz railway and the Muslim pilgrimage,* Detroit, Wayne State University Press, 1971.
30…… Issam Nassar, *Photographing Jerusalem, The Image of the City in Nineteenth Century Photography,* Columbia University Press, 1997.
31…… Raphael Danziger, *Abd al-Qadir and the Algerians,* New York, Holmes & Meier Publishers, 1977.
32…… al-Sigillī al-'Arabī (ed.), *Mudhakkirāt mim al-Atrāth al-Maghribī,* Rabat, Nord Organisation, 1985.
33…… *Sijill al-hilāl al-muṣawwar 1892-1992,* vol.1, Cairo, Dār al-Hilāl, 1992.
34…… Amatzia Baram, *Culture, History & Ideology in the Formation of Ba'thist Iraq, 1968-89,* London, Macmillan, 1991.

口絵 p.1 上——近藤二郎提供
p.1 下——私市正年提供
p.2 上——Robert Elgood (ed.), *Islamic Arms and Armour,* London, Scolar Press, 1979.
p.2 下——長谷部史彦提供
p.3 上——世界文化フォト提供
p.3 下——佐藤次高提供
p.4 上——佐藤次高提供
p.4 下——世界文化フォト提供

p.6 上——著者(佐藤)提供
p.6 下——著者(佐藤)提供
p.9——著者(佐藤)提供
p.25 上——**1**, p.222
p.25 下——**1**, p.251
p.34——**2**, p.129
p.41——**3**, p.362
p.47 上——**4**, p.177
p.47 下——**4**, p.178
p.49——**2**, p.113
p.59——著者(近藤)提供
p.61——著者(近藤)提供
p.67——著者(近藤)提供
p.74——著者(近藤)提供
p.82——**5**, p.189
p.85——**5**, p.207
p.95——**6**
p.105——著者(蔀)提供
p.112——著者(蔀)提供
p.117——著者(蔀)提供
p.122——**7**, p.189
p.132——**8**, p.13
p.133——**8**, p.81
p.154——**9**, p.12
p.158——**10**, p.27
p.166——**10**, p.41
p.169——著者(佐藤)提供
p.177——**11**
p.181——著者(佐藤)提供
p.203——著者(私市)提供
p.215——**12**, p.38
p.227——**13**, p.242
p.233 左——著者(私市)提供
p.233 右——著者(私市)提供
p.236 上——**12**, p.78
p.236 中——**14**, p.271
p.236 下——**12**, p.214
p.242——**15**, p.235
p.248——**16**, p.223
p.251——著者(私市)提供
p.257——**17**, p.31
p.288——**17**, p.11
p.308——**17**, p.50
p.320——**18**, p.101
p.331——**19**, p.19
p.337 上——**19**, p.23

p.337 下——**20**, Fig.15
p.347——**19**, p.33
p.359——**21**, planche 15
p.365——**22**, p.218
p.375 左——**23**, p.212
p.375 右——**23**, p.213
p.376——**23**, pp.221-222
p.387 上——**23**, p.214
p.387 下——**23**, p.215
p.393——**24**, p.248
p.403——**25**, pp.82-83
p.406——**25**, pp.82-83
p.407 上——**26**, p.54
p.407 下——**26**, p.454
p.411——**27**, p.116
p.413——**28**, p.59
p.414——**29**, No.13
p.428 上——**26**, p.747
p.428 下——**26**, p.131
p.430——**30**, No.57
p.439——**31**, 口絵
p.450——**32**, p.163
p.488——PANA 通信社提供
p.496——**33**, p.53
p.509——**33**, p.162
p.522——**34**, plate 7b

現在，上智大学外国語学部・アジア文化研究所教授
主要著書：『イスラム都市研究』(共著，東京大学出版会，1991)，『イスラム聖者』(講談社現代新書，1996)，『岩波講座世界歴史10　イスラーム世界の発展』(共著，岩波書店，1999)
執筆担当：第3章，第5章3節

三浦 徹　みうら とおる

1953年生まれ。東京大学大学院人文科学研究科博士課程中退
現在，お茶の水女子大学副学長
主要著書：『イスラム都市研究』(共著，東京大学出版会，1991)，『イスラーム研究ハンドブック』(共編著，栄光教育文化研究所，1995)，『世界史リブレット16　イスラームの都市世界』(山川出版社，1997)
執筆担当：第4章

長谷部 史彦　はせべ ふみひこ

1962年生まれ。慶應義塾大学大学院文学研究科博士課程単位取得退学
現在，慶應義塾大学文学部教授
主要著書・論文：「尖塔の上のドゥアー――カイロの民衆蜂起・1724年11月」(『イスラム世界』42，1993)，「オスマン朝統治下カイロの食糧騒動と通貨騒動」(『東洋史研究』53-2，1994)，『岩波講座世界歴史10　イスラーム世界の発展』(共著，岩波書店，1999)
執筆担当：第5章1・2節

加藤 博　かとう ひろし

1948年生まれ。一橋大学大学院経済学研究科博士課程修了（経済学博士）
現在，一橋大学大学院経済学研究科教授
主要著書：『世界史リブレット37　イスラーム世界の危機と改革』(山川出版社，1997)，『イスラム世界の常識と非常識』(淡交社，1999)，『イスラム世界論』(東京大学出版会，2002)
執筆担当：第6章

長沢 栄治　ながさわ えいじ

1953年生まれ。東京大学経済学部卒業
現在，東京大学東洋文化研究所教授
主要著書：『東アラブ社会変容の構図』(編著，アジア経済研究所，1990)，『中東　政治・社会』(編著，アジア経済研究所，1991)，『地域の世界史12　地域への展望』(共編著，山川出版社，2000)
執筆担当：第7章

執筆者紹介(執筆順)

佐藤 次高　さとう つぎたか
1942年生まれ。東京大学大学院人文科学研究科博士課程中退
現在，早稲田大学文学学術院教授，財団法人東洋文庫研究部長，東京大学名誉教授
主要著書：『中世イスラム国家とアラブ社会――イクター制の研究』(山川出版社，1986)，『マムルーク――異教の世界からきたイスラムの支配者たち』(東京大学出版会，1991)，『イスラームの「英雄」サラディン――十字軍と戦った男』(講談社，1996)，『聖者イブラーヒーム伝説』(角川書店，2001)
執筆担当：序章，第2章4節

前田 徹　まえだ とおる
1947年生まれ。北海道大学大学院文学研究科博士課程中退
現在，早稲田大学文学学術院教授
主要著書：『世界史リブレット1　都市国家の誕生』(山川出版社，1996)，『岩波講座世界歴史2　オリエント世界』(共著，岩波書店，1998)，『歴史学の現在　古代オリエント』(共著，山川出版社，2000)
執筆担当：第1章1節

近藤 二郎　こんどう じろう
1951年生まれ。早稲田大学大学院文学研究科博士課程中退
現在，早稲田大学文学学術院教授
主要著書：『岩波ジュニア新書204　ものの始まり50話』(岩波書店，1992)，『エジプトの考古学』(同成社，1997)
執筆担当：第1章2節

蔀 勇造　しとみ ゆうぞう
1946年生まれ。東京大学大学院人文科学研究科博士課程単位取得退学
現在，東京大学大学院人文社会系研究科教授
主要著書：『講座イスラーム世界2　文明としてのイスラーム』(共著，栄光教育文化研究所，1994)，『地域の世界史9　市場の地域史』(共著，山川出版社，1999)，『岩波講座世界歴史6　南アジア・東南アジア世界の形成と展開』(共著，岩波書店，1999)
執筆担当：第1章3節

花田 宇秋　はなだ なりあき
1941年生まれ。中央大学大学院文学研究科博士課程単位取得退学
現在，明治学院大学教養教育センター教授
主要著書・訳書：『講座イスラム4　イスラム・価値と象徴』(共著，筑摩書房，1986)，『岩波講座世界歴史10　イスラーム世界の発展』(共著，岩波書店，1999)，『諸国征服史』1～22(訳，バラーズリー，『明治学院論叢』第26号～第66号，1987～2001)
執筆担当：第2章1～3節

私市 正年　きさいち まさとし
1948年生まれ。中央大学大学院文学研究科博士課程修了

新版《しんぱん》 世界各国史《せかいかっこくし》 8
西《にし》アジア史《し》 I

2002年3月30日　1版1刷　発行
2009年3月10日　1版2刷　発行

編　者　佐藤《さとう》 次高《つぎたか》
発行者　野澤伸平
発行所　株式会社 山川出版社
〒101-0047　東京都千代田区内神田 1-13-13
電話　03(3293)8131(営業)　8134(編集)
http://www.yamakawa.co.jp/
振替　00120-9-43993
印刷所　図書印刷株式会社
製本所　株式会社ブロケード
装　幀　菊地信義

ISBN 978-4-634-41380-1

世界宗教史叢書　全12巻

1	キリスト教史I 宗教改革以前	半田元夫・今野國雄著
2	キリスト教史II 宗教改革以後	半田元夫・今野國雄著
3	キリスト教史III 東方キリスト教	森安達也著
4	ユダヤ教史	石田友雄著
5	イスラム教史	嶋田襄平著
6	ヒンドゥー教史	中村・元著
7	仏教史I	奈良康明著
8	仏教史II	玉城康四郎編
9	道教史	窪　徳忠著
10	儒教史	戸川芳郎・蜂屋邦夫・溝口雄三著
11	日本宗教史I 近世以前	笠原一男編
12	日本宗教史II 近世以後	笠原一男編

民族の世界史　全15巻　　全巻完結

1	民族とは何か	岡正雄・江上波夫・井上幸治 編
2	日本民族と日本文化	江上波夫 編
3	東北アジアの民族と歴史	三上次男・神田信夫 編
4	中央ユーラシアの世界	護　雅夫・岡田英弘 編
5	漢民族と中国社会	橋本萬太郎 編
6	東南アジアの民族と歴史	大林太良 編
7	インド世界の歴史像	辛島　昇 編
8	ヨーロッパ文明の原型	井上幸治 編
9	深層のヨーロッパ	二宮宏之 編
10	スラヴ民族と東欧ロシア	森安達也 編
11	アフロアジアの民族と文化	矢島文夫 編
12	黒人アフリカの歴史世界	川田順造 編
13	民族交錯のアメリカ大陸	大貫良夫 編
14	オセアニア世界の伝統と変貌	石川栄吉 編
15	現代世界と民族	江口朴郎 編

世界歴史大系　第１期　全19巻　全巻完結

全時代を詳述した、最も信頼できる通史。地図・系図・図表などを豊富に収載。巻末付録も充実し、事典としても活用できる。

Ａ５判　平均600頁　税込定価：5100円～6720円

イギリス史	1 先史～中世	青山吉信 編
	2 近世	今井 宏 編
	3 近現代	村岡健次・木畑洋一 編
アメリカ史	1 17世紀～1877年	
	2 1877年～1992年	
		有賀 貞・大下尚一・志邨晃佑・平野 孝 編
ロシア史	1 9世紀～17世紀	
	2 18世紀～19世紀	
	3 20世紀	
		田中陽兒・倉持俊一・和田春樹 編
フランス史	1 先史～15世紀	
	2 16世紀～19世紀なかば	
	3 19世紀なかば～現在	
		柴田三千雄・樺山紘一・福井憲彦 編
ドイツ史	1 先史～1648年	
	2 1648年～1890年	
	3 1890年～現在	
		成瀬 治・山田欣吾・木村靖二 編
中国史	1 先史～後漢	
	2 三国～唐	
	3 五代～元	
	4 明～清	
	5 清末～現在	
		松丸道雄・池田 温・斯波義信・神田信夫・濱下武志 編

新版 世界各国史 全28巻

＊は既刊

政治史を軸に、社会・経済・文化にも着目した、世界史を学ぶための基本図書。先史から現代までバランス良く通観する。

四六判 平均500頁 税込定価 3465円〜4200円

＊ 1 日本史 宮地正人編
＊ 2 朝鮮史 武田幸男編
＊ 3 中国史 尾形勇・岸本美緒編
＊ 4 中央ユーラシア史 小松久男編
モンゴル・中国(内モンゴル・チベット・新疆ウイグル)・カザフスタン・クルグズスタン・タジキスタン・ウズベキスタン・トルクメニスタン
＊ 5 東南アジア史 I 大陸部 石井米雄・桜井由躬雄編
ベトナム・カンボジア・ラオス・タイ・ミャンマー
＊ 6 東南アジア史 II 島嶼部 池端雪浦編 インドネシア・フィリピン・マレーシア・シンガポール・ブルネイ
＊ 7 南アジア史 辛島昇編
インド・パキスタン・ネパール・ブータン・バングラデシュ・スリランカ・モルディヴ
＊ 8 西アジア史 I アラブ 佐藤次高編 イラク・シリア・レバノン・イスラエル・ヨルダン・クウェイト・サウジアラビア・バハレーン・カタール・アラブ首長国連邦・オマーン・イエメン・エジプト・リビア・チュニジア・アルジェリア・モロッコ
＊ 9 西アジア史 II イラン・トルコ 永田雄三編 アフガニスタン・イラン・トルコ
10 アフリカ史 川田順造編
サハラ以南のアフリカ諸国
＊11 イギリス史 川北稔編
連合王国・アイルランド
＊12 フランス史 福井憲彦編
＊13 ドイツ史 木村靖二編
＊14 スイス・ベネルクス史 森田安一編
スイス・オランダ・ベルギー・ルクセンブルク
＊15 イタリア史 北原敦編
＊16 スペイン・ポルトガル史 立石博高編
＊17 ギリシア史 桜井万里子編
＊18 バルカン史 柴宜弘編
ルーマニア・モルドヴァ・ブルガリア・ユーゴスラヴィア連邦・マケドニア・スロヴェニア・クロアチア・ボスニア＝ヘルツェゴヴィナ・アルバニア・ギリシア
＊19 ドナウ・ヨーロッパ史 南塚信吾編
オーストリア・チェコ・スロヴァキア・ハンガリー
＊20 ポーランド・ウクライナ・バルト史 伊東孝之・井内敏夫・中井和夫編
ポーランド・ウクライナ・ベラルーシ・リトアニア・ラトヴィア・エストニア
＊21 北欧史 百瀬宏・熊野聰・村井誠人編
デンマーク・ノルウェー・スウェーデン・フィンランド・アイスランド
＊22 ロシア史 和田春樹編
ロシア連邦・グルジア・アルメニア共和国・アゼルバイジャン共和国
＊23 カナダ史 木村和男編
＊24 アメリカ史 紀平英作編
＊25 ラテン・アメリカ史 I
メキシコ・中央アメリカ・カリブ海 増田義郎・山田睦男編
＊26 ラテン・アメリカ史 II
南アメリカ 増田義郎編
＊27 オセアニア史 山本真鳥編
オーストラリア・ニュージーランド・太平洋諸国
28 世界各国便覧

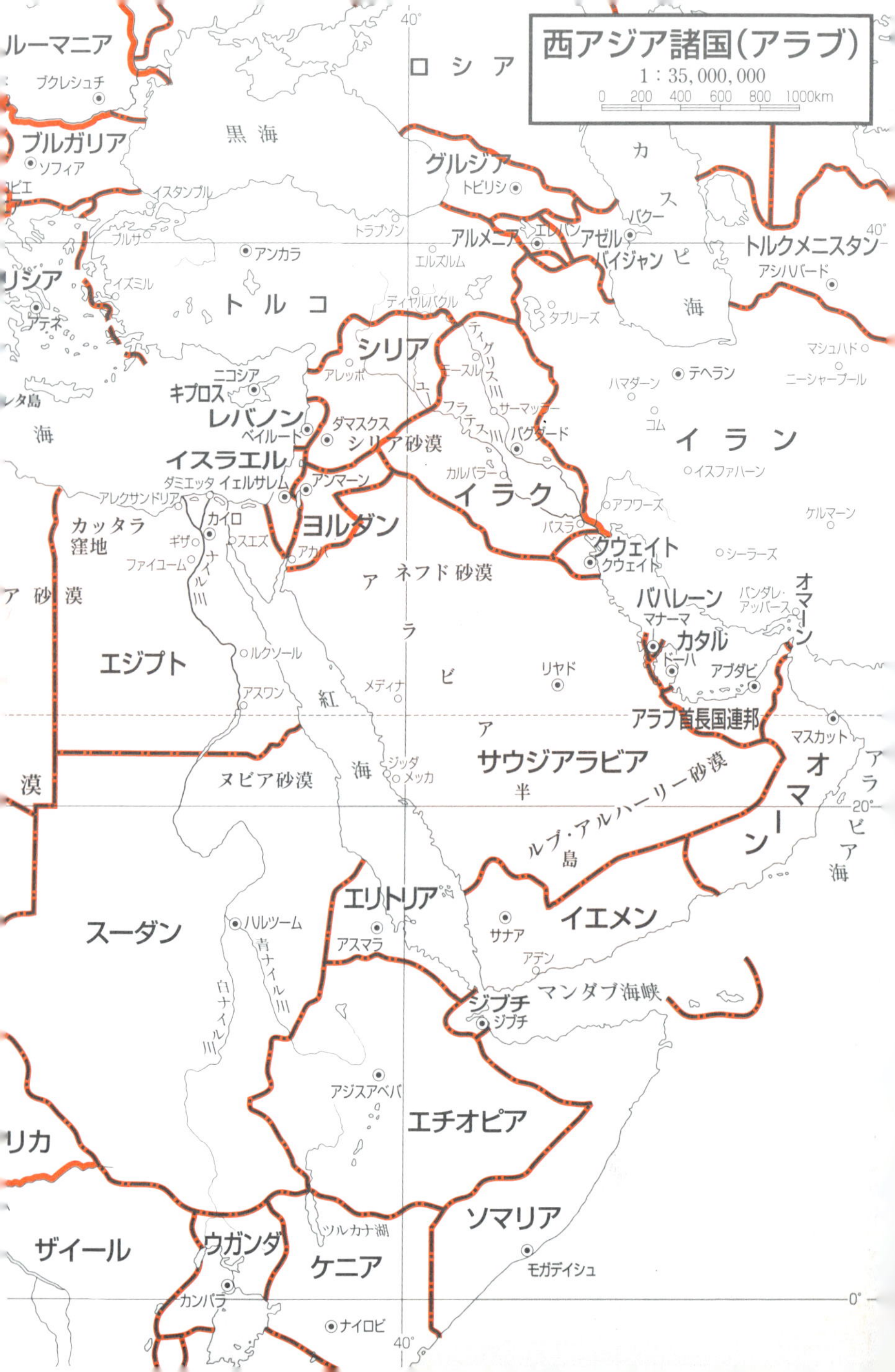
西アジア諸国(アラブ)
1：35,000,000
0 200 400 600 800 1000km
40°
ルーマニア
ブクレシュチ
ロシア
黒海
ブルガリア
ソフィア
グルジア
トビリシ
カ
ス
ピ
海
イスタンブル
トラブゾン
バクー
アルメニア
エレバン
アゼルバイジャン
トルクメニスタン
アシハバード
ブルサ
アンカラ
エルズルム
イズミル
トルコ
ディヤルバクル
タブリーズ
アテネ
シリア
ティグリス川
マシュハド
ニコシア
アレッポ
モースル
テヘラン
ニーシャープール
キプロス
ユーフラテス川
サーマッラー
ハマダーン
レバノン
ダマスクス
バグダード
コム
海
ベイルート
シリア砂漠
イラン
イスラエル
カルバラー
イスファハーン
ダミエッタ
イェルサレム
アンマーン
イラク
アレクサンドリア
アフワーズ
カッタラ窪地
カイロ
ヨルダン
ケルマーン
ギザ
スエズ
バスラ
クウェイト
アカバ
シーラーズ
ファイユーム
ナイル川
アラビア半島
ネフド砂漠
ア砂漠
バハレーン
バンダレ・アッバース
オマーン
マナーマ
カタル
エジプト
ルクソール
ドーハ
リヤド
アブダビ
メディナ
アスワン
紅海
アラブ首長国連邦
マスカット
ジッダ
メッカ
サウジアラビア
漠
ヌビア砂漠
アラビア海
ルブ・アルハーリー砂漠
オマーン
20°
エリトリア
イエメン
スーダン
ハルツーム
サナア
アスマラ
青ナイル川
アデン
白ナイル川
マンダブ海峡
ジブチ
ジブチ
アジスアベバ
エチオピア
リカ
ツルカナ湖
ソマリア
ザイール
ウガンダ
ケニア
モガディシュ
カンパラ
0°
ナイロビ
40°